中国智能交通行业发展年鉴
（2012）

中国智能交通协会 编

電子工業出版社
Publishing House of Electronics Industry
北京·BEIJING

内 容 简 介

由中国智能交通协会组织编写，联合了国家智能交通产业技术创新战略联盟、国内智能交通技术领域知名专家、地方政府和协会组织、骨干企业等共同完成编辑的《中国智能交通行业发展年鉴（2012）》分为综述篇、政策及标准篇、技术篇、产业篇、统计篇、纪事篇及附录，比较全面地反映了2012年我国智能交通行业的总体发展状况。

与2010、2011年度的年鉴相比，本年鉴增加了部分内容：技术篇增加了智能交通领域相关学术会议情况，介绍了国家科技计划中智能交通相关项目的进展，收录了首届智能交通科技奖的获奖项目；新增的统计篇对主要城市的交通资料进行了综合汇总，同时收录了我国智能交通相关的主要高校有关院（所）的年度资料，便于了解城市智能交通发展的总体情况以及智能交通领域的人才培养和基础研究等情况。

本书可作为智能交通相关领域的科研、管理及实际工作者的工具书，也可作为高等院校相关专业培养研究生、本科生的教学参考资料，对政府部门、研究单位和相关企业也具重要的参考价值，具备一定的收藏意义。

图书在版编目（CIP）数据

中国智能交通行业发展年鉴. 2012 / 中国智能交通协会编.—北京：电子工业出版社，2013.9
ISBN 978-7-121-21430-1

Ⅰ. ①中… Ⅱ. ①中… Ⅲ. ①公路运输－交通运输管理－智能控制－中国－2012－年鉴 Ⅳ. ①U495-54

中国版本图书馆CIP数据核字（2013）第212241号

责任编辑：赵　娜
特约编辑：田学清　赵树刚
印　　刷：涿州市京南印刷厂
装　　订：涿州市京南印刷厂
出版发行：电子工业出版社
北京市海淀区万寿路173信箱　　邮编：100036
开　　本：787×1092　1/16　　印张：47.25　　彩插：6　　字数：1210千字
印　　次：2013年9月第1次印刷
定　　价：698.00元（含光盘1张）

凡所购买电子工业出版社图书有缺损问题，请向购买书店调换。若书店售缺，请与本社发行部联系，联系及邮购电话：（010）88254888。
质量投诉请发邮件至zlts@phei.com.cn，盗版侵权举报请发邮件至dbqq@phei.com.cn。
服务热线：（010）88258888。

《中国智能交通行业发展年鉴（2012）》

编　委　会

参加年鉴撰稿和编辑的人员（按姓氏拼音排名）

付长青　吴　旭　裴　欣　何兆成　胡坚明　郭延永　林　瑜

刘永红　徐友春　杨淑娟　常振廷　樊翠翠　虞　鸿　袁　宇

何　佳　胡江碧　刘春煌　刘　攀　袁　宇　朱晓光　蔡伯根

戴　斌　邓小勇　胡　宾　刘　举　钱征宇　秦　勇　孙正良

张学军　朱玉鹏　郭丽君　贾　研　金　晶　贺　松

序

2012 年，我国各族人民在党中央、国务院的正确领导下，坚持以科学发展为主题，以加快转变经济发展方式为主线，认真贯彻落实加强和改善宏观调控的各项政策措施，国民经济各个行业取得新发展，为全面建成小康社会奠定了良好基础。

国家统计资料显示，2012 年度我国交通运输领域发展成就突出。全年货物运输总量 412 亿吨，比上年增长 11.5%；货物运输周转量 173 145 亿吨千米，增长 8.7%；全年规模以上港口完成货物吞吐量 97.4 亿吨，比上年增长 6.8%，其中外贸货物吞吐量 30.1 亿吨，增长 8.8%；规模以上港口集装箱吞吐量 17 651 万标准箱，增长 8.1%；全年旅客运输总量 379 亿人次，比上年增长 7.6%；旅客运输周转量 33 369 亿人千米，增长 7.7%。年末全国民用汽车保有量达到 12 089 万辆（包括三轮汽车和低速货车 1145 万辆），比上年末增长 14.3%，其中私人汽车保有量 9309 万辆，增长 18.3%；民用轿车保有量 5989 万辆，增长 20.7%，其中私人轿车 5308 万辆，增长 22.8%。

信息化和智能化是实现我国交通运输行业战略转型的重要途径。我国交通基础设施建设和交通运输行业大发展的同时，智能交通系统的建设应用在我国也得到迅速发展。智能交通对提升交通效率、保障安全、重大活动交通保障等发挥了重要作用。《中国智能交通行业发展年鉴（2012）》总结和反映了我国智能交通行业 2012 年度的主要情况和发展趋势，为政府部门和社会各界全面了解智能交通行业发展提供了重要的参考。

城镇化、机动化是我国当前社会发展的重要特征。我们在发展中面临着交通安全、交通拥堵、环境污染、资源制约等巨大挑战。智能交通集成应用通信、计算机、控制和智能化车辆等先进技术，对提升政府管理与决策水平、改善出行环境、降低运营成本、提高行业竞争力都具有重要的作用。大力发展智能交通系统，推进智能交通创新发展，是我国智能交通行业长期的任务。

《中国智能交通行业发展年鉴（2012）》全面展示和总结了我国智能交通行业的年度发展成就，全体编委、撰稿专家学者、编辑工作人员为之付出了辛勤的劳动。年鉴付梓之际，谨代表中国智能交通协会，对参与年鉴编辑工作的所有人员以及为年鉴编辑出版提供支持和帮助的单位和个人表示感谢。

中国智能交通协会理事长

2013年9月

《中国智能交通行业发展年鉴（2012）》编辑说明

《中国智能交通行业发展年鉴（2012》是中国智能交通协会和国家智能交通产业技术创新战略联盟组织编写的介绍我国智能交通行业年度发展情况的资料性工具书。本年鉴的总体框架沿用《中国智能交通行业发展年鉴（2010）》和《中国智能交通行业发展年鉴（2011）》的结构，具体内容根据资料情况进行了调整和完善，在编写过程中，也广泛吸收了有关领导、专家和读者提出的意见和建议。

《中国智能交通行业发展年鉴》总体定位为反映我国智能交通行业领域发展状况的权威性与实用性结合的综合性资料。年鉴广泛收集智能交通相关行业发展、政策标准、技术创新、产业发展等资料，总结主要城市和地区的智能交通建设成就，介绍智能交通产业和市场发展情况，力求全面、系统地展示智能交通行业的年度发展情况。

《中国智能交通行业发展年鉴（2012）》分为综述篇、政策及标准篇、技术篇、产业篇、统计篇、纪事篇和附录七大部分。在部分内容上具有一定的特色：综述篇中国际智能交通发展方面，对韩国智能交通系统的发展做了比较系统的介绍；技术篇增加了学术动态内容，介绍了年度智能交通行业的主要学术会议情况，同时对国家科技计划中智能交通相关科技项目进展、首届智能交通科技奖获奖项目等进行了介绍；年鉴新增加了统计篇，统计篇中综合了我国主要城市的交通年报统计资料，可以了解我国主要城市交通的总体发展情况;统计篇中还对我国智能交通相关的主要高校有关院(所)的资料进行了收集，便于了解智能交通领域的人才培养和基础研究等情况。在智能交通主要产品市场分析等方面，目前尚缺乏权威、系统的统计，年鉴在产业篇中收录了有关机构的分析研究报告，以供参考。

在《中国智能交通行业发展年鉴（2012）》的编辑出版过程中，得到了科学技术部高新技术发展及产业化司、高技术研究发展中心以及公安部、交通运输部、铁道部、住房和城乡建设部、中国民航局等部委有关部门领导的指导，得到了有关行业、城市和地区的交通管理部门、高校和研究单位、企业的大力支持，全国智能运输系统标准化技术委员会等为年鉴的编辑出版开展了积极的工作，众多专家积极为年鉴撰稿和整理资料，对编辑工作提供了大力支持，在此一并致谢。

由于智能交通行业涉及领域多且构成比较复杂，年鉴编辑在资料收集、统计等方面还有许多局限，在资料的系统性、全面性、准确性等方面还有待提高。衷心希望智能交通领域的广大同仁和社会各界对年鉴的编辑出版给予更多的关心和支持，使年鉴的总体水平逐年提升。对于年鉴内容的不足之处，敬请广大读者批评指正。

中国智能交通协会
《中国智能交通行业发展年鉴（2012）》编委会
2013 年 9 月

目　录

第一篇　综述篇

第二篇　政策及标准篇

第三篇　技术篇

第四篇 市场篇

第五篇 统计篇

第六篇　纪事篇

第七篇　附录

第一篇

综述篇

第一章

相关行业发展动态

2012年公路行业发展概况[1]

一、发展状况

2012年是我国公路行业发展中重要的一年，面对国内外复杂的经济形势，我国公路交通运输行业认真贯彻落实中央决策部署，坚持主题主线，坚持稳中求进，着力破解发展难题，努力转变发展方式，推进交通运输科学发展，保障了公路行业全年运行平稳，为全面建成小康社会提供了坚实的交通运输保障。

（一）公路设施

2012年末全国公路总里程达423.75万千米，比2011年年末增加13.11万千米。公路密度为44.14千米/百平方千米，比上年末提高了1.37千米/百平方千米，如图1所示。

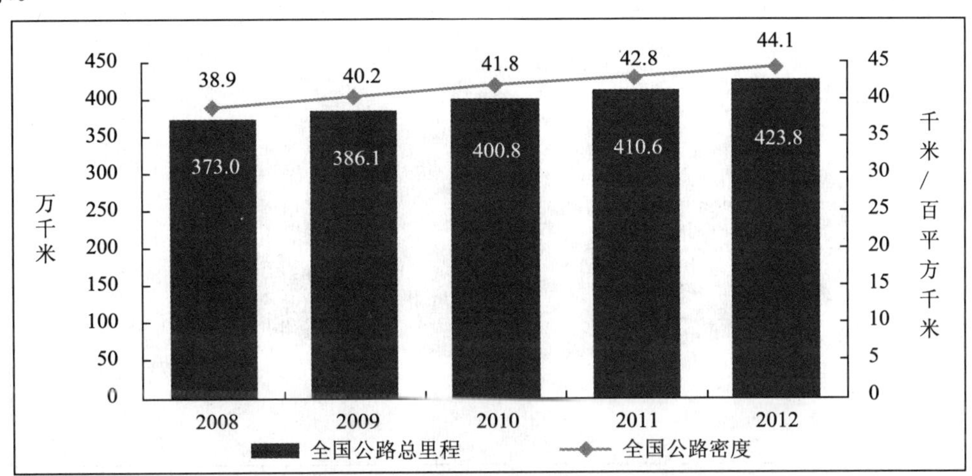

图1　2008—2012年全国公路总里程及公路密度

我国等级公路里程为360.97万千米，比2011年年末增加了15.60万千米。等级公路占公路总里程的85.2%，提高了1.1个百分点。其中，高速公路9.62万千米，占比2.3%，二级及以上公路里程50.20万千米，增加了2.83万千米，占公路总里程的11.8%，提高了0.3个百分点，如图2①所示。

各行政等级公路里程分别为：国道17.34万千米、省道31.21万千米、县道53.95万千米、乡道107.67万千米、专用公路7.37万千米、村道206.22万千米，比上年

［1］“2012年公路行业发展概况”中数据来自《2012年公路水路交通运输行业发展统计公报》。

末分别增加了 0.40 万千米、0.80 万千米、0.59 万千米、1.07 万千米、0.47 万千米和 9.78 万千米。国道中，国家高速公路 6.80 万千米，已完成国家高速公路网规划目标的 79%；普通国道 10.54 万千米，如图 3 所示。

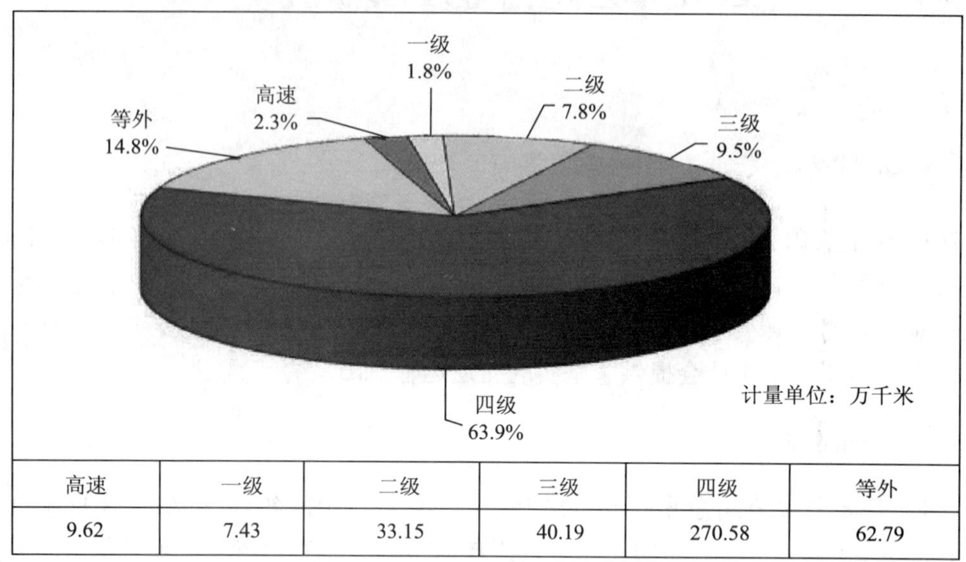

高速	一级	二级	三级	四级	等外
9.62	7.43	33.15	40.19	270.58	62.79

图2　2012年全国各技术等级公路里程构成

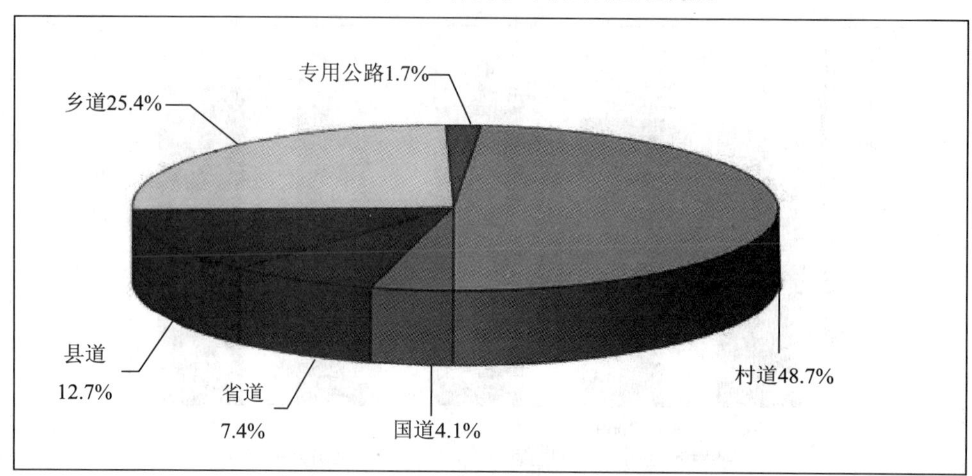

图3　2012年全国各行政等级公路里程构成

全国高速公路里程达 9.62 万千米，比 2011rh 年末增加了 1.13 万千米。全国高速公路车道里程 42.46 万千米，比上年末增加了 4.87 万千米，如图 4 所示。

全国农村公路（含县道、乡道、村道）里程达 367.84 万千米，比 2011 年年末增加了 11.44 万千米。全国通公路的乡（镇）占全国乡（镇）总数的 99.97%，通公路的建制村占全国建制村总数的 99.55%；其中，通硬化路面的乡（镇）占全国乡（镇）总数的 97.43%，通硬化路面的建制村占全国建制村总数的 86.46%，比 2011 年年末分别提高了 0.25 个和 2.42 个百分点。

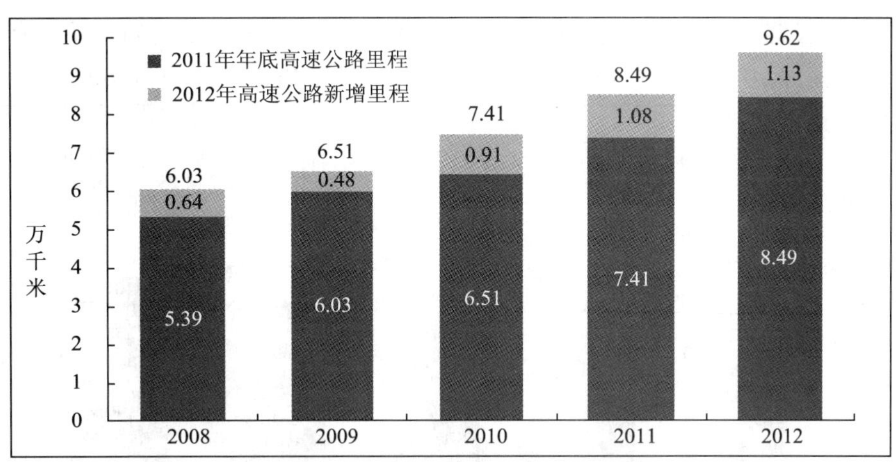

图4　2008—2012年全国高速公路里程

（二）干线公路交通流量

全国国道网机动车全年日平均交通量为 14 515 辆（当量标准小客车，下同），比上年增长 4.4%。全年国道网车流量较大的地区主要集中在北京、天津、上海、江苏、浙江、广东和山东，上述地区国道网的日平均交通量均超过 2 万辆。全国国道网日平均行驶量为 244 883 万车千米（当量标准小客车，下同），比上年增长 6.9%。河北、江苏、浙江、山东、河南、广东的国道网日平均行驶量均超过 10 000 万车千米。全国国道网年平均交通拥挤度为 0.47，比上年增长 2.5%。北京、天津、河北、山西、上海、浙江、湖北、广东的国道年平均拥挤度均超过 0.6。其中，国家高速公路日平均交通量为 22 181 辆，日平均行驶量为 148 742 万车千米，年平均交通拥挤度为 0.37，分别比上年增长 6.4%、13.6% 和 5.0%；普通国道日平均交通量为 10845 辆，日平均行驶量为 111 164 万车千米，年平均交通拥挤度为 0.64，分别比上年增长 3.3%、2.7% 和 0.3%，如图 5 所示[1]。

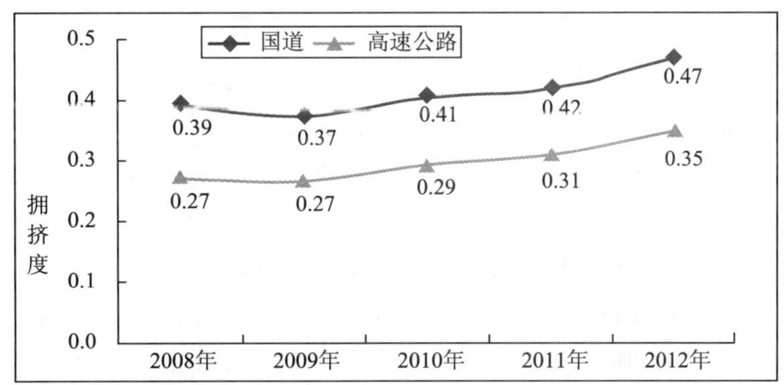

图5　2008－2012年国道、高速公路年平均交通拥挤度

[1] 年平均交通拥挤度：公路某一路段当量标准小客车年平均交通量同当量标准小客车年交通适应量的比值。国道网年平均交通拥挤度：国道网一年中处于中度拥堵和严重拥堵状态路段总里程占国道网总里程的比值。

全国高速公路日平均交通量为 21 305 辆，日平均行驶量为 204 717 万车千米，年平均交通拥挤度为 0.35，分别比上年增长 7.3%、20.2% 和 5.7%，如图 6 所示。

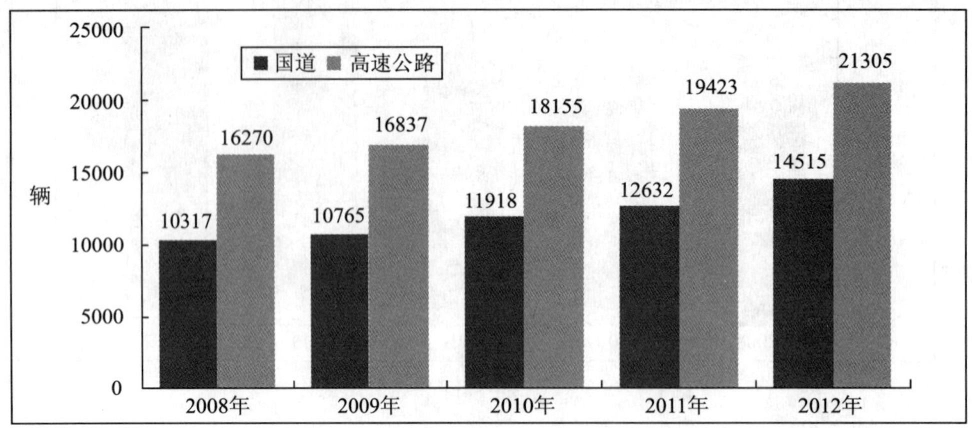

图6　2008－2012年国道、高速公路日平均交通量

（三）公路营运汽车

2012 年末，全国拥有公路营运汽车 1339.89 万辆，比上年末增长 6.0%。拥有载货汽车 1253.19 万辆、8062.14 万吨位，分别比上年末增长 6.3% 和 11.0%，平均吨位 6.43 吨 / 辆，比上年末提高了 0.28 吨 / 辆。其中，普通载货汽车 1184.58 万辆、6963.29 万吨位，分别比上年末增长 6.1% 和 11.0%，平均吨位 5.88 吨 / 辆，提高 0.26 吨 / 辆；专用载货汽车 68.60 万辆、1098.85 万吨位，分别比上年末增长 8.8% 和 11.3%，平均吨位 16.02 吨 / 辆，比上年末提高了 0.35 吨 / 辆。拥有载客汽车 86.71 万辆、2166.55 万客位，分别比上年末增长 2.8% 和 3.8%，平均客位 24.99 客位 / 辆，比上年末提高了 0.25 客位 / 辆。其中，大型客车 28.70 万辆、1222.82 万客位，分别比上年末增长 7.0% 和 8.5%，平均客位 42.60 客位 / 辆，比上年末提高了 0.57 客位 / 辆。

（四）公路客货运输

2012 全年，全国营业性客车完成公路客运量 355.70 亿人、旅客周转量 18467.55 亿人千米，分别比上年末增长 8.2% 和 10.2%。全国完成水路客运量 2.58 亿人、旅客周转量 77.48 亿人千米，分别比上年末增长 4.9% 和 4.0%，如图 7 所示。

全国营业性货运车辆完成货运量 318.85 亿吨、货物周转量 59534.86 亿吨千米，分别比上年增长 13.1% 和 15.9%，平均运距 186.72 千米，比上年末提高了 2.5%。全国完成水路货运量 45.87 亿吨、货物周转量 81707.58 亿吨千米，分别增长 7.7% 和 8.3%，平均运距 1781.27 千米，比上年末增加了 10.62 千米，如图 8 所示。

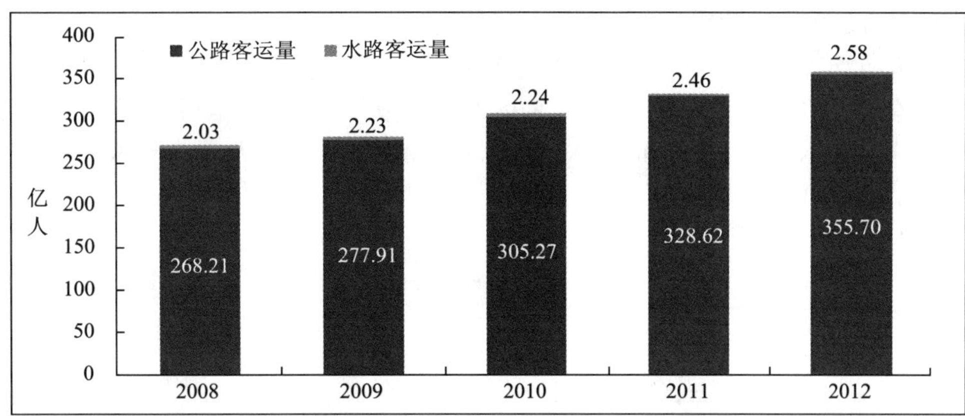

图7　2008—2012年全国公路、水路客运量

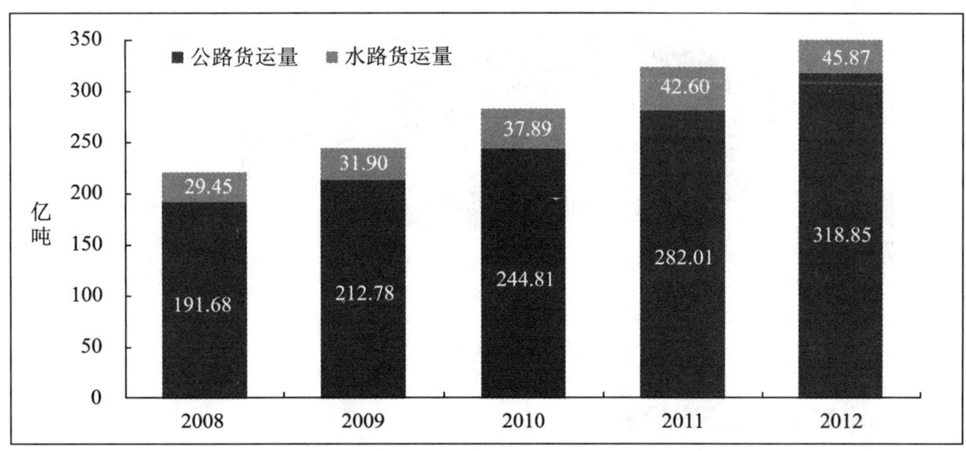

图8　2008—2012年全国公路、水路货运量

（五）城市客运

2012 年年末，全国城市及县城拥有公交专用车道 5255.8 千米，比上年末增加了 830.2 千米。公共汽电车停车场面积 4694.5 万平方米，比上年末增长 7.3%；保养场面积 973.1 万平方米，比上年末增长 13.6%。全国有 15 个城市开通了轨道交通，比上年末增加了 2 个，拥有轨道交通车站 1375 个，比上年末增加了 228 个，其中换乘站 116 个，比上年末增加了 7 个。城市客运轮渡在用码头 268 个。

全国拥有公共汽电车运营车辆 47.49 万辆、52.82 万标台，分别比上年末增长 4.8% 和 5.7%。按燃料类型分，其中柴油车、天然汽车、汽油车分别占 64.5%、18.2% 和 5.0%。拥有轨道交通运营车辆 12611 辆、30672 标台，分别增长 26.8% 和 26.1%。其中，地铁车辆 11225 辆，轻轨车辆 1247 辆，分别比上年末增长 25.5% 和 45.2%。出租汽车运营车辆 129.97 万辆，比上年末增长 2.8%。城市客运轮渡 590 艘。

全国拥有公共汽电车运营线路 38243 条，运营线路总长度 71.46 万千米，比上年末增加了 2359 条、4.16 万千米。轨道交通运营线路 69 条，运营线路总长度 2058 千米，增加了 11 条、359.2 千米，其中地铁、轻轨线路分别为 55 条、1699 千米和 9 条、291

千米。城市客运轮渡运营航线 222 条，运营航线总长度 846 千米。

2012 年全年城市客运系统运送旅客 1228.44 亿人，比上年末增长 5.4%。其中，公共汽电车完成 749.80 亿人，占全部客运系统人数的 61.0%，运营里程 346.82 亿千米，分别比上年末增长 4.8% 和 4.5%；轨道交通完成 87.29 亿人，占全部客运系统人数的 7.1%，运营里程 2.81 亿千米，分别比上年末增长 22.4% 和 17.3%；出租汽车完成 390.03 亿人，占全部客运系统人数的 31.7%，运营里程 1566.28 亿千米，分别增长 3.5% 和 3.1%，平均每车次载客人数 1.96 人，空驶率 29.7%；客运轮渡完成 1.31 亿人，占全部客运系统人数的 0.1%，比上年末下降 23.6%。2012 年城市客运系统完成客运量构成，具体如图 9 所示。

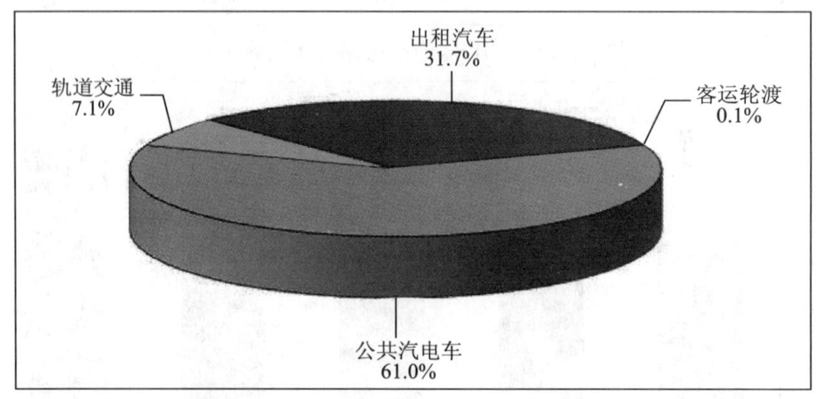

图9　2012年城市客运系统完成客运量构成

（六）公路交通固定资产投资

2012 年全年全国完成公路水路交通固定资产投资 14512.49 亿元，比上年末增长 0.3%，占全社会固定资产投资的 3.9%。分地区看，西部地区完成交通固定资产投资 5400.26 亿元，所占比重为 37.2%，比上年末提高了 1.2 个百分点；东、中部地区分别完成投资 5478.96 亿元、3633.26 亿元，所占比重分别为 37.8% 和 25.0%。集中连片特困地区贫困县完成公路水路交通固定资产投资 2697.76 亿元，如图 10 所示。

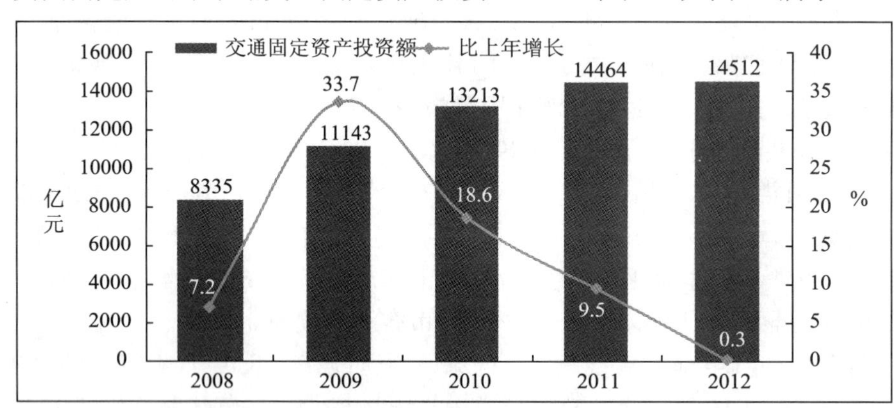

图10　2008—2012年交通固定资产投资额及增长速度

2012 年全年完成公路建设投资 12713.95 亿元，比上年末增长 0.9%。其中，高速公路建设完成投资 7238.30 亿元，比上年末下降 2.5%。国省道改造完成投资 2575.33 亿元，比上年末增长 5.9%。农村公路建设完成投资 2145.02 亿元，比上年末增长 6.7%，新改建农村公路 19.50 万千米。集中连片特困地区贫困县完成公路建设投资 2680.80 亿元。如图 11 所示。

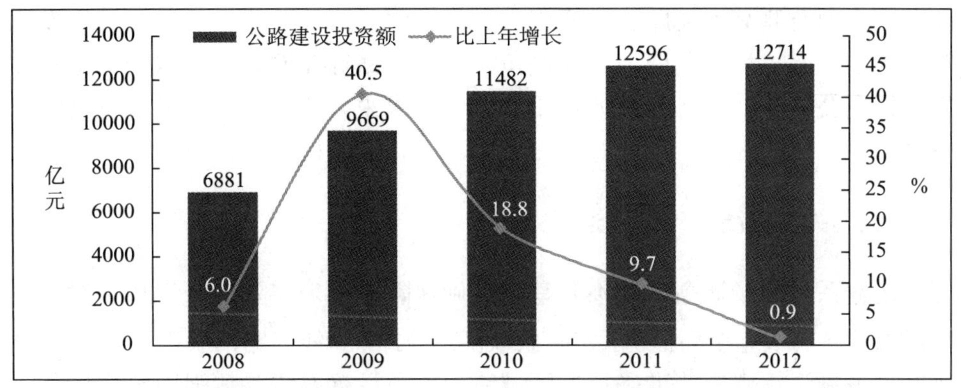

图11　2008—2012年公路建设投资额及增长速度

2012 年全年公路建设到位资金 11124.90 亿元，与投资完成额相比，资金到位率为 87.5%。到位资金中，上年末结余资金占 3.0%，国家预算内资金占 1.8%，车购税占 17.0%，国内贷款占 36.4%，利用外资占 0.4%，地方自筹占 33.0%，企事业单位资金占 6.8%，其他资金占 1.6%。

（七）公路交通运输能源消耗、环境保护与生产安全

在公路运输能源消耗方面，2012 年，监测的城市公交企业每万人次单耗 1.4 吨标准煤，比上年末下降 2.3%。班线客运企业每千人千米单耗 11.7 千克标准煤，比上年末增长 2.0%。专业货运企业每百吨千米单耗 1.7 千克标准煤，比上年末下降 23.4%。在环境保护方面，初步统计，全年公路水路交通运输行业环境保护投入 176 亿元，其中公路环境保护投入 152 亿元。公路环境保护投入中，生态保护设施占 75%，污染防治设施占 14%。

在生产安全方面，2012 年全国共查处超速行驶 9000 多万起，因超速行驶肇事导致 7000 多人死亡，是导致交通事故最多的交通违法行为；全国共查处不按交通信号灯指示通行交通违法行为 2649 万起，平均每天 7 万多起。全国接报涉及人员伤亡的路口交通事故 4.6 万起，造成 1.1 万人死亡、5 万人受伤，分别上升 17.7%、16.5% 和 12.3%。其中，因路口违反交通信号灯导致的事故起数上升 17.9%。全国私家车导致的事故起数、死亡人数上升 5.5% 和 6.5%，分别占机动车肇事总数的 68.7% 和 58.8%，比 2011 年上升 6.4 和 6.2 个百分点。2012 年，驾龄不满 1 年的驾驶人交通肇事导致事故起数、死亡人数同比分别上升 22.6% 和 25.7%，死亡人数占机动车驾驶人肇事总数的 15.4%，比 2011 年高出 3.7 个百分点。特别是在超速行驶、酒后驾驶、违法会车、违法占道行驶等违法导致的事故中，驾龄不满 1 年的驾驶人肇事明显居高。

二、ITS需求分析

公路交通是国民经济中基础性。战略性行业，未来公路交通运输行业所面临的形势更加复杂，各种新问题、新矛盾不断涌现，要求行业主管部门准确把握交通行业发展动态和运输经济运行状况，借助新一代物联网、云计算和大数据处理技术等新技术及时获取、全面监测高速公路、主要国省道等干线公路关键路段、重要基础设施、运输车辆的运行状态、快速判断、科学决策，提高公路行业的智能化水平，保障公路运行安全，提高公路行业服务公众的水平和能力。未来公路行业ITS需求将集中在如下几个方面。

（一）更加关注提高基础设施运行效率

交通运输系统的畅通高效离不开基础设施保障，未来需要进一步加强对公路基础设施和运输装备的状态全面监测，实时获取高速公路、干线公路网关键路段、重点桥梁、隧道等基础设施运行状态，准确把握区域路网交通运行态势，加强国家高速公路及重要干线路网的运营监管和协调运行水平，提高路网运行效能，为我国经济社会发展和人民群众出行提供重要支撑。

（二）更加关注交通运输系统的整体安全水平

针对我国各地极端天气和重大灾害事件频发的现象，需要加强公路沿线精细化气象预警系统建设，加强高速公路车辆的动态监管力度和应急处置能力，要加强跨区域、跨部门联网联控和应急处置能力，构建交通运输、公安、医疗急救等部门的应急联动和救援服务体系，加强重点物资运输保障，提高大范围路网协同运行控制、应急响应与决策的科学性，提高交通运输系统的整体安全水平，减少人员伤亡。

（三）更加关注提升主动安全技术

未来主动安全将成为改善交通安全的重要手段，以人的因素为切入点，加强基于车路合作的主动安全预警及辅助驾驶系统建设，利用运载工具和基础设施交互合作的安全保障技术来提高主动预警能力，旨在通过出行者、智能车载单元和智能路侧单元之间的实时、高效和双向的信息交互，为交通参与者提供全时空的、可靠的交通信息，保障车辆的行驶安全，有效提升道路交通系统的安全性和可靠性。

（四）更加关注公众出行和综合信息服务

为公众出行提供高品质的信息服务是智能交通系统建设的重点，通过加强公路与铁路、民航、水运等部门在信息服务领域的信息交换和共享，实现出行综合信息、安全预警信息内容日益融合，依托下一代互联网、宽带移动通信网和数字广播的新一代交通信息服务逐渐普及，主动推送、双向交互的服务方式成为主流。出行者可以随时随地获取可靠、可信的综合交通信息服务，满足人民群众安全、便捷、畅通的多样化出行需求。

（五）更加关注交通运输绿色环保水平

公路交通行业是节能降耗的重要领域，降低行业能源消耗水平、减少尾气排放是实现国家“两型社会”重大战略目标和履行国际承诺的客观要求。为处理好交通发展与资源节约、环境保护的关系，要求大力发展智能交通系统，保障交通运输系统畅通高效运行，减少因交通拥堵造成的能耗和污染，加强对交通运输行业能源消耗和排放的监测监控，加快高能耗、高排放、高污染运输装备淘汰更新，确实提高公路运输绿色环保水平。

（撰稿：李斌）

2012年铁路行业发展概况

2012 年，铁路系统认真贯彻落实党中央、国务院对铁路工作的要求，以铁路科学发展为主题，以加快转变铁路发展方式为主线，扎实推进安全风险管理，科学有序推进铁路建设，努力提高运输服务质量，全面实施客货运输组织改革，大力发展多元化经营，铁路工作取得显著成绩，为经济社会发展作出了重要贡献。

一、铁路建设科学有序推进

铁路系统认真贯彻中央关于稳增长、调结构战略部署，加大铁路建设资金筹集力度，积极推进铁路投融资体制改革，深化铁道部与各省市合作，有序推进铁路建设，鼓励地方政府和铁路系统共同承担资金筹集及建设推进工作。加强和改进建设管理、理顺建设管理体制，深入推进铁路建设项目标准化管理；加强工程调度指挥，依法加快铁路建设。按照铁道部门统一部署和统一组织，各铁路参建单位集中优势资源，加强施工组织，保证工程进度，按时完成年度建设任务。一批铁路重点铁路项目建成投产，世界上第一条高寒高速铁路——哈大高速铁路顺利开通运营；京石、石武高速铁路建成并投产运营，标志着世界上营业里程最长的高速铁路——京广高铁全线贯通；合蚌、汉宜等一批重点项目顺利开通运营。2012 年，全国铁路完成新线铺轨 4921 千米、复线铺轨 4429 千米，投产新线 5389 千米、复线 4826 千米、电气化铁路 6073 千米，营业里程达 97625.5 千米，铁路建设取得了丰硕成果。

二、客货服务质量实现较大幅度提升

铁路系统坚持以人民群众满意为根本标准，认真践行“以服务为宗旨、待旅客如亲人”的理念，进一步优化铁路客货服务环境，改进服务态度，努力提升服务质量。进一步创新了铁路售票组织工作，加大铁路信息化以提升客货服务质量力度，全面推行电话订票、互联网售票和实名制售票，大幅增加客票代售点和自助售票点数量，为旅客购票提供了快捷和方便，明显改善了旅客购票体验。根据社会需求，优化了铁路列车开行方案，统筹安排高速铁路和普速铁路旅客列车运行计划，增强旅客列车开行的灵活性，努力适应节假日、双休日和日常旅客出行需要。全面整治铁路客运车站和旅客列车服务设施，落实旅客候车、乘降、餐饮、卫生等基本服务标准，强化对老弱病残孕等重点旅客的服务。春节、暑运、黄金周期间，消除了旅客彻夜排队购票和列车严重超员的现象，有效遏制了倒票等问题，铁路客运服务质量得到了大幅度提升。大力推进铁路货运电子商务系统建设工作，以网上受理为代表、面向社会的货运营销工作向市场进一步拓展和延伸。9 月 20 日，全国铁路实施了货运网上受理业务，提供了短信、语音等多渠道客货服务方式，正式向社会提供信息服务和需求提报受理服务，得到了国家有关部门的高度评价，赢得了社会和人民群众的好评。

三、铁路多元化经营取得明显成效

面对宏观经济增速放缓、运输市场低迷的状况，铁路系统大力实施多元化经营战略，推动经营理念、经营方式和经营机制转变，铁路走向市场的步伐明显加快。按照"一体化、网络化、规范化和高度融合"的思路，各铁路局充分发挥市场主体作用，转换经营机制，创新运输组织方式，优化运输产品结构，积极开展市场营销，统筹推进各类经营业务协调发展。以发展现代物流为主攻方向，大力推进现代物流发展，促进铁路传统运输业向现代物流转型，按照铁路运力资源公开、公平、公正服务于社会的原则，继在春运中成功推进客运组织改革之后，推进以门到门运输和"实货制"运输为主要内容的货运组织改革，积极开展全程物流服务，为铁路货运走向市场迈出了重要步伐。积极拓展并充分发挥铁路资源优势和网络优势，大力发展车站和列车商贸、广告旅游、工程监理等产业，铁路非运输业经营实力得到明显增强。

四、铁路安全生产持续稳定

在路网规模快速扩充，特别是高速铁路快速发展、安全环境复杂、安全风险不断加大的新形势下，全国铁路扎实推进安全风险管理，进一步界定铁道部、铁路局和站段在安全管理中的职能定位，健全各部门、各岗位安全职责、工作标准和工作流程，完善规章制度，强化了安全管理基础。加强安全生产过程控制，狠抓职工培训和作业标准化落实，深入开展安全大检查活动。加大高速铁路安全、施工安全、汛期安全、路外安全等重点领域安全风险专项整治力度。进一步完善应急预案，加强应急演练，提升应急处置能力。2012 年，杜绝了重特大铁路交通事故，杜绝了造成旅客死亡的责任行车事故，确保了运输安全持续稳定。

五、信息化、智能化铁路建设积极推进

第一，进一步提高高速铁路智能化水平。在京哈、京石、石武等新建高速铁路建成并上线应用了调度指挥、旅客服务、综合视频监控等信息系统，为高速铁路动车组列车安全运行提供了信息化支撑和保障。充分利用信息化、智能化检测与监测技术，强化对高速铁路行车安全的自动化监测和防控。运用多种型号高速综合检测列车，定期对不同速度标准的高速铁路固定设施进行安全检测，加强对检测监测数据的深度挖掘和智能分析，高速综合检测列车成为保证高速铁路运营安全不可缺少的重要装备。建设了高速铁路牵引供电检测监测系统，实现了对接触网和供电设备的综合检测监测。应用通信信号监测预警系统，实时监测铁路数字移动通信系统（GSM-R）的网络状况，

实现对铁路信号设备的不间断监测。推进了高速铁路基础设施智能化监测系统建设，在高速铁路轨道结构状态、路基沉降变形、桥梁结构、特长隧道安全和大型客站结构的实时监测方面发挥了重要作用。第二，积极推进铁路信息化建设。进一步扩大车辆运行安全监控系统（5T）建设覆盖范围，全路安装5T设备7000余台套，基本覆盖了铁路主要干线。完成了铁路货运计量安全检测监控系统升级开发和应用推广工作，铁路运输检测监测水平和安全防护能力明显提升。进一步深化运输组织信息化建设和应用。推进口岸站信息系统、中俄铁路国际联运电子信息交换系统建设。研究物联网智能感知应用技术，启动了集装箱铁水联运物联网示范工程建设。推进编组站信息化建设，实现了对编组站列车、机车、车辆信息的综合管理和解编列车溜放速度、进路的自动控制，实现了编组站列车解编作业一体化，取得良好效果。第三，铁路网络与信息安全保障能力不断提升。开展铁路信息安全风险管理，加强信息安全风险评估和信息安全测评工作，铁路信息系统安全等级保护工作进一步强化，网络和信息系统运行维护、网络监控和病毒防范能力不断提升，网络与信息安全管理工作明显加强，确保了铁路信息网络和重要信息系统安全稳定运行。

（撰稿：马建军）

2012年水运行业发展概况

一、发展状况

（一）基础设施建设

水路交通基础设施建设稳步推进。2012 年底，全国内河航道通航里程 12.50 万千米，比上年末增加 383 千米。等级航道 6.37 万千米，占总里程的 51.0%，提高 0.7 个百分点。其中，三级及以上航道 9894 千米，五级及以上航道 2.64 万千米，分别占总里程的 7.9% 和 21.1%，分别提高 0.3 个和 0.3 个百分点，如图 1 所示。全国港口拥有生产用码头泊位 31862 个，比上年末减少 106 个。其中，沿海港口生产用码头泊位 5623 个，增加 91 个；内河港口生产用码头泊位 26239 个，减少 197 个，如图 1 所示。

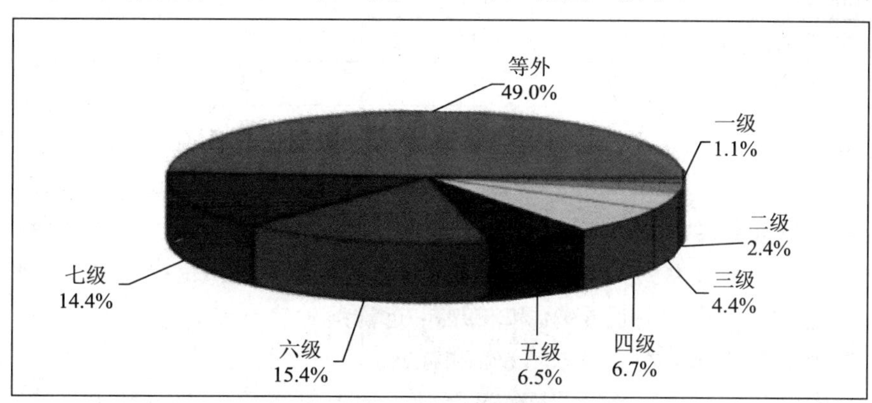

图1　2012年全国内河航道通航里程构成

全国港口拥有万吨级及以上泊位 1886 个，比上年末增加 124 个。其中，沿海港口万吨级及以上泊位 1517 个，增加 95 个；内河港口万吨级及以上泊位 369 个，增加 29 个，如表 1 所示。

全国万吨级及以上泊位中，专业化泊位 997 个，通用散货泊位 379 个，通用件杂货泊位 340 个，比上年末分别增加 55 个、41 个和 18 个，如表 2 所示。

表1　2012年全国港口万吨级及以上泊位（计量单位：个）

泊位吨级	全国港口	比上年末增加	沿海港口	比上年末增加	内河港口	比上年末增加
合计	1886	124	1517	95	369	29
1～3万吨级（不含3万）	732	24	564	16	168	8

续表

泊位吨级	全国港口	比上年末增加	沿海港口	比上年末增加	内河港口	比上年末增加
3～5万吨级（不含5万）	335	24	232	16	103	8
5～10万吨级（不含10万）	581	53	489	40	92	13
10万吨级以上	238	23	232	23	6	—

表2　全国万吨级及以上泊位构成（按主要用途分，计量单位：个）

泊位用途	2012年	2011年	比上年增加
专业化泊位	997	942	55
#集装箱泊位	309	302	7
煤炭泊们	189	178	11
金属矿石泊位	60	52	8
原油泊位	68	68	—
成品油泊位	114	111	3
液体化工泊位	141	123	18
散装粮食泊位	34	33	1
通用散货泊位	379	338	41
通用件杂货泊位	340	322	18

在全国水路货运中，内河运输完成货运量23.02亿吨、货物周转量7638.42亿吨千米，比上年分别增长9.5%和16.4%；沿海运输完成货运量16.27亿吨、货物周转量20657.06亿吨千米，分别增长6.9%和5.9%；远洋运输完成货运量6.58亿吨、货物周转量53412.10亿吨千米，分别增长3.6%和8.2%。

全年全国港口完成货物吞吐量107.8亿吨，比上年增长7.3%。其中，沿海港口完成68.80亿吨，内河港口完成39.00亿吨，分别增长8.2%和5.9%，如图2所示。

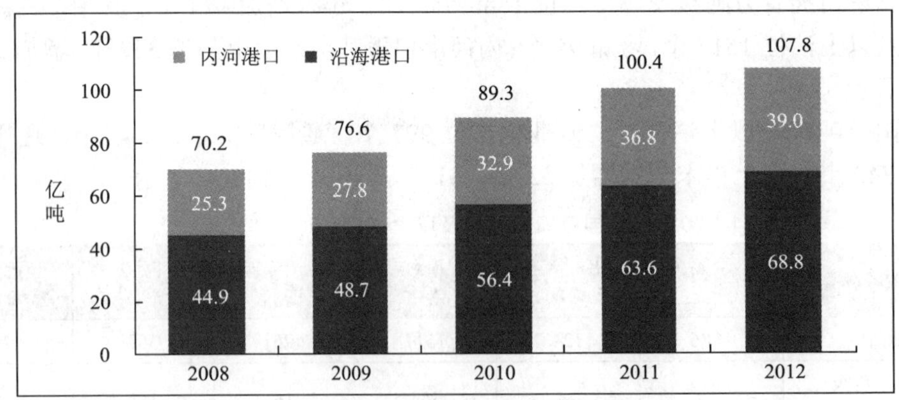

图2　2008—2012年全国港口货物吞吐量

全国港口完成旅客吞吐量 1.94 亿人，比上年下降 0.1%。其中，沿海港口完成 0.79 亿人，内河港口完成 1.15 亿人，分别下降 1.5% 和增长 0.8%，如图 3 所示。

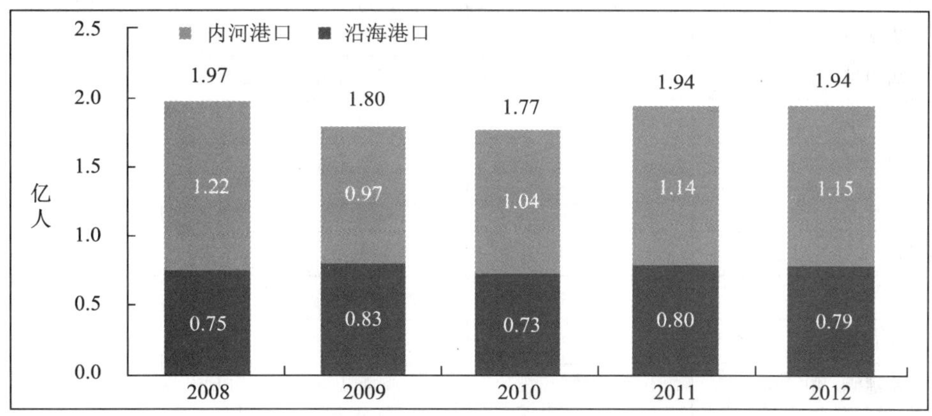

图3　2008—2012年全国港口旅客吞吐量

全国港口完成外贸货物吞吐量 30.60 亿吨，比上年增长 9.7%。其中，沿海港口完成 27.90 亿吨，内河港口完成 2.70 亿吨，分别增长 9.5% 和 12.0%，见图 4 所示。

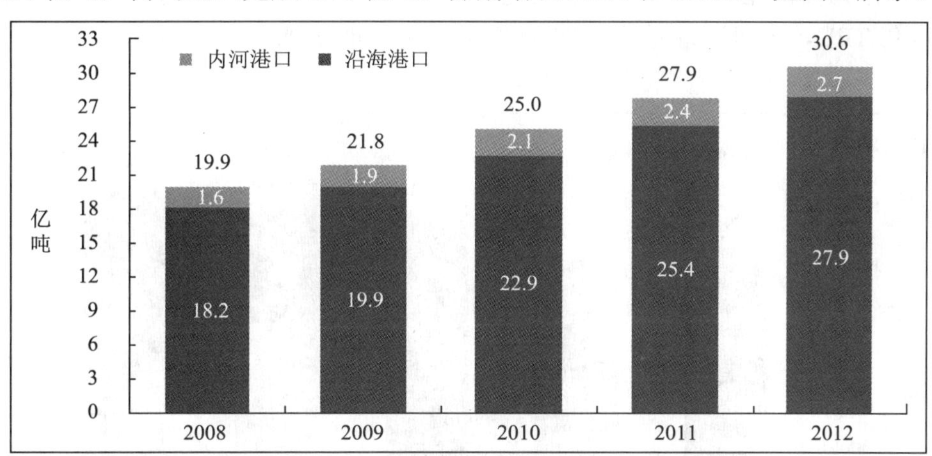

图4　2008—2012年全国港口外贸货物吞吐量

货物吞吐量超过亿吨的港口由上年的 26 个增加到 29 个。其中，沿海亿吨港口 19 个，内河亿吨港口 10 个，如表 3 所示。

表3　货物吞吐量超过亿吨的港口（计量单位：亿吨）

港　口	货物吞吐量	港　口	货物吞吐量
沿海港口			
宁波—舟山港	7.44	深圳港	2.28
上海港	6.37	烟台港	2.03
天津港	4.77	北部湾港	1.74
广州港	4.35	连云港港	1.74
青岛港	4.07	厦门港	1.72

续表

港　口	货物吞吐量	港　口	货物吞吐量
大连港	3.74	湛江港	1.71
唐山港	3.65	黄骅港	1.26
营口港	3.01	福州港	1.14
日照港	2.81	泉州港	1.04
秦皇岛	2.71		
内河港口			
苏州港	4.28	江阴港	1.32
南京港	1.92	泰州港	1.32
南通港	1.85	重庆港	1.25
湖州港	1.78	嘉兴内河港	1.09
镇江港	1.35	岳阳港	1.04

全国港口完成集装箱吞吐量 1.77 亿 TEU，比上年增长 8.4%。其中，沿海港口完成 1.58 亿 TEU，内河港口完成 1950 万 TEU，比上年分别增长 8.0% 和 12.3%，如图 5 所示。

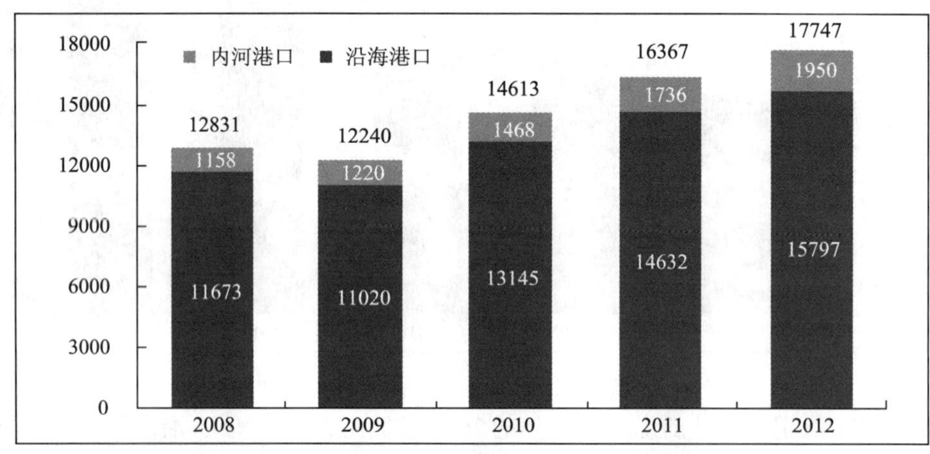

图5　2008—2012年全国港口集装箱吞吐量

集装箱吞吐量超过 100 万 TEU 的港口由上年的 19 个增加到 22 个。其中，沿海港口 18 个，内河港口 4 个，如表 4 所示。

表4　集装箱吞吐量超过100万TEU的港口（计量单位：万TEU）

港　口	集装箱吞吐量	港　口	集装箱吞吐量
沿海港口			
上海港	3252.94	营口港	485.10
深圳港	2294.13	烟台港	185.05
宁波—舟山港	1617.48	福州港	182.50

续表

港　口	集装箱吞吐量	港　口	集装箱吞吐量
广州港	1454.74	日照港	174.92
青岛港	1450.27	泉州港	169.70
天津港	1230.31	丹东港	125.05
大连港	806.43	汕头港	125.02
厦门港	720.17	虎门港	110.36
连云港港	502.01	海口港	100.01
内河港口			
苏州港	586.35	南京港	230.03
佛山港	266.71	江阴港	115.38

全国港口完成液体散货吞吐量 9.06 亿吨，比上年下降 0.5%；干散货吞吐量 62.91 亿吨，增长 7.4%；件杂货吞吐量 10.64 亿吨，增长 4.6%；集装箱吞吐量（按重量计算）19.81 亿吨，增长 11.7%；滚装汽车吞吐量（按重量计算）5.33 亿吨，增长 10.2%。液体散货、干散货、件杂货、集装箱和滚装汽车在港口货物吞吐量中所占比重分别为 8.4%、58.4%、9.9%、18.4% 和 4.9%，如图 6 所示。

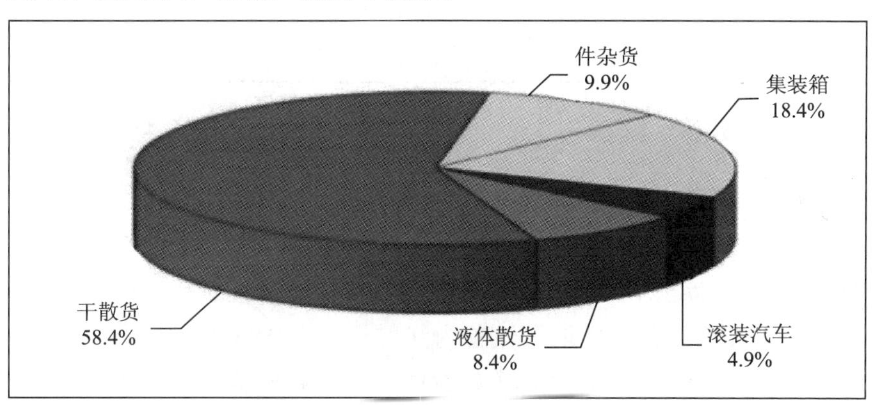

图6　2012年各形态货种吞吐量构成

全国规模以上港口完成货物吞吐量 97.75 亿吨，比上年增长 7.2%。其中，完成煤炭及制品吞吐量 19.96 亿吨，石油、天然气及制品吞吐量 7.38 亿吨，金属矿石吞吐量 15.00 亿吨，分别增长 2.7%、下降 1.3% 和增长 8.3%，如表 5 所示。

表5　2012年规模以上港口各货类吞吐量及增长速度

货类名称	吞吐量（亿吨）	比上年增长（%）	外贸吞吐量	比上年增长
总计	97.75	7.2	30.31	9.7
煤炭及制品	19.96	2.7	2.63	23.3
石油、天然气及制品	7.38	−1.3	3.36	6.4
#原油	3.93	−3.9	2.56	6.1

续表

货类名称	吞吐量（亿吨）	比上年增长（%）	外贸吞吐量	比上年增长
金属矿石	15.00	8.3	9.08	10.9
#铁矿石	13.29	7.7	7.96	10.6
钢铁	4.23	1.0	0.67	0.6
矿建材料	14.94	10.2	0.27	−1.3
水泥	2.49	12.7	0.11	19.2
木材	0.66	4.5	0.52	10.7
非金属矿石	2.06	−3.4	0.47	−9.5
化学肥料及农药	0.38	0.4	0.20	6.7
盐	0.13	5.0	0.05	29.2
粮食	2.00	20.1	0.76	31.4
机械、设备、电器	1.95	13.9	1.18	8.8
化工原料及制品	1.90	8.8	0.77	7.6
有色金属	0.12	34.8	0.10	31.6
轻工、医药产品	1.00	9.9	0.46	−3.8
农林牧渔业产品	0.43	30.0	0.22	35.5
其他	23.10	11.4	9.44	7.5

（二）建设投资结构

水运建设投资结构进一步优化。全年内河及沿海建设完成投资 1493.82 亿元，比上年增长 6.3%。其中，内河建设完成投资 489.68 亿元，增长 23.1%。内河港口新建及改（扩）建码头泊位 251 个，新增吞吐能力 12025 万吨，其中万吨级及以上泊位新增吞吐能力 5250 万吨。全年新增及改善内河航道里程 686 千米。沿海建设完成投资 1004.14 亿元，下降 0.3%。沿海港口新建及改（扩）建码头泊位 135 个，新增吞吐能力 32401 万吨，其中万吨级及以上泊位新增吞吐能力 30683 万吨。集中连片特困地区贫困县完成水运建设投资 16.02 亿元，如图 7 所示。

（三）运输保障能力

运输保障能力不断增强，服务水平进一步提升。在运输装备方面，继续推进运力结构调整，鼓励发展专业化、大型化运输工具。2012 年底，全国拥有水上运输船舶 17.86 万艘，比上年末减少 0.4%；净载重量 22848.62 万吨，增长 7.5%，如图 8 所示。

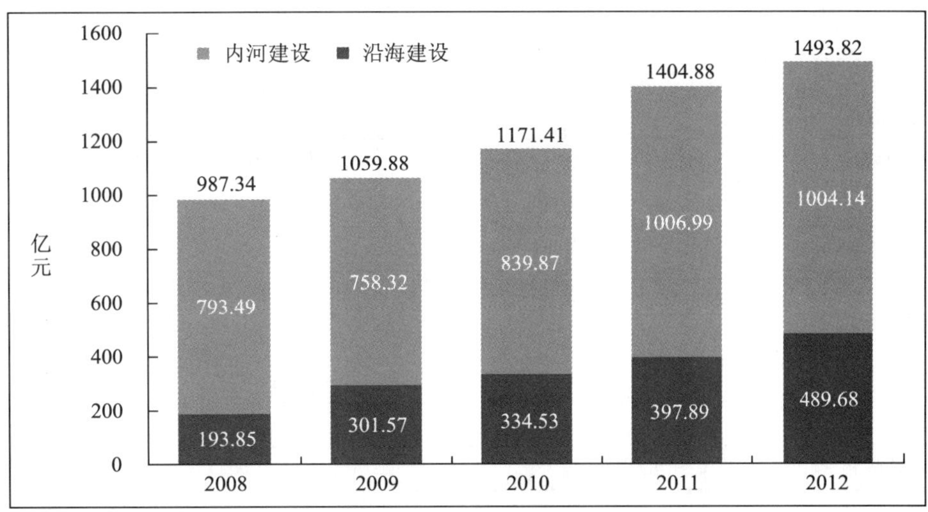

图7　2008—2012年水运建设投资额

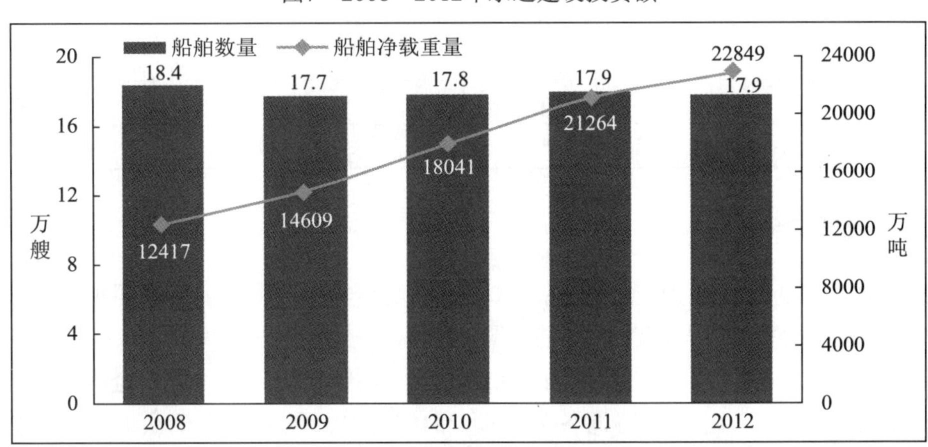

图8　2008—2012年全国水上运输船舶拥有量

按照航区划分，船舶平均净载重量1279.38吨/艘，增长7.8%；载客量102.51万客位，增长1.7%；集装箱箱位157.36万TEU，增长6.7%；船舶功率6389.46万千瓦，增长7.4%，如表6所示。

表6　2012年水上运输船舶构成（按航行区域分）

指　标	计量单位	实　绩	比上年增长（%）
内河运输船舶			
运输船舶数量	万艘	16.52	−0.4
净载重量	万吨	9381.58	6.9
平均净载重量	吨/艘	568	7.3
载客量	万客位	81.65	−0.3
集装箱箱位	万TEU	18.98	18.1
船舶功率	万千瓦	2995.16	8.1

续表

指　标	计量单位	实　绩	比上年增长（%）
沿海运输船舶			
运输船舶数量	艘	10947	0.4
净载重量	万吨	6523.25	12.8
平均净载重量	吨/艘	5959	12.4
载客量	万客位	18.90	11.8
集装箱箱位	万TEU	22.72	11.8
船舶功率	万千瓦	1705.97	11.2
远洋运输船舶			
运输船舶数量	艘	2486	－0.3
净载重量	万吨	6943.79	3.6
平均净载重量	吨/艘	27932	3.9
载客量	万客位	1.95	－4.5
集装箱箱位	万TEU	115.66	4.1
船舶功率	万千瓦	1688.33	2.7

（四）交通安全监管

水上交通安全监管能力稳步增强。2012年，全年全国共发生运输船舶水上交通事故270件，死亡失踪277人，沉没（全损）船165艘，比上年分别下降9.4%、4.8%和5.7%，直接经济损失4.66亿元，比上年增加19.5%。全国各级海上搜救中心全年共组织、协调搜救行动1954次，出动、协调各类船艇7316艘次、飞机352架次；在我国搜救责任区遇险船舶1863艘，获救船舶1508艘，遇险人员16957名，成功搜救16392名，搜救成功率达96.7%。公路水路交通运输建设领域全年共发生生产安全事故41起、死亡99人，分别下降41.4%和17.5%。其中，死亡3～9人的较大事故10起、死亡41人，分别减少5起、17人。死亡10～29人的重大事故1起、死亡20人。

二、发展趋势

（一）综合物流化

我国航运业将进一步延伸。建立公铁水联运的现代化物流服务体系将成为水路运输发展的一个主攻方向。

首先，从市场需求方面看，国内大型货主企业随着自身生存经营的需要，迫切要求提高物流效率，降低物流成本，减少中转损耗，并且在传统物流运输服务的基础上愈来愈多地提出了增值服务的要求。其次，水路运输企业自身具有发展物流服务的优势和条件：①水路运输企业在沿海、沿江和内陆城市具有相对完善的航运代理网络优势，具备开具物流服务的基本硬件条件；②相对于其他物流服务提供商，水路运输公司具有雄厚的资金实力和经营管理水平；③水路运输企业的客户资源对未来的物流市场开发提供了先天性的资源。

（二）联盟合作化

合作联盟将成为未来水路运输市场的一大主流。加强航运合作，可以降低成本，分散世界经济带来的行业系统性风险，提高竞争力。水路运输企业将越来越多的与上游供应商、服务提供商、本行业企业以及下游大型客户之间通过战略合作协议、合资合营等方式建立长期稳定的联盟合作关系，以提高企业对市场竞争的反应力，更加有效的配置资源，提高企业核心竞争力。

同时，区域间的合作也加快发展，长三角内河航运一体化、珠三角航运一体化发展趋势明显。

（三）ITS 的应用发展

1. 水上智能交通系统

水上智能交通系统作为一个全新的技术理念，其实质就是利用先进的信息技术、通信技术和网络技术，将所有的航运相关系统整合在一起，促进与其他运输模式系统有机衔接，将人—船舶—航道—环境有机统一，实现监管、服务、控制、决策等一体化功能，使航运相关实体之间能够实现快速、协同、科学地决策与行动。经过几年的发展，我国水上智能交通系统的信息采集包括港口雷达跟踪、CCTV 视频监控、AIS 信息获取、GPS 定位、VHF 通信等子系统基本布设完成及多源数据融合系统已经基本搭建完成，即将进入应用服务实验阶段。

2.E- 航海

E- 航海（E-Navigation）是全球航海信息化发展的大方向。其指通过电子的方式，对船上、岸上的海事信息进行协调一致的收集、整合、交换、显示及分析，以增强船舶泊位到泊位的航行能力以及其他相关服务，推动航行安全，提高海上安全及安保水平，降低航海人员的工作负担，并保护海洋环境。E- 航海的总体框架一般包括船上环境、物理链路和岸上环境 3 大部分，其 3 个核心要素分别是定位、电子海图及通信问题。E- 航海作为一个集成的、全方位覆盖的系统，将通过一个能够容纳现有的及未来新技术的标准化的统一平台，为航运业的各方带来优势。

（撰稿：严新平、黄明）

2012年中国民用航空发展概况

一、我国民用航空发展现状

2012年，民航全行业紧紧围绕科学发展的主题和转变发展方式的主线，认真贯彻落实《国务院关于促进民航业发展的若干意见》，做了大量扎实有效的工作，全行业保持了健康发展。

（一）航空公司与机队规模

截至2012年底，我国共有运输航空公司46家，其中，国有控股公司36家，民营和民营控股公司10家。获得通用航空经营许可证的通用航空企业146家，其中，华北地区41家，中南地区27家，华东地区29家，东北地区16家，西南地区16家，西北地区11家，新疆地区6家。

截至2012年底，民航全行业运输飞机期末在册架数1941架，比上年增加177架。通用航空企业适航在册航空器总数达到1320架，其中教学训练用飞机328架。

（二）机场服务能力

截至2012年底，我国共有颁证运输机场183个，比上年增加3个。2012年新增机场分别为黑龙江加格达奇机场、江苏扬州泰州机场和贵州遵义机场。另外，完成了昆明长水机场的迁建工作。四川攀枝花机场、新疆且末机场停航，如表1所示。

表1　2012年各地区运输机场数量

地　　区	运输机场数量	占全国比例
全国	183	100%
其中：东北地区	20	10.9%
东部地区	47	25.7%
西部地区	91	49.7%
中部地区	25	13.7%

（三）机场业务量

2012年，全国民航运输机场完成旅客吞吐量6.8亿人次，比上年增长9.5%，如图1所示。

2012 年全国运输机场完成货邮吞吐量 1199.4 万吨，比上年增长 3.6%，如图 2 所示。

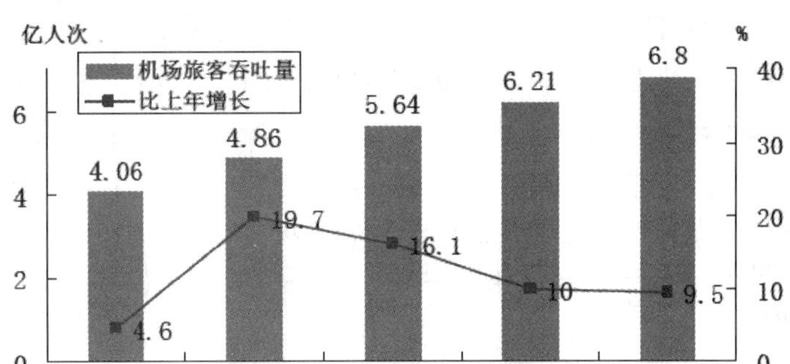

图1　2008—2012年民航运输机场旅客吞吐量

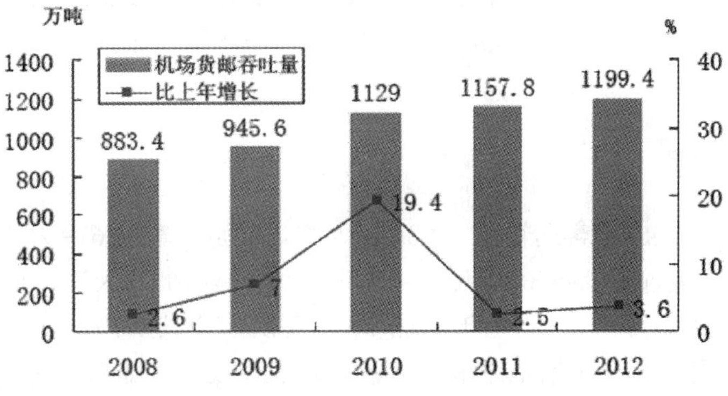

图2　2008—2012年民航运输机场邮货吞吐量

2012 年，全国运输机场完成起降架次 660.32 万架次，比上年增长 10.4%，如图 3 所示。

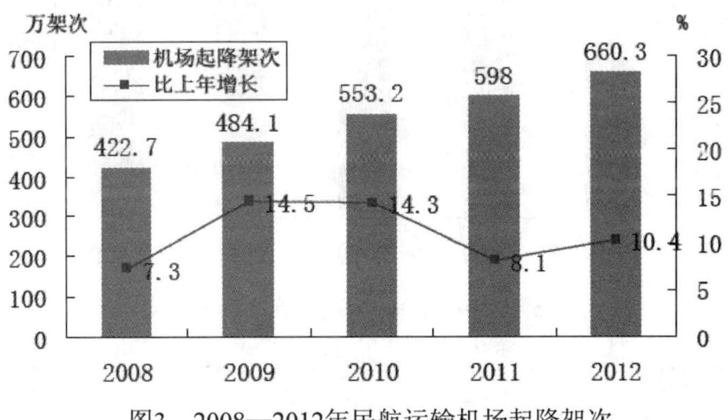

图3　2008—2012年民航运输机场起降架次

（四）运输总周转量

2012 年，全行业完成运输总周转量 610.32 亿吨千米，比上年增加 32.88 亿吨千米，增长 5.7%，其中旅客周转量 446.43 亿吨千米，比上年增加 42.90 亿吨千米，增长 10.6%；货邮周转量 163.89 亿吨千米，比上年减少 10.02 亿吨千米，减少 5.8%。其中，国内航线完成运输周转量 415.83 亿吨千米，比上年增加 35.22 亿吨千米，增长 9.3%，其中港澳台航线完成 13.66 亿吨千米，比上年增加 1.02 亿吨千米，增长 8.1%；国际航线完成运输周转量 194.49 亿吨千米，比上年减少 2.35 亿吨千米，减少 1.2%，如图 4 所示。

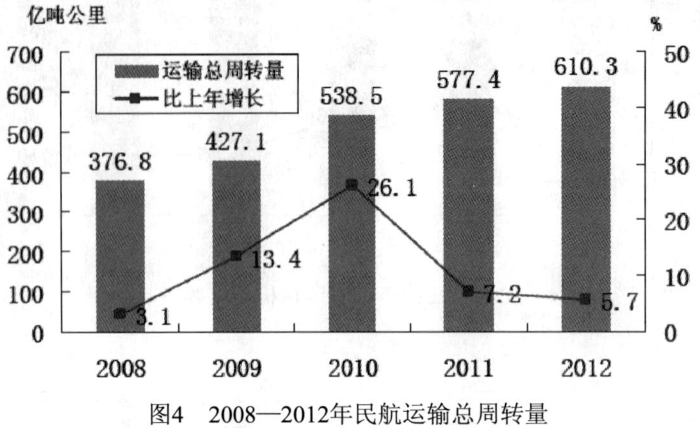

图4　2008—2012年民航运输总周转量

（五）旅客运输量

2012 年，全行业完成旅客运输量 31936 万人次，比上年增加 2619 万人次，增长 8.9%。国内航线完成旅客运输量 29600 万人次，比上年增加 2401 万人次，增长 8.8%，其中港澳台航线完成 834 万人次，比上年增加 74 万人次，增长 9.7%；国际航线完成旅客运输量 2336 万人次，比上年增加 218 万人次，增长 10.3%，如图 5 所示。

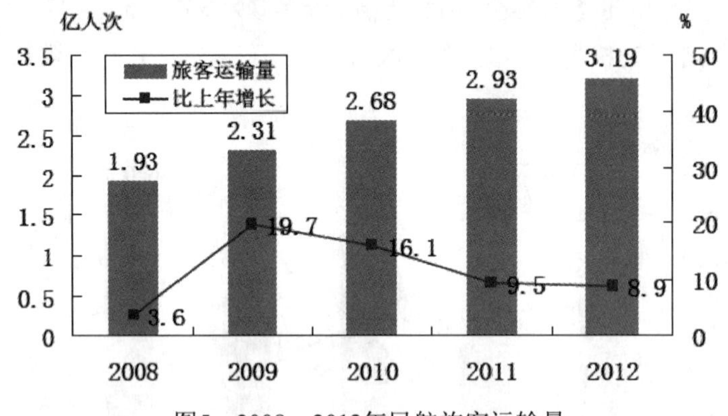

图5　2008—2012年民航旅客运输量

（六）货邮运输量

2012 年，全行业完成货邮运输量 545 万吨，比上年降低 2.2%。国内航线完成货邮运输量 388.5 万吨，比上年增长 2.4%，其中港澳台航线完成 20.8 万吨，比上年降低 1.1%；国际航线完成货邮运输量 156.5 万吨，比上年降低 12.1%，如图 6 所示。

（七）通用航空作业时间

2012 年，全行业完成通用航空生产作业飞行 51.7 万小时，比上年增长 2.8%。其中：工业航空作业完成 7.71 万小时，比上年增长 36%；农林业航空作业完成 3.19 万小时，比上年降低 3.9%；其他通用航空作业完成 40.81 万小时，比上年降低 1.2%。

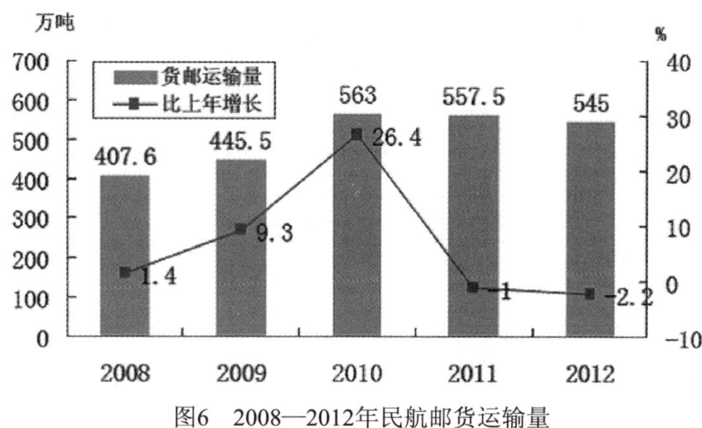

图6　2008—2012年民航邮货运输量

（八）航线网络

截至 2012 年底，我国共有定期航班航线 2457 条，按重复距离计算的航线里程为 494.88 万千米，按不重复距离计算的航线里程为 328.01 万千米，如表 2 所示。定期航班国内通航城市 178 个（不含香港、澳门、台湾）。我国航空公司国际定期航班通航 52 个国家的 121 个城市，定期航班通航香港的内地城市 40 个，通航澳门的内地城市 7 个，通航台湾地区的大陆城市 38 个。

表2　2012年我国定期航班条数及里程

指标（单位）		数　量	总　数
航线条数（条）	国内航线	2076	2457
	其中：港澳台航线	99	
	国际航线	381	
按重复距离计算的航线里程（万千米）	国内航线	339.04	494.88
	其中：港澳台航线	13.85	
	国际航线	155.84	
按不重复距离计算的航线里程（万千米）	国内航线	199.54	328.01
	其中：港澳台航线	13.33	
	国际航线	128.47	

（九）运输效率

2012 年，全行业在册运输飞机平均日利用率为 9.15 小时，比上年降低 0.11 小时。

其中，大中型飞机平均日利用率为9.58小时，比上年降低0.13小时，小型飞机平均日利用率为4.91小时，比上年提高0.16小时。正班客座率平均为79.6%，比上年降低2.2个百分点。2012年，正班载运率平均为70.6%，比上年降低1.4个百分点，如表3所示。

表3　2012年正班客座率和正班载运率

指　　标	指标值	比上年增长：百分点
正班客座率	79.6%	−2.2
国内航线	80.3%	−2.9
其中：港澳台航线	75.4%	−1.3
国际航线	77.1%	0.8
正班载运率	70.6%	−1.4
国内航线	72.2%	−1.8
其中：港澳台航线	64.1%	0.6
国际航线	67.3%	−1.2

（十）经济效益

2012年，全行业累计实现营业收入5561.4亿元，比上年增长10.5%，利润总额295.9亿元，比上年减少76.5亿元。其中，航空公司实现营业收入3889.8亿元，比上年增长9.1%，利润总额211亿元，比上年减少62.1亿元；机场实现营业收入550.2亿元，比上年增长10.9%，利润总额45.4亿元，比上年减少14.1亿元；保障企业实现营业收入1121.4亿元，比上年增长15.7%，利润总额39.6亿元，比上年减少0.3亿元。

二、民用航空发展环境

（一）目前形势

我国是发展中的大国，疆域辽阔，人口众多，经济规模大，正处在工业化、信息化、城镇化、市场化和国际化深入发展的阶段，民航业发展的潜力巨大。现在各级政府越来越重视民航业，许多地方政府将民航业作为加快经济发展方式转变和调整经济结构的重要抓手，发展现代服务业和新兴产业的平台。我国民航业发展将迎来新的历史机遇。

改革开放30多年来，民航运输总周转量年均增长17%以上，远远高于其他交通运输方式，民航已经成为世界第二大航空运输系统，在国民经济和社会发展中的战略地位日益凸显，服务社会公众能力显著增强，航空安全处于世界领先水平。但我国民航业发展还不能进一步满足我国经济社会总体战略发展要求，存在的四方面结构性问题：东中部民航业发展不平衡，亟待提升支线航空对区域社会经济发展的促进作用；民航业与其他交通运输方式联动发展不足，亟待建设以机场为中心的现代综合交通运输体系；民航企业不同运营模式和分工合作格局还没有形成，亟待提升大网络型客货航空公司和大型国际客货枢纽机场对全行业整体发展和综合经济实力的带动作用；通用航空滞后于运输航空的发展，亟待满足现代社会经济对通用航空快速增长的各种需求。《国务院关于促进民航业发展的若干意见》明确把民航业定位为我国经济社会发展重要的战略产业，把发展民航业提升为国家（地区）战略，这对中国民航的发展将会起到巨大的推动作用。

（二）发展目标

2012 年 7 月 8 日《国务院关于促进民航业发展的若干意见》正式颁布，《意见》中提出到 2020 年，我国民航服务领域明显扩大，服务质量明显提高，国际竞争力和影响力明显提升，可持续发展能力明显增强，初步形成安全、便捷、高效、绿色的现代化民用航空体系。

（三）主要任务

1. 加强机场规划和建设

抓紧完善机场布局，加大建设力度。整合机场资源，加强珠三角、长三角和京津冀等都市密集地区机场功能互补。新建支线机场，应统筹考虑国防建设和发展通用航空的需要，同时结合实际加快提升既有机场容量。按照建设综合交通运输体系的原则，确保机场与其他交通运输方式的有效衔接。大型机场应规划建设一体化综合交通枢纽。注重机场配套设施规划与建设，配套完善旅客服务、航空货运集散、油料供应等基础设施。着力把北京、上海、广州机场建成功能完善、辐射全球的大型国际航空枢纽，培育昆明、乌鲁木齐等门户机场，增强沈阳、杭州、郑州、武汉、长沙、成都、重庆、西安等大型机场的区域性枢纽功能。

2. 科学规划安排国内航线网络

构建以国际枢纽机场和国内干线机场为骨干，支线和通勤机场为补充的国内航空网络。重点构建年旅客吞吐量 1000 万人次以上机场间的空中快线网络。加强干线、支线衔接和支线间的连接，提高中小机场的通达性和利用率。以老少边穷地区和地面交通不便地区为重点，采用满足安全要求的经济适用航空器，实施“基本航空服务计划”。优化内地与港澳之间的航线网络，增加海峡两岸航线航班和通航点。完善货运航线网络，推广应用物联网技术，按照现代物流要求加快航空货运发展，积极开展多式联运。

3. 大力发展通用航空

巩固农、林航空等传统业务，积极发展应急救援、医疗救助、海洋维权、私人飞行、公务飞行等新兴通用航空服务，加快把通用航空培育成新的经济增长点。推动通用航空企业创立发展，通过树立示范性企业鼓励探索经营模式，创新经营机制，提高管理水平。坚持推进通用航空综合改革试点，加强通用航空基础设施建设，完善通用航空法规标准体系，改进通用航空监管，创造有利于通用航空发展的良好环境。

4. 努力增强国际航空竞争力

适应国家对外开放和国际航空运输发展的新趋势，按照合作共赢的原则，统筹研究国际航空运输开放政策。鼓励国内有实力的客、货运航空企业打牢发展基础，提升管理水平，开拓国际市场，增强国际竞争能力，成为能够提供全球化服务的国际航空公司。完善国际航线设置，重点开辟和发展中远程国际航线，加密欧美地区航线航班，增设连接南美、非洲的国际航线。巩固与周边国家的航空运输联系，推进与东盟国家航空一体化进程。加强国际航空交流与合作，积极参与国际民航标准的制定。

5. 持续提升运输服务质量

要按照科学调度、保障有力的要求，努力提高航班正常率。建立面向公众的航班延误预报和通报制度，完善大面积航班延误预警和应急机制，规范航班延误后的服务工作。推广信息化技术，优化运行流程，提升设备能力，保证行李运输品质。完善服务质量标准体系和实施方法，简化乘机手续，创新服务产品，打造特色品牌，提高消费者满意度。

6. 着力提高航空安全水平

牢固树立持续安全理念，完善安全法规、制度体系，建立健全安全生产长效机制。坚持和完善安全生产责任制度，严格落实生产运营单位安全主体责任。推行安全隐患挂牌督办制度和安全问责制度，实行更加严格的安全考核和责任追究。完善航空安保体制机制，加强行业主管部门与地方政府的沟通协调，确保空防安全。加强专业技术人员资质管理，严把飞行、空管、维修、签派、安检等关键岗位人员资质关。加大安全投入，加强安全生产信息化建设，积极推广应用安全运行管理新技术、新设备。加强应急救援体系建设，完善重大突发事件应急预案。

7. 加快建设现代空管系统

调整完善航路网络布局，建设国内大容量空中通道，推进繁忙航路的平行航路划设，优化繁忙地区航路航线结构和机场终端区域结构，增加繁忙机场进离场航线，在海洋地区增辟飞越国际航路。优化整合空管区划，合理规划建设高空管制区。大力推广新一代空管系统，加强空管通信、导航、监视能力及气象、情报服务能力建设，提升设备运行管理水平。完善民航空管管理体制与运行机制。

8. 切实打造绿色低碳航空

实行航路航线截弯取直，提高临时航线使用效率，优化地面运行组织，减少无效飞行和等待时间。鼓励航空公司引进节能环保机型，淘汰高耗能老旧飞机。推动飞机节油改造，推进生物燃油研究和应用，制定应对全球气候变化对航空影响的对策措施。制定实施绿色机场建设标准，推动节能环保材料和新能源的应用，实施合同能源管理。建立大型机场噪声监测系统，加强航空垃圾无害化处理设施建设。

9. 积极支持国产民机制造

鼓励民航业与航空工业形成科研联动机制，加强适航审定和航空器运行评审能力建设，健全适航审定组织体系。积极为大飞机战略服务，鼓励国内支线飞机、通用飞机的研发和应用。引导飞机、发动机和机载设备等国产化，形成与我国民航业发展相适应的国产民航产品制造体系，建立健全售后服务和运行支持技术体系。积极拓展中美、中欧等双边适航范围，提高适航审定国际合作水平。

三、空中交通管理系统的发展趋势

全球航行大会是国际民航组织主办的航行领域专业大会。国际民航组织第 12 次空中航行大会于 2012 年 11 月 19 日 ~2012 年 11 月 30 日在加拿大蒙特利尔国际民航组织总部召开。此次大会在“同一个天空”安全、容量与效率的主题下，重点讨论并审议国际民航组织《全球空中航行容量与效率计划》（原“全球航行规划”Doc.9750），特别是“航空系统组块升级”（Aviation System Block Upgrades，ASBU）方法。这两项内容将确定未来全球航行系统规划框架和机制，明确未来空管（ATM）系统的运行目标和技术过渡路线图，将会对今后十五年全球 ATM 系统的发展产生深远影响。

（一）空管系统的发展趋势

第四版《全球空中航行计划》草案中指出要通过互用性和统一化实现全球空中交通管理系统。第 12 次航行大会将航空系统组块升级及相关技术路线图纳入《全球空中航行计划》的组成部分。各国可以按照航空系统组块升级及相关技术路线图，制定各国的各阶段性发展规划，最后实现全球空中交通系统的互操作、一致性和现代化要求。

（二）航空系统组块升级（ASBU）概述

航空系统组块升级概念秉承自《全球空管运行概念》（Doc.9854），内容源自美国 NextGen、欧洲 SESAR 和日本 CARATS 项目。为了实现全球空中交通系统的互操作、一致性和现代化要求，ICAO 航行局组织了技术小组和挑战小组对组块升级进行定义。ASBU 是一个用于改进空中航行系统的规划工具，其中指定了一系列改进措施，并确定了实施的时间和改进的性能领域。

航空系统组块升级中包含 4 个元素，即模块、组块、性能改进领域、引线。每个 ASBU 模块都包括：一个明确定义的可衡量的运行改进目标及成功标准；必要的机载和地面设备或和系统，并制定颁发许可和进行认证的计划；所需地面和空中系统的标准和程序；一个正面的业务案例，以及实验和验证的信息。引线明确了模块的演变方向。目前，航空系统组块升级中，计划 2013 年完成组块 0，到 2018 年完成组块 1，到 2023 年完成组块 2，2028 年以后完成组块 3。

航空系统组块升级具有以下特点：从技术驱动到运行需求牵引的转变；采用基于性能的方法以确保投资的效果；模块化的运行改进以推动各利益有关方间的协同；灵活的规划方式以适应全球各地区各国的不同情况；分段的路线图以适应各地区各国的阶段性发展规划。

（三）各级组块的模块组成

航空系统组块升级中，性能改进领域包括机场运行、全球数据与系统的互用、优

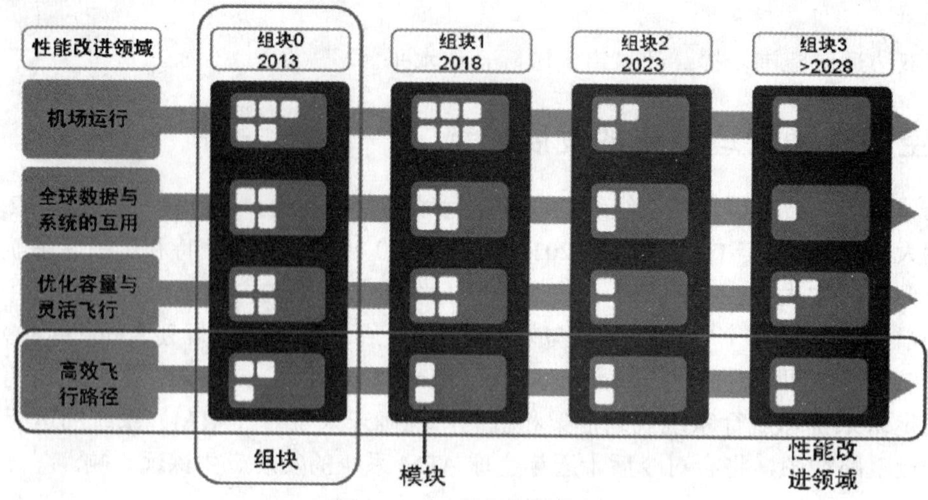

图7　ASBU的组织结构图

（1）航空系统升级组块0中包含的模块，如图8所示。

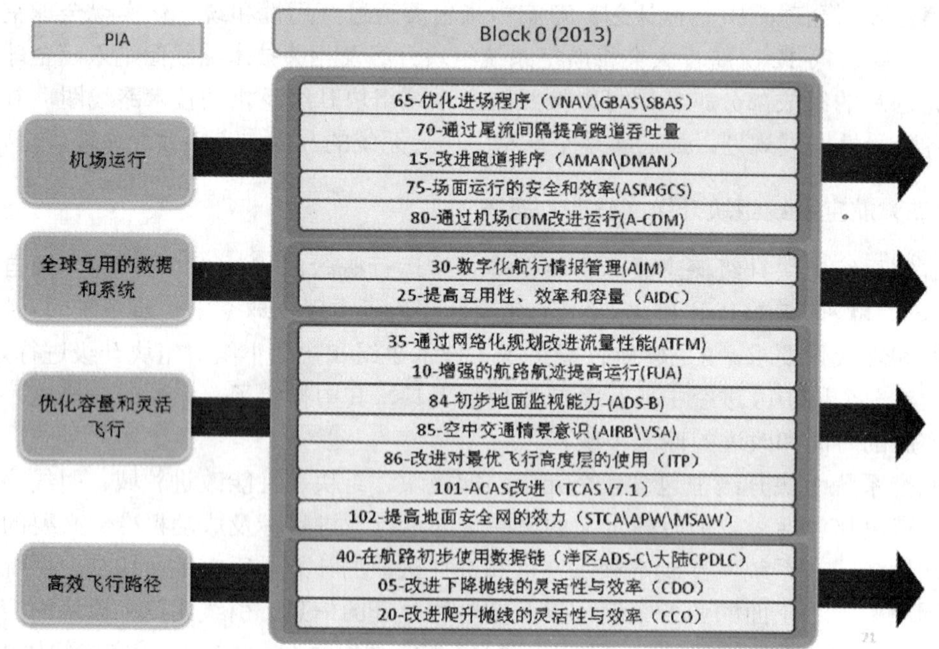

图8　组块0及相关模块

（2）航空系统升级组块1中包含的模块，如图9所示。

（3）航空系统升级组块2中包含的模块，如图10所示。

（4）航空系统升级组块3中包含的模块，如图11所示。

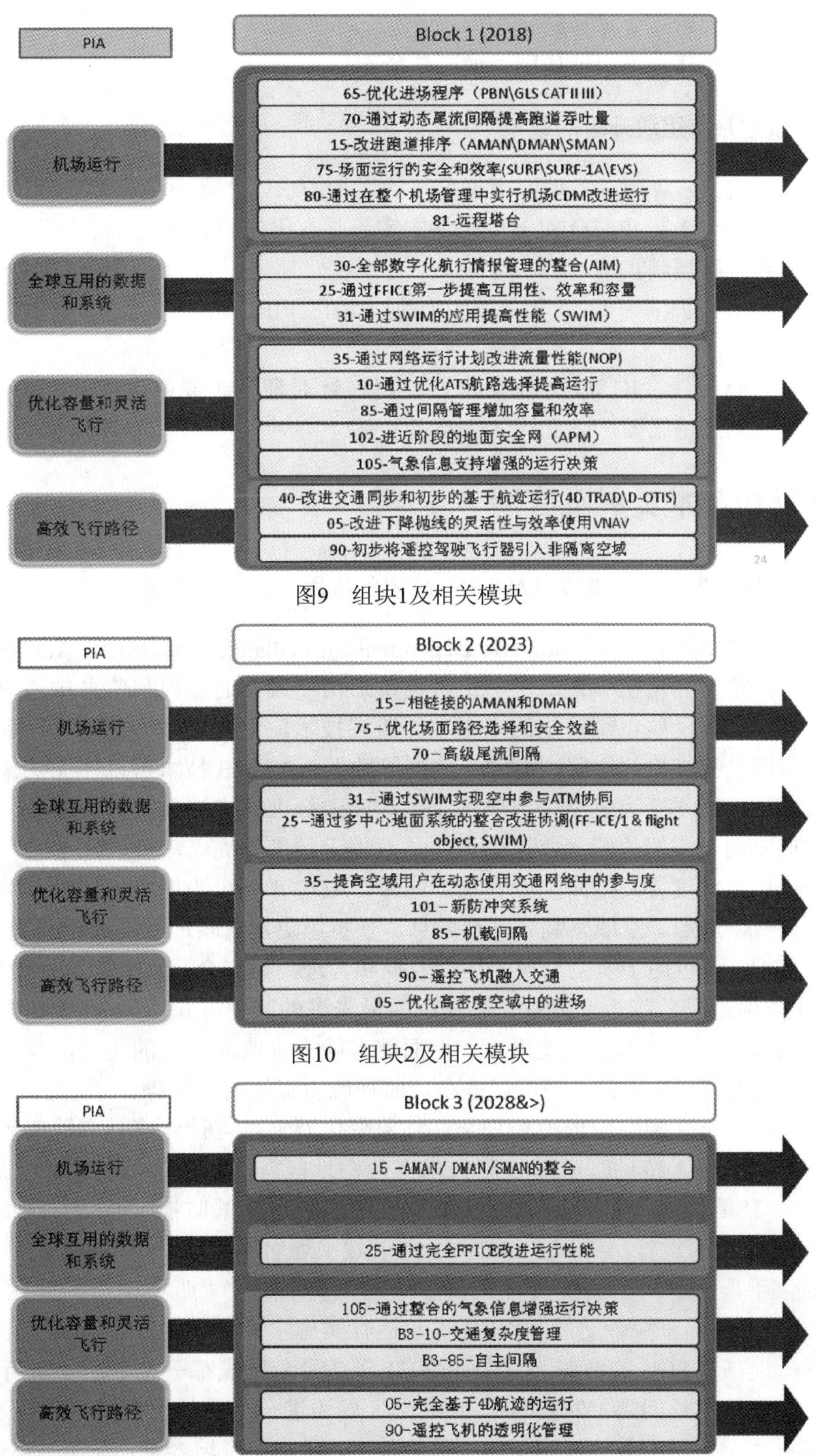

图9　组块1及相关模块

图10　组块2及相关模块

图11　组块3及相关模块

化容量与灵活飞行和高效飞行路径。

航空系统组块升级组织结构图，如图 7 所示。

（四）航空系统组块升级的政策

（1）灵活实施：各国、各地区根据各自的运行需求，选择模块进行实施。

（2）优先级和强制：ICAO 对部分模块的实施是有优先级安排的，优先级为“必要”的模块，很有可能强制实施。

（3）计划的维护：为期 15 年的滚动计划，地区 PIRG 进行年度报告、ICAO 大会审议更新。

（4）技术路线图：ICAO 将开发指导材料，针对通信、导航、监视、信息管理、航空电子设备制定路线图，以支持 ASBU 的实施。

四、空管新技术发展及应用

（一）广播式自动相关监视（ASD-B）技术的应用

广播式自动相关监视（Automatic Dependent Surveillance-Broadcast，ADS-B）是一种基于卫星定位和利用空—地、空—空数据链通信完成交通监视和信息传递的空管监视新技术，是国际民航组织确定的未来主要监视技术。主要依靠机载电子设备和地面设施，来精确监视飞机的位置、高度、速度等数据。ADS-B 技术可以在无法部署航管雷达的大陆地区或洋区为航空器提供优于雷达间隔标准的虚拟雷达管制服务，提供更加实时和准确的航空器位置等监视信息，并且由于精度的提高，可以减小航空器的间隔标准，优化航路设置，提高空域容量。此外，ADS-B 还可为航空器提供相关交通信息，传送天气、地形、空域限制等飞行信息，使机组更加清晰地了解周边的交通情况，提高情景意识，并可用于航空公司的运行监控和管理，为安全、高效的飞行提供保障。在 ADS-B 技术出现之前，雷达是民航使用的最先进的监视方式，而 ADS-B 的精度近乎于雷达的 8 倍。该技术投入使用后，地面就有能力来监测飞机的飞行，与传统雷达监视相比，具有使用成本低、精度误差小、监视能力强等明显优势。

西南地区幅员辽阔，地形地貌复杂，气象变化万千，飞行环境具有地理环境复杂和气候条件多变两大特点。ADS-B 新技术在西南地区有广阔的应用空间和发展前景。2011 年 5 月 18 日，成都—拉萨航线实施了广播式自动相关监视实验运行。成都 - 拉萨航线 ADS-B 实验运行，结束了成都—拉萨航线上通航 46 年来没有监视手段的历史，改善了通信手段，解决了困扰飞行人员多年的“看不见”、“听不清”的问题。2012 年 6 月 15 日，成都—拉萨航线 ADS-B 实验运行实施 7 分钟管制放行间隔，比以往缩短 3 分钟，提高了 30% 的容量。这是自 2011 年 7 月 8 日成都—拉萨缩小放行间隔以来，第二次缩短放行间隔。2013 年，西南空管局还进一步将放行间隔缩小至 5 分钟。ADS-B 新技术的应用有效地提高了运行保障能力，增加了空域容量，加速了飞行流量，减少了航班延误。

（二）基于性能的导航（PBN）技术应用发展

基于性能的导航（Performance Based Navigation，PBN）规定了区域导航系统内航空器沿ATS航路、仪表进近程序和空域飞行时的性能要求，是通过空域运行所需的精度、完整性、持续性、可用性和功能来确定的。PBN是国际民航组织继缩小垂直间隔（RVSM）后，在全球范围内大力推广的航行技术。

PBN是一个现代飞行和运行概念，有别于传统飞行和运行。传统飞行主要采用导航台到导航台飞行的模式，而PBN则采用坐标点到坐标点的飞行模式。因此，PBN技术降低了对地面导航设施布局依赖程度，在指定空域范围内，相比传统导航可以设计出更多、更灵活的航线。同时，PBN技术提高了航空器飞行的精准性，有效缩小了航线保护区宽度。

PBN技术还将有利于“拉直”航路航线。民航空管部门通过应用PBN技术，能够灵活设计出最佳飞行路径，有效缩短飞行时间，提高航路网络整体效率。

PBN运行可以大大降低陆空通话的内容和频率，减少空地工作负荷，可以显著提高管制效率、缩小飞行间隔、提高机场流量、提高飞行运行安全等级。

PBN技术可以通过精准的航迹控制，缩小航线保护区，从而缩小航线下方噪声影响范围，甚至可以通过灵活准确的航线设计避开部分噪声敏感区。此外，PBN技术更能发挥航空器机载设备效能，有利于航空器经济飞行，在节省燃油消耗的同时减少二氧化碳等有害物质的排放。PBN技术的推广应用将为航空公司、机场、空管和航空器制造商带来提高空域利用率、促进节能减排、提高管制效率、减少对环境的危害等多方面的效益。

根据中国民航《基于性能导航实施路线图》，我国实施PBN分为3个阶段：2009—2012年实现PBN重点应用；2013—2016年实现PBN全面应用；2017—2025年实现PBN与新航行系统整合，成为我国发展“新一代航空运输系统”的重要基石。

截至2012年10月，我国民航已公布实施了31个机场的PBN飞行程序，包括北京、天津、通辽、加格达奇、伊春、淮安、上海虹桥、上海浦东、温州、厦门、南通、扬州、连云港、长沙、广州、洛阳、三亚、深圳、武汉、郑州、敦煌、格尔木、固原、金昌、西安、西宁、张掖、伊宁、昆明、绵阳、鄂尔多斯等。

在2012年底前，我国民航完成了共计41个机场的PBN程序设计工作，包括大连、沈阳、长春、哈尔滨、杭州、青岛、济南、南昌、宁波、福州、南宁、海口、珠海、潮汕、重庆、兰州、银川、乌鲁木齐、锦州、漠河、鸡西、牡丹江、佳木斯、齐齐哈尔、舟山、黄山、武夷山、景德镇、梅县、南阳、澳门、遵义、万州、天水、庆阳、安康、延安、榆林、嘉峪关、宜昌、张家界等。

截至2012年底，我国已有95个机场具备执行基于性能的导航（PBN）飞行程序的能力，PBN运行已经进入快速发展通道。计划于2013年底前完成设计16个机场，包括太原、石家庄、呼和浩特、南京、桂林、湛江、成都、贵阳、合肥、延吉、河池、恩施、芷江、威海、徐州和盐城。

目前，全国实施PBN运行的航路总距离约为1.04万千米，约占全国航路航线总里程的7%。PBN运行有效提高了偏远地区的空域利用率，缩短了航班飞行距离。

（三）协同决策（CDM）系统

协同决策（Collaborative Decision Making，CDM）是一种基于信息交换及政府与企业之间联合协作的理念，用于创造更为安全和更为有效的系统环境。通过信息交换，所有参与各方就能对整个系统和所有运作限制产生一个公共的态势认知，在此基础上参与各方就能协调地做出更为安全有效的决策，同时也最大限度地满足了各个企业的商业需求。

CDM可以通过融合来自空域系统的航班数据和空域用户产生的信息，形成更好的信息；通过将共同的信息发布给交通管理者和空域用户，创建一个公共情形知晓系统；通过创建工具和程序，让空域用户对拥塞做出直接的响应，和交通流量管理者协同制定流量管理行动。

CDM在机场的应用改善了航空器操作员、地面操作运营商、机场运行、空中交通管制以及中央流量管理单元在同一水平一起运行的方法。为了达到一个增强的公共情形知晓制度，机场CDM要求做到：经过协定的相关数据应该在一个恰当的时刻在所有相关的部门间实现共享；共享的数据应该具有足够好的质量以帮助改进交通的可预言性以及各相关部门的计划能力；决策应该由处于最恰当的位置的部门来做出；决策应该与其他的所有部门实现共享。航班放行协同决策（CDM）系统是基于资源共享和信息交互的多主体（管制、机场、航空公司等）联合协同运行的理念，用于创造透明、高效的航班运行环境，是科学管理和决策航班机场放行，提高航班运行正常率的有效技术手段。

CDM系统能够根据飞行电报和预计起飞时间等信息，对未来2小时范围内的航班进行最优时隙计算并自动分配，将空域资源、机场资源、航班准备情况与航空公司进行交互，给出合理、准确的放行队列，并将包含建议航班推出时刻等信息的放行队列在终端界面显示，从而方便空管部门按照系统分配时刻实施放行，系统用户参考建议时刻进行相关放行保障工作，有利于提高空域和放行时隙的使用效率，提高机场的运行质量。同时，航空公司能够通过CDM系统及时了解航班预计推出时间，合理安排旅客登机，提高运行效率和服务质量，降低运行成本。

我国民航空管系统航班协同放行建设始于2010年。2012年，华北地区流量管理及多机场协同决策系统、华东地区运行协同决策系统、中南空管局协同放行系统相继运行，效果明显。2011年9月深圳机场首次运行CDM航班排序系统，经过不断的改进和完善，深圳、厦门机场已初步实现航空公司、机场和空管的协同决策放行。相关数据显示，深圳空管站研发的CDM系统运行以来，深圳机场航班正常率提高了15.7%；2012年上半年累计减少航班延误12276小时；旅客飞机上等待时间平均减少11.8分钟。2012年11月1日，华北地区流量管理及多机场放行协同系统正式启用。

截至 12 月 1 日，统计数据表明，首都机场 11 月的航班平均正常率提高了 3.21%，石家庄机场航班平均正常率提高了 7.7%，天津机场航班平均正常率提高了 3.88%，北京南苑机场航班平均正常率提高了 2.83%，2012 年 12 月 17 日华东地区 CDM 系统试运行。东航统计数据显示，航班正点率提升了 3 个百分点，显示出 CDM 系统的效果。华东空管局正在根据试运行阶段各单位的具体需求进行系统升级，2013 年 6 月底之前完成杭州、厦门、南京、青岛和福州 5 个繁忙机场的 CDM 建设和运行。CDM 系统在机场的使用，有效地减少了航班延误，提高了航班正点率，减少了旅客等待时间，运行效果明显。

（四）航空器气象资料下传（AMDAR）

气象环境同航空飞行是紧密联系在一起的，恶劣气象一直是造成空中交通事故和航班延误的主要原因。航空气象预报就是通过收集、加工、处理、预测、分析气象情报和资料，及时、准确地提供航空运输所需的气象情报，为飞行安全、正常和效率服务。

AMDAR（Aircraft Meteorological Data Relay），即航空器气象资料下传，是 ICAO 和 WMO 于 21 世纪初开始在全球范围内积极推动的一个气象观测项目，它利用商业飞行器采集大气数据，通过地空数据链实时或近实时地发送回地面。AMDAR 与传统气象观测相比主要优势在于能够实时采集高空气象数据，包括大洋上空气象数据，是一种低成本、高精度的气象观测手段。

由于 AMDAR 数据资料由航空器在执行飞行任务时采集，所以这些高空气象数据具有 4 个特点：采集点沿航线分布，航路 AMDAR 数据集中于 7000 米至 12000 米高度，机场区域采集点较为密集；采集时间与航班飞行时间一致，一天中某些时段无气象数据；根据机载设备的不同，AMDAR 数据格式不同；航空器未飞行的区域（或高度层），无法取得气象数据。

AMDAR 数据采集后，由机载系统打包后下传，每份气象报文包含 1 至 4 份不同的气象报告，报告的内容一般包含风向、风速、总温、静温、采集时间、经度、纬度、高度等。数据传输的时间延迟一般不超过 60 分钟。该数据为飞机采集的实时气象信息。由于机载设备的不同，要求本系统能够准确识别与处理多家厂商申请的机载设备下传的气象报文，以及识别并提取飞机下传 ADS 报告中的气象信息。目前需识别的机载类型包括 Honeywell、Rockwell Collins、Teledyne、Airbus ATSU、Boeing AIMS 等。AMDAR 数据可以通过基于 AMDAR 的短期区域数值气象预报与发布系统进行处理，生成的数值气象数据可以直接用于机场、航路数值气象报告与应答，为飞行安全提供及时、准确的气象资料。

随着我国民航事业的发展和机队规模的增加，AMDAR 资料在现有气象资料源的重要性将日益增大，有力地促进了我国气象事业的发展。

从 2002 年底开始，我国在气象与民航部门之间进行了民用航空器探测气象资料的采集传输试验，完成了资料的编解码工作，建立了资料接收平台。从 2003 年 5 月开始，资料经气象信息中心通信系统并入气象中心实时数据库供数值预报室试验使用。2004

年6月22日，中国气象局与民航总局启动了我国航空器气象资料下传合作业务化项目，这一项目将通过飞机采集气象资料后及时下传至气象部门，从而丰富我国现有的实时气象资料库，提高气象预报的准确率、气象服务的能力和水平。2004年10月1日起参加全球电信系统（GIS）交换，这标志着我国的AMDAR工作取得新的进展，填补了我国航空器探测资料的空白，标志着这项工作进入一个新阶段。

2011年8月，厦门航空有限公司（以下简称“厦航”）运控中心会同信息部和机务部正式开通AMDAR资料下传报文测试。首批开通测试的3架飞机B-5216、B-5563、B-5565下传报文已经进入民航数据中心进行测试和检验工作。厦航加入AMDAR项目后，通过数据共享可获得大量的实时观测资料。这些资料在提高气象服务水平、签派飞行计划质量监控，以及为性能监控和计算提供数据支持等方面，都有着较高的使用价值。2012年8月，厦航B5146采集解码出正确的飞机自动观测AMDAR数据资料，标志着一直困扰国内所有波音机型通过TELTDON公司设备下传的AMDAR气象数据失真的技术难题在厦航得到圆满解决。

近年来，中国气象局开展了AMDAR资料在多种数值天气预报模式中的同化试验。目前国内飞机资料已应用于：T213模式、T639模式、WRF模式、GRAPES全球模式、GRAPES区域模式、GRAPES-RUC模式。

受国内飞机报覆盖范围和数量的限制，国内目前的飞机报资料对模式初始场和预报场有一定影响，但不明显。但在飞机报资料密集的地区（如华北地区）加入AMDAR资料对改善这些地区的降水预报有一定的帮助。此外，AMDAR资料作为一种时间分辨率和空间分辨率较高的观测资料，在精细尺度预报的RUC系统中可以起到关键作用。合理有效地使用好AMDAR资料会对业务数值报的发展起到积极的作用。

（撰稿：张学军）

2012年汽车产业发展概况

2012年，我国汽车市场继承了2011年平稳增长的态势，全年汽车产销量双双超过1900万辆，连续四年蝉联世界第一；新能源汽车产销增长较快，信心复燃；汽车出口保持高速增长势头；乘用车产销增长明显，中国品牌乘用车市场份额下降；商用车产销低于上年同期。为了使我国由汽车大国转变为汽车强国，汽车行业健康发展，2013年汽车产销量继续保持稳中有升式增长；提升自主品牌市场份额；汽车出口继续高速增长；节能与新能源汽车发展加速。

一、我国汽车工业发展现状及特点

（一）2012年我国汽车产销情况

2012年，我国汽车市场继续呈平稳增长态势，汽车产销量再次刷新全球历史纪录，市场规模继续保持全球第一。自2010年起，我国汽车产量已连续三年超过1800万辆，这说明我国汽车工业已进入高产量的平稳发展阶段。

2012年，全国汽车产、销分别为1927.18万辆和1930.64万辆，同比分别增长4.6%和4.3%，比上年同期分别提高3.8个和1.9个百分点。其中，商用车延续了2011年销量下滑的态势，产销分别完成374.81万辆和381.12万辆，比上年同期分别下降4.71%和5.49%，降幅缩小5.2个和0.8个百分点；乘用车产、销增长明显，分别完成1552.37万辆和1549. 52万辆，比上年同期分别增长7.2%和7.1%，增速分别提高2.9个和1.9个百分点。乘用车销量首次突破1500万辆大关。

（二）2012年我国汽车市场特点

2012年，面对国外经济形势的疲软，国内经济增长由政策刺激向自主增长有序转变，经济增长平稳减速的局面，汽车行业积极应对，坚持稳中求进，实现了全行业的稳定增长，产、销双双超过1900万辆，连续四年蝉联世界第一。2012年，我国汽车行业展现出如下几大特点。

1. 低速平稳增长，重点企业市场集中度有所提升

进入21世纪第一个十年，中国汽车产业保持了年均20%以上的增速。继2009年我国开始一跃成为全球第一汽车产销国，2010年汽车产销量均突破1800万辆后，2011年中国汽车行业开始进入了低速稳定增长阶段，全年产销量分别为1841.89万辆和1850.51万辆，而同比增长率仅为0.8%和2.5%。

2012年，中国汽车产业延续了2011年低速增长的态势，2012年全年汽车产销量

分别达到 1927.18 万辆和 1930.64 万辆，同比增长率分别为 4.6% 和 4.3%，比上年同期分别提高 3.8 个和 1.9 个百分点，最近 3 年汽车产销量如图 1 所示。2012 年产销量均突破 1900 万辆，再次刷新全球纪录，仍处于全球汽车产销量首位。

2012 年，制造业受宏观经济的影响呈现出先下降后趋稳的态势，对于汽车行业也是如此。从 2012 年单月产销量来看，汽车行业呈现出先下降后趋稳并有所回升的走势。前四个月汽车产销总体表现较差，五月份开始累计产销量均呈增长态势，并于七月份开始增速超过上年同期水平。

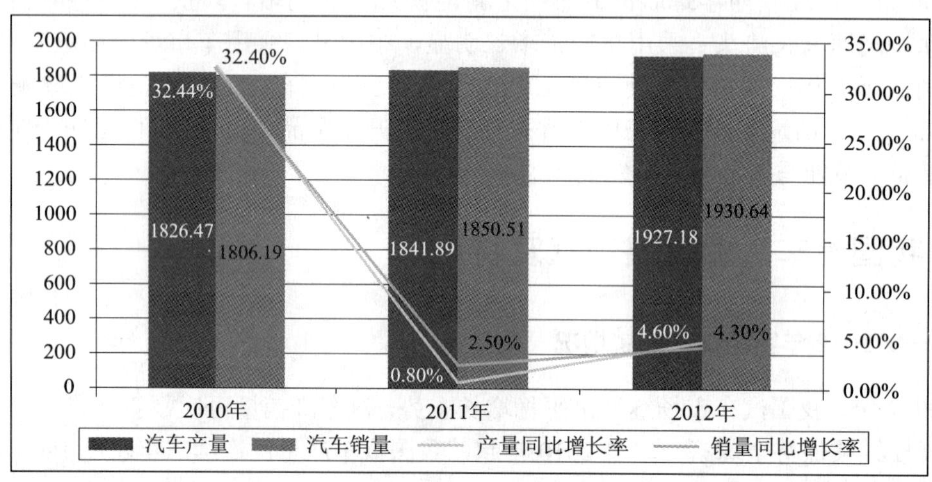

图1　2010—2012年汽车产销量

就企业市场集中度而言，排名前十（上汽、东风、一汽、长安、北汽、广汽、华晨、长城、奇瑞、江淮）的企业集团销售合计为 1686.28 万辆，比上年同期增长 5.2%，高于全行业增速 0.9 个百分点。排名前十企业的市场份额较上年提高 0.7 个百分点，达到 87.3%。销量增长最快的企业为长城汽车，增长率为 28.3%。上汽集团凭借着全年 446.14 万辆的销量继续蝉联销量榜第一。

2. 乘用车产销量增长明显，商用车继续下滑

2012 年，乘用车产销分别完成 1552.37 万辆和 1549. 52 万辆，比上年同期分别增长 7.2% 和 7.1%，增速分别提高 2.9 个和 1.9 个百分点，最近 3 年乘用车产销量如图 2 所示。乘用车销量首次突破 1500 万辆大关，创历史新高，与此同时，乘用车销量首次占到总销量的 80%。

2012 年中国品牌乘用车共销售 648.50 万辆，同比增长 6.1%，占乘用车销售总量的 41.9%，占有率比去年同期下降 0.4 个百分点，连续 2 年下滑。这种增速部分得益于中国品牌汽车出口的快速增长，如扣除出口部分，中国品牌乘用车国内销量增速仅为 3.9%。中国品牌汽车销量与份额如图 3 所示。

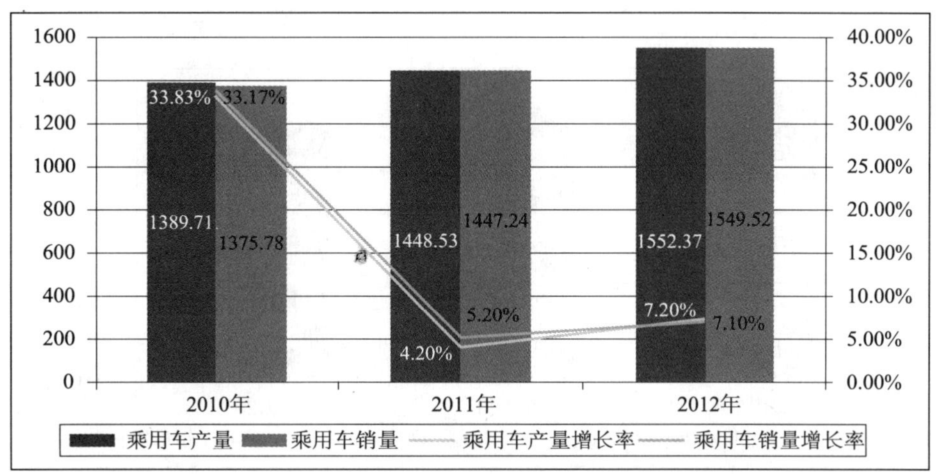

图2　2010—2012年乘用车产销量

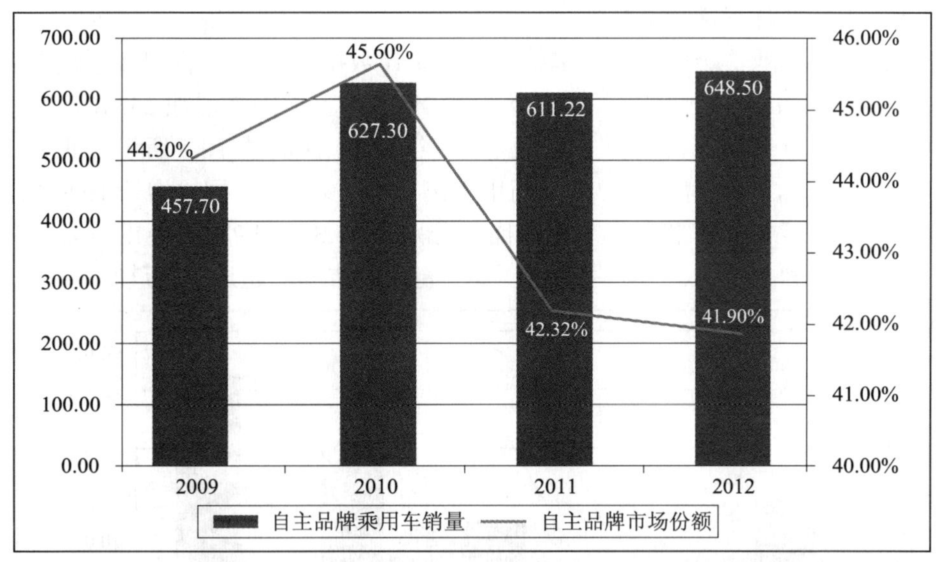

图3　2009　2012年中国品牌汽车销量与市场份额

国外品牌中，日系、德系、美系、韩系和法系乘用车分别占乘用车总销售的16.4%、18.4%、11.7%、8.7%和2.8%。受中日之间钓鱼岛事件影响，2012年国内乘用车市场份额与2011年同期比较，下降明显，其余各系均有不同程度的增长。

2012年，商用车延续了2011年下滑的态势，产、销分别完成374.81万辆和381.12万辆，比上年同期分别下降4.71%和5.49%，降幅缩小5.2个和0.8个百分点，最近3年商用车产销量如图4所示。商用车自2011年以来连续2年出现负增长。

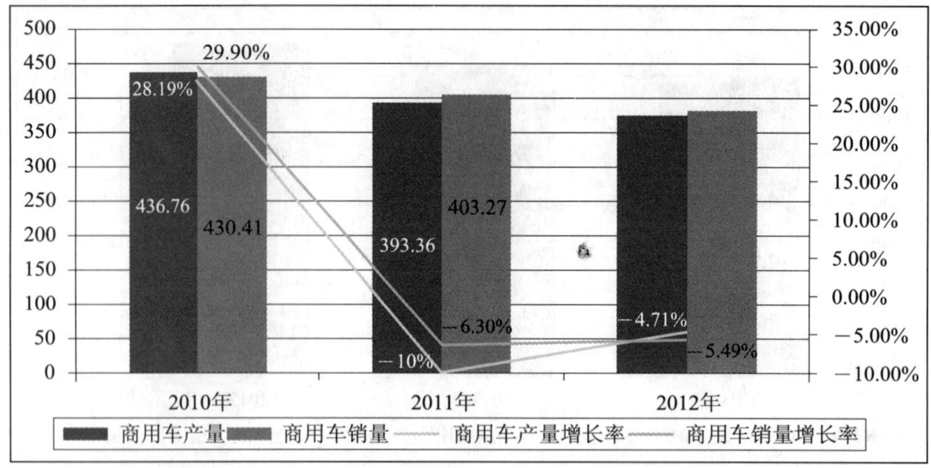

图4　2010—2012年商用车产销量

3. 汽车出口保持高速增长势头

据中国汽车工业协会发布的汽车整车出口统计数据，2012 年我国汽车整车出口增长明显，累计出口 105.61 万辆，同比增长 29.7%，比上年同期增加 24.18 万辆，整车出口首次超过 100 万辆，再创历史新高，近五年整车出口量如图 5 所示。其中，乘用车出口 66.12 万辆，同比增长 38.9%；商用车出口 39.49 万辆，同比增长 16.8%。

出口车型主要为轿车和货车，所占比重分别为 45.3% 和 27.9%。出口前五名企业分别为奇瑞、吉利、长城、上汽和力帆，其中奇瑞和吉利均超过 10 万辆。

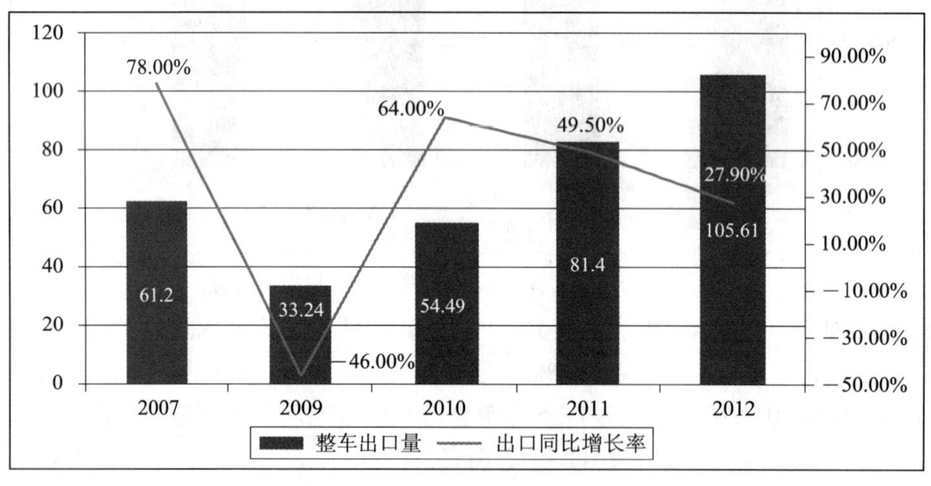

图5　2006—2012年汽车出口量

4. 新能源汽车产销量增长较快

据中国汽车工业协会不完全统计，2012 年我国新能源汽车生产 12552 辆，其中纯电动汽车 11241 辆、插电式混合动力汽车 1311 辆；新能源汽车销售 12791 辆，其中纯电动汽车 11375 辆、插电式混合动力汽车 1416 辆。纯电动汽车产、销量分别比去年增长 98.8% 和 103.9%。

新能源汽车大幅度增长的原因主要有两个：一是国家政策的支持，2012 年 1 月 1 日，节约能源、使用新能源车辆车船税优惠政策开始实施，积极地引导了节能与新能源汽车产品的消费；2012 年 4 月 18 日，国务院发布《节能与新能源汽车产业发展规划（2012—2020 年）》，为我国节能与新能源汽车产业的发展指明了方向，明确了任务，提供了保障。二是新能源汽车试点示范的推广，公共服务领域节能与新能源汽车示范推广和私人购买新能源汽车补贴试点深入推进，混合动力客车推广范围从 25 个示范城市扩大到全国所有城市，均有效促进了新能源汽车的消费。

二、2013年我国汽车产业展望

（一）2013 年汽车产销量维持稳定增长

随着国外经济的整体趋稳，国内国民经济探底回升，预计 2013 年国内车市好于前两年。中国汽车工业协会预测 2013 年中国汽车全年销售将首次超过 2000 万辆，达到 2065 万辆，与去年同期相比增长 7%。

2013 年汽车的稳定增长将得益于以下 4 点：庞大的汽车刚性需求的存在；中国汽车出口仍有较大的市场潜力；宏观经济稳中求进，为汽车行业的发展提供良好的环境；改革红利、人才红利、城镇化红利将有力支撑汽车市场长期稳定的发展。

（二）中国品牌市场份额下滑压力大

自 2010 年以来，中国品牌乘用车市场份额持续下滑。随着合资品牌纷纷推出低价子品牌，以较低的价格向下抢占市场，以自主品牌为主的低端市场竞争更加激烈，将导致 2013 年中国品牌乘用车市场份额下滑的压力越来越大。

2013 年，已有多个省级党委政府出台文件规定：省部级官员换购公务用车，需选择自主品牌汽车。今年两会后，工信部将出台新版公务车采购标准，新的修订版标准将较 2011 年的“双 18”标准有所降低，这一利好消息将有助于中国品牌进入公务车采购目录，有利于自主品牌汽车的发展。

但是，公务车采购占到乘用车销量不到 2%，要指望公务车采购政策提振中国品牌汽车也不太现实，所以公务车采购对自主品牌的作用不会太大，主要是起到鼓励作用。

自主品牌要得到长足的发展，还必须做到以下几点：①提高产品质量，增强国人对自主品牌的信心；②不断完善产品线，规划鲜明的品牌特征；③以消费者为中心，强化服务意识。

（三）节能与新能源汽车加速发展

中国最大的 500 个城市中，只有不到 1% 的城市达到了世界卫生组织公布的空气质量标准，世界上污染最严重的 10 个城市有 7 个在中国。2013 年初，我国中东部大部分地区被雾霾笼罩，严重超标的 PM2.5，极大影响了居民的身心健康。作为在使用中对环境有一定污染的汽车消费品，汽车行业有责任来保护人们共同生活的环境。面对日益严峻的环境污染和能源紧张问题，节能与新能源汽车未来在市场中将会更加受到重视。

《节能与新能源汽车产业发展规划》要求，到 2015 年，我国纯电动汽车和插电式混合动力汽车累计产销量力争达到 50 万辆；到 2020 年，二者生产能力达到 200 万辆、累计产销量超过 500 万辆。

在国家节能与新能源汽车产业政策的推动以及各地方政府政策的积极响应下，预计 2013 年节能与新能源汽车将会加速发展。

三、智能交通系统（ITS）对汽车技术发展的需求

（一）车联网

车联网是由车辆位置、速度和路线等信息构成的巨大交互网络。装载在车辆上的电子标签通过无线射频等识别技术，实现在信息网络平台上对所有车辆的属性信息和静、动态信息进行提取和有效利用，并根据不同的功能需求对所有车辆的运行状态进行有效的监管和提供综合服务。

车联网目前主要有车路协同、智能管控和车载服务 3 方面的应用，随着车联网技术的成熟与进步，车联网应用领域将会越来越广。

目前，车联网相关项目已被列入国家重大专项，先期投入达百亿元，用于支持电子、信息通信等研究。车联网的建立将涵盖前端的设备供应商、关键技术核心芯片制造商、应用服务的提供商、汽车制造商。涉及的领域包括交通、通信、电子制造业等各个领域。车联网的产业链也是一个把交通和通信、信息服务以及车辆有机地结合在一起的产业链。

根据目前我国汽车业发展的速度，预计 2020 年全国汽车保有量将达到 2 亿辆，庞大的汽车市场为车联网服务的增长提供了强有力的基础。未来 10 年将是我国车联网市场的高速发展期，由此形成的市场规模高达 2000 亿元。

（二）车辆主动安全技术

车辆主动安全是相对于传统的车辆安全而言的，车辆传统的安全指的是安全带、安全气囊、保险杠等被动的方法来保证乘员的安全，而车辆主动安全主要目的在于采取主动措施，避免车辆事故的发生。

目前的主动安全主要包括两大方面：一是和汽车动力学相关的控制技术，如汽车防抱死系统（ABS），牵引力控制系统（TCS）、电子稳定程序（ESP）等；二是通过识别驾驶员状态和行车环境来达到主动安全控制技术，包括驾驶员预警技术等。

在汽车的发展史中，车辆安全技术伴随着汽车技术时刻在变化。特别是近几年，随着科技的发展，越来越多的先进技术被运用到汽车上，汽车安全性能也日趋完善。目前，世界各汽车大国均在加紧研制汽车安全技术，特别是主动安全技术。汽车主动安全也是 ITS 研究的前言技术，未来汽车主动安全发展主要分为以下几个方面：利用

雷达技术和车载摄像技术开发各种自动避撞系统；利用近红外技术开发各种能监测驾驶员行为的安全系统；高性能的轮胎综合监测系统；自适应自动巡航控制系统；驾驶员身份识别系统。

（三）智能车辆

智能车辆是一个集环境感知、规划决策、多等级辅助驾驶等功能于一体的综合系统，它集中运用了计算机、现代传感、信息融合、通信、人工智能及自动控制等技术。近年来，智能车辆已经成为世界车辆工程领域研究的热点，很多发达国家都将其纳入到各自重点发展的智能交通系统当中。

20 世纪 70 年代，欧美等发达国家开始进行无人驾驶汽车的研究，大致可以分为两个阶段：军事用途、高速公路环境和城市环境。进入 21 世纪，为了促进智能车辆技术交流与创新，美国国防部高级研究项目局（DARPA）开始举办机器车挑战大赛（Grand Challenge）。2012 年谷歌宣布自动驾驶汽车已经开了 20 万千米并已经申请和获得了多项相关专利，同年，美国首个自动驾驶车辆许可证获得批准。自动驾驶汽车有望在 2012 年后的 3 ～ 5 年间推向市场。

我国的无人驾驶汽车的研制开始于 20 世纪 80 年代，稍晚于欧美国家，但也取得了一些长足的进步。2003 年 7 月，国防科技大学和中国一汽联合研发的红旗无人驾驶轿车高速公路试验成功，2012 年，军事交通学院研制的无人驾驶智能汽车完美地完成了京津高速公路测试项目。

四、结束语

总体来说，在以后的几年时间里，我国汽车市场增长预计将维持在 5%~10% 的速率增长，国内汽车保有量将持续增加，我国汽车产业保持健康稳定的发展状态。而且，随着智能交通系统与智能车辆技术的发展、道路交通设施的不断进步以及交通管理的日趋完善，道路拥堵问题将会有所改善，交通事故发生率也会有所减少。

（撰稿：龚进峰、王子龙）

2012年电子信息产业发展概况

一、综合情况

2012年放眼全球，新一代信息技术产业正在重构全球电子信息产业新格局。电子信息产业强国纷纷将云计算、物联网等前沿技术纳入战略产业范畴，从政策、标准和应用等方面制定发展战略，抢占下一轮发展机遇。美国推出“智慧地球”、“美国政府大数据计划”，注重各种智能系统和先进通信技术的研发及产业化；日本政府推出“i-Japan”战略，韩国出台“韩国未来IT”战略。

中国正把新一代信息技术产业作为新兴产业予以大力推广，新的电子信息产业区域布局悄然形成。2012年7月，《“十二五”国家战略性新兴产业发展规划》正式发布，进一步细化了“新一代新技术产业”等七大战略性新兴产业的发展方向，并明确了产业发展路线图，提出了阶段性目标、重大行动计划及主要政策措施。在国家的战略部署下，各级管理部门纷纷出台政策规划，大力发展云计算、物联网、大数据、现代信息服务业等新一代信息技术产业，抢占制高点，新的区域竞争格局正在形成。由此可见，云计算、物联网、移动互联网、大数据等新技术、新业态的出现，在带动产业新发展的同时，也悄然影响着区域产业格局。

2012年，国际政治经济形势复杂多变，国内经济发展困难增多，我国电子信息产业发展速度有所放缓，但在党中央、国务院“稳中求进”的工作总基调指引下，在全行业各方共同努力下，产业发展呈现缓中趋稳态势，生产增速小幅攀升，效益状况不断好转，产业结构调整步伐加快，继续为推动信息化发展和促进两化深度融合发挥积极作用，在国民经济中的重要性进一步提高。

全面总结我国电子信息产业发展新变化和新趋势，重点梳理新产业的机遇期，分析我国电子信息产业的区域布局，以及重点城市在发展电子信息产业的过程中的产业基础、产业重点、发展特点、产业布局、重要举措等内容，是把握产业动态、明确下一步发展思路的重要基础。翔实的产业发展数据，能够从产业规模、产业结构、产业盈利、创新能力、对外依存等方面反映我国电子信息产业年度发展变化，为洞察行业发展动向提供依据。结合图、表的直观的区域发展描述，能够从产业规模、产业重点、发展特点、产业布局、重要举措等角度，全面呈现重点区域和城市电子信息产业发展情况。

（一）产业规模不断壮大

2012年，我国电子信息产业销售收入突破10万亿元大关，达到11.0万亿元，增幅超过15%；其中，规模以上制造业实现收入84619亿元，同比增长13.0%；软件业实现收入25022亿元（快报数据），同比增长28.5%，如图1所示。

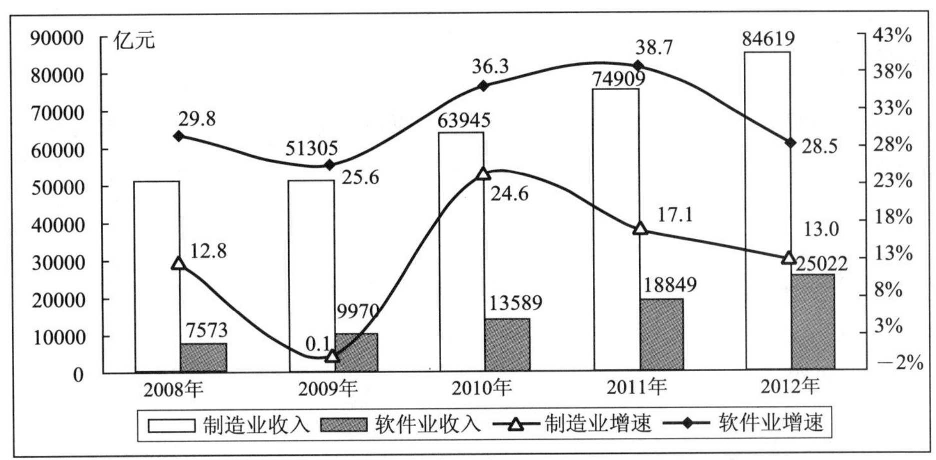

图1　2008—2012年我国电子信息产业收入规模

（二）行业增速保持领先

2012 年，我国规模以上电子信息制造业增加值增长 12.1%，高于同期工业平均水平 2.1 个百分点；收入、利润及税金增速分别高于工业平均水平 2.0、0.9 和 9.9 个百分点，在工业经济中的领先和支柱作用进一步凸显，如图 2 所示。

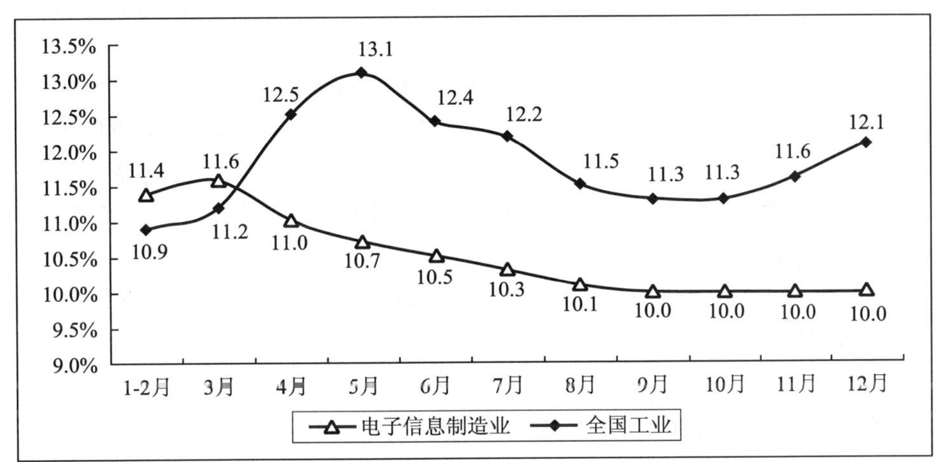

图2　2012年电子信息制造业与全国工业增加值累计增速对比

（三）制造大国地位日益稳固

2012 年，我国规模以上电子信息制造业实现销售产值 85044 亿元，同比增长 12.6%。手机、计算机、彩电、集成电路等主要产品产量分别达到 11.8 亿部、3.5 亿台、1.3 亿台和 823.1 亿块，同比增长 4.3%、10.5%、4.8% 和 14.4%；手机、计算机和彩电产量占全球出货量的比重均超过 50%，稳固占据世界第一的位置。

二、投资情况

2012年，我国电子信息产业500万元以上项目完成固定资产投资额9592亿元，同比增长5.7%，增速比上年回落45.8个百分点，低于同期工业投资14.3个百分点。全年电子信息产业新开工项目7571个，同比增长8.8%，增速比上年回落44.3个百分点，如图3所示。

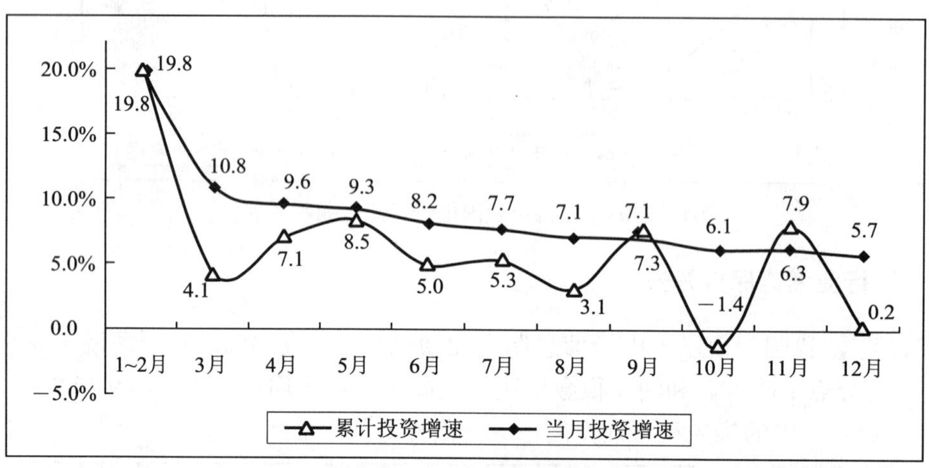

图3 2012年电子信息产业固定资产投资增速

分行业看，广播电视设备行业新开工项目数量及投资额增幅均超过100%，远高于全行业平均水平；分地区看，中西部地区完成投资额4128亿元，同比增长20.6%，增速高于全国水平14.9个百分点，比重（43.0%）比上年提高5.3个百分点；从投资主体看，内资企业完成投资7556亿元，同比增长10.9%，增速高于平均水平5.2个百分点，比重（78.8%）比上年提高3.7个百分点。

三、进出口情况

（一）外贸总额小幅增长

2012年，我国电子信息产品进出口呈小幅增长态势，进出口总额11868亿美元，增长5.1%，增速比上年回落6.4个百分点，低于全国商品外贸总额增速1.1个百分点，占全国外贸总额的30.7%。其中，出口6980亿美元，增长5.6%，增速比上年回落6.3个百分点，低于全国外贸出口增速2.3个百分点，占全国外贸出口额的34.1%。进口4888亿美元，增长4.5%，增速比上年回落6.5个百分点，高于全国外贸进口总额增速0.2个百分点，占全国外贸进口额的26.9%，如图4所示。

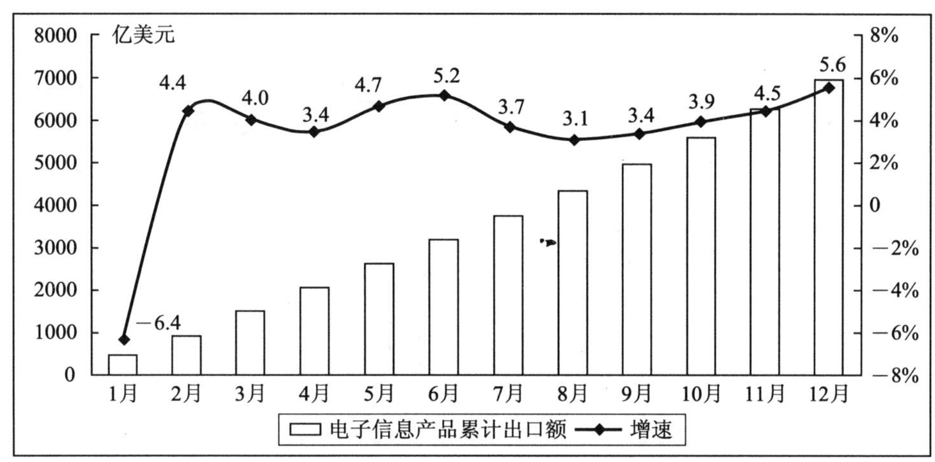

图4　2012年我国电子信息产品累计出口额及增速

（二）贸易结构趋于优化

2012 年，我国电子信息产品出口中：一般贸易出口稳步增长，出口额 1229 亿美元，增长 2.8%，增速高于加工贸易 3.4 个百分点；内资企业出口比重提升，出口额 1550 亿美元，占比 22.2%，比上年提高 3.5 个百分点；新兴市场快速开拓，如对泰国、印度尼西亚和越南，出口增速分别达到 21.7%、11.7% 和 32.3%；部分中西部省市出口增势突出，如四川、河南、重庆和山西等，增速分别达到 50.8%、184.8%、155.7% 和 236.7%。

四、经济效益

（一）整体效益逐步好转

2012 年，我国规模以上电子信息制造业实现销售收入 84619 亿元，同比增长 13.0%，利润总额 3506 亿元，同比增长 6.2%；销售利润率达到 4.1%，比上年回落 0.3 个百分点。从全年走势看，产业整体效益呈逐步向好态势，一季度、上半年、前三季度及全年的利润总额呈逐步扭转下降态势（－ 22.3%、－ 14.0%、－ 6.5% 和 6.2%）；利润率不断提高（2.5%、3.1%、3.2% 和 4.1%）；亏损面持续缩小（31.0%、25.6%、23.0% 和 19.0%），如图 5 所示。

（二）效益结构有所改善

内资企业效益贡献加大，收入和利润比重达到 29.4% 和 42.7%，分别比上年提高 1.1 和 1.8 个百分点，利润率 6.0%，高于平均水平 1.9 个百分点；小型企业发展活力增强，收入和利润增速分别达到 23.3% 和 16.6%，高于平均水平 13.8 个和 17.5 个百分点；在政策和市场的双重驱动下，部分行业效益增势突出，通信终端设备、广播电视接收设备、光电子器件、导航仪器、光纤和光缆制造等行业的收入增速均超过 15%。

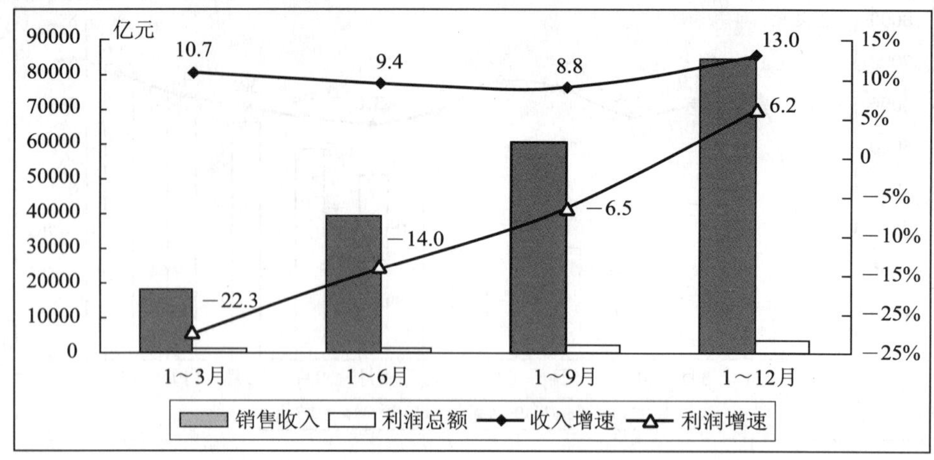

图5　2012年我国规模以上电子信息制造业收入及利润情况

五、产业结构调整

（一）软、硬件产业比例日趋合理

2012 年，我国软件产业实现业务收入 2.5 万亿元，同比增长 28.5%，增速高于电子信息制造业 15.5 个百分点；占电子信息产业收入比重达到 22.7%，比上年提高 2.6 个百分点，比“十一五”末年提高 4.5 个百分点。

（二）制造业转型发展与产业转移步伐加快

（1）器件、电子测量仪器及电子专用设备等基础行业销售产值比重达到 39.4%，比上年提高 0.7 个百分点，如图 6 所示。

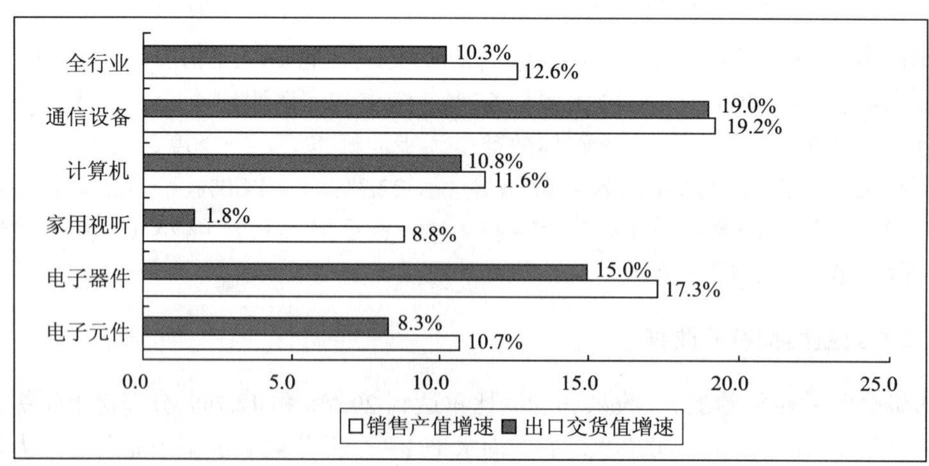

图6　2012年电子信息制造业主要行业发展态势对比

（2）内销市场稳步增长 2012 年我国规模以上电子信息制造业实现内销产值 38 263 亿元，增长 15.5%，高于平均水平 2.9 个百分点，内销比重比上年提高 1.2 个百分点，如图 7 所示。

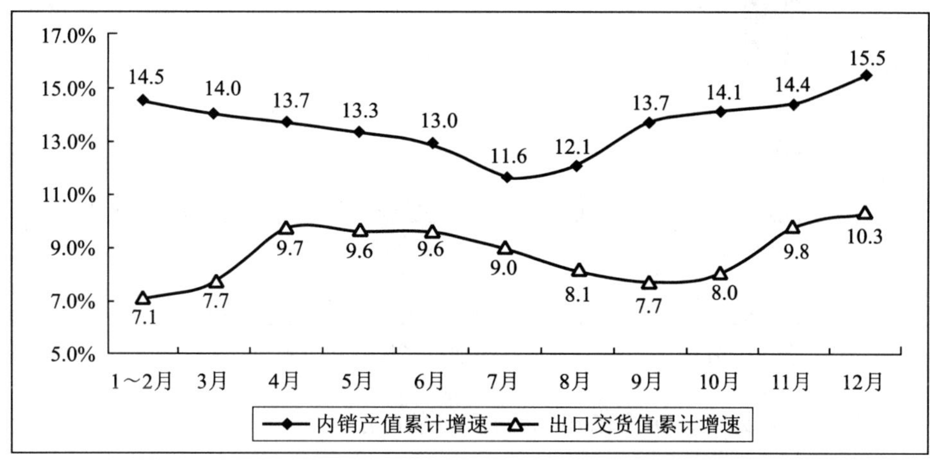

图7　2012年电子信息制造业内外销产值累计增速对比

（3）内资企业实力增强 2012 年我国规模以上电子信息制造业中，内资企业销售产值（24 928 亿元）与出口交货值（4773 亿元）分别增长 18.4% 和 13.4%，高于平均水平 5.8 个和 3.1 个百分点，所占比重比上年提高 1.4 个和 0.3 个百分点，如图 8 所示。

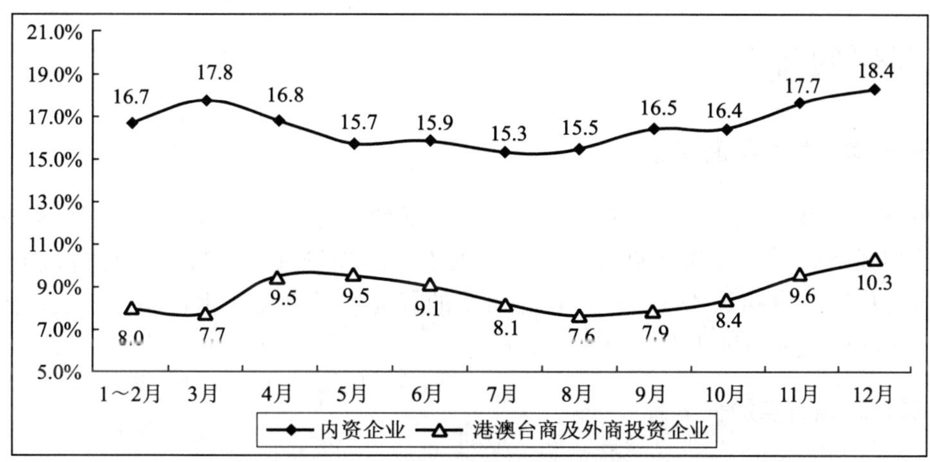

图8　2012年电子信息制造业不同性质企业销售产值累计增速对比

（4）产业转移步伐加快 2012 年我国规模以上电子信息制造业中，中部地区销售产值和出口交货值分别增长 40.9% 和 85.4%，高于平均水平 28.3 个和 75.1 个百分点；西部地区销售产值和出口交货值分别增长 39.4% 和 83.2%，高于平均水平 26.8 个和 72.9 个百分点；中西部地区销售产值比重合计达到 16.2%，比上年提高 3.2 个百分点，如图 9 所示。

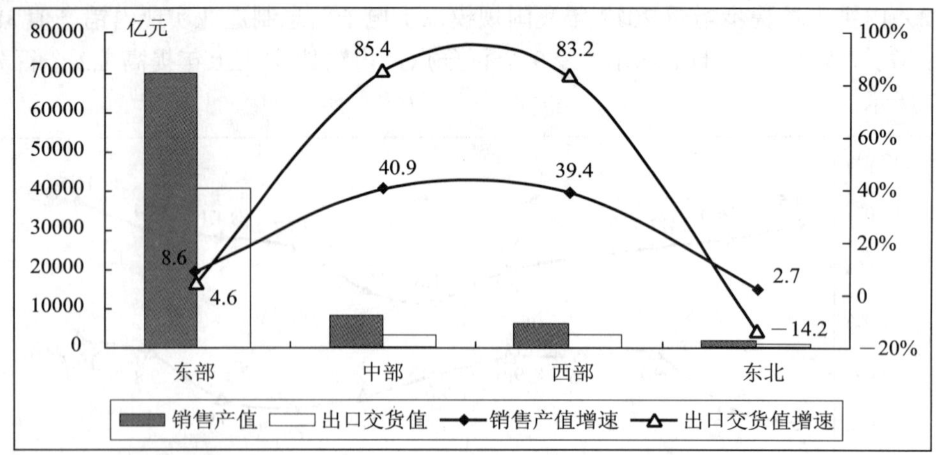

图9　2012年东、中、西、东北部电子信息制造业发展态势对比

（三）软件业服务化、网络化和融合化发展加速

2012 年，我国软件产业中，数据处理和运营服务类业务完成收入 4285 亿元，同比增长 35.9%，增速高于平均水平 7.4 个百分点，占比 17.1%，比上年提高 0.9 个百分点；软件业与制造业融合化程度加深，在电子制造业企稳向好带动下，嵌入式系统软件增速加快，实现收入 3973 亿元，同比增长 31.2%，高于平均水平 2.7 个百分点。

六、科研创新

（一）核心技术不断突破

2012 年，我国电子信息产业内，多项核心关键技术取得突破，采用国产处理器和软件的神威蓝光千万亿次计算机技术水平处于国际先进行列，自主开发的 8GbDDRII 存储器芯片出货量超过 430 万片，自主研发的智能手机浏览器用户超过 3 亿，国产智能终端芯片销售量超过 4 千万个。

（二）新增长点加快孕育

数字视听领域，产业链各环节实现协调发展和良性互动，广州、杭州数字家庭应用示范工程用户达到 50 万户；新型显示领域，生产线、相关材料及设备的研发和产业化步伐加快，液晶面板全球市场占有率超过 10%，国内电视面板供应自给率突破 20%，国内面板骨干企业采购国产材料的金额比例超过 25%；此外，在产业“十二五”规划“基础电子产业跃升工程”相关政策措施支持下，多晶硅、锂离子电池关键材料及传感器等领域的技术研发和产业化步伐明显加快。

七、社会贡献

（一）经济贡献不断增强

2012 年，我国规模以上电子信息制造业从业人员规模突破千万大关，达到 1001 万人，比上年增长 6.5%，占全国城镇就业人员比重达到 2.8%；上缴税金 1513 亿元，同比增长 21.6%，占全国工业行业税金总额比重接近 5%；电子信息产品进出口总额达 11868 亿美元，占全国外贸进出口总额的 30.7%；电子信息产业在国民经济中的重要性不断提高。

（二）积极支撑信息化建设

2012 年，全国光缆线路长度净增 267 万千米，达到 1481 万千米。局用交换机容量净增 478 万门，达到 43 906 万门。移动电话交换机容量净增 11 234 万户，达到 182870 万户。截至 2012 年末，我国移动电话普及率达到 82.6 部 / 百人，比 2011 年提高 9.0 部 / 百人；3G 网络用户净增 10 438 万户，年净增量首次突破 1 亿户。互联网普及率达到 42.1%，比上年提高 3.8 个百分点；其中手机上网用户占到网民总数的 74.5%，比上年提高 5.1 个百分点。城镇居民的彩电、计算机拥有率超过 136 台 / 百户和 80 台 / 百户，均比上年有所提高。信息技术的渗透带动作用进一步增强，为改造提升传统产业、推动社会信息化建设和丰富人民群众物质文化生活做出了积极贡献。

2013 年，是全面贯彻落实党的十八大精神的开局之间，是实施“十二五”规划承前启后的关键。总体来看，我国电子信息产业发展具备较好的基本面，依然有较大的发展空间和潜力，但所面临的国内外经济形势仍较为复杂，不确定、不稳定因素不断增加，外需持续萎缩与内需增势放缓相互叠加，长期问题与短期困难相互交织，形势仍不容乐观。我们要全面贯彻落实党的十八大精神和中央经济工作会议部署，以科学发展观为指导，继续坚持稳中求进的工作总基调，围绕走中国特色新型工业化、信息化、城镇化和农业现代化道路，按照形成新的经济发展方式的要求，加快推进产业转型升级，加快构建现代产业体系，加快推动信息化和工业化深度融合，保障产业实现平稳较快发展。

预计 2013 年我国规模以上电子信息制造业增加值将增长 12% 左右，软件业增速将在 25% 左右。

（撰稿：关志超、黄　练）

第二章

国际智能交通发展动态

美国智能交通发展

一、概况

智能运输系统及其相关技术在美国的研究研究可追溯到上世纪中叶。早在20世纪50年代，美国一些私有企业就开始了对汽车自动控制系统的研究，随后，美国政府交通部门展开了对电子线路诱导系统（Electronic Route Guidance Systems，ERGS）的相关研究。至20世纪80年代末，随着美国洲际高速公路大规模建设阶段的结束，交通拥挤现象日益凸显，智能交通技术日益受到美国政府交通部门的重视，交通系统发展重心逐步由硬件设施建设向交通系统管理转移。

1991年美国国会通过了“综合地面运输效率方案”（ISTEA），该旨在利用高新技术使交通分配合理化，以提高整体路网运行效率。在ISTEA的推动下，美国政府于1995年制定了“国家智能运输系统项目规划”，并确定了直至2005年的年度开发计划。

1998年美国政府颁布了“21世纪交通平等法案（TEA-21）”，明确规定了智能运输的四大领域——城市ITS基础设施、乡村ITS基础设施、商用车辆ITS基础设施和智能车辆行动计划（IVI）。图1为TEA-21中提出的ITS项目结构及其对应的ISTEA实施期间的相关项目领域。新一阶段项目侧重点由ISTEA实施期间以研究开发为主转变为ITS研究开发和实施并举。两部法案中提出的项目领域也有所不同，新法案将ISTEA生效期间的七大系统领域转变为TEA-21颁布后的四大项目领域，这一转变的宗旨是为促进ITS的实施，使其切实成为现有交通系统的一部分，但两种项目领域定义在本质上是一致的。

继TEA-21颁布后，美国政府在其框架之下先后提出了“美国五年ITS项目计划（1999-2003）”、“美国十年ITS项目计划（2001-2010）”、“安全、负责、灵活、高效的交通平等法案（SAFETEA-LU）”、“智能运输系统战略研究计划（2010-2014）”和“迈向21世纪法案（MAP-21）”。该系列规划和法案的颁布旨在一方面推动智能运输由理论研究向实际应用转变，另一方面促进美国智能运输系统基础设施的建成和完善。表1为美国智能运输系统发展历史大事记。

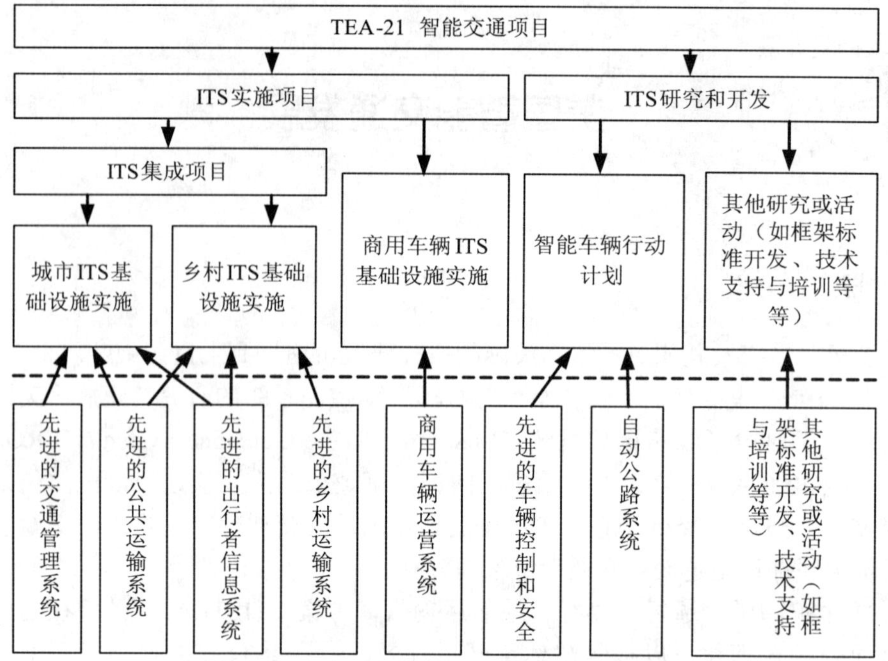

图1　TEA-21中的ITS项目结构和与ISTEA实施期间项目领域的对应关系

表1　美国智能运输发展史大事记

时　间	事　件	备　注
1986	2000年行动小组（Mobility 2000）成立	联邦、州、学术界和私人公司代表成立2000年行动小组（Mobility 2000），对IVHS在美国的应用前景进行评估，并草拟联邦交通法以推动IVHS的研究
1990	美国IVHS协会（Intelligent Vehicle Highway Society of America，IVHS America）在华盛顿成立	第一个智能运输系统研究机构
1991	颁布《综合地面交通效率法案》（Intermodal Surface Transportation Efficiency Act，ISTEA）	由美国交通部负责全国IVHS的开发工作，并在随后的6年中由联邦政府拨款6.6亿美元用于IVHS技术的研究和开发
1994	IVHS更名为ITS	美国IVHS协会改名为美国ITS协会
1995	美国交通部公布国家ITS系统项目规划	规定了智能运输系统7大研究领域和30个用户服务功能
1996	美国交通部长费得里科·裴纳（Federico Pena）宣布实施时间节省行动计划（Operation Time Saver）	10年内于75个地区建立智能运输系统基础设施（Intelligent Transportation Infrastructure，ITI）
1997	加州自动公路系统AHS在圣地亚哥首次成功展示	基于车路协同的防碰撞系统的研发与应用
1998	国会通过《21世纪交通平等法案》（Transportation Equity Act for the 21st Century，TEA-21）	在随后的6年中由联邦政府拨款13亿美元用于ITS技术的研究和开发。明确ITS目标：加速ITS实施、将ITS融入交通规划过程、改善区域性合作、促进私有资源的创新性利用、培养精通ITS技术的劳力资源、促进商用车辆信息系统和网络的全面实施

续表

时　间	事　件	备　注
1999	五年ITS项目规划（1999-2003）	提出了美国ITS基础设施实施和集成的行动计划
2001	十年ITS项目规划（2001-2010）	提出了美国ITS的确切目标、广泛实施私有企业产品的联邦政策和行动计划
2003	美国交通运输部于ITS世界智能交通大会上提出车路一体化集成计划（Vehicle Infrastructure Integration，VII）	所有车辆上装备通信设施及GPS模块，利用无线通信技术使行驶中的车辆更紧密地与周围的环境相联系，通过车与道路基础设施之间的信息交换，获得运输网中每条主要道路上的交通和道路条件信息，从而提高交通系统的安全性
2005	颁布《安全、负责、灵活、高效的交通平等法案》（Safe，Accountable，Flexible，Efficient Transportation Equity Act：A Legacy for Users，SAFETEA-LU）	进行智能车辆和智能基础设施的智能运输系统研究、开发与运行试验，并为实现这些课题所必要的其他相关行动制定全面计划
2009	发布《智能运输系统战略研究计划：2010-2014》	利用无线通信建立全国性、多模式的地面交通系统，形成一个连接车辆、道路基础设施以及乘客的便携式设备的交通环境，最大程度保证交通运输的安全性、灵活性和环境友好性
2012	发布《迈向21世纪法案（MAP-21）》	未来2年将投资1010亿美元用于近100个项目的建设，包括自行车道、行人环境改善，加快城市规划过程，建立绩效管理和提升智能运输系统

二、美国国家ITS体系结构

1993年，美国联邦运输部开始启动国家ITS体系结构的研究，并于1996年颁布了ITS体系结构的第一版本。此后，该体系不断修改完善，至2003年8月，交通运输部先后公布了五个版本的ITS体系框架。

美国ITS体系框架的设计原则是要建立一个开放、公平、适应多层次系统集成的体系结构，同时能为用户提供多种性能价格比选择，保护用户隐私，并最大限度地增强互操作性和降低市场风险的系统架构方案。美国国家ITS体系框架的开发采用了软件工程中常用的结构化设计方法，由用户服务、逻辑框架和物理框架三部分组成。

1. 用户服务

ITS用户服务从系统用户的角度描述了ITS“应该做什么”。国家ITS体系框架中共定义了七个服务领域、三十项服务功能，如表2所示。

2. 逻辑框架

主要目标是通过对逻辑框架中系统功能分解和层次化分析，保证最终设计的物理系统能够满足和实现最初设定的用户服务需求。系统逻辑架构顶层图如图2所示。数据管理是逻辑框架开发的一个重要内容，正确有效地描述ITS体系框架内大量的数据流是逻辑框架开发的核心目标之一。ITS框架从数据树（Data Tree）、数据字典（Data Dictionary）及过程说明等不同角度对框架包含的数据和过程进行描述，对功能间传递的数据流按照数据流图（DFD）的层次划分采取分级管理的方式。

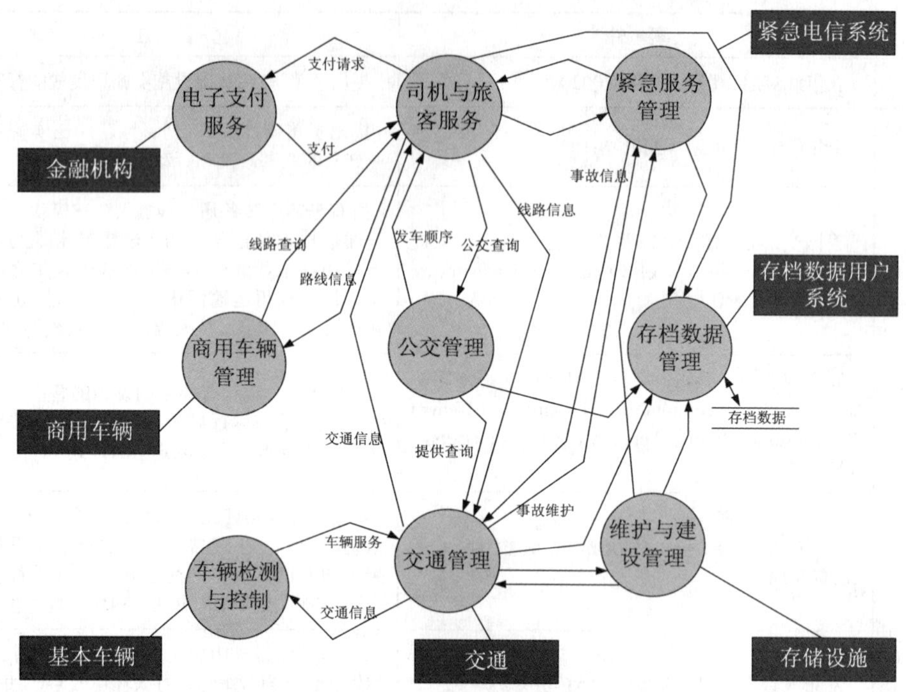

图2　美国智能运输系统的逻辑框架

表2　美国智能运输系统用户服务

分组名称	用户服务	分组名称	用户服务
1.出行及交通管理	（1）旅途驾驶员信息 （2）路径诱导 （3）旅行者服务消息 （4）交通控制 （5）突发事件管理 （6）排放测试与缓解 （7）公路、铁路交叉道口管理	5.商用车辆运营	（16）商用车辆电子通关 （17）自动路侧安全检测 （18）商用车行政管理 （19）车载安全监视 （20）危险品应急反应 （21）商用车队管理
2.出行及交通需求管理	（8）出行前的旅游信息 （9）搭乘及预约 （10）需求管理及运营	6.应急管理	（22）紧急事件通告与人员安全 （23）应急车辆管理
3.公共交通运营电子付费服务	（11）公共运输管理 （12）旅途公交信息 （13）个性化公共交通 （14）公共运输安全	7.先进的车辆控制与安全系统	（24）纵向防撞 （25）横向防撞 （26）交叉口防撞 （27）防撞视野强化 （28）碰撞前乘客安全防护 （29）危险预警 （30）自动公路系统
4.电子付费服务	（15）电子付费服务		

3. 物理框架

ITS物理框架主要由物理实体和框架流组成。物理实体包括构成ITS系统的子系统和终端，可分为四类：中心、出行者、车辆和外场设备。每一个物理子系统由若干个设备包组成；设备包是分割子系统的单位，它将子系统中相似的功能模块按组分开，用这些组来说明系统所要实现的用户服务，并且调节不同层次间的功能需要。设备包将功能模块分割，为系统的功能实现提供了便捷的途径。设备包体现了结构分析方法中功能模块化的概念。

各物理实体间通过框架流连成一个整体，通讯界面在 ITS 系统连接过程中发挥着重要作用。ITS 体系框架的物理实体组成和通讯架构如图 3 所示。

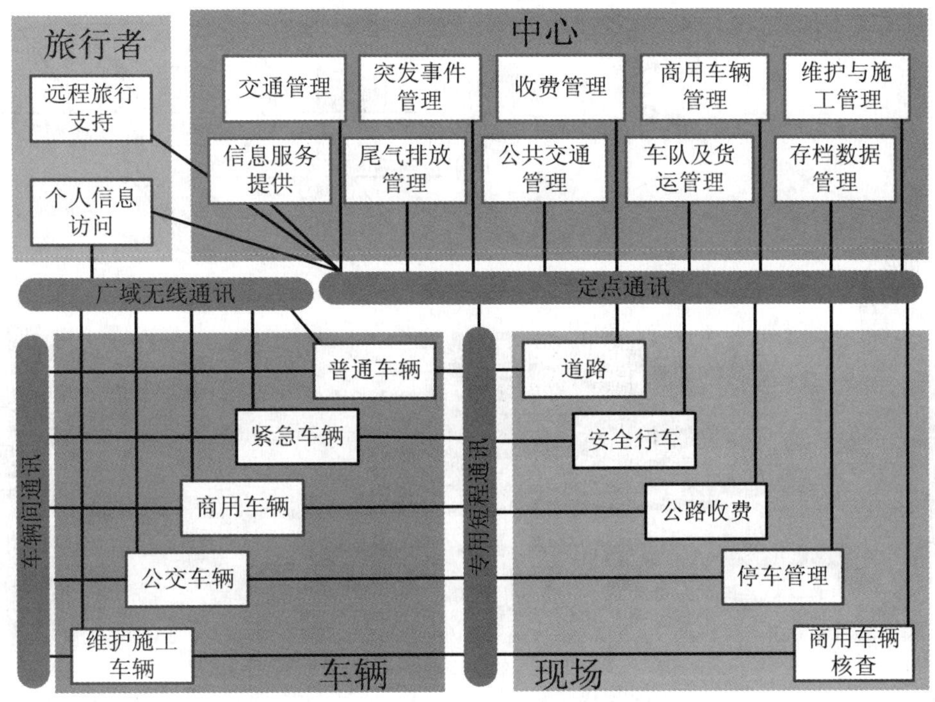

图3　美国智能运输系统的物理框架

三、关键技术

（一）车联网研究（Connected Vehicle Research）

车联网研究是当前美国智能运输系统研究的核心内容。在车联网中，车辆具备信息感知功能，可通过射频识别（Radio Frequency Identification，RFID）、车载信息服务（Telematics）、无线定位技术（Wireless Location Technology，WLT）等一系列移动式交通信息采集技术实时感知车辆自身以及车辆与周围环境的信息，并通过专用短程无线通信技术（Dedicated Short Range Communications，DSRC）使车辆与车辆、车辆与基础设施之间进行信息交互。根据不同的功能需求可对所有车辆的运行状态进行有效监管，同时提供综合服务。如图 4 所示，车联网将车与车、车与路旁基础设施相连，实现实时信息交换，服务于用户交通出行。车联网研究的核心是车 - 车通信（V2V）和车与基础设施通信（V2I）。美国“智能运输系统战略研究计划（2010-2014）”将早期车联网应用范围从轻型车拓展到所有车型（包括卡车、公交车、轨道交通等），并且针对通信过程中由于车辆高速移动以及受道路周边建筑物和树木影响导致车联网无线信道质量不稳定的情况，将通信方式从单一的5.9GHZ的DSRC通信技术拓展为多种形式，如手机宽带无线通信、WiMAX、卫星通信等，建立开放式通信平台，为车辆提供无缝的通信服务，并且致力于在个人移动设备（如手机PDA、Ipad等）、车辆以及路边基站之间建立安全、灵活的无线通信，使道路交通系统更安全、更智能和更环保。

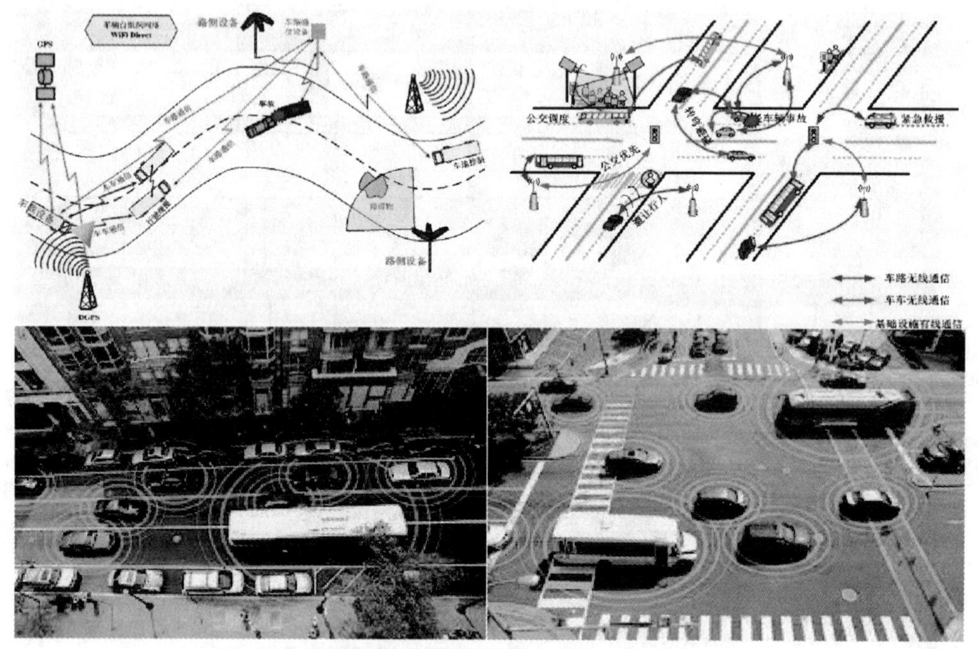

图4　车联网示意图

车与车通信（V2V）是指通过车载终端进行车辆间的通信。车载终端可实时获取周围车辆的速度、车辆位置、行车情况、危险告警等信息，车辆间也可以构成一个互动平台，实时交换各种文字、图片、音乐和视频等信息。车与车通信主要应用于避免和降低交通事故、车辆监督管理等，同时还可将基于公共网络的车与车通信应用于车辆间的语音、视频通话等。车与基础设施通信（V2I）是指车辆内部设备与道路区域设备，如红绿灯、交通摄像头、路侧单元等进行通信，通过道路区域设备获取附近区域的车辆信息并实时发布各类信息。车与基础设施通信主要应用于实时信息服务、车辆监控管理、不停车收费等。根据“智能运输系统战略研究计划（2010-2014）”，2012年车-车通信的研究目标为：①采用先进的车-车通信（V2V）技术，避免或减少约80%的轻型车辆碰撞。②建立针对关键应用技术的短程无线通信技术（Dedicated Short Range Communications，DSRC）标准。③加快与V2V无线通信相关的车内技术开发，确保为V2V无线通信车辆的首批用户创造附加价值。车与基础设施通信研究的目标为：①采用先进的车与基础设施通信（V2I）技术，以减少约12%的交通事故。②制定信号报警系统以支持主动式交通安全。

美国运输部投入大量资源进行车联网技术的开发，建立了大量测试基地，如图5

所示。2012 年，美国密歇根大学和美国能源部交通运输部在密歇根、加利福尼亚、佛罗里达、纽约等州车联网测试基地进行实验测试，测试内容包括车辆系统、通讯系统和售后设施，重点评估驾驶员反应和通讯技术。测试耗资 2200 美元，测试共了近 3000 辆汽车、商用卡车、公交车，获取了超过 20000 英里的实测数据，并且分析得出专用短程通讯（DSRC）是车联网中最稳定的通信方式。

图5　美国车联网技术测试基地

（二）短期多式联运 ITS 研究（Short-Term Intermodal ITS Research）

短期多式联运研究是美国智能运输系统研究的重要内容之一，其核心内容包括三部分：主动交通需求管理（Active Transportation and Demand Management，ATDM）、智能高效的边境口岸技术（Intelligent and Efficient Border Crossings）和商用车辆信息系统技术（Commercial Vehicle Information Systems and Networks，CVISN）。

1. 主动交通需求管理（ATDM）

主动交通需求管理技术涵盖需求管理、交通管理、停车场管理等。它能够“智能”、自适应地管理各种地面交通，并且能够实时监视、探测区域交通流运行状况，快速收集各种交通流运行数据，及时分析交通流运行特征，从而预测交通流的变化，并制定最佳应变措施和方案。通过实时的信息数据和预测分析，交通管理者可以优化道路容量，提高出行时间可靠性，减少二次事故发生，提高司机驾驶行为一致性。通过主动交通需求管理，可以显著减少高速公路拥堵，而无需增加车道或进行基础设施建设。主动交通需求管理是动态交通管理控制和出行需求分析的基础。另外，它还在保障交通安全、防止交通事故、提供事故救援和快速恢复事故现场的交通秩序等方面发挥重要作用。2012 年主动交通需求管理技术的研究目标为：①定义主动交通需求管理的效益和标准，使运输管理机构能够实时优化路网交通流和交通需求。②提高主动交通需求管理的分析、建模与仿真技术，以及主动管理的规划和实施业务。

2012 年，美国在主动交通需求管理方面主用工作集中在将现有交通管理手段演变为动态实时交通管理。制定了主动交通需求管理的运营概念，确定了主动交通需求管理的运营要求。并且在华盛顿，芝加哥，伊利诺伊州和加利福尼亚州旧金山市举行研讨会，建议将主动需求管理方法纳入到道路通行能力手册（HCM）中。此外一个重要的研究成果是搭建了主动交通需求管理分析，建模和仿真试验平台。

截止到 2012 年，美国许多高校及科研机构相继开展主动交通需求管理技术的相关研究，现已取得大量成果，并已进入工程应用阶段，如：明尼苏达州 HOT 动态收费车道（图 6 左上）、怀俄明州可变限速系统（图 6 右上）、西雅图市 SR520 动态合乘系统（图 6 左下）以及旧金山市动态停车信息标志（图 6 右下）等。

图6　美国主动交通需求管理技术应用

2. 智能高效的边境口岸技术（Intelligent and Efficient Border Crossings）

为缓解高速公路边境收费站拥堵，提高运行效率，美国“智能运输系统战略研究计划（2010—2014）”确定了高速公路智能高效的边境口岸技术，采用可变收费、先进的出行者信息系统、电子扫描以及其他技术，以提高车辆的通行效率和安全性，降低排放，提高国家边界安全。图 7 是美国一个典型的高速公路边境收费站。高速公路智能高效的边境口岸技术旨在构建解决两国边境车辆通行问题的 ITS 系统，其研究目标为：①创造不拥挤、更安全、更环保的可持续边境口岸。②实施和评估智能、高效的国家边境口岸系统。

2012 年，美国南部与墨西哥边境、北部与加拿大边境已基本完成智能边境口岸的建设并且对一些旧的口岸进行了改造。新型智能口岸采用的电子扫描系统除了允许小型汽车快速出入外，还将许可卡车，大客车和公交车等大型汽车的快速通过，加快了货运和客运流量横跨美国北部和南部边界效率，提高了安全。并且开展了市场评估研究，以了解智能口岸用户的观点和需求，用以改进和完善智能口岸技术，以满足用户需求。

图7　智能高效的高速公路边境口岸

3. 商用车辆信息系统和网络（CVISN）

商用车辆信息系统和网络是用于支持商用车辆运营（Commercial Vehicle Operation，CVO）管理的信息系统及相关配套通讯网络体系。它不仅包括国家政府管理部门投资运营的信息系统，还包括一些国内运输企业和个人投资运作的网络信息系统。该项目旨在通过数据共享、电子资格认证等一系列技术手段，在现有的信息通信标准及通信设施的基础上建立一种新型交通信息共享交互框架体系，以保障商用车辆运营的安全、便捷、高效和经济。商用车辆信息系统和网络包括三个部分：安全信息交换、电子认证管理和电子检查，如图 8 所示。其中安全信息交换是 CVISN 最重要的功能之一，通过促进商用车辆凭证状态和安全状况信息的自动收集，改善对以上信息的获取并及时更新这些信息，以达到改善公路安全的目的。电子认证管理集中于基于 Internet 的电子凭证发放、处理和自动报税、税收文件归档，有利于提高运输公司和政府部门的管理效率。电子检查则主要支持商用车辆自动路旁检查、秤重站处不停车秤重和边界上的电子通关。通过 CVISN 项目可以在有效减少商用车辆运营和管理费用的同时提高商用车辆及其驾驶员的安全和效率，并为其提供一套标准化的通讯设施，以保证商用车辆信息收集和管理的有效性。商用车辆信息系统和网络研究的目标为：①有效地促进关键信息（如安全信息，认证和税收等）的无缝交换以支持商用车辆高效运营。②通过增强运输企业生产能力、提高装备与设施使用效率等措施来减少管理者与承运人的开销。③通过商用车辆的智能化，改进运输安全性和运营效率。

2012 年，美国 50 个州加上哥伦比亚特区都正在开展商用车辆信息系统和网络建设，其中 28 个州已经取得了商用车辆信息系统和网络的核心认证。在安全信息交换方面，50 个州已经部署了联邦汽车运输安全管理的检查软件，33 个州通过联邦汽车运输安全管理局的安全电子拟合记录系统（SAFER）上传商用车辆记录数据，并使用商用车辆信息交换窗口。在电子认证管理方面，41 个州上传了国家注册计划（IRP）数据，37 个州上传了国家燃油税协议（IFTA），48 个州参与了 IRP 数据交换和 IFTA 数据交换。在电子检查方面，40 个州布设了电子检查设施。

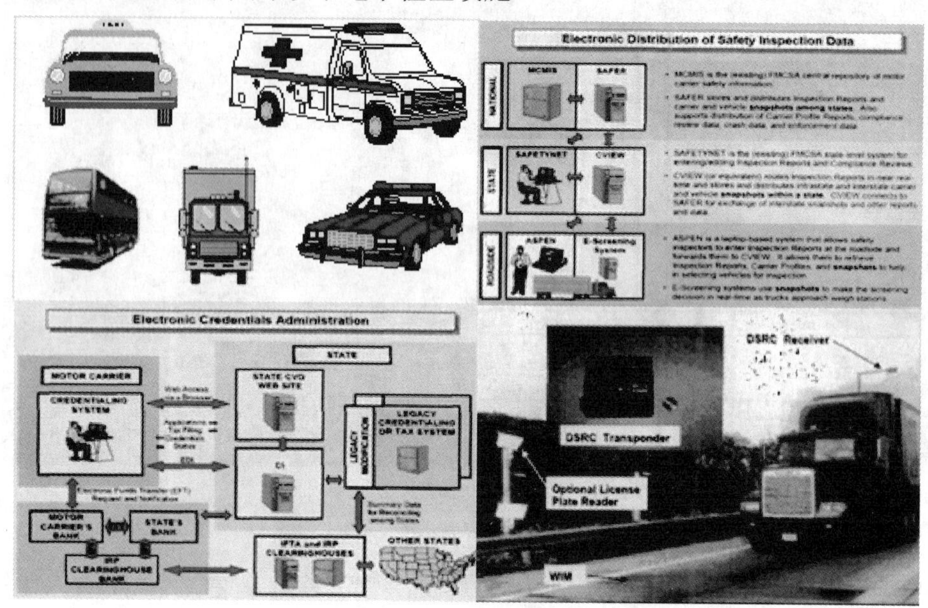

图8　商用车辆信息系统和网络

（三）ITS 探索研究（ITS Exploratory Research）

ITS 探索研究的目的是为未来 ITS 战略研究规划提供具有创意性新技术方案的途径。随着科学技术的快速发展，现代技术快速革新为 ITS 的探索研究提供了越来越多的技术支撑。截止到2012年，美国在与ITS紧密关联的技术革新方面取得了众多的成果，主要体现在四方面：第一，导航、测距以及基于计算机视觉的物体检测传感器融合以及处理算法的革新，使得未来车辆防撞系统或高效移动技术得到很大改善。第二，计算机视觉（Computer Vision）技术的日益成熟使得车联网的数据获取平台更加先进和完善。第三，第四代无线网络技术（4G）的发展将会促使更多无线网络技术（如 4G，WiFi 等）应用到车联网中，车 - 车通信（V2V）和车与基础设施通信（V2I）的通信质量将会得到进一步改善。第四，远程信息处理技术的革新将会使 ITS 应用服务中的所有传感器能够被安全查询和访问。

基于以上众多的技术新成果，美国在 2012 年以及今后几年将继续 ITS 研究方面进行探索，其主要围绕以下两方面：

1. 无人驾驶汽车

通过引入成熟的机器人技术和自动控制、人工智能、视觉计算等技术实现车辆的无人驾驶。无人驾驶汽车可以根据设定的路线自动行驶，自动完成变道、超车、提速、泊位等一系列复杂操作，如图 9 所示。

图9　无人驾驶汽车外观与内部结构

无人驾驶技术是集自动控制理论、人工智能理论、视觉计算理论、体系结构理论、程序设计技术、机构控制技术、组合导航技术、传感器技术、信息融合技术、机械设计制造技术等多种理论及技术于一体的多学科、多行业综合技术。具有代表性的是谷歌公司将以上技术运用到实践，其研制的无人驾驶汽车利用摄像机、雷达和激光测距仪来感知车辆周围环境，并通过车载传感器将获得的前车距离、相对速度和障碍物等数据信息传递给车载主控计算机；通过计算机软件对数进行处理，并将处理结果反馈给主控计算机；自动驾驶控制软件根据反馈的信息向方向盘、油门和刹车控制器等发出动作指令，控制车辆的控制车辆转向、加减速和超车、变道等行为，从而使车辆能够安全、可靠地在道路上行驶。2012 年，谷歌已为三辆测试车申请许可。未来几年美国无人驾驶汽车研究的重点将主要集中在无人驾驶汽车的普及使用。

2 电动汽车

在新车辆设计技术（如合并电路板和模块化组件等）推动下产生的电动汽车已经在市场上大量涌现，它将成为未来汽车发展的一大趋势。美国智能运输系统研究机构认为电动汽车的发展将为车联网技术提供高质量的数据基础，电动汽车以其本身优势也将会在车联网中发挥重要作用。

美国研制的电动汽车大多是以车载电源为动力，由控制系统、调速系统、驱动力传动机械系统和完成既定任务的工作装置等构成。在控制系统方面趋于智能化和数字化。变结构控制、模糊控制、神经网络、自应控制、专家系统、遗传算法等非线性智能控制技术，都将应用于电动汽车控制系统。调速系统作为主要的构成部件，用电动机调速装置使电动汽车变速和变换方向。由于美国电子电力技术的快速发展，电动汽车的调速控制也将转变为直流逆变。另外，美国在电动汽车研究方面，还将能量管理系统纳入其核心研究，系统采集车辆的各个子系统的运行数据，进行监控和诊断；控制充电方式、提供剩余能量显示等职责的能量管理系统，并使其处于最佳节能状态。此外，除电池、电动机外，车体本身也包含很采用许多高新技术，如采用轻质材料及复合材料，减轻汽车自身质量；实现制动、下坡和怠速时的能量回收；采用高弹滞材料制成的高气压子午线轮胎，减少汽车滚动阻力；车身整体的流线化设计，也可大大减少空气阻力。

图10　电动汽车外观与内部结构

为进一步推动电动汽车在智能运输系统系统中的作用，美国在2012年以及未来几年的研究将更多侧重于普通汽车和电动汽车之间的协同、电动汽车在车联网中的关键通信技术，以及衡量车辆利用不同能源和燃料所带来的实时数据和感应能力的转变。

四、智能运输系统的应用

智能运输系统在美国应用广泛，主要可以概括为：在交通安全（Safety）方面的应用、在提高交通机动性和效率（Mobility）方面的应用、在环境保护方面（Environment）的应用以及在不利天气条件下（Adverse Weather）的应用。

（一）安全（Safety）

在提高交通安全方面，智能运输系统通过增强车辆安全性、预防交通事故、有效控制交通流以及对包含车辆、驾车者与乘客、交通设施及其管理者等在内的交通信息网络建设，以达到减少交通事故和财产损失的目的。一方面，利用无线电网络等通信技术，实现车辆与车辆、车辆与基础设施之间的通信，将环境信息（如目标、车速、距离等）传递给驾驶员，监控车辆当前运行状态，辨识危险行车状态，向驾驶员提供行车建议或发出危急情况预警，提高驾驶员的情境感知能力以减少或避免碰撞事件的发生。通过车辆主动避撞报警系统（CWS）、车辆自适应巡航系统（ACC）、车道偏离报警系统（LDWS）、正向碰撞报警系统（FCWS）、盲点警告系统（BSWS）等一系列系统的应用提高车辆主动安全性，增强对交通事故的主动预防，如图11所示。另一方面，一旦事故发生，事故车辆地点可以被准确定位，救援车辆可根据接收到的信息选择快速近距离的救援路线，高效的事故反应系统可减少交通事故带来的人员和财产损失。

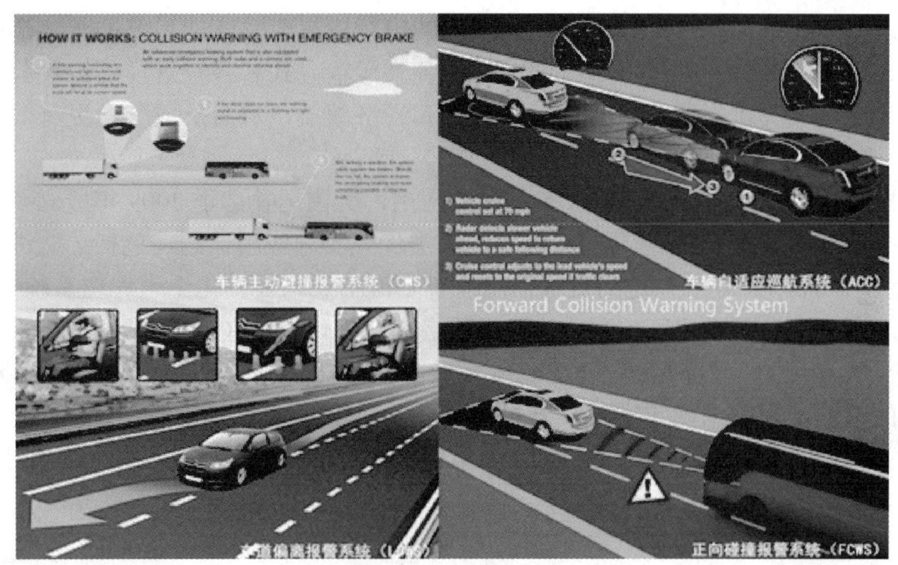

图11　智能运输安全系统

自2002年起，美国交通部（USDOT）联合一些汽车生产企业共同致力于研究基于车-车通信的事故预防系统，该系统旨在针对大多数情况下的常发事故采取相应的紧急应对措施，包括：紧急制动警报灯、正向碰撞报警、交叉口辅助驾驶技术、事故黑点及车道变换预警、禁止通行预警、驾驶失控预警。该系统能在事故发生前为驾驶员提供信号预警，或在一定程度上减缓事故的发生，降低事故严重程度，减少人员伤亡及财产损失，目前已取得一定成果，并已进入工程应用阶段。

（二）效率（Mobility）

智能运输系统在提高交通机动性和效率方面主要体现在实时数据采集管理和应用（DCM）、动态移动应用技术（DMA）、先进的货车信息服务系统、综合动态公交运营、多模式智能交通信号控制系统和智能交通网络优化。利用不同车辆之间以及车辆与基础设施之间的通信信息，先进的交通数据采集设备（如感应线圈检测、微波检测、红外线检测、视频检测等）以及先进的采集技术（如基于GPS定位的采集技术、基于蜂窝网络的采集技术、基于RFID的采集技术等）可以获取多种交通方式高质量、实时的交通数据（如流量、车速、车头间距、车辆定位等）。通过海量异构数据的挖掘与融合，建立一个整体化的交通运输信息网络。一方面，提高路网交通状态实时监测精度，可以从整体上优化路网的通行效率和信息服务水平，从而能够更加有效地管理交通系统和最大程度地减少交通拥堵。另一方面，对于广大出行者而言，一个整体化的交通信息网络可以使得出行更加方便、更加省时、更加经济。各种交通方式，包括公共汽车、城市轨道交通、公路客运和小汽车交通之间的全面协调运营，将形成一个整体化的交通运输系统。由此，在一次出行过程中，各方式之间的转换问题、绕行和换乘引起的时间改变，以及不同地区之间的服务标准问题等，都可望得到合理解决。也可使驾驶员根据实时信息改变其原先行驶路线、驾驶时间和出行方式，以避免交通拥堵。智能运输系统可为在任何地点居住、工作和娱乐的出行者提供高效的、终端至终端的、无间隙的、多方式选择的客运服务。同时，将各类运输方式和各种规模的运输公司联合起来，可以提高其可靠性，提高其运作速度和经济效益，从而形成一个更有效的货运系统。

为推动智能技术在提高交通效率方面的应用，美国运输部于2009年成立了动态效率应用技术（DMA）项目组，并拟定了7大类优先实施应用计划，包括：先进的出行信息系统（EnableATIS）、先进的货运信息系统（FRATIS）、一体化干道管理系统（ICM）、一体化动态公交运营系统（IDTO）、智能网络流量优化系统（INFLO）、多模式交通信号系统（M-ISIG）以及应急管理及疏散系统（R.E.S.C.U.M.E.）。DMA专家组对每一大类下的不同应用技术确定十年实施目标，使其在不同程度上提高道路通行能力，减缓交通拥堵，降低出行延误。图12为马里兰蒙哥马利I-270公路及加州奥克兰I-880公路一体化干道管理系统。

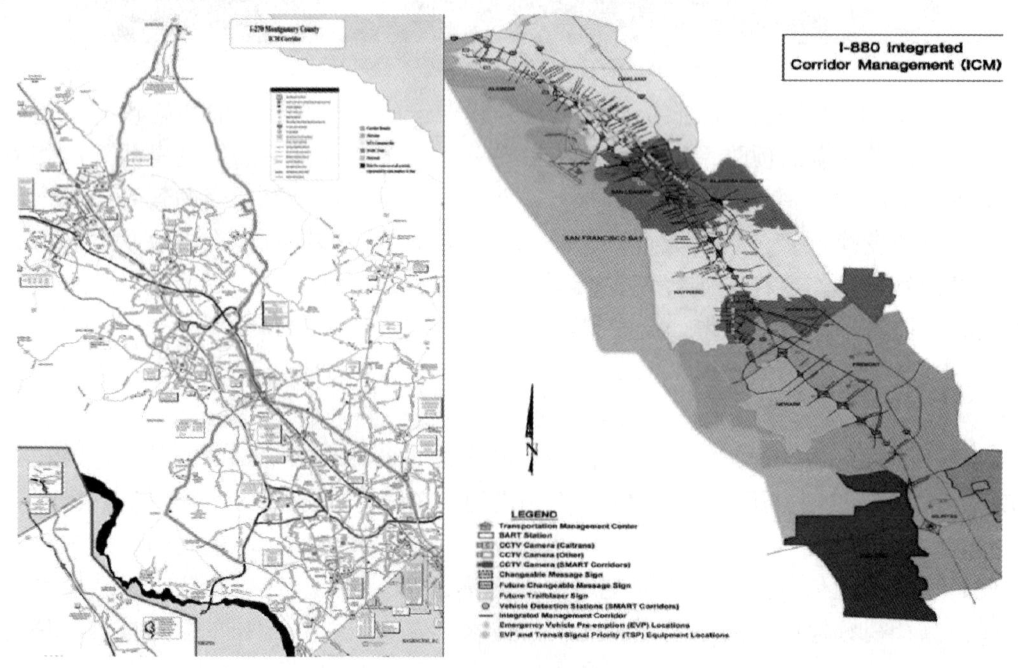

图12　马里兰I-270公路及加州I-880公路一体化干道管理系统

（三）环境（Environment）

在环境保护方面（Environment），智能运输系统主要围绕改善交通运输系统与自然环境的相容性，尽可能减少交通运输对大气质量的影响，降低燃油耗费（包括对进口燃料的依赖性），减轻噪音污染以及其他交通因素所导致的对居民生活水平的影响，如对个人隐私的保护等。同时，保持交通流的通畅，减少阻塞和交通事故，降低出行延误，优化出行路线和出行计划。一方面为交通管理者提供数据，使其能够更好地了解实时交通管理决策可能对环境产生的影响，从而做出正面的交通决策，引导多模式交通联运“绿色”运营，促使居民选择“绿色”出行方式。另一方面通过对 V2V 和 V2I 提供的数据分析，建立生态信号（Eco-Signal Operations）、动态生态车道（Dynamic Eco-Lanes）、动态低排放区（Dynamic Low Emissions Zones）和生态综合走廊（Eco-ICM）等，鼓励支持新能源汽车替代燃料汽车，有效提高空气质量、减少温室气体排放和震动等造成的交通环境污染。

截止到 2012 年，美国许多高校及科研机构开展了智能运输系统在生态系统建设方面的应用研究，例如：加州大学河滨分校及加州大学伯克利分校 PATHS 研究中心合作开展了关于信号交叉口生态到达离散（Eco-approach and departure）系统的研究，即实时采集并分析信号数据，将指令通过车载终端提供给驾驶员，引导驾驶员采用“绿色节能”的方式通过交叉口，如图 14 所示。研究者采用加州 El Camino 道路网络数据进行建模仿真，对生态到达离散系统应用效果进行评估。研究结果表明，该系统能够使得驾驶燃油消耗显著降低 5%~10%。

图14　加州信号交叉口生态到达离散系统

（四）不利天气（Adverse Weather）

智能运输系统在不利天气条件下的应用主要是通过评估和预测天气情况对道路、车辆和旅客的影响，根据实时天气和交通信息，有效地对恶劣天气条件下（雨、雪、冰、雾、飓风、洪水、龙卷风和雪崩等）的交通流实施动态管理与控制，减少恶劣天气条件下的交通延误和交通事故，为出行者提供不良天气预警和其他信息的咨询，确保道路畅通无阻。运输机构和出行者可以基于实时天气和交通信息做出更合理的决策，提高运输系统的流动性、安全性和可靠性。通过道路天气信息系统（RWIS）、基于路侧多传感器的天气路况识别系统、高速公路气象站等采集基本的气象数据，并将其与交通数据整合，创建高质量的天气管理数据库（RWM），一方面用于提供用户查询和实现在线实时分析及数据开发，另一方面用于各交通管理部门和各种交通方式间数据的管理和共享。采用先进的系统和良好的模型，并根据道路气象数据对道路状况进行预测，建立响应天气变化影响的交通流模型，用于评估和预测天气对道路交通的影响。利用模型实现网络优化和实时交通预测，利用天气/交通信息进行交通信号控制和匝道控制，通过动态信息标志、可变情报板、可变限速交通标志、导航仪高速公路咨询广播和其他通讯设备，发布干线公路和高速公路的交通控制消息，以便出行者及时调整行驶状态或出行路线。例如：为缓解桥面强风对机动车的不良影响，佛罗里达州提出桥面风速预警系统（Bridge Wind Speed Alerting System），如图15所示，在桥侧安装风力传感器，当风速超过一定阈值时发出安全警报，这一系统为佛罗里达州提供了一套高效、准确的风速采集及发布装置，在很大程度上提高了机动车的行车安全。

图15　佛罗里达强风警报系统

五、政策与制度

美国政府先后制定了一系列政策和制度旨在保证智能交通技术和应用的可持续发展，落实各种智能交通技术；协调和保障不同主体（政府、汽车制造商、州和地方政府、有代表性的协会和公民等）之间的利益平衡;解决国内和国际上的体制机制、隐私、法规和政策等问题,以落实各种交通运输技术;并且在所有目标领域解决社会公平问题,确保所有用户在解决方案中受益。

到 2012 年，美国智能运输系统的相关政策和制度研究分为实施政策分析（Implementation Policy Analysis）、技术政策分析（Technical Policy Analysis）、法律政策分析（Legal Policy Analysis）和实施战略（Implementation Strategies）四部分，各部分对应目标如下：

在实施政策分析方面，分析和制定一系列投融资政策，保障智能运输系统的快速发展；制定基于安全政策和证书管理实体（Certificate Management Entity，CME）的运营模式；通过学术界和工业界的专家讨论车联网发展面临的重点问题，确定潜在的治理和监督模式。

在技术政策分析方面，集中评估各无线通信平台数据传输的能力和通讯数据质量;同 AASHTO 进行协作，通过对多个州和地方机构进行调查，确定智能运输系统基础设施优先建设区域；制定 ITS 发展标准，确定核心系统构架和界面分析以支持核心系统认证和标准的政策发展。

在法律政策分析方面，为智能运输系统跨模式跨部门研究的顺利进行构建法律框架；制定保护隐私和遵守隐私法律的政策，落实智能运输系统具体政策；分析不同利益群体潜在的法律风险和责任，为联邦政府是否采用风险分担制度提供依据；评估与智能运输系统密切相关的知识产权 / 数据所有权问题，以协调跨部门合作。

在实施战略方面，美国交通运输部已制定了关键时间决策表来跟踪不同政策选择的结果，并建立高级政策专责小组以制定研究方向、评估系统效果和制定决策依据。例如，为推动基于车 - 车通信的智能运输安全技术的发展，美国国家公路交通安全管理局（National Highway Traffic Safety Administration，NHTSA）于 2009 年 9 月发布了车辆安全规章制度及 2009-2011 重点研究计划（Final Vehicle Safety Rulemaking and Research Priority Plan 2009–2011），该计划制定了一系列综合性发展政策，明确了基于车 - 车通信的智能运输安全技术的近期发展方向，确定和启动了一批近期建设和研究项目，在很大程度上推动了 ITS 技术的应用，促使未来的地面交通运输系统逐步转换成一个管理高效和经济适用的先进系统。

（撰稿：刘攀）

2012年日本智能交通发展

一、国家政府各部委的ITS工作

日本政府 ITS 相关部委有内阁官房、警察厅、总务省、经济产业省和国土交通省等。针对 ITS 的工作，各部委既有比较严格的任务分工，又有明晰的协作领域。

2012 年，政府 ITS 的主要工作是：在政府制定的“革命 25”框架下，通过实证研究，将融入异国文化的研究成果加速还原于社会，继续推动 ITS 重点项目，即实现世界最安全的道路交通系统和高端干线物流、城市交通的创新和完成合作承担的任务；准备“ITS 世界大会 - 东京 2013”，并计划将各部委主要研发的成果在该会议上设 ITS 绿色安全展厅（ITS Green Safety Showcase）进行展示。

2012 年，日本 ITS 的发展特征是政府、相关国会议员、企业界和学术界通力合作，通过官产学研的形式进一步推动日本 ITS 新产品 / 系统的研发、示范、普及和海外战略，让世界了解日本 ITS 高端技术。

2012 年 5 月，部分国会议员提案了“第 20 届 ITS 世界大会 - 东京 2013 的成功需要超越党派的协作”。政府接受提案成立了超党派议员联盟（以自民党党员为核心）和民主党 ITS 议员联盟为中心的“第 20 届 ITS 世界大会（东京 2013）议员会”。“公明党 ITS 推动议员联盟”和“大家的党（党派之一）”也加入了该议员会。议员会的成立对东京 ITS 世界大会的成功和日本 ITS 的发展提供了政府高层的支持。

2012 年 12 月，众议院选举实现了政府权力从民主党向自民党的移交。安倍晋三总理主导推动“J-File2012 综合对策集”中的“全社会 ICT 化”，例如依靠 ITS 技术的交通顺畅化等。他曾言及：强力推动面向提高国民生活的利便性和减少环境负荷的信息通信技术 ICT（Information and Communication Technology）利用和全社会 ICT 化。于是，政府即刻在“IT 战略本部”的框架下，设置了“IT 战略起草委员会”进行了面向落实和具体研究。各部委的具体工作总结如下：

（一）内阁官房

内阁官房的任务是代表政府制定 ITS 发展战略，整体推动 ITS 的发展。2010 年 5 月，日本政府制定了“新信息通信技术战略”，同年 6 月又制定了实施步骤。该战略包括以下三个重点：①实现充分享受信息通信技术革命的电子行政办公；②充分利用 ICT 盘活区域经济；③开拓国际新市场。在这种背景下，以各部委副部长为骨干成员，组建了规划委员会，协调重要工作，监督实施进度等，并在该组织下设立了 ITS 工作组进行实质性推动工作。

内阁官房根据 ITS 工作组提交的报告，与相关部委进行沟通协调，制订了“ITS 路线图”，包括各年度的具体政策以及政策间的相互关系。该路线图于 2011 年 8 月获得政府批复。

依据 ITS 路线图，为了促进辅助安全驾驶系统的发展和普及，2011 年 12 月，召开了由 22 个相关部委和企业参加的“ITS 促进会”。该促进会至 2013 年 3 月已经召开 4 次会议。

此外，扩充已经普及的车路协同系统服务范围，进一步进行路侧基础设施的建设；还通过政府和企业联合的方式进行了人车通信系统的可行性研究和技术开发，瞄准 2014 年进行产业化应用和在日本全国推广。

为了国际标准化和将日本 ITS 技术产品顺利推向国际市场，还积极与外国政府、相关组织和企业进行积极交流，让世界了解日本的 ITS 技术。

（二）警察厅

警察厅的 ITS 工作任务是推动智能化交通管制和保证出行安全。2012 年，具体推动了新一代交通管理系统 UTMS、基于车路协同的辅助安全驾驶系统 DSSS 实用化和利用数据挖掘的交通管控系统性能提升等工作，具体如下：

1. 新一代交通管理系统 UTMS 建设

UTMS 是利用光信标传感器使车辆与交通指挥中心之间实现双向通信，通过信息交互，提高驾驶安全、减少交通拥堵、削减交通污染，构筑以安全、舒适和低环境污染为目标的交通社会。2012 年，UTMS 的主要推动工作体现在以下几方面：

交通信息服务系统 AMIS。AMIS 利用可变情报板和交通广播等，通过光信标传感器对车载设备提供交通信息服务，以达到分散交通流和缓解道路交通拥堵的目的。该系统 2012 年在全国推广应用。

紧急救援车辆保障系统 FAST。FAST 在紧急救援车辆出动和通行次数比较频繁的区域，通过光信标传感器检测执行任务的紧急救援车辆，对其实施信号优先控制，缩短该车辆到达目的地的时间，同时防止紧急救援车辆因高速行驶产生的交通事故。该系统 2012 年已在 15 个都道府县应用。

公交车辆优先系统 PTPS。PTPS 对巴士等公共运输车辆实施交通信号优先控制，保证其优先通行，提高运行车辆的准点率和乘客的方便性。该系统 2012 年在 40 个都道府县应用。

2. 基于车路协同的辅助安全驾驶系统 DSSS 实用化

DSSS 通过路侧检测器检测危险因素并进行信息服务的“DSSS-I（信息服务型）”已于2006年在东京都，2007年在琦玉县应用。2008年，在来自路侧检测器信息的基础上，又加入了行驶车辆的位置和速度等信息开发了“DSSS-II（判断型）”。判断型 DSSS 车载机根据上述信息判断是否需要对驾驶人进行信息服务和服务的时机，并通过声音和图像等提醒驾驶人注意。该系统进行了大规模的实证性试验。通过该系统，不仅获得了在路侧检测器设置区段的交通事故预防效果，而且获得了利用学习功能对驾驶人驾驶行为的整体改善效果。

2010年，以光信标传感器为基础的DSSS-II子系统，包括“防疏漏信号辅助系统”、“防追尾辅助系统”、“防疏漏停车让行辅助系统”以及“防掉头撞车辅助系统”等，设置于东京都和神奈川县交通事故多发交叉口，并于2011年7月1日投入了使用。

2012年，利用电波连续向车载机提供信息服务，且不与交通指挥中心连接的简易DSSS进行了实证性试验的设施设备建设。简易DSSS的特点是不需要与交通指挥中心连接，可以削减建设成本。

3. 利用挖掘数据的交通管控系统性能提升

警察厅从2009年开始利用4年的时间，实施了“利用挖掘数据（车载机中储存的行驶历史数据）的新一代交通管制示范工程”。2012年的工作是融合数据挖掘信息和既有的路侧传感器信息，开发了用于交通信息补位和交通信号控制性能提升的交通信息生成技术、应用生成信息的设备改装，以及对其效果的验证。

（三）总务省

总务省的ITS工作任务是提供通信频道和电波等相关技术和系统研发支撑。2012年，总务省在ITS方面的主要工作有，利用700MHz的辅助驾驶安全通信系统研究、79GHz高分解能雷达制度建设及其性能提升研究开发以及面向实现低碳社会的ITS信息通信系统调查及实证。具体如下：

1. 总务省的作用和重点措施

总务省对利用电波的系统，考虑电波的利用状况及其与其他无线系统之间的干扰等进行新波段的分配和技术标准的制订等工作。对于ITS，进行VICS、ETC和ITS信息站等利用频率的分配和技术标准的制订，同时进行了这些ITS系统的普及工作。

至今，为了实现安全的道路交通社会，推动着应用700MHz频带的安全驾驶通信系统。数字化远程信息处理的推广空出了700MHz频带，并将其分配给ITS，同时研究了与其他系统的干扰，于2011年12月进行了相关行业标准的修编和制度建设。

79GHz高分解能雷达可以检测行人等小型物体，因此2012年12月也修改了相关行业标准，协调了管理制度。

此外，从提高国际竞争力的观点，在无线通信国际标准化组织ITU-R等，面向ITS中通信方式和频率等的国际标准化，进行了相关各国的国际标准化工作调查以及相互联系和调整等工作。

作为面向低碳社会的ICT高效利用研究，在汽车行驶数据挖掘的基础上，研究了收集迅速普及应用的智能手机数据挖掘对环境负荷削减的效果。

2. 利用700MHz的辅助安全驾驶通信系统研究

2008年10月，组织召开了“ITS无线系统的高效利用研讨会”，进行了以安全和安心为目标的ITS无线通信系统构件，并于2009年6月对利用前景和通信关键技术等进行了总结，形成了研究报告。2009年7月，在政府的“无线通信审议会”，对“ITS无线通信技术条件”中的“700MHz辅助安全驾驶通信系统技术条件”开始了研究，进行了面向车车通信和车路通信无线通信系统的技术标准制订的干扰研究，并于2011年8月审议通过了“700MHz辅助安全驾驶通信系统技术条件”。在此基础上，2011年12月，围绕“700MHz高效道路交通系统”对相关行业标准进行了修订，调整完善了制度，并于2013年4月1日实施。

2012年，着眼于进一步提高辅助安全驾驶系统的功能，针对与车车和车路共存的人车和路路通信进行了通信控制方式等的研究。

3.79GHz高分解能雷达使用制度建设及其性能提升研究开发

目前，60/70GHz雷达汽车防撞系统已经推广应用，它可以检测行驶前方约200米范围以内的机动车等大型物体，用于车辆间的防撞。然而，在全社会倡导交通安全的大背景下，还需要检测车辆周边的自行车和行人等较小的物体，以确保自行车和行人交通的安全。为此，从2010年2月开始，总务省在日本“信息通信审议会”开始了“79GHz高分解能雷达技术条件”研究，研究雷达方式、系统内部以及与其它系统的兼容等问题。2012年12月，进行了相应部颁标准的修订和管理制度的调整。

2011年设立了“79GHz雷达汽车防撞系统的技术开发”课题，对系统使用的方便性和检测范围的广角化等进行了研究，并进行了技术开发的基础设计及其效果的仿真。2012年，进行了设备研制和在交叉口及雨天环境试验，验证了系统在实际环境条件的有效性。

4. 面向实现低碳社会的ITS信息通信系统调查及实证

该项目是收集和传输车辆速度和位置等信息的系统数据内容和传输方法统一，以及提高其效率的调查和实证，以用于减少道路交通拥堵和汽车尾气排放。于2012年进行了示范试验。此外，还在收集和挖掘车辆行驶数据的基础上，加入了智能手机信息，并通过示范试验验证了其效果。

（四）经济产业省

经济产业省的ITS工作任务是推动ITS的工程产业化。2012年针对ITS领域实施了ITS节能工程、挖掘数据汇总和共享工程以及ITS标准化工程等。

1.ITS节能工程

为了减少车辆交通拥堵中频繁起动造成的燃料浪费和CO_2的排放，从2008年开始实施了无人驾驶和列队行驶的研究开发和CO_2削减效果评价方法构建等。

无人驾驶和列队行驶研究开发。作为汽车节能的对策之一，为了减少在高速公路上高速行驶时的空气阻力，利用ITS技术组织汽车列队行驶，并尽量缩短多辆车之间的间隔，使其入列行驶，以及在市内道路上的生态行驶所需要的关键技术研发。2012年为该工程的收尾年，试验成功了4辆卡车，以80km/h车速、4m间隔的列队行驶。该工程得到了4家卡车厂家支持，生产了“车车通信间距控制系统CACC”试验车，并进行了实车试验。

CO_2削减效果评价方法构建。2014年完成ITS对CO_2削减效果定量评价方法、技术开发中的评价工具确立和改进，要求该方法受到国际上的广泛认可。该项目采用国际合作的方式完成，与欧美同领域研究人员对评价工具和方法的验证进行了商讨，在达成了ITS措施和参考模型等一致意见的同时，完成并出版发行了国际合作研究报告“Guideline for Assessing the Effects of ITS on CO_2 Emission – International Joint Report”。并且将柏市和丰田市作为示范城市，对生态驾驶和生态路径诱导，以及对 CO_2 削减效果评价工具等进行了有效性验证。

2. 挖掘数据汇总集成和共享工程

该工程汇总以各汽车厂家为代表挖掘的各种信息进行深度挖掘，进一步促进数据的利用，以期待对缓解交通拥堵、节能和CO2减排的综合效果。

2012年，实施了基于各种挖掘数据的汇总集成和共享的范围、覆盖密度提升、数据采集车和数据种类的扩大，以及利用这些信息的新服务等调查研究。具体而言，进行了来自远程信息服务、运营车辆、私家车等挖掘数据的汇总集成和共享，以及挖掘数据系统社会效果的实证测试试验，同时还实施了将包括实时收集汽车信息的数据挖掘系统作为社会系统利用的技术和非技术课题的甄别以及解决措施的研究等。

3.ITS标准化工程

近年来，为了使ITS在世界发达国家以及新兴国家市场竞争中取得有利地位，欧美各国以尽早利用ITS为目标而快速推动着标准化，并且可以预测ITS的国际标准化主权竞争会更加炙热化。

该工程是为了公开人类和环境友好的日本ITS技术并纳入广泛性标准，在把握世界ITS相关技术发展趋势的同时，进行国际标准提案和支持国际标准化（ISO/TC204）等活动。

（五）国土交通省

国土交通省的ITS工作任务是进行ITS相关路上和车路基础设施建设。2004年8月，智能公路（Smart way）在“面向ITS的第二阶段”中获得立项来，官产学研一体进行了“新车路协同系统的研究开发和实证”，于2011年8月开始，以全国的高速公路为中心进行了ITS服务点建设。具体工作如下：

1.ITS的普及

道路交通信息服务的加密及其效果。截至2012年底，车载机累计销售台数达约5400万台套。其中，进行实时信息服务的VICS车载机累计出售约3600万台套。

ETC的普及促进及其效果。ETC于2001年3月正式投入使用。截至2012年底，累计安装4000余万套。此外，还统一了全国24家高速公路管理公司的ETC系统，日利用量达到了640万辆，利用率超过了87%，由此减少了33%的收费站拥堵，削减了21吨 CO_2 排放。

智能公路的推动。作为将人车路通过ITS技术联系于同一系统的新一代道路，在日本通过政府和民间企业共同研发的方式推动。近年来，作为智能公路的一部分，在全国范围内以高速公路为中心，从2011年8月开始，进行了被称作“ITS服务点（ITS Sport Service）”建设。

2.ITS 服务点的推广

ITS 服务点。ITS 服务点，即对安装有其车载机的车辆行驶到该服务点覆盖的道路断面时，可以获得详尽的信息服务。该工程于 2009 年秋，首先在首都高速公路开始投入使用，2011 年 8 月推广到了全国的高速公路。

对应车载机的销售。从 2009 年秋开始，7 家民企开始了 ITS 服务点车载机的销售。截至 2012 年底，扩大到 19 家，预计 5 年累计销售约达 1000 万台套。

3. 普及宣传

为了让更多的人了解 ITS 服务点，在全国的“道路驿站”、高速公路服务区和停车场等进行了积极的宣传活动，并且计划通过政府和企业相结合的形式，进一步推动宣传活动。具体策略有：

向一般道路推广。从 2011 年底开始，先行在关东和中部洪灾易发的 20 处一般道路上实施了服务。

拥堵常发地段拥堵对策。据统计，日本高速公路交通拥堵的约 6 成发生在上下坡竖曲线组合的凹坡区段。为了预防此类交通拥堵的发生，进行了 ACC 系统的研发。2012 年，为了验证 ACC 系统的拥堵预防效果，进行了实车试验调查。

不下车购物（drive through ）试验。国土技术政策研究所牵头与 5 家民企合作，于 2009 年 11 月至 2013 年 3 月，进行了研发。2010 年至 2011 年，进行了通行费拆分装置、外场设备和车载机等的研发，并在日比野停车场进行了示范。2012 年，对设备进行了改进，并再次进行了工程示范验证，并进行了系统评价。

4. 新一代安全汽车 ASV 项目

ASV（Advanced Safety Vehicle）项目是从 1991 年开始，通过政府主导的官产学研方式研发的项目，2011 年开始了第 5 期工程。2012 年瞄准在 2013 年东京 ITS 世界大会上展示进行了准备。

5. 汽车客运企业的交通安全、交通畅通综合对策工程

该工程为了提高公交的方便性、缓解道路交通拥堵、提高交通安全以及平衡公交与私家车的分担比例，协商地方政府对公交车定位系统、IC 卡计票系统以及 PTPS 等公交运营公司既有的智能公交系统进行补贴。

6. 地方公共交通改善工程

该工程从 2011 年开始，针对生活出行困难地区，创建了补贴制度，以补贴根据地区情况提供合适的公交出行手段，以及对为老人提供服务的公共交通交通系统建设和运营维修管理的费用。2012 年继续对利用 ITS 技术提高地方公共交通利用环境的项目进行了补贴。

二、地方 ITS 发展

人口老龄化的发展使得老人出行保障成为亟待解决的问题，并且已经从地方逐渐逼近到首都周边区域。发展地方 ITS，目的是为了落实地方交通政策，并立足于解决地方的社会问题。2012 年，日本各地方 ITS 实施案例如表 1 所示。

表1　地方ITS实施案例

地方政府	实 施 案 例	实施单位或机构或项目
横滨市	面向个体出行的ITS应用	横滨市地球温室效应对策综合机构项目推动室
青森县	积雪寒冷地区ITS应用	NPO法人青森ITS俱乐部
新泻县	公共交通运输工具内无线局域网服务的试验	新泻县IT与ITS协会
丰田市	面向防灾救灾的信息门户网站-试验演示	丰田市
高知县	基于地方ITS的辅助驾驶方法开发	高知ITS研究会
柏市	停车场ITS应用	柏ITS协会
长崎县	长崎五岛的未来行车诱导	长崎EV与ITS项目
爱知县	爱知ITS大学研讨会	爱知县ITS协会
北海道	面向推动ITS的讲演会和地方ITS研讨会	北海道ITS论坛
中国地区	ITS讲演会和ITS研讨会	中国地区ITS研究会
九州地区	大规模灾害条件下ICT利用工作组及ITS相关研讨会	九州经济联合会

注：日本的“中国地区”指辖广岛县、冈山县、鸟取县等县的地区。

三、企业ITS的发展

2012 年，由于近年与 ITS 相关的周边环境发生了很大变化，加之东北大地震和政府 ICT 工程推动等对社会的作用，影响了企业界对 ITS 项目、系统构建和关键产品的投入及其推广普及。表 2 分别表示了日本国内 14 厂家和在海外活跃的日本 IBM 的 ITS 实施案例或项目。

表2　日本企业ITS实施案例或项目

企 业 名		题　　目
日本国内 日本国内	冲电气工业	面向车车通信系统应用的开发
	住友电气工业	基于智能手机的远程信息处理
	电装	与HEMS协作的EV/PHV共电供给系统（V2H） 上置式显示器（HUD）
	东芝	面向未来社会的综合交通系统
	丰田汽车	面向智能出行社会实现的系统构建
	日本电气	实现安心安全的路车、车车通信系统
	日产汽车	超小型2人概念车
	松下电器	与行车诱导装置联动的智能手机附件装置研发
	日立	EV租赁车用云充电管理系统
	富士通	基于大数据位置信息的云服务
	本田	信息通信接通人和车，能源接通车辆、家庭和社会
	三菱电机	基于ITS的智能社区实现

续表

企业名		题　目
日本国内	天气预报株式会社	参与性、柔性气象服务与ITS
	埃里克松日本	利用手机网的ITS服务点建设及其示范
海　外	日本IBM	低碳出行/城市交通领域9个先进案例 （1）组合出行（法国里昂） （2）实时交通信息服务系统（低碳、短时示范，坎萨斯市等） （3）实时交通信息服务系统（车内智能化，荷兰埃因霍温市等） （4）智能出行个性化服务（加利福尼亚） （5）智能停车服务（纽约市等） （6）交通拥堵税系统（斯德哥尔摩市） （7）私家车出行距离税系统（荷兰埃因霍温市等） （8）城市指挥中心（Rio de Janeiro） （9）智能网格与EV车组合（V2G，丹麦）

四、学术界ITS研究

2012 年，日本大学以大数据处理和云计算为代表，进行 ITS 数据分析以及与企业合作开发研究更加紧密。

日本学术界利用广泛进行国际学术交流建立的人脉关系，积极参与企业的 ITS 技术开发，甄别其先进性，对保持旺盛的国际竞争力起到了积极作用。同时，积极参与 2013 年东京“ITS 世界大会”的组织和 ITS Japan 负责组刊的国际 ITS 杂志（International Journal of Intelligent Transport Systems Research，2010 年 1 月 27 日获批）的工作。

2012 年，在爱知县立大学召开了日本“第 11 届 ITS 年会”，发表了学术论文 112 篇，有 280 个单位的代表参加，创造了历届最高纪录。

2012 年，日本相关大学的 ITS 研究涉及了交通控制和人机工程 HMI（Human Machine Interface）领域的基础研究、分析、仿真和评价等方面，其特征如下：

1. 国家和地方交通问题的分析研究

地方政府、大学和企业都面临老龄人交通事故致死、生活道路上的交通事故等交通问题。这些问题已成为社会问题，需要通过产官学研共同分析研究，制订改善措施。大学的研究从学术视角，可以给出有效答案。

2. 交通政策研究

交通政策与道路、交通等基础设施关系密切，需要基于实际交通流的分析研究，提出具体的解决方案并进行评价。因此需要对国家和地方长期积累的交通数据进行数据挖掘，大学的研究可以在该方面发挥良好的作用。

3.HMI 等人的行为研究

在老龄化社会快速发展的当今，老龄驾驶人和有认识障碍的驾驶人交通肇事的增加等社会问题凸显。在企业里，HMI 研究难以成为商业模型，并且需要进行医学方面的知识等超常规知识的新领域研究。因此，大学的研究在这样需要其他学科新知识的 ITS 交叉领域可以期待。

4. 基于仿真系统的人的行为研究

高精度仿真系统的发展，使得不能重复试验的安全研究、驾驶人的各种驾驶行为研究，以及老龄化社会等人的特性研究成为了可能。在一些大学和研究院所开展着着眼于 HMI 的研究。这样，大学的研究技术可以用于仿真系统的使用和发现新的研究课题。

5.ITS 信息通信技术的数据挖掘

ITS 信息通信技术领域需要国际合作，但竞争也异常激烈。不仅需要研究应用技术，也需要研究信息通信关键技术基础。例如，多个电子技术系统之间干扰问题，天线技术、频率问题等。这些技术的国际标准化是非常重要的课题，对大学研究的期望值高。

ITS 的新应用，不仅车辆，还包括基础设施、信息通信、图像处理、HMI 等多技术领域交叉。作为最近的发展趋势，由人数较少的团队开发应用程序并在网上公开，大家集思广益对其进行改进，形成具有高实用度和完成度产品的商业模式增加。然而，尤其通信技术的基础关键内容方面，仍需要大学在官产学研模式下进行长期的合作。

（撰稿：邵春福）

参考文献

《日本のITS》，ITS年次レポート2013年版，産官学民連携による次世代ITS推進，2013年 6 月発行。

2012年欧洲智能交通发展及应用

2012年，欧洲智能交通协会在推动欧洲智能交通发展及应用方面取得富有成效的进展。在科研领域，eCoMove(节能的合作出行系统)集成项目在推动智能交通节能应用方面取得了重要的进展。SATIE（欧洲全面推广应用交通信息通信技术）支持计划发起了全面支持智能交通创新解决方案的行动。两项新项目开始实施，CITYMOBIL2(城市自动道路客运交通示范应用)项目提出了集成城市交通自动化系统，UDRIVE（欧洲自然驾驶研究）项目为对人们驾驶行为进行研究。

FOT（现场运行测试）项目，第一阶段已基本完成，证实先进的驾驶支援系统对于提高道路安全性的重要作用。作为第二阶段FOT合作系统项目的一部分，DRIVE C2X（欧洲车路、车车通信技术的推广和评估)项目在构建统一的测试环境方面取得了重大进展，并在2012年维也纳智能交通世界大会上进行全面展示。

随着项目研发工作的结束，项目的测试开始推进，这对于推动创新，推广应用交通产业链各个环节包括汽车产业、服务供应商、车辆运营商、公共部门等成熟的系统和服务起了积极的作用。FREILOT（城市节能货运试验）项目对于智能交通五大服务系统的收益进行评估，鼓励启动一个和智能车联网（电动汽车）相关的示范项目SmartCEM（互联的智能电动出行）。2012年，HeERO(统一的欧洲紧急呼叫系统ecall)项目测试成功开展，在泛欧洲领域，欧洲19个成员国家，推广紧急呼叫系统eCall的应用。

2012年，欧洲智能交通协会积极开展智能交通国际合作，在雅典、北京、上海、圣保罗等地成功开始VIAJEO项目（交通规划数据和出行信息采集协调解决方案的国际示范项目）的示范应用。

一、智能出行（Smart Mobility）项目

（一）VIAJEO项目（交通规划数据和出行信息采集协调解决方案的国际示范项目）

期限：2009年9月—2012年8月

VIAJEO项目以改善城市交通效率为宗旨，致力于发展开放的信息平台并示范其应用。不同的交通管理部门和规划机构可使用同一平台实现数据共享和交换。这一项目将在全球范围安装和示范这一平台。欧洲、巴西和中国的城市将参与这一项目的实施。

VIAJEO项目致力于设计、示范和评估开放式数据共享平台，以提供以下的服务：

- 支持实时的交通疏导和控制，提供大范围、多媒体的交通信息服务；
- 融合和管理不同的交通数据，包括融合浮动车数据和传统的传感器数据；

● 提供动态的多媒体交通信息和乘客信息服务；

● 提供跨模式的全程信息服务包括机动和非机动交通模式如步行和自行车。动态路径引导将保证乘客高效地换乘不同的交通模式。相应的电子支付和信息服务将为乘客换乘提供最大的便利；

● 支持灵活的数据交换服务，为不同的数据源提供共享界面。该平台还提供用户接口；使用户有效地获取实时信息和历史数据。

运用这些集成数据，VIAJEO 项目能给交通规划者和运营者提供决策支持，并为雅典、圣保罗、北京、上海地区的用户提供广泛的出行信息。该项目已于 2012 年成功结束，并在 2012 年维也纳智能交通世界大会上进行技术展示。欧共体和智能交通利益相关者认为此项目是欧盟和金砖国家国际合作的典范。

（二）EUTRAIN 项目（欧洲交通研究国际合作活动）

项目期限：2011 年 10 月—2013 年 9 月

EUTRAIN 项目通过在交通研发领域开展国际合作，推动专业知识、经验、技能的传播和推广，通过研发的不断创新和突破来解决面临的交通问题，推动建立共同协作的国际环境。EUTRAIN 项目可以提高欧洲交通的研发能力并提升欧洲在全球的竞争力。2012 年，EUTRAIN 和地中海国家、亚太地区组织了一系列的工作会议，推动双边交流，探索交通领域国际合作的新机遇。

项目的主要任务包括：

● 寻找欧洲和美国、日本、澳大利亚、南美、印度、中国在交通领域开展国际合作共同关注的主题以及可能遇到的一些挑战；

● 探索国际合作的知识产权问题；

● 评估目前的国际合作模式及方法；

● 完成交通研究国际合作框架规定的任务。

（三）STADIUM 项目（在大型活动中应用智能交通系统对于城市出行的影响）

项目期限：2009 年 5 月—2013 年 4 月

STADIUM 项目主要关注大城市举办重大活动时，如何提升交通系统的效率，具体包括交通服务的效率（频率、准时度、可靠度），交通服务的舒适性、便利性、安全性、成本高低，以及对于周边社区的交通拥堵、空气质量等方面的影响。

2012 年，该项目与伦敦奥运会合作在奥运会期间应用智能 3G 视频监控摄像机，监测道路交通状况。这些摄像机能和伦敦交通控制中心系统集成，为交通运营者提供警示信息，提高对道路事件的反应速度。

（四）Instant Mobility（未来互联网为智慧、高效、绿色出行提供平台）

项目周期：2011 年 4 月—2013 年 3 月

Instant Mobility 项目探索未来互联网技术如何改变城市出行，主要关注三种自主创新应用：个人出行伙伴，城市智能物流，交通基础设施服务。

该项目基于交通和出行互联网理念，面向以下人群支持新型的互联应用：

● 多模式出行规划者

● 汽车驾驶员和乘客

● 公共和其他交通运营单位

● 道路运营者和交通管理者

项目目标：

● 该项目定义了未来互联网工具功能要求和技术要求，以便能够为上网用户提供相关服务；

● 这些要求以一整套技术规范为基础，并为未来互联网技术在交通和出行领域应用可行性验证提供原型；

● 该项目计划在第二阶段进行实地测试，为第三阶段建立可运行的交通和出行互联网平台奠定基础；

● 该项目也将研究一些非技术因素，譬如安全和隐私等，这些因素同样会影响快速出行服务的推广。

2012 年维也纳智能交通世界大会上，该项目运用未来的互联网技术展示了多模式出行规划的理念。项目计划在 2013 年公布和展示城市智能物流和交通基础设施服务的初步构想。

（五）SATIE（支持欧洲全面推广应用交通信息通信（ICT）技术）

项目期限：2011 年 9 月—2014 年 8 月

SATIE 项目支持行动为创造安全、高效、可持续发展的出行环境，在欧洲广泛推广和应用 ICT 技术做好准备。通过推广 ICT 技术，道路安全、环境保护、出行效率都得能到极大的提升。该项目承担单位涉及范围较广，包括政府部门、研究机构、道路运营商、和用户等单位。2012 年，项目展现了欧洲主要区域在城市智能出行、智能通道、智能区域的自主创新解决方案。

（六）MOBiNET（互联出行服务平台）

项目期限：2012 年 12 月—2016 年 6 月

MOBiNET 项目于 2012 年年末启动，为欧洲全面推广互联出行服务提供运营平台，在 8 个国家进行示范应用。MOBiNET 包含一个智能出行的应用程序，一个 B2B 的电子商务平台，一个欧洲范围内的出行数据库和服务系统，以及一个安全的中介软件环境为用户提供一对一的身份验证和账户。欧洲智能交通协会作为协调者，联合 25 家合作伙伴共同参与此项目。

该项目将为 B2B 和 B2C 用户提供以下服务：

● 全面的欧洲交通数据库和服务信息；

● 一个连接终端用户，信息提供商，服务提供商的电子商务平台；

- MOBiNET注册会员&终端用户的付款账号；
- MOBiNET B2B供应商会员，供应商可以加入第三方的信息和服务；
- 面向终端用户的独立平台，用户可以进入MOBiNET应用商店下载相关程序等。

（七）COMeSafety2（推动欧洲合作智能交通系统应用支持行动）

项目期限：2011 年 1 月—2013 年 12 月

COMeSafety2 项目在欧洲道路推进合作系统的研发。项目支持建立共同的欧洲智能交通多模式合作框架，发掘智能交通合作系统应用的非技术因素。该项目将在 EC ITS 标准框架下协调欧洲电信标准协会（ETSI）和欧洲标准化委员会（CEN）合作系统标准的统一，以及和 ISO，ITU 等国际标准的统一。项目将包括：

- 欧洲智能交通通信框架的更新，研究欧洲、美国、日本FOTs最新成果，建立合作多模式智能交通系统框架；
- 建立FOT测试结果信息共享平台；
- 合作系统需求研究分析；
- 在欧洲和美国建立统一的合作系统标准；
- 支持和推进欧洲标准化过程等。

二、生态出行项目

（一）ECoMove（节能的合作出行系统）

项目期限：2010 年 4 月到 2013 年 3 月

eCoMove 是项集成项目，主要关注以合作系统（车车、车路通信）为基础的绿色智能交通技术的研发、测试和验证。2012 年，项目研发阶段基本结束，2013 年初，将开始进入项目验证阶段。2012 年维也纳智能交通世界大会上该项目进行了静态展示。该项目的创新系统和服务能够节省 20% 的能源消耗，并减少 20% 的二氧化碳排放。

该项目创新点在于提供的服务和应用能够在生态出行系统上进行集成，支持以下服务：

- 驾驶员通过采用绿色驾驶方式，进行路径规划，减少不必要的能耗；
- 车队管理人员通过生态驾驶支持系统和货车导航来优化路径规划，减少能源消耗；
- 道路运营方在城市和城际以节能方式平衡交通流量。

（二）FREILOT 项目（城市节能货运试验）

项目期限：2009 年 4 月—2012 年 3 月

FREILOT 项目关注城市货运交通中的节能问题，项目涉及以下服务：

- 交通管理：交叉路口节能化控制（在交叉路口货车优先通过）
- 汽车：自适应加速和控制

●驾驶员：生态驾驶支持

●车队管理：实时的装货、送货和空间预定信息

该项目在法国里昂，荷兰荷尔蒙，波兰克拉科夫和西班牙毕尔巴鄂四地进行测试，展示项目服务成果。该项目对于智能交通五大方案进行评估，推动了欧洲第一个合作路测单元的商业化运作，并在欧洲首次推广应用合作服务，该服务已在日常智能交通管理中普遍使用。此项目也带来其他一些意向不到的效果，用户范围扩展到荷兰海尔蒙德的消防队，服务内容扩展到西班牙毕尔巴鄂的多功能道路。

（三）SmartCEM（互联的智能电动出行）

项目期限：2012 年 1 月—2014 年 12 月

SmartCEM 项目通过在驾驶、信息共享、收费服务领域应用信息通信技术，提高电动汽车的效能，并在西班牙巴塞罗那，西班牙巴斯克、英国纽卡斯尔、意大利都林四个城市试运行。该项目制定针对城市具体需求的五大服务框架。

●电动汽车导航系统

●电池汽车高效驾驶系统

●电动汽车路径管理系统

●电动汽车充电站管理系统

●电动汽车共享管理系统

在不同城市试运行关注点不同：

1. 西班牙巴塞罗那：关注电动汽车共享服务

2. 西班牙巴斯克：整合城市、城际汽车共享设施和电动公共汽车服务

3. 英国纽卡斯尔：整合电动汽车和相关基础设施满足公共服务需求

4. 意大利都林：整合送货车辆和汽车共享服务

从 2012 年 1 月项目启动开始，已成功和其他三个 CIP（欧洲竞争与创新计划）示范项目合作，确保泛欧地区电动汽车信息通信服务的互操作。

（四）COSMO（可持续出行和节能的合作系统）

项目期限：2010 月 11 月—2013 年 6 月

COSMO 项目是项为期 32 个月的试验运行项目，目标是展现集成的合作交通管理服务系统优势，量化该系统在节能和减少碳足迹方面的作用。

试验主要涉及以下领域：

●环境敏感性交通控制战略

●私家车和公共交通的生态驾驶

●多模式实时交通信息系统

●先进的节能技术，能和路侧设备集成

●动态的城市入口管理策略

●先进的实时拥堵管理系统

COSMO项目在意大利塞雷罗、奥地利维也纳和瑞典哥特堡地区安装和测试合作系统。在过去的两年半时间，该项目通过量化合作系统对于不同交通管理系统的影响，评估其在在真实的道路情况下的收益。譬如多模式实时交通信息系统，主要测量能耗和排放量。实验场地从2011年9月就开始运营，并已获得第一批实验结果。2012年，智能交通世界大会上，COSMO展示了在真实交通环境下的多种合作服务，包括拥堵提醒，道路施工提醒等。

（五）ECOSRAND（通过国际合作建立统一的方法评价智能交通系统对于节约能源和减少二氧化碳排放的影响）

项目期限：2010年12月—2013年11月

ECOSRAND支持行动推动欧盟、日本、美国之间的合作，制定统一的国际方法，评估能效对于智能交通系统二氧化碳排放的影响。除此之外，项目以工作蓝图和共同研发日程等形式提出一系列政策建议。2012年，项目组织相关单位开展第一次工作会，收集各单位对于联合研发报告的反馈意见，该项工作已于2013年初完成。

（六）ecoDriver（支持节能减排的驾驶方式）

项目期限：2011年10月—2015年9月

ecoDriver项目希望通过鼓励绿色驾驶行为，减少20%的二氧化碳排放和能耗。驾驶员在驾驶过程中会收到针对他们本人和车辆特性的各种生态驾驶建议，包括驾驶习惯、能耗方式（传统、混合动力、纯电动），汽车类型（载客汽车、厢式货车、卡车、公共汽车）在内的各种信息和数据将被分析和测试，目的是为了优化驾驶环境。生态驾驶正在研发任何环境下最适合的生态驾驶方式并提出驾驶建议。2013年ecoDriver的项目研发阶段将完成。

（七）Amitran（评估信息通信技术在多模式交通中对交通参与者行为及二氧化碳减排的影响）

项目期限：2011年11月—2013年4月

Amitran项目制定方法，评估智能交通系统对于二氧化碳排放的影响。该方法将在未来载客和货运交通中作为参照依据，在多模式交通特别是在道路、铁路、海运（近海和内陆导航）中同样可以使用此方法。2013年，该项目将开始制定列表和互动手册，指导用户选择最适合的智能交通系统评估方法。

项目研究目标包括：

● 研究一种评价方法测量在多模式载客和货运交通中应用信息通信技术对于二氧化碳排放的影响，考虑各种影响因素(从驾驶人员到二氧化碳排放)；

● 应用项目的研究方法，设计公开的交通模式界面和仿真方法；

● 建立一个通用的放大方法和公共数据库.使得地区效益在全欧洲进行放大；

- 使用其他项目的研究数据对评价方法进行验证；
- 为未来项目的实施建立在线列表和手册作为参考。

（八）ECOeffect（对商用货车和轻型车辆驾驶人员进行生态驾驶培训）

项目期限：2011 年 5 月—2013 年 10 月

生态驾驶能减少 5%-15% 的能源消耗 .ECOeffect 是一个培训项目，为培训者（包括货车驾驶员和公路运营商）提供一系列理论和实践课程，证实生态驾驶和好处。节能的驾驶方式，为培训培训者 (train-the–trainer) 模式将为货运、公路运输相关单位提供节能、省时、省钱的方法。项目旨在为培训人员提供高水平的生态驾驶培训，并建议在专业司机考核中加入生态驾驶要求。

（九）Compass 4D 合作出行服务示范应用——推动交通安全和可持续发展

项目期限：2013 年 1 月—2015 年 12 月

COMPASS4D 是项预部署项目，于 2013 年 1 月正式启动，项目通过在欧洲 7 个城市波尔多，哥本哈根，纽卡斯尔，塞萨洛尼基，维罗纳的荷尔蒙，和比戈应用智能交通合作系统，提供碰撞预警、闯红灯警示和交叉路口节能提醒服务提高道路的安全性并减少能源消耗。

作为一项独立的解决方案，在推广应用前将会在至少 334 辆合作车辆（公共汽车、紧急车辆、货车、出租车、私家车）上进行实验，550 余用户将提前体验该系统。该项目将和美国、日本合作，对项目进行推广。

三、安全出行项目

（一）79赫兹支持行动（国际范围内统一汽车79赫兹频率测试和全球汽车雷达频率标准平台）

项目期限：2011 年 7 月—2014 年 6 月

79 赫兹支持行动旨在为所有的 79 赫兹利益相关者在全球范围内提供开展、协调各项活动的国际平台。2012 年，欧洲智能交通协会就该项目组织两次工作会议并发布通讯。在欧洲汽车供应商协会 (CLEPA) 和世界汽车组织 (OICA) 机构下建立一个全球汽车广播规范专家委员会，推动全球制定统一的汽车频率，推进世界主要国家 79 赫兹法制化进程。该项目希望在世界为频率在 77 赫兹至 81 赫兹之间的汽车雷达系统建立统一的频率分配标准 .

（二）CityMobil2（城市自动道路客运交通示范应用）

综合项目 CityMobil2 为自动道路交通系统提供一个示范平台，该项目技术将在欧洲城市进行推广使用。十几个地方主管部门和城市纷纷投标申请加入五个试点区域，开展为期 6 个月的示范应用。示范应用过程中遇到的主要障碍还是法律问题，法律禁止自动驾驶车辆在正常路面行驶。在 CityMobil2 项目下，欧洲智能交通协会开展各种活动推动立法，并验证自动驾驶车辆在城市交通中的正常运行。

CityMobil2 项目将分两阶段实施：

- 第一阶段，各示范城市将承担研究任务，探索推广实施自动交通系统的可能性.在专家的指导下，各城市将选定最适合应用自动交通系统的地段.五家汽车制造商将共同协作定义少量的技术规范，确保系统可以互操作应用
- 第二阶段，各示范城市将进入具体的筹备阶段，六辆汽车将在每个示范路面进行运行至少六个月时间.五个地区的示范工作将持续超过三十个月，如果示范地区希望延长示范运行时间，需要和汽车厂家进行协商.

（三）DRIVE C2X（欧洲车路、车车通信技术的推广和评估）

期限：2011 年 1 月—2013 年 12 月

集成项目 DRIVE C2X（实施 DRIVing，评估欧洲车路通信技术）主要目标是在欧洲范围内为合作系统建立统一的测试环境，检测合作系统在交通流量控制、交通管理、危险预警、辅助驾驶、信息服务等方面的作用。项目将协调相关项目单位，开展测试，评估合作系统收益，最终目的是为了推广合作驾驶。DRIVE C2X 项目将在德国、意大利、荷兰、瑞典、西班牙、法国和芬兰七个地区进行测试，项目的核心是测试方法，以及评估合作驾驶对于驾驶员、环境和社会带来的影响。用户的反馈和技术测试的结果将为向市场全面推广合作驾驶提供依据。

2013 年，各种活动顺利开展，两次公共展示在荷兰海尔蒙德和法兰克福成功开展。两项互操作测试由欧洲智能交通协会和欧洲电信标准化协会共同组织，成功进行系统测试，证实合作系统中 DRIVE C2X 相关系统的作用。

（四）EuroFOT（欧洲现场测试试验）

项目期限：2008 年 5 月—2012 年 2 月

欧洲 FOT 集成项目主要由汽车制造商 、供应商、大学、研究机构等 28 家共同参与，在欧洲实地测试智能车辆系统。

2012 年欧洲智能交通协会成功完成欧洲现场测试项目的数据采集工作，并组织最终的高水平活动，在众多国际观众面前展示了先进的驾驶支援系统（ADAS）的先进性。

（五）FOT-Net（现场运行测试网络）

项目期限：2011 年 1 月—2013 年 12 月

现场运行测试 (FOT) 主要研究信息通信系统对于驾驶员行为的影响，包括个人的安全影响和更大范围对社会和经济的影响。

现场运行测试项目第二阶段主要集成欧洲和国际其他国家的相关单位在一个战略框架平台，展现现场运行测试的各项成果，共同讨论工作项目，运用方法作为基础，

探索综合的现场运行测试方法。

（六）HeERO/HeERO2（统一的欧洲紧急呼叫系统 ecall 测试）

项目期限：2011 年 1 月—2014 年 12 月

车载 eCall 紧急呼叫系统由司机手动控制或者车载感应器自动激活，当系统被激活后，车载系统会和相应公共安全应答点取得语音连线，安全应答点可能是公共或者私营的 ecall 紧急中心在相关政府部门指导下，依据相应法律进行运营。语音连线后，系统与车相关数据会被发送至应答点 .

项目的整体目标是在欧洲新车上强制配备紧急呼叫系统 ecall 做好筹备，确保基础设施和技术能为泛欧地区以 112 为平台的 ecall 在欧洲推广成为现实。欧洲智能交通协会协调项目的各项活动，并在九个会员地区应用和测试 ecall 紧急呼叫服务，在 HeRO2 项目中，测试地区新加六个其他欧洲国家。除此之外，三个其他会员地区作为无经费支持的国家联合参与测试。

（七）UDRIVE（欧洲自然驾驶研究项目）

项目期限：2012 年 10 月—2016 年 9 月

UDRIVE 集成项目于 2012 年启动，应用最新的信息和通信技术观察和分析驾驶行为，目标是提高道路安全并减少能耗。2012 年开始欧洲智能交通协已经为在欧洲七个成员地区大规模采集自然驾驶数据做好相应的准备工作。该项目目标包括：

- 在欧洲不同地区，用量化的方法分析道路使用者在正常情况以及（快要）发生交通事故时刻的行为，对于安全相关的驾驶行为进行量化评估；
- 用量化的方法分析和排放等级，能源消耗相关的道路使用者行为；
- 研究新的方法，提高交通系统的安全性和可持续性。

韩国智能交通发展

一、发展概况

韩国位于东北亚朝鲜半岛的南部，东、南、西三面环海，国土面积9.96万平方千米，全国人口超过5000万（2012年），城市人口约占全国人口的88%，2012年人均国民经济产值22705美元，居世界第13位。

韩国本土对于ITS的研究起始于20世纪90年代早期，第一个主要项目为在京釜高速公路上（首尔到大田）交通管理系统的安装和运行，1993年首尔和光州首次引进了实时交通信号控制系统，目前有33个城市正在运行交通管理与控制系统。韩国的公共交通系统比较发达，首尔、釜山、大邱、光州、大田和仁川均建有地铁系统。

为了满足飞速变化的道路技术需求，韩国政府提出了智能公路概念、建设道路技术、信息通信技术以及新一代汽车技术相融合的未来指向型高速公路（ITS），克服原有公路的弊端，实现道路的核心价值，包括智能公路基础设施核心技术开发，以ITS为基础的交通运行技术的开发，智能道路—汽车相关技术的开发，智能公路结构、设施标准以及建设方面的支持等。

2000年12月，韩国论证通过了“21世纪国家ITS发展计划”，计划范围包括了从地方到国家、从急需解决的交通问题到应对未来长期发展等多个方面，核心服务领域如图1所示。

图1 21世纪国家ITS发展计划的服务领域

二、首尔市智能交通系统发展现状

（一）城市交通概况

首尔市面积 605.77 平方千米，市区人口约 1024 万（2012 年），首尔创造了韩国 GDP 的近 30%。首尔市道路总长 8102 千米。地铁长 315.4 千米，国铁长 75.1 千米，如图 2 所示。首尔的公交系统于 2004 年前后进行了根本性的改革，截至 2010 年底，首尔市共有公交公司 68 家，公共汽车七千余辆，线路 369 条，日均客流量突破 570 万人次。投入使用的公交专用道 56 条，总长超过 200 千米，其中中央公交专用道 12 条，总长约 100 千米[1]。

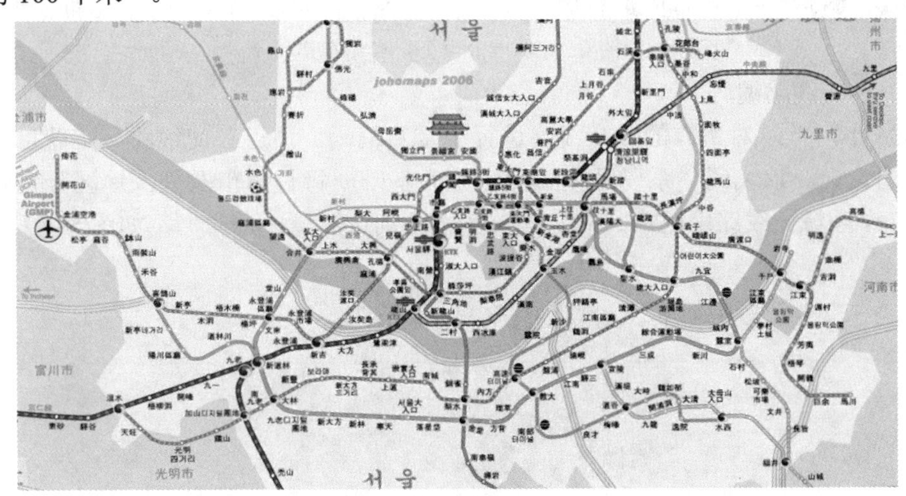

图2　首尔市交通地图

（二）交通设施

1. 地上公共交通

（1）公交专用车道设置

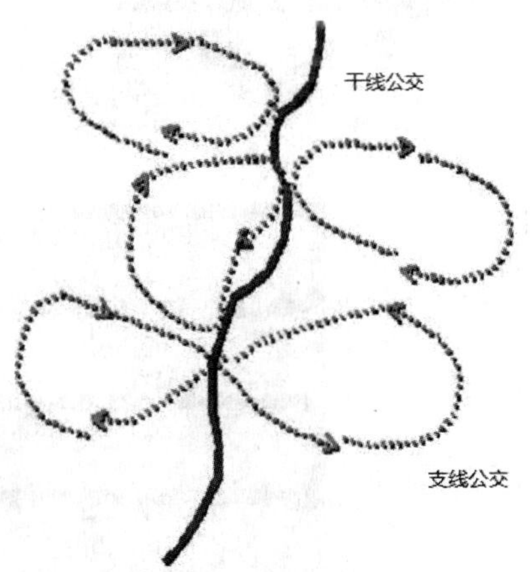

图3　干线和支线公交概念图

首尔市政府引入了快速公交系统，如图 3 展示了这套系统的干线和支线图。为了给公交车提供专用的车道，公交专用道已经扩展和升级为街中间公交专用道。为了达到目标速度，有些路网走廊在一个方向上将会有两条公交专用线。

首尔市的公交专用车道设置于道路中央，减少了交叉口处右转车辆对公交车辆的干扰如图 4 所示。中央公交专用道的设置是首尔市公交改革成功的关键之一。改革的成效显著，目前公交平均行驶速度最高已加快了 20%[2]。根据规划，首尔市将总共建设 19 条中央公交专用道，总长 215 千米。

图4　首尔市中央公交专用车道

（2）公交线路编码

2004年，首尔对所有的公交线路进行了重新编码，通过公交线路号码就可以知道其大致的走向。该编码体系以区域编码划分为基础，将首尔市及外围地区分别划分为8个和7个区域。线路编码格式为：出发区域＋到达区域＋序号[3]，如图5~7所示。

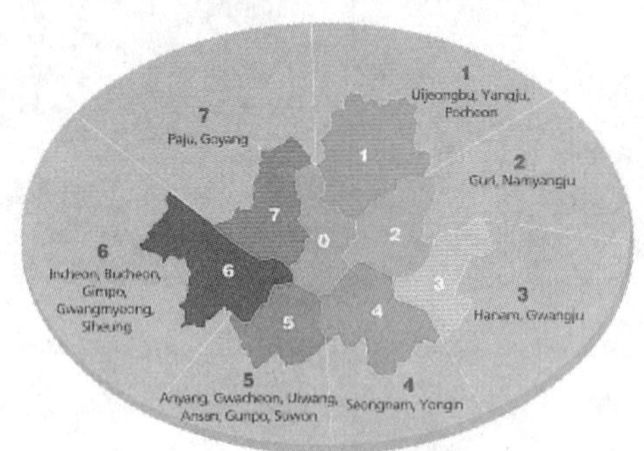

图5　区域编码

干线线路			支线线路			远郊区线路			循环线路	
6	0	3	6	5	14	9	6	03	6	1
出发地号	目的地号	线路编号	出发地号	目的地号	线路编号	远郊区线路标识号	出发地号	线路编号	区域号	线路编号

图6　线路编码格式

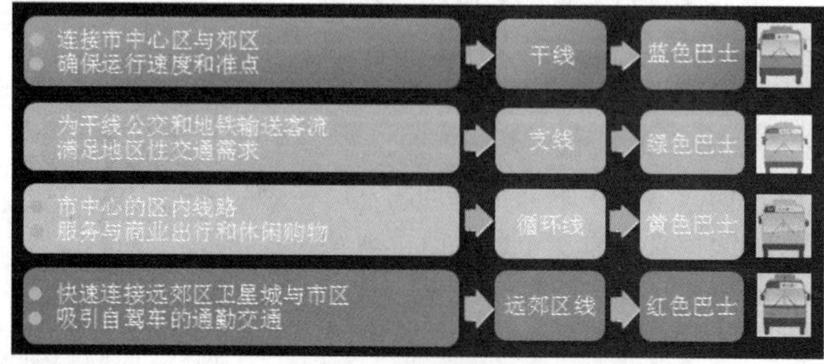

图7　线路调整方案

（3）地面公交候车站

地面公交候车站由政府委托的两家公司建设和运营，一家为合资公司，另一家为韩国本土公司。两家公司负责按照政府的规划要求建设和维护公交候车站，同时享有站点商业广告代理权。公交站点显示屏提供公交车实时信息，天气和空气质量信息等，如图 8 所示。

图8 车站显示屏

（4）道路 LED 屏

LED 显示屏可以提供路面机动车从当前位置，到前方某一位置所需要的精确到分的旅行时间以及所在道路上的发布环境污染指数，如图 9 所示。

图9 旅行时间和环境污染指数提示

（5）自行车站

2010 年起开始在地铁站、公交车站、十字路口等处设置公共自行车租赁点。公共自行车上都有“智能终端系统”，可显示行驶距离、速度、行驶时间及消耗热量等内容，市民在使用完自行车以后，可以通过交通卡、信用卡或手机缴纳租金。

（6）道路改建

清溪城市快速路坐落在清溪江上，连接了首尔中心区和首尔的东半部，在 2003 年被拆除，目的是抑制小汽车的通行，同时保护河流。典型的包括市政大厅广场改造（见图 10）、晴溪川高架的拆除等。如清溪川高架拆除前日车流量达到 19 万辆，修复清溪川后，通过鼓励发展公交和慢行，日车流量减少了约 40%[2]，如图 11 所示。

图10　首尔市政大厅广场（改革前与改革后）

图11　修复清溪川（改革前与改革后）

（7）高速公路

韩国在 2006 年宣布采用基于 DSRC 的 ETC 系统在全国实施，韩国先后为其大部分高速公路实施了 ETC 系统——hi-pass 系统，即不停车收费系统。车辆在通过高速公路收费站时不用停车，可以直接通过收费站。车辆通过时，安装在车辆上的一个特殊的卡将被读取信息并扣除通行费，如图 12 所示。

图12　不停车收费口

2. 地铁

韩国首尔首都圈地铁是世界前五大载客量的铁路系统，车站数量仅次于纽约地铁、巴黎地铁，截至 2013 年 4 月 26 日地铁线路长度世界第一，其服务范围为韩国首都首尔特别市和周边的仁川、京畿道等首都圈地区，每天载客量超过 800 万人次，年运送乘客数为 22 亿人次，位居韩国第 1 位 [4]，如图 13 所示。

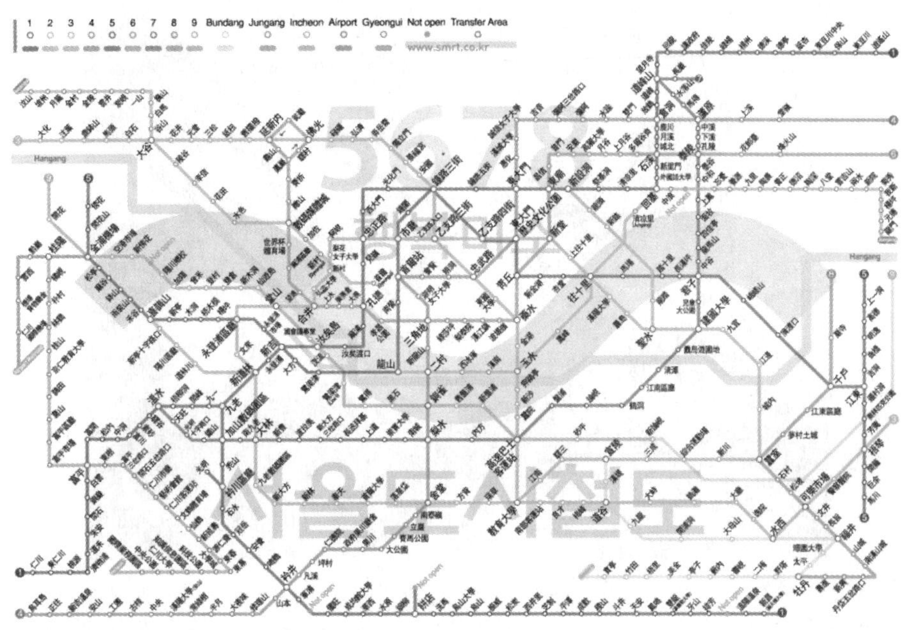

图13　首尔地铁线路图[5]

（1）动态 LED 屏

在地铁地面入口处，就能通过 LED 显示屏，提示你想乘坐的地铁车辆当前所处的位置，如图 14 所示。

图14　地铁口动态信息显示屏

首尔地铁的时刻表每天都是固定的，严格按照时刻表运行，很多首尔人宁肯放弃私家车也来乘地铁。图 15 是地铁站发布精确到分的车辆到站时间信息。

图15　地铁内动态信息显示屏

地铁车厢里设有清晰的显示屏显示即将到达的车站名称，是在左边还是右边车门下车，如图 16 所示。

图16　地铁里动态信息显示屏

（2）静态标识

地铁明显位置都放置出入口平面图引导乘客们方便选择出口，并且提示距离当前位置 200 米、400 米、600 米范围内，都有哪些商店、宾馆和重要单位等，如图 17 和图 18 所示。

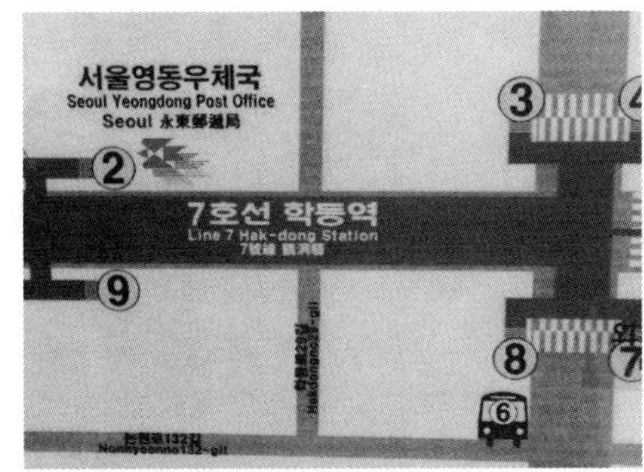

图17　地铁站点出入口平面图

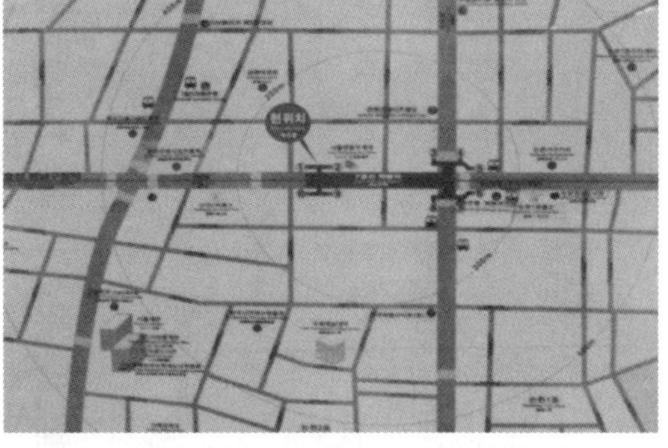

图18　地铁附近600m范围内重要单位信息

首尔地铁的另一个特色就是站名用阿拉伯数字进行标注。例如：地铁1号线是从“逍遥山站”到“仁川站”的，就从东到西方向为每站编号，“市政府站”编号是132，“首尔站”编号是133等等，乘客可以迅速根据编号来判断到站点，如图19所示。

图19　地铁站用数字和多种语言表示图

地铁内部环境和周边环境分别用3D图形和卫星图显示，为乘客获取相关信息和出行带来了极大的方便，如图20所示。

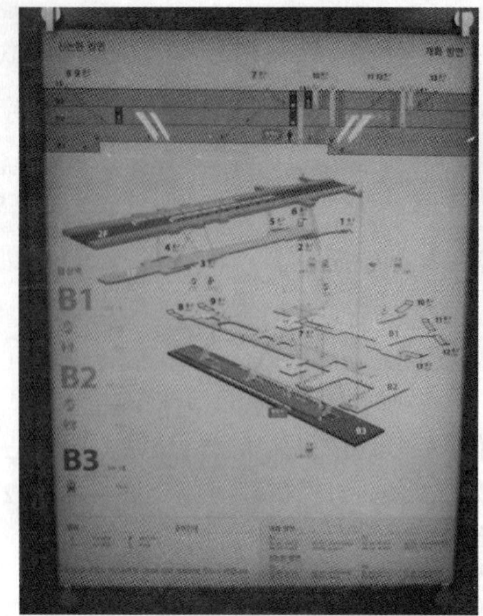

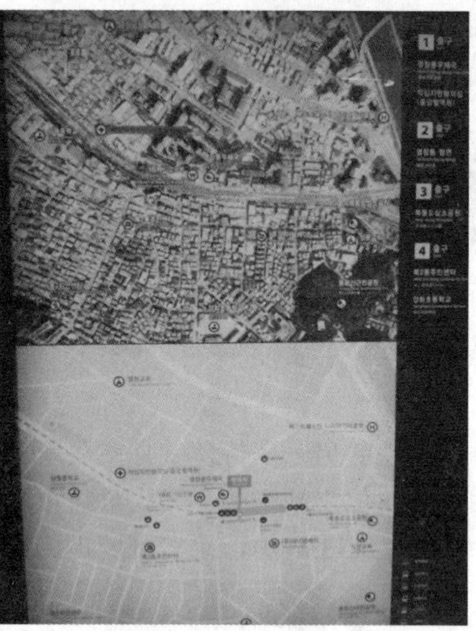

图20　地铁站点3D立体图、卫星图与平面图

首尔地铁指路信息非常准确，有精确到米的位置信息，包括厕所、地铁出入口距离信息等，如图 21 所示。

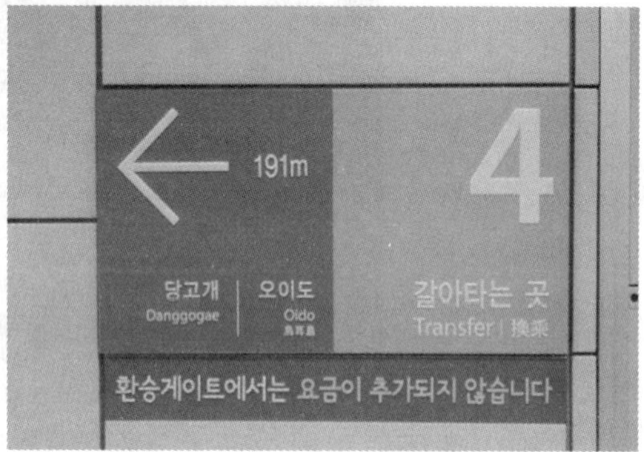

图21　位置信息精确到米

（3）人性化设施

安全和舒适也是首尔地铁的特色，2009 年，首尔地铁所有站点均安装了站台屏蔽门，以防止意外事故，如图 22 所示。

首尔市规定市民在节假日和公休日可携带自行车搭乘地铁最前和最后一节车厢，许多地铁站还设置了自行车专用斜路和自行车保管箱，如图 23 所示。

图22　站台屏蔽门

图23　地铁内自行车

为了增加地铁旅客，首尔市政府引入跳站系统（类似于大站快车）。跳站系统使更快到达 CBD 地区成为可能，这将会增加地铁的乘客量并达到地铁 40% 占有率的目标。图 24 展示了一种跳站系统。A、B、C 三种模式的结合使乘客能够更快地从任何站点抵达 CBD 地区而且每一对车站都有三种类型列车中的一种或两种连接[6]。

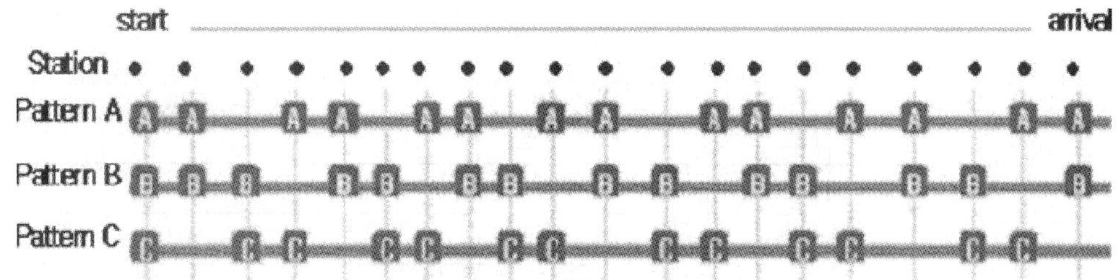

图24　不同模式的地铁跳站系统

2009 年建成通车的 9 号线，全长 27 千米一期设 25 个车站。根据跳站系统设置慢车停靠 25 个车站，运行 51 分钟，快车只停 7 个站运行 26 分 23 秒节省近一半时间，如图 25 所示。

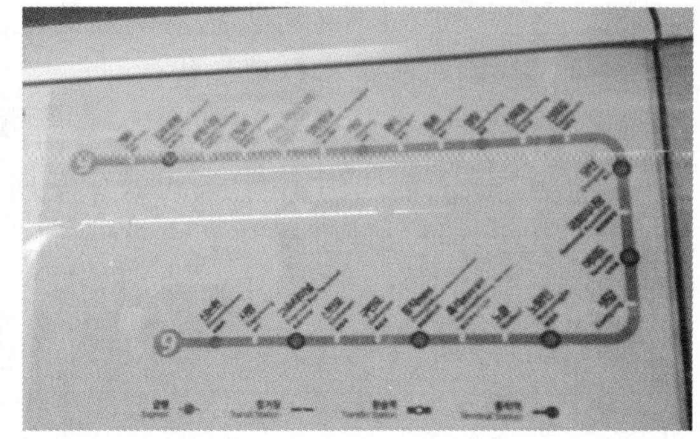

图25　9号线快慢车停站图

（三）交通管理

首尔城市交通系统已进入到精细化、人性化管理阶段，即从注重车转为注重人，从注重私家车转向注重公交，从注重新建转向注重管理现有交通设施。为实现上述目标，在政策措施方面多管齐下，主要内容如下：

1. 鼓励和发展公共交通

（1）全新的管理模式

改革公交运营机制，由原来的完全私营改为公私合营。首尔市政府成立公交系统改革公民委员会（见表1），统一对公交线路设置、运营管理等方面的问题进行决策。管理模式的改革是首尔迈向公交都市走出的最为关键一步。

表1　公交系统改革公民委员会（Bus System Reform Citizen Committee）的会员组成结构[2]

政　府	首尔市政府	1
	首尔警察厅	1
	首尔市议会	2
市民组织	绿色公交网落	1
	YMCA	1
	韩国绿色消费者网络	1
	经济正义公民联盟	1
公交行业	首尔公交协会	2
	首尔社区公交协会	1
	首尔公交工会	1
专　家	交通专家	6
	会计师	1
	律师	1

（2）改革收费与考核机制

按距离收费的票制取代了以前的单一票价制度，并制定了30分钟内免费换乘政策和使用智能卡付费优惠政策。同时在财政补贴上由按乘客乘次核算改为按车辆行驶里程核算，各公交公司不必再去重复率高的地段争抢客流，冷线和热线没有了经济收益上的差别，线网布局也得以更加优化。

（3）高标准设置公交专用道

毫不含糊地统一采用了中央式公交专用车道（见图26和27），保障了绝对路权，改革后公交平均行驶速度提升了约20%，解决了长期困扰的线路运营不准点、可靠性低等问题，服务水平大幅提升。

（4）改善乘车环境

为了让乘客坐车更舒适，改善公交车站的设计，引入了低底盘式公共汽车、铰接式公共汽车（见图28）和压缩天然气公共汽车，并在大多数公交车辆中安装了柴油机微粒过滤器。

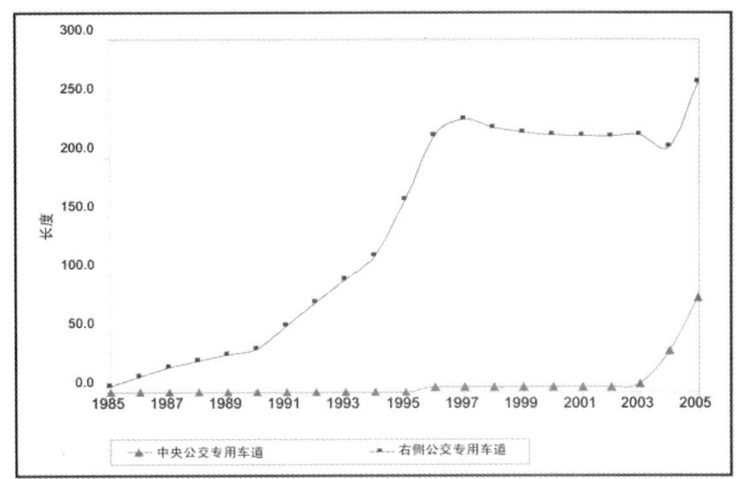

图26　首尔公交专用车道的线路长度[2]

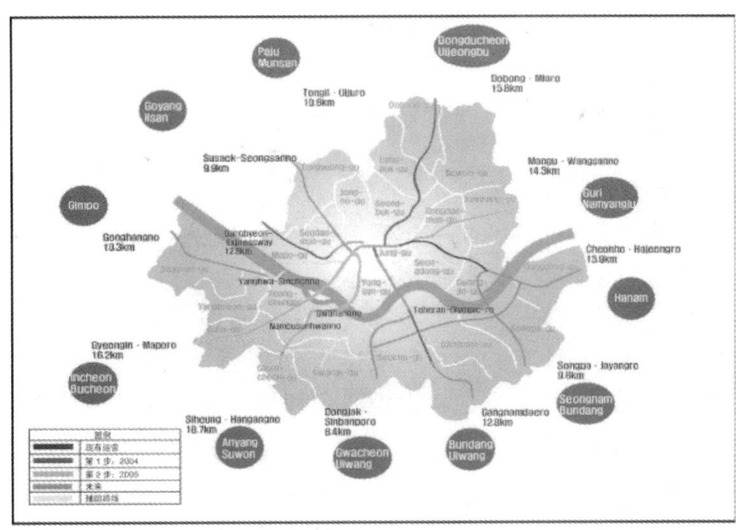

图27　首尔公交专用车道[2]

图28　铰接式公共汽车

（5）管理技术创新

创新性建立了新智能卡系统、公交管理系统，如图 29 所示。

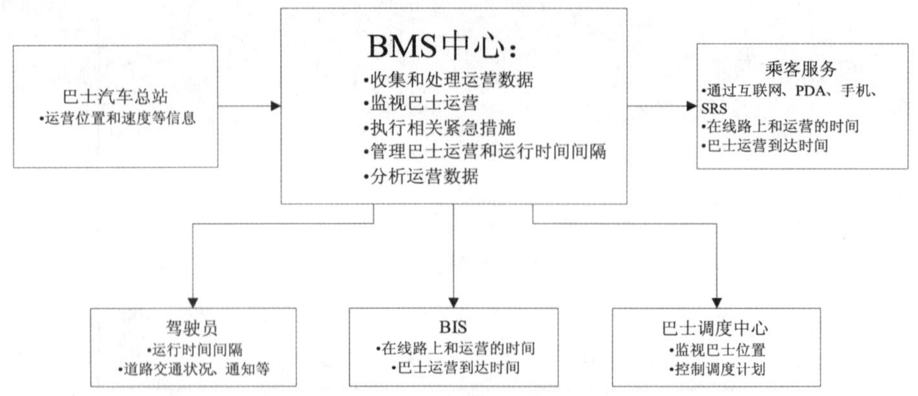

图29　公交管理与信息系统示意图

（6）压缩私家车使用空间

为减少私家车上路，首尔市实施“交通需求管理”的制度。市政府通过政策手段引导市民改变出行方式，从而对交通需求进行适当调节。

2. 停车政策

（1）中心区域减少公共停车位

①降低建筑配建停车指标的 50%~60%，减少车位数量，限制私家车的停靠；

②提高停车费用，增加私家车的使用成本；

③为鼓励建筑减少配建停车位，减少其交通发生负担金；

（2）外围地区（非中心地区）停车换乘设施

收取很低的停车费，鼓励私家车主在中心区域外围进行换乘公共交通进入市中心。中心区停车 1000 韩元 /10 分钟，外围停车 200 韩元 /10 分钟停车换乘有 20% 的优惠。

3. 交通拥挤收费政策

对进入市中心区域 10 座以下、车上 2 人以下的小型车收费，收费时间为 7：00~21：00，增加小型车进入市中心区域的使用成本，鼓励使用公共交通工具进入市区。从 1996 年开始，首尔市政府开始对通过联系汉江南部和 CBD 地区的南山 1 号和 3 号隧道车辆收取大约 1.5 美元的隧道拥堵费。

4. 鼓励私人机动车节制使用

鼓励私人机动车车主自愿加入每周一天停用机动车的计划，对参与该计划的车辆有一定的优惠措施：如交通拥挤收费时，优惠 50%；在停车和换乘时，停车收费优惠 20%，如图 30 所示。

图30　每周一天停车计划标示

5. 对低排量汽车的鼓励措施[7]

为了降低机动车的污染，鼓励使用低排量机动车，对排气量在 0.8 升以下的车辆的优惠政策为：交通拥挤收费时，优惠 50%；在停车和换乘时，停车收费优惠 20%。升级公共汽车，对货车尾气排放进行严格限制，允许低速电动汽车上路。

6. 推行绿色交通[7]

随着环境污染以及气候变化问题越来越受到公众重视，首尔市正在加快建设绿色交通系统。城市大气污染中的 67% 是来自于交通工具，所以治理交通实际上就是治理空气污染。

为减少尾气污染，首尔市采取的措施包括：一是升级公共汽车。市政府自 2000 年开始推动淘汰柴油公共汽车，到 2009 年底已有 80% 的公共汽车改用压缩天然气发动机。二是对货车尾气排放进行严格限制，要求所有货车都必须安装尾气过滤装置，此举可使货车的尾气排放减少 30%。三是允许低速电动汽车（见图 31）上路。

图31　首尔市电动汽车展

7. 自行车倡导运动[8]

按照市政府的推进目标，到 2012 年要使自行车的交通承担比例提升到 4.4%，到 2020 年达到 10%，超过出租车的客运比例。

8. 出租汽车[9]

针对出租车，首尔市政府也有一套行之有效的管理经验。一是明确“出租车是一种舒适、安全和可靠的公共交通运输方式”的定位；二是积极培育出租汽车市场，鼓励公司化经营，限制个体户车辆；三是实施总量控制，截到 2012 年，首尔市的出租车的总量控制在 70 000 辆以内；四是努力推广出租汽车电子付费系统，同步实施运营监管信息化；五是统一出租车颜色，规定不同公司的车辆须采用不同颜色，并要求统一个体户车辆颜色。

以上几项措施的实行，大大提升了公共交通的吸引力。据了解，目前首尔市公共交通承担的运送比例已达到 63%，首尔市政府计划到 2020 年将此比例提升至 70%[10]。

三、智能交通系统应用

（一）交通信息服务系统

1. 交通综合管理和信息服务系统（TOPIS）

TOPIS 是一套集成各交通子系统，整合各种交通信息的政府交通综合管理系统，由市交通部门负责建设与运营，包括地面公交管理系统（Bus Management System，BMS）和信息服务系统（Bus Information System，BIS），如图 32 所示。

图32　首尔交通运营和信息服务（TOPIS）的作用[2]

（1）公交管理系统（Bus Management System，BMS）

BMS（见图 33）通过卫星系统收集公交运营数据包括单车速度、所处位置和道路交通流实时信息，支持精准的公交运营服务。该系统已分 3 个阶段完成：2005 年完成了道路交通和公交系统信息的集成；2006 年扩充到了轨道交通系统；2007 年接入了交通信号灯系统。

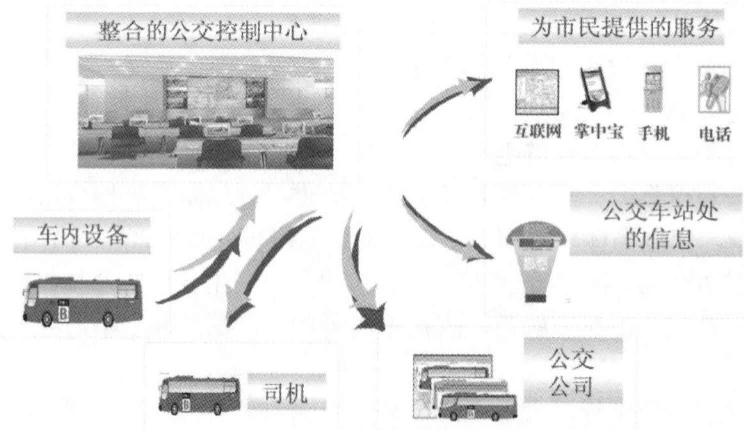

图33　地面公交管理系统（Bus Management System，BMS）

系统特点如下：

● 集成交通信息

通过接入首尔市交通局、市政厅、地方警察厅、道路公社、交通广播和气象厅等部门，集成来自公共汽车管理系统（BMS）、智能卡系统、道路视频监控系统、交通广播、交通事故应急系统等各类信息，融合包括车辆运行情况、公共交通客流数据、道路交通流量状况、交通施工 / 事故和气象等方面消息，如图 34 所示。

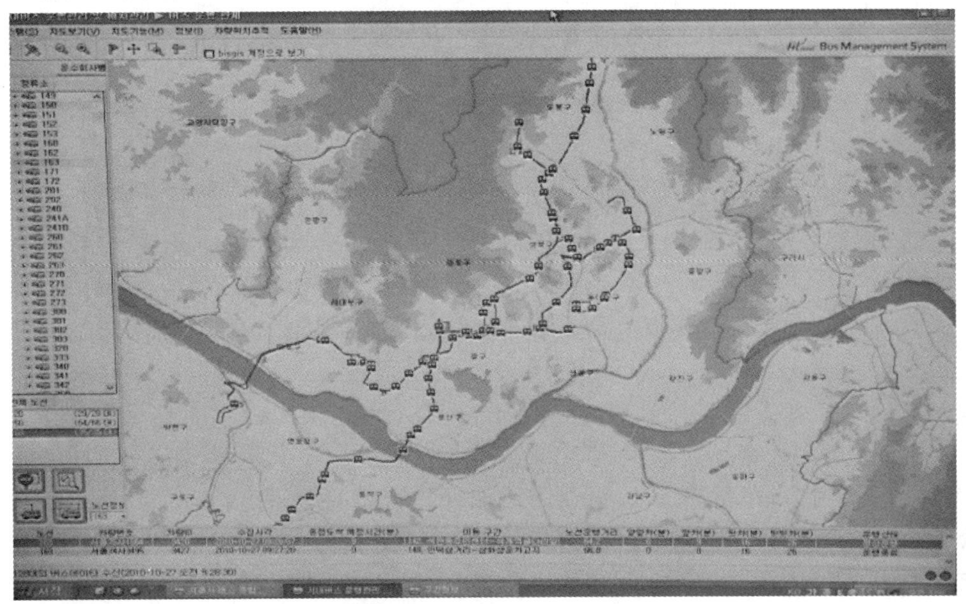

图34　公交车辆运行监控

● 综合交通管理功能

通过获取以上数据和信息，TOPIS 系统实现公共交通运行实时监督、交通信息分析和科学管理、远程违章处罚、道路交通状况监控和交通信息共享与服务等方面功能。通过地面公交管理系统（BMS）子系统实时监控主干公交线网上公共交通运行情况，即时提醒驾驶员保持运行间隔，及时获取车辆事故信息并调配疏散车辆。

● 交通信息再开发和利用

通过对各类交通信息的综合加工和处理，为首尔市交通部门在交通需求管理、改善交通出行、提升公交运行能力与效率等方面研究与分析提供数据支撑。同时，通过多种交通信息的整合，依托互联网、信息发布屏、手机和广播提供综合交通信息服务。具体如图 35 所示。

图35　综合交通信息服务

（2）公交车乘客信息系统（Bus Information System，BIS）

BIS 公交信息服务系统（见图 36）主要是发布公交实时运营信息，包括线路名称和走向、巴士到站时间预报等，以供市民选择最合适的交通出行方式。信息发布渠道多样化，除在公交站台发布外，通过手机、上网等方式，也能查询相关信息。公交车乘客信息系统安装在市区几个主要的公交换乘站，系统采用韩语和英语两种语言，有两种方式告知乘客信息：一是实时信息的屏幕显示；二是通过站台的语音广播系统。

图36　首尔市公交站台公交车抵达显示屏

2. 智能卡系统（T-money System）

在首尔公交改革项目中，除了开发了上述的交通综合管理和信息服务系统（TOPIS），另一个特色是应用了新智能卡系统（T-money System）。该系统主要由 T-Money 智能卡、车载读卡器和结算系统等部分组成，如图 37 所示。T-Money 卡系统采用国际标准芯片，首尔市政府有关部分每天可获得高达 2200 万条交通信息，为贯彻多种交通政策和实施政策决策分析，提供科学支撑。

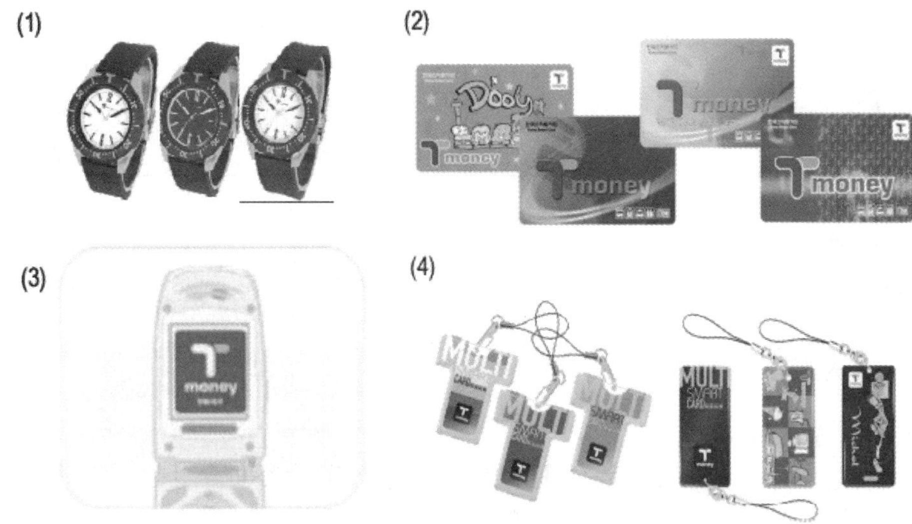

* (1) 手表类　(2) 卡类　(3) 手机类　(4) 手机附件类

图37　T-Money卡

3. 出租车信息系统

首尔的出租汽车也充分运用信息技术实现了人性化服务。如果语言不通， 司机可立刻用车上配备的手机呼叫信息中心，信息中心免费提供语言翻译服务功能，有日语、英语、汉语等，乘客可以选择语言直接与信息中心进行对话，之后，信息中心再将乘客的意图转达给出租车司机，大大方便了外国乘客的出行。

此外，首尔出租车安装了3D导航和快速信息播报系统（见图38），该系统可以直观、快捷、方便的为司机提供路况信息、路径导航以及信息中心发出的相关信息，使信息服务更加人性化。

图38　出租车3D导航及信息播报

4. 首尔交通广播系统

用无线电广播系统实时传递交通信息，交通广播站（TBS）成为了缓解首都地区拥堵的重要方式。TBS通过调频广播网络提供行驶速度,时间,和交通事故报告。另外，TBS为实时交通信息提供ARS和互联网服务。表2总结了TBS的信息来源。

表2　TBS的信息来源[11]

系　统	数　量	数据频率	数据处理
图像检测器	89	10分钟	自动
电视	113	10分钟	手动
当地和区域公告	6	30分钟	手动
信息传递志愿者	3500	按需	手动
车辆数据探测器	2000	5分钟	自动

（二）交通管理系统

1. 交通信号系统

自1990年以来，首尔警察署与韩国道路运输安全管理委员会一起开发了一套具有韩国特色的交通信号控制系统（见图39），开发人员是来自工业部门、学院、研究机构和政府部门的专家，该系统个性化地展现了首尔交通特色。系统是发展自SCOOT和SCAT名为COSMOS的系统20世纪90年代末期，该系统经过广泛试用，首尔已拥有一套充满活力的UCT系统。

图39　交叉口信号控制器和灯组

2. 道路违章系统

首尔许多重要的道路交叉口广泛用了一套道路违章系统，该系统是LG公司研发。这套系统1天24小时不停地工作，一旦有车违章调头，闯红灯，不按车道形式或有其他违章行为，其车牌号码就会被拍摄下来。系统能自动发布违章信息，在数据库中手机和汇编信息，以便作为以后参考，如图40所示。

图40　违法违章车辆监控和取证

3. 机场巴士视频管理系统

该系统为每辆巴士上都装备了 4 个摄像头：前、右侧、车内司机、车内乘客，视频存储于专门的黑匣子中，司机每天收工后都需要提交当班的黑匣子以将当天数据存入数据库（见图 41），黑匣子已作为管理主要媒介用于事故认定（降低 50%）、考勤等，该系统投入使用后，服务质量大幅度提高，运营成本大大降低。

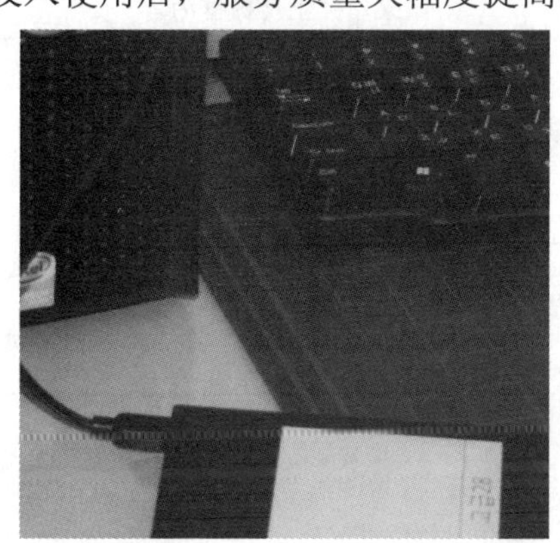

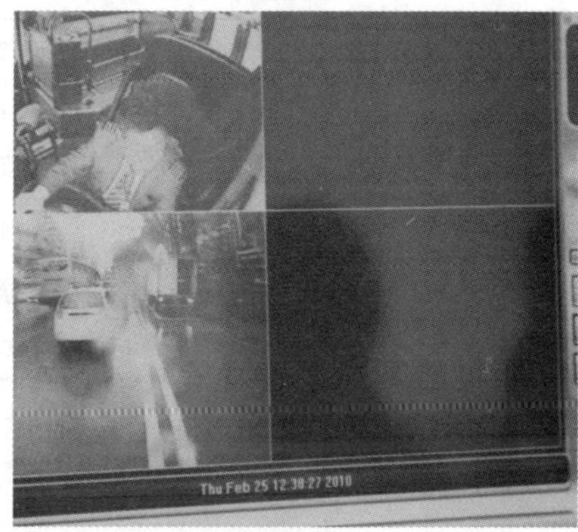

图41　机场巴士黑匣子及存储的视频数据

（三）车辆控制系统

1. 智能车路协同技术

首尔在车路协同技术方面的突出特点是车载信息设备的应用，在车辆侧面和后面安装微型车载摄像机或雷达检测设备，全方位监测车身周边的交通状况，当车辆在交叉口准备转弯或准备停车时为车辆提供盲点区域的图像信息，防止由转弯车辆视距不足引起事故；通过安装车载信息接收设备，向驾驶人及时发布道路上各类检测器采集的信息，如图 42 所示。

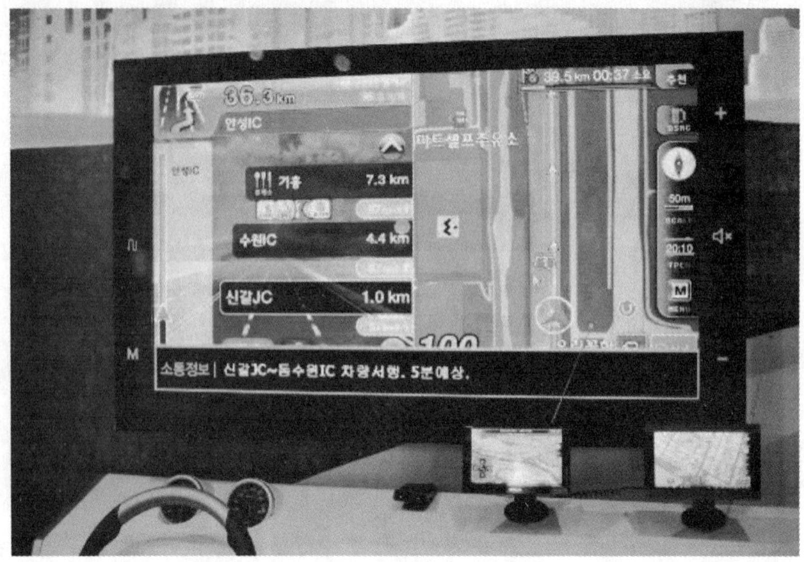

图42　车载信息发布设备

2. 车载采集终端系统

首尔市内所有的公交运营车辆均需要安装车载终端系统，它是由 GPS 接受器、无线通讯装置、客流数据接口和信息调度屏等部分组成。该系统为中心提供信息见表 3：

表3　车载采集终端工作内容表

序　号	车辆运行状态	采集并上传数据内容
1	始发站	线路代码、出发时间
2	站间运行	车辆位置、车速和进入交叉口信息
3	中途站停靠	站点代码、到站时间
4	离开中途站	站点代码、离开时间和停留时间
5	突发事故	事故类型、发生地点和发生时间
6	到达终点站	总运行时间和运行距离

（四）不停车收费系统

2000 年 6 月韩国高速公路合作发起“hi-pass”（见图 43）电子不停车收费系统（ETC）。使用韩国 hi-pass 的系统（见图 44），需要一个车载单元（OBU）和高通智能卡。使用该系统除了节省时间，采用者还可以享受通行费 5%（或更多）的折扣。Hi-pass 系统 2008 年 4 月 30 日被引入釜山高架公路，2009 年 3 月 24 日被引入广安大桥，2009 年 12 月 1 日在 Baekyang 隧道开始运行。

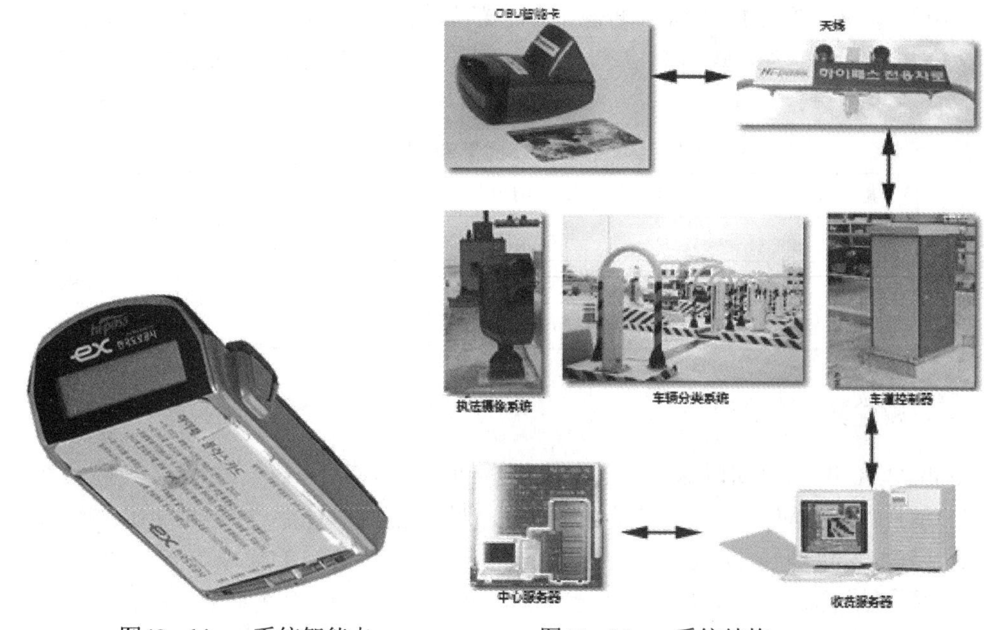

图43　hipass系统智能卡　　　　图44　hipass系统结构

四、社会效益

韩国智能交通系统的快速发展已经产生了可观的社会经济效益，缓解了交通拥挤、减少了交通事故、改善了交通环境，从多个方面提高了市民城市生活的舒适度，进一步促进了就业和相关产业的发展。具体来说，韩国 ITS 发展的社会效益主要体现在以下四个方面。

（一）减少交通拥挤、降低行车延误

快速公交系统网络具有高质量的岛式中央公交车站、路口快速公交信号优先、乘客和运营实时信息系统、现代化水平的全新公交车辆。目前公交平均行驶速度最高提高了 20%，表 4 对主要交通走廊实施中央公交专用道前后的速度进行了对比 .

表4　中央公交专用道前后的速度（单位：千米/小时）[2]

线　路		公交道建成前（2004. 6）	建成后（2004. 7）	增长率
线路A	公交车	11	20.3	+85%
	其它道车辆	18.5	19.9	+7.6%
线路B	公交车	13.1	22.5	+72%
	其它道车辆	20.3	21.0	+3.4%
线路C	公交车	13.0	17.2	+32%
	其它道车辆	18.0	19.1	+6.1%

大田、全州、济州被选为早期部署 ITS 的城市，这花费了大约 908 亿韩元，其中中央政府投入 1/3，当地政府和私营企业共同投资余下部分 [12]。表 5 概括了 ITS 部署所造成的一些影响。

表5　ITS的影响[13]

影　响	大　田	全　州	济　州
行驶速度增长	19.3%	35.6%	6.1%
延迟减少	53%	31.5%	31.9
市民满意度增长	27.3%	22.9%	22.3%

（二）减少交通事故

20 世纪 90 年代中期以来，韩国道路网络的安全状况有了一个显著的提高，这尤其要归功于 ITS 的应用，以无人监控系统为例，在该系统后交通事故死亡率减少了 60%（从 107 人减少到 43 人），意外事故减少了 28%（从 801 起减少到到 576 起）（见图 45）。在采用智能汽车 - 高速公路系统后，如果驾驶员比现在早 0.5 秒预知危险，就可以减少追尾和交叉口事故 50%、减少正面碰撞 30%；如果早 1 秒预知危险，就可以回避 90% 的交通事故。

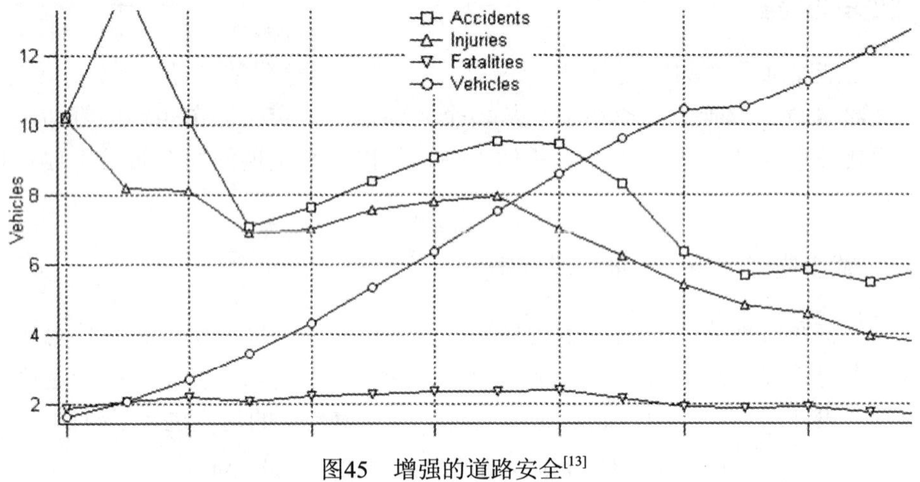

图45　增强的道路安全[13]

（三）提升交通产业发展、扩大社会就业

智能交通系统还是一个创造就业机会和培育新的增长引擎的大型工业体系。世界上的发达国家普遍认为智能交通产业将是 21 世纪世界范围内最有影响的产业之一。在智能交通系统中，汽车作为集团信息发布的设备之一，信息终端必将连接于车载，促使汽车产业进行相应的技术以及实施的更新。同时，智能交通需要大量的硬件设备来实现，如交通信息采集设备、通信设备、发布设备等，这些产品的研发、投资、生产，将拉动高科技产业增长，创造大量就业岗位。

（四）提升环境保护效果

从 2008 年起，韩国政府开始推行“绿色新政”。建设自行车道、发展自行车产业、鼓励民众绿色出行、打造自行车大国，便是“绿色新政”的主要内容之一。与汽车相比，自行车曾被认为是经济落后时代的象征。今天，已然成为汽车强国的韩国，又欲将自身打造成自行车大国。在绿色浪潮席卷全球的大背景下，这种“倒退”是出行方式的回归，更是发展理念的进化。

智能交通不仅高效、便利，还是“绿色交通”。有资料表明，由于平均车速的提高带来了燃料消耗量的减少和排出废气量的减少，采用智能交通系统有望使短途运输效率提高近 70%，汽车油耗也可由此降低 15%。交通的顺畅将大幅度减少车辆在路上的迟滞时间，使得汽车尾气的排放大大减少，从而改善空气质量。

五、启示

随着经济的增长和城市的发展，韩国政府审时度势，看到了交通发展中所存在的种种问题，并能够不断进行卓有成效的改革。特别是近年来，以首尔为代表的城市交通规划取得了很好的成果，也是智能交通技术应用的典范。韩国在城市交通管理方面的经验有不少值得借鉴之处，主要有以下几点：

（1）始终把发展公共交通作为优先政策，大力投资进行相关建设。改善和提高公共交通的便利性和舒适性，让市民更愿意选择公共交通出行。

（2）在城市交通管理方面积极引导社会和市民的参与。政策的实施主要靠市民的自愿参与和自觉约束，政府不断进行宣传，倡导自行车和清洁能源的使用，绿色交通的概念才能在市民中不断得到深入和普及。

（3）全面系统的交通需求管理，大大提高了政策效果。首尔的交通需求管理方式呈现多样化、精细化的特征，各项交通需求管理政策互相推动，共同作用，减少和抑制私家车使用需求。

（撰稿：李正熙、王力、姜廷顺）

参考文献

［1］林敏.韩国首尔市交通管理及其启示［J］.城市公用事业，2011（04）:26-30.

［2］Kang Man Soo.迈向可持续的公共交通之路——首尔公交改革的经验与成就［R］.首尔：首尔发展研究院.2006.

［3］http://www.tranbbs.com/Techarticle/ITS/Techarticle_112005.shtml.韩国智能交通发展及其启示［OL］.

［4］http://baike.baidu.com/view/832269.htm.首尔地铁［OL］.

［5］http://doc.koreaxin.com/html/hanliu/lvyou/2012/0913/789.html.韩国首尔地铁图［OL］.

［6］SEUNGJAE LEE， SHINHAE LEE， YOUNG-IHN LEE. Innovative public transport oriented policies in Seoul［J］.Transportation （2006） 33: 189–204.

［7］http://wenku.baidu.com/view/3a28dbe3524de518964b7df1.html.首尔公交改革考察报告［OL］.

［8］http://www.bjjtgl.gov.cn/publish/portal0/tab120/info24448.htm.韩国推行绿色环保交通［OL］.

［9］吴心宏.韩国首尔城市交通管理的主要经验及其启示［J］.城市公用事业，2009.23（5）:15-20.

［10］http://www.bjjtgl.gov.cn/publish/portal0/tab120/info24280.htm.韩国首尔：鼓励发展公共交通［OL］.

［11］Sanghoon Bae，Bong Gyou Lee. A REAL-TIME TRAFFIC INFORMATION SERVICE BY DEDICATED FM BROADCASTING SYSTEM IN SEOUL KOREA.

［12］Sunghan Lim， Seongki Ryu. Current Status and Plan of ITS in Korea［J］. Computing and Networking Technology （ICCNT）， 2012 8th International Conference on: 143 - 146.

［13］A. A. Shah， N. P. Mahalik， J. Namkoong， J. D. Lee. Intelligent transportation-deployment and development process in Korea. Urban Transport XII: Urban Transport and the Environment in the 21st Century.2006（89）:763-772.

第三章

智能交通发展综述

2012年中国道路交通安全与智能交通

一、概述

安全是任何一种旅客运输方式都必须具备的基本要素，对道路运输更是如此。随着国民经济的快速发展和公众安全意识的迅速提升，道路用户对旅行安全的要求越来越高。近年来，我国机动车保有量以年均1500万辆、驾驶人以年均2000多万人的速度递增。同时，城乡经济和道路交通发展不平衡，道路交通不断涌现新的问题，安全形势比较严峻。

（一）2012 年交通安全形势

（1）交通事故总量和死亡率仍在高位徘徊。虽然单位里程事故率和亿车死亡率呈下降趋势，但交通事故总量和死亡人数仍在高位徘徊。2012 年我国的万车死亡率为 2.5，较发达国家高 2 倍以上。事故分析凸显出：客货车事故多发，农村地区道路安全隐患大，部分车辆安全标准低，事故应急救援水平有待提高。2012 年，我国道路交通事故死亡人数中，51%是由于救治不及时、抢救不力死亡的，而且这一比例还呈逐年上升趋势。

（2）高速公路和山区双车道公路的事故死亡人数占比较高。高速公路由于通车里程近年来快速增加，其巨大的交通量已经占到公路网全部运输量的 75% 以上，私家车拥有量逐年上升，私家车驾驶员的占比与十年之前已经不可同日而语，由于缺乏高速公路行驶场合的驾驶经验，并且对高速公路的驾驶规则比较陌生，经常导致交通事故；而山区双车道公路由于线形复杂，常出现坡陡弯急的困难路段，且由于交通量很低，自由行驶机会非常大，通常达到很高的行驶速度，车辆行驶时常处于非常不利的受力状态，因此经常发生由于失控导致的单车驶离路面事故的概率极大。

（3）客运车辆依然是肇事主体。客运车辆特别是死亡人数 9 人以上的重特大交通安全事故，客运车辆占到了压倒性比例，客运车辆包括营运大客车、旅游大客车、单位自用大客车等，由于死亡人数众多，社会影响极为严重并且扩散迅速。

（4）校车事故频发。近两年来，全国各地发生了多起校车（这里的校车特指接送幼儿园、中小学学生的车辆）相撞等的严重交通事故，最严重的一起（甘肃庆阳）死亡超过二十人，给当事人家长带来了巨大的痛苦和灾难。这些幼小生命的陨落引起了党和政府的高度重视，2012 年出台了《校车安全条例》，对校车服务提供者、校车使用许可、校车驾驶员、校车通行安全、校车乘车安全、法律责任等方面做了规定。

（5）违章驾驶行为仍然突出。从交通违法行为治理来看，客货运输车辆超速、超员、超载及驾驶人员疲劳驾驶等违法行为依然比较突出，农村地区摩托车、三轮车、低速货车、拖拉机违法载人现象也比较普遍；部分违法行为有上升趋势。据统计，2012 年，全国因机动车违法上路和占道行驶的交通事故发生率均呈两位数增长。

（6）持续推进“文明交通行动计划”，提升交通素质。为遏制重特大道路交通事故多发的势头，全国公安交通管理部门在 2012 年持续推进“文明交通行动计划”，进一步提升文明交通水平和公民文明交通素质；推进了“道路客运安全年”和文明交通示范公路创建活动，努力规范公路行车秩序，提高公路交通安全水平；制定下发了《加强机动车驾驶人管理指导意见》，进一步严格了对机动车驾驶人员的管理工作。同时，以上述工作为载体，深入持续开展“三超一疲劳”专项整治，严查超速、客车超员、货车超载、疲劳驾驶等严重交通违法行为，预防和减少重特大道路交通事故。

（二）道路交通安全领域“十二五”发展规划

《道路交通安全“十二五”规划》（下称《规划》），由国务院安全生产委员会办公室于 2011 年 12 月印发。《规划》以预防和减少重特大交通事故为核心，以加强基础研究和科技应用为支撑，实现道路交通安全工作科学发展、协调发展。《规划》指出，到 2015 年，力争实现全国道路交通事故万车死亡率不超过 2.2，营运车辆肇事导致的一次死亡 10 人以上重大交通事故下降 15% 以上。提出以下目标和任务。

（1）强化运输企业交通安全主体责任和安全监管，建立健全并严格落实运输企业内部安全管理制度，同时强化对运输企业的安全监管。

（2）提升客货运输车辆运行安全性从政策上鼓励引导发展安全车型，严格机动车生产准入、销售管理和行驶准入，加强机动车登记管理。

（3）进一步改善道路通行条件。制定、修订道路工程技术标准和交通安全设施技术标准，加强公路安全隐患治理，完善城市道路安全设施，加大资金保障力度。

（4）进一步严格道路交通执法，提升管理和服务能力，综合整治交通违法行为，制定涉及政策法规、工程设施、技术装备、宣传教育、执法管理等方面的综合政策。

（5）进一步提高道路使用者的文明交通意识和安全驾驶能力。加强交通安全宣传教育、驾驶人员培训考试和重点驾驶人员管理。

（6）建立完善交通事故应急保障与救助体系，提升交通事故应急保障能力，推进建立道路交通事故社会救助基金。

（7）提高道路交通安全科学研究和科技应用水平，加强专业研究和技术力量建设，强化交通事故分析及预防研究，实施国家道路交通安全科技行动计划。

二、2012年道路交通安全状况

（一）机动车驾驶人统计分析

1. 机动车保有量增长较快

截至 2012 年底，全国机动车保有量达 239 889 550 辆，与 2011 年底相比，增长 6.72%。

从统计情况看，2012 年在公安交通管理部门注册登记机动车 25 924 571 辆，比去年增加 1017893 辆，增量较前两年有明显下降，主要原因是大量摩托车达到强制报废期限，导致摩托车保有量出现负增长，影响了机动车保有量总体增长速度，如图 1 所示。

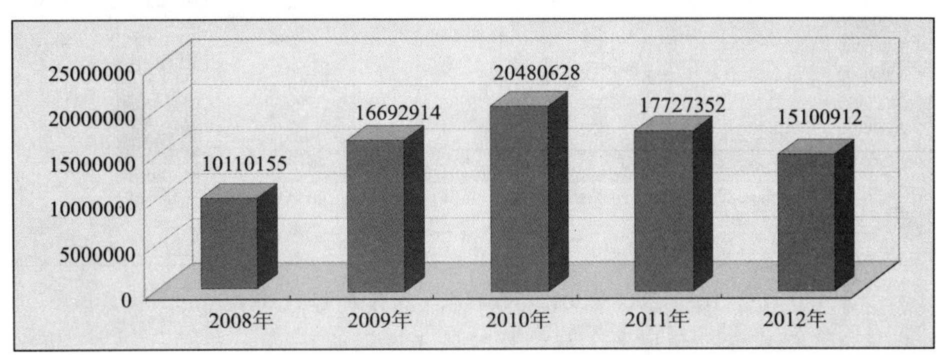

图1　近5年机动车保有量增长情况

2. 机动车分布区域向东部区域和特大城市集中

从机动车分布省份看，山东、广东、河南、江苏、河北、浙江、四川、安徽等 8 个省的机动车保有量超过 1000 万辆，其中山东和广东机动车保有量超过 2000 万辆，分别占全国机动车总量的 9.43%、9.05%。从年增长情况看，2012 年，河北、广东、山东、云南、四川等 5 个省的机动车年增量超过 100 万辆。2012 年，36 个大城市机动车保有量共计 54094782 辆，占全国机动车保有量的 22.55%。全国共 23 个城市的机动车保有量超过 100 万辆，如图 2 所示。

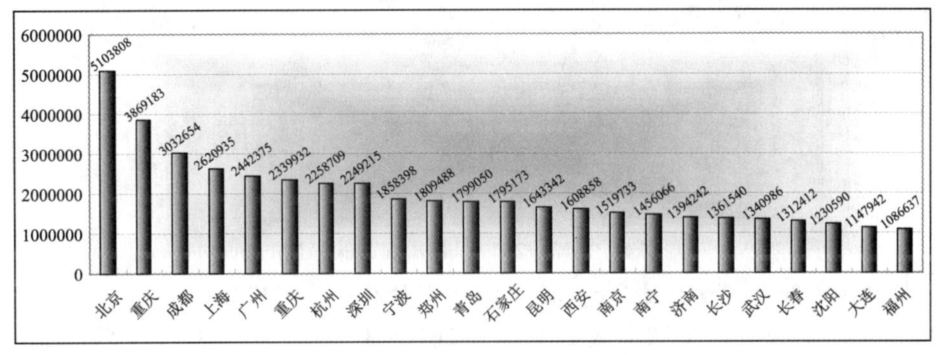

图2　一些特大城市的机动车保有量情况

3. 私人小型微型载客汽车占增量的绝对优势

2012 年，全国载客汽车保有量为 89 445 067 辆，占汽车总量的 73.99%，与 2011 年底相比，增长 19.75%。其中，大型载客汽车占载客汽车总量的 1.43%；中型载客汽车占 1.48%；小型载客汽车占 92.84%；微型载客汽车占 4.25%。从统计情况看，载客汽车年增量占汽车年增量的 97.67%。2012 年，小型载客汽车继续保持快速增长势头，与 2011 年底相比，增长 21.76%。从统计情况看，2012 年私人小、微型载客汽车达 75 699 721 辆，占小、微型载客汽车的 87.17%，如图 3 所示。

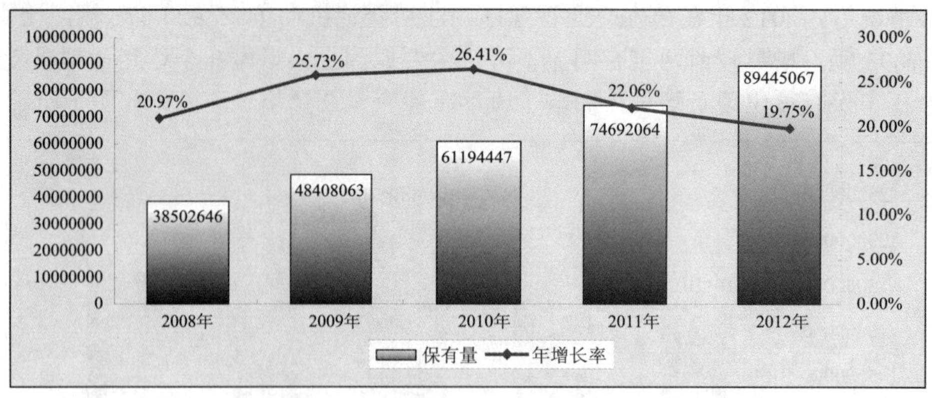

图3　2008—2012年载客汽车保有量及增长情况

4. 载货汽车保有量平稳增长，轻型载货汽车增幅明显

2012 年，全国载货汽车保有量为 18 999 108 辆，占汽车总量的 15.72%，与 2011 年底相比，增长 6.33%。其中，重型载货汽车占载货汽车总量的 25.11%；中型载货汽车占 12.09%；轻型载货汽车占 62.1%；微型载货汽车占 0.7%。与 2011 年底相比，重型、轻型载货汽车分别增长 2.78%、13.43%；中型、微型载货汽车分别下降 13.44%、21.71%。

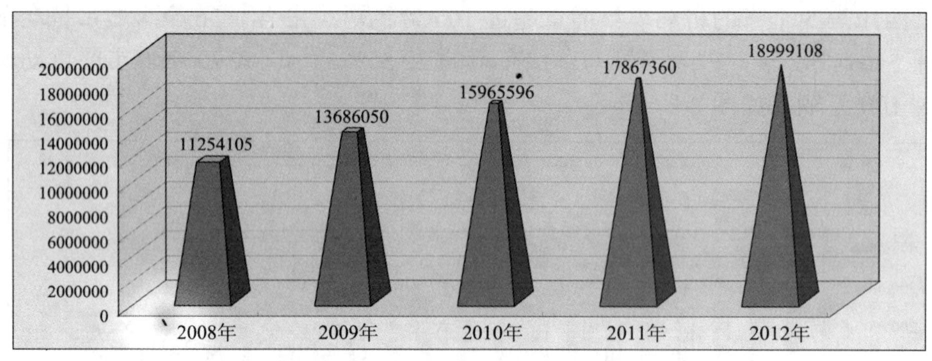

图4　2008—2012年载货汽车保有量

5. 机动车驾驶人数量超过 2.6 亿人，汽车驾驶人数量突破 2 亿人

2012 年，全国机动车驾驶人数量达到 261 223 379 人，与 2011 年底相比，增加 25 599 940 人，增长 10.86%。其中，汽车驾驶人为 200 280 277 人，占驾驶人总量的 76.67%，与 2011 年底相比，增加 26 466 316 人，增长 15.23%。汽车驾驶人数与汽车保有量比率为 1.66 ∶ 1。从统计情况看，随着机动车保有量的快速增长，近五年机动车驾驶人数量也呈现大幅增长趋势，年均增量达 1947 万人，如图 5 所示。

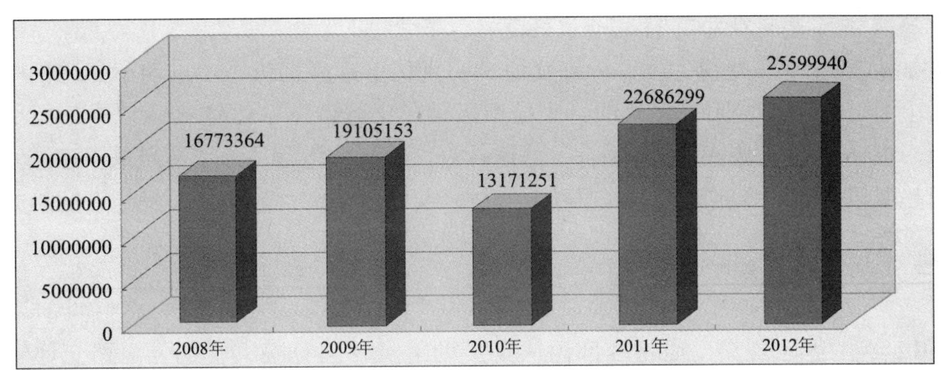

图5　2008—2012年的机动车驾驶人数量以及增长情况

（二）城市交通运行以及管理情况

1. 城市化、机动化水平联动高速推进

我国城市规模逐步扩大、城市空间结构不断调整，刺激了机动车交通的快速增长。而机动化水平的提升，又进一步拓展了居民生存生活空间。城市化和机动化联动发展，成为当前和今后一个时期我国城市发展的主要特征。2012 年，我国城镇化率已经达到 52.57%，全国各大中型城市近十年来城镇化迅猛推进，人口由中小城市规模向大城市、特大城市规模转变，新城拓展和旧城改造相结合，城镇规模迅速扩张。

2. 大中型以上城市交通拥堵形势不容乐观

以北京、上海、重庆为代表的特大城市交通拥堵已成为常态，拥堵分布已初露全城域、全天候特征。上海中心城区干道早高峰平均车速仅为 17.3km/h，晚高峰平均车速仅为 16.9km/h；同时，城市人口在 50 万以上的大中城市正处于城市空间和结构调整期，城市交通运行态势也不容乐观。目前，大中城市拥堵的空间分布主要集中在传统的老城区和学校、医院等重点地区，拥堵时间以职工上下班、学生上学放学期间为主。

3. 城市停车难问题更加突出

一是停车总量供需矛盾突出。例如，重庆汽车保有量 159.5 万，泊位约为 47 万个；石家庄汽车保有量 124.6 万，泊位 30.6 万个。二是停车供需时空资源错位。新城建设中会考虑停车供需平衡，甚至超出目前机动车保有量。新旧城区停车供需资源倒置。三是停车秩序混乱。受停车供需矛盾影响，加之停车执法管理薄弱，城市街道、商业区、医院、中小学校、住宅小区等地区占道停车、乱停乱放现象严重。

4. 交通管理发展水平不均衡

一是交通管理基础设施建设水平不均衡。上海、重庆等特大城市的交通标志标线、信号灯、过街设施等规范设置率在 95% 以上，运行情况较好；而相比之下，一些大中型城市老旧标志标线需要更新，新城区交通管理设施需同步建设。二是交通管理技术应用水平不均衡。一些特大城市已广泛研究应用单行、禁左、潮汐交通等交通组织措施。三是智能交通应用水平不均衡，特大城市一般都建立了相对完善的城市智能交通系统。

5. 城市道路交通秩序有待进一步规范

在加大交通违法处罚力度、开展交通文明宣传等措施推进下，机动车交通秩序逐步规范。上海、成都、沈阳等调研的特大城市机动车出行遵章率达到90%以上。但部分大中城市，机动车不按规定信号灯通行、超速行驶、随意变道等现象依然严重，违法停车的情况日趋严峻。新部令实施后，非机动车和行人交通秩序混乱也正日益受到人们的关注。

（三）交通违法情况

2012年，各地公安交通管理部门认真贯彻落实《国务院关于加强道路交通安全工作的意见》（国发［2012］30号），通过各项专项工作，持续开展对重点车辆、驾驶人和严重交通违法的整治。

1. 全国查处交通违法总量上升

共查处交通违法4.67亿起，与2011年相比，增加1.15亿起，上升32.5%。江苏、广东、浙江、河北、安徽位居全国前五位，总计占全国查处总量的36.2%。从查处交通违法的方式看，教育纠正1.06亿起，警告1902.5万起，罚款3.42亿起（罚款金额550.5亿元），暂扣驾驶证39.9万起，吊销驾驶证6.2万起，行政拘留46.2万起。

2. 超速、不按规定停车、不按交通信号灯指示通行分列处罚违法种类的前三位

共处罚机动车超速行驶9137.7万起，占处罚总量的26.4%；处罚不按规定停放机动车3782.6万起，占11.6%；处罚不按交通信号灯指示通行2649万起，占8.1%。上述3项违法处罚占处罚总量的46.1%。各地公安机关进一步加大对易引发交通事故违法行为的查处力度。从死亡道路交通事故的主要成因看，超速行驶、未按规定让行、无证驾驶、逆向行驶、违法会车等违法行为位居前五，全国处罚交通违法种类前10位情况如图6所示。

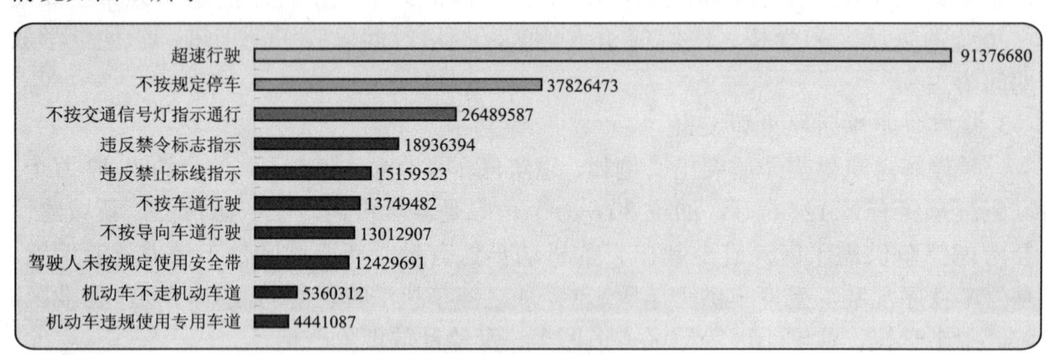

图6　前10位交通违法种类

3. 利用监控设备查处交通违法数量保持快速增长

各地公安交通管理部门强化科技手段应用的同时，结合公安交通管理综合应用平台推广工作，进一步加大对交通违法信息的清理力度，2012年，共查处使用监控设备记录的交通违法2.38亿起，与2011年相比，增加8598.8万起，上升56.7%，是全年查处总量的主要增长点。当年，全国使用监控设备记录交通违法3.28亿起，已处理1.41

亿起，占 43%。使用监控设备查处交通违法占全年查处机动车交通违法总量的 65.7%，比 2011 年上升 14.3 个百分点利用监控设备查处交通违法数量如图 7 所示。

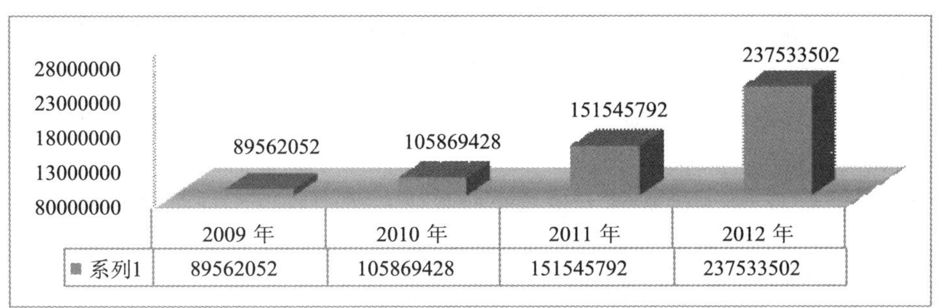

图7　2009—2012年利用监控设备查处交通违法数量

4. 处罚客运车辆超员交通违法数量下降

各地公安交通管理部门始终将公路客运、旅游客运车辆作为预防重特大道路交通事故的重中之重，结合道路客运隐患整治行动，坚持定点执勤与流动巡逻相结合，严格落实公路客运、旅游客运车辆驻车检查登记措施，共处罚客运车辆超员载客交通违法 18.3 万起，与 2011 年相比，减少 4.4 万起，下降 13.3%。总体来看，客运车辆超员载客交通违法呈下降趋势，如图 8 所示。

5. 查处醉酒驾驶机动车数量继续下降

2012 年，各地公安交通管理部门在进一步加大对餐饮娱乐场所周边道路和重点时段的管控力度，共查处酒后驾驶机动车 50.4 万起，与 2011 年基本持平。其中，查处醉酒驾驶机动车 6.5 万起，与 2011 年相比，下降 11.8%。查处醉酒驾驶数量占查处酒后驾驶总量的 12.8%，比 2011 年下降 1.8 个百分点。从 31 个省（区、市）情况看，浙江、河北、山东、福建、上海分别查处酒后驾驶 12.3 万起、6.5 万起、5.4 万起、3.5 万起、2.5 万起，共占全国查处总量的 60%。

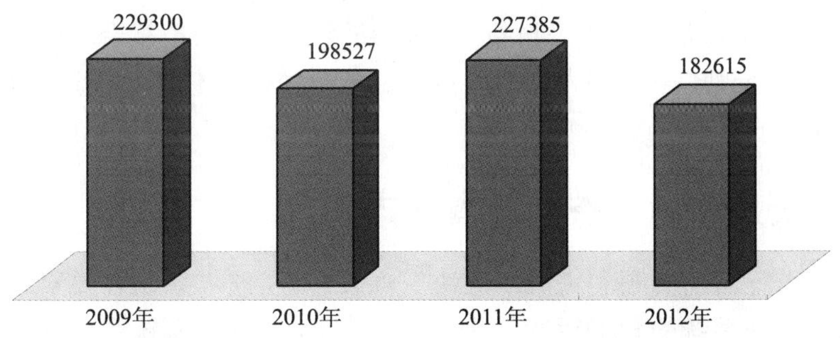

图8　2009—2012年客运车辆驾驶员交通违法情况

三、交通安全政策、标准化发展以及安全教育

2012 年 7 月 22 日，国务院发布了《国务院关于加强道路交通安全工作的意见》（国发［2012］30 号），首次从国家层面提出了统领各部门的道路交通安全管理工作要求，为建立相关责任主体协调机制提供了政策基础。在运输企业安全管理方面，2012 年 1

月 19 日公安部、交通运输部、安全监管总局联合出台了《道路旅客运输安全管理规范（试行）》，督促企业加强日常安全管理，落实安全主体责任。为加强机动车驾驶人安全管理，2012 年 9 月 12 日公安部发布了《机动车驾驶证申领和使用规定》，对驾驶人考试、违法记分、审验等环节均做出了调整和改进。校车安全保障方面，2012 年 4 月国务院发布《校车安全管理条例》，公安交管部门严格落实相关规定，逐步推动建立完善了校车安全管理工作机制。

此外公安部组织制定或完善了包括《校车停车指示标志牌》、《机动车查验工作规程》、《道路通行状态信息发布规范》、《道路交通安全宣传车装备配置》和《机动车驾驶人考试内容和方法》等 22 部涉及校车安全、驾驶人考试、安全教育以及机动车安全等多个方面的标准。

自 2012 年起，公安部逐步推广应用国家道路交通安全科技行动计划课题五《互动式交通安全科教基地构建与典型模式研究及示范》研究成果，鼓励各地建设面向学生和驾驶人群体的“儿童交通安全情景教育”、“青少年交通安全游戏体验”、“安全驾驶模拟训练教育”和“违法 / 事故案例 3D 警示教育”等 4 类交通安全主题宣传教育基地，增强交通安全宣传教育的科学性、有效性、针对性。同时积极探索扩大交通安全宣传影响力的新途径。2012 年 11 月 18 日，国务院正式批准确定每年 12 月 2 日为“全国交通安全日”。公安部会同中央文明办、教育部、交通运输部、司法部、安监总局联合下发通知，组织各地广泛开展主题宣传活动。央视新闻频道、社会与法频道、中央人民广播电台、中国青年报等媒体分别进行了高频次报道和主题公益宣传活动。

各类常规安全宣传活动有序推进。2012 年继续实施“文明交通行动计划”，全国广泛开展了文明交通示范先进单位和个人的表彰以及宣传作品评选活动，评选出公益广告、专题片、挂图等 8 类共 160 个优秀宣传作品下发各地。据统计，央视新闻频道刊播与交管相关的新闻报道 820 条，其中《新闻联播》20 条。策划制作电视、广播、互联网等专题 46 个，策划《人民日报》专版 15 个。在中央电视台和中央广播电台共播出公益广告 40 余则。各地参与策划主办的专题电视栏目 528 个，全国地级市（除西藏地区）均开通了交通广播频道。

四、ITS技术对交通安全的改善作用

一项道路出行活动的顺利完成，取决于“人 - 车 - 路”系统各要素之间协调有效地配合，从而保证系统的和谐运行。在“人 - 车 - 路”这一系统中，驾驶员是系统的信息处理和决策者，驾驶员通过自己的感官通道不断收集信息，并结合知识经验做出判断和决策，操纵车辆运行完成驾驶任务。但是，由于驾驶员的心理与生理的差异或局限性，造成许多驾驶行为的失误或不确定性，从而引起各种道路交通安全潜在危险的发生，主要表现在：其一，由于人的行为并不总是理性的，在一些情况下会出现一些不遵守交通规则的行为而导致危险的发生。其二，驾驶员会犯错误，这是人自身的一种特性，有时会表现出一些错误的驾驶行为，此外道路或车辆设计者也会犯错误，

他们为道路使用者提供了错误的或误导性的信息。其三，人的各项机能不是恒定不变的，同时，人本身具有一定的生理、心理局限，人的视觉感知范围有限，不能预测和感知到范围以外危险的存在，人的判断决策能力以及动作反应时间有局限性，对于突发的事件来不及做出适当的操作。因此，驾驶员是这一系统中的薄弱环节。

而基于信息技术、通信技术、网络技术、传感器技术以及自动控制技术等的智能交通系统在各种潜在危险的自动探测、对驾驶员的及时提醒和警示以及车辆行驶状态辅助操控等方面，恰好有着非常独特的优势和潜力。智能交通系统（ITS）是在较完善的交通基础设施之上，在先进的信息、通信、计算机、自动控制和系统集成等技术前提下，通过先进的交通信息采集与融合技术、交通对象交互以及智能化交通控制与管理等专有技术，加强汽车、道路和用户之间的联系，提高交通系统的运行效率，减少交通事故，降低环境污染，从而建立一个高效、便捷、安全、环保、舒适的综合交通运输体系。借助广泛应用在车辆和道路上的信息采集设备以及快速可靠的数据处理、通信及发布设备，ITS 技术能够通过信息的交互，将人、车、路等各因素集成为一个联系紧密且相互协作的整体。

以往，社会公众甚至包括一些专业人士，对 ITS 技术的应用前景的感性认识都集中在解决道路拥堵、出行信息发布、道路选择、交通运行势态预测等方面，而对 ITS 所能够解决的安全问题缺乏应有的认识，事实上，ITS 技术在以下几个方面能够给道路运行安全性带来积极的改善，从而减少交通事故的发生。

（一）交通事故的预防

ITS 技术能够连续记录行驶过程中多种车辆参量响应数据和驾驶行为数据，这些数据作为公安交通管理部门的道路交通事故数据报告的有效补充手段之一，将提供引发道路交通事故相关事件的多角度数据信息。例如 ITS 能够为车队管理提供支持，特别是可以实现与驾驶员的实时联系，这将确保对驾驶员的驾驶行为和工作状态进行更密切的监控，并消除各种潜在的危险情况，例如监控驾驶员的连续工作时间；ITS 能够在驾驶员的正常感知能力之外，提前向驾驶员提供前方各种潜在危险状况的及时预警，如不利的道路交通天气条件信息的发布。

（二）危险探测及事故预警

危险探测及事故预警主要是指在交通安全隐患或道路交通事故发生前提前检测到危险存在并能及时向驾驶员发出预警信息的技术或措施，ITS 技术在这一领域拥有巨大的应用潜力，能够向驾驶员提供更为及时准确的信息，比如使用机器视觉技术能够获取车辆与周围车辆之间的距离和相对速度信息，从而计算出安全距离，为驾驶员的纵向控制和横向控制提供决策依据，甚至代替驾驶员来实现车辆自主驾驶，从而完成对潜在行车风险的排除。应用 GPS/IMU 技术，可以测量并计算出车辆实时行驶位置的道路环境信息，比如弯道曲率、坡度、横坡等，再结合车辆的速度、加速度和横摆角速度等参量，推算出车辆的临界安全速度，从而实现无底图的山区复杂道路行驶场合下的行车风险辨识和自动预警。

（三）事故后应急救援

如果能够及时得到医疗救助，那么在道路交通事故中受伤的人员生命是很有可能被挽救的，而这需要及时地获得有关道路交通事故发生位置及伤员情况等具体信息。ITS 技术在事故发生后应急救援方面的优势主要在于：将大幅度缩短救援队伍抵达事故发生现场的时间，并为其提供准确有效的道路交通事故发生位置及事故性质等相关信息，便于救援队伍提前做好准备。将根据当时道路交通状况为救援车辆制定更加合理的救援路线和救援方案。还能够提供多种信息发布手段，确保更多的出行者获取到事故救援信息，从而提前让出救援通道。这种快速反应能力将不仅让道路交通事故中的受伤人员受益，还将在道路交通事故发生后，能够有效地缩短交通运行恢复至正常状态的时间，并减少二次事故发生的可能。

五、ITS技术在中国道路安全领域的应用

中国从 20 世纪 90 年代就已开始对 ITS 进行跟踪和试验，前期重点集中在城市交通管理、交通信息采集与服务、不停车收费、智能化公交系统等方面。随着经济社会发展和人民生活水平的提高，近几年安全和环保开始成为中国交通运输的重要目标。通过充分借鉴发达国家的发展经验，在 ITS 领域针对改善交通安全开展相关研究、开发和示范应用，已成为目前中国改善道路交通安全的重要手段之一。

（一）自动执法系统

自动执法系统目前主要是指驾驶违章抓拍系统，具备白天、夜晚和各种天气条件下工作的能力，可以督促驾驶员遵守车速限制、交通信号，以及车道内行驶等，并通过图像抓拍和视频摄录来记录违章的驾驶行为，为交警部门的判罚提供直接依据。目前，已得到广泛应用的自动执法系统主要有：超速抓拍系统、闯红灯抓拍系统和驾驶违章抓拍系统。

（二）在途车辆实时监控系统

营运车辆上安装使用的具有行驶功能的卫星定位装置能够准确提供当前车辆的实时地理定位和实时车速等信息，可将这些信息上传到指定的监控中心，并接收中心下达的指令，可实现如下功能：实时定位、全程跟踪、车辆行驶轨迹查看及行驶里程报表功能，还可具有超速报警及记录、超时（疲劳）报警及记录、偏离路线报警、超出区域报警等功能。目前的建设重点是营运车辆联网联控系统，实现营运车辆的跨区域、跨部门的联合监管。联网联控系统的建设，实现了道路运输管理部门对重点营运车辆的动态监管。

（三）高风险路段警示系统

高风险路段是指那些具有较明显的道路交通事故风险的路段，可以是通过分析道路交通事故的历史数据甄别出来的事故高发路段，也可以是那些道路几何特征突变的路段。高风险路段超速警示系统能警示驾驶员降低车速并减少因超速导致的严重交通事故。目前，中国的高速公路以及城市主干道路上利用VMS（可变交通信息标志）进行限速提示或超速警示已越来越多，而由于供电、维护以及成本等原因在普通公路上的应用还比较少。

（四）不利天气条件警示系统

不利天气条件警示系统使用不同类型的传感器检测当前天气状况，如大气中的水蒸气、路面温度、冰和雪。不同传感器的监测数据通常与大、中尺度的天气预报相结合，以帮助道路管理部门做出决策。而当交通天气条件变得恶劣以致可能对正常的道路交通安全产生影响时，可通过VMS或其他信息发布手段降低道路的限速值，改变驾驶人的速度选择行为，以保证车辆的通行安全。目前，中国公路管理部门特别是高速公路运营机构已开始建设使用此类系统，对不利天气条件下的行车安全很有帮助。该系统的关键是公路沿线天气监测和预报信息的准确性和可靠性，为此，公路部门已逐渐开展与气象部门的数据共享和合作。

六、未来道路交通安全展望

“十二五”期间，我国人均国内生产总值（GDP）将从4500美元增加到6100美元，而从西方一些发达国家的发展历程看，这一阶段正是道路交通事故高发期，特别是农村地区交通安全问题将更为严重，城市快速路、绕城高速公路、城郊结合部交通安全问题将更加凸显。同时，过去一个时期存在的问题也将继续存在，道路交通运输企业的交通安全主体责任还未落实到位；农村公路安全基础薄弱；车、路安全隐患比较突出；高速公路交通安全管理水平有待提高；交通安全宣传教育亟须加强。

面对未来更加严峻的形势和存在的问题，下述工作将会是未来很长一段时期的努力重点：

（1）建立各运输企业重点运输车辆卫星定位监控平台及省、市、县三级运输车辆动态监控端。坚持加强客运车辆安全性能和各项安全装置的安装检验。

（2）制定道路安全隐患排查和整治标准，按照“减少存量、不增新量”的要求，严格隐患排查整治工作，制定并逐步完善农村公路设计、建设、养护、交通安全的技术标准。

（3）建立健全农村地区交通安全管理网络和农村客运服务及安全管理体系，拓展农村交通安全管理工作覆盖面，建立国省道交通安全服务体系。

（4）加大主干公路网交通管理科技应用力度和交通管理基础设施建设投入。加强主干高速公路全程联网监控、交通违法行为监测查处、应急处置、气象监测预警等系统建设。

（5）建设各级交通安全宣传教育基地，面向农村配备移动式交通安全宣教设施，组织开展体验式交通安全宣传教育。完善交通安全公益宣传机制，加强交通安全文化建设。

七、智能交通与道路安全的未来趋势

智能车辆技术和智能道路技术是智能交通技术的两项核心内容，以往，受制于分散的汽车制造厂商，智能交通核心设备和软件的通用性和可移植性一直处于比较低的程度，这严重制约看智能交通技术的推广和发展，延迟了道路用户对智能交通技术所带来的便捷出行的体验。但值得欣慰的是，近年来移动互联技术的日新月异和迅猛发展，使得基于移动终端和移动互联解决方案的车—车通信技术、车—控制中心通信技术成为可能，由此，可以形成涵盖一条道路甚至整个局域路网的、车辆规模上千甚至数万的车联网，以及包含这些车辆运行状态的大数据。基于此，今年我们着重推荐基于移动互联的智能交通技术，具体如下。

（1）基于移动互联的车—车通信技术。由于作为移动通信终端的智能手机设备处理能力在最近 3 年呈几何式增长（已经接近于 5 年前的小型台式 PC），3G/4G 网络以及以 wi-fi 为代表的无线网路通信技术的传输速度和覆盖范围的成熟，智能手持设备已经具备取代以IC卡为代表的车载智能芯片作为信息传送的优势和潜力。通过这项技术，驾驶人可实时掌握道路上发生的任何情况，包括前方的交通事故和危险路段，从而谨慎驾驶。

（2）基于移动互联的纵向自动驾驶技术。基于前一种技术，本车可以获取周围车辆的各种关键信息，包括位置、速度、加速度、车距，甚至包括车辆的技术状态信息，显然这些信息足以为车辆的纵向自主控制提供计算参数，进而实现基于速度智能控制的自动巡航，从而把驾驶人解放出来，特别是长途营运大客车的驾驶员，在需要时以车辆自主驾驶代替驾驶员的人工操作，可以让驾驶员得以充分休息，有效解除其长时间驾驶而产生的疲劳。

（撰稿：赵新勇、邵毅明、徐进、刘君、胡江碧）

2012年公路交通信息化和智能化发展

2012 年是贯彻实施交通运输“十二五”规划、推动交通运输科学发展的重要一年，党的“十八大”胜利召开，为新时期交通运输改革发展指明了方向，各级交通运输主管部门和公路管理部门认真贯彻落实中央决策部署，坚持主题主线，坚持稳中求进，着力破解发展难题，在中央和部党组的统一部署和指挥领导下，努力推进公路交通各项工作科学发展，公路信息化与智能化建设取得长足发展。

一、全国干线公路网运行监测与管理情况

2012 年 7 月 18 日，交通运输部路网监测与应急处置中心正式挂牌成立。路网中心的主要职能包括运行监测、应急处置、出行服务。目前已对全国主要干线公路运行情况进行实时监测，积极推进部、省两级公路网管理与应急处置平台系统建设，全面开展了全国干线公路网运行监测、突发事件应急处置与出行信息服务工作。

自 2009 年交通运输部发布《全国公路网管理与应急处置平台建设指导意见》以来，各省（市）对公路网管理与应急处置平台的建设逐步重视起来。特别是交通运输部开展“十二五”重大信息化工程（示范工程之一：路网管理与应急处置系统）以及 2012 年初《公路网运行监测与服务暂行技术要求》发布以后，全面推动了各省（市）对省级公路网运行监测与服务平台的建设。

省级路网平台经验介绍

1. 安徽省路警联合指挥平台：实现了全省高速路网收费站流量数据统计，高速公路、国省干线公路、运管、海事、民航等子行业共计 5200 多路视频可控可调，104 路公安交警、公路路政执法视频的接入，以及 6000 多辆运输危险品车、9000 多辆班线客运车、1000 多辆旅游包车的卫星定位与联网联控等功能，初步建立了一个能够覆盖全省高速公路、多类数据融合的路网监测平台。

2. 江苏省普通干线公路网管理与应急处置平台：建成 1 个普通干线公路省级路网中心、13 个地市级路网分中心，使用统一的公路网管理与应急处置系统。系统功能主要包括电子地图、路网调度、应急指挥、出行服务、行政监督、综合值班和系统管理七大模块。该系统充分集成公路视频监控系统、GPS 统一接入平台、公路交通量观测数据采集系统、公路收费站流量数据采集系统、短信平台等系统的数据和功能。

二、全国干线公路网出行信息服务情况

公路出行信息服务是交通出行信息服务的重要领域，主要通过互联网、呼叫中心、交通广播、路侧广播、图文电视、可变情报板、车载及手机终端等方式，为出行者提供较为完善的出行信息服务。2006 年，交通运输部发布了《公路交通出行信息服务工作规定（暂行）》并沿用至今，并在全国范围组织实施出行信息服务示范工程，为驾车出行者提供路况、突发事件、施工、沿途、气象、环境等服务信息，成效显著。近年来，各地交通运输主管部门高度重视信息服务工作，特别是伴随信息采集、处理与发布技术的不断提高，我国公路出行信息服务的整体水平有了较大提升，以政府公益性服务为主体、社会市场化力量为中坚的服务平台及用户群正逐渐成熟。

（一）全国公路出行信息服务基本情况

部路网中心成立后，始终将公路出行信息服务作为重要工作职责，成功打造了“一网”（即中国公路信息服务网）、“一台”（即中央电视台）、“两广播”（即中国之声“公路服务站”与高速公路广播“路况直播”栏目）的部级公路出行服务窗口，特别是通过中央电视台、中央人民广播电台实时发布路况信息，在全国公众面前树立了公路出行信息服务的权威品牌。2012 年，中国公路信息服务网累计发布各类出行服务信息 3 万余条，通过中央电视台现场直播实时路况 100 余次，通过中央人民广播电台连线发布路况信息 1200 期，与中国气象局联合发布公路气象预报预警信息 380 期。

截至 2012 年底，全国已有 30 个省（区、市）交通运输部门或公路管理部门开展了公路出行信息服务工作，共计开通出行信息服务网站（页）52 个，出行服务客服热线 36 个。另有 12 个省（区、市）开通官方路况微博 32 个。

（二）全国公路出行信息服务应用情况

一是在出行信息网站服务方面，作为行业主管部门提供的权威、公益性的信息服务方式，已经成为各级交通运输管理和公路管理部门对外服务的重要窗口。整点路况播报、实时流量地图、突发事件播报等即时性较强的信息服务栏目是网站类公路出行信息服务的亮点，特别是以“出租车”和“两客一危”浮动车技术、“手机定位”技术为代表的实时交通流路况发布平台，代表了公路出行信息采集技术的未来方向。基于手机（车载）移动客户端、手机网站和短彩信定制服务等方式的新型信息发布方式则是今后的主流趋势。由于目前软件提供的功能有限，还不能充分满足公众出行服务的需求。

二是在客服 / 救援电话服务方面，绝大部分省份开通了公路出行客服电话。原信息产业部《关于公益服务号码管理有关问题的通知》（信部电函［2005］339 号）明确规定，12122 是全国统一的高速公路救援电话号码。截至 2012 年底，已有 11 个省级交通运输部门（含高速公路经营管理单位、路警联合办公机构）设置了 24 小时 12122 高速公路客服 / 救援电话。经随机调研，大部分 12122 电话接通速度快，部分电话设

有紧急事件接入功能，能够提供第一时间救援服务。此外，现有10余个省级公安交通管理部门也开设了12122报警电话。

三是在微博信息服务方面，行业主管部门开通官方微博发布实时路况信息增长迅速。截至2012年底，据不完全统计，共有12个省级交通运输部门或公路管理机构开设官方微博14个，主要以发布实时路况信息和突发事件为主，并同步发布日常交通动态、安全行车注意事项等。此外，全国已有浙江杭长高速公路、湖北随岳高速公路等20余家高速公路经营管理单位开设了路况微博，实时发布路况信息。

公路出行信息典型省份介绍

陕西省，2010年建成高速公路交通服务热线（12122）和普通公路服务热线（88408840），提供24小时自动语音播报和人工服务，主要向社会公众提供交通政务信息、出行信息以及旅游景点线路信息；转达行业投诉和建议意见；协调转达救援信息；受理对车辆偷逃漏通行费行为的举报和对收费公路工作人员违规行为的投诉；提供三秦通客户服务及其他交通信息服务；并与河南、山西、甘肃、内蒙古、湖北、重庆、四川、宁夏8省市（区）建立了高速公路运行信息共享，极大地方便了社会群众的出行，促进交通行业信息服务水平全面提升。

2012年，陕西交通服务热线（12122）全年累计受理社会来电36万人次，同比增长71%；平均日受理群众来电1000余人次，节假日期间每日达4000人次以上；电台发布信息8813次，发布路况及收费政策宣传短信192万条。

此外，伴随着国内出行信息服务市场化步伐的加快，部分专业出行信息服务运营商相继出现，公路出行信息服务正朝着更加及时、更加实用、更加精细、更加综合的方面发展。

（三）中国高速公路交通广播运行情况

中国高速公路交通广播（FM 99.6，京津塘段）是交通运输部与中央人民广播电台联合打造的公路专用服务广播系统，采用了先进的小功率同步调频广播技术，定向传播、带状覆盖，按照“平时服务、突发应急”的原则进行建设，是国家应急广播体系的重要组成部分，除了传统广播传媒基本功能外，还具有紧急广播和数据推送功能，可以实现基于位置的智能差异化交通信息服务，全面提升现有公路网络的信息服务水平和效率。

截至2012年底，高速广播试播覆盖142.69千米的带状区域，平面覆盖约2853平方千米，日均动态覆盖出行者达30万人次。高速广播以“服务、独特、人文”为理念，以路况资讯播报、法规政策解读、热点话题交流为主要内容，初步建立起由部路网中心、京津冀区域路网管理部门共同参与的路况信息中心，创建了APP路况电台信息分享平台，并在高速公路交通信息云应用平台建设方面进行了尝试。高速广播交通发展与信息云应用示意如图1所示。

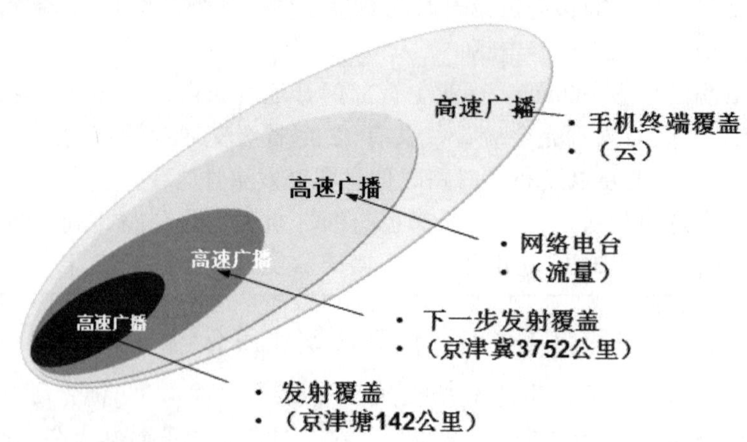

图1　高速广播交通发展与信息云应用示意图

三、全国联网电子不停车收费系统情况

我国公路电子不停车收费系统（以下简称“ETC”）经过多年的发展，在标准体系、建设规模、跨区域联网以及产业化发展等方面均取得较好成效。截至2012年底，ETC已覆盖全国26个省（区、市）及6万多千米高速公路，全国开通ETC系统的地区如图2所示。目前，全国已建设和开通ETC专用车道4500多条，ETC车道平均覆盖率超过30%，其中北京和江苏车道覆盖率达到100%。全国ETC用户（OBU）突破510万，自建ETC客户服务网点达500多个，银行合作服务网点3000多个。部分省份还设立ETC服务网站、ETC客服电话等，为用户提供24小时全方位服务。

此外，ETC车道通行量占比快速提升，如北京ETC车道通行量占比平均达到26%，高峰时流量达到35%。

（一）ETC系统区域联网建设情况

2007年，交通运输部在京津冀和长三角两个区域启动高速公路ETC联网示范工程，推动ETC由各省单独发展迈入了区域联网的新阶段。截至2012年，京津冀和泛长三角区域已实现ETC区域联网。

京津冀区域高速公路联网电子不停车收费系统于2010年9月28日正式开通，并实现了京津冀区域高速路网ETC用户的跨省（市）结算，目前系统整体运行良好，为广大驾乘人员带来了便利的区域通行条件，带动了京津冀区域两市一省的一体化发展与融合，社会反应效果良好。2012年，京津冀区域ETC系统进行升级和改造，开始发售符合国标和现行密钥版本的OBU和用户卡，进一步增强系统稳定性和可靠性，提高车道系统交易成功率，跨省市ETC争议交易问题也逐步得到解决。截至2012年11月，京津冀ETC区域跨省交易量为849.46万辆次，其中北京、天津、河北地区跨省交易量分别达 187.83 万辆次、205 万辆次和 456.62 万辆次，全国开通 ETC 系统的地区示意图如图 2 所示。

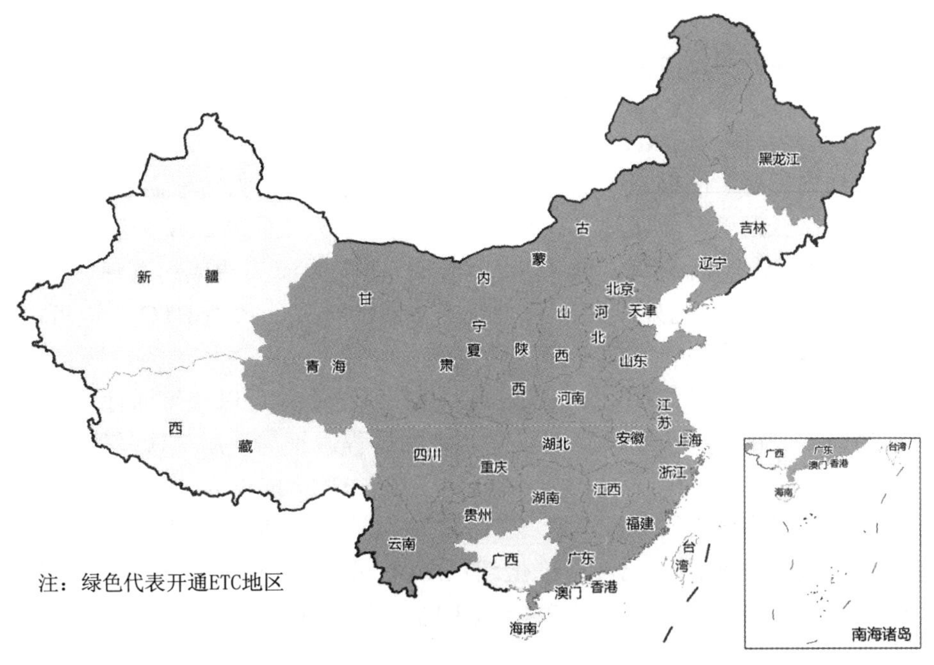

图2　全国开通ETC系统的地区示意图

泛长三角区域 ETC 联网区域，涵盖了上海市、江苏省、浙江省、安徽省、福建省、江西省等“五省一市”。上海和江苏于 2008 年 12 月 31 日在沪苏高速公路的省界收费站进行了 ETC 联合试运行开通，实现沪苏互联。2009 年 11 月 28 日，安徽加入联网运行，实现了沪苏皖三地互联。2010 年 7 月 28 日，江西加入联网运行。2011 年 12 月，福建加入长三角联网区域。在 2012 年 8 月 2 日，浙江省 ETC 系统正式与长三角 ETC 联网，实现了泛长三角区域的互联互通。

泛长三角区域 ETC 建设和运行情况如表 1 所示。

表1　泛长三角区域ETC建设和运行情况（截至2012年底）

省（市）	ETC车道数	覆盖率（%）	用户数（万）	日均交通量（万辆次）	总流量占比（%）
上海	184	80	26	23.82	16.51
江苏	731	100	65	35	17
浙江	642	92	24	9.6	10.1
安徽	194	61	6.2	2.25	7.28
福建	352	85	14	7.5	16.2
江西	306	61	5.6	2.14	4.4

（二）ETC 系统区域联网运行效果

ETC 系统的建设和应用使高速公路通行效率明显提高，车辆通过收费站节能减排效果明显，促进了国内相关产业的快速发展，综合效益日益显现。具体体现在以下四个方面：

一是高速公路通行效率明显提高。ETC 系统可实现车辆快速通过收费站，ETC 收费车道通行能力至少提高 70% 以上。例如，江苏省高速公路网已有 20% 以上的收费站 ETC 专用车道流量超过 MTC 车道，有效缓解了交通拥堵；ETC 系统使上海市高速公路收费站日均拥堵时间缩短了近一个小时，大幅提高了收费站车辆通行效率。

二是有效降低运营与物流成本。ETC 系统避免了人工收费、现金清点过程中可能出现的失误，减少了现金流动，能有效防止通行费人为流失造成的管理成本，平均服务成本降低 20% 以上。此外，相比新建人工车道的方式，改造 ETC 车道可以大幅减少建设费用，运营成本也将大幅下降。

三是车辆节能减排效果明显。车辆安装 ETC 系统不仅可以获得通行费优惠，还可以降低燃油成本。由于减少了车辆起步、制动的过程，平均使用 ETC 车道一次可以节油 20.33 毫升，减少排放 CO_2 近 50%、CO 约 70%、HC 约 70%。

四是带动行业相关产业链发展。随着 ETC 系统的大规模建设和应用，形成并促进了相关产业的迅速发展，已实现产值超过 14 亿元。其中，RSU 产能达 3 万台 / 年，OBU 产能达 800 万台 / 年，智能卡产能达 3 亿片 / 年，ETC 车道、发行、结算系统产业群已初步形成。

四、全国重点营运车辆联网联控系统

近年来，我国各省市相继建设了基于卫星定位技术的营运车辆监管平台，但由于平台建设缺乏统一标准，平台间互不联通，信息无法共享，无法满足现代物流业车辆全面信息共享的需要和管理部门对运输车辆的安全监管要求。为此，交通运输部以上海世博会道路运输安全保障工作为契机，组织开展了全国重点营运车辆联网联控系统的建设工作，并委托中国交通通信信息中心开展了该系统的开发和运维工作。

系统充分整合各省（市、自治区）、运输企业车辆动态信息监控资源，建设统一的全国重点营运车辆动态信息公共交换平台，实现了全国范围内重点营运车辆跨区域、跨部门的信息交换和共享。截至 2013 年上半年，系统已接入 31 个省级平台、1000 余家车辆监控平台和 227 多万辆运营车辆。

系统自 2010 年 4 月 14 日正式开通运行，在上海世博会、广州亚运会和深圳大运会的安保工作中发挥了重要作用，为各级道路运输管理部门加强对车辆的动态管理奠定了基础，提供了手段。

系统的建成应用也推进了道路运输车辆卫星定位动态监管系统系列标准的制定。《JT / T794—2011 道路运输车辆卫星定位系统车载终端技术要求》、《JT / T 796—2011 道路运输车辆卫星定位系统平台技术要求》、《JT / T809—2011 道路运输车辆卫星定位系统平台数据交换》和《JT / T 808—2011 道路运输车辆卫星定位系统终端通信协议及数据格式》四项道路运输车辆卫星定位系统系列标准分别于 2011 年 5 月 28 日和 8

月 1 日正式实施。

为确保标准的贯彻执行，交通运输部、公安部、国家安监总局、工信部联合下发《关于进一步加强道路运输车辆动态监管工作的通知》，明确要求必须为“两客一危”车辆安装符合《道路运输车辆卫星定位系统车载终端技术要求》的车载终端，并接入符合《道路运输车辆卫星定位系统平台技术要求》的监控平台，进入全国重点营运车辆联网联控系统。联网联控系统现已成为国家级车辆安全监管系统。

（撰稿：李斌、李宏海）

2012年公安交通管理智能化发展

一、智能化科技应用发展概况

我国公安交通管理智能化应用发展经历了4个阶段：第一阶段为引入和初探阶段，开始于20世纪70年代末，在此阶段我国引入了交通工程理论，并在北京等地开始了交通信号控制系统的初步研究与开发。第二阶段为试验应用阶段，开始于20世纪80年代，北京、上海等地在交通信号控制系统的基础上，增加了电视监视系统的建设，建成了具备监视、控制和调度功能的指挥中心。第三阶段为应用提升阶段，开始于20世纪90年代我国交通管理科技大发展时期，哈尔滨、长沙、武汉、南京、广州、宁波、大连等一些大中城市，江苏常熟和张家港为代表的经济较发达小城市逐步开始建设城市交通指挥中心，同时部分地区开始进行交通管理业务信息电子化管理。公安部从1998年建设了全国进口车核查系统和全国道路交通事故统计分析系统，各地开始应用闯红灯自动记录系统、超速监测记录设备进行交通违法行为的取证，开始使用公路卡口监控技术进行公路管控。第四阶段为产业形成和大规模应用阶段。从21世纪开始，我国开始大规模应用警务通、事故现场测绘设备等科技执法装备，广泛推广交通仿真模拟、主动安全防护技术、交通隐患排查和交通事故处理技术。

经过几十年的探索实践，我国公安交通管理智能化科技应用发展取得长足进步。一是道路交通管理信息系统框架体系全面建成，交通管理主要业务基本实现信息化。按照公安部“金盾工程”总体部署，全国公安交通管理部门完成了机动车和驾驶人资源库建设，以及机动车登记、驾驶证管理等六大业务系统建设和推广应用工作，主要业务基本实现信息化。截至2012年底，全国各交警总队、支队公安网接入率达100%，大队达99.2%，年均办理机动车业务8100万笔、驾驶证业务9000万笔、交通违法业务2.5亿笔、交通事故处理业务255万笔。公安交通管理信息化工作的深入开展，在统一业务流程、提高工作效率、规范执法、创新社会管理、提升服务水平等方面发挥了重要作用。二是城市交通管控技术得到广泛应用，道路交通管理设施日趋完善。目前全国423个城市实现了交通信号联网控制，路口渠化率达96.1%。城市交通管控技术的广泛应用，有效缓解了城市交通拥堵，改善了道路交通安全状况。三是智能化交通指挥系统快速发展，指挥调度体系基本形成。各地积极开展城市交通指挥系统建设，截至2012年底，全国共有542个城市建成交通指挥中心，243个城市建设了基于地理信息系统的智能化指挥调度平台，初步实现了数字化警务。城市交通指挥系统的应用，提高了警情监测和指挥决策水平，增强了快速反应和处置突发事件能力。四是先进技术在执法领域得到广泛应用，执法装备日益普及。各地强化科技执法装备建设，截至

2012 年底，全国共设置闯红灯自动记录设备 2.7 万台，测速设备 1.7 万台，非现场执法的比例达到 52.8%，配备警务通和执法记录仪分别达到 8.1 万台和 4.3 万台。执法装备的广泛使用，增强了道路交通管控能力和交通违法行为查处能力，提升了交通管理执法的及时性、有效性，提高了执法规范化水平。

二、2012年重点项目建设和应用情况

近年来，公安交通管理智能化科技在交通安全管理、交通管理信息化和路面管控等方面进行了重点应用，公安部会同相关部委组织实施了国家道路交通安全科技行动计划、全国公安交通管理综合应用平台和全国机动车缉查布控系统等重点工程实施，为交通事故预防与处置、机动车 / 驾驶人信息管理、重点车辆管控等提供了智能化科技手段，极大地提高了道路交通管理科学性、有效性和规范性。

（一）国家道路交通安全科技行动计划

国家科技部、公安部、交通部于 2008 年 2 月共同制定了《国家道路交通安全科技行动计划》，其主要目标是组织国内相关行业和部门开展道路交通安全保障关键技术的研究与示范应用，形成一批技术水平高、实践效果好、应用前景广、具有自主知识产权的科研成果，依靠科学技术，增强对道路交通事故的预防、预警、控制和应急救援能力，有效遏制群死群伤特大恶性交通事故。科技行动计划作为“十一五”国家科技支撑计划的实施重点项目，共设 7 个课题（见图 1），主要针对群死群伤、恶性交通事故的危害性和安全保障技术薄弱的实际情况，在交通参与者行为干预技术、车辆安全、运输组织技术、道路基础设施安全保障技术、道路交通管理与安全保障技术等方面开展技术研究和示范工程。

图1　国家道路交通安全科技行动计划设置课题内容

2012年8月，公安部交通管理科学研究所主持完成了课题五、课题六和课题七3个课题、16个专题、83个子专题的研发任务，并于通过国家科技部的项目验收和国家财务部的财务审计验收。该项目共试制36类硬件产品，开发20种软件系统。其中，交通安全宣传教育课题成果15项，为中小学生、幼儿和重点驾驶人等不同群体提供6种互动体验、寓教于乐的新型交通安全宣传教育系统和1套装备，在交通安全宣传教育方法、手段上取得新的突破。区域公路网预警管控课题成果24项，研发了部、省、市三级联动的“区域公路网交通安全应急指挥平台”，创新了公路交通全天候监管与协作机制，对建立“跨部门、跨区域、跨路网”的交通安全应急指挥体系，提升大范围雨雪、冰冻等自然灾害，以及各种突发事件应急处置能力，具有重要意义。执法与事故处置课题成果17项，研制集成了事故现场防护、事故现场快速勘查等5个方面的装备和系统，突破了交通事故现场快速勘查和安全防护的技术瓶颈。课题五在广东中山、江苏无锡、常州等地建设3处大型宣教示范基地，在浙江杭州、湖州等5个地市和广东江门、肇庆等5个地市，面向儿童、青少年、私家车/满分驾驶人等群体建设18处主题宣传教育基地，开展主题宣传教育活动500余场次，示范参与受教人数达1.6万余人，教育基地参与体验、趣味性强的特点，深受学生、社会群众欢迎。课题六公路网安全监测、预警指挥系统的应用，在一些示范路段交通事故起数同比下降71.43%，死亡事故下降了33.7%，大客车违停上下客、车辆倒车逆行等交通事件的发现速度提高了35%以上；课题七现场防护系统和装备，有效提升交通路面执法水平和效率，查处套牌、假牌等涉牌违法行为903起，查扣涉案车辆153辆，抓捕在逃人员13人，应对突发事件134起。

（二）全国公安交通管理综合应用平台

交通管理信息系统建设经过十多年的努力，经历了从无到有、由小到大、从单一到集成的过程，在基础设施建设、业务应用软件开发和推广应用、信息化配套制度建设、人才队伍建设等方面取得了巨大的成绩。目前交通管理信息系统框架体系已全面建成，主要业务工作已基本实现信息化，交通管理业务与信息系统结合愈加紧密，交警执法和服务越来越依赖于信息化的支撑与支持。但是，随着信息系统的深入应用，信息关联共享不够、系统集成度低、数据分布分散、信息安全基础薄弱、信息资源利用不够等一些问题逐渐凸现，阻碍了信息系统的进一步发展。为解决上述问题，公安部交通管理局于2011年初实施了全国公安交通管理综合应用平台建设项目，横向整合各类业务数据，纵向整合各层级资源，建立一个信息共享、业务集成、功能强大、操作简便、能够覆盖各级交通管理部门业务管理和服务工作的综合应用平台，使信息共享更加彻底、资源利用更加高效、执法办案更加规范、服务社会群众更加便捷、管理决策更加科学、信息应用更加安全。

公安交通管理综合应用平台集成了机动车登记、驾驶证管理、交通违法处理、交通事故处理等六大业务系统，融合了机动车、驾驶人、交通违法、交通事故、剧毒品通行证、套牌车协查等交通管理业务信息，建立了交通管理信息传输体系，统一数据传输通道，实现主要业务数据的及时、准确传输，统一了交通管理业务流程。其总体架构如图 2 所示。

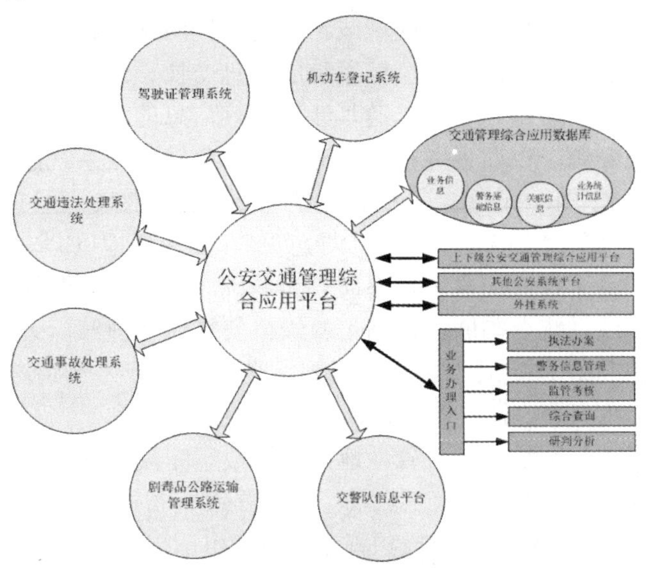

图2　公安交通管理综合应用平台总体架构图

公安交通管理综合应用平台具有以下功能：一是执法办案，包括机动车登记、驾驶证管理、交通违法处理、交通事故处理、剧毒品公路通行等交通管理业务的所有管理功能；二是警务信息管理，包括基础信息管理、台账信息管理和相关单位信息管理功能；三是业务监督考核，包括业务监管、异常业务预警、工作量统计、电子执法档案考核等功能；四是综合信息查询。包括机动车综合信息查询、驾驶人综合信息查询、机动车业务轨迹查询、驾驶人业务轨迹查询、机动车通行轨迹查询、关联资源库查询等；五是研判分析，实现对辖区内交通管理整体安全形势的研判，为各地进一步信息研判、一线民警实战、各级领导决策提供信息支持。

经过近两年的部署和建设，2012 年完成了公安交通管理综合应用平台并在全国 31 个省（区、市）进行了推广应用。目前各地通过公安交通管理综合应用平台办理各类交通管理业务近 2 亿笔，业务办理效率进一步提升，业务数据质量得到全面提高，信息安全体系进一步加固，实现了信息资源全面整合共享。

（三）全国机动车缉查布控系统

2002 年以来，全国公路监控网络发展迅猛，公路交通电子监控系统，包括视频监控、流量检测、事件检测、区间测速、违法取证、交通诱导、气象检测等系统建设速度明显加快。据统计，2012 年全国公安机关已建成高速公路视频监控设备 6505 套、流量检测设备 1991 套、事件检测设备 515 套、区间测速设备 1427 套、违法取证设备 11 288 套、交通诱导设备 1172 套、气象检测设备 165 套，建成省际卡口 486 个，市际卡口 1022 个；在重要国 / 省道上，全国累计建设视频监控设备 13 576 套、违法取证设备 15 324 套，建成省际卡口 821 个、市际卡口 1970 个、县际卡口 4084 个。这些系统的建设应用，提高了对机动车假牌套牌、肇事逃逸等违法行为的精确打击能力。但随着公路监控系统建设数量和应用规模的不断扩大，也暴露出诸多问题，主要表现在：系统建设仍以单点为主，无法形成某一区域或路段的监控网络；各地监控系统建设时间和规格型号不一，无法实现不同厂商监控系统的信息交换；全国尚未形成统一的机动车布控机制，无法实现被盗抢、事故逃逸等涉案车辆信息的迅速发布；部、省总队未能利用各地监控系统资源予以监视并指挥交通管理；各地监控系统建设缺乏规划，存在投资不合理、应用水平低的现象。为解决这些问题，公安部交通管理局于2012年下发了《全国机动车缉查布控系统联网工作指导意见》，要求各地以公安交通管理部门自建的车辆智能监测记录系统（简称卡口系统）为基础，进一步完善缉查布控功能，加强信息资源整合，实现系统全国联网，满足各级公安交通管理部门大范围车辆缉查布控和预警拦截、车辆轨迹和交通流量分析研判、交通违法行为甄别查处等业务应用，为预防和减少道路交通事故、打击违法犯罪工作提供技术支撑。

全国机动车缉查布控系统的部、省、地市三级数据库及其核心软件运行在现有公安网络上，如图3所示。该系统具有三大功能：一是缉查布控功能，主要有布控预警、信息查询、统计分析等功能模块。布控预警包括布控申请、布控审核审批、撤控管理、预警管理、预警参数管理、布控流程配置、未年检、报废车辆布控审核等功能项；信息查询包括布控信息查询、预警信息查询、综合平台布控下载查询等功能项；统计分析包括布控信息统计分析、预警信息统计分析、违法布控车辆信息统计等。二是机动车通行信息管理，主要有卡口管理、实时监控、轨迹查询、统计分析四大功能模块。卡口管理包括卡口备案、卡口审批、卡口信息查询、卡口工作状态监测等；实时监控包括过车实时监控、流量实时监控等；轨迹查询包括机动车轨迹精确、模块查询，机动车轨迹全国查询、日志查询和红名单车辆管理；统计分析包括卡口信息统计分析、查询操作统计等。三是系统管理，这部分主要是系统管理员工作，包括用户管理、系统配置、传输管理、接口管理、设备管理等。

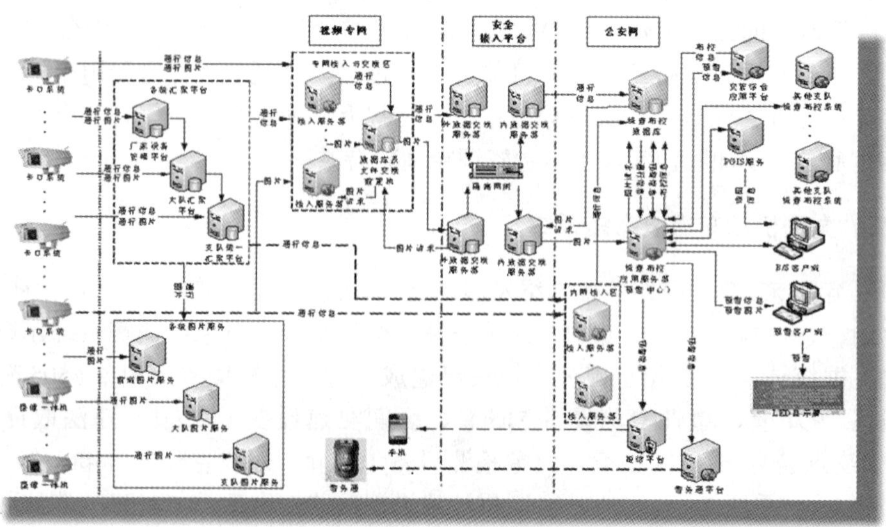

图3 全国机动车缉查布控系统联网架构

经过2012年在江西、湖南、四川三省的全面试点工作，三省共有44个交警支队已安装发布机动车缉查布控系统软件，占三省支队总数的90%；共计接入卡口系统603套，占三省卡口总数的86%。据统计，系统共采集上传机动车通行记录1.8亿条，采集交换各类嫌疑车辆信息2.8万条。各地通过系统共查询分析车辆轨迹7万多次，发布预警信息11万多次。

（四）其他智能化系统

在智能交通指挥集成应用方面，公安部交通管理局从2012年开始加快了《公安交通集成指挥平台通信协议》（共10个部分）和《公安交通集成指挥平台结构和功能》等行业标准的制订步伐，以规范各地在用和在建的城市交通信号控制系统、交通视频监视系统、交通流信息采集系统、交通违法监测记录系统、交通信息发布系统、警用车辆与单警定位系统、交通设施管理系统、交通事件检测系统、机动车缉查布控系统等相关通信协议标准，解决各系统间的共享集成、交互通信、协调联动等问题。2012年底，公安部颁布了公共安全行业标准《公安交通集成指挥平台 第1部分：总则（GA/T1049.1）》和《公安交通集成指挥平台 第2部分：交通信号控制系统通信协议（GA/T1049.2）》，其他系列标准将于2013年完成编制工作。

在移动警务终端应用方面，目前全国约240个地市级以上城市已建成移动警务执法系统，占全国地市级以上城市的70%以上，而路面一线民警配备移动警务终端的比例已超过50%。北京、天津、上海、重庆、辽宁、江苏、浙江、广西等省（市）的路面民警配备率都在90%以上，中南和西北地区配备比率相对较低。在功能方面，各地在用的移动警务系统基本上实现了与公安交通管理综合应用平台，以及人口、在逃人员、盗抢机动车等系统的关联应用，具备了各类网上信息查询、交通违法记录采集处理和上传等核心功能。

在警用地理信息平台建设应用方面，目前全国已有149个地市交警支队与同级公安信通部门建设应用了PGIS警用地理信息平台支撑软件，108个地市交警支队实现了基于地理信息平台的城市交通指挥系统，178个地市交警支队实现了基于地理信息平台系统的警车和警员定位管理系统，警用地理信息平台得到初步应用。

三、未来智能化科技发展展望

未来，公安交通管理智能化科技应用和发展潜力巨大，特别是“十二五”期间将迎来重要发展机遇。公安部交通管理局在发布的《“十二五”道路交通管理科技信息化发展规划》中提出，“要以科学发展观为统领，深入贯彻实施‘科技强警’战略，以需求为导向，以应用为核心，以科技创新和关键技术突破为动力，以信息化为依托，重点突破数据融合和挖掘、事故分析和对策智能生成、预警等关键技术，形成一批具有自主知识产权的成果，大力推进国家道路交通安全科技行动计划成果示范和应用，重点推广交通控制和诱导、指挥集成和调度等重大技术，全面实现道路交通管理业务工作信息化，基本实现城市交通全面管控、主干公路全程监控，跨区域应急处置能力大幅提升，执法和服务能力明显增强，为建设有序、安全、畅通的道路交通环境提供保障”，为道路交通管理智能化科技发展明确了方向。同时，先进科学技术的不断进步，并在实用技术方面取得的进展，原来制约道路交通管理智能化科技发展的瓶颈问题将逐步得到解决。物联网、传感器、云计算、数据融合与挖掘、人工智能决策等先进技术的发展与成熟，将为新一轮公安交通管理智能化应用提供有力的技术支撑。

（一）基于无线射频和传感网络的区域大范围交通信息采集技术

随着各种交通检测器、传感器和感知终端的设置及应用，一个覆盖大范围路网的传感网络将逐步形成。如图 4 所示，基于超高频无线射频 RFID 等新型交通感知技术、高清数字视频技术、移动通信技术等进行交通信息采集，结合信息融合、处理、分析技术，区域大范围路网动态交通信息的实时获取和全信息化将成为可能。

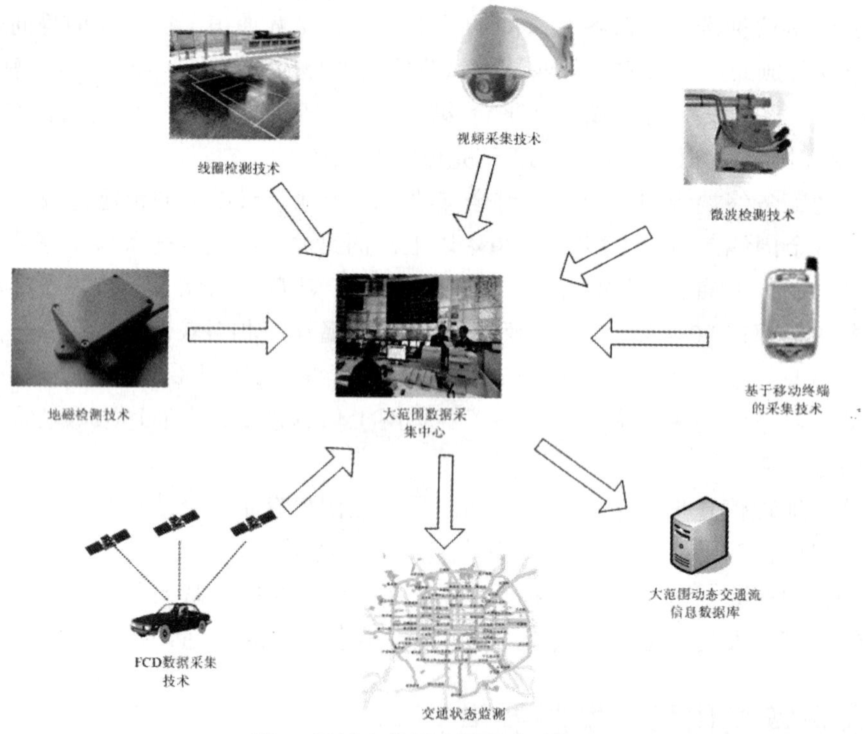

图4　区域大范围交通信息采集

（二）基于“云计算”的海量交通信息处理技术

云计算（Cloud Computing）是分布式处理、并行处理和网格计算的发展，或者说是这些计算机科学概念的商业实现。通过这项技术，用户可以在数秒之内达成处理数以千万计甚至亿计的信息，达到和“超级计算机”同样强大效能的网络服务。未来各种交通相关的信息都将进行采集，信息容量越来越大，对信息处理的实时性和准确性要求也越来越高，传统的基于服务器进行运算处理的技术已经无法满足需求，需要借助网络上的资源进行“云计算”处理，实现交通信息快速实时融合、处理和分析，准确获取交通管理所需的各项交通状况特征数据，如图 5 所示。

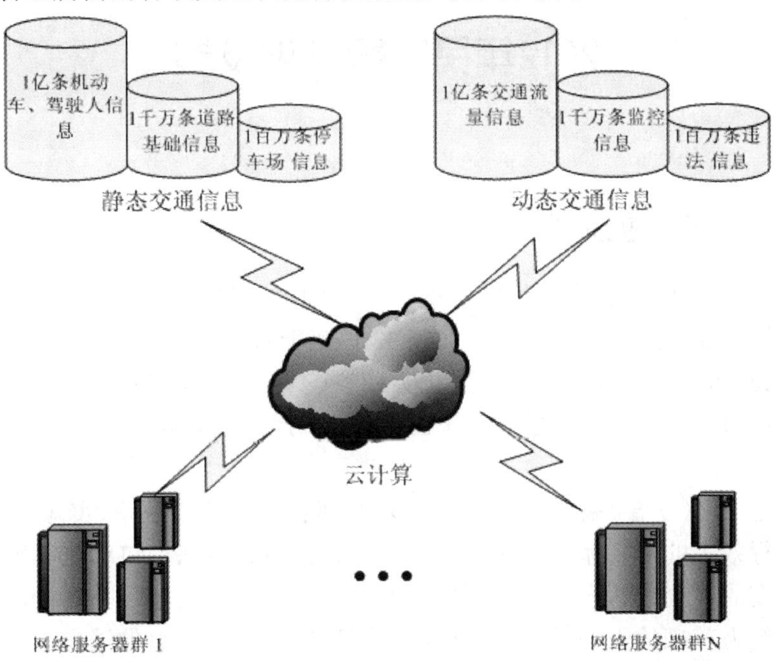

图5　基于云计算的海量交通信息处理

公安交通管理智能化科技应用将在道路交通信息采集、海量交通信息处理和发布技术等方面开展深入研究与应用突破。一是建设交通管理信息服务和发布平台。完成基于互联网和基于手机客户端的交通管理业务信息告知、信息查询、各类业务受理和处理、交通出行信息服务功能。二是推动跨省交通违法处罚和缴款，建设省际交通违法罚缴信息交换平台，实现驾驶人可在全国范围任意地缴纳道路交通违法罚款，方便社会群众。三是建立部、省、地市三级公安交通集成指挥平台，完成机动车缉查布控系统在全国范围的推广工作，集成视频联网、流量监测、态势分析、应急指挥等功能，实现全国范围内机动车轨迹信息的联网共享和可疑机动车的分级布控，提升涉车治安案件的侦破能力。四是建设交通管理信息分析研判平台，筹建基于云服务的公安交通管理数据中心，建立分析研判工作机制，每月定期分析海量数据，编制专项分析研判报告，实现深度分析和规律发现，为政府机关科学管理和决策提供信息服务。

（撰稿：孙正良、刘东波、张雷元）

2012年民航智能化发展

一、空中智能交通技术

2012年，在世界经济不景气的情况下，中国民航继续保持平稳较快增长。截至2012年底，全行业完成运输总周转量610.32亿吨千米，同比增长10.6%；在册适航航空器数量达到3261架；境内颁证运输机场183个。全行业紧紧围绕科学发展的主题和转变发展方式的主线，认真贯彻落实《国务院关于促进民航业发展的若干意见》，保持了健康发展。

空中交通管理（空管）系统是保证飞行安全、维护空中交通秩序、实施空域资源管理、提高航空运行效率的核心系统。采用现代卫星、信息、网络、自动化和智能技术构建的空中智能交通系统是新一代空管系统的发展趋势。通过构建星基系统、现行陆基系统和飞行器等为基础的天空地一体化网络，实现空中交通信息的采集、传输、处理与分发，在飞机、地面用户（空管、机场和航空公司等用户部门）之间形成统一的空中交通态势；采用智能化协同交通管控技术，可以使空中交通流安全、高效流动，保证飞行安全，减少航班延误，提高航空公司的运营效益。

空中交通具有高空、高速等特点，其信息采集、传输与处理也有其自身的特点。与传统地面交通相比，地面交通以交通工具为主，由驾驶员自行控制；在空中交通系统中，飞行员完全受地面管制员的指挥，是一种受控的交通运行。因此，空中与地面的智能交通系统的比较如表1所示。

表1　空中智能交通系统与传统地面智能交通系统对比

	空中智能交通系统	传统智能交通系统
信息采集	导航、监视、气象、飞行计划、情报、航班动态等信息的采集，主要设备包括一次和二次雷达、ADS-B、陆基导航设备、空基导航设备和星基导航设备	交通流信息、交通控制状态信息及实时交通环境信息的采集，主要设备包括环形线圈检测器、雷达检测器、超声波检测器、红外检测器等
信息传输	数据链通信、航空移动卫星通信（AMSS）和航空电信网（ATN）	第二代和第三代移动通信：GSM、CDMA2000、WCDMA、TD-SCDMA、Internet
智能信息处理与管理	空中交通服务（ATS）、空中交通流量管理（ATFM）和空域管理（ASM）	地面交通管制自动化系统、地面交通流量诱导系统、地面交通路网规划

（一）信息采集

空管信息是指与空管安全生产和管理有关的各种信息，主要包括导航信息、监视信息、管制信息、航班信息、飞行计划和动态、气象信息、航行情报和业务管理信息等。

1. 航空导航

地面的车辆导航设备仅仅完成路径引导的作用，功能十分有限，主要还是依靠驾驶员的目视驾驶。而航空导航是空管的核心系统，其设施可分为三种：陆基导航设施、空基导航设施及星基导航设施。基于星基的导航系统将极少依赖地面设施，它不仅会提高飞行的安全性，还将极大地节省投资，缓解我国西部地区机场建设需求迫切及耗资巨大的难题。

与一般卫星导航应用相比，民用航空对卫星导航系统有极其严格的要求，特别是在完好性、连续性和可用性方面。为了满足民用航空应用的需求，必须针对民航的特殊要求研究可用的导航系统、增强系统及其应用系统。

2. 航空监视

地面交通监视基本以交通流监视为主。而空中交通的监视必须具体到单架飞机，因为空中交通中的防相撞职责在地面管制员。雷达是经典的空中交通监视手段。传统的雷达系统自身具有很多局限性：雷达波束的直线传播形成了大量雷达盲区，无法覆盖海洋和荒漠等地区，雷达旋转周期限制了数据更新率的提高，无法获得飞机的计划航路、速度等态势数据，限制了跟踪精度的提高和短期冲突告警的能力。

未来的航空监视系统将形成 ADS-B（Automatic Dependent Surveillance Broadcast，广播式自动相关监视）、MDS（Multistatic Dependent Surveillance，多点监视系统）、TCAS（Traffic Collision Avoidance System，空中防撞系统）、ADS-C（Automatic Dependent Surveillance Contract，自动相关监视一合同式）及雷达等多种监视手段共存的广域多级相关监视系统，通过实现不同协议体系下监视信息的采集和时空统一，实现多元监视信息的融合。在网络化环境下利用分级提取、按需分发与优先级判决实现从机场、终端区、航路、空域到机间的分级监视，分级地向目标系统提供决策支持，使得全国范围、飞行全周期的监视信息更加丰富，目标相关态势更加精确，大大提高全国范围飞行流量动态调配能力和飞机航路优化、综合避险能力。

（二）信息传输

地面交通的车路信息传输特点是短距，以 3G、4G 技术为主。而空中交通的信息传输是远距，以卫星通信、甚高频通信为主，目前主要采用话音和窄带数据链系统。航空导航和监视系统所形成的各种数据都是通过航空通信系统来传输的，航空通信传输的业务还包括飞机飞行动态、空中交通管制指示、气象情报及航空运输业务等信息。

早期的航空通信业务以语音通信为主，可同时通信的航空器数目少、性能差。按照新一代空中交通管理系统对未来运行概念的规划，未来航空通信系统要求带宽更宽、延时更小、可靠性更高。随着数字宽带通信技术的不断发展和成熟，紧密结合航空通信的自身特性，使得研制满足未来空管需求的航空通信系统成为可能。

（三）智能信息处理与交通管控

地面交通的信息处理以获取交通流、交通分布为主，并采用智能诱导手段进行交通流在路网中的分配。而空中交通在宏观上与地面交通的管控概念类似，在微观上则要实现单架飞机的指挥。因此，空中交通的各种飞机预防飞行冲突和排序是智能管控的核心。

信息处理与管理包括空中交通管制和空中交通流量管理两个方面。其中，管制的主要任务是保证飞机飞行安全，避免飞机相撞；流量管理的主要任务是避免空中拥塞，保证空中交通畅通。

未来的交通流量管理是基于空中交通管理运行的概念，利用复杂系统理论、量子计算和生物计算、机器学习理论和算法、生物信息和神经信息处理等智能处理技术，完善和开发出更多更有效的分析、预测等辅助智能决策工具，改进和提高交通流的安全性，促进航空器运营者、流量管理人员和空管人员之间的紧密合作与协调，逐步向新航行系统过渡，最终达到空域的合理高效利用，实现安全、高效的自由飞行。未来空中交通管制系统的目标是实现基于航空器的四维轨迹的空域和航空器轨迹管理。

二、我国空中智能交通技术与典型系统

空中智能交通系统采用现代卫星、信息、网络和自动化技术，将星基系统与现行陆基系统高度集成，集信息采集、传输、处理与管理于一体的信息化系统，为民航飞机的全球运营提供服务。

系统由信息采集（航空导航和监视）、传输（航空通信）、智能处理与管理（空中交通管理）组成，其中航空通信、导航和监视系统是基础设施，空中交通管理是管理体制、配套设施及其引用软件的组合，如图1所示。

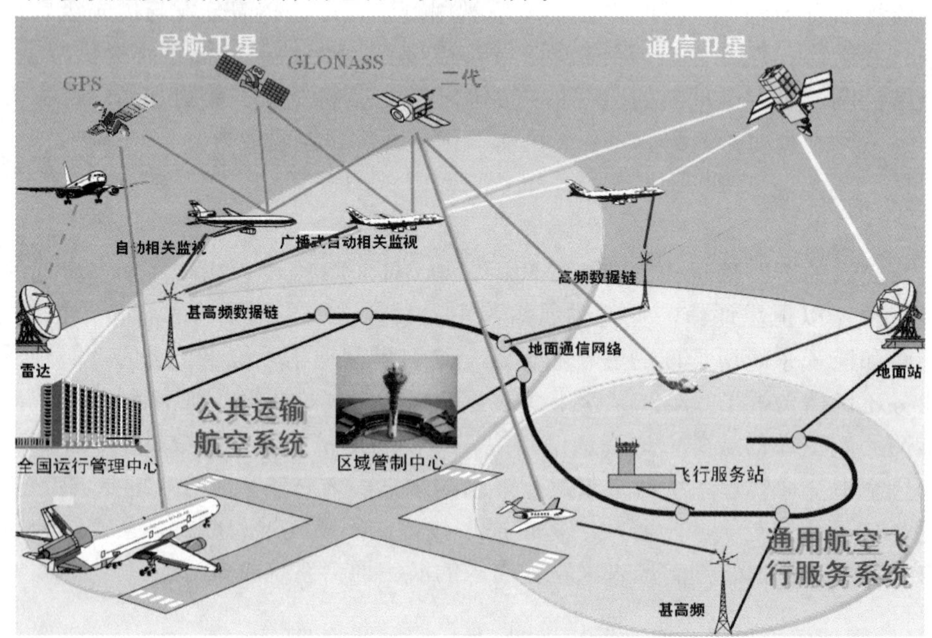

图1　现代空中交通管理系统组成框图

"十二五"期间，在国家科技支撑计划"中国民航协同空管技术综合应用示范"项目支持下，中国民航将针对我国飞行繁忙地区航班高效运行和低空空域通用航空飞行服务保障的两类重大应用需求，从航空导航监视技术、航班运行与通航服务、空管综合验证平台 3 个方面，突破多星座 GNSS 导航与着陆引导、机场综合交通态势监视、航班协同运行控制、通航综合飞行服务、协同空管系统的验证及飞行校验等多项关键技术。

项目的顺利实施将完成民航一体化协同空管技术的研发和系统设备研制，形成一批具有自主知识产权的空地协同式的国产化空管装备和技术标准，并在民航管制空域和低空空域试点分别开展面向公共航空运输系统和面向通用航空协同空管系统的综合示范与测试验证，以此进一步推动民航空管的发展。

（一）信息采集

1. 航空导航

航空导航系统是指航行中确定飞机的位置并引导飞机按预订航线飞行的安全设施。航空导航可分为陆基导航、空基导航和星基导航，如图 2 所示。

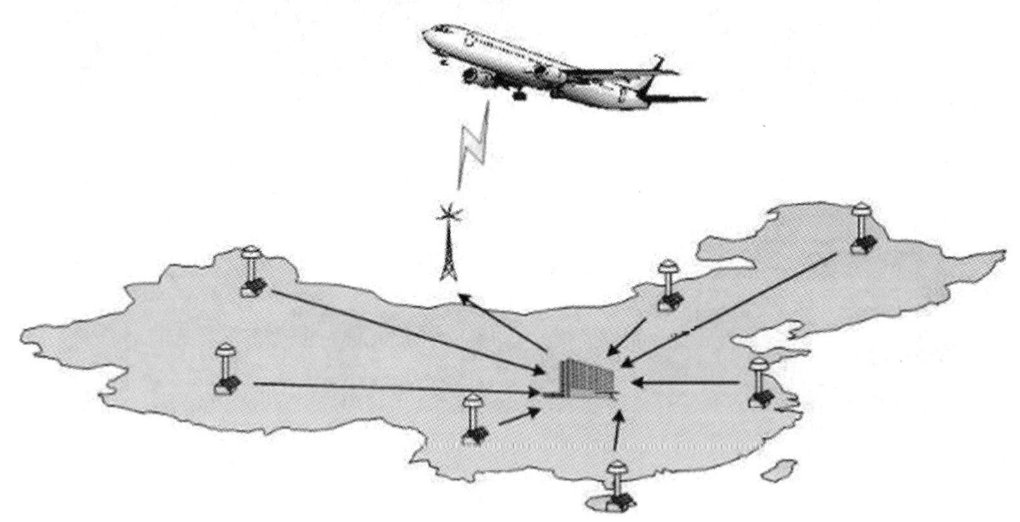

图2　航空GNSS完好性监测系统组成

中国民航将建设并完善陆基导航系统，整合资源，形成完善的、经济的、满足不同需求的导航系统网络。到 2025 年，实现由陆基导航系统向星基导航系统过渡的基于所需导航性能的运行。

我国已开发了航空 GNSS（Global Navigation Satellite System，全球卫星导航系统）完好性监测系统，通过设置在全国的若干个监测站，实时监测全部 GPS（Global Positioning System，全球定位系统）卫星的健康状况，各监测站将监测信息送到主控站，经过综合处理形成 GPS 卫星完好性信息，再通过地空通信网络送到机载 GPS 接收机。系统完好性信息通过民航内网进行发布，目前已应用于成都—九寨和成都—拉萨航路。

2. 航空监视

监视系统即对空中交通活动信息的准确掌握，是空中交通系统安全保障的重要手段之一。现代空中交通系统中的监视系统主要包括 A/C 模式或 S 模式的二次监视雷达、自动相关监视、ADS-B，如图 3 所示。

中国民航计划在未来的 4 个五年内，在进一步完善雷达建设的同时，通过积极试验，建设 ADS-B 和 MDS，逐步推广 ADS-B 和 MDS 应用，尽早实现基于无线电测距技术的传统主动式监视系统和基于机载通信导航设施的协同式监视系统共同提供综合监视服务的目标。

目前我国自主研制的广播式自动监视（ADS-B）系统系列产品已经在成都、九寨区域进行应用试验和测试评估，搭建了符合新一代空管系统建设发展需要的 ADS-B 应用验证体系。

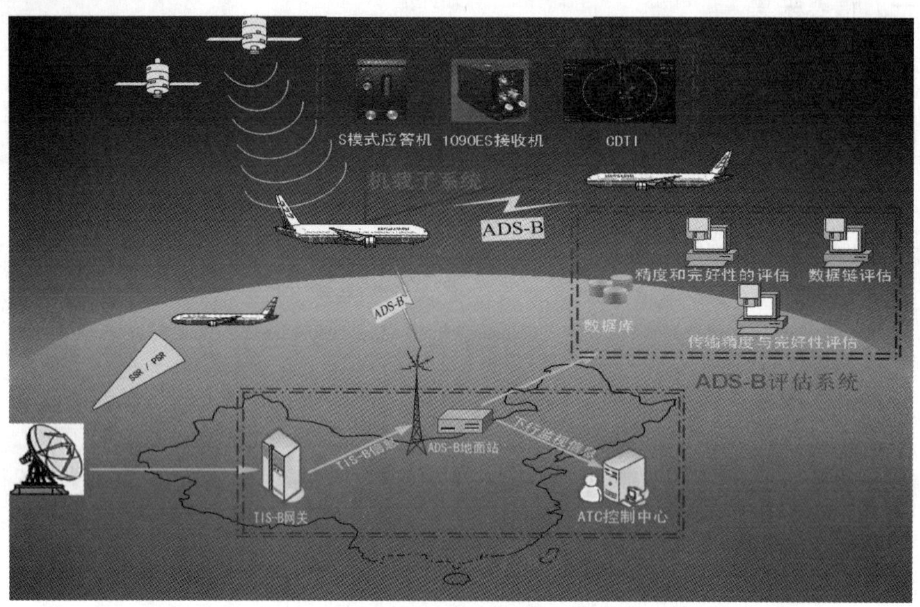

图3　ADS-B系统框图

（二）信息传输

在空管系统中，航空导航和监视系统所形成的各种数据都是通过通信系统来传输的。通信系统主要涉及数据链通信、航空移动卫星通信（AMSS）和航空电信网（ATN）。

在我国现代空中交通管理系统中，通信系统的发展目标为整合地面通信网络和地空数据通信网络，建成地空一体化、数字化、综合化和智能化的新一代民航专用通信网络。

中国民航的 ACARS（Aircraft Communication Addressing and Reporting System，飞机通信寻址与报告系统）包括 170 多个不同地点的地面站，这些地面站都互联到民航数据通信公司（ADCC）的数据链网控中心，如图 4 所示。目前我国民航正在积极地验证应用 VDLM2（甚高频数据链模式 2）数据链技术，以期将来替换 ACARS 数据链系统。

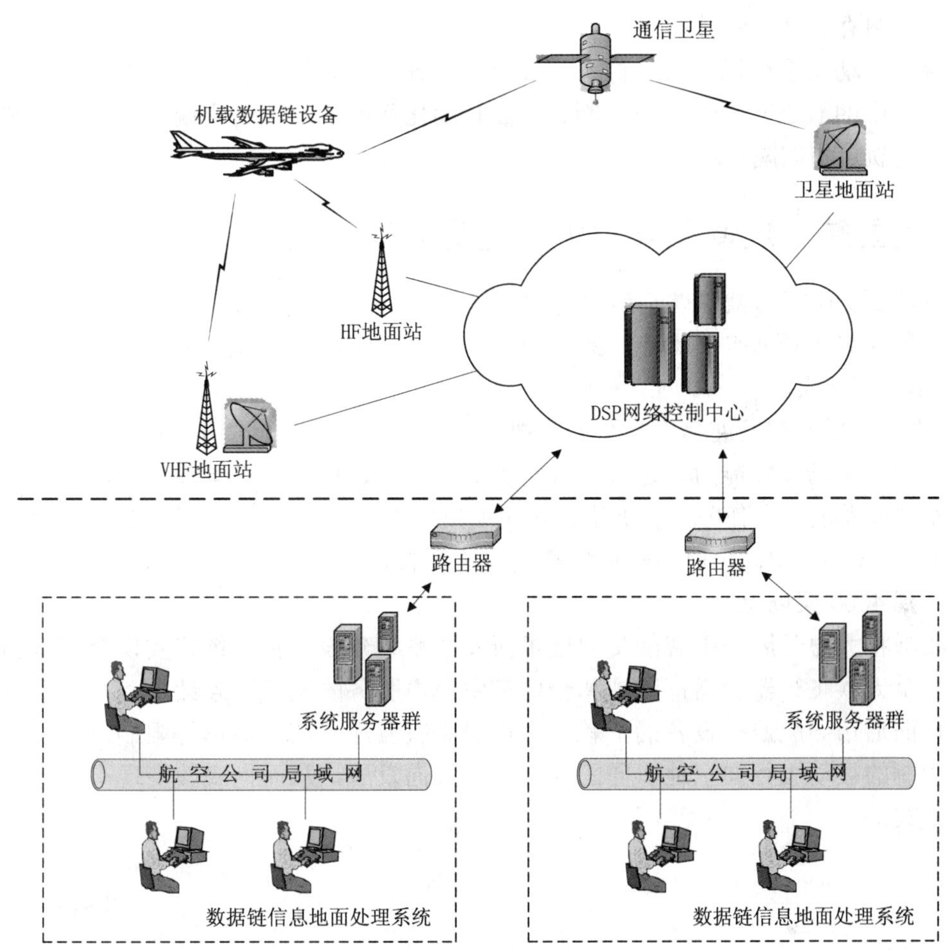

图4　ACARS系统组成框图

（三）智能信息处理与交通管控

空中交通管理是以通信、导航和监视系统为基础的新航行系统的高级应用，也是新航行系统的实施目标。空中交通管理主要包括ASM（Air Space Management，空域管理）、ATS（Air Traffic Management，空中交通服务）和ATFM（Air Traffic Flow Management，流量管理）。

新航行系统技术促进了新的空管运行模式的产生，空地协同的空管系统正得到迅速发展。空地协同的空管系统将面向“自由飞行”，支持四维航迹运行、复杂空域内高密度飞行，同时朝着绿色环保化的方向发展。中国民航也在推行协同空管系统的运行。协同管制包括以下两个方面的内容。

1. 空中交通流量管理

在网络化的空中交通管理系统中，针对独立空域单元实施的流量管理必然会对整个网络中的其他元素产生影响。因此，只有大范围、多用户的协同流量管理才能最终实现整个空域系统平稳运行，保证各个空域用户需求的均衡。

2. 管制自动化系统

管制自动化系统以解决飞机飞行冲突、保证飞机之间安全间隔为主要任务，实现空管运行中的航迹间隔管理与控制。管制自动化系统的目标是实现基于四维航迹 4DT 的航空器轨迹与间隔管理。

三、我国航空运输业与空中智能交通发展趋势

预计到 2015 年，我国航空运输总周转量将比 2010 年提高近一倍。“十二五”期间，全国空管系统要确保年均增长 13% 的保障能力发展速度，2015 年实现安全保障起降飞行 1143 万架次。

《中国民用航空发展第十二个五年规划》提出了民航“十二五”期间提高持续安全水平、增强机场保障能力、建设现代空管服务系统、提升航空运输服务能力、加快通用航空事业发展五大任务，强调了促进民航发展方式转变及规划保障措施的具体要求。预计到 2015 年，中国民航运输机场数量将达到 230 个以上，运输飞机包括通用航空飞机将达到 4000 架以上。

我国将大力开展空中智能交通技术研发和系统建设。新系统将实现全球范围、全天时、全天候飞行器的指挥监视和全球空中交通服务的无缝隙连续覆盖。新系统将突破对地面通信导航监视设备的依赖，它可以克服海洋、高山地形等限制，使飞行从受地面管制的被动飞行向空地协同的主动飞行方向发展，从而彻底改变现有的空中交通管理方式。

（撰稿：吕小平）

2012年公共交通运营智能化发展

一、总体进展

2012 年，我国各级政府部门持续在城市公共交通领域加大了政策、资金的投入，以高等院校、公交相关企业为代表的科研机构（单位）也为智能公交的技术发展与应用提供了强有力的支撑。在国家宏观层面，一系列智能公交发展密切相关的规范颁布、政策法规出台，以及多项国家重点、重大科研项目的立项支持，为我国公共交通系统的快速、优先、智能化发展营造了良好的外部环境。

在智能公交的政策法规颁布与落实方面，2011 年底交通运输部《关于开展国家公交都市建设示范工程有关事项的通知》（交运发［2011］635 号），明确我国将开展“公交都市”建设示范工程，大力推进城市公共交通发展方式转变，加快建立以公共交通为导向的城市发展模式，促进城市发展与城市交通的良性互动，缓解城市交通拥堵，并为全国其他城市公共交通发展积累经验。2012 年，深圳、重庆、南京、济南、武汉、长沙等 15 个城市入选国家“公交都市”建设首批试点城市，以智能信号控制、智能调度、智能监控、智能信息发布为核心内容的智能公交服务网络与体系建设，成为落实“公交都市”政策、实现“公交优先”发展的重要举措，标志着以公共交通引领城市发展的理念将逐步成为我国城市未来发展的趋势。

2012 年 7 月，国务院印发了《“十二五”综合交通运输体系规划》（国发[2012]18 号），提出提高交通运输信息化、智能化水平的要求。《体系规划》中指出强化城市公共交通是城市交通的方向所在，提出了加快智能交通建设、合理引导交通需求、提升城市综合交通承载力的目标。同月，交通运输部发布《交通运输行业智能交通发展战略（2012—2020 年）》，为智能交通的建设和发展提出了明确的目标和任务。《发展战略》中特别提出，要推广应用公交智能化调度管理系统、公交信号优先系统和专用道运行监管系统，实现车辆监控和运力高效配置，提高公交运行效率；加快建设覆盖城乡的公交信息多媒介发布网络，以及建设覆盖车辆、车内、重要站点、公交枢纽的城市公交网运行状态检测与预警系统等在内的推进智能化公交管理与服务体系的建设举措。

2012 年 12 月，国务院发布《国务院关于城市优先发展公共交通的指导意见》（国发［2012］64 号），是建国以来最重要的公共交通行业发展的纲领性政策文件。《指导意见》中明确了对智能公交发展的若干鼓励政策，提出了“十二五”期间，我国将推进信息技术在城市公共交通运营管理、服务监管和行业管理等方面的应用，重点建设公众出行信息服务系统、车辆运营调度管理系统、安全监控系统和应急处置系统，并进一步完善城市公共交通移动支付体系建设，逐步实现跨市域公共交通“一卡通”的互连互通。

另一方面，与智能公交建设息息相关的科技与新技术成果转化则成为2012年度推动智能公交发展与技术创新的实质性内在源动力。目前正在开展中的国家级科研项目包括国家高技术研究发展计划（863计划）项目《交通状态感知与城市干线公交通行保障》，国家重点基础研究发展计划（973计划）课题《公交主导型多方式交通网络的协同机理与耦合理论》，国家自然科学基金《面向服务可靠性的常规公交运营协同控制与智能化决策方法》、《城市公交线路系统中的聚集行为分析及协同控制策略研究》等，研究范围覆盖了公交企业调度产品优化、公交智能化绿波通行技术、智能化公交运行信息发布、公交服务安全保障和服务水平提升等多个方面，形成的研究成果将为缓解我国大中城市交通拥堵、进一步提升公交系统的吸引力和承载力、居民出行效率、公交网络利用效率提供技术支持。此外，随着近年来大力发展的“智慧城市”物联网技术与“无线城市”无线通信技术的推广，包括北京、上海、广东、江苏、浙江等在内的多地均已开始提供智能化手机报站、公交车辆信息查询等智能化公交服务，实现了乘客、车辆、场站设施和道路交通之间的信息互动。

二、主要成就

（一）技术突破

1. 地面公交运行信息感知技术

地面公交运行信息感知技术基于居民出行调查数据、公交IC卡（Integrated Circuit Card，集成电路卡）数据、车载定位设备及道路交通管理控制设施自动采集的数据，进行挖掘、分析、建模与应用软件系统开发，具有实用性强、技术可靠性高的特点。其中，基于小票调查法和IC卡数据获得其持有乘客的上下车站点的快速公交站点OD推算方法，能够大大提高公交运行过程中实时客流信息感知的效率。基于公交IC卡数据和AVL（Automatic Vehicle Location，自动车辆定位）数据的公交信息融合分析系统，能够动态感知公交客流分布，如图1所示。

该技术突破了现有公交运行信息感知技术瓶颈，大大降低了公交智能信息中异常数据的扰动，为地面公交运行组织提供了信息保障，可有效提升地面公交组织与控制效率。

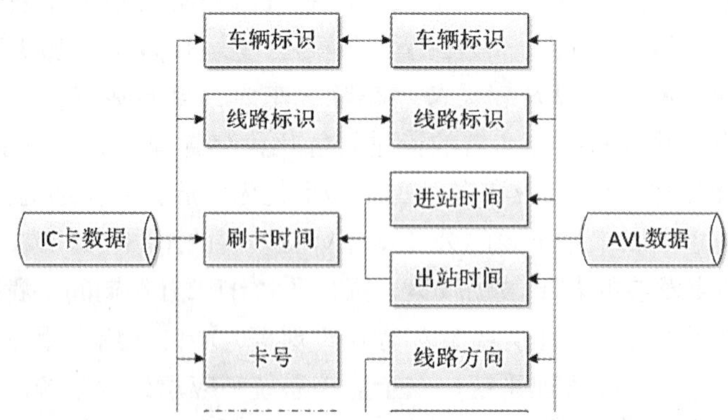

图1　公交IC卡数据和AVL数据的公交信息融合分析

2. 公交主导型交通系统控制技术

该技术提出了公交车辆、社会车辆、行人过街的协同控制方法，实现了公交主干线绿波通行控制的技术突破，主要包括以下两个方面：

（1）公交线路—停靠站—路口协同控制技术

对于设停靠站的信号交叉口，建立了并行递推最小二乘预测算法，同步预测公交车辆进站时刻、公交车辆停靠时长及交叉口社会车辆通行需求等动态信息。基于动态博弈理论，提出了公交线路—停靠站—路口协同控制优化方法，实现了公交车辆在交叉口利用红灯时间上下乘客、绿灯时刻通行，上下的乘客利用红灯的时间进出车站。该技术的突破可大幅度减少公交车辆在停靠站和交叉口的总延误。

（2）地面公交绿波通行控制技术

对于无停靠站的信号交叉口利用公交通行动态感知技术，提出了基于马尔科夫链的公交车辆行驶时间预测方法，建立了多目标、多规则的地面公交绿波通行优化方法，实现了无停靠站交叉口信号控制方案的自适应和公交车辆调度方案的自校正，确保公交车辆在交叉口处的绿波通行。对于设行人过街信号灯的路段，根据行人过街行为的在线估计，提出了行人过街信号鲁棒控制算法，实现了路段中公交车辆的绿波通行，减少了冲突，提高了公交车辆绿波通行的稳定性。

3. 公交主导型交通系统诱导技术

在地面公交运行控制系统中，通过精细化的交通诱导手段服务公交乘客和公交车辆，主要包括面向公交乘客出行的诱导技术与面向公交快速通行的诱导技术。

（1）公交乘客出行诱导技术

基于交通感知技术对实际道路网络的交通流信息进行检测与采集，应用数据融合技术对多源异构交通流信息数据进行处理与分析，并与交通信号控制系统、交通事件检测系统进行交互式联动，通过道路交通信息显示屏及出行信息发布终端进行公交出行信息的发布，为公交出行者提供出行信息诱导，辅助出行者合理选择公交出行时间和线路组合方式，也可为出行者提供出行途中的实时公交信息诱导支持。

该技术一方面通过对历史数据的分析，为出行者提供各种出行路径拥堵情况及旅行时间的估计，以辅助出行者优化出行计划，诱导出行者选择公交出行；另一方面，根据出行者自身出行的实际需要建立活动安排，通过结合当天的活动地点限制条件与时间约束条件，搜索能够满足出行者活动需要的最优活动地点及最优公交出行路径，并利用 GIS（Geographic Information System，地理信息系统）作为技术平台，实现对公交乘客出行的实时诱导。一种无线公交手机查询乘车诱导系统工作模式如图 2 所示。

（2）公交快速通行诱导技术

公交快速通行诱导技术是基于交通状态感知和数据融合技术，提出的公交车行驶诱导和调度的一体化方法。一方面，根据环形线圈车辆检测器获得的公交车辆到达信息，实时优化信号相位时长，应用信息显示牌对驾驶员进行公交优先信号的提示，以实现对公交车辆快速通行的诱导；另一方面，基于交通事件自动检测及其影响分析，以 GIS 为发布手段，实现意外事件下的实时公交优先诱导。

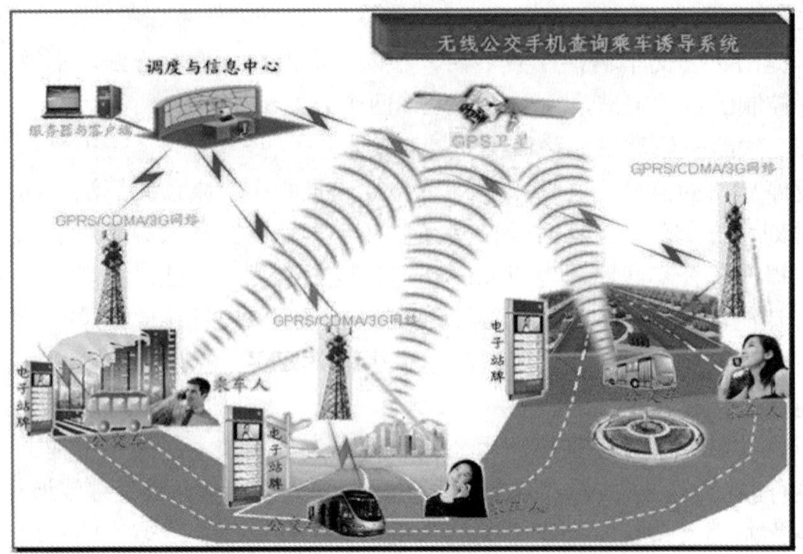

图2　无线公交手机查询乘车诱导系统示意图

该技术可准确把握公交行驶路段的交通流特征，提高公交快速通行诱导的可靠性，减少公交车在交叉口的停车次数和延误，提高到站准点率，缩短全程行驶时间，整体提升公交系统通行效率。

（二）工程示范

智能公交运营技术已经在江苏、广东、浙江等 9 个省（区）的常州、南京、武汉、深圳等 21 个城市进行了初步推广应用，提升了城市公交系统的现代化水平和服务能力，起到了有效缓解城市道路交通拥堵、实现交通节能减碳的作用。

公交系统智能信息服务方面，武汉、深圳、宁波、无锡等多个城市已建成智能公交系统平台并进行了示范运营，不仅能够实现公交车辆的智能化调度，同时亦能提供面向计算机、智能手机等多种终端的公交动态出行信息查询服务。该智能公交系统平台在城市中的示范推广，极大地提高了公交车辆的准点率，优化了公交车辆调度系统，方便了城市居民的公交出行，获得了显著的社会效益和经济效益。

（三）行业协同

2012 年，由东南大学牵头，联合国内一流高等院校、行业重点科研院所及国内骨干企业，共同成立了现代城市交通技术协同创新中心。公共交通信息的智能处理与协同控制技术将作为协同创新中心的重点研发领域。初步形成了智能公交系统的资源与数据库共享平台，由首席科学家负责，行业院所和工业界人员共同参与。

智能公共交通领域的行业协同，将形成以公交主导型城市交通系统整体效能提升技术为核心的城市交通系统资源配置、管理控制、信息服务、综合应用的集成化理论与技术体系，形成我国城市交通行业产业共性技术的世界一流研发基地，集聚和培养一批拔尖创新人才，在城市公共交通系统集成分析软件、智能化交通控制系统等方向上取得一批重大标志性成果。

（撰稿：王炜、陆建）

城市轨道交通智能化发展

一、城市轨道交通智能运输系统构成

城市轨道交通智能运输系统是指集成了先进的信息处理技术、通信技术、控制与系统技术、计算智能与决策支持技术等，以实现状态感知、信息无缝传输、智能处理和共享为基础，通过高效利用与城市轨道交通相关的所有移动、固定、空间、时间和人力资源，以较低的成本达到提高交通效率、保障安全、提高服务质量和改善环境影响目的的新一代城市轨道交通运输系统。其典型的特征是安全、高效、绿色、舒适和可持续。

城市轨道交通智能运输系统的构成是一个典型的分层结构，自下而上分为感知层、通信层、融合层、实现层、服务层，如图 1 所示，各层次相互联系，提供全部轨道交通智能运输系统用户服务所必需具备的功能，以及实现这些功能的子系统、各子系统之间及其与外部环境之间的接口和信息流。

感知层利用先进的传感技术和设备实时采集和存储移动装备、固定设施以及外部环境中的各种信息。通信层通过大容量通信等技术将感知层所采集到的信息在车上、车地和地面间进行传输，为融合层提供数据资源。融合层集合了分布式并行计算、数据融合及数据可视化等功能，可将通信层传输来的数据进行有效融合、处理和显示，为其上实现层的管理及决策提供支持。实现层与业务组织和管理功能相对应，利用融合层提供的系统信息，实现通信信号、调度指挥、综合监控、运营管理等各个系统的作用，进而对服务层提供支持。服务层的主要功能在于根据用户需求，综合考虑当前轨道交通运营管理实际情况，提供相应的客运服务。

由图 1 可见，在轨道交通智能运输系统体系中层与层之间具有高层对低层提出需求、低层为高层提供支持的关系。此层次化的轨道交通智能运输系统体系框架可有效降低复杂轨道交通系统中各个子系统的耦合性，各层可分别吸收与之相关的先进技术，提升该层性能。同时，在层次化体系结构中各层次间的接口相对固定，便于整体系统的优化和升级。基于各层之间的动态交互，可对感知层、通信层、融合层及实现层进行控制和优化，使得系统提供的服务不断逼近用户提出的需求。

如图 1 所示，该体系框架中从低层到高层分别对应了不同水平的轨道交通运输系统。较低的 3 层可实现轨道交通所有资源及其运行环境时空变化的数字化，此水平的轨道交通系统称为“数字轨道交通”。在数字轨道交通的基础上，实现层的铁路各业务流程和各类资源的协调优化功能后，对应的轨道交通系统称为“智能轨道交通”。通过对智能轨道交通的不断控制与优化，将各资源按需配置，最终全面实现服务层的各功能，即为轨道交通智能运输系统。

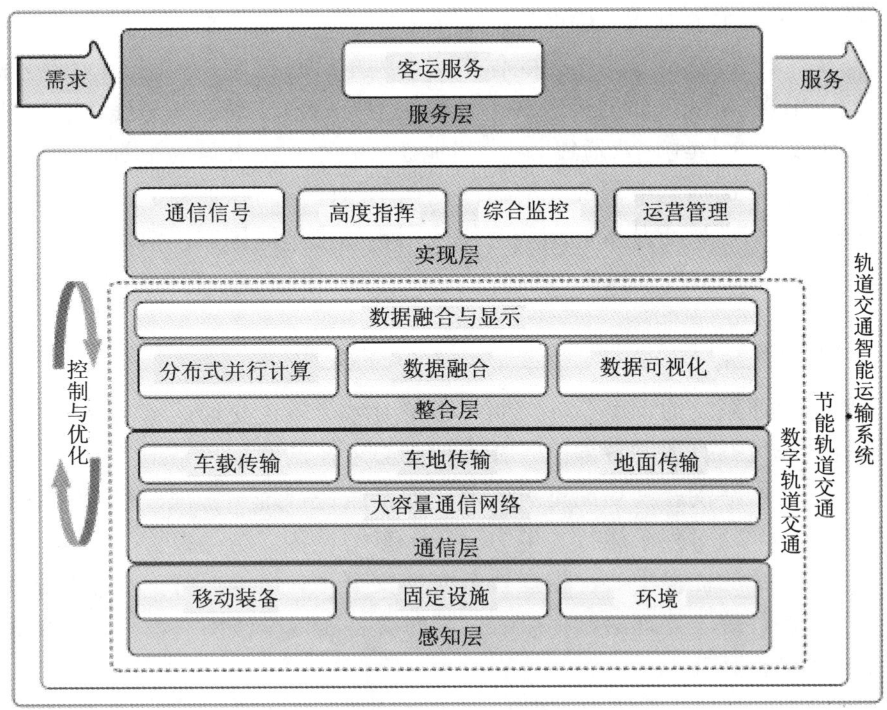

图1　城市轨道交通智能运输系统体系框架

二、城市轨道交通智能运输系统的发展现状

（一）通信信号

通信系统是保障城市轨道交通安全、稳定、高效、舒适运营的基本设施，可满足城市轨道交通语音、数据和图像等综合业务通信的需要。一般由传输网络、公务电话、专用电话、广播、无线通信、时钟、电源及接地等子系统组成，构成传送语音、数据和图像等各种信息的综合业务通信网。信号系统是保证城市轨道交通行车安全的技术和设备。城市轨道交通信号系统通常由列车自动控制系统（简称 ATC）组成，ATC 系统包括 4 个子系统：列车自动监控系统（ATS）、列车自动防护子系统（ATP）、列车自动运行系统（ATO）、计算机连锁系统（CI）。子系统通过信息交换网络构成闭环系统，实现地面控制与车上控制结合、现地控制与中央控制结合，构成一个以安全设备为基础，集行车指挥、运行调整及列车驾驶自动化等功能于一体的列车自动控制系统。

目前城市轨道交通的无线通信系统分为专用无线通信系统和公共无线通信系统。专用无线通信系统包含无线调度通信系统、列控信息车—地无线传送系统、移动电视系统、公安无线、消防无线应急系统、导乘信息及视频监控车—地无线传输等。无线调度通信系统广泛使用的是 TETRA 数字集群系统，随着城市轨道交通的快速发展，越来越多的应用对无线通信系统提出了更高的要求，目前基于通信的列车控制（CBTC）系统代表着世界城市轨道交通信号控制技术的发展方向和趋势，成为我国城市轨道交通信号系统的未来主流制式。CBTC 系统是用无线通信媒体来实现列车和地面设备的双向通信，用以代替轨道电路作为媒体来实现列车运行控制。中国大陆部分城市轨道交通使用了 CBTC 系统，如武汉地铁 1 号线、上海轨道交通的 8 号线、北京地铁（除 1 号线、5 号线、13 号线、八通线）、广州地铁（除 1、2、8 号线）等。其中，北京地铁亦庄线的顺利开通标志中国成为继德国西门子、法国阿尔斯通、加拿大庞巴迪后第四个成功掌握 CBTC 核心技术并顺利开通应用实际工程的国家，实现了全生命周期性价比最高的目标，比引进系统低 20% 左右。

（二）调度指挥

城市轨道交通系统的调度指挥控制中心是对城市轨道交通运营实行集中管理的所在地，凡与列车运行有关的各部门、各工种都必须在调度指挥系统的统一组织指挥下进行日常运输生产活动。其功能是对轨道交通全线进行统一管理、指挥，是轨道交通运营管理的中枢，是对列车运行、电力供应、车站设备、防火报警、票务管理等方面实行统一调度指挥的监控中心，指挥轨道交通安全、有序地运行，在非常情况下，也是对突发事件进行统一处理的指挥中心，同时又是实现全线所有信息交换的枢纽、集散地及对外联络的窗口。

目前我国的调度指挥系统主要有 TCC（Traffic Control Center）系统和 OCC（Operating Control Center）系统两种。OCC 是一线一中心的管理模式，目前除北京外的国内其他城市主要由 OCC 担任城市轨道交通的列车调度指挥工作，即一条轨道交通线路由一个调度指挥中心控制，线路间的调度指挥互不影响，如广州、成都、南京、沈阳等城市轨道交通均采用这种基本的轨道交通指挥控制中心。鉴于北京市轨道交通线网密集程度高、乘客出行人数众多等因素，构建实现应对多条线路、多运营主体的调度指挥系统十分必要，故“多线一中心”的 TCC 控制模式应运而生，即在一条轨道交通线路由一个调度指挥中心控制的基础上，设有控制全网的指挥中心，对全网的轨道交通线路进行全局性调度指挥。

目前在国家科技支撑计划项目的支持下，北京城轨路网指挥中心和北京交通大学等单位联合研制了面向城轨路网运输组织与安全保障一体化的决策支持系统，实现了客流预测分析、运输能力计算与运力资源配置评估、网络化列车运行计划协同编制、运输组织仿真评估、运营安全综合监控预警、路网突发事件应急处置等功能，并基于北京城轨路网指挥中心信息化工程建设了面向整个北京城轨路网的运营指挥数据中心、客流预测分析平台、运营评估仿真平台、运营统计分析平台、路网应急处置平台等现场示范工程，为成网条件下城市轨道交通运输组织提供强有力的决策支持。

（三）综合监控

综合监控系统是以现代计算机技术、网络技术、自动化技术和信息技术为基础的大型计算机集成系统。系统集成和互连了多个地铁自动化专业子系统，主要集成环境与设备监控系统、电力监控系统、火灾自动报警系统、并与其他子系统互连。在集成平台支持下对各专业进行统一监控，实现各专业系统的信息共享及系统之间的联动控制功能，为实现城市轨道交通运营安全保障及应急管理提供信息化基础。

目前综合监控越来越重视全方位的实时监控预警及主动安全预防。在国家“863”计划课题的支持下，广州地铁与北京交通大学等单位成功研制了国内首台套城轨列车运行状态全息化检测、在途预警与应急系统装备，突破了轨道交通列车状态全息化实时获取与在途预警的技术障碍，形成了轨道交通列车运行状态获取传感网优化、多模信号检测与评估、基于数据融合的嵌入式故障诊断、运营安全综合监控 CMS-T、列车关键设备状态评估与在途预警，以及应急联动处置核心技术。研发并部署应用了由列车走行系实时检测和故障诊断预警、信号系统状态监视故障智能诊断、新一代牵引系统故障智能诊断、支持数据融合与模式识别的车载传感网络和车地高速无线数据可信传输五大车载子系统和车辆关键设备评估维修预警、车辆运营维修调度支持、轨道交通车辆状态监控、轨道交通车辆运营应急联动处置四大地面协同运营应用子系统组成的城轨列车关键设备状态监控预警与应急联动综合系统，实现了对轨道运营车辆运行安全状态的全面感知和服役状态评估，并为轨道机车车辆的状态修奠定了坚实的基础。目前此装置已成功安装在广州地铁运营车辆上，近期将推广到 15 列运营车辆上，将为保障城市轨道交通运营安全做出突出贡献。

（四）运营管理

城市轨道交通运营管理模式从所有权与经营权的关系上来看，可以分为国有国营模式（如北京轨道交通地铁）、公私合营模式（如香港地铁）、国有民营模式和民有民营模式等；从轨道交通对投融资、建设、运营及监管的管理方式来看，运营管理模式又可分为一体化和专业化两种。一体化是集城市轨道交通投融资、建设、运营、沿线商业开发统一运作的公司制模式，如香港地铁公司、广州地铁公司。专业化是把城市轨道交通的投融资、建设、运营、沿线商业开发分别由专业化的公司来承担，各公司之间可以是以资产为纽带的企业集团形式，也可以是完全相互独立的市场化契约关系，如上海轨道交通。

我国现行的城市轨道交通运营管理系统主要由行车组织管理、站务组织管理、设备资产管理等几部分组成。目前行车组织管理主要实现了行车相关人员、物资、作业规范等信息内容的管理；站务组织管理实现了车站客运组织作业相关的人员、设备、作业规范等信息的管理；设备资产管理实现了轨道交通所有设备资产的履历台账、使用维修及成本核算等信息的管理。这些系统为城市轨道交通正常运营所必需的人、财、物及其基本作业规范提供了信息支撑。

（五）客运服务

客运服务方面主要有自动售检票系统、乘客资讯系统。

自动售检票系统（AFC）采用全封闭的运行方式，以及计程、计时的收费模式。以非接触式 IC 卡等作为车票介质，通过高度安全、可靠、保密性能良好的自动售检票计算机网络系统，完成地铁/轻轨运营中的售票、检票、计费、收费、统计等票务运营的全过程、多任务自动化管理。目前包括轨道交通清分中心层、线路中央计算机系统层、车站计算机系统层、车站终端设备层、车票层5层架构的AFC系统是目前国内各城市的主流设计方案，在北京、广州、上海等城市轨道交通中广泛应用。

乘客资讯系统在正常情况下可提供列车时间信息、政府公告、出行参考、媒体资讯、广告等实时多媒体信息；在火灾及阻塞、恐怖袭击等情况下，提供动态紧急疏散指示，充分提高地铁或轻轨运营总体服务水平和质量。目前，各城市轨道交通所采用的乘客资讯系统在信息传播及安全保障方面有突破性的改进：可以为乘客提供全程乘车指引及咨询服务；可在列车上进行实时的信息传递及电视直播，列车行驶在隧道中地铁控制中心也能为乘客实时输送信息；在延误或突发事件中，乘客可以通过液晶显示屏了解实时信息并据此做出反应。此外，紧急信息及运营信息的发布更及时、精确，到站、换乘等列车资讯将更加明显。乘客下车还能通过屏幕了解周边设施的方位及方向信息。

三、发展趋势

（一）数字轨道交通

数字轨道交通是对轨道交通信息化的发展。数字轨道交通的建设目标一方面是实现轨道交通各业务系统的数字化和信息化，规范轨道交通基础信息和动态业务信息共享交换方式；另一方面是建立轨道交通地理信息平台为核心的轨道交通化服务与共享体系，最终实现轨道交通各系统间的系统充分共享，全面提高轨道交通资源综合利用效率和展示服务水平。

（二）系统整合、资源共享和系统架构的集中化

目前轨道交通信息系统众多，存在资源重复、信息无法共享、各城市信息系统建设不规范等弊端，下一步将修订和完善城市轨道交通信息化总体规划，进行顶层设计，核心是要整合信息系统，构建面向专业的大系统；规范基础信息及编码，建设信息共享平台；建立逐步趋于集中的信息系统架构，建设双活大数据中心，实现灾难备份。

（三）主动安全保障

随着城市轨道交通的快速发展，传统的被动式安全保障已无法支撑轨道交通的安全运营和可持续发展，实施主动安全保障的先进技术和系统已成为轨道交通健康发展的前提及必要条件。长期的安全运营经验和深痛的事故教训，使行业内形成了共识，提出了运营控制系统的自主可控、基础设施安全隐患识别、移动装备安全保障提升三大核心问题。三大核心问题急需解决，三大问题的逐步解决，既可满足我国轨道交通高速度、高密度、高安全快速发展之急需，又可在工程实践总体世界领先的基础上实现安全保障技术的世界领先。

（四）运力资源全生命周期管理

轨道交通固定设施、移动装备等运力资源的全生命周期管理是运力资源维护管理、降低运营成本、提高轨道交通竞争力的核心，建立静动态履历台账信息、重要故障及状态维修信息、寿命预测与维修优化决策支持信息系统，实现轨道交通所有资源的实时跟踪，支持维修维护的实时状态化、精细化和智能化。

（撰稿：秦勇、梁平、刘光武）

2012年现代物流信息化发展

一、前言

物流信息技术已经渗透到物流过程的各项业务活动之中，将运输、仓储、包装、加工、配送等各个环节联系起来，实现全供应链的资源整合和优化决策，在物流系统中扮演着神经系统的作用。特别是物联网技术的进步和深入应用，促使传统物流模式向智能物流模式转变，信息技术使得供应链体系更具柔性，物流管理、控制和决策过程更具时效性。

2012 年，我国的物流业继续稳步增长，社会物流总额达到 177 万亿元，物流业增加值为 3.5 万亿元，分别同比增长 9.8% 和 9.1%，为国民经济平稳、快速运行提供了有力的支撑。但由于人力成本、燃油和物流用地及仓库租金等物流要素成本的上升，社会物流总费用与 GDP 的比率为 18%，同比提高 0.2%，与欧美发达国家的差距明显。全国重点物流企业的主营业务成本同比增长 31.6%，利润仅为 3.7%。如何改变运营模式、降低物流成本，是企业面临的重要难题。为此，不少物流企业选择并购或供应链上下游合作等方式实现资源整合，以降低运营成本。而物流信息技术在供应链资源整合、提高物流效率方面，将发挥越来越大的作用。

我国的电子商务行业仍然保持了快速增长态势。2012 年，我国电子商务交易总额为 7.9 万亿元，占社会消费品零售总额的 33.8%。电子商务的高速发展带动了配套的仓储物流、快递配送业务的大幅增加，另一方面也对快递业的规模、效率和服务提出了更高的要求，这也使得快递企业需要进一步提高信息化、自动化和智能化水平。

二、发展环境

（一）推进物流信息化的产业政策相继出台

2011 年 8 月，《国务院办公厅关于促进物流业健康发展政策措施的意见》正式颁布，被业内称为“国九条”。2012 年为了推动“国九条”的实施，相关配套政策相继出台。

2012 年 8 月，国务院发布了《关于深化流通体制改革加快流通产业发展的意见》，提出建立“统一开放、竞争有序、安全高效、城乡一体的现代流通体系”的目标。将信息化建设作为发展现代流通产业的战略任务，要求电子商务、连锁经营和统一配送等成为主要流通方式，连锁化率达到 22% 左右，商品统一配送率达到 75% 左右，流通产业整合资源、优化配置的能力进一步增强。

2012 年 5 月，国家发改委等 11 个部门联合印发《关于鼓励和引导民间投资进入物流领域的实施意见》，目前正在起草编制《全国物流业发展中长期规划》和《物流园区发展专项规划》。财政部出台物流企业土地使用税减半征收政策，将物流业纳入营业税改征增值税试点范围，扩大营业税差额纳税试点。商务部启动现代物流技术应用和共同配送综合试点。交通运输部等部门积极推广甩挂运输、铁水联运等新型运输组织方式，支持交通运输主枢纽物流节点建设。有关部门在工业物流供应链管理、物流信息化、农产品物流、铁路物流、物流标准化、口岸通关改革等方面的工作全面推进。

2013 年 1 月，工信部发布了《关于推进物流信息化工作的指导意见》，提出到“十二五”末期，初步建立起与国家现代物流体系相适应和协调发展的物流信息化体系的发展目标，并分两个阶段推进实施：第一阶段主要通过试点示范引导，初步探索建设物流信息化体系的有效途径；第二阶段在总结和推广前期经验的基础上，促进先进信息技术在物流领域的广泛应用，基本形成物流信息服务体系。

工信部正在开展物流信息平台建设试点示范工程、主制造商供应链信息化提升试点示范工程等八大重点试点示范工程。

（二）电子商务的快速发展对物流信息化提出更高的要求

2012 年，我国电子商务交易总额达到 7.9 万亿元，同比增长 30.8%。其中，B2B 交易额为 6.3 万亿元，同比增长 27%；网络零售交易规模达到 1.3 万亿元，同比增长 64.7%。中国网络零售市场已经仅次于美国，成为世界第二大网购市场。值得注意的是，移动电子商务的年交易规模达到 965 亿元，同比增长 135%，手机网购用户增长约 60%。海外代购市场的年交易规模达到 483 亿元，同比增长 82.2%.

电子商务的快速发展带动了物流快递业的高速增长，2012 年，我国的快递包裹数达到 57 亿件，同比增长 55%；全国规模以上快递业务收入首次突破 1000 亿元，同比增长 39.2%。快递行业已经连续 5 年实现超过 27% 的增长，其中 50% 以上的营收来自电子商务。

电子商务的配套物流在运营过程中也暴露了一系列短板，如快递延迟晚点，“双十一”、“双十二”等促销季爆仓，暴力分拣，快件丢失，服务态度恶劣等。

为此，电商企业采取了自建物流、与快递企业建立物流联盟等方式，提高物流效率和服务水平。京东、苏宁等自建了包括物流中心、专业配送团队在内的一体化物流体系，仅在二、三线城市与当地第三方物流公司合作完成配送。卓越亚马逊等则采用半一体化模式，即只在核心地区自建物流中心和配送队伍，非核心地区仓储和配送均外包。而当当、国美等采用与第三方物流企业建立合作的轻资产模式，即租赁物流中心，并把配送环节全部外包。

电子商务低成本、快速、提供个性化客户服务等特点，对物流快递业提出了更高的要求，电商企业与自建物流系统或第三方物流企业的合作，需要高效的物流信息系统，实现物流各环节的资源整合，提高物流作业效率和快速响应能力。

（三）物流信息标准化工作不断推进

2012年我国新发布物流标准23项，其中国家标准8项、行业标准15项，正在制定国家标准80项、行业标准12项，基本完成了《全国物流标准专项规划》的既定目标。

2009—2012年，交通运输部颁发了包括《物流公共信息平台应用开发指南》在内的一系列物流信息化标准。2012年12月，交通运输部科技司在杭州主办“全国交通运输物流公共信息平台标准化建设研讨会”，对《交通运输物流公共信息平台标准化建设方案》和《部省共建交通运输物流公共信息平台标准化工作组方案》进行了讨论、征求意见。2013年4月，交通运输部颁发了《交通运输信息化标准体系表（2013）》，确立了交通运输信息化标准体系框架，包括公路建设与管理、水路建设与管理、运输及物流、安全应急、综合事务五大领域，确定了今后交通运输信息化标准制订工作的主要内容。

随着我国电子商务的快速发展，网络欺诈、配送延迟等问题也日益凸显，缺乏可信交易环境、产业链各环节之间的信息传递不畅、服务标准缺失等成为制约我国电子商务发展的重要瓶颈。

2012年，国家发改委出台《关于组织开展国家电子商务示范城市电子商务试点专项的通知》，针对网上信用、电子认证、在线支付和物流配送等电子商务支撑体系的问题，要求在建立相关标准体系后，依托获批的23个国家电子商务示范城市开展相关验证工作。

2012年底，中国人民银行政府发布了“中国金融行业移动支付系列技术标准”，涵盖了应用基础、安全保障、设备、支付应用、联网通用五大类35项标准，覆盖了移动支付各个环节，确立了以“联网通用、安全可信”为目标的技术体系架构。

（四）物流信息化的行业交流活动

2012年6月，由中国物流与采购联合会、工业和信息化部信息化推进司、湖北省人民政府、武汉市人民政府联合主办的“2012中国物流与采购信息化推进大会暨物流企业CIO峰会”在武汉举行，会议以“推动物流信息技术应用，促进信息化和工业化深度融合”为主题，有近30位企业家进行主题演讲，千余企业单位参与。

2012年10月，“2012亚洲物流信息化国际峰会”在上海举行，来自物流、货代、报关、信息技术、金融、设备等多个领域的代表，与演讲嘉宾一起共同探讨“绿色物流、金融创新、信息技术与航运的融合和通关作业无纸化”等热点话题。

三、发展现状及典型案例

（一）物流公共信息平台

物流公共信息平台从建设主体上可以分为政府主导和企业主导两种类型，前者是政府投资建设的一种应用基础设施，为企业提供物流共用信息和服务，支持、引导和规范行业发展；后者是企业投资建设的一种商业信息平台，通过平台整合供应链上下游资源，提高产业效率，实现整体优化。

政府主导型物流公共信息平台方面，2012年，全国铁路推出货运电子商务平台，实现货运业务的网上办理；国家邮政快递安监平台基本建成，可以实时监测和预警快递企业的生成运行；交通部的国家交通运输物流公共信息平台（LOGINK）建设不断推进。

企业主导型物流公共信息平台方面，比较典型的案例有：传化公路港物流信息平台、汇通天下的“中国配货网”和林安物流园的物流信息服务平台等。

1. 国家交通运输物流公共信息共享平台（LOGINK）

自2011年交通运输部将“浙江省物流信息公共平台”确定为“国家交通运输物流公共信息共享平台（LOGINK）”以来，该平台已接入10.6万家企业，交换数据量达到2.3亿条，日均交换量在80万条左右。与中国电信、中远、中外运、招商局、新华书店、浙江物产、阿里巴巴等企业展开合作。

为4000多家中小企业免费提供统一标准的通用软件，提升了企业的物流信息化水平。以浙江省小件快运为例，通过推广通用软件，为行业节约9000万元软件开发费用，提前行业信息化进程3～5年。

2010年建设了东北亚物流信息服务网络，2011年实现了宁波—舟山港和日本东京—横滨港、韩国釜山港之间的集装箱船舶动态信息互连。2012年与欧盟初步达成合作意向，中、日、韩近期实现集装箱状态信息共享。

2012年6月，为了更好地推进平台发展，开展了“国家交通运输物流公共信息共享平台顶层设计课题”研究，通过顶层设计研究，进一步明确平台的功能定位、组织架构、技术结构、工作机制、运行模式及下阶段的重点工作。

2012年9月15日，全国交通运输物流公共信息平台建设联席会议第一次会议暨技术专家组成立会议在京召开，标志着全国交通运输物流公共信息平台建设工作正式启动。会议还讨论、审议了《交通运输物流公共信息平台建设纲要（征求意见稿）》。

2012年12月，交通运输部科技司主办了“全国交通运输物流公共信息平台标准化建设研讨会”，讨论了《交通运输物流公共信息平台标准化建设方案》和《部省共建交通运输物流公共信息平台标准化工作组方案》。平台标准化工作的推进，将有力支撑和保障平台的建设、开发、应用、运维。

2. 传化公路港物流信息平台

在中国公路物流2.6万亿元的市场上，第三方公路物流公司“小、散、乱、差”，无法形成规模效应。浙江传化集团针对传统货运场站规模小、数量多、分布散、功能设置单一、服务能力弱的不足，开发了“传化公路港物流信息平台”，包括了信息交易、管理服务、运输、仓储、配送、零担快运和配套服务在内的“6+1”功能模块。目前已在成都、杭州、苏州三地建立了“仓储 + 平台”模式的公路港，未来5年准备投资200亿元，建立“1核60平台”的全国性物流网络。

传化公路港物流定位为“物流平台整合运营商”，通过信息平台整合了“物流服务、物流需求、物流载体”三大资源，为众多物流企业提供“信息交易、商务配套和物业”等系统服务。

“传化公路港物流信息平台”以信息交易功能为核心，吸引大量中小物流企业入驻，然后根据这些企业资源编制系统的班次和线路，采取定站、定时、定线的方式运输货物，让物流变得更加智能化，可以像人们出行一样预先制定行程，按时出发、按时到达。引入“信息超市”模式改造传统专业市场，每天发布数千条货运信息，通过组织化、信息化、标准化手段降低“车”与“货”匹配搜索成本，改变了“物流企业四处找车、货运司机四处找货”的落后局面。同时引入“创业园区”概念，通过引入政府职能和社会中介等功能，集成了物流相关产业服务群，为中小企业和社会车辆提供包括财务、物业、法务、工商、税务、银行、保险等在内的“一站式平台”服务。

“传化公路港物流信息平台”解决了行业内信息不对称和市场诚信问题，使得空车配货时间从原来的平均 72 小时缩减到目前的平均 6 小时，车辆的运营效率翻了两番，节约了 50% 以上的营销成本。

（二）电子商务物流信息平台

2012 年，天猫和淘宝的交易额达到 1.1 万亿元，相当于美国 eBay 和亚马逊 2012 年交易额的总和，相当于 2011 年全国 GDP 的 2%。特别是“双十一”促销季，天猫和淘宝的交易额达到 191 亿元。天猫商城占全国 B2C 市场的 52.1%，淘宝集市占全国 C2C 市场的 96.4%，行业优势明显。

巨额的交易量带来了大量的物流需求，2012 年，天猫和淘宝的总快递包裹数为 37 亿件，占全国快递包裹总量的 65%。天猫和淘宝平均每天的快递包裹数为 1200 万件，“双十一”包裹超过 7200 万单，占全国总量的 60%。

与京东、苏宁拥有自建物流体系不同，天猫和淘宝的物流主要依靠“四通一达”等第三方物流企业完成。为了保证物流服务的效率和质量，天猫建立了第四方物流平台，通过物流信息平台整合物流资源。

商家可以通过物流信息平台提供的物流服务商信息，选择优质的物流合作伙伴；通过订单跟踪数据，及时获得不同物流环节的信息；通过平台提供的运营数据分析提升经营计划性，及时进行补货。

天猫的物流服务商也可以通过订单跟踪数据，及时获取物流执行信息；通过物流信息平台提供的产品销量预测数据，提前准备物流资源和能力，防止出现“爆仓”。

而“天猫小二”则进行天猫商城的物流总体分析和监控，一方面，根据物流数据，对订单流量、流向进行分析和预测，优化物流活动组织，为骨干物流网络设施的规划和建设提供依据；另一方面，对物流服务商和商家的物流能力进行公示，设置行业服务标准，打击虚假发货等违规行为。

以天猫物流信息平台为基础，阿里巴巴在 2013 年 1 月，联合银泰、复星、富春、“四通一达”、顺丰提出在未来的 5 ～ 8 年，投资 1000 亿元，搭建“中国智能物流骨干网”（CSN 计划），将支持日均 300 亿元的网络零售额，实现全国范围 24 小时送达。

（三）城市配送末端物流信息系统

配送是电子商务的最后一个环节，由于城市交通拥堵、配送力量不足、物流配送信息化程度不高等原因，物流配送预计时间通常难以到达，于是经常出现“人等货，货不到；货送到，人不在”现象。另外，现阶段我国大多数居住小区的物业公司不代收货物，大多数网络购物者不希望被动长时间等待送货，物流公司人员也不可能长时间等待收货人，再次配送将增加配送成本，这就产生了电子商务中末端物流服务问题，电商们将其称为“最后一千米”问题。

目前末端物流服务主要有建立物流服务站、借助地铁站点或超市连锁店提货和电子储物柜等方案。

1. 天猫社区服务站

阿里巴巴采取了建立物流服务站的方式，2012 年，在北京、上海、杭州、嘉兴、武汉等一二线城市的便利店和社区网点建立了 1300 多个“天猫社区服务站”，为天猫和淘宝网会员提供代收货服务。

天猫服务站将在包裹到站后，检验包裹完整性后扫描签收录入系统，随即系统发短信和密码通知消费者前往取件。在包裹到站 5 天内，服务站予以免费保管，消费者可在其间凭借证件及密码上门自提。

目前，天猫服务站只能支持体积小、非生鲜、金额不超过 3000 元的货品，不过这已经支持天猫和淘宝网 80% 的商品。若货物类目不符合代收网点需求，消费者网购时，购物系统就不显示代收货服务的选项。

2. 宝盒自助快递系统

上海宝盒速递公司提供了电子储物柜的方式，该公司自 2011 年成立以来，已与上海的 800 多个写字楼和住宅小区合作建立了电子储物柜。

快递公司将配送货物转运给宝盒速递公司，后者用专车进行配送，将物件批量、定时投递到密码储物箱内。然后，该系统通过网络控制，自动将开箱密码和储物箱编号通过手机短信发送给收件人。最后，收件人根据开箱密码自行开箱取件。

此外，储物箱系统还能完成收件功能，只要将宝盒指定的条码贴在文件袋上，自助投递到宝盒收件箱，就有专人定时收取。

经宝盒测算，采用这种方式，末端快递派送效率可提高 6 倍以上，可以帮助快递公司节省大量的人工成本。

四、发展趋势

2012 年是物流信息化快速发展的一年，运营成本的压力、产业升级的需要、整合资源的要求及物联网技术的渗透和应用，使得广大物流企业更加重视物流信息技术，以培育自身核心竞争力和创建新的产业模式。

总的来看，物流信息化呈现以下发展趋势。

（一）利用物流信息平台实现资源整合

我国物流企业“多、小、散、弱”的特点，决定了物流业转型升级的关键在于资源整合，通过兼并、重组、联合等方式将分散的物流资源整合起来，打通供应链上下游的物流瓶颈。

而物流信息平台是实现资源整合的关键，例如，浙江传化集团利用“传化公路港物流信息平台”成功实现了公路物流资源的整合，提高了行业效率和服务水平；天猫利用物流信息平台将商家、物流服务商和物流基础设施等进行了整合，规范了行业服务秩序，推动了行业总体水平的提升。

在电子商务领域，各类企业跨界经营的趋势愈发明显，京东、苏宁等电商投巨资自建物流网络并向社会开放；顺丰、申通等相继建立电商网站，着手电商业务，物流信息技术在产业融合和延伸过程中发挥了重要作用。

（二）城市共同配送平台

城市物流配送需求的快速增长给城市交通、社区管理等带来了很大压力，而我国很多城市对货运车辆进行了限制，需要特许通行证才能进行配送。因此，建立城市共同配送平台，进行集约化配送是解决这一难题的有效途径。

（三）大数据技术的应用

电子商业领域的迅速发展积累了大量的数据，这些数据资源将成为企业的核心竞争力之一。一方面，应用大数据技术进行分析，可以为物流基础网络的规划和建设提供依据；另一方面，可以预测物流需求的变化，及时调整运力资源。此外，还可以进行数据挖掘和营销，为客户提供个性化、差异化的产品和服务。

（四）物联网、云计算、移动信息服务等新技术的应用

2012 年我国物联网产业市场规模达到 3650 亿元，同比增长 38.4%。物联网技术在物流过程中的可视化智能管理、物流的可追踪管理、智能物流配送网络和敏捷的智能供应链等领域有着广泛的应用前景。而云计算技术是解决物联网技术采集海量数据的分析，并提供优化方案的基础工具。移动通信技术的发展带来了新的商机，出现了微博营销、微店等新的商业模式，移动支付技术也促进了移动电子商务的快速发展，基于移动通信技术的物流移动信息服务也是今后发展的热点。

（五）物流信息化标准

物流信息化标准是建立物流公共信息平台、企业进行资源整合的关键。2013 年 1 月，工信部发布的《关于推进物流信息化工作的指导意见》提出“加快物流信息化标准规范体系建设”的要求。物流信息技术、编码、安全、管理和服务标准，条码、射频识

别等技术的应用标准，数据层、应用层和交换层等物流信息化标准的衔接，将是今后物流信息化标准建设的重点。

（撰稿：杨东援）

水运智能化信息化发展

一、技术概述

智能交通是《国家中长期科学和技术发展规划纲要（2006—2020年）》确定的交通运输领域优先发展主题之一，水路运输作为交通运输的一个重要组成部分，其数字化、信息化、智能化水平是国家社会和经济发展水平的重要标志之一。水路智能交通技术通过提升传统交通系统的信息化、智能化、集成化和网络化程度，保障船员、船舶、航道与岸上的信息交互，进而提高交通系统的效率、机动性、安全性和经济性，从而达到保护环境、降低能耗的作用，以促进水路运输的畅通、高效、平安、绿色。

随着信息化和网络技术的持续发展，船联网、智能航道、电子巡航等一批水路智能交通代表性技术手段不断涌现。船联网通过有效地结合物联网技术及现代通信技术，以实现船舶身份自动识别、实时监控等功能，构建智能化航运信息服务体系；智能航道（Intelligent Waterway）是在数字航道的基础上，利用智能传感器、物联网、自动控制等技术，自动获取航道系统要素信息，并提供全方位、实时、精确、便捷的服务；电子巡航以电子江图为基础，集船舶、水位、气象等电子信号为一体，构成水域通航秩序的实时监控平台。

二、关键技术研究进展

（一）船联网

船联网是基于实现航运管理精细化、行业服务全面化、出行体验人性化的目的，以企业、船员、船舶、货物为对象，覆盖航道、船闸、桥梁、港口和码头，融合物联网核心技术，以数据为中心，实现人船互连、船船互连、船货互连及船岸互连的智能航运信息综合服务网络，其架构如图1所示。

“船联网”作为物联网背景下的新兴产物，其建设围绕畅通、高效、平安、绿色的航运发展要求，根据国家物联网产业发展政策，立足于“面向服务、标准引领、顶层设计”的发展理念。总体而言，船联网建设满足物联网发展的三大特征，即全面感知、可靠传输和智能处理。船联网总体架构主要包括感知层、网络层、应用层和展现层4个层次，以及标准规范保障和信息安全保障两个体系，其中，感知层主要内容为智能感知平台；网络层包括航运信息服务通信基础网络和统一的数据资源平台；应用层由水路交通运输情况监测预警系统、水上交通信息服务系统、运输物流信息服务系统3个应用系统共同构成；展现层主要为信息发布管理系统和各种信息发布设备，如图2所示。

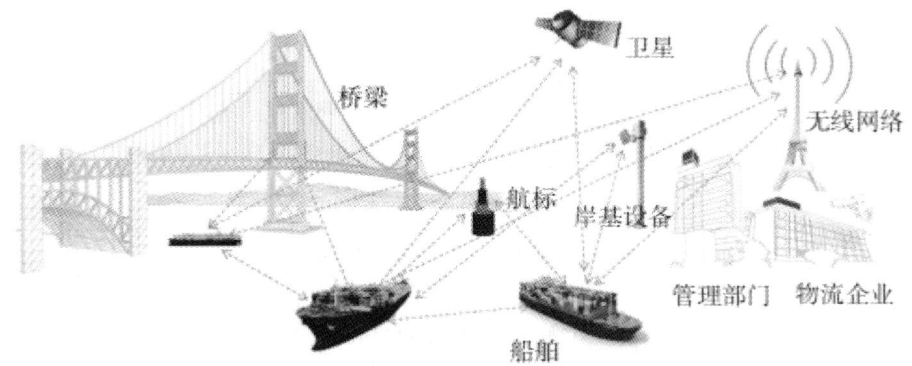

图1　船联网架构示意图

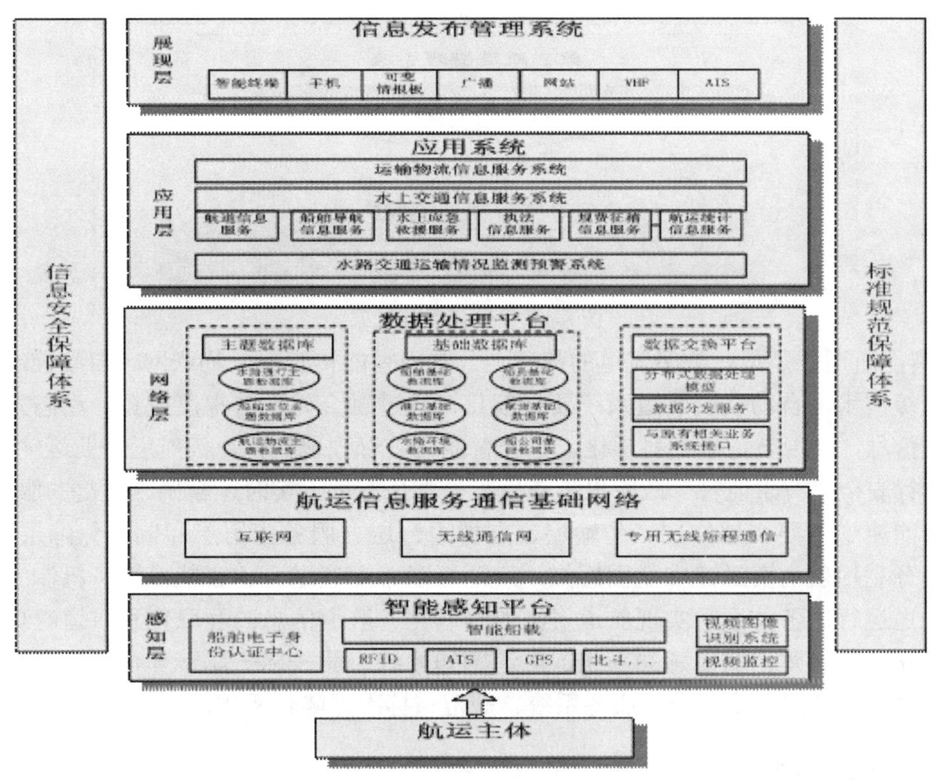

图2　船联网系统框架

船联网可以为船舶提供导航、航行公告、船闸报闸及排队信息等服务，为船公司提供船舶位置、物流信息和企业船岸信息服务等。同时，船联网还可对水路交通事故迅速做出预警预测和应急处置，在第一时间反馈给海事监管部门和相关应急人员，保障人民生命和国家财产的安全，最大限度地降低因水路交通事故而造成的危害。

（二）数字航道与智能航道

数字航道是数字地球概念在航道领域的具体应用，是对航道管辖区域、管理对象及管理活动的数字化表现，是综合应用地理信息系统、遥感、遥测、宽带网络、通信、虚拟仿真、多媒体等多种技术对航道业务流程、动态监测管理和辅助决策服务的虚拟化、网络化、数字化的技术系统，如图 3 所示。

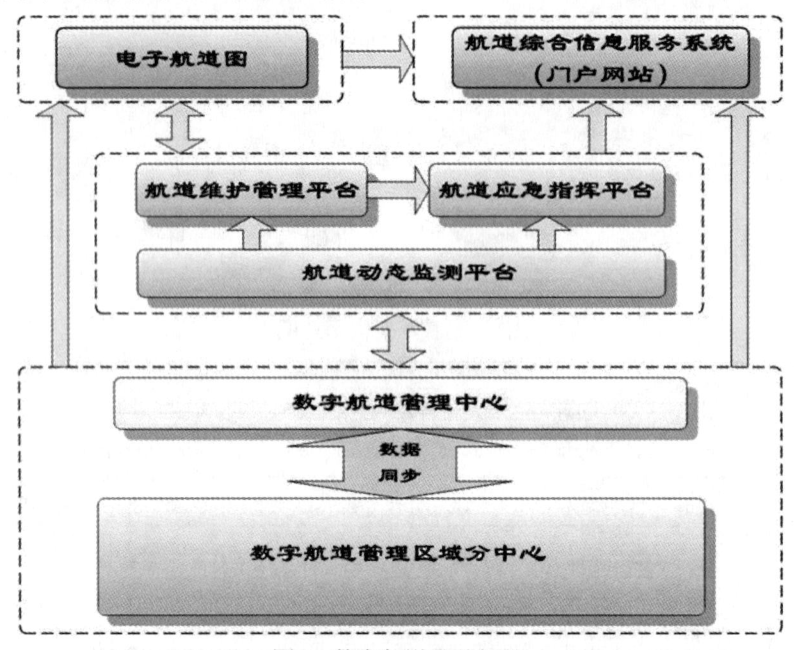

图3　数字航道整体框架

“智能航道”是指在数字航道的基础上，利用智能传感器、物联网、自动控制、人工智能等技术，自动获取航道系统要素信息，通过融合处理与深度挖掘，动态发布航道有关信息，实现航道规划科学化、建养智能化、管理现代化，为航运企业运输决策、船舶航行安全、海事监管、政府水上应急等提供全方位、实时、精确、便捷的服务。

智能航道主要由感知层、传输层、支撑平台层、服务应用层和制度保障层组成，通过充分利用航道资源建立全面感知、广泛互联、深度融合、智能应用、机制完善的智能航道运行服务体系，实现航道资源的物联化、航道信息的互联化和航道管理服务的智能化。其具体由船舶感知系统、航道感知系统、船—标—岸一体化信息网络、数据处理系统、通用技术平台、服务系统、规范与标准保障体系组成，如图 4 所示。

（三）电子巡航

电子巡航系统的组成可以简要概括为“七个系统，一个中心”，简称“7S+DC”，7S 即 GIS（地理信息系统）、GPS（全球定位系统）、VTS（船舶交通管理系统）、AIS（船舶自动识别系统）、VMS（又称 CCTV，视频监控系统）、WIS（气象信息系统）、WLIS（水位信息系统）等先进的监管手段，DC 即数据中心。通过整合 7S 采集到的数据，与船舶管理、船员管理等系统实时联动，同时和数据中心进行数据比对与验证，通过预警配置为在航船舶提供航行指导，对不正常的航行状态进行预警，及时消除事故隐患。电子巡航系统的架构如图 5 所示。

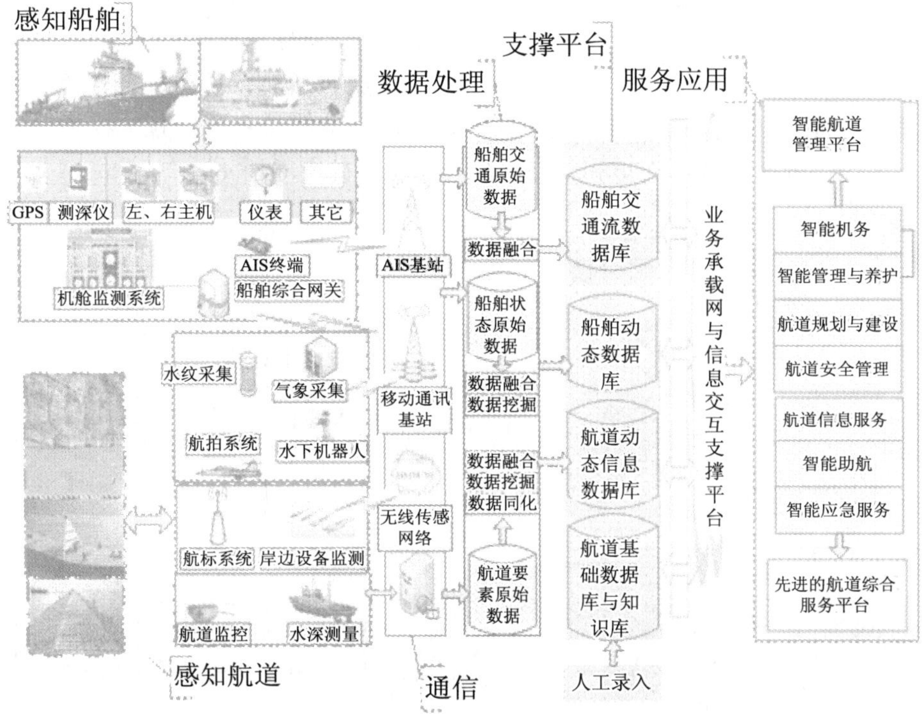

图4　智能航道架构

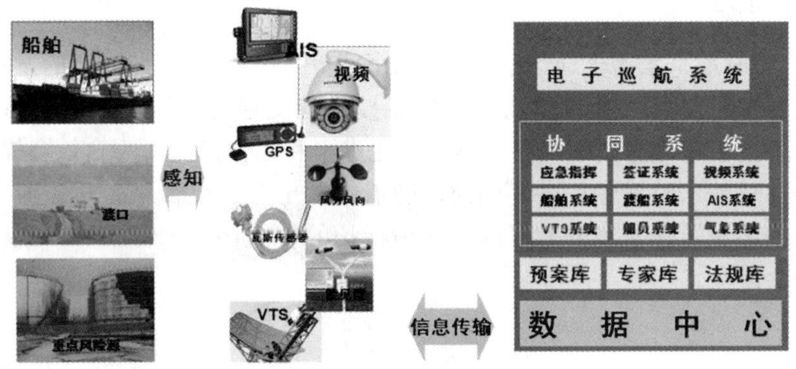

图5　电子巡航系统架构

电子巡航系统的工作流程主要包括以下方面。

（1）感知：通过 AIS、CCTV、GPS、VTS、WIS 等先进的监管手段，全面掌握巡航对象的实时信息。

（2）判别：通过电子巡航系统数据中心的协同系统进行信息传输，实现对船舶、船员等相关信息的关联查询。根据船舶的航行状态数据，对不正常的状态进行预警。通过与船舶、船员、签证、安检、行政处罚等数据库进行关联，对辖区航行船舶实时进行检查。系统可自动判别是否存在安全隐患或者违反通航规则的行为。

（3）决策：值班人员依据法规、预案、管理方法等对船舶做出相关处理。

（4）执行：执法人员根据决策对船舶通知整改、重点跟踪、现场处罚。

电子巡航系统主要包括五大功能模块：电子巡航、通航环境、安全预警、统计查询以及系统功能。其中电子巡航模块是核心，通航环境模块和安全预警模块分别为电子巡航模块提供静态的数据支撑和动态的预警信息，如图 6 所示。

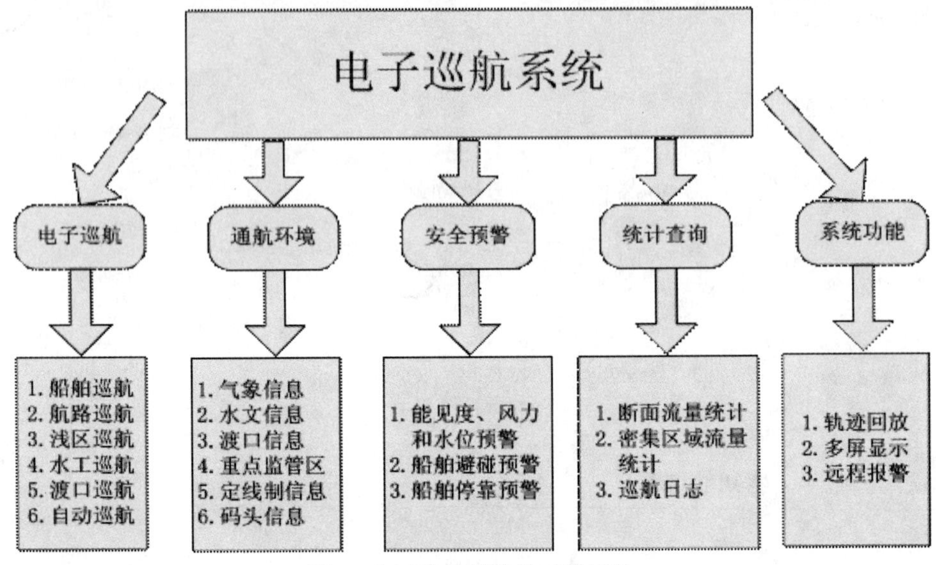

图6　电子巡航系统的功能模块

三、发展趋势

“十二五”时期是水路交通运输服务的全面提升期，水路智能交通的发展将进一步推动物联网、云计算、大数据等新一代信息技术在交通运输领域的研发与集成应用，运用现代信息技术和管理技术提高运输现代化水平和运营效能，为全社会提供高品质、高效率、一体化的水路运输服务。同时，随着中共十八大报告“海洋强国”四十字纲领的提出，服务于海洋资源开发、海洋环境保护的智能化技术将成为水运智能交通未来的发展趋势之一。

（撰稿：严新平）

汽车电子与智能汽车发展

汽车电子是车体汽车电子控制装置和车载汽车电子控制装置的总称，其最重要的作用是提高汽车的安全性、舒适性、经济性和娱乐性。随着人们对汽车安全、舒适、节能、环保等要求的不断提高，汽车电子技术在整车上的应用越来越广泛。汽车电子化被认为是汽车技术发展的一次革命，汽车电子产业发展水平是反映汽车工业竞争力的重要指标，汽车电子化程度的高低也已经成为衡量汽车先进水平的重要标志。对于各汽车厂商而言，增加汽车电子设备的数量、促进汽车电子化是夺取未来汽车市场的重要的有效手段。汽车电子也是国内外科研院所和企业的研究热点。

一、汽车电子技术的发展进程

早期的汽车主要和机械相关，汽车电子的发展也晚于汽车的发展。不过，随着电子技术的不断进步，汽车电子在近些年来也取得了迅速的发展。以产品技术的更新换代为起点，汽车电子技术的发展大致可以分为如下 4 个阶段。

第一阶段，1974 年以前是汽车电子技术发展的初级阶段。这一阶段主要开发单一的电子零部件，以改善传统汽车的部分机械部件的性能为主要目的。此阶段的代表电子器件有交流发电机、电子式电压调节器、电子控制式喇叭、电子管收音机和晶体管收音机、电子点火控制器等。

第二阶段，20 世纪 70 年代中期到 80 年代中期是汽车电子技术迅速发展的阶段。这一阶段主要开发汽车各系统专用的独立装置来代替机械无法解决的复杂控制功能，此阶段的代表电子产品有电子控制燃油喷射系统、巡航控制系统、电子控制门锁、空燃比反馈控制系统、防抱死制动系统（ABS）等。

第三阶段，20 世纪 80 年代中期到 90 年代中期是微型计算机在汽车上应用日趋成熟的阶段。随着大规模集成电路技术的进步和微型计算机的快速发展，计算机在汽车电子控制方面的应用日趋广泛，汽车上的电子装置能够处理内部和外部各种信息。此阶段的主要汽车电子产品有牵引力控制系统、四轮转向系统、轮胎气压控制系统、自动后视镜系统、数字式油压表、自动防抱死与防滑转系统等。

第四阶段，20 世纪 90 年代中期到现在，汽车电子技术使得汽车迈向智能化的高级阶段。这一阶段主要研究人—车—路—环境四位一体的汽车智能和网络控制技术。此阶段的主要电子技术有自动驾驶系统、自动导航系统、安全驾驶检测与预警系统、自动防碰撞系统等。

二、汽车电子技术的应用

按照汽车电子对汽车性能的影响，汽车电子产品可分为两大类：一类是汽车电子控制装置，这类装置与汽车机械系统配合使用，包括发动机电子控制、底盘电子控制、车身电子控制，如电子燃油喷射系统、制动防抱死控制、防滑转控制、牵引力控制电子助力转向电子控制悬架等；另一类是车载汽车电子装置，这类装置能够在汽车环境下独立使用，包括汽车信息系统、汽车胎压监测系统、导航系统、汽车视听娱乐系统、车载通信系统、车载网络等。

（一）发动机电子控制系统

1. 电子点火装置（ESA）

自20世纪初，点火系统就开始应用于汽车发动机上。从发动机点火系统开始应用至今，先后经历了磁电机点火系统、传统触电式点火系统、普通无触点式点火系统、集成电路式点火系统、微机控制点火系统的发展历程。微机控制点火系统能够根据发动机的运行状况，使发动机在不同工况下控制并维持发动机点火提前角在最佳范围内，使汽油机的点火时刻更接近于最佳理想状态，保证发动机动力的同时，可做到节约燃料和减少空气污染。此外，新型发动机电子控制装置还有自适应控制、智能控制及自诊断操作等。

2. 电子控制喷油装置（EFI）

在现代汽车上，机械式或机电混合式燃油喷射系统已趋于淘汰，电控燃油喷射装置因其性能优越而得到了日益普及。电子喷油装置可以自动地保证发动机始终工作在最佳状态，使其在输出一定功率的条件下最大限度地节油和净化空气。经过实验并修正得到发动机最佳工况时的供油控制规律，事先把这些客观规律编成程序存在微机的存储器中，当发动机工作时，根据各传感器测得的空气流量、排气管中含氧量、进气温度、发动机转速及工作温度等参数，按预先编好的运算程序进行运算，然后和内存中的最佳工况参数进行比较和判断再调整供油量。这样就能够使发动机一直处于最优工作条件下运行，从而使发动机的综合性能得到提高。

除此之外，发动机电子控制系统还包括废气再循环（EGR）、怠速控制（ISC）、电动油泵、发电机输出、冷却风扇、发动机排量、节气门正时、二次空气喷射、发动机增压、油汽蒸发及系统自我诊断功能等，它们在不同的车型上都或多或少地被应用。

（二）底盘电子控制系统

1. 自动泊车系统（PAV）

随着我国汽车保有量的迅速增加，公路、街道、停车场、居民小区等拥挤不堪，可利用的泊车空间越来越少，引发了车位紧张和停车难问题。另一方面驾车新手逐年增多，由于不熟练导致的各种问题也很多，很大一部分的泊车碰撞事故是由倒车视野不够造成的。自动泊车系统的出现能够很好地解决这方面的问题。当需要泊车时，驾驶员只需要按下自动泊车的按钮就可以启用自动泊车系统，车头两侧的雷达就会自动扫描停车位，如果距离合适的话就会发出提示音，此时驾驶员只需要挂入倒档，双手离开方向盘，车辆就能够自动倒车至停车位中。图 1 所示为自动泊车效果图。

图1 自动泊车效果图

自动泊车系统是利用遍布车辆周围的雷达探头测量自身与周围物体之间的距离和角度，然后通过车载电脑计算出操作流程配合车速调整方向盘的转动，驾驶者只需要控制车速即可。该系统的研究最早开始于欧美国家，并且自动泊车系统已搭载在国外品牌的一些高端车型中代表车型有上海大众途观、奔驰 B200、一汽大众 CC、一汽丰田皇冠、斯柯达昊锐等。中国的自动泊车系统研究起步较晚，进展也比较缓慢，研究已经取得了一些进展，长春孔辉科技有限公司已经研制出一整套自动泊车系统，江西好帮手电子科技有限公司也已经向国内一些汽车厂商提供此类产品。

2. 电子控制悬架系统（ECS）

该系统能根据悬挂装置的瞬时负荷，自动实时调节悬架的阻尼特性及刚度，适应负荷变化。电子控制悬架系统的最大优点就是它能使悬架随不同道路情况和负荷状况而有不同的反应，此外，它还能平衡地面反力，使其对车身的影响减少到最低限度，因而极大地改进了车辆行驶的稳定性、操纵性和乘坐的舒适性。汽车行驶的平顺性和操纵稳定性是衡量悬架性能好坏的主要指标，同时这两方面又是相互排斥的矛盾体，电子控制悬架系统的出现有利于解决这方面的问题。目前，该技术是国内一些高校和研究机构的研究重点，孔辉科技有限公司的轿车可举升悬架系统于 2012 年亮相。

3. 自适应巡航控制系统（ACC）

自适应巡航控制系统是一种构想于 20 世纪 70 年代末期的汽车安全辅助驾驶系统，直到 20 世纪 90 年代中期才迅速发展起来，它将汽车自动巡航控制系统（CCS）和车辆向前碰撞报警系统有机结合起来，既有自动巡航功能，又能够防止发生碰撞。ACC控制单元可以根据靠近车辆物体的移动速度判断道路情况，并控制车辆的行驶状态；通过反馈式加速踏板感知的驾驶者施加在踏板上的力，ACC控制单元可以决定是否执行巡航控制，以减轻驾驶者的疲劳。图2所示为ACC系统效果图。目前，国外已经开发出了一些产品，并且通用、大众、丰田等公司已经将其应用到了部分高端车型上。国内一些高校正对ACC技术进行跟进研究，北京理工大学车辆学院、清华大学汽车技术研究所等科研机构正从事ACC技术或相关技术的研制工作，并且取得了阶段性进展。

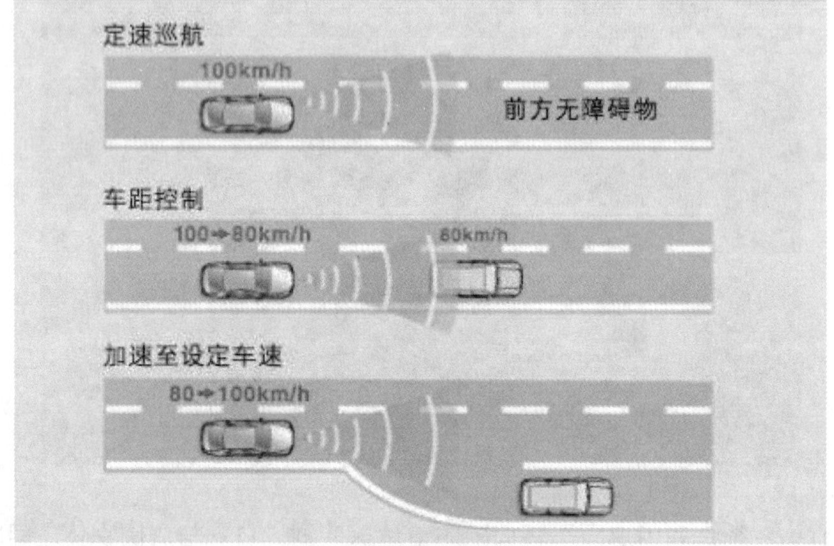

图2　ACC系统效果图

4. 碰撞预警系统（AWS）

碰撞预警系统是一款能预测到行车危险并在碰撞危险发生前2.7秒向驾驶员发出警报，预防交通事故发生的产品，被称为“永不疲倦的第三只眼”。该系统通过动态视频摄像技术和计算机图像处理技术来实现其预警功能。

根据AWS系统预警作用类型可以分为3个子系统：前碰撞预警系统（FCWS）、车道偏离预警系统（LDWS）、车距的监控和预警系统（HMWS）。

前碰撞预警功能：系统可以在发生碰撞危险前2.7s发出警报，提醒刹车；同时车尾灯不停闪烁，提醒后面汽车注意，避免追尾。

车道偏离预警功能：系统能在无意识发生车道偏离前0.5s发出警报，提醒注意保持在原车道上安全行驶，此功能特别适合长途驾车及疲劳驾驶。

车距的监控和预警功能：能让驾驶员始终保持安全的行车距离，并能在车距存在危险时发出警报。

通过在欧美和以色列本土多年的实际应用，研究得出，应用AWS系统可以避免90%的车祸。正是因为AWS出色的表现和独创的技术，欧美多家知名汽车制造商在多款车上开始应用AWS相关技术，如通用、宝马、沃尔沃和福特已经或即将采用荷兰阿姆斯特丹公司提供的Mobileye汽车碰撞预警系统。除此之外，斯巴鲁在2012年的纽约车展上正式推出了全新的EyeSight碰撞预警系统，该系统将率先应用在斯巴鲁力狮和傲虎上面。另外，自2008年麦特集团奔腾远程汽车信息服务有限公司在国内推出首款AWS系统以来，国内少量的公司也推出了自己的产品，如深圳市车元素实业有限公司等。

除此之外，底盘电子控制系统还包括电控4轮驱动技术（4WD）、电子稳定程序（ESP）、巡航控制系统（CCS）、防抱死制动系统（ABS）、车身稳定性控制系统（ESP）等。

（三）车身电子控制系统

电子控制安全气囊（SRS）：该系统属于被动安全保护装置，由触发装置、气体发生器、气囊三部分组成。碰撞过程中传统的汽车安全气囊在一定程度上能够很好地保护人体，但其在工作过程中产生的爆炸力造成的冲击对人体有一定的伤害。而电子控制智能气囊能够很好地解决这个问题。智能型安全气囊能够利用传感器来判断座位上是否有人、乘坐者身高和体重、碰撞的强度等信息，根据探测到的信息来确定气囊是否点爆、爆炸力大小（即气囊展开的气压和速度），从而达到最适合的工作状态，保证乘坐者免受伤害。

自适应前照灯控制系统（AFS）：AFS是指能够当车辆进入弯道或其他路况时MCU根据车速和方向盘转角、车身高度的变化，不断对前照灯光轴进行动态调节，以适应当前的转向角，保持灯光方向与汽车的当前行驶方向一致，以确保对前方道路提供最佳照明并对驾驶员提供最佳可见度。同时，汽车自适应前照灯系统能够自动改变两种以上的光型以适应车辆行驶条件变化。自适应前照灯系统在乡村道路、城市公路、高速公路、弯道照明和恶劣天气照明等路况下的优点尤为明显，对汽车在黑暗环境下的行车安全性有了显著的提高。图3所示为AFS系统效果图。AFS系统已经在凯美瑞、凯旋及皇冠等车型上应用，中国自主开发的产品已经开始批量装车。

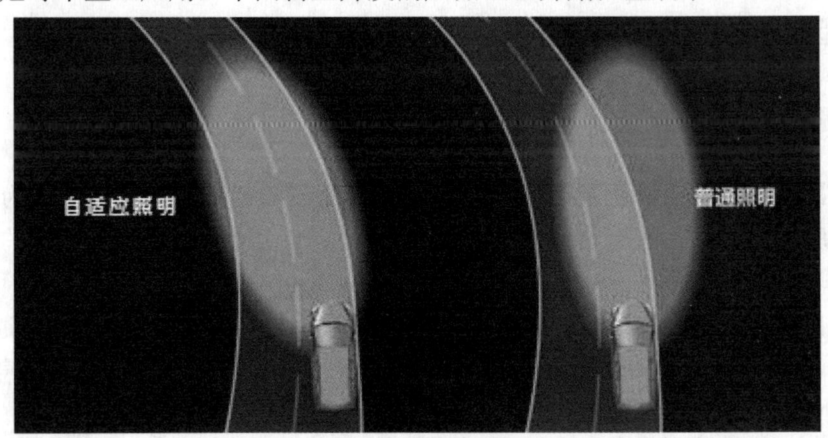

图3 AFS系统效果图

汽车空调控制系统（ACCS）：现在的汽车空调控制系统利用设置在车内和车外的多传感器采集车内、车外的温度和湿度等多个信号，传输至ECU，然后由ECU中的微型计算机驱动执行器，实现对车内温度、湿度、空气流速的自动控制，以达到降低能耗和提高乘坐者舒适性的目的。

除此之外，车身电子控制系统还包括电动车窗、自动雨刮、后视镜电动调节、自动调节座椅系统、安全带收紧装置等。

（四）信息与通信系统

汽车导航与定位系统：将全球定位系统与电子地图相结合，构成了汽车导航系统。该系统能够在复杂的城市与乡村道路网络实现准确定位，并且可以根据驾驶员提供的目的地为其提供最佳的行驶路线选择，驾驶员可以安心地在陌生地区和夜间安全行车。此外，汽车导航系统还能够为驾驶员提供实时的交通情况。整个导航系统由GPS导航、自律导航、地图匹配器、信号处理单元、存储器、显示器、传感器等几部分组成。目前使用最为广泛与成熟的汽车导航系统是美国研制的GPS导航系统，该系统于1994年完全建成。2012年，中国自主研制的北斗定位系统已经覆盖到我国及周边地区，北斗导航系统已经开始在局部领域应用。2013年，中国北斗导航系统的应用将全面启动，并进入到民用领域。随着技术的发展及未来北斗系统的全球覆盖，北斗导航系统的应用将越来越广泛。

信息显示与报警：该系统可将发动机的工况和其他参数在仪表盘或液晶显示器上显示出来，显示的内容包括水温、油压、车速、行驶里程、瞬时油耗等信息，此外还能够对水温、油压、车门关闭状态等起到监视和报警作用。

从1885年的汽车诞生到现在，大致经历4个阶段：机械式、机电式、电子化、智能化阶段。其中，汽车智能化是汽车在高度电子化的基础上，结合信息、网络、智能控制方面的深入发展。随着汽车电子技术的迅速发展，现代汽车技术和汽车电子将融合为一体，未来的汽车将朝着智能汽车方向发展。

三、智能汽车的发展

（一）车联网

随着我国经济持续快速发展，车辆保有量迅速增长，交通拥堵已经成为我国各大城市的顽疾。同时，伴随着物联网的发展，激发了车联网的出现。车联网的提出有望能够很好地解决这一问题。

车联网是由车辆位置、速度和路线等信息构成的巨大交互网络。通过GPS、RFID、传感器、摄像头图像处理等装置，车辆可以完成自身环境和状态信息的采集；通过互联网技术，所有车辆可以将自身的各种信息传输汇聚到中央处理器；通过计算机技术，这些大量的车辆信息可以被分析和处理，从而计算出不同车辆的最佳路线，及时汇报路况和安排信号灯周期。总的来说，车联网利用先进的传感技术、网络技术和无线通信技术，通过移动互联网整合车、路、人等各种信息，构建车、路、人之间的网络最终为人服务。

目前，美国的智能交通公路系统（IVHS）、日本的道路交通情报通信系统（VICS）等系统已经在道路与车辆之间建立了有效的通信。国内的车联网研究主要由一些高校和企业主导，车联网的发展也仅处于起步阶段，实现高智慧的车联网技术还需要时间。

（二）车路协同

车路协同系统是基于无线通信、传感探测等技术进行车路信息获取，通过车车、车路信息交互和共享，实现车辆和基础设施之间、车辆与车辆之间的智能协同与配合，达到优化利用系统资源、提高道路交通安全、缓解交通拥堵的目标。

车路协同的基本思想是运用多学科交叉与融合的方法，充分利用大规模并行计算、传感器网络等先进技术，实现道路交通信息的智能感知与人、车、路三位一体协调发展，大幅提高道路交通信息的利用效率与应用水平，为缓解道路交通拥堵、提高道路通行能力、改善道路交通安全等发挥重要的作用。

智能交通系统在欧美等众多发达国家尤其受到重视。鉴于车路协同系统，美国最早提出了 Intellidrive 项目，欧盟于 2003 年以前提出了 eSafety 计划，日本也提出了 Smartway 计划。为缓解各大城市的交通拥堵问题，我国的一些科研院所和高校也在着手于车路协同系统的研究。

（三）无人驾驶

无人驾驶汽车主要依靠车内以计算机系统为主的智能驾驶仪来实现无人驾驶，是一种智能汽车。它集自动控制技术、传感器技术、计算机技术等众多技术为一体，是计算机科学、模式识别和智能控制高度发展的产物。无人驾驶技术主要利用车载传感器来感知车辆周围环境，并根据感知所获得的道路、车辆位置和障碍物信息，控制车辆的转向和速度，从而使车辆能够安全、可靠地在道路上行驶。

目前国外的无人驾驶技术以谷歌公司为代表。2012 年，谷歌宣布自动驾驶汽车已经开了 20 万千米，并已经申请和获得了多项相关专利。同年，美国首个自动驾驶车辆许可证获得批准。自动驾驶汽车有望在 2012 年后的 3 ～ 5 年后推入市场。

国内的无人驾驶技术起步于 20 世纪 80 年代，主要由一些科研院所和高校承担研发任务。从无人驾驶技术的研发至今，已经取得了一些进展。早在 2011 年，由国防科技大学自主研制的红旗 HQ3 无人车，首次完成了从长沙到武汉 286 千米的高速全程无人驾驶实验。2012 年，由军事交通学院研制的无人驾驶智能汽车完美地完成了京津高速公路（北京台湖收费站到天津东丽收费站）测试项目。

四、汽车电子技术与汽车智能化的发展趋势

（一）传感器技术

传感器技术是汽车电子化、智能化发展的关键技术之一。随着汽车智能化的发展、

汽车电子装置的增加，使得智能汽车对传感器应用的依赖程度越来越大。由于汽车电子装置的多样化，车用传感器的种类和数量也在不断增加。因此，未来的车用传感器将会朝着高精度、高可靠性、集成化、微型化和多功能化方向发展。

（二）智能汽车的数据处理技术

智能汽车的行驶离不开大量数据信息的采集与传送，而支撑其正常运转的核心技术就是面向智能汽车的数据处理技术。智能汽车数据具有数据量大、数据种类多和数据冗余等特点。针对这些特点，智能汽车的数据处理技术应该包括数据融合、数据压缩、数据标准化、数据挖掘和数据仓库等技术。

（三）面向车联网的网络技术

车联网技术虽然已经有了路桥电子不停车收费、智能停车场管理、车辆类型及流量信息采集等应用，但这些应用之间都是相互独立的，并没有构建统一的协调中心。这些应用所使用的单一信道方式最终要与分布式控制的要求相结合。除此之外，车联网技术还要考虑安全问题和隐私问题。一方面，车主需要了解可靠的交通路况信息以保证安全、顺畅驾驶；另一方面，车主不希望车辆信息被非法泄露，保护其隐私性。

五、结束语

随着汽车电子技术的迅速发展，汽车智能化技术正在得到应用，这种技术将为汽车的安全、经济、舒适及娱乐性带来很大的变革。因此，智能汽车必将是汽车技术未来发展的重要方向之一。

（撰稿：龚进峰、王子龙）

第二篇

政策及标准篇

第一章

国家、行业政策

“十二五”国家战略性新兴产业发展规划（节选）

战略性新兴产业是以重大技术突破和重大发展需求为基础，对经济社会全局和长远发展具有重大引领带动作用，知识技术密集、物质资源消耗少、成长潜力大、综合效益好的产业。根据“十二五”规划纲要和《国务院关于加快培育和发展战略性新兴产业的决定》（国发［2010］32号）的部署和要求，为加快培育和发展节能环保、新一代信息技术、生物、高端装备制造、新能源、新材料、新能源汽车等战略性新兴产业，特制定本规划。

一、背景

当今世界新技术、新产业迅猛发展，孕育着新一轮产业革命，新兴产业正在成为引领未来经济社会发展的重要力量，世界主要国家纷纷调整发展战略，大力培育新兴产业，抢占未来经济科技竞争的制高点。

当前，全国上下正按照科学发展观的要求，加快转变经济发展方式，推进中国特色新型工业化进程，推动节能减排，积极应对日趋激烈的国际竞争和气候变化等全球性挑战，促进经济长期平稳较快发展。在此过程中，必须站在战略和全局的高度，科学判断未来需求变化和技术发展趋势，大力培育发展战略性新兴产业，加快形成支撑经济社会可持续发展的支柱性和先导性产业，优化产业升级结构，提高发展质量和效益。

“十二五”时期是我国战略性新兴产业夯实发展基础、提升核心竞争力的关键时期，既面临难得的机遇，也存在严峻挑战。从有利条件看，我国工业化、城镇化快速推进，城乡居民消费结构加速升级，国内市场需求快速增长，为战略性新兴产业发展提供了广阔空间；我国综合国力大幅提升，科技创新能力明显增强，装备制造业、高技术产业和现代服务业迅速成长，为战略性新兴产业发展提供了良好基础；世界多极化、经

注：国务院关于印发“十二五”国家战略性新兴产业发展规划的通知国发［2012］28号

济全球化不断深入，为战略性新兴产业发展提供了有利的国际环境。同时也要看到，我国战略性新兴产业自主创新发展能力与发达国家相比还存在较大差距，关键核心技术严重缺乏，标准体系不健全；投融资体系、市场环境、体制机制政策等还不能完全适应战略性新兴产业快速发展的要求。必须加强宏观引导和统筹规划，明确发展目标、重点方向和主要任务，采取有力措施，强化政策支持，完善体制机制，促进战略性新兴产业快速健康发展。

二、指导思想、基本原则和发展目标

（一）指导思想

以邓小平理论和“三个代表”重要思想为指导，深入贯彻落实科学发展观，把握世界新科技革命和产业革命的历史机遇，面向经济社会发展的重大需求，以改革创新为动力，以营造良好的产业发展环境为重点，以企业为主体，以工程为依托，加强规划引导，加大政策扶持，着力提升自主创新能力，加速科技成果产业化，推动战略性新兴产业快速健康发展，抢占经济科技竞争制高点，促进产业结构升级、经济发展方式转变和经济社会可持续发展。

（二）基本原则

市场主导、政府调控。充分发挥市场配置资源的基础性作用，以市场需求为导向，着力营造良好的市场竞争环境，激发各类市场主体的积极性。针对产业发展的薄弱环节和瓶颈制约，有效发挥政府的规划引导、政策激励和组织协调作用。

创新驱动、开放发展。坚持自主创新，加强原始创新、集成创新和引进消化吸收再创新；加强高素质人才队伍建设，掌握关键核心技术，健全标准体系，加速产业化，增强自主发展能力。充分利用全球创新资源，加强国际交流合作，探索国际合作发展新模式，走开放式创新和国际化发展道路。

重点突破、整体推进。坚持突出科技创新和新兴产业发展方向，选择最有基础、最有条件的重点方向作为切入点和突破口，明确阶段发展目标，集中优势资源，促进重点领域和优势区域率先发展。总体部署产业布局和相关领域发展，统筹规划，分类指导，适时动态调整，促进区域协调发展。

立足当前、着眼长远。围绕经济社会发展重大需求，着力发展市场潜力大、产业基础好、带动作用强的行业，加快形成支柱产业。着眼提升国民经济长远竞争力，促进可持续发展，对重要前沿性领域及早部署，培育先导产业。

（三）发展目标

产业创新能力大幅提升。企业重大科技成果集成、转化能力大幅提高，掌握一批具有主导地位的关键核心技术，建成一批具有国际先进水平的创新平台，发明专利质量数量和技术标准水平大幅提升，战略性新兴产业重要骨干企业研发投入占销售收入的比重达到 5% 以上。一批关键核心技术达到国际先进水平。

创新创业环境更加完善。重点领域和关键环节的改革加快推进，有利于创新战略性新兴产业商业模式、发展新业态的市场准入条件，以及财税激励、投融资机制、技术标准、知识产权保护、人才队伍建设等政策环境显著改善。

国际分工地位稳步提高。涌现一批掌握核心关键技术、拥有自主品牌、开展高层次分工合作的国际化企业，具有自主知识产权的技术、产品和服务的国际市场份额大幅提高，在部分领域成为全球重要的研发制造基地。

引领带动作用显著增强。战略性新兴产业规模年均增长率保持在 20% 以上，形成一批具有较强自主创新能力和技术引领作用的骨干企业，一批特色鲜明的产业链和产业集聚区。到 2015 年，战略性新兴产业增加值占国内生产总值比重达到 8% 左右，对产业结构升级、节能减排、提高人民健康水平、增加就业等的带动作用明显提高。

到 2020 年，力争使战略性新兴产业成为国民经济和社会发展的重要推动力量，增加值占国内生产总值比重达到 15%，部分产业和关键技术达到国际先进水平，节能环保、新一代信息技术、生物、高端装备制造产业成为国民经济支柱产业，新能源、新材料、新能源汽车产业成为国民经济先导产业。

三、重点发展方向和主要任务

……

（二）新一代信息技术产业

把握信息技术升级换代和产业融合发展机遇，加快建设宽带、融合、安全、泛在的下一代信息网络，突破超高速光纤与无线通信、物联网、云计算、数字虚拟、先进半导体和新型显示等新一代信息技术，推进信息技术创新、新兴应用拓展和网络建设的互动结合，创新产业组织模式，提高新型装备保障水平，培育新兴服务业态，增强国际竞争能力，带动我国信息产业实现由大到强的转变。“十二五”期间，新一代信息技术产业销售收入年均增长 20% 以上。

1. 下一代信息网络产业

实施宽带中国工程，加快构建下一代国家信息基础设施，统筹宽带接入、新一代移动通信、下一代互联网、数字电视网络建设；加快新一代信息网络技术开发和自主标准的推广应用，支持适应物联网、云计算和下一代网络架构的信息产品的研制和应用，带动新型网络设备、智能终端产业和新兴信息服务及其商业模式的创新发展；发展宽带无线城市、家庭信息网络，加快信息基础设施向农村和偏远地区延伸覆盖，普及信息应用；强化网络信息安全和应急通信能力建设。

专栏4　下一代信息网络产业发展路线图		
时间节点	2015年	2020年
发展目标	城市和农村家庭分别实现平均20兆和4兆以上宽带接入能力，部分发达城市网络接入能力达到100兆；基于国际互联网协议第6版（IPv6）的下一代互联网实现规模商用；三网融合全面推广，电视数字化转换基本完成。网络装备产业整体达到国际前进水平，掌握关键核心技术；信息智能终端创新和产业化取得重大进展	具有国际先进水平的宽带、融合、安全、泛在的信息基础设施覆盖城乡。系统掌握新一代移动通信、数字电视、下一代互联网、网络与信息安全及智能终端等领域的核心关键技术，形成卫星移动通信服务系统，产业发展能力达到国际领先水平
重大行动	● 信息网络升级：实施宽带中国工程，加快发展宽带光纤接入和无线移动通信，调整、优化频率规划，加快实施新一代宽带无线移动通信网科技重大专项，开展时分长期演进技术（TD-LTE）研发、产业化及商用示范，实施下一代互联网商用推广计划，推进农村宽带网络建设，统筹绿色数据中心布局，推进地面和有线数字电视网络建设。 ● 关键技术开发和产业化：实施物联网与云计算创新发展工程；加快IPv4/IPv6网络互通设备，以及支持IPv6的高速、高性能网络和终端设备、支撑系统、网络安全设备、测试设备及相关芯片的研发和产业化，加强TD－SCDMA、TD－LTE及第四代移动通信（4G）设备和终端研发，加快高性能计算机、高端服务器、智能终端、网络存储、信息安全等信息化关键设备的研发和产业化。推进数字电视下一代传输演进技术、接收终端、核心芯片、光通信、高性能宽带网的研发和产业化，推进三网融合智能终端的产业化和应用，建立广播影视数字版权技术体系。 ● 创新能力建设：完善云计算、移动互联网、信息安全等新兴领域工程实验室和工程（技术）研究中心建设，推动建立产业联盟和创新联盟，建设新兴信息技术领域的产品和技术可靠（控）验证实验室，提升数字电视、移动通信和下一代互联网等工程中心、实验室创新能力	
重大政策	● 建立信息基础设施建设组织领导协调机制，制定支持宽带光纤、移动通信和数字电视建设相关政策，建立和完善电信普遍服务制度	

……

3. 高端软件和新兴信息服务产业

加强以网络化操作系统、海量数据处理软件等为代表的基础软件、云计算软件、工业软件、智能终端软件、信息安全软件等关键软件的开发，推动大型信息资源库建设，积极培育云计算服务、电子商务服务等新兴服务业态，促进信息系统集成服务向产业链前后端延伸，推进网络信息服务体系变革转型和信息服务的普及，利用信息技术发展数字内容产业，提升文化创意产业，促进信息化与工业化的深度融合。充分统筹用好国内、国际两个市场，继续扩大软件信息服务出口，积极承接国际服务外包，依托新一代信息产业技术提升我国在国际产业链中的层次和水平。

专栏6　高端软件和新兴信息服务产业发展路线图		
时间节点	2015年	2020年
发展目标	攻克系统软件核心关键技术，重要应用软件的技术水平和集成应用能力显著提升，自主知识产权的系统、工具、安全软件对产业的带动力和辐射力显著增强。掌握网络信息服务关键应用和基础平台技术，基本形成高端软件和信息技术服务标准体系，培育一批世界知名的软件和信息技术服务企业	基本形成具有较强创新能力的软件和信息技术服务产业体系，自主品牌的操作系统和工具软件国际影响力和骨干企业国际竞争力显著增强。一批软件和信息服务企业进入国际前列，形成具有世界先进水平的电子商务信息服务体系、网络信息安全服务体系，实现信息服务对城乡和社会各群体的全面覆盖，信息化程度接近世界先进水平
重大行动	● 新兴业态发展：积极实施物联网、云计算、移动互联网、数字电视网等新兴服务业态推进计划，以重大应用工程带动相关产业发展；实施信息惠民重大应用示范工程，带动社保、医疗、教育、就业等领域的信息服务平台建设；推进国家电子商务示范城市创建工作，支持第三方电子商务交易与服务平台建设，健全电子商务支撑体系，完善电子商务基础设施。建立信息技术服务标准（ITSS）体系，并在重点城市示范应用。 ● 关键技术开发：开展移动智能终端软件、网络化计算平台与支撑软件、智能海量数据处理相关软件研发和产业化。组织实施搜索引擎、虚拟现实、云计算平台、数字版权等系统研发。推进信息安全关键产品研发和产业化。加强计算机辅助设计与制造、智能化管理等工业软件研发。鼓励电子政务、金融、电信、保险、交通、广播电视等领域重大信息系统的自主研发。加强在信息系统咨询设计、集成实施、系统运维、测试评估等领域支撑技术研发。组织实施数字内容共性关键技术攻关和产业化。加强生物特征识别与身份认证技术的研发与应用	
重大行动	● 创新能力建设：加快软件和信息技术服务产业共性技术、测试认证、软件评测、开发环境、内容资源、技术标准等公共技术支撑平台建设。加快电子商务创新体系建设，加强软件企业、电子商务企业创新能力建设，引导业务标准库、知识库和案例库建设。鼓励建立产学研用一体的技术研发机构和信息服务、整机生产和网络建设互动发展的创新联盟。加大行业领军人才和实用人才的培养和引进力度。 ● 培育骨干企业：实施骨干软件和信息服务企业培育计划，培育20家左右软件和信息服务业务收入超过100亿元的骨干软件和信息服务企业	
重大政策	● 贯彻落实《国务院关于印发进一步鼓励软件产业和集成电路产业发展若干政策的通知》（国发〔2011〕4号），为产业发展营造良好环境。 ● 制定和完善支持政府、企事业单位购买和使用第三方数据存储服务等相关采购政策。完善政府公共信息资源开发激励机制，促进行业应用服务的外部化。 ● 支持高端软件和新兴信息服务研发，研发关键技术和产品。 ● 实施高端软件产业的标准化和知识产权保护战略，提升产业竞争力	

……

（四）高端装备制造产业

面向我国产业转型升级和战略性新兴产业发展的迫切需求，统筹经济建设和国防建设需要，大力发展现代航空装备、卫星及应用产业，提升先进轨道交通装备发展水平，加快发展海洋工程装备，做大做强智能制造装备，把高端装备制造业培育成为国民经济的支柱产业，促进制造业智能化、精密化、绿色化发展。

1. 航空装备产业

统筹航空技术研发、产品研制与产业化、市场开拓及服务提供，加快研制具有市场竞争力的大型客机，推进先进支线飞机系列化产业化发展，适时研发新型支线飞机；大力发展符合市场需求的新型通用飞机和直升机，构建通用航空产业体系；突破航空发动机核心关键技术，加快推进航空发动机产业化；促进航空设备及系统、航空维修和服务业发展；提升航空产业的核心竞争力和专业化发展能力。

专栏11　航空装备产业发展路线图		
时间节点	2015年	2020年
发展目标	大型客机实现首飞；ARJ21支线飞机批量生产和交付；新型通用飞机、民用直升机发展和应用实现全面突破。初步形成具有国际水平的航空研发和生产体系，形成国产飞机整机集成和关键部件研制生产能力，航空产业融入世界航空产业链	大型客机研制成功并批量进入市场；新型支线飞机完成研制，支线飞机实现系列化发展，通用航空实现产业化发展。完成大型商用航空发动机研制。航空产品、航空服务形成竞争优势，航空产业国际化发展水平显著提高
重大行动	● 关键技术开发：加快实施大型飞机科技重大专项，开展大型商用涡扇发动机研制。加强飞机和直升机总体设计和试验；加强航空新材料及其零部件制造、航空设备及系统、新型涡轴发动机、适航、空管系统等关键技术研发。 ● 创新能力建设：建设完善民用航空创新体系，推进航空重点试验验证设施建设，提升飞机与直升机、发动机、机载系统设计、制造、试验验证和适航、安全保障等航空综合技术开发能力。 ● 产业化：实施支线飞机与通用航空重大创新工程，推进ARJ21、新舟支线飞机系列化发展，建成ARJ21系列支线飞机的批产能力，适时启动研制新型支线飞机。多谱系、成系列发展通用飞机和直升机。以设计研制、生产制造为主要环节，提升航空大部件和机载系统的国际化专业化发展水平；推进发动机、机载系统、空管系统、场站设备及航空新材料、元器件产业化。 ● 市场培育：开展通用航空基础设施建设，发展通用航空服务。大力拓展包括市场开发、航空租赁、维修服务、通航运营等在内的航空服务业务，推进航空产业链的协调发展	
重大政策	● 加快制定民用航空工业法律法规，加速推进和落实低空空域管理政策，加大民用航空技术研发和产业化投入。 ● 出台支持支线和通用航空发展具体政策	

2. 卫星及应用产业

紧密围绕经济社会发展的重大需求，与国家科技重大专项相结合，以建立我国自主、安全可靠、长期连续稳定运行的空间基础设施及其信息应用服务体系为核心，加强航天运输系统、应用卫星系统、地面与应用天地一体化系统建设，推进临近空间资源开发，促进卫星在气象、海洋、国土、测绘、农业、林业、水利、交通、城乡建设、环境减灾、广播电视、导航定位等方面的应用，建立健全卫星制造、发射服务、地面设备制造、运营服务产业链，推进极地空间资源开发。

专栏12　卫星及应用产业发展路线图		
时间节点	2015年	2020年
发展目标	初步建成由对地观测、通信广播、导航定位等卫星系统和地面系统构成的空间基础设施，建立健全应用服务体系，形成卫星制造、发射服务、地面设备制造及卫星运营服务的完整产业链。促进民用航天全面实现向业务化的转变	建成由全天时全天候全球对地观测、全球导航定位、多频段通信广播等卫星系统构成的国家空间基础设施，建成完善的空间信息服务平台以及应用服务网络，航天产业发展水平处于国际先进行列
重大行动	● 关键技术开发：突破卫星长寿命高可靠、先进卫星平台、新型卫星有效载荷、卫星遥感定量化应用、高精度卫星导航、宽带卫星通信、重型运载火箭、空间信息综合应用等关键技术，发展综合业务卫星系统；促进平流层飞艇、空间天气预报等关键技术攻关	
重大行动	● 重大工程：结合高分辨率对地观测系统、北斗导航等科技重大专项，实施国家空间基础设施建设重大创新发展工程，构建天基卫星系统、地面标校系统和增强系统、数据接收和信息处理系统、运营服务系统在内的一体化运行设施。 ● 产业化与推广应用：完善运载火箭系列型谱，提高国产地面设备市场竞争力，发展北斗兼容型导航终端以及数字化综合应用终端等产品；大力推进卫星遥感、通信广播、导航定位等空间信息资源产业化应用，提高国产卫星的应用范围与效益。促进航天技术在信息、新材料、新能源、节能环保和生物等领域的应用	
重大政策	● 制定卫星及应用国家标准、卫星数据共享、市场准入等政策法规。制定开展卫星直播业务的产业扶持政策。 ● 制定鼓励民营资本进入卫星及应用领域的政策	

3. 轨道交通装备产业

大力发展技术先进、安全可靠、经济适用、节能环保的轨道交通装备，建立健全研发设计、生产制造、试验验证、运用维护、监测维修和产品标准体系，完善认证认可体系等，提升牵引传动、列车控制、制动等关键系统及装备自主化能力。巩固和扩大国内市场，大力开展国际合作，推动我国轨道交通装备全面达到世界先进水平。

专栏13　轨道交通装备产业发展路线图		
时间节点	2015年	2020年
发展目标	掌握先进轨道交通核心技术，全面实现轨道交通装备产品自主设计制造，建成产品全寿命周期服务体系，满足我国轨道交通发展需要；主要产品具有国际竞争力	标准体系及认证体系实现国际化，轨道交通装备技术水平国际领先，形成国际化发展的综合能力，打造拥有总承包商资质、具有全球配置资源能力的大型企业
重大行动	● 关键技术开发与产业化：实施先进轨道交通装备及关键部件创新发展工程；完成交流传动快速机车、大轴重长编组重载货运列车技术研究；推进综合检测列车、高寒动车组、城际列车、智能列车的研制工作，实现动车组及交流传动机车产品谱系化，逐步完善中低速磁悬浮自主创新技术，基本掌握高速磁悬浮导向和牵引控制、大型养护设备制造等关键技术；开发现代有轨电车；开发新型列控系统、安全综合检测等关键技术。 ● 创新能力建设：加强牵引传动、走行、制动、通信信号、安全保障关键技术及系统集成等轨道交通装备研发平台建设；完善试验验证条件；推进轨道交通装备标准体系建设；加快培育第三方认证机构	
重大政策	● 制定鼓励企业积极参与国际竞争的相关政策	

……

（七）新能源汽车产业

以纯电驱动为新能源的汽车发展和汽车工业转型的主要战略取向，当前重点推进纯电动汽车和插电式混合动力汽车产业化，推进新能源汽车及零部件研究试验基地建设，研究开发新能源汽车专用平台，构建产业技术创新联盟，推进相关基础设施建设。重点突破高性能动力电池、电机、电控等关键零部件和材料核心技术，大幅度提高动力电池和电机安全性与可靠性，降低成本；加强电制动等电动功能部件的研发，提高车身结构和材料轻量化技术水平；推进燃料电池汽车的研究开发和示范应用；初步形成较为完善的产业化体系；建立完整的新能源汽车政策框架体系，强化财税、技术、管理、金融政策的引导和支持力度，促进新能源汽车产业快速发展。

专栏20　新能源汽车产业发展路线图		
时间节点	2015年	2020年
发展目标	新能源汽车动力电池、电机和电控技术取得重大进展，动力电池模块比能量达到150瓦时/千克以上，电驱动系统功率密度达到2.5千瓦/千克以上。纯电动汽车和插电式混合动力汽车累计产销量力争达到50万辆。初步形成与市场规模相适应的充电设施体系和新能源汽车商业运行模式	形成新能源汽车动力电池、电机和电控技术创新发展能力，动力电池模块比能量达到300瓦时/千克以上。纯电动汽车和插电式混合动力汽车累计产销量超过500万辆。充电设施网络满足城际间和区域内纯电动汽车运行需要，实现规模化商业运营。整体水平达到国际先进水平
重大行动	● 创新能力建设：推进新能源汽车及零部件研究试验基地建设，建立全行业共享的测试平台、数据库和专利数据库等。 ● 关键技术研发：实施新能源汽车重大创新工程，突破产业化过程中的车身材料及结构轻量化等共性技术和工艺技术，研发新能源汽车全新底盘、动力总成、汽车电子等产品，加大力度联合研制动力电池及其关键材料，以及生产、控制与检测装备等，构建全行业共享的共性技术平台。建立健全新能源汽车、充电技术及设施标准体系。 ● 产业化推广：稳步推进公共服务领域新能源汽车示范，开展私人购买新能源汽车补贴试点，加强综合评价，积极推进充电基础设施建设，探索新能源汽车整车租赁、电池租赁以及充换电服务等多种商业模式，形成完善的市场推广体系	
重大政策	● 完善财税激励政策，鼓励新能源汽车消费和使用。 ● 建立动力电池回收和梯级利用管理制度	

四、重大工程

……

（七）物联网和云计算工程

构建物联网基础和共性标准体系，突破低成本、低功耗、高可靠性传感器技术，组织新型 RFID、智能仪表、微纳器件、核心芯片、软件和智能信息处理等关键技术研发和产业链建设。在典型领域开展基于创新产品和解决方案的物联网示范应用，培育和壮大物联网新兴服务业，加强物联网安全保障能力建设。开展云计算服务创新发展试点示范。整合现有各类计算资源，推动各领域信息共享和业务协同，突破虚拟化、云计算应用支撑平台、云安全、云存储等核心技术，大力加强高性能计算等领域应用软件的开发，推进高性能服务器、海量数据存储、智能终端等设备产业化，加强对云计算基础设施的统筹部署和创新发展，构建云计算标准体系，支持建设一批绿色云计算服务中心、公共云计算服务平台，促进软件即服务（SaaS）、平台即服务（PaaS）、基础设施即服务（IaaS）等业务模式的创新发展。到2015年，初步形成符合国情的应用模式、标准规范和安全可靠的产业体系。

（八）信息惠民工程

推进普遍服务，完善信息惠民基础条件，建立多层次的国家优质教育资源库和共享服务平台，完善现代远程教育传输网络和服务体系；加强公共安全信息化支撑体系建设，提升公共安全实时监控、预警预报和应急处理能力，提高社会管理信息化水平。推进远程医疗，推广医疗信息管理和居民电子健康档案管理系统；推进标准统一、功能兼容的社会保障卡应用，逐步实现“人手一卡”和“一卡通”；支持一批城市开展电子商务示范城市创建工作，支持应用新信息技术和服务模式，在海铁公水联运、智能电网、安全生产监管、林业生态监测、环境污染监控、食品安全监管、药品药械监管、智能交通、货物快递追踪、危险品管理、城市公共管理等领域开展新型信息服务。加快研发适应三网融合业务要求的数字家庭智能终端和新型消费电子产品，开展数字家庭多业务应用示范。扩大信息服务在城乡及各领域的覆盖和应用。

……

（十三）航空装备工程

按照安全、经济、舒适和环保的要求，研制具有国际竞争力的150座级C919单通道干线飞机。加快科技攻关，发展高可靠性、低成本、数字化支线飞机和通用飞机（含直升机）设计与制造技术。推进ARJ21支线飞机的规模化生产和系列化发展，支持新舟系列支线飞机改进改型，研制新型支线飞机，发展大中型喷气公务机和新型通用飞机（含直升机）；拓展支线飞机市场应用，扎实推进通勤航空试点。推动航空发动机、航空设备产业发展及航空维修、支援、租赁等产业配套体系建设。到2015年，我国航空装备发展能力大幅提升。

（十四）空间基础设施工程

建设时空协调、全天候、全天时的对地观测卫星系统和“天地一体”的地面配套设施，发展空间环境监测卫星系统；完善我国全球导航定位系统；启动由大容量宽带多媒体卫星、全球移动通信卫星、数据中继卫星等系统组成的空间信息高速公路建设；建设相关地面配套设施。开展先进卫星平台、新型卫星有效载荷、核心部组件、卫星遥感定量化应用等关键技术研发，推进重点行业和领域的卫星系统应用示范，进一步提升卫星对地观测、卫星通信和卫星导航定位应用产业化水平。到2015年，形成长期连续稳定运行、系统功能优化的国家空间基础设施骨干架构，大幅提升我国卫星提供经济社会发展需求空间信息的能力。

（十五）先进轨道交通装备及关键部件工程

建立现代轨道交通装备核心技术的研发、关键零部件及系统的研发、试验验证、标准及知识产权保护体系。开发高寒及城际动车组、交流传动快速机车、30 吨轴重机车与货车、新型城轨车辆、大型施工装备、多功能高效率工程及养路机械。研发永磁电传动、磁悬浮、列车制动、牵引控制、安全监测、通信信号等关键技术，研制轮轴轴承、传动齿轮箱、转向架等关键零部件，加强产业化，提升核心部件及系统创新能力。到 2015 年，达到具有世界先进水平的轨道交通装备发展能力。

……

（二十）新能源汽车工程

建设新能源汽车公共测试平台、试验验证和应用综合评价体系，建立产品开发和专利数据库，重点研发动力电池、电机及控制系统等关键核心技术和新产品，加速纯电动、插电式混合动力汽车系列产品产业化，加大公共服务领域示范推广力度，扩大私人购买新能源汽车补贴试点城市范围和规模。推进充电网络体系和设施建设，探索新型商业化运行模式。

五、政策措施

（一）加大财税金融政策扶持

1. 加大财税政策扶持

在整合现有政策资源、充分利用现有资金渠道的基础上，建立稳定的财政投入增长机制，设立战略性新兴产业发展专项资金，着力支持重大关键技术研发、重大产业创新发展工程、重大创新成果产业化、重大应用示范工程及创新能力建设等。结合税制改革方向和税种特征，针对战略性新兴产业特点，加快研究完善和落实鼓励创新、引导投资和消费的税收支持政策。

2. 强化金融支持

加强金融政策和财政政策的结合，运用风险补偿等措施，鼓励金融机构加大对战略性新兴产业的信贷支持。发展多层次资本市场，拓宽多元化直接融资渠道。大力发展债券市场，扩大公司债、企业债、短期融资券、中期票据、中小企业集合票据等发行规模。进一步完善创业板市场制度，支持符合条件的企业上市融资。推进场外证券交易市场建设，满足处于不同发展阶段创业企业的需求。完善不同层次市场之间的转板机制，逐步实现各层次市场有机衔接。扶持发展创业投资企业，发挥政府新兴产业创业投资资金的引导作用，扩大资金规模，推动设立战略性新兴产业创业投资引导基金，充分运用市场机制，带动社会资金投向处于创业早中期阶段的战略性新兴产业创新型企业。健全投融资担保体系。引导民营企业和民间资本投资战略性新兴产业。

（二）完善技术创新和人才政策

1. 加强企业技术创新能力建设

构建新兴产业技术创新和支撑服务体系，加大企业技术创新的投入力度，对面向应用、具有明确市场前景的政府科技计划项目，建立由企业牵头组织、高等院校和科研机构共同参与实施的有效机制。依托骨干企业、围绕关键核心技术的研发、系统集成和成果中试转化，支持建设若干具有世界先进水平的工程化平台，发展一批企业主导、产学、研用紧密结合的产业技术创新联盟，支持联盟成员构建专利池、制定技术标准等。进一步加强财税政策的引导，激励企业增加研发投入。

2. 加强知识产权体系建设

加强重大发明专利、商标等知识产权的申请、注册和保护，鼓励国内企业申请国外专利。健全知识产权保护相关法律、法规，制定适合战略性新兴产业发展的知识产权政策。建立公共专利信息查询和服务平台，为全社会提供知识产权信息服务。针对我国企业在对外贸易投资中遇到的知识产权问题，尽快建立健全预警应急机制、海外维权和争端解决机制。大力推进知识产权的运用，完善知识产权转移交易体系，规范知识产权资产评估，推进知识产权投融资机制建设。

3. 加强技术标准体系建设

制定并实施战略性新兴产业标准发展规划，加快基础通用、强制性、关键共性技术、重要产品标准研制的速度，健全标准体系。建立标准化与科技创新和产业发展协同跟进机制，在重点产品和关键共性技术领域同步实施标准化，支持产学研联合研制重要技术标准并优先采用，加快创新成果转化和产业化步伐。

4. 建设高素质人才队伍

支持企业人才队伍建设。加快完善高校和科研机构科技人员职务发明创造的激励机制。加大力度吸引海外优秀人才来华创新创业，依托“千人计划”和海外高层次创新创业人才基地建设，加快吸引海外高层次人才。加强高校和中等职业学校战略性新兴产业相关学科专业建设，改革创新人才培养模式，建立企校联合培养人才的新机制，促进创新型、应用型和复合型人才的培养。

（三）营造良好的市场环境

1. 完善市场培育、应用与准入政策

鼓励绿色消费、信息消费、健康消费，促进消费结构升级。加大节能环保、新能源、新能源汽车等市场培育与引导力度，培育发展新业态。加快建立有利于战略性新兴产业发展的相关标准和重要产品技术标准体系，优化市场准入的审批管理程序。

2. 深化国际合作

引导外资投向战略性新兴产业，丰富外商投资方式，拓宽外资投资渠道，不断完善外商投资软环境。继续支持引进先进的核心——关键技术和设备。鼓励我国企业和研发机构在境外设立研发机构，参与国际标准制定。扩大企业境外投资自主权，支持有条件的企业开展境外投融资。完善相关出口信贷、保险等政策，支持拥有自主知识产权的技术标准在国外推广应用。支持企业通过境外注册商标、境外收购等方式，培育国际化品牌，开展国际化经营，参与高层次国际合作。国家支持战略性新兴产业发展的政策同等适用于符合条件的外商投资企业。

（四）加快推进重点领域和关键环节改革

完善相关市场开放机制，深化民间投资准入改革，鼓励各类企业投资战略性新兴产业。推行能效“领跑者”制度，建立健全排污权、节能量和碳排放交易制度，推进环保和资源税费、价格改革；建立生产者责任延伸制，建立资源循环利用产品认证体系和再制造产品标识管理制度；大力推进环境标志产品认证和政府绿色采购制度，积极倡导绿色消费。建立健全推进三网融合的政策和机制，深化电信体制改革，推进有线电视网络整合和运营机构转企改制，按照分业管理的原则探索建立适应三网融合要求的电信、广电监管体制和协调高效的运行机制，完善相关法规标准，推动三网融合高效有序开展。加强生物安全管理，完善药品、医疗器械注册管理、价格管理、集中招标采购、安全评价与监督管理等机制，制定实施有利于绿色生物基产品发展的激励政策。加快制定民用航空工业法律法规，加快推进空域管理体制改革，建立空域灵活使用机制，优化航路航线和飞行繁忙地区空域结构，推进低空空域开放；完善卫星应用数据共享、市场准入等政策法规；支持智能制造装备首台（套）研发创新和产业化，探索首台（套）装备保险机制。实施可再生能源发电配额制，落实可再生能源发电全额保障性收购制度，深化电力体制改革，完善新能源发电补贴机制，建立适应风电、太阳能光伏发电发展的电网运行管理体系；完善生物燃料、能源化利用农林废弃物的激励政策及市场流通机制等。

六、组织实施

（一）加强统筹协调

有效统筹协调中央、地方和其他社会资源，促进军民融合，突出重点，集中支持本规划明确的重大产业创新发展工程、重大关键技术研发与创新成果产业化、重大应用示范工程、创新能力建设等。加强与科技重大专项的衔接，发挥科技重大专项的引领带动作用。营造公平竞争环境，激发和调动各类市场主体的积极性，引导并加大对战略性新兴产业的投入，加快推进战略性新兴产业发展。

（二）加强宏观引导

优化产业布局，加强对地方发展战略性新兴产业的信息引导和宏观指导，明确不同区域总体功能定位和重点发展方向。各地要结合国家战略性新兴产业发展重点，从当地实际出发，重点发展具有竞争优势的特色新兴产业，避免盲目发展和重复建设。强化行业和企业自律，发挥行业协会在企业投资、经营决策方面的指导、协调和监督作用。加强市场信息预警与引导，定期向社会发布战略性新兴行业产能规模、产能利用率及生产、技术、市场发展动向等信息。

（三）培育发展产业示范基地

依托现有优势产业集聚区，充分利用现有资源，促进技术、人才、资金等要素向具有技术创新优势的企业和产业集聚，建设一批体制机制健全、市场活力大、产业链完善、辐射带动强、具有国际竞争力的战略性新兴产业示范基地，培育战略性新兴产业增长。发挥创新资源密集、创新环境良好区域的比较优势，完善创新创业体系，推进先行先试，培育若干全国战略性新兴产业的策源地。

（四）完善规划体系

根据本规划提出的重点方向和任务，研究制定战略性新兴产业分类及重点产品和服务指导目录，健全统计监测体系。制定实施节能环保、新一代信息技术、生物、高端装备制造、新能源、新材料、新能源汽车产业等专项规划，明确实施内容和实施机制。鼓励相关省（区、市）联合编制区域性发展规划，推进战略性新兴产业差别化、特色化协同发展。各专项规划和地方规划要加强与本规划的衔接。

（五）加强组织实施

成立由发展改革委、科技部、工业和信息化部、财政部等有关部门参加的战略性新兴产业发展部际协调小组，加强统筹协调和督促落实。协调小组办公室设在发展改革委，承担协调小组的日常工作。根据规划实施的需要，组建由相关部门组成的政策工作组，加强沟通协调，及时制定、出台有关政策措施。

有关部门要加强相关战略性新兴产业的统计和监测，加强形势分析，及时发布产业发展信息。发展改革委要会同有关部门加强对规划实施情况的跟踪分析和监督检查，及时开展后评估；要针对规划实施中出现的新情况新问题，适时提出解决办法，重大问题需及时向国务院报告。

“十二五”综合交通运输体系规划（节选）

交通运输是国民经济和社会发展的重要基础。构建网络设施配套衔接、技术装备先进适用、运输服务安全高效的综合交通运输体系，是交通运输领域落实科学发展观的重要举措，对促进经济长期平稳较快发展、全面建设小康社会具有十分重要的意义。“十二五”时期是我国构建综合交通运输体系的关键时期，根据《中华人民共和国国民经济和社会发展第十二个五年规划纲要》，并与《综合交通网中长期发展规划》等衔接，制定《“十二五”综合交通运输体系规划》（以下简称《规划》）。

一、发展形势

“十二五”时期是我国全面建设小康社会的关键时期，是深化改革、加快转变经济发展方式的攻坚时期，也是构建综合交通运输体系的重要时期，必须抓住机遇，迎接挑战，努力开创交通运输科学发展的新局面。

“十一五”时期，交通运输发展取得了重大成就，完成固定资产投资 7.97 万亿元，比“十五”时期增长 171%，运输能力紧张状况总体缓解，为服务经济社会发展发挥了重要作用。

经过改革开放特别是近十余年来大规模、高速度的建设，各种运输方式的网络框架基本形成，技术装备水平得到较大提升，初步具备了构建综合交通运输体系的基础条件。综合判断，“十二五”时期是我国交通基础设施网络完善的关键时期，是构建综合交通运输体系的重要时期，也是深化交通运输体制改革的攻坚时期。

二、指导思想

以邓小平理论和“三个代表”重要思想为指导，深入贯彻落实科学发展观，加快转变交通发展方式，实现各种运输方式从分散、独立发展转向一体化发展，初步形成网络设施配套衔接、技术装备先进适用、运输服务安全高效的综合交通运输体系，总体适应经济社会发展和人民群众出行需要。

“十二五”时期，综合交通运输体系发展要坚持以下原则：安全质量、合理布局、优化结构、适度超前、讲求效益、绿色发展、多元投入、改革创新。

三、发展目标

“十二五”时期，综合交通运输体系发展的主要目标是：

——初步形成以“五纵五横”为主骨架的综合交通运输网络，总里程达 490 万千米。

——基本建成国家快速铁路网，营业里程达 4 万千米以上，运输服务基本覆盖 50 万以上人口城市；加强煤运通道建设，强化重载货运网，煤炭年运输能力达到 30 亿吨；建设以西部地区为重点的开发性铁路；全国铁路运输服务基本覆盖大宗货物集散地和 20 万以上人口城市。

——基本建成国家高速公路网，通车里程达 8.3 万千米，运输服务基本覆盖 20 万以上人口城市；国道中二级及以上公路里程比重达到 70% 以上；农村公路基本覆盖乡镇和建制村，乡镇通班车率达到 100%、建制村通班车率达到 92%。

——完善煤炭、进口油气和铁矿石、集装箱、粮食运输系统，海运服务通达全球；70% 以上的内河高等级航道达到规划标准，运输效率和服务水平显著提升。

——扩大和优化民用航空网络，80% 以上的人口在直线距离 100 千米内能够享受到航空服务。

——形成跨区域、与周边国家和地区紧密相连的原油、成品油和天然气运输网络。

——强化城市公共交通网络，市区人口 100 万以上的城市实现中心城区 500 米范围内公交站点全覆盖。

——基本建成 42 个全国性综合交通枢纽。

——增强邮政普遍服务能力，发展农村邮政，实现乡乡设所、村村通邮。

四、主要任务

（一）基础设施

建设以连通县城、通达建制村的普通公路为基础，以铁路、国家高速公路为骨干，与水路、民航和管道共同组成覆盖全国的综合交通网络，发挥运输的整体优势和集约效能。

1. 完善区际交通网络

统筹各种运输方式发展，建设黑河至三亚、北京至上海、满洲里至港澳台、包头至广州、临河至防城港等 5 条南北向综合运输通道，建设天津至喀什、青岛至拉萨、连云港至阿拉山口、上海至成都、上海至瑞丽 5 条东西向综合运输通道，优化结构、提升能力，形成覆盖全国的区际运输网络。

（1）铁路

科学推进铁路建设。加快构建大能力运输通道，形成快速客运网，强化重载货运网。

发展高速铁路，基本建成国家快速铁路网。贯通北京至哈尔滨（大连）、北京至上海、上海至深圳、北京至深圳及青岛至太原、徐州至兰州、上海至成都、上海至昆明等“四纵四横”客运专线，建设相关辅助线、延伸线和联络线。强化区际干线，新线建设与既有线改造相结合，扩大快速铁路客运服务覆盖范围。

加快西部干线建设，强化煤炭运输等重载货运通道，尽快形成功能布局完善、覆盖范围广、通道能力强、技术结构合理的运输网络；建设港口后方铁路集疏运系统，推进集装箱运输通道建设。加强改造既有线，配套建设客货运设施。

（2）公路

有序推进公路建设。贯通国家高速公路网，加强国省干线公路改扩建，发挥高等级公路快速通达的效益。

基本建成国家高速公路网。基本贯通北京至上海等 7 条首都放射线、沈阳至海口等 9 条南北纵向线、连云港至霍尔果斯等 18 条东西横向线，形成由中心城市向外放射、横贯东西、纵贯南北的高速公路大通道。适度建设地方高速公路。

加大国省干线公路改造力度，提升技术等级和通行能力。重点改造“五射、六纵、四横”15 条国道及其他瓶颈路段；实施县通二级公路工程，基本实现具备条件的县城通二级及以上标准公路；加强省际通道和连接重要口岸、旅游景区、矿产资源基地等的公路建设。

（3）水路

积极发展水路运输。完善港口布局，提升沿海港口群现代化水平，推进航运中心建设，加快实施长江等内河高等级航道工程。

推进环渤海、长江三角洲、东南沿海、珠江三角洲、西南沿海港口群规模化、专业化协调发展。推进与区域规划、产业布局相关的新港区开发和老港区迁建。加强港口深水航道、防波堤等公共基础设施和集疏运系统建设。完善 1000 人以上岛屿客货运交通设施。

加快上海国际航运中心、天津北方国际航运中心、大连东北亚国际航运中心建设，推进重庆长江上游航运中心和武汉长江中游航运中心建设，促进物流、信息、金融、保险、代理等现代航运服务业发展。

加快长江干线航道系统治理，推进西江航运干线扩能和京杭运河航道建设工程，加快建设长江三角洲和珠江三角洲高等级航道网，相应建设其他地区航道。加快内河主要港口规模化港区建设，发展专业、环保港区。

（4）民航

推进民用航空发展。优化空域资源配置，提升空中交通网络运行能力。加强机场建设，形成层次清晰、功能完善、结构合理的机场布局。

通过建设平行航线、利用新技术等方式，扩能改造北京至上海、北京至广州、北京至大连、北京至昆明、上海至广州、上海至大连、上海至西安、上海至成都、广州至成都 9 条国家骨干航路。加快雷达管制建设，完善以哈尔滨、沈阳、西安、成都、昆明、武汉、长沙、乌鲁木齐等为节点的区域航路航线。

加快推进北京、上海、广州机场建设，完善国际枢纽功能。改扩建繁忙干线机场，积极发展支线机场，调整布局、优化结构，支持有条件的中西部干线机场发展成为内陆航空枢纽。加快通勤和其他通用机场布点，积极稳妥建设通勤机场，促进通用航空产业发展。加强边远地区和交通不便地区机场建设。

2. 建设城际快速网络

以轨道交通和高速公路为骨干，以国省干线公路、通勤航空为补充，加快推进城市群（圈、带）多层次城际快速交通网络建设，适应城市群发展需要。

建设京津冀、长江三角洲、珠江三角洲三大城市群以轨道交通为主的城际交通网络。在城市群内主要城市之间，加快高速公路改扩建。在中小城市与城镇之间及城镇分布较为密集的走廊经济带上，视运输需求，加密高等级公路网络、提升省道技术等级或以城市快速路的形式建设相对开放的快捷通道，并注重与区际交通网络的衔接。

推进重点开发区域城市群的城际干线建设，构建都市交通圈。加快中心城市到区域主要城市的城际快速通道建设，发展较快的城市群区域，以轨道交通和高速公路为主；尚处于形成初期的城市群区域，以高等级公路为主。进一步完善区域中小城市及城镇间公路网络。

充分利用区际通道运输能力，服务城际交通。优先考虑利用新建铁路客运专线和既有铁路开行城际列车，提高综合交通运输的效率和效益。

3. 强化城市公共交通

实施公共交通优先发展战略，满足市民基本出行和生活需求。逐步建设规模合理、网络通畅、结构优化、有效衔接的城市综合交通系统。完善城市公共交通基础设施，科学优化城市交通各子系统关系，统筹区域交通、城市对外交通、市区交通以及各种交通方式协调发展，加快智能交通建设，合理引导需求，提升城市综合交通承载力，支撑城市可持续发展。

优先发展公共交通，提高公共交通出行分担比例。积极发展多种形式的大容量公共交通，提高线网密度和站点覆盖率，构建安全可靠、方便快捷、经济适用的公共交通系统。根据不同城市规模和特点，制定差别化的轨道交通发展目标，有序推进轻轨、地铁、有轨电车等城市轨道交通网络建设。

旧城改造和新城开发必须坚持交通基础设施同步规划和建设，发挥大容量公共交通在引导城市功能布局、土地综合开发和利用等方面的作用。统筹规划，优化城市道路网结构，改善城市交通微循环。保障公共交通设施用地，鼓励公共交通用地的综合开发，增强公共交通可持续发展能力。合理分配城市道路资源，落实地面公共交通路权优先政策，加快公共交通专用道建设，规范出租车健康、有序、合理发展。完善机动车等停车系统及与公共交通设施的接驳系统。有效引导机动车的合理使用，推进自行车、步行等交通系统建设，方便换乘，倡导绿色出行。

统筹考虑城市内多种轨道交通方式的衔接协调发展。充分利用既有铁路资源，结合铁路新线建设和枢纽功能优化调整，统一规划和布局，鼓励有条件的大城市发展市郊铁路，以解决中心城区与郊区、卫星城镇、郊区与郊区、城市带及城市圈内大运量城市交通需求问题。加快城市及其综合客运枢纽周边道路的建设，大、中城市可推进绕城高速公路建设。优化城市货运通道、枢纽场站和物流园区的布局，缓解城市出入口和枢纽周边交通压力。

4. 推进农村交通建设

统筹城乡交通一体化发展，加快农村交通基础设施建设，提高农村公路的通达深度、覆盖广度和技术标准。

继续实施以通沥青（水泥）路为重点的通达、通畅工程，形成以县城为中心，覆盖乡镇、村的公路网络。加快集中连片特殊困难地区农村公路建设。新建和改造农村公路100万千米，实现具备条件的乡镇、东中部地区建制村、西部地区80%以上的建制村通沥青（水泥）路。实施县乡道改造和连通工程，提高农村公路网络水平。

实施农村公路的桥涵建设、危桥改造以及客运场站等公交配套工程，加强农村公路的标识、标线、护栏等安全设施建设，切实落实农村公路的养护和管理。

开发利用偏远农村地区水运资源，加快推进重要支流和库区的航运开发，延伸航道通达和覆盖范围，加强乡镇渡船渡口设施的更新改造。

5. 发展综合交通枢纽

按照零距离换乘和无缝化衔接的要求，全面推进综合交通枢纽建设。

加强以铁路、公路客运站和机场等为主的综合客运枢纽建设，完善客运枢纽布局和功能。依托客运枢纽，加强干线铁路、城际轨道、干线公路、机场等与城市轨道交通、地面公共交通、私人交通、市郊铁路等的有机衔接，强化枢纽和配套设施建设，促进枢纽与干线协调发展，形成城市内外和不同方式之间便捷、安全、顺畅换乘，提高综合客运枢纽的一体化水平和集散效率。完善邮轮、游艇、陆岛等客运码头与其他运输方式的衔接。适时开展多式联运示范工程。

加强以铁路和公路货运场站、主要港口和机场等为主的综合货运枢纽建设，完善货运枢纽布局和功能。依托货运枢纽，加强各种运输方式的有机衔接，建立和完善能力匹配的铁路、公路等集疏运系统与邮政、城市配送系统，实现货物运输的无缝化衔接。加大铁路在港口货物集散中的比重，减少公路集疏运对城市交通的影响。推进集装箱中转站建设。

加快综合交通枢纽规划工作，做好与城乡规划、城市总体规划、土地利用总体规划等的衔接与协调。

6. 衔接内地港澳交通

坚定不移贯彻“一国两制”、“港人治港”、“澳人治澳”、高度自治的方针，严格按照特别行政区基本法办事。加强规划协调，完善珠江三角洲地区与港澳地区的交通运输体系，促进香港澳门长期繁荣稳定。

支持香港发展航运业，巩固和提升香港国际航运中心地位。建立粤港两地航运更紧密协作关系，支持香港增强港口转口业务，发展与航运关联的业务以及现代物流业。

深化内地与香港、澳门大型基础设施合作，研究探索建立新型管理模式，促进珠江三角洲地区与港澳交通一体化。加快建设港珠澳大桥，实现香港、珠海、澳门三地高速公路连通。

（二）技术装备

按照安全可靠、先进高效、经济适用、绿色环保的要求，依托重大工程项目，通过消化、吸收再创新和系统集成创新以及原始创新，增强自主发展能力与核心竞争力，进一步提升技术和装备水平。加大交通运输新技术、新装备的开发和应用，加快推进具有我国自主知识产权的技术与装备的市场化和产业化，带动相关产业升级和壮大。研究设置能耗和排放限值标准，研究制定装备技术政策，促进技术装备的现代化。

提高交通运输的信息化、智能化水平。加强协调，推进综合交通运输公共信息平台建设，逐步建立各种运输方式之间的信息采集、交换和共享机制。积极推动客货运输票务、单证等的联程联网系统建设，推进条码、射频、全球定位系统、行包和邮件自动分拣系统等先进技术的研发及应用。逐步建立高速公路全国监控、公路联网和不停车收费系统，提高运营安全与效率。

（三）运输服务

按照建立综合、高效交通运输服务系统要求，实现运输服务能力与质量的同步提升。加快运输市场建设，完善政府运输监管和公共服务职能，着力提高运输服务水平和物流效率，提升运输服务对国民经济和社会发展的支撑作用。

加快运输市场建设。完善政府运输监管。强化公共服务职能。提升运输服务水平。加强各种运输服务之间的无缝衔接与合作，提高客货运输服务效率，降低社会物流成本。鼓励运输企业开展一体化运输服务，加强运输服务中的线路、能力、运营时间、票制、管理的衔接。优化运输组织，创新服务方式，推进客票一体联程、货物多式联运，大力发展现代物流服务、快递等先进一体化运输服务方式以及汽车租赁等交通服务业，有效延伸运输服务链。

（四）安全保障

坚持安全第一、预防为主的方针，正确处理好安全与发展、速度、效率、质量的关系。

强化交通安全理念。完善安全管理体制。健全安全管理制度。完善交通运输设施、装备安全标准和安全认证规范以及安全法律法规制度，加强高速公路安全监管系统建设。建设交通运输安全生产和应急综合信息系统，完善落实安全评估机制。

加强安全监督管理。深入开展安全隐患排查和治理，强化危险品运输的市场准入和监控，规范危险品及特种货物运输。加快交通安全监管网络建设，加强道路交通安全监管。基本建成重点运营车辆 GPS（全球定位系统）联网联控系统和道路交通动态监控平台。

加大安全设施投入。加大高速铁路运营安全投入，攻克控制系统等关键环节和薄弱环节，提高通信信号及运输调度指挥安全保障水平。建立铁路安全监控、防灾预警系统；推进公路交通线网灾害防治工程、安保工程建设；推进水路安全设施建设；加快推进农村公路渡口改造和渡改桥工程；完善机场空管、安保、消防救援等设施设备，确保民航通航安全。

增强安全科研力量。推进安全队伍建设。提升应急保障能力。构建国家和地方交通应急保障机制，制定交通应急能力建设规划，建立交通运输自身和交通环境污染突发事件应急预案和处置机制，形成跨区域交通应急信息报送和区域联动协调机制。

（五）节约环保

大力发展循环经济，切实推进绿色交通系统建设，加大节能减排力度，努力控制交通运输领域温室气体排放，全面提高综合交通运输体系可持续发展能力。

节约利用资源。在规划、建设、运营、养护等各个环节集约利用土地、线位、岸线、空域等资源，提高资源的综合利用水平。加快发展轨道交通、水路等节约型运输方式，提高资源利用效率。加强交通基础设施建设中废旧建材等再生资源的循环利用。

提高用能效率。提高铁路电气化比重，鼓励港口使用电力驱动的装卸设施，淘汰高耗能交通设施设备和工艺。

保护生态环境。增强交通规划阶段环保意识，加强交通基础设施建设的环境影响评价工作，对建设全过程实行环境影响动态监测。鼓励应用清洁环保交通技术和装备，降低污染物和二氧化碳排放水平，有效控制噪声污染。

五、政策措施

（一）深化体制改革

深化管理体制改革，加快建立综合交通运输管理体制。建立跨区域、跨行业的综合交通运输规划、建设、运营管理新机制，提高综合交通运输体系发展的质量与水平。

（二）加强法制建设

按照市场经济要求，根据我国综合交通运输体系建设新形势需要，研究修订铁路法、公路法、收费公路管理条例、铁路运输安全保护条例、海上交通安全法、水路运输管理条例、通用航空飞行管制条例，加快推动制定航道法、航空法、空域使用管理条例、天然气基础设施建设与运营管理条例、邮政企业专营业务范围的规定、国防交通法等法律法规。研究提出促进综合交通运输发展的意见。

（三）推动科技创新

健全科技创新体系，完善科技创新机制，提高交通运输设施、装备、管理等技术创新能力。加大资金投入力度，支持交通运输关键技术、核心装备的研发应用和重大问题的研究。强化交通运输领域人才队伍建设。

（四）拓宽融资渠道

积极探索综合交通运输体系发展的新型投融资模式，形成“国家投资、地方筹资、社会融资、利用外资”的投融资机制。

（五）健全标准体系

加强基础设施领域技术标准体系建设，根据综合交通运输体系发展需要，修订基础设施建设领域的已有标准，制定城际轨道交通、城市轨道交通、中低速磁悬浮交通、港口吞吐能力、通用机场和综合交通枢纽等建设标准体系。

（六）完善规划体系

强化《规划》对交通建设项目等的指导，增强《规划》的执行力和约束力。编制、完善铁路、公路、水路、民航等行业规划，加强其与《规划》和国家其他相关规划的衔接与协调。

（国发［2012］18 号文发布）

导航与位置服务科技发展“十二五”专项规划

导航与位置服务是指基于导航定位、移动通信、数字地图等技术，建立人、事、物、地在统一时空基准下的位置与时间标签及其关联，为政府、企业、行业及公众用户提供随时获知所关注目标的位置及位置关联信息的服务。

“十二五”期间是我国全面建设小康社会的关键时期，是提高自主创新能力、培育战略性新兴产业、建设创新型国家的重要阶段。卫星导航系统是服务经济建设、社会发展和公共安全的战略性基础设施。大力发展以自主卫星导航系统为基础的导航与位置服务产业，推进资源共建共享，对于提升公众生活质量、培育战略性新兴产业和保持经济平稳较快发展具有十分重要的意义。

为加快推进北斗卫星导航系统的应用与产业化，增强我国导航与位置服务产业自主创新能力，按照《国家中长期科学和技术发展规划纲要（2006—2020 年）》、《中华人民共和国国民经济和社会发展第十二个五年规划纲要》和《国务院关于加快培育和发展战略性新兴产业的决定》等相关要求，特制定导航与位置服务科技发展“十二五”专项规划。

一、形势与需求

（一）保障经济社会发展的关键基础设施

卫星导航是提供用户导航与位置服务的主要手段。目前，世界大国竞相发展各自的卫星导航及增强服务系统，保障其导航与位置服务产业的优势和竞争力。位置相关信息是位置服务的基础要素，正成为各国导航与位置服务产业力争的战略资源。通过科技专项实施，建立面向行业和公众的位置信息服务系统，形成自主可控的位置服务能力，可有力推动我国北斗应用产业化进程，提升我国相关产业的核心竞争力。

（二）带动相关产业转型升级的有效途径

导航与位置服务产业在国际上已成为继互联网、移动通信之后的发展最快的新兴信息产业之一，近年来持续保持 50% 以上的年增长势头，具有十分巨大的市场潜力。由于其具有广泛的产业关联性、普适，应用与服务的大众化、全球化特征，以及与通信产业和互联网产业良好的互补性、融合性等优势，对带动农业、现代服务业、交通运输业、电子制造业、移动通信业等多个产业升级改造具有重要的促进作用，是带动传统产业升级改造的有效途径。

（三）建立产业技术创新体系的有力支撑

目前我国导航与位置服务的核心技术尚不完备，制约了该产业的健康快速发展。在定位方面，不能满足室内外高精度、全覆盖需求；在地图方面，缺少室内地图，位置信息迭加协议不统一，内容信息不足；在服务方面，不能满足海量用户智能化、个性化位置服务需求。通过科技专项的实施，打造创新环境、搭建创新平台、培养人才队伍等，形成完善的技术创新体系。

（四）打造导航与位置服务产业链的必由之路

导航与位置服务产业链由定位信号提供商、地图提供商、内容提供商、位置信息集成商、应用服务提供商、终端制造商和各类用户组成。其中，位置信息集成商将定位信息、地图信息和位置关联信息进行综合集成处理，形成由全信息构成的全息导航地图，由位置服务提供商发布给各类用户，是产业链的关键环节。通过实施导航与位置服务专项可以从顶层牵引上述产业链中各环节的协调发展，是建立各环节之间紧密联系的必须途径。

二、指导思想与发展原则

（一）指导思想

深入贯彻落实科学发展观，按照《国家中长期科学和技术发展规划纲要（2006—2020年)》确定的发展重点和《国务院关于加快培育和发展战略性新兴产业的决定》，紧密围绕建立自主定位导航授时体系和产业的战略需求，以技术创新、应用创新带动导航与位置服务产业创新发展为着力点，积极探索市场机制下的优化组织模式，加快推进导航与位置服务产业的关键技术、核心部件和重大产品创新，支撑我国导航与位置服务产业及应用健康可持续发展。

（二）发展原则

创新引领、跨越发展。创新技术研发、系统建设和应用发展的模式，超前部署创新技术和应用，加快推动新技术新应用产业化进程，不断提升北斗系统服务性能和水平，稳步推进国家定位导航授时体系建设，促进自主导航与位置服务产业跨越式发展。

统筹部署、协调发展。加强导航与位置服务技术研发、系统建设、应用创新、产业推广等各环节的协同，统筹北斗系统建设和国家科技计划资源，加强芯片、终端、地图、应用等全产业链部署，努力攻克关键技术和产品，持续提升北斗系统服务性能和质量，逐步建立和完善导航与位置服务产业发展所需的人才队伍、政策措施、产业化环境、标准规范、测试认证等支撑体系，促进导航与位置服务产业与北斗系统建设同步协调发展。

服务民生、深化应用。以人为本，切实贯彻科技便民、科技惠民的根本宗旨，大力推进与移动通信、互联网等技术融合创新，促进业务模式创新和信息服务创新，不断深化行业应用，提升北斗系统应用能力和服务水平。

自主可控、安全可靠。大力推进北斗卫星导航系统应用，建立和完善自主室内外无缝导航定位和授时体系，着力解决位置服务所需地图的国产化和精细化问题，逐步依托自主技术建设安全可控的导航定位与授时基础设施。

三、发展目标

（一）总体目标

面向培育导航与位置服务产业和构建国家定位导航授时体系的重大需求，与北斗卫星导航系统建设协同攻关，加强创新能力和技术支撑体系建设；研发自主的核心系统，突破制约产业发展的核心关键技术；加快科技成果转化，拓宽导航与位置服务应用领域；促进北斗导航系统应用与产业化，完善自主的导航与位置服务产业链；形成自主可控的导航与位置服务能力，全面提升我国导航与位置服务产业核心竞争力。

（二）具体目标

（1）突破三大核心技术：泛在精确定位，全息导航地图，智能位置服务。

（2）开展三类应用示范：研制导航与位置服务应用系统，开展公众、行业及区域应用示范，为政府、企业、公众用户随时提供所需内容丰富的位置信息服务。

（3）构建一个体系框架：面向未来导航与位置服务需求，构建国家定位导航授时体系框架，开展技术实验和验证。

（4）建立三个创新平台：实施导航与位置服务科技创新工程，建立人才创新平台、技术创新平台、产业创新平台，提升自主创新能力。

（三）指标体系

类　别	序　号	指　标	属　性
科技	1	完成一批关键技术、设备和系统	约束性
	2	为国家定位导航授时体系建设提供技术支撑	
	3	申请300项专利	
经济	4	直接形成1000亿以上的规模产业	预期性
社会	5	初步建立5个高新技术产业化基地	约束性
	6	培育30家创新型企业	
	7	形成10个左右的示范和试验应用	

四、重点任务

（一）基础理论与共性支撑技术研究

重点研究组合导航技术、天地一体的定位导航与授时融合理论体系、新型导航定位原理与方法、高稳定度星载原子钟、全球空间大地测量基准动态维持及服务、国家定位导航授时（PNT）体系研究及验证等。

（二）关键技术突破

重点解决制约我国导航与位置服务产业发展所需的瓶颈技术问题，突破以北斗为核心的多系统兼容互用、室内外协同实时精密定位（Cooperative Real-time Precise Positioning, CRP）、全息导航地图获取融合与更新、位置信息挖掘与智能服务、高性能组合导航、位置服务系统及终端性能的测试监测与评估等关键技术。

（三）系统平台研发

集成泛在精确定位、全息导航地图、智能位置服务等成果，研制导航与位置服务系统，构建导航与位置服务网。研究导航与位置服务终端入网标准、空间信息基础数据和专题数据的迭加协议、位置服务的信息安全等关键问题，建立导航与位置服务网络和运营管理示范系统与平台，逐步形成我国导航与位置服务的综合体系，促进导航与位置服务战略性新兴产业的形成。

（四）典型应用示范

重点开展在我国交通、国土、农业、林业等行业位置服务应用示范，公众出行、社会网络、旅游娱乐等公众位置服务应用示范，智能搜救、灾害救援等区域位置服务应用示范。

（五）人才和技术创新体系建设

培养和造就一批具有国际水平的位置服务与卫星导航领域专业人才队伍，形成多个技术水平高、科研能力强、产业贡献大、国内领先、国际一流的科研机构和科研团队，引导社会资源尤其是民营资本参与，建立若干产业化基地，开展国际导航科技合作和以北斗为主的导航技术培训活动，强化北斗系统在区域和全球的应用广度和深度，提升我国在导航与位置服务领域的国际影响力和话语权。

五、保障措施

（一）强化自主创新机制

以企业为主体，加大国家科技引导投入，统筹多渠道资源，多种资助模式相结合；

以产业需求为导向，加强部门联合、军民结合、科技计划与北斗系统建设的协同攻关，持续推动以北斗应用为核心的导航与位置服务技术研究和产品开发。

（二）加强产业化环境建设

调动相关行业、部门、地方的积极性，充分发挥国家高新技术产业开发区、国家级高新技术产业化基地的作用，调动产业技术创新战略联盟、大学科技园等资源，优化导航与位置服务产业结构，完善产业政策和产业链条，推动国家导航与位置服务技术标准体系建设，促进产业集群的形成和创新发展。

（三）深化国际交流合作机制

建立国际合作渠道，积极参与国际交流，促进多模卫星导航系统的技术合作与应用，提高我国导航与位置服务领域的整体技术水平。

（国科发高［2012］901 号文发布）

国务院关于促进民航业发展的若干意见

国发［2012］24号

各省、自治区、直辖市人民政府，国务院各部委、各直属机构：

民航业是我国经济社会发展重要的战略产业。改革开放以来，我国民航业快速发展，行业规模不断扩大，服务能力逐步提升，安全水平显著提高，为我国改革开放和社会主义现代化建设做出了突出贡献。但当前民航业发展中不平衡、不协调的问题仍较为突出，空域资源配置不合理、基础设施发展较慢、专业人才不足、企业竞争力不强、管理体制有待理顺等制约了民航业的可持续发展。为促进民航业健康发展，现提出以下意见：

一、总体要求

（一）指导思想

以邓小平理论和“三个代表”重要思想为指导，深入贯彻落实科学发展观，以转变发展方式为主线，以改革创新为动力，遵循航空经济发展规律，坚持率先发展、安全发展和可持续发展，提升发展质量，增强国际竞争力，努力满足经济社会发展和人民群众出行需要。

（二）基本原则

——以人为本、安全第一。树立和落实持续安全理念，为社会提供安全优质的航空服务。

——统筹兼顾、协调发展。统筹民航与军航、民航与其他运输方式、民航业与关联产业，以及各区域间协调发展。

——主动适应、适度超前。加强基础设施建设，提高装备水平和服务保障能力。

——解放思想、改革创新。破除体制机制障碍，最大限度解放和发展民航生产力。

——调整结构、扩容增效。合理利用空域等资源，增加飞行容量，推进技术进步和节能减排。

（三）发展目标

到2020年，我国民航服务领域明显扩大，服务质量明显提高，国际竞争力和影响力明显提升，可持续发展能力明显增强，初步形成安全、便捷、高效、绿色的现代化民用航空体系。

——航空运输规模不断扩大，年运输总周转量达到1700亿吨千米，年均增长12.2%，全国人均乘机次数达到0.5次。

——航空运输服务质量稳步提高，安全水平稳居世界前列，运输航空百万小时重大事故率不超过0.15，航班正常率提高到80%以上。

——通用航空实现规模化发展，飞行总量达200万小时，年均增长19%。

——经济社会效益更加显著，航空服务覆盖全国89%的人口。

二、主要任务

（一）加强机场规划和建设

机场特别是运输机场是重要公共基础设施，要按照国家经济社会发展和对外开放总体战略的要求，抓紧完善布局，加大建设力度。机场规划建设既要适度超前，又要量力而行，同时预留好发展空间，做到确保安全、经济适用、节能环保。要按照建设综合交通运输体系的原则，确保机场与其他交通运输方式的有效衔接。着力把北京、上海、广州机场建成功能完善、辐射全球的大型国际航空枢纽，培育昆明、乌鲁木齐等门户机场，增强沈阳、杭州、郑州、武汉、长沙、成都、重庆、西安等大型机场的区域性枢纽功能。新建支线机场，应统筹考虑国防建设和发展通用航空的需要，同时结合实际加快提升既有机场容量。要整合机场资源，加强珠三角、长三角和京津冀等都市密集地区机场功能互补。注重机场配套设施规划与建设，配套完善旅客服务、航空货运集散、油料供应等基础设施，大型机场应规划建设一体化综合交通枢纽。

（二）科学规划安排国内航线网络

构建以国际枢纽机场和国内干线机场为骨干，支线和通勤机场为补充的国内航空网络。重点构建年旅客吞吐量1000万人次以上机场间的空中快线网络。加强干线、支线衔接和支线间的连接，提高中小机场的通达性和利用率。以老少边穷地区和地面交通不便地区为重点，采用满足安全要求的经济适用航空器，实施“基本航空服务计划”。优化内地与港澳之间的航线网络，增加海峡两岸航线航班和通航点。完善货运航线网络，推广应用物联网技术，按照现代物流要求加快航空货运发展，积极开展多式联运。

（三）大力发展通用航空

巩固农、林航空等传统业务，积极发展应急救援、医疗救助、海洋维权、私人飞行、公务飞行等新兴通用航空服务，加快把通用航空培育成新的经济增长点。推动通用航空企业创立发展，通过树立示范性企业鼓励探索经营模式，创新经营机制，提高管理水平。坚持推进通用航空综合改革试点，加强通用航空基础设施建设，完善通用航空法规标准体系，改进通用航空监管，创造有利于通用航空发展的良好环境。

（四）努力增强国际航空竞争力

适应国家对外开放和国际航空运输发展的新趋势，按照合作共赢的原则，统筹研究国际航空运输开放政策。鼓励国内有实力的客、货运航空企业打牢发展基础，提升管理水平，开拓国际市场，增强国际竞争能力，成为能够提供全球化服务的国际航空公司。完善国际航线设置，重点开辟和发展中远程国际航线，加密欧美地区航线航班，增设连接南美、非洲的国际航线。巩固与周边国家的航空运输联系，推进与东盟国家航空一体化进程。加强国际航空交流与合作，积极参与国际民航标准的制定。

（五）持续提升运输服务质量

要按照科学调度、保障有力的要求，努力提高航班正常率。建立面向公众的航班延误预报和通报制度，完善大面积航班延误预警和应急机制，规范航班延误后的服务工作。推广信息化技术，优化运行流程，提升设备能力，保证行李运输品质。完善服务质量标准体系和实施方法，简化乘机手续，创新服务产品，打造特色品牌，提高消费者满意度。

（六）着力提高航空安全水平

坚持“安全第一、预防为主、综合治理”的方针，牢固树立持续安全理念，完善安全法规、制度体系，建立健全安全生产长效机制。坚持和完善安全生产责任制度，严格落实生产运营单位安全主体责任。推行安全隐患挂牌督办制度和安全问责制度，实行更加严格的安全考核和责任追究。完善航空安保体制机制，加强行业主管部门与地方政府的沟通协调，确保空防安全。加强专业技术人员资质管理，严把飞行、空管、维修、签派、安检等关键岗位人员资质关。加大安全投入，加强安全生产信息化建设，积极推广应用安全运行管理新技术、新设备。加强应急救援体系建设，完善重大突发事件应急预案。

（七）加快建设现代空管系统

调整完善航路网络布局，建设国内大容量空中通道，推进繁忙航路的平行航路划设，优化繁忙地区航路航线结构和机场终端区空域结构，增加繁忙机场进离场航线，在海洋地区增辟飞越国际航路。优化整合空管区划，合理规划建设高空管制区。大力推广新一代空管系统，加强空管通信、导航、监视能力及气象、情报服务能力建设，提升设备运行管理水平。完善民航空管管理体制与运行机制。

（八）切实打造绿色低碳航空

实行航路航线截弯取直，提高临时航线使用效率，优化地面运行组织，减少无效飞行和等待时间。鼓励航空公司引进节能环保机型，淘汰高耗能老旧飞机。推动飞机节油改造，推进生物燃油研究和应用，制定应对全球气候变化对航空影响的对策措施。

制定实施绿色机场建设标准，推动节能环保材料和新能源的应用，实施合同能源管理。建立大型机场噪声监测系统，加强航空垃圾无害化处理设施建设。

（九）积极支持国产民机制造

鼓励民航业与航空工业形成科研联动机制，加强适航审定和航空器运行评审能力建设，健全适航审定组织体系。积极为大飞机战略服务，鼓励国内支线飞机、通用飞机的研发和应用。引导飞机、发动机和机载设备等国产化，形成与我国民航业发展相适应的国产民航产品制造体系，建立健全售后服务和运行支持技术体系。积极拓展中美、中欧等双边适航范围，提高适航审定国际合作水平。

（十）大力推动航空经济发展

通过民航业科学发展促进产业结构调整升级，带动区域经济发展。鼓励各地区结合自身条件和特点，研究发展航空客货运输、通用航空、航空制造与维修、航空金融、航空旅游、航空物流和依托航空运输的高附加值产品制造业，打造航空经济产业链。选择部分地区开展航空经济示范区试点，加快形成珠三角、长三角、京津冀临空产业集聚区。

三、政策措施

（一）加强立法和规划

健全空域管理相关法律法规，推动修订《中华人民共和国民用航空法》。加强航空安全、空中交通、适航审定、通用航空等方面的立法工作，建立比较完备的民航法规和标准体系。编制全国空域规划和通用航空产业规划，完善《全国民用机场布局规划》。各地区编制本地民航发展规划，要做好与当地经济社会发展、土地利用、城乡建设等规划的衔接。

（二）加大空域管理改革力度

以充分开发和有效利用空域资源为宗旨，加快改革步伐，营造适应航空运输、通用航空和军事航空和谐发展的空域管理环境，统筹军民航空域需求，加快推进空域管理方式的转变。加强军民航协调，完善空域动态灵活使用机制。科学划分空域类别，实施分类管理。做好推进低空空域管理改革的配套工作，在低空空域管理领域建立起科学的基础理论、法规标准、运行管理和服务保障体系，逐步形成一整套既有中国特色又符合低空空域管理改革发展特点的组织模式、制度安排和运行方式。

（三）完善管理体制机制

适应民航业发展要求理顺民航业管理体制机制，强化民航系统各地区管理机构建设。加强民航业主管部门对民航企业的行业管理力度，完善国有大型航空运输企业考核体系，引导企业更加注重航空运输的社会效益。全面贯彻《民用机场管理条例》，深化机场管理体制改革，进一步明确地方政府在机场发展中的主体责任和相关职能。发挥市场对资源配置的基础性作用，逐步推进民航运输价格改革，健全价格形成机制。完善民航机场和空管收费政策。加快航油、航材、航信等服务保障领域的市场开放，鼓励和引导外资、民营资本投资民航业。

（四）强化科教和人才支撑

将民航科技创新纳入国家科技计划体系，建立相应的国家级民航重点实验室。加强空管核心技术、适航审定、航行新技术的研发和推广，推动北斗卫星系统在民航领域的应用。加快航空运输系统核心信息平台的升级换代，保障基础信息网络和重要信息系统安全，增强民航装备国产化的实验验证能力。实施重大人才工程，加大飞行、机务、空管等紧缺专业人才培养力度。强化民航院校行业特色，鼓励有条件的非民航直属院校和教育机构培养民航专业人才。对民航行政机构专业技术人员薪酬待遇等实行倾斜政策，稳定民航专业人才队伍。

（五）完善财税扶持政策

加大对民航建设和发展的投入，中央财政继续重点支持中西部支线机场建设与运营。加强民航发展基金的征收和使用，优化基金支出结构。完善应急救援和重大专项任务的行政征用制度。实行燃油附加与航油价格的联动机制。保障机场及其综合枢纽建设发展用地，按规定实行相应的税收减免政策。支持符合条件的临空经济区按程序申请设立综合保税区等海关特殊监管区域，按规定实行相应的税收政策。继续在规定范围内给予部分飞机、发动机、航空器材等进口税收优惠。

（六）改善金融服务

研究设立主体多元化的民航股权投资（基金）企业。制定完善相关政策，支持国内航空租赁业发展。鼓励银行业金融机构对飞机购租、机场及配套设施建设提供优惠的信贷支持，支持民航企业上市融资、发行债券和中期票据。完善民航企业融资担保等信用增强体系，鼓励各类融资性担保机构为民航基础设施建设项目提供担保。稳步推进国内航空公司飞机第三者战争责任险商业化进程。

各地区、各部门要充分认识促进民航业发展的重要意义，进一步统一思想，提高认识，扎实工作，采取切实措施落实本意见提出的各项任务，积极协调解决民航业发展中的重大问题，共同开创民航业科学发展的新局面。

国务院

2012 年 7 月 8 日

国务院关于加强道路交通安全工作的意见

国发［2012］30号

各省、自治区、直辖市人民政府，国务院各部委、各直属机构：

为适应我国道路通车里程、机动车和驾驶人数量、道路交通运量持续大幅度增长的形势，进一步加强道路交通安全工作，保障人民群众生命财产安全，提出以下意见：

一、总体要求

（一）指导思想

以邓小平理论和“三个代表”重要思想为指导，深入贯彻落实科学发展观，牢固树立以人为本、安全发展的理念，始终把维护人民群众生命财产安全放在首位，以防事故、保安全、保畅通为核心，以落实企业主体责任为重点，全面加强人、车、路、环境的安全管理和监督执法，推进交通安全社会管理创新，形成政府统一领导、各部门协调联动、全社会共同参与的交通安全管理工作格局，有效防范和坚决遏制重特大道路交通事故，促进全国安全生产形势持续稳定好转，为经济社会发展、人民平安出行创造良好环境。

（二）基本原则

——安全第一，协调发展。正确处理安全与速度、质量、效益的关系，坚持把安全放在首位，加强统筹规划，使道路交通安全融入国民经济社会发展大局，与经济社会同步协调发展。

——预防为主，综合治理。严格驾驶人、车辆、运输企业准入和安全管理，加强道路交通安全设施建设，深化隐患排查治理，着力解决制约和影响道路交通安全的源头性、根本性问题，夯实道路交通安全基础。

——落实责任，强化考核。全面落实企业主体责任、政府及部门监管责任和属地管理责任，健全目标考核和责任追究制度，加强督导检查和责任倒查，依法严格追究事故责任。

——科技支撑，法治保障。强化科技装备和信息化技术应用，建立健全法律法规和标准规范，加强执法队伍建设，依法严厉打击各类交通违法违规行为，不断提高道路交通科学管理与执法服务水平。

二、强化道路运输企业安全管理

（一）规范道路运输企业生产经营行为

严格道路运输市场准入管理，对新设立运输企业，要严把安全管理制度和安全生产条件审核关。强化道路运输企业安全主体责任，鼓励客运企业实行规模化、公司化经营，积极培育集约化、网络化经营的货运龙头企业。严禁客运车辆、危险品运输车辆挂靠经营。推进道路运输企业诚信体系建设，将诚信考核结果与客运线路招投标、运力投放以及保险费率、银行信贷等挂钩，不断完善企业安全管理的激励约束机制。鼓励运输企业采用交通安全统筹等形式，加强行业互助，提高企业抗风险能力。

（二）加强企业安全生产标准化建设

道路运输企业要建立健全安全生产管理机构，加强安全班组建设，严格执行安全生产制度、规范和技术标准，强化对车辆和驾驶人的安全管理，持续加大道路交通安全投入，提足、用好安全生产费用。建立专业运输企业交通安全质量管理体系，健全客运、危险品运输企业安全评估制度，对安全管理混乱、存在重大安全隐患的企业，依法责令停业整顿，对整改不达标的按规定取消其相应资质。

（三）严格长途客运和旅游客运安全管理

严格客运班线审批和监管，加强班线途经道路的安全适应性评估，合理确定营运线路、车型和时段，严格控制1000千米以上的跨省长途客运班线和夜间运行时间，对现有的长途客运班线进行清理整顿，整改不合格的坚决停止运营。创造条件积极推行长途客运车辆凌晨2时至5时停止运行或实行接驳运输。客运车辆夜间行驶速度不得超过日间限速的80%，并严禁夜间通行达不到安全通行条件的三级以下山区公路。夜间遇暴雨、浓雾等影响安全视距的恶劣天气时，可以采取临时管理措施，暂停客运车辆运行。加强旅游包车安全管理，根据运行里程严格按规定配备包车驾驶人，逐步推行包车业务网上申请和办理制度，严禁发放空白旅游包车牌证。运输企业要积极创造条件，严格落实长途客运驾驶人停车换人、落地休息制度，确保客运驾驶人24小时累计驾驶时间原则上不超过8小时，日间连续驾驶不超过4小时，夜间连续驾驶不超过2小时，每次停车休息时间不少于20分钟。有关部门要加强监督检查，对违反规定超时、超速驾驶的驾驶人及相关企业依法严格处罚。

（四）加强运输车辆动态监管

抓紧制定道路运输车辆动态监督管理办法，规范卫星定位装置安装、使用行为。旅游包车、三类以上班线客车、危险品运输车和校车应严格按规定安装使用具有行驶记录功能的卫星定位装置，卧铺客车应同时安装车载视频装置，鼓励农村客运车辆安装使用卫星定位装置。重型载货汽车和半挂牵引车应在出厂前安装卫星定位装置，并接入道路货运车辆公共监管与服务平台。运输企业要落实安全监控主体责任，切实加强对所属车辆和驾驶人的动态监管，确保车载卫星定位装置工作正常、监控有效。对不按规定使用或故意损坏卫星定位装置的，要追究相关责任人和企业负责人的责任。

三、严格驾驶人培训考试和管理

（一）加强和改进驾驶人培训考试工作

进一步完善机动车驾驶人培训大纲和考试标准，严格考试程序，推广应用科技评判和监控手段，强化驾驶人安全、法制、文明意识和实际道路驾驶技能考试。客、货车辆驾驶人培训考试要增加复杂路况、恶劣天气、突发情况应对处置技能的内容，大中型客、货车辆驾驶人增加夜间驾驶考试。将大客车驾驶人培养纳入国家职业教育体系，努力解决高素质客运驾驶人短缺问题。实行交通事故驾驶人培训质量、考试发证责任倒查制度。

（二）严格驾驶人培训机构监管

加强驾驶人培训市场调控，提高驾驶人培训机构准入门槛，按照培训能力核定其招生数量，严格教练员资格管理。加强驾驶人培训质量监督，全面推广应用计算机计时培训管理系统，督促落实培训教学大纲和学时。定期向社会公开驾驶人培训机构的培训质量、考试合格率以及毕业学员的交通违法率和肇事率等，并作为其资质审核的重要参考。

（三）加强客货运驾驶人安全管理

严把客货运驾驶人从业资格准入关，加强从业条件审核与培训考试。建立客货运驾驶人从业信息、交通违法信息、交通事故信息的共享机制，加快推进信息查询平台建设，设立驾驶人“黑名单”信息库。加强对长期在本地经营的异地客货运车辆和驾驶人安全管理。督促运输企业加强驾驶人聘用管理，对发生道路交通事故致人死亡且负同等以上责任的，交通违法记满 12 分的，以及有酒后驾驶、超员 20% 以上、超速 50%（高速公路超速 20%）以上，或者 12 个月内有 3 次以上超速违法记录的客运驾驶人，要严格依法处罚并通报企业解除聘用。

四、加强车辆安全监管

（一）提高机动车安全性能

制定完善相关政策，推动机动车生产企业兼并重组，调整产品结构，鼓励发展安全、节能、环保的汽车产品，积极推进机动车标准化、轻量化，加快传统汽车升级换代。大力推广厢式货车取代栏板式货车，尽快淘汰高安全风险车型。抓紧清理、修订并逐步提高机动车安全技术标准，督促生产企业改进车辆安全技术，增设客运车辆限速和货运车辆限载等安全装置。进一步提高大中型客车和公共汽车的车身结构强度、座椅安装强度、内部装饰材料阻燃性能等，增强车辆行驶稳定性和抗侧倾能力。客运车辆座椅要尽快全部配置安全带。

（二）加强机动车安全管理

落实和完善机动车生产企业及产品公告管理、强制性产品认证、注册登记、使用维修和报废等管理制度。积极推动机动车生产企业诚信体系建设，加强机动车产品准入、生产一致性监管，对不符合机动车国家安全技术标准或者与公告产品不一致的车辆，不予办理注册登记，生产企业要依法依规履行更换、退货义务。严禁无资质企业生产、销售电动汽车。落实和健全缺陷汽车产品召回制度，加大对大中型客、货汽车缺陷产品召回力度。严格报废汽车回收企业资格认定和监督管理，依法严厉打击制造和销售拼装车行为，严禁拼装车和报废汽车上路行驶。加强机动车安全技术检验和营运车辆综合性能检测，严格检验检测机构的资格管理和计量认证管理。对道路交通事故中涉及车辆非法生产、改装、拼装以及机动车产品严重质量安全问题的，要严查责任，依法从重处理。

（三）强化电动自行车安全监管

修订完善电动自行车生产国家强制标准，着力加强对电动自行车生产、销售和使用的监督管理，严禁生产、销售不符合国家强制标准的电动自行车。省级人民政府要制定电动自行车登记管理办法，质监部门要做好电动自行车生产许可证管理和国家强制性标准修订工作，工业和信息化部门要严格电动自行车生产的行业管理，工商部门要依法加强电动自行车销售企业的日常监管。对违规生产、销售不合格产品的企业，要依法责令整改并严格处罚、公开曝光。公安机关要加强电动自行车通行秩序管理，严格查处电动自行车交通违法行为。地方各级人民政府要通过加强政策引导，逐步解决在用的超出国家标准的电动自行车问题。

五、提高道路安全保障水平

（一）完善道路交通安全设施标准和制度

加快修订完善公路安全设施设计、施工、安全性评价等技术规范和行业标准，科学设置安全防护设施。鼓励地方在国家和行业标准的基础上，进一步提高本地区公路安全设施建设标准。严格落实交通安全设施与道路建设主体工程同时设计、同时施工、同时投入使用的“三同时”制度，新建、改建、扩建道路工程在竣（交）工验收时要吸收公安、安全监管等部门人员参加，严格安全评价，交通安全设施验收不合格的不得通车运行。对因交通安全设施缺失导致重大事故的，要限期进行整改，整改到位前暂停该区域新建道路项目的审批。

（二）加强道路交通安全设施建设

地方各级人民政府要结合实际科学规划，有计划、分步骤地逐年增加和改善道路交通安全设施。在保证国省干线公路网等项目建设资金的基础上，加大车辆购置税等资金对公路安保工程的投入力度，进一步加强国省干线公路安全防护设施建设，特别是临水临崖、连续下坡、急弯陡坡等事故易发路段要严格按标准安装隔离栅、防护栏、防撞墙等安全设施，设置标志标线。加强公路与铁路、河道、码头联接交叉路段特别是公铁立交、跨航道桥梁的安全保护。收费公路经营企业要加强公路养护管理，对安全设施缺失、损毁的，要及时予以完善和修复，确保公路及其附属设施始终处于良好的技术状况。要积极推进公路灾害性天气预报和预警系统建设，提高对暴雨、浓雾、团雾、冰雪等恶劣天气的防范应对能力。

（三）深入开展隐患排查治理

地方各级人民政府要建立完善道路交通安全隐患排查治理制度，落实治理措施和治理资金，根据隐患严重程度，实施省、市、县三级人民政府挂牌督办整改，对隐患整改不落实的，要追究有关负责人的责任。有关部门要强化交通事故统计分析，排查确定事故多发点段和存在安全隐患路段，全面梳理桥涵隧道、客货运场站等风险点，设立管理台账，明确治理责任单位和时限，强化对整治情况的全过程监督。切实加强公路两侧农作物秸秆禁烧监管，严防焚烧烟雾影响交通安全。

六、加大农村道路交通安全管理力度

（一）强化农村道路交通安全基础

深入开展“平安畅通县市”和“平安农机”创建活动，改善农村道路交通安全环境。严格落实县级人民政府农村公路建设养护管理主体责任，制定改善农村道路交通安全状况的计划，落实资金，加大建设和养护力度。新建、改建农村公路要根据需要同步建设安全设施，已建成的农村公路要按照“安全、有效、经济、实用”的原则，逐步完善安全设施。地方各级人民政府要统筹城乡公共交通发展，以城市公交同等优惠条件扶持发展农村公共交通，拓展延伸农村地区客运的覆盖范围，着力解决农村群众安全出行问题。

（二）加强农村道路交通安全监管

地方各级人民政府要加强农村道路交通安全组织体系建设，落实乡镇政府安全监督管理责任，调整优化交警警力布局，加强乡镇道路交通安全管控。发挥农村派出所、农机监理站以及驾驶人协会、村委会的作用，建立专兼职道路交通安全管理队伍，扩大农村道路交通管理覆盖面。完善农业机械安全监督管理体系，加强对农机安全监理机构的支持保障，积极推广应用农机安全技术，加强对拖拉机、联合收割机等农业机械的安全管理。

七、强化道路交通安全执法

（一）严厉整治道路交通违法行为

加强公路巡逻管控，加大客运、旅游包车、危险品运输车等重点车辆检查力度，严厉打击和整治超速超员超载、疲劳驾驶、酒后驾驶、吸毒后驾驶、货车违法占道行驶、不按规定使用安全带等各类交通违法行为，严禁三轮汽车、低速货车和拖拉机违法载人。依法加强校车安全管理，保障乘坐校车学生安全。健全和完善治理车辆超限超载工作长效机制。研究推动将客货运车辆严重超速、超员、超限超载等行为列入以危险方法危害公共安全行为，追究驾驶人刑事责任。制定客货运车辆和驾驶人严重交通违法行为有奖举报办法，并将车辆动态监控系统记录的交通违法信息作为执法依据，定期进行检查，依法严格处罚。大力推进文明交通示范公路创建活动，加强城市道路通行秩序整治，规范机动车通行和停放，严格非机动车、行人交通管理。

（二）切实提升道路交通安全执法效能

推进高速公路全程监控等智能交通管理系统建设，强化科技装备和信息化技术在道路交通执法中的应用，提高道路交通安全管控能力。整合道路交通管理力量和资源，建立部门、区域联勤联动机制，实现监控信息等资源共享。严格落实客货运车辆及驾驶人交通事故、交通违法行为通报制度，全面推进交通违法记录省际传递工作。研究推动将公民交通安全违法记录与个人信用、保险、职业准入等挂钩。

（三）完善道路交通事故应急救援机制

地方各级人民政府要进一步加强道路交通事故应急救援体系建设，完善应急救援预案，定期组织演练。健全公安消防、卫生等部门联动的省、市、县三级交通事故紧急救援机制，完善交通事故急救通信系统，加强交通事故紧急救援队伍建设，配足救援设备，提高施救水平。地方各级人民政府要依法加快道路交通事故社会救助基金制度建设，制定并完善实施细则，确保事故受伤人员的医疗救治。

八、深入开展道路交通安全宣传教育

（一）建立交通安全宣传教育长效机制

地方各级人民政府每年要制订并组织实施道路交通安全宣传教育计划，加大宣传投入，督促各部门和单位积极履行宣传责任和义务，实现交通安全宣传教育社会化、制度化。加大公益宣传力度，报刊、广播、电视、网络等新闻媒体要在重要版面、时段通过新闻报道、专题节目、公益广告等方式开展交通安全公益宣传。设立“全国交通安全日”，充分发挥主管部门、汽车企业、行业协会、社区、学校和单位的宣传作用，广泛开展道路交通安全宣传活动，不断提高全民的交通守法意识、安全意识和公德意识。

（二）全面实施文明交通素质教育工程

深入推进“文明交通行动计划”，广泛开展交通安全宣传进农村、进社区、进企业、进学校、进家庭活动，推行实时、动态的交通安全教育和在线服务。建立交通安全警示提示信息发布平台，加强事故典型案例警示教育，开展交通安全文明驾驶人评选活动，充分利用各种手段促进驾驶人依法驾车、安全驾车、文明驾车。坚持交通安全教育从儿童抓起，督促指导中小学结合有关课程加强交通安全教育，鼓励学校结合实际开发有关交通安全教育的校本课程，夯实国民交通安全素质基础。

（三）加强道路交通安全文化建设

积极拓展交通安全宣传渠道，建立交通安全宣传教育基地，创新宣传教育方法，以学校、驾驶人培训机构、运输企业为重点，广泛宣传道路交通安全法律法规和安全知识。推动开设交通安全宣传教育网站、电视频道，加强交通安全文学、文艺、影视等作品创作、征集和传播活动，积极营造全社会关注交通安全、全民参与文明交通的良好文化氛围。

九、严格道路交通事故责任追究

（一）加强重大道路交通事故联合督办

严格执行重大事故挂牌督办制度，健全完善重大道路交通事故“现场联合督导、统筹协调调查、挂牌通报警示、重点约谈检查、跟踪整改落实”的联合督办工作机制，形成各有关部门齐抓共管的监管合力。研究制定道路交通安全奖惩制度，对于成效显著的地方、部门和单位予以表扬和奖励；对发生特别重大道路交通事故的，或者一年内发生 3 起及以上重大道路交通事故的，省级人民政府要向国务院做出书面检查；对一年内发生两起重大道路交通事故或发生性质严重、造成较大社会影响的重大道路交通事故的，国务院安全生产委员会办公室要会同有关部门及时约谈相关地方政府和部门负责同志。

（二）加大事故责任追究力度

研究制定重特大道路交通事故处置规范，完善跨区域责任追究机制，建立健全重大道路交通事故信息公开制度。对发生重大及以上或者 6 个月内发生两起较大及以上责任事故的道路运输企业，依法责令停业整顿；停业整顿后符合安全生产条件的，准予恢复运营，但客运企业3年内不得新增客运班线，旅游企业3年内不得新增旅游车辆；停业整顿仍不具备安全生产条件的，取消相应许可或吊销其道路运输经营许可证，并责令其办理变更、注销登记直至依法吊销营业执照。对道路交通事故发生负有责任的单位及其负责人，依法依规予以处罚，构成犯罪的，依法追究刑事责任。发生重特大道路交通事故的，要依法依纪追究地方政府及相关部门的责任。

十、强化道路交通安全组织保障

（一）加强道路交通安全组织领导

地方各级人民政府要高度重视道路交通安全工作，将其纳入经济和社会发展规划，与经济建设和社会发展同部署、同落实、同考核，并加强对道路交通安全工作的统筹协调和监督指导。实行道路交通安全地方行政首长负责制，将道路交通安全工作纳入政府工作重要议事日程，定期分析研判安全形势，研究部署重点工作。严格道路交通事故总结报告制度，省级人民政府每年1月15日前要将本地区道路交通安全工作情况向国务院做出专题报告。

（二）落实部门管理和监督职责

各有关部门要按照“谁主管、谁负责，谁审批、谁负责”的原则，依法履行职责，落实监管责任，切实构建“权责一致、分工负责、齐抓共管、综合治理”的协调联动机制。要严格责任考核，将道路交通安全工作作为有关领导干部实绩考评的重要内容，并将考评结果作为综合考核评价的重要依据。

（三）完善道路交通安全保障机制

研究建立中央、地方、企业和社会共同承担的道路交通安全长效投入机制，不断拓展道路交通安全资金保障来源，推动完善相关财政、税收、信贷支持政策，强化政府投资对道路交通安全投入的引导和带动作用，将交警、运政、路政、农机监理各项经费按规定纳入政府预算。要根据道路里程、机动车增长等情况，相应加强道路交通安全管理力量建设，完善道路交通警务保障机制。地方各级人民政府要研究出台高速公路交通安全发展的相关保障政策，将高速公路交通安全执勤执法营房等配套设施与高速公路建设同步规划设计、同步投入使用并给予资金保障，高速公路建设管理单位要积极创造条件予以配合支持。

国务院

2012年7月22日

国务院关于深化流通体制改革加快流通产业发展的意见

国发［2012］39号

各省、自治区、直辖市人民政府，国务院各部委、各直属机构：

改革开放以来，我国流通产业取得长足发展，交易规模持续扩大，基础设施显著改善，新型业态不断涌现，现代流通方式加快发展，流通产业已经成为国民经济的基础性和先导性产业。但总的看，我国流通产业仍处于粗放型发展阶段，网络布局不合理，城乡发展不均衡，集中度偏低，信息化、标准化、国际化程度不高，效率低、成本高问题日益突出。为适应新形势下经济社会发展需要，加快推进流通产业改革发展，现提出如下意见：

一、指导思想、基本原则和主要目标

（一）指导思想

以邓小平理论和“三个代表”重要思想为指导，深入贯彻落实科学发展观，围绕提高流通效率、方便群众生活、保障商品质量、引导生产发展和促进居民消费，加快推进流通产业发展方式转变，着力解决制约流通产业发展的关键问题，有效降低流通成本，全面提升流通现代化水平。

（二）基本原则

坚持发挥市场作用与完善政府职能相结合。在更大程度上发挥市场配置资源的基础性作用，遵循价值规律和市场规则，强化企业在市场中的主体地位；提升政府公共服务、市场监管和宏观调控能力。坚持深化改革与扩大开放相结合。深化流通领域各项改革，为流通产业发展提供制度保障；继续推进流通产业对内对外开放，以开放促改革促发展。坚持促进发展与加强规范相结合，加大对重点领域和薄弱环节的支持力度，推动流通产业加快发展；强化规范市场秩序，提升行业发展质量，切实保障和改善民生。坚持立足当前与着眼长远相结合。既要紧密结合当前需要，着力降低流通成本，又要注重长远发展，建立流通引导生产、促进消费的长效机制。

（三）主要目标

到2020年，我国流通产业发展的总体目标是：基本建立起统一开放、竞争有序、安全高效、城乡一体的现代流通体系，流通产业现代化水平大幅提升，对国民经济社会发展的贡献进一步增强。

——流通领域提高效率降低成本效果显著，批发零售企业流动资产周转速度加快，全社会物流总费用与国内生产总值的比率明显降低。

——现代信息技术在流通领域得到广泛应用，电子商务、连锁经营和统一配送等成为主要流通方式，连锁化率达到22%左右，商品统一配送率达到75%左右，流通产业整合资源、优化配置的能力进一步增强。

——流通主体的竞争力明显提升，形成一批网络覆盖面广、主营业务突出、品牌知名度高、具有国际竞争力的大型流通企业。

——流通产业发展的政策、市场和法制环境更加优化，市场运行更加平稳规范，居民消费更加便捷安全，全国统一大市场基本形成。

二、主要任务

（一）加强现代流通体系建设

依托交通枢纽、生产基地、中心城市和大型商品集散地，构建全国骨干流通网络，建设一批辐射带动能力强的商贸中心、专业市场以及全国性和区域性配送中心。推动大宗商品交易市场向现货转型，增加期货市场交易品种。优化城市流通网络布局，有序推进贸易中心城市和商业街建设，支持特色商业适度集聚，鼓励便利店、中小综合超市等发展，构建便利消费、便民生活服务体系。鼓励大型流通企业向农村延伸经营网络，增加农村商业网点，拓展网点功能，积极培育和发展农村经纪人，提升农民专业合作社物流配送能力和营销服务水平。支持流通企业建立城乡一体化的营销网络，畅通农产品进城和工业品下乡的双向流通渠道。大力发展第三方物流，促进企业内部物流社会化。加强城际配送、城市配送、农村配送的有效衔接，推广公路不停车收费系统，规范货物装卸场站建设和作业标准。加快建设完整先进的废旧商品回收体系，健全旧货流通网络，促进循环消费。

（二）积极创新流通方式

大力推广并优化供应链管理，鼓励流通企业拓展设计、展示、配送、分销、回收等业务。加快发展电子商务，普及和深化电子商务应用，完善认证、支付等支撑体系，鼓励流通企业建立或依托第三方电子商务平台开展网上交易。创新网络销售模式，发展电话购物、网上购物、电视购物等网络商品与服务交易。统筹农产品集散地、销地、产地批发市场建设，构建农产品产销一体化流通链条，积极推广农超对接、农批对接、农校对接以及农产品展销中心、直销店等产销衔接方式，在大中城市探索采用流动售卖车。围绕节能环保、流通设施、流通信息化等关键领域，大力推进流通标准应用。鼓励商业企业采购和销售绿色产品，促进节能环保产品消费，支持发展信用消费。推动商品条码在流通领域的广泛应用，健全全国统一的物品编码体系。

（三）提高保障市场供应能力

支持建设和改造一批具有公益性质的农产品批发市场、农贸市场、菜市场、社区菜店、农副产品平价商店以及重要商品储备设施、大型物流配送中心、农产品冷链物流设施等，发挥公益性流通设施在满足消费需求、保障市场稳定、提高应急能力中的重要作用。完善中央与地方重要商品储备制度，优化储备品种和区域结构，适当扩大肉类、食糖、边销茶和地方储备中的小包装粮油、蔬菜等生活必需品储备规模。强化市场运行分析和预测预警，增强市场调控的前瞻性和预见性。加强市场应急调控骨干企业队伍建设，提高迅速集散应急商品能力，综合运用信息引导、区域调剂、收储投放、进出口等手段保障市场供求基本平衡。

（四）全面提升流通信息化水平

将信息化建设作为发展现代流通产业的战略任务，加强规划和引导，推动营销网、物流网、信息网的有机融合。鼓励流通领域信息技术的研发和集成创新，加快推广物联网、互联网、云计算、全球定位系统、移动通信、地理信息系统、电子标签等技术在流通领域的应用。推进流通领域公共信息服务平台建设，提升各类信息资源的共享和利用效率。支持流通企业利用先进信息技术提高仓储、采购、运输、订单等环节的科学管理水平。鼓励流通企业与供应商、信息服务商加强合作，支持开发和推广适用于中小流通企业的信息化解决方案。加强信息安全保障。

（五）培育流通企业核心竞争力

积极培育大型流通企业，支持有实力的流通企业跨行业、跨地区兼并重组。支持中小流通企业特别是小微企业专业化、特色化发展，健全中小流通企业服务体系，扶持发展一批专业服务机构，为中小流通企业提供融资、市场开拓、科技应用和管理咨询等服务。鼓励发展直营连锁和特许连锁，支持流通企业跨区域拓展连锁经营网络。积极推进批发市场建设改造和运营模式创新，增强商品吞吐能力和价格发现功能。推动零售企业转变营销方式，提高自营比重。支持流通企业建设现代物流中心，积极发展统一配送。加强知识产权保护，鼓励流通品牌创新发展。

（六）大力规范市场秩序

加强对关系国计民生、生命安全等商品的流通准入管理，形成覆盖准入、监管、退出的全程管理机制。充分利用社会检测资源，建立涉及人身健康与安全的商品检验制度。建立健全肉类、水产品、蔬菜、水果、酒类、中药材、农资等商品流通追溯体系。加大流通领域商品质量监督检查力度，改进监管手段和检验检测技术条件。依法严厉打击侵犯知识产权、制售假冒伪劣商品、商业欺诈和商业贿赂等违法行为。加强网络商品交易的监督管理。规范零售商、供应商交易行为，建立平等和谐的零供关系。加快商业诚信体系建设，完善信用信息采集、利用、查询、披露等制度，推动行业管理部门、执法监管部门、行业组织和征信机构、金融监管部门、银行业金融机构信息共享。细化部门职责分工，堵塞监管漏洞。

（七）深化流通领域改革开放

建立分工明确、权责统一、协调高效的流通管理体制，健全部门协作机制，强化政策制定、执行与监督相互衔接，提高管理效能。加快流通管理部门职能转变，强化社会管理和公共服务职能。在有条件的地区开展现代流通综合试点，加强统筹协调，加快推进大流通、大市场建设。消除地区封锁和行业垄断，严禁阻碍、限制外地商品、服务和经营者进入本地市场，严厉查处经营者通过垄断协议等方式排除、限制竞争的行为。鼓励民间资本进入流通领域，保障民营企业合法权益，促进民营企业健康发展。进一步提高流通产业利用外资的质量和水平，引进现代物流和信息技术带动传统流通产业升级改造。支持有条件的流通企业“走出去”，通过新建、并购、参股、增资等方式建立海外分销中心、展示中心等营销网络和物流服务网络。积极培育国内商品市场的对外贸易功能，推进内外贸一体化。

三、支持政策

（一）制定完善流通网络规划

制定全国流通节点城市布局规划，做好各层级、各区域之间规划衔接。科学编制商业网点规划，确定商业网点发展建设需求，将其纳入城市总体规划和土地利用总体规划。乡镇商业网点建设纳入小城镇建设规划。各地制定控制性详细规划和修建性详细规划时应充分考虑商业网点建设需求，做好与商业网点规划的相互衔接。完善社区商业网点配置，新建社区（含廉租房、公租房等保障性住房小区、棚户区改造和旧城改造安置住房小区）商业和综合服务设施面积占社区总建筑面积的比例不得低于10%。地方政府应出资购买一部分商业用房，用于支持社区菜店、菜市场、农副产品平价商店、便利店、早餐店、家政服务点等居民生活必备的商业网点建设。严格社区商业网点用途监管，不得随意改变必备商业网点的用途和性质，拆迁改建时应保证其基本服务功能不缺失。各地可根据实际发布商业网点建设指导目录，引导社会资金投向。

（二）加大流通业用地支持力度

按照土地利用总体规划和流通业建设项目用地标准，在土地利用年度计划和土地供应计划中统筹安排流通业各类用地。鼓励利用旧厂房、闲置仓库等建设符合规划的流通设施，涉及原划拨土地使用权转让或租赁的，经批准可采取协议方式供应。政府对旧城区改建需搬迁的流通业用地，在收回原国有建设用地使用权后，经批准可以协议出让方式为原土地使用权人安排用地。鼓励各地以租赁方式供应流通业用地。支持依法使用农村集体建设用地发展流通业。制定政府鼓励的流通设施目录，对纳入目录的项目用地予以支持。依法加强流通业用地管理，禁止以物流中心、商品集散地等名义圈占土地，防止土地闲置浪费。

（三）完善财政金融支持政策

积极发挥中央政府相关投资的促进作用，完善促进消费的财政政策，扩大流通促进资金规模，重点支持公益性流通设施、农产品和农村流通体系、流通信息化建设，以及家政和餐饮等生活服务业、中小流通企业发展、绿色流通、扩大消费等。鼓励银行业金融机构针对流通产业特点，创新金融产品和服务方式，开展动产、仓单、商铺经营权、租赁权等质押融资。改进信贷管理，发展融资租赁、商圈融资、供应链融资、商业保理等业务。充分发挥典当等行业对中小和微型企业融资的补充作用。拓宽流通企业融资渠道，支持符合条件的大型流通企业上市融资、设立财务公司及发行公司（企业）债券和中期票据等债务融资工具。引导金融机构创新消费信贷产品，改进消费信贷业务管理方式，培育和巩固消费信贷增长点。

（四）减轻流通产业税收负担

在一定期限内免征农产品批发市场、农贸市场城镇土地使用税和房产税。将免征蔬菜流通环节增值税政策扩大到有条件的鲜活农产品。加快制定和完善促进废旧商品回收体系建设的税收政策。完善并落实家政服务企业免征营业税政策，促进生活服务业发展。落实总分支机构汇总纳税政策，促进连锁经营企业跨地区发展。积极推进营业税改增值税试点，完善流通业税制。

（五）降低流通环节费用

抓紧出台降低流通费用综合性实施方案。优化银行卡刷卡费率结构，降低总体费用水平，扩大银行卡使用范围。加快推进工商用电用水同价。落实好鲜活农产品运输“绿色通道”政策，确保所有整车合法装载运输鲜活农产品车辆全部免缴车辆通行费，结合实际完善适用品种范围。切实规范农产品市场收费、零售商供应商交易收费等流通领域收费行为。深入推进收费公路专项清理，坚决取缔各种违规及不合理收费，降低偏高的通行费收费标准。从严审批一级及以下公路和独立桥梁、隧道收费项目。按照逐步有序的原则，加快推进国家确定的西部地区省份取消政府还贷二级公路收费工作进度。

四、保障措施

（一）完善流通领域法律法规和标准体系

推动制定、修改流通领域的法律法规，提升流通立法层级。抓紧修订报废汽车回收管理办法，积极推动修改商标法、反不正当竞争法、广告法和消费者权益保护法等法律，研究制定典当管理、商业网点管理、农产品批发市场管理等方面的行政法规。全面清理和取消妨碍公平竞争、设置行政壁垒、排斥外地产品和服务进入本地市场的规定。积极完善流通标准化体系，加大流通标准的制定、实施与宣传力度。

（二）健全统计和监测制度

加快建立全国统一科学规范的流通统计调查体系和信息共享机制，不断提高流通统计数据质量和工作水平。加强零售、电子商务、居民服务、生产资料流通等重点流通领域的统计数据开发应用，提高服务宏观调控和企业发展的能力。扩大城乡市场监测体系覆盖面，优化样本企业结构，推进信息采集智能化发展，保证数据真实、准确、及时，加快监测信息成果转化。

（三）发挥行业协会作用

完善流通行业协会的运行机制，引导行业组织制定行业规范和服务要求，加强行业自律和信用评价。支持行业协会为流通企业提供法律、政策、管理、技术、市场信息等咨询及人才培训等服务，及时反映行业诉求，维护企业合法权益。

（四）强化理论体系、人才队伍和基层机构建设

深化流通领域理论和重大课题研究，完善我国现代流通产业发展的理论和政策研究体系。大力培养流通专业人才，加快形成高校、科研院所与部门、行业企业联合培养人才的机制，积极开展职业教育与培训，提高流通专业人才培养质量。加强干部队伍建设，提高基层干部的服务意识和监管执法能力。加强基层流通管理部门建设，充实一线力量，保证基层流通管理工作通畅有效。

（五）加强组织领导

国务院有关部门、地方各级人民政府要高度重视加快流通产业改革发展的重要性，切实加强组织领导，根据要求抓紧制订具体实施方案，完善和细化政策措施，确保各项任务落实到位。建立由商务部牵头的全国流通工作部际协调机制，加强对流通工作的协调指导和监督检查，及时研究解决流通产业发展中的重大问题。各地要将加快流通产业改革发展作为调结构、转方式、惠民生的重要抓手，完善配套政策和监管措施，保障流通产业改革发展所需资金，促进流通产业持续健康发展。

国务院
2012 年 8 月 3 日

交通运输部解读《公路网运行监测与服务暂行技术要求》、《高速公路监控技术要求》、《高速公路通信技术要求》

——加强干线公路网运行管理，提升智能化服务水平

2012 年 1 月 11 日，由交通运输部公路局组织编制的《公路网运行监测与服务暂行技术要求》、《高速公路监控技术要求》和《高速公路通信技术要求》（简称三项“技术要求”）正式施行。以下我部将针对三项“技术要求”的最新理念、技术重点以及贯彻实施等内容进行解读。

（一）三项“技术要求”编制的背景

近年来，我国公路建设取得举世瞩目的成绩，以高速公路为骨架、国省干线公路为主体的全国干线公路网快速形成。然而，这几年我国极端气候、地震、地质灾害频发，公路网的安全运行与抗灾救援保障工作面临日益增长的巨大压力，同时，干线公路交通流量增长迅速，局部路段时常出现严重的交通拥堵现象。目前，我国路网科学管理与调度的任务越来越重，降低公路使用成本的任务越来越重，区域路网协调联动与应急处置任务也越来越重。

交通运输部党组高度重视路网运行管理工作，经过多年的努力，部路网监测与应急处置中心于 2011 年 9 月正式获中央机构编制委员会办公室批复，目前，该中心已正式挂牌工作。

（二）三项“技术要求”同时发布的意义和目的

随着交通运输部“十二五”重大信息化工程的启动和国省干线公路升级改造的全面开展，路网运行管理与服务工作将面临大建设、大发展的新时期。三项“技术要求”的同时发布，对指导和规范公路网运行监测与服务系统的建设、运行与管理，保障全国高速公路和重要国省干线公路以及重要公路设施的稳定运行，加强国家干线公路网运行监测与科学管理，提升国家干线公路网安全性能和服务质量，提高公路突发事件应急处置能力和公共服务能力，实现国家干线公路网“可视、可测、可控”的发展目标，以及为人民群众提供安全、畅通、便捷、绿色的公路出行服务等方面具有重大而深远的意义。

（三）三项“技术要求”的最新理念——七大重点指明路网管理技术方向

此次发布实施的三项“技术要求”注入了新的发展理念和思路，指明了全国干线公路网运行管理的未来技术方向，提出了高速公路通信和监控系统建设的重点要求。

一是在公路网运行监测与服务系统的建设方面突出强调了系统服务功能的稳定性，

按照制定系统最基本的功能单元和技术要求，规范和设计系统各项技术指标。

二是在公路网多年建设成就的基础上，明确提出了要充分利用现有公路监控、通信等机电系统资源和社会信息网络基础设施，尽可能不打破基层系统的原有体系，补充必要设施设备和支撑平台，共同构建部、省两级公路网运行监测与服务平台。

三是系统建设与运行应充分结合实际业务需求，与公路网建设和信息化发展程度相适应，与不同的公路技术等级相适应。

四是明确提出建立全国干线公路网运行监测体系，拟建立国家级、省级路网监测点的信息采集体系，为开展路网监测与服务工作奠定信息基础与数据来源。

五是提出建立全国干线公路网运行状态指标体系，通过利用可获取的标准化公路网运行状态数据，建立客观、可靠、数据链统一的指标集，实时、动态、直观地反映国家干线公路网整体或局部的实时运行状况。

六是明确采取“公专结合”的数据传输与联网方式，确保部、省两级路网平台的实时通信与数据传输。

七是采用新一代的“接入控制系统”技术，解决跨平台之间的业务数据、视频数据格式一致性与共享交互问题。并且采用行业统一的密钥安全认证服务体系进行保护，确保交互数据的真实性和抗抵赖性。

（四）如何建立《公路网运行监测与服务暂行技术要求》中提出的路网运行监测体系与运行状态指标体系

路网运行监测网络体系是高速公路监控系统的信息基础，是高速公路通信系统的服务对象，更是打造智能化路网管理平台的重要前提。《公路网运行监测与服务暂行技术要求》明确提出通过建立部、省两级路网监测点网络，实现对重要通道上的重要路段、长大桥隧和区域交通状态等的实时监控，并为已建、新建、改（扩）建的（高速）公路的监测体系提供技术保障。其中，新建高速公路应同步建设监测设施与系统，已建成高速公路应逐步完善监测设施与系统，国省干线公路应结合路网改造与养护工程逐步升级监测设施与系统。为此，交通运输部将组织编制全国干线公路网关键监测点及重要监测通道布局方案，并深入开展相关重大课题的研究工作，进一步细化部、省两级路网监测点的布局、建设与运行等具体方案。

《公路网运行监测与服务暂行技术要求》要求利用可获取的、标准化的公路网运行数据，建立客观、可靠、数据链统一的公路网运行状态监测与服务指标，反映全国干线公路网整体或局部的实时运行状况，评估全国干线公路网在一定时期内的可靠性和服务水平。为实现这一目标，交通运输部提出建立部、省两级公路网运行状态监测与服务指标层级，设计了中断率、拥挤度、环境指数、节点通阻度、突发事件等级、设施健康状况、服务区质量等级七个单项指标和通道运行指数、公路网综合运行指数两个综合指标，并按照路段、通道、路网不同层次建立了相应的逻辑算法并进行定级定性分析。

（五）《高速公路监控技术要求》和《高速公路通信技术要求》的主要定位

《高速公路监控技术要求》和《高速公路通信技术要求》定位于指导各省高速公路建设，既要维持现有体系的稳定运行，同时适应未来的发展趋势。其主要侧重于体现高速公路省级统一运行管理的思路，取消区域分中心层级，强调系统的功能要求，弱化硬件与软件的配置要求，强调外场设备的检测精度要求、布设原则和安全可靠性，同一设备不拘泥于具体设备类型与技术选择。

（六）如何贯彻实施好三项“技术要求”，推进部、省两级路网平台及联网工程建设

贯彻实施好三项“技术要求”，首先要做到认真落实、严格执行，结合“十二五”重大信息化工程，按照三项“技术要求”完成部、省两级路网平台建设与联网任务。

《高速公路监控技术要求》和《高速公路通信技术要求》可以说是相对较为成熟的技术要求，《公路网运行监测与服务暂行技术要求》的发布可以说是新生事物，但它是适应即将开展的部、省两级路网平台全面建设需要的。由于是首创的技术规范，《公路网运行监测与服务暂行技术要求》还可能存在不完善、不成熟的地方，但从总体结构、顶层设计以及基本功能上看，是具有较强技术指导的纲领性规范。因此，在即将全面开展的“十二五”重大信息化工程中的第一项工程“路网管理与应急处置系统示范工程”实施中，应以三项“技术要求”为指导，通过建设路网监测体系、路网运行评价指标体系、路网平台软件系统以及通信网络与安全认证等支撑系统，全面建成省级公路网运行监测与服务平台。

同时，高速公路通信系统要为部、省两级路网平台建设所需的专网环境提供必要支撑，高速公路监控系统要成为部、省两级路网平台的重要组成部分。在建设省级路网平台的过程中，要充分利用高速公路基础设施，进一步整合联网监控、联网收费和通信系统资源，补充必要的路网运行监测手段和传输通道。

此外，贯彻实施好三项“技术要求”，还必须以此为契机，加快推进部、省两级路网中心建设，形成部、省联动，区域互动的应急协调机制。

第二章

标准化

2012年国际智能交通标准化发展

2012年，国际标准化组织智能运输系统技术委员会（ISO/TC204）正在开展工作的工作组如下表。

序　号	英文名称	中文名称	召集人
WG 01	Architecture	体系结构	英国
WG 03	TICS Database Technology	终端接口控制系统数据库技术	日本
WG 05	Fee and Toll Collection	收费系统	瑞典
WG 07	General Fleet Management and Commercial-Freight	车队管理及商用车辆/货运	加拿大
WG 08	Public Transport-Emergency	公共交通与紧急事件	美国
WG 09	Integrated Transport Information, Management and Control	综合运输信息、管理及控制	澳大利亚
WG 14	Vehicle-Roadway Warning and Control Systems	交通工具报警及控制系统	日本
WG 16	Wide Area Communications-Protocols and Interfaces	宽带通信协议和界面	美国
WG 17	Nomadic &Portable Devices for ITS Services	为智能运输系统提供服务的便携式移动装置	韩国
WG 18	Co-Operative Systems	协作系统	德国

各工作组开展标准项目进展情况如下：

第一工作组（WG1）主要提出了两项体系结构的新工作项目提案；一项ITS数据概念统一的技术报告草案；一项系统结构体系、分类及术语的国际标准草案；一项关于电子收费专用短程通信应用接口定义的国际标准最终草案。

第三工作组（WG3）重点开展了地理数据库的位置参照标准的系统回顾，以及一项地理数据文件的国际标准最终草案。

第四工作组（WG4）主要开展了自动车辆与设备识别方面的三项国际标准草案阶段工作。

第五工作组（WG5）主要开展了电子收费系统-DSRC-OBE与外部车载设备之间的接口定义的新工作项目提案；电子收费系统-符合ISO/TS 17575的设备评估的8项技术规范草案，一项电子收费-车载和路侧设备对ISO/TS 17575标准一致性评估的技术规范草案，一项电子收费系统-收费的实施的委员会草案，一项电子收费使用集成电路卡的车载账户接口定义的系统回顾。

第七工作组（WG7）重点开展了商用车辆远程信息应用方面的两项委员会草案；一项关于货物道路运输内容识别和通信结构体系的国际标准草案工作。

第八工作组（WG8）主要进行了一项使用票 / 卡介质进行支付的公共交通要求的技术报告草案的工作。

第九工作组（WG9）主要开展了交通管理系统仿真模型的使用、交通信息中心与控制系统之间的数据接口有关的两项新工作项目提案；一项涉及路侧模块通信的数据交换的系统回顾工作。

第十工作组(WG10)重点开展了两项通过 TPEG2 的交通及出行信息的委员会草案;一项交通和出行者信息有关的系统回顾；一项通过 TPEG1 二进制数据格式的交通和出行信息的技术规范草案；一项通过交通信息编码的交通与出行信息的国际标准草案的工作。

第十四工作组（WG14）主要开展了两项委员会草案工作，分别是车道保持辅助系统 - 性能要求及测试程序、协作式交叉路口信号信息及违反预警系统；一项前方车辆碰撞预警系统 - 实施要求及测试程序的国际标准草案。

第十六工作组（WG16）主要进行了以下工作：一项协作式智能运输系统应用中关于本地动态地图数据库规范的扩展的新工作项目提案；四项地面移动通信访问的系统回顾；一项对地面车辆的通信接入 - 红外线系统的国际标准草案；一项地面移动通信访问的国际标准最终草案；一项关于 ISO/TC204 WG16 召集人提名的委员会内部投票。

第十七工作组（WG17）主要开展了车辆接口对 ITS 服务的配置和支持的一项新工作项目提案和一项技术报告草案；一项通过个人 ITS 基站咨询安全系统的知道协议的委员会草案；一项个人及车辆 ITS 基站室内导航的新工作项目提案；一项为出行者提供 ITS 服务的个人 ITS 基站使用的技术报告草案工作。

第十八工作组（WG18）主要开展了协作式智能运输系统的三项新工作项目提案，分别是选择通信配置的应用要求；全球范围内 ITS 应用的分类及管理；面向交通基础设施管理、控制和指导的相关应用，ITS 站点之间的信息处理及传输概述。

（撰稿：杨琪）

2012年中国智能交通标准化发展

2012 年新发布智能运输标准 12 项，完成 20 项标准的报批稿。2012 年，ITS 标委会参与国际标准化组织标准草案投票共 54 项，其中新工作项目提案（NP）11 项，委员会草案（CD）8 项，国际标准草案（DIS）9 项，国际标准最终草案（FDIS）3 项，技术规范草案（DTS）10 项，技术报告草案（DTR）4 项，系统回顾（SR）8 项，委员会内部投票（CIB）1 项（见图 1）。

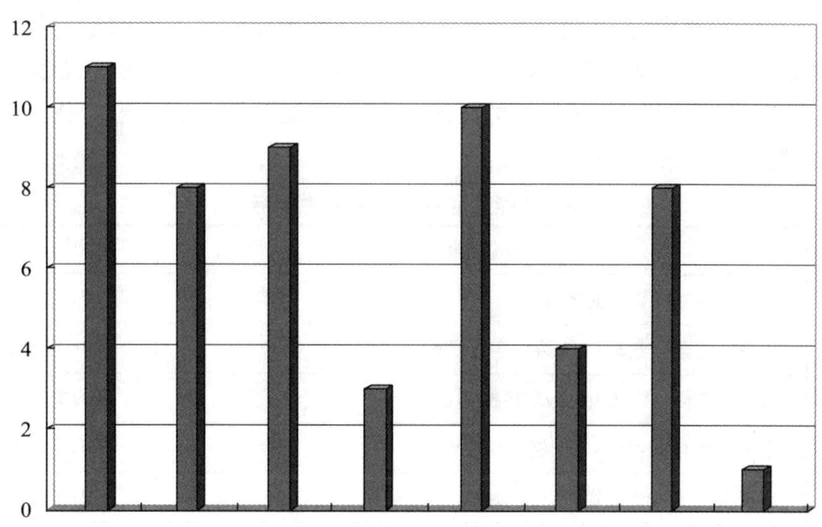

图1　投票文件分类统计

全国智能运输系统标准化技术委员会工作组工作状况如下：

联网电子收费工作组在前期工作成果的基础上，完成了《电子收费关键设备检测评定技术标准》1 项行业标准的申报并获批，目前完成征求意见稿的编制工作；在停车场电子收费应用方面，完成了《停车场电子收费 CPU 卡数据格式和技术要求》、《停车场电子收费 终端设备技术要求》、《停车场电子收费 交易流程》、《停车场电子收费关键设备检测技术要求》4 项国家标准的申报并获批，初步完成标准草案的编制工作；在数据安全方面，完成了《智能交通 数据安全服务》、《智能交通 数字证书应用接口规范》2 项国家标准的申报并获批，初步完成标准草案的编制工作。

ITS 标委会交通信息工作组组织《交通信息服务系列标准研究》项目的结题工作，该项目已完成项目验收申请工作。目前正在积极参与相关的国际交通信息服务标准化工作。

2012 年 3 月 27~31 日，交通运输部公路局主办、部公路科学研究院承办的《公路网运行监测与服务暂行技术要求》、《高速公路通信技术要求》和《高速公路监控技术要求》等三项技术要求的宣贯会先后在福州和西安成功举办，三项“技术要求”已于2012年1月11日起施行，相关公告（《交通运输部公告》2012年第3号）于3月中旬发布。三项“技术要求”的宣贯进一步落实了“公告”精神，指导了“十二五”信息化重大工程建设。此外，在标准研究方面，2012年2月~4月，由交通运输部公路局组织，部路网中心承担，部公路科学研究院、部规划研究院参与编写的《2011年度全国干线公路网运行分析报告》编制完成。此外，4月，工作组全面梳理了与公路网运行监测与服务系统相关的现有、列入标准计划以及未来计划编制的标准规范，编制了《公路网运行监测与服务系统标准体系表》草案稿。

2012年10月15~19日，国际标准化组织智能运输系统技术委员会（ISO/TC204）在俄罗斯莫斯科市举办2012年秋季第40届工作会议。交通运输部科技司信息处邹力处长、国家智能交通系统工程技术研究中心李斌副主任以及标委会成员等参加了此次会议。中国代表在整个会议期间，参加了第8工作组、第14工作组、第16工作组、第17工作组、ISO/TC204工作组召集人及代表团团长会议，以及ISO/TC204全体会议。与会期间，中国代表团与来自各界的标准组织围绕相关技术、标准合作议题进行了深入的技术交流。

2012智能交通系统发布的主要标准

序　号	标准名称	编　号
1	智能运输系统 消息集模板	GB/T 28425—2012
2	道路交通运输 地理信息 数据字典要求	GB/T 28970—2012
3	公路地理信息数据采集与质量控制	GB/T 28788—2012
4	电子收费 OBE-SAM数据格式和技术要求	GB/T 28420—2012
5	电子收费 基于专用短程通信的电子收费交易	GB/T 28421—2012
6	电子收费 关键信息编码	GB/T 28422—2012
7	电子收费 路侧单元与车道控制器接口	GB/T 28423—2012
8	电子收费 车道系统技术要求	GB/T 28967—2012
9	电子收费 车道配套设施技术要求	GB/T 28968—2012
10	电子收费 车载单元初始化设备	GB/T 28969—2012
11	道路交通信息服务 浮动车历史数据交换存储格式	GB/T 29099—2012
12	道路交通信息服务 交通事件分类与编码	GB/T 29100—2012
13	道路交通信息服务 数据服务质量规范	GB/T 29101—2012
14	道路交通信息服务 通过调频数据广播系统发布的道路交通信息	GB/T 29102—2012
15	道路交通信息服务 通过可变情报板发布的交通信息	GB/T 29103—2012
16	道路交通信息服务 长途客运线路信息	GB/T 29104—2012
17	道路交通信息服务 浮动车数据编码	GB/T 29105—2012

序　　号	标准名称	编　　号
18	道路交通信息服务 公路信息亭技术要求	GB/T 29106—2012
19	道路交通信息服务 交通状况描述	GB/T 29107—2012
20	道路交通信息服务 术语	GB/T 29108—2012
21	道路交通信息服务 通过无线电台发送的交通信息数据	GB/T 29109—2012
22	道路交通信息服务 公共汽电车线路信息基础数据元	GB/T 29110—2012
23	道路交通信息服务 通过蜂窝网络发布的交通信息	GB/T 29111—2012
24	交通电视监控系统设备用图形符号及图例	GB/T 28424—2012
25	道路交通管理数据字典 交通检测器	GB/T 29095—2012
26	道路交通管理数据字典 交通事件数据	GB/T 29096—2012
27	道路交通管理数据字典 交通网络	GB/T 29097—2012
28	道路交通管理数据字典 交通信号控制	GB/T 29098—2012
29	机动车号牌自动识别系统	GB/T 28649—2012
30	视频交通事件检测器	GB/T 28789—2012
31	城市公共交通调度车载信息终端与调度中心间数据通信协议	GB/T 28787—2012

（撰稿：杨琪）

第三章

重要讲话和报告

城市智能交通的未来发展

全国人大教科文卫委员会委员
中国智能交通协会理事长　吴忠泽
2012年3月21日　安徽合肥

尊敬的安徽省各位领导、女士们、先生们：

大家好！非常高兴与大家相聚在美丽的合肥。合肥是历史名城，素以“淮右襟喉、江南唇齿”、“三国旧地、包拯故里”闻名于世。今天，我们相聚在这里，共同探讨城市智能交通的发展，安徽省发改委、交通厅、经信委、公安厅、科技厅、合肥市等众多政府部门出席会议，来自全国的城市交通管理、研究和产业单位的专家代表齐聚一堂，具有特别的意义。在此，我谨代表中国智能交通协会，对各位领导和专家的光临表示热烈的欢迎，对安徽省智能交通联席办公室、安徽省智能交通协会等会议承办单位的工作表示衷心的感谢。

非常高兴能与各位同行和朋友，分享交流中国城市智能交通的发展。

我主要介绍三个方面的内容：一、发展城市智能交通的紧迫性；二、国内外城市智能交通的发展现状；三、中国城市智能交通的未来发展。

一、发展城市智能交通的紧迫性

城市和城市化，是人类文明和发展的必然，其根本的动因是人类对美好生活的向往和追求，城市可以提供更美好的生活方式。上海世博会的口号是“城市，让生活更美好”，世博会展示的不仅有人类文明的辉煌成就，更有人类对于未来的美好畅想。城市化是现代社会经济发展的重要增长力，城市化对于公共服务普及、人民生活水平改善等方面起到了积极的作用。

我国的城市化长期以来相对比较缓慢，但自进入21世纪以来，全国的城市化进程非常迅猛。2000年至2009年，全国城市化水平从36.2%提高到46.6%。目前我国有600多个城市，其中100万人口以上城市达到122个，有接近50%的人在城市生活。

城市化发展也带来一系列问题，现代城市发展面临交通拥堵、交通安全、环境污染、资源制约等巨大的挑战。对我国来说，人口规模、社会保障、城市规划、社会治理等问题也不容忽视。在我国城市发展面临的诸多问题中，交通问题尤为突出。

交通让人们的生活有了延伸和扩展，让人们的视野更开阔、交流更便捷。城市化的标志之一就是交通的迅猛发展，这也是人类文明进步的标志之一。但是，随着科学技术的进步和工业的发展，城市中交通量激增，原始的交通方式已不能满足要求；同时，由于工业发展为城市交通提供的各种交通工具越来越多，城市交通在发展模式、管理等方面都面临严峻的挑战，发展城市智能交通、缓解交通拥堵、改善交通出行是城市发展的迫切需求。

二、国际、国内城市智能交通的发展现状

交通作为国民经济和社会发展的支柱和命脉，世界各国都适时地规划了各自的交通，特别是城市交通的发展远景。纵观这些规划，节能与新能源载运工具、交通系统的安全、高效运营等是各国普遍关注的焦点，都十分重视科技创新，低碳、高效、安全、便捷成为各国交通发展的目标。

欧洲在开发与环境保护、节能减排相关的ITS技术方面走在前列。欧盟委员会组织的“生态交通标准（ECOSTAND）”项目，争取实现发达国家智能交通技术在节能减排中方法和数据的共享，并实现统一的标准和一致的评估方法。2010年3月，欧、美、日联合在荷兰阿姆斯特丹签订的合作协议。新能源汽车一直是美国政府极力倡导的发展方向。美国的Plug-in混合动力汽车、日本的氢燃料电池汽车技术都在不断成熟，并加速商业化进程。

道路交通安全方面，美国重点关注“车辆安全及车路协调技术”战略，并开展IntelliDrive项目，重点发展车辆主动安全防护。与此同时，日本智能公路（Smartway）也开始进入了实用阶段。此外，韩国在智能交通信息服务方面的工作突出，实现了新一代宽带移动通信、泛在网络、智能终端技术等在智能交通方面的应用，即“无处不在的智能交通”。出行者在任意地点、任意时间、任何设备上都可以得到准确的信息服务。

目前，美国、欧洲等世界发达国家已开始由单一的基础设施扩张向集约型交通发展的转变，也是解决现代交通发展问题的重要手段。

在我国，近年来在保持经济水平稳步增长的同时，对经济增长质量、节能降耗、环境保护也提出了更高的要求。随着城市化的进程，交通事故、交通拥堵已成为困扰各大城市、甚至是中小城市政府和民众的社会问题。

自20世纪90年代以来，借鉴国际ITS发展经验，结合国情，中国初步建立了自己的ITS基本框架体系和标准体系，开展了智能交通领域关键技术的攻关。随着研究和开发应用的不断深入，社会各界和政府部门对改善城市交通管理、提高服务质量、带动新兴产业有了更清晰的认识。针对国家重大需求和民生，各大城市开展了智能交通系统技术的集成应用和规模化示范工程。例如：以北京、上海、广州为代表的大型城市，把智能交通作为缓解城市交通拥堵的重要手段，分别围绕北京奥运会、上海世博会、广州亚运会三个重大国际活动，开展了交通组织、管理与服务的ITS的集成应用，这是中国城市智能交通技术的集中体现，取得了良好的效果。另外，我们在城市公共交通智能化运营服务、公交优先等方面也开展了积极的工作。

但是，同时我们也要清醒地认识到，我国城市智能交通的建设和发展尚处于基础阶段，城市智能交通整体技术水平和应用规模与发达国家相比还有较大的差距，自主创新能力不强，在前沿技术领域还比较滞后，在核心技术领域还有许多关键技术问题有待突破，产业发展也相对比较缓慢。总之，我国城市智能交通技术应用发展前景广阔、潜力巨大。

三、中国城市智能交通的未来发展

智能交通对城市交通发展的作用归根结底是要满足社会公众对于交通系统、出行环境和交通服务的各层次需求；满足行业企业对提升核心竞争力，降低运营成本，完善服务能力的需求；满足政府部门对提高管理水平，提升政府决策水平，改善应急处置能力的需求。在“十二五”期间，我们力求在城市智能交通重点技术领域取得突破，“以人为本”，促进低碳高效交通战略转型，提升城市交通的运行效率、服务水平和安全水平。重点开展以下工作：

（一）提高城市交通基础设施承载能力

“十二五”时期，需要从普通公路、高速公路、城市道路网以及轨道交通等方面提高城市交通基础设施的承载能力。要积极发展基础交通设施智能化管理系统、ETC系统、城市交通应急处置系统、智能化交通管理系统、停车管理系统等，加快移动宽带网智能交通应用示范、基于ETC相关技术进行交通拥堵收费管理系统前期研究，充分挖掘城市交通基础设施的潜在承载能力。

（二）提升公共交通服务水平

大力推广应用公交智能化、公交信号优先和快速公交（BRT）等，提高公交运行效率和服务水平。合理布局轨道交通线路，减少乘客换乘次数，节省出行时间，平衡线路运能，缓解城市中心区的交通负荷。在加强轨道交通线路建设的同时，结合城市规划，建设发展综合客运枢纽的智能化管理和服务体系，提升客运枢纽的集散能力，使轨道交通与地面公交等交通方式无缝衔接、良好配合，提高公共交通系统的综合运输效率。

（三）提高城市交通协调管理与服务水平，提升城市交通整体运行效能

建设全方位的城市轨道交通、道路、综合客运枢纽，以及城际公路、铁路、民航等交通系统的协调运行体系。以北京为例：北京初步建立了全国首个城乡一体化的交通运行协调指挥中心（TOCC），实现了综合运输协调指挥、交通安全应急指挥、决策支持与信息服务三大功能。通过统一、高效的组织协调各种交通方式的有效衔接，多个交通部门的相互配合，为交通运行高效有序、居民出行便捷安全提供保障，实现人、车、路及环境的和谐运转。

（四）提高出行便利化和社会化服务水平，重点发展公众便捷出行智能化交通服务技术

满足公众出行多样化、个性化、动态化的交通服务需求以及交通应急救援、跨行业智能化交通服务需求，整合多方交通资源，实现交通管理由保障秩序向提供服务的

转变。拓展智能化信息服务发布渠道，完善交通信息社会化服务体系，提高公共交通信息服务水平，推进公众出行个性化信息服务发展。建设形成新一代的交通信息服务系统、出租车调度服务系统、智能停车管理服务系统、汽车租赁服务信息系统和校车服务系统等，提高公众出行服务能力和水平。

（五）积极改善和提升交通安全

保障交通安全，一要靠科技，二要靠管理。在传统的安全管理和安全保障技术基础上，加强车路协同系统、专用短程通信技术（DSRC）等核心技术研究，研究基于物联网的轨道交通运营安全监测与管理技术、建立轨道交通基础设施状态检测和安全预警技术体系，实现交通安全从“被动响应”到“主动保障”转变。

（六）发展低碳、绿色交通，促进城市建设可持续发展

随着全球生态、绿色城市建设呼声的不断提高，与节能减排相关的智能交通技术将成为大家关注的焦点。在发展新能源汽车的同时，城市交通运行管理、智能化监测、智能化信号控制等领域都已经开始了减少交通污染方面的研究，全国已有多个城市明确提出了建设低碳交通城市的发展目标。

（七）推进城市智能交通的标准化与产业化

基于智能交通体系框架和标准体系结构，要建立和完善城市智能交通的规范和标准体系，特别要重视城市智能交通系统建设规范、基于物联网技术的智能交通标准以及重点应用领域的相关标准。要建立技术、应用和资本共同引领的智能交通产业发展模式，构建产学研相结合的智能交通科技创新联盟平台，加强智能化车辆技术与新能源汽车研发相结合的应用力度，推动城市智能交通的技术开发、规模应用和产业化。

立足国情、运用新技术手段，结合智慧城市建设，构建具有中国特色的新一代城市智能交通系统，将是我国城市智能交通发展的重要方向。“十二五”期间，科技部将继续支持城市智能交通领域的科技创新，目前，科技部已在863计划中布局启动了“区域交通协同联动控制关键技术”、“智能车路协同技术”、“交通状态感知与交互”、“综合交通枢纽智能管控”等一系列主题项目，对我国城市智能交通的发展提供技术支撑，发挥科技的引领作用。

女士们、先生们，城市智能交通的发展，不仅是现代城市建设发展的重要内容，也为新技术产业提供了发展的空间。新一代宽带移动通信、下一代互联网、泛在网络、智能终端等在城市交通中都具有广阔应用前景，城市交通为战略性新兴产业提供了广阔的市场环境。相信通过不懈努力，城市交通将会更快速地发展，为公众提供更加便捷、高效、舒适、安全的出行环境和服务，创造更加美好的生活！

最后，预祝本次大会取得圆满成功！

谢谢大家！

工业和信息化部苏波副部长在加强道路交通安全工作视频会议上的讲话（节选）

2012年5月3日

2008 年工业和信息化部组建以来，十分重视车辆准入管理工作，以车辆《公告》管理为抓手，不断加强生产一致性监督管理。在全国道路交通安全部际联席会议统一部署下，在道路机动车辆生产管理工作方面，主要做了以下工作：

（一）严把《车辆生产企业及产品公告》审查关

对于生产企业申报《公告》的汽车产品进行严格审查，严禁“大吨小标”和“小吨大标”车辆及不符合国家标准的车辆准入。对《公告》内不符合国家新标准和《公告》管理规定的产品进行了清理，自 2008 年以来，共撤销了 1295 家企业的 10 918 个不符合标准要求的车型；撤销了 744 家企业的 3157 个不符合《公告》管理规定的产品。

（二）加强生产一致性监督管理

要求生产企业提高认识，加强自律，切实负起责任，保证产品生产一致性。要求各检测机构和中介机构严格执法，诚信自律，对检测机构实行“有进有出”的动态管理机制，以不断提高车辆产品检测和审查的质量和水平。

（三）加大对违规企业的处理力度

对不讲诚信，违反承诺，生产“大吨小标”载货汽车、假国Ⅲ排放产品，不按标准要求安装ＡＢＳ或防护装置等弄虚作假的十几家企业，分别进行了通报批评、撤销违规产品公告、停止新产品申报等严肃处理。

（四）加强校车生产和管理

积极贯彻落实《校车安全管理条例》，制定、颁布了专用校车安全技术条件等两项国家标准，起草了《专用校车生产企业及产品准入管理规则》，目前该规则正在我部网站公开征求意见。

（五）进一步提高大中型客货车安全管理水平

全面提高大中型客车和货车安全技术要求，规范和理顺卧铺客车产品管理，加强全挂车准入管理及生产一致性监管和商品运输车的管理等。

此次会议后，工业和信息化部将按照国务院领导批示精神和会议要求，进一步提高和完善车辆技术标准体系，加强车辆准入管理，督促企业认真做好生产一致性管理工作。各地工业和信息化主管部门要积极配合有关部门，认真贯彻落实本次会议的各项工作部署，并提出三方面要求：

（一）加强配合，落实责任制，确保道路交通安全

要在当地人民政府的领导下，与公安、交通、质检、工商、安监等有关部门密切配合，积极落实国务院安委会、道路交通安全部际联席会议确定的各项工作，建立健全道路交通安全工作责任制，严格落实责任，充分发挥各职能部门的作用，建立信息共享机制、情况互通制度，齐抓共管，形成合力，力争取得道路交通安全工作的新成效。

（二）加强对车辆生产的监督管理，查处违规生产车辆行为

要组织协调有关部门，对辖区内车辆生产企业进行生产一致性监督检查。对于未按强制性国家标准生产车辆的企业，要督促其整改，并自行召回超标车辆。加强与各有关部门之间的信息沟通、交流，对于发现的《公告》内企业违规行为，特别是生产不一致的行为，要及时上报，我部将按规定严肃查处；对于《公告》外企业的违法违规生产问题，要及时向工商、质检等管理部门通报，积极协助查处。

（三）诚信自律，提高生产一致性管理水平

各有关车辆生产企业要加强诚信体系建设，加强自律，切实负起责任，做到“五个一致”，即：实际生产车辆与《公告》中的车型、用于检验的样车、产品合格证、上传的合格证信息保持一致，确保生产合格产品，为保障道路交通安全承担应尽的责任。

以对党和人民高度负责的实际行动
坚决遏制住重特大事故多发频发势头

——杨传堂部长在全国交通运输安全电视电话会议上的讲话

2012年09月18日

同志们：

今天的会议是经国务院领导同志同意召开的。最近，德江副总理和马凯国务委员多次对加强交通运输安全特别是公路、水路交通安全工作作出重要指示和批示。这次会议的主要任务是，进一步学习贯彻中央领导同志重要指示精神和国务院关于安全生产工作的一系列部署要求，通报近一个时期安全生产大检查情况，部署和落实加强当前和今后一个时期交通运输安全生产工作。

刚才，国家安全生产监督管理总局王德学副局长讲了很重要的意见，我们要认真贯彻落实。宏峰同志通报了全国交通运输安全生产自查和检查督查的情况；重庆市交委、渤海轮渡公司、中山市小榄汽车运输公司三家单位分别作了交流发言，很有针对性和借鉴性。各地各部门要认真学习借鉴这些好经验、好做法，认真对待这次大检查中发现的问题，深入查找原因，加强跟踪督办，切实整改到位，以对党和人民高度负责的实际行动坚决落实中央关于安全生产工作的部署要求，坚决遏制重特大事故多发频发势头，坚决守住安全生产这条红线，坚决承担起维护保护人民群众生命财产安全的政治责任，全面提升交通运输安全管理水平，为党的十八大胜利召开创造安全和谐的交通运输环境。

下面，我讲两点意见。

一、深刻把握交通运输安全生产的新形势新特点

今年是我国经济社会发展进程中非同寻常的一年，做好今年的交通运输安全工作任务繁重，具有特殊意义。今年以来，全国交通运输系统认真贯彻落实中央的决策部署，坚持主题主线，坚持稳中求进，认真落实稳增长、控物价、调结构、惠民生、抓改革、促和谐的要求，认真落实安全生产责任和各项维稳措施，安全生产继续保持了总体稳定的发展态势。这是各级党委、政府高度重视、有效施策，社会各界高度关注、切实关心，交通运输系统顽强拼搏、努力工作的结果。但从今年发生的几起重特大事故和刚才通报的情况，可以看出，今年交通运输安全形势仍然十分复杂和十分严峻，需要引起我们的深刻警醒和深刻反思。当前，交通运输安全生产呈现以下几个特点：

（一）重特大事故多发频发势头尚未根本遏制，公路水路交通安全问题日益引起全社会的广泛关注

今年以来，一些重特大交通运输事故时有发生，特别是同一性质的重特大事故连续发生，中央领导同志高度重视，全社会广泛关注。1~8 月，道路客运行车重特大事故持续增加，重特大事故次数和死亡人数同比增加 22.2% 和 29.6%；水上交通重大事故比去年增加了 4 起，死亡失踪人数增加了 55 人；交通运输工程建设施工领域发生了一起多年未发生的重大事故，导致 20 人死亡。“5.19”隧道爆炸事故、“8.16”汽渡沉船事故、“8.26”特大道路交通事故引起了社会广泛关注。此外，还发生了多起社会影响较大的事故及险情，如“南方 6 号”事故险情，城市地铁多次事故及险情等。重特大事故无论是发生的次数，还是造成的人员伤亡和财产损失，都呈增长的态势，引起了社会各界的广泛关注。这既反映了交通运输安全工作的长期性、艰巨性、复杂性和反复性，也暴露了交通运输安全工作还存在不少薄弱环节和突出问题。对此，我们要以对党的事业和对人民群众高度负责的精神，深入分析事故发生原因，认真总结经验教训，举一反三，下决心整改，决不能重蹈覆辙。

（二）交通运输安全生产事故高位运行，推进安全发展的压力和难度不断加大

今年 1~8 月，全国共发生一次死亡 3 人以上的道路客运行车事故 77 起，死亡 471 人；水上共发生运输船舶交通事故 175 件，死亡失踪 195 人，沉船 107 艘，虽然分别比去年同期有所下降，但仍在高位运行。从总体上来看，交通运输仍处于安全生产事故易发多发的特殊时期。一是随着经济社会快速发展，人员流动持续增加，交通运输服务和管理的需求日益增多，必然对交通运输安全管理带来较大的压力。近年来，全国公路水路完成客运量和旅客周转量持续保持较快增长态势，今年 1—8 月比去年同期也有较大增长。二是交通运输基础设施快速发展，但安全生产基础比较薄弱，安全设施、安全服务和安全管理没有跟上，交通给人们带来更多便捷的同时，安全方面也面临更大的考验。特别是随着公路建设向崇山峻岭、深山峡谷迈进，建设中的特长特大桥隧、超大型工程越来越多，一旦发生事故，后果极为严重，确保复杂条件下运输安全、建设施工安全的压力也越来越大。三是交通运输从业人员规模持续增大，但一线员工安全意识和业务素质参差不齐，亟需提高。特别是一些车船驾驶人员对安全管理规定认识不到位，执行安全生产制度和操作规范不严格，违章违规操作屡有发生，在突发情况下快速应变处置能力明显不足。综合分析，当前交通运输安全生产面临的任务和压力只会加强不会减弱，安全事故易发多发的态势在很长一段时期内难以根本改变，这更加需要我们以更大的决心、下更大的气力扎扎实实做好交通运输安全工作。

（三）安全生产长期积累的深层次矛盾日益凸显，安全管理与现代交通运输业发展还不相适应

随着现代交通运输业发展进程加快，随着交通运输深化改革、发展转型，交通运

输安全管理工作还存在诸多不适应，特别是很多方面、很多时候仍然处于应急、应对、应付的状态，影响安全管理的源头性、根本性、基础性问题亟需解决。一是安全管理理念不适应。一些部门和企业没有牢固树立科学发展安全发展的理念，没有把保安全促稳定作为求发展、谋效益的根本前提，在安全管理中重治标轻治本、重事后处置轻源头预防问题比较突出。二是基层基础工作依然薄弱。一些部门和企业的安全生产制度不健全，安全措施和应急预案针对性和可操作性不强，对上级的部署和要求不落实或落实不力、落实不快，隐患排查不彻底、治理不及时、督导不到位，对已经排查出的安全隐患不整改、不解决，部分车船带病运行，工作无记录、检查无台账、记录不真实，安全生产基础管理十分薄弱。三是安全监管存在缺位和不到位。一些单位和部门对安全生产工作监管责任未能有效落实，现场安全监管执法不严、疏于监管或放任不管。特别是重点路段、重点水域和重点车船，安全监管还存在诸多漏洞，无证、证照不全、不具备基本安全生产条件的车船，依然从事交通运输生产经营。初步统计，今年非法违规行为导致的事故占到了 72% 以上，充分反映了在安全监管执法上存在的问题。四是安全管理体制机制亟需完善。安全管理关联性强，需要各方面密切配合、协同推进。从当前来看，安全管理还没有真正形成分工明确、运转协调、职责清晰的工作格局。从检查的情况来看，很多交通运输安全事故主要原因在于安全管理没有落实到位。特别是一些单位和部门对安全管理重要性认识不深，甚至是麻木不仁，安全管理流于形式，对安全隐患排查不深入，甚至对已知的安全隐患不及时整改和解决，往往导致事故发生。

（四）交通运输安全生产不断出现新矛盾新问题，安全保障和应急体系建设急需加强

在复杂严峻的国际国内环境下，各种传统的和非传统的、自然的和社会的风险、矛盾交织并存、不断显现，交通运输安全面临各种可以预见和难以预见的风险明显增多，维护安全发展的艰巨性、复杂性越来越高。一是由于金融危机的持续影响，经济运行下行压力、生产成本上升等因素影响，部分运输企业和施工企业在安全保障方面投入减少，安全设施不配套，机械设备陈旧老化，安全生产压力相应增大。二是新的《危险化学品安全管理条例》赋予交通运输安全管理新的职责和监管责任，港区危化品的安全监管职责交由港口管理机构负责，交通运输安全责任更重。据统计，近年来危险化学品运输事故呈现增长态势。目前，危货运输的品种越来越多，数量越来越大，交通运输安全监管和应急处置能力还不能适应快速发展的需要。三是因地震、泥石流、台风、低温雨雪冰冻恶劣天气等自然灾害引发的交通运输安全事故突出，严重危害人民群众生命财产安全，交通运输预警机制建设、应急保障能力亟待加强。四是非传统安全对交通运输的影响越来越大。我国正处于社会转型期，影响经济安全和社会稳定的因素很多，恐怖袭击、人为破坏、公共安全等突发事件时有发生，对交通运输安全产生了严重威胁。如何切实加强交通运输保障和应急体系建设，最大限度地降低各种突发事件和不利因素对交通运输安全带来的风险和挑战，是交通运输部门面临的重大考验。

交通运输安全生产领域呈现的新特点是国际国内宏观环境、交通运输发展水平和行业管理等多种因素综合作用的结果，可以概括为“六个不到位”：一是思想认识不到位；二是责任落实不到位；三是管理措施不到位；四是部门监管不到位；五是督查检查不到位；六是整改落实不到位。为此，我们既要坚定信心，切实把科学发展安全发展的理念贯穿落实到现代交通运输业发展的全过程和各领域，又要切实增强忧患意识、风险意识、责任意识，克服懈怠思想和厌战情绪，出重拳，下猛药，切实解决当前安全生产中存在的突出问题，有效防范和坚决遏制重特大交通安全事故发生，牢牢把握安全工作主动权。

二、以遏制重特大事故为重点，切实提高交通运输安全管理水平

现在到年底还有3个多月的时间，党的十八大即将胜利召开，这个时间段的交通运输任务繁重，也是安全事故的多发期。保障人民群众安全便捷出行是交通运输部门的根本任务，便捷要以安全为前提，没有安全便捷没有意义。我们一定要按照党中央、国务院近期关于加强安全生产工作的部署和中央领导同志的重要批示指示要求，牢固树立政治意识、大局意识和责任意识，牢牢扭住安全稳定不放松，以遏制重特大事故为重点，结合正在开展的“道路客运安全年”、“打非治违”、“平安工地建设”等活动，加大管控和治理力度，进一步推进交通运输安全形势持续稳定好转。

（一）切实强化长途客运安全管理

这是当前交通运输安全生产领域的重中之重。要认真贯彻落实国务院《关于加强道路交通安全工作的意见》，按照全国交通安全紧急电视电话会议和部近期下发的通知要求，全面落实各项安全措施，下决心、下重手，严抓严管、死盯死守，坚决遏制群死群伤重特大事故发生。要深入开展长途客运班线清理，对所有跨省及800公里以上长途客运班线，逐线逐车清理排查隐患。对新增长途客运班线，开展安全性评估，对达不到安全生产要求的，坚决不予批准。要严格落实长途客车中途休息制度，督促客运企业合理安排班次，不能够在凌晨2点前到达的要调整发班时间；对不能调整班次时间或运营里程较长的车辆强力推行凌晨2点到5点停止运行，或实行落地休息、接驳运输。严格落实山区三级公路夜间禁行客运车辆；严格实行高速公路客车乘客系带安全带；严禁超员、超速行驶。要严把驾驶员上岗关，加强对驾驶员行为的视频跟踪，坚决惩处驾驶员违规违章行为。要继续深入开展旅游包车客运安全整治行动，坚决杜绝不符合安全标准的车辆从事旅客运输。要敦促运输企业强化车辆出站、超速、中途停车等动态监控，及时发现和制止各类违法违规行为。

（二）切实强化公路超限超载治理

要认真总结开展治超工作8年来的宝贵经验，坚定不移地继续推进治超工作。严格落实《公路安全保护条例》，在地方政府的领导下，坚持“政府主抓、部门联动、属地管理”的治超格局，加强与公安、安监等有关部门的配合和协作，实行多部门联合

执法。要强化源头管理，本着“预防为主，防治结合”的原则，对货运源头全方位实时管理，及时更新公示货运源头企业名单，对货运公司实施重点跟踪，并建立超载运输企业、运输车辆、驾驶员“黑名单”制度。要把好治超检测站点关口，坚决杜绝以罚代管，坚决制止严重超限超载车辆上路上桥。要从严执法，继续开展好“大吨小标”和非法改装改型车辆的治理，对违规车辆一律卸载并严厉处罚。要在加大执法、强化管理的同时，加快推进解决公路客货运市场恶性竞争、运价不合理等突出问题，综合运用经济、法律、技术等手段，从根本上、从源头上治理超限超载问题。要加大社会宣传工作力度，进一步营造全社会治超的浓厚氛围，并设立奖励制度，对举报有功人员给予适当奖励。

（三）切实强化危险品运输安全监管

要按照新出台的《危险化学品安全管理条例》确定的交通运输部门监管职责，尽快修订交通运输危险品运输安全管理规定，进一步规范危险品运输和安全管理行为。要切实加强从事行业危险品管理人员的业务培训，努力提升管理能力和业务水平。要按照危险化学品和烟花爆竹部级联席会议的要求，加强与公安、安监等部门的密切配合，积极推进部门间的信息共享，切实加大联合执法的工作力度。要进一步加快从事危险化学品运输车辆的卫星定位装置的安装进度，确保按要求及时安装到位，并要督促企业建立相应的监管平台，强化动态跟踪管理，落实监控主体责任。

（四）切实强化水上客货运输安全管理

要重点加强渡运安全管理。目前，渡运仍然是偏远山区、库区以及海岛等公路欠发达地区人民群众出行的重要方式。总体看，我国渡口基础设施差、渡船普遍等级低，从业人员素质不高，安全隐患大量存在，易发生群死群伤事故，一直是交通运输安全监管的难点和重点。要采取有效措施彻底改变这种状况，督促县乡人民政府落实安全监管主体责任，加快渡船渡口的更新改造，强化从业人员的安全意识和技能培训，加快推进渡改桥工作。关于渡运安全监管，部将在近期召开专门现场会议进行部署。同时，要继续把“四客一危”运输船舶和“四区一线”水域作为重点，加强隐患排查和整治，特别是要针对客滚船、汽渡船、危化品船、旅游船等存在的隐患，适时开展专项检查，强化落实各项安全管理和责任，及时排除安全隐患，弥补安全漏洞。

（五）切实加强城市轨道交通运营安全管理

近年来城市轨道交通发展迅速。地铁系统运行环境封闭、人员密集，疏散通道狭窄，营运安全防范和应急救援困难。要加强与住建、公安等部门的沟通协作，认真总结北京奥运会、上海世博会等轨道交通运营安全管理经验，切实督促城市轨道交通运营企业落实安全生产主体责任。要把好新开通的城市轨道交通线路试运营基本条件关，防止条件不具备的上马运营，防止带“病”的上马运营。要定期组织开展城市轨道交通安全评价和安全认定工作，查找和消除安全隐患。

（六）切实强化重点工程施工建设的安全管理

要加大对桥隧施工、特别是夜间施工的现场安全管理，采取有效措施妥善保管、运输、使用好民用爆炸品，继续大力开展防高空坠落和防坍塌专项行动，进一步强化特种设备的安全管理，进一步完善复杂气候条件下的施工作业安全措施，切实做好临海施工作业防台、山区施工防地质灾害等工作。要坚决禁止非法分包转包等违法行为，严禁违章指挥、违章操作、违反劳动纪律，切实加强外包工程的安全管理，进一步强化劳务协作人员和农民工的岗前培训，提高安全操作技能和自我保护能力。

（七）加快研究破解制约安全发展的难题

当前，交通运输安全生产的基础依然薄弱，特别是安全生产长期积累的深层次矛盾和问题日益凸显，重特大事故多发频发、极易反复，迫切需要我们加快研究、积极破解。各地各部门要结合实际，立足当前、着眼长远，针对影响交通运输安全的源头性、根本性、基础性问题，深入开展调查研究，探索解决办法。要准确把握交通运输发展规律和安全面临的新情况新问题，加紧研究解决制约交通运输安全发展的体制机制问题，着力在提升安全生产管理理念、完善安全生产长效机制、健全交通运输应急保障体系、推进行业安全管理信息化等方面取得新突破，增强安全生产工作的系统性、科学性，不断提升交通运输安全管理水平，推动交通运输事业真正实现又好又快发展，努力做到让中央放心、群众满意。

最后，我再强调一下近期必须抓好的几项具体工作：一是要立即部署中秋节、“十一”黄金周以及党的十八大召开期间的安全工作。今年“中秋节”、“十一”黄金周假期重叠，预计会出现客流高峰。最近，国务院领导同志就做好中秋、国庆期间安全工作作出批示，要求从近期交通安全事故频发多发的原因中进一步查找薄弱环节，采取针对性强的有效措施。我们要认真落实，特别要提前调查研判“十一”长假客流特点以及实行小型客车免费通行可能对安全生产工作带来的新情况，有针对性地制定安全保障方案和应急预案，确保黄金周期间道路客运安全畅通。二是要对本部门、本单位的稳定工作进行再研判、再分析，进一步加强力量，加大工作力度，确保行业稳定。三是对近段时间查出的隐患要加强督办，保证各项隐患及时整改到位。四是加强应急值守，实行领导带班，充分做好应对各种突发事件的准备。五是要加快推进企业安全生产标准化建设工作，按国务院的时限要求，完成好客运和危险化学品运输企业的安全生产达标。六是切实做好国务院对“打非治违”、国发［2011］40号和国发［2012］30号文件落实情况的检查准备工作。

同志们，安全责任重于泰山。我们要在党中央、国务院的正确领导下，以更加务实的态度、更加严格的管理、更加有力的措施、更加完善的制度，坚持不懈地抓好安全生产工作，坚决遏制重特大事故发生，确保交通运输安全形势持续好转，以实际行动迎接党的十八大胜利召开！

谢谢大家！

在2012’中国智能交通年会暨第七届中国国际智能交通展览会上的讲话

全国人大教科文卫委员会委员
中国智能交通协会理事长
吴忠泽

2012年9月26日 北京

各位来宾、女士们、先生们：

早上好！

今天，2012’中国智能交通年会暨第七届中国国际智能交通展览会在这里隆重开幕。我们相聚首都北京，共同迎来了智能交通行业这一年度盛会的召开。在此，我谨代表中国智能交通协会对各位来宾表示热烈的欢迎并致以诚挚的问候！对远道而来的俄罗斯、意大利智能交通协会的高层代表表示热烈的欢迎和良好的祝愿！

近年来，中国在保持经济水平稳步增长的同时，还面临着交通拥堵、交通安全、环境污染、资源制约等问题的巨大挑战。构建更加便捷、高效、节能、畅通、安全的智能交通体系，是中国ITS发展的根本任务。

本次大会以“智能交通——感知新生活”为主题，以促进智能交通领域技术进步和协同发展为目标，汇聚智能交通领域的专家学者，围绕城市智能交通创新发展、道路交通安全、智能交通建设与投融资、综合智能交通、轨道交通智能化等方面内容，开展广泛的学术交流，探讨国内外智能交通建设案例，展望智能交通与现代生活的美好前景，三十多家单位展出智能交通科技成果，将为中国交通领域健康可持续发展搭建交流互动平台，发挥科技的支撑和引领作用。

全国政协副主席、国家科学技术部部长万钢同志对本次会议的召开给予了高度的关注，并对会议做出了具体指示和要求；科技部曹健林副部长十分重视这次大会，会前专门听取了筹备情况的汇报，今天在百忙中专程赶来出席本次会议，并发表了重要讲话；社会各界、众多的同行专家和单位、有关新闻媒体等，对本次会议的召开提供了大力支持。在此，表示衷心的感谢！

下面我讲三个问题，供大家参考。

一、国际智能交通的新动向

智能交通（ITS）是当今国际交通运输领域发展的前沿之一，它是高新技术在交通领域集成应用的产物，在国际上的发展不过十几年的时间，却在许多国家和地区发挥了明显的作用，引起了交通运输领域各方面革命性变化，推动了信息、通信、控制、新能源和汽车技术在交通运输平台上的融合和集成应用，并带动了智能交通产业的形成。目前，世界各国在对高效、安全交通持续关注的同时，对于ITS经济、基于ITS的节能减排以及新技术（特别是下一代信息技术）对智能交通的推动作用给予了更多的关注。主要表现在：

（一）ITS对经济的贡献作用十分明显

最近，在美国、欧洲、日本和韩国分别就ITS对经济的作用给出了很具体的分析。以美国为例，根据美国运输部和美国智能交通协会的报告，从2009年到2011年，北美每年ITS应用的直接经济收入增长分别是520亿美元、550亿美元和590亿美元，预计到2015年将达到730亿美元，平均增长率为5.8%，这与美国整个经济的增长状况形成了鲜明的对比。与此同时，每年ITS还可创造50万个就业岗位，ITS的岗位收入在全美也是较高的。可以看出在全球性经济危机的大背景下，ITS仍然保持了很好的经济性和增长性，对经济贡献是非常正面的。

（二）面对世界性的气候问题，ITS与节能减排的结合仍然是焦点之一

欧、美、日从研究、试验、排放评估、数据管理等方面开展协调和合作，并逐步统一智能交通系统在节能减排中的标准和测试方法。同时，根据节能减排的需求，发达国家开始尝试将能耗和排放指标作为交通管理的重要参数之一，以实现交通高效运行与节能减排的双赢。

（三）安全交通方面，对车路合作与服务技术给予了更多的关注，并逐步形成合作联盟

目前，美国在智能车路协同方面的车车信息交互系统、安全辅助驾驶系统等技术开发逐渐走向成熟，单项技术在商品车上已经可以应用。下一步还要解决正在开发的宽带移动通信技术（如LTE）如何进入汽车环境，如何融入车载信息系统和车辆控制总线，真正实现车辆与车辆、车辆与路测系统的“直线交谈”。利用ETC使用的专用短程通信技术（DSRC）形成车辆宽带移动接入平台，在宽带通信网的支撑下，集成车载导航系统和先进安全系统（ASV）形成下一代智能道路系统即Smartway的开发和试验取得了突破性进展，在此基础上，日本ITS信息交互设施（ITS Spots）在高速公路网上已经实现全覆盖，并陆续推出多种具有ETC、导航和道路安全服务的新车载机，预计5年内将发展1000万用户。

为了产品的通用性，欧洲、美国和日本陆续签订了双边政府的标准化合作协议，并提出了欧、美、日三角协调的口号。同时以汽车厂商和信息技术厂商为主体的车路合作系统联盟也开始形成，这些联盟在技术开发、标准化和产品测试等方面进行协调和合作，其目标就是国际市场。

（四）积极推进下一代交通信息智能服务

新一代交通信息服务系统是近几年国际智能交通界研究开发的一个新方向。继韩国提出“泛在、透明、可信”的“无处不在的智能交通”服务以来，欧、美、日的通

信企业和汽车企业加快了下一代信息技术在交通领域的应用开发，重点推进以数据采集、新一代宽带移动通信和下一代互联网技术作为支撑的下一代交通信息服务系统。开发的焦点是：依托 3G 和 4G 的应用技术，在高速移动条件下，众多的移动终端、沿道路分布的路测智能设施和控制中心系统如何实现低延时条件下的互操作和保证信息安全，为智能交通系统更全面地获取交通状态、更及时地侦测道路交通异常、更准确地确定车辆运行状况、更高效地发布交通信息提供了有力的工具。根据调查，现在韩国 3G 手机上的服务中，有 50% 以上的服务与交通有关，包括实时道路交通信息、地铁和公交信息、火车和飞机班次动态信息、换乘信息、与汽车服务有关的信息等，以智能终端（如智能手机、iPad 等）为服务窗口的、以下一代移动通信和超高速无线局域网为支撑的智能交通服务环境将形成主流。

（五）智能交通市场模式及投资方式有重大变化

国际智能交通界在总结近二十年发展经验的基础上，对智能交通市场模式和投资方式进行了一系列重大调整，主要改变是在政策、标准、投资和营利模式等方面更加开放，将更多的吸引信息产业界和通信运营商的投资，同时政府鼓励交通管理、运载工具制造、信息产业等多方组成联盟，一起推进基础设施与运载工具合作系统的商业化应用以及新一代交通信息服务系统的建立，将交通运输各利益相关方通过价值链连接起来，交通信息按照市场引导、价值驱动的方式在各利益相关方之间流动，并逐步形成新的装备和营利点。

二、我国智能交通的发展现状

经过“十五”、“十一五”时期建设，中国交通发展成效显著。截至到 2011 年，全国公路总里程达 410 余万千米，其中，高速公路达 8.49 万千米；全国港口生产用码头泊位 31968 个，完成货物吞吐量 100.41 亿吨，内河航道通航里程达到 12.46 万千米；航空运输完成运输总周转量 570 多亿吨千米，旅客运输和通用航空保持较快增长；中国高速铁路营运里程达到 6800 余千米，构建了高效的高速列车技术创新机制，推动中国高速铁路的可持续发展。

与此同时，中国 ITS 建设也取得了长足的进步。通过科技攻关和示范工程在高速公路不停车收费系统（ETC）等方面已形成比较完整的技术体系和标准规范体系，到目前为止，已在 22 个省（市）开通，用户超过 300 万；交通基础设施建设管理信息化水平显著提高，城市交通智能化管理系统的建设和应用保障了奥运会、世博会、亚运会等大型活动的成功举办；城市智能化交通管控水平得到全面提升；面向出行者提供综合性交通信息服务，搭建了民众与政府间的信息沟通渠道，交通社会化服务水平稳步提升，为实现智能交通打下良好的基础。

在前不久召开的全国科技创新大会上，胡锦涛总书记再次强调，加快转变经济发展方式，调整经济结构，最根本是要靠科技的力量，最关键的是要大幅度提高自主创新能力。科技部对智能交通领域的前沿技术进行了规划与部署，交通状态感知与交互、区域交通协同控制、智能车路协同、高速铁路重大关键技术及装备、城市轨道交通网络化运输组织、控制与保障一体化关键技术与装备研制等一系列国家重大项目的研发工作正在积极开展。智能交通科技正在引领和推动着中国 ITS 应用和产业化发展。

但是，我们也清醒地认识到，当前我国智能交通发展还存在着一些亟待解决的问题，主要表现在：智能交通发展理念有待转变和提升；对公众出行和货物运输服务以及交通安全等民生需求的关注亟待进一步加强；自主创新能力相对薄弱，适合国情的关键技术和应用模式有待突破；市场化推进机制缺乏，智能交通产业链、价值链尚未真正形成。

三、我国智能交通的未来发展

作为现代交通技术代表之一的智能交通系统，是建设现代交通运输业的重要支撑，也是我国战略性新兴产业的重要组成部分。在新的历史发展阶段，我国智能交通系统要主动适应国际环境变化以及交通运输发展重点和方式的变化，充分考虑我国的经济发展水平、实际需求、政策和管理环境以及新一代信息技术给我们提供的装备与能力，认识到自己的不足，努力实现中国智能交通系统的自主发展、创新发展和跨越发展。

在“十二五”期间，我们要充分把握国家发展战略性新兴产业的机遇，明确重点，有所作为，要围绕突破智能交通重点技术，提升综合交通运行效率和智能化水平，形成具有中国特色的智能交通产业，让先进交通科技广泛惠及民生，重点开展以下工作：

（一）加快推进物联网技术应用，进一步提升交通感知智能化水平

要在继续进行交通基础设施建设的同时，加快交通基础设施的智能化升级，特别是要加强物联网技术在交通领域的应用。基于交通物联网，实现大范围区域公路网运行监测与协调控制、区域性水路网及海域智能监测与救援，提升交通智能调控、安全应急指挥和规划决策智能化水平。完善道路交通信号控制体系和轨道交通智能化控制体系，建设覆盖主要城市道路、公交场站、高速公路、轨道交通站点、综合运输枢纽的数据传感网络，形成全网化智能控制体系。推动地面公交、轨道交通、民航、铁路、公路、水路、气象、消防、应急等部门实现信息共享。

（二）提高公众出行智能化交通信息服务水平

为满足公众出行多样化的需求以及交通应急救援、跨行业智能化交通服务需求，要整合各种交通信息资源，拓展智能化信息服务发布渠道，完善交通信息社会化服务体系，推进公众出行个性化信息服务发展。建设形成新一代的交通信息服务系统，通过互联网、手机、移动终端、广播电视、诱导屏等发布途径，为公众提供路况、换乘、停车、定位等出行引导信息服务，让民众“随时随地”享受到交通信息服务带来的便利。

（三）提升公共交通智能化水平与服务能力

大力推广应用公交智能化、公交信号优先和快速公交（BRT）等技术，使公共系统更加适应客流和路况的变化，提高公交运行效率和服务水平。建设综合客运枢纽的智能化管理和服务体系，提升客运枢纽的集散能力，实现各种公共交通方式无缝衔接，提高公共交通系统的综合服务水平，有效缓解城市交通拥堵。

（四）提高交通协调管理智能化水平，提升交通系统整体运行效能

研究开发符合中国国情的大城市区域交通控制技术和装备，构建完备或准完备网络化全景交通信息环境，实现区域出行调控、网络化诱导、时空动态优化的协同联动控制。建设智能化综合交通管控枢纽，以及城际公路、铁路、民航等交通系统的协调运行体系。通过各种交通方式的有效衔接，多个交通部门的相互配合，为交通运行高效有序、居民出行安全便捷提供保障。

（五）提升车辆的智能化服务水平

加强智能车路协同系统、专用短程通信技术（DSRC）等核心关键技术研究，建立智能车路协同技术体系框架，形成基于车路协同的道路交通主动安全保障技术基础。普及车辆智能终端，进一步推广不停车收费系统（ETC），加强城市物流车辆的智能管理，并开展“车联网”试点工作，提高车辆运行效率和交通安全水平。开展智能列车核心技术攻关，构建以高速列车为核心，以全方位列车状态感知和动态数字化运行环境为基础，以信息智能处理与交互为支撑，具有自检测、自诊断、自决策能力的智能化高速列车系统，实现高速列车的安全可靠运行和全生命周期能力保持与优化。

（六）发展低碳、绿色交通，促进城市建设可持续发展

智能交通是智慧城市的重要组成部分。重点加强智能化车辆技术与新能源汽车研发相结合的应用力度。在发展新能源汽车的同时，通过城市智能化交通运行管理减少交通污染是下一阶段重要的工作方向。全国已有多个城市明确提出了建设低碳交通城市的发展目标。

（七）积极推进智能交通的标准化与产业化

我们将加快标准的制定，特别是智能交通重点应用领域的相关标准和基于物联网技术的智能交通标准。要建立以企业为主体、市场为导向、产学研用相结合的智能交通技术创新体系，通过构建技术、应用、资本和政策共同引领的智能交通产业发展模式，加快科技成果的推广应用，尽快形成生产力。为此，首先要营造智能交通产业发展的良好环境。制定将公益性智能交通应用系统和必要的支撑设施纳入交通基本建设范畴的政策；推动政府资源有序开放，形成公益服务与市场化增值服务相结合的交通信息资源开发利用机制；形成涵盖设备供应、系统集成、运营服务、政府和用户的产业链和价值链。其次，

要加大政府对智能交通基础性、公益性系统的建设资金和运行维护资金的支持力度，鼓励和规范民营和社会资本参与智能交通建设和运营，充分发挥金融市场的融资作用。第三，要推动智能交通产业联盟发展，支持和引导智能交通领域带动性强、集中度高的大企业以及拥有技术专长的中小企业发展，加强产学研用的结合，建设公共测试试验平台，鼓励和支持优势企业参与和主导智能交通技术研发和标准制订。

女士们、先生们，中国智能交通系统发展，将在坚持自主创新的同时，积极借鉴国际智能交通领域的成功经验，开展广泛的国际合作交流。相信通过不懈努力，智能交通将会更快速地发展，为公众提供更加便捷、高效、绿色、安全的出行环境，创造更加美好的生活！

最后，预祝本次大会取得圆满成功！

谢谢大家！

中国智能交通协会常务理事会工作报告

——2012年9月26日在中国智能交通协会第一届会员大会第四次会议暨2012’中国智能交通年会上

全国人大教科文卫委员会委员
中国智能交通协会理事长　吴忠泽

各位常务理事、会员、来宾们：

大家好！

根据《中国智能交通协会章程》有关内容，我受常务理事会的委托，向协会第一届会员大会第四次会议报告中国智能交通协会自 2011 年 9 月在北京召开第三次会员大会以来所开展的工作，请予审议。

第一部分：过去一年的主要工作

在过去的一年中，中国智能交通协会（以下简称“协会”）稳步发展，在科技部和有关部门领导的大力支持下，充分发挥自身优势，全面开展各项工作，不仅对会员单位和行业的服务水平有了较大提升，而且在积极搭建政府与企业间的桥梁、大力推进国际交流合作、促进技术和行业发展等方面取得了较好的成绩。

一、协会各项业务工作取得新的进展

（一）完成国家科技支撑计划有关课题验收工作

按照国家支撑计划项目“重特大道路交通事故综合预防与处置集成技术开发与示范应用”的课题——“交通安全信息集成、分析及平台构建技术开发与示范应用”的计划任务书要求，课题组于 2012 年 3 月向科技部提交了《课题验收申请报告》。从 4 月至 8 月，一是接受了科技部委派的会计事务所对课题的财务审计工作，并顺利通过财务审计。二是组织召开了该课题的 6 个专题技术验收会和技术材料编审会，全面汇总了各专题任务执行情况，对技术验收材料进行补充和完善，并在科技部召开的课题技术验收会上顺利通过了该课题的技术验收。三是接受了科技部委托国家科技风险开发事业中心的财务验收工作，并顺利完成财务验收。

另外，去年底协会牵头组织的国家智能交通产业技术创新战略联盟试点，顺利通过了科技部组织的联盟综合评审答辩。

（二）举办各类智能交通技术交流活动

一是主办了“城市智能交通发展研讨会”。今年3月21日，由中国智能交通协会主办，安徽省智能交通建设联席会议办公室、安徽省智能交通协会承办，安徽科力信息产业有限责任公司支持的“城市智能交通发展研讨会”在安徽省合肥市召开，协会理事长和来自安徽省政府及公安厅、科技厅、交通运输厅、经信委和安徽省智能交通协会的领导出席了会议。同时，来自北京、上海、广州、深圳、青岛、包头等城市交通管理部门，同济大学、东南大学等四所高校，北京四通、易华录、青岛海信、上海电科等企业的代表共计60余人参加了此次研讨会。此次研讨会围绕智能交通与城市发展的可持续性、城市智能交通建设发展体系两大主题进行了研讨，城市代表介绍了各自的经验。此次会议，使不同城市能够有机会互相借鉴和学习先进智能交通建设和应用经验，探讨当前城市智能交通存在的共性问题，探索适合我国国情的智能交通发展之路。二是开展了“2012’中国道路安全宣传日走进农民工子弟学校”活动。5月7日，协会为响应联合国“道路安全十年行动”，在开展2010年度交通安全理念宣传的基础上，联合北京石景山区华奥学校开展了“2012’中国道路安全宣传日走进农民工子弟学校”活动，本次活动旨在宣传道路安全知识，传递安全出行理念，为孩子撑起安全保护伞。协会联系了多家资深媒体，对此次活动进行全程报道和宣传，引起社会各界对农民工子弟学校的关注，发挥社会各界力量帮助儿童这一交通参与者中的弱势群体。三是承办了“车联网与车路协同研讨会”。5月31日，协会承办了2012京交会“中国国际城市智能化技术与服务大会”的重要组成部分——“车联网与车路协同研讨会”，研讨会吸引了来自国内各地方政府部门、国内外产业联盟、产学研组织以及企业逾200家、300余位嘉宾参会，对城市车路协同发展趋势和车联网与车路协同的关键技术等主题进行了深度研讨，使智能交通成为京交会上新的亮点。

（三）组织2012年度“中国智能交通协会科学技术奖”评奖

经向国家科学技术奖励办公室申请，2011年10月，国家科学技术奖励办公室批准协会“中国智能交通协会科学技术奖励”授奖资质，颁发了中华人民共和国社会力量设立科学技术奖登记证书（国科奖社证字第0225号）。中国智能交通协会科学技术奖将坚持尊重劳动、尊重知识、尊重人才、尊重创造的方针，以智能交通基础科学研究、技术创新开发、成果推广应用、高新技术产业化、科学技术普及、社会公益事业等方面做出突出贡献的个人和组织为奖励对象，每年授奖一次。为使奖励组织和评审工作科学、规范，制定了《中国智能交通协会科学技术奖励管理办法》和《中国智能交通协会科学技术奖励实施细则》，成立了科技奖励委员会、评审委员会和奖励工作办公室，负责奖励的指导、评审和组织等工作。此外，还设立了科学技术奖励基金，制定了《中国智能交通协会科学技术奖励基金管理办法》，规范奖励基金的管理和使用。为支持协会顺利开展科技奖励工作，上海电器科学研究所（集团）有限公司、北京四通智能交通系统集成有限公司、北京宏德信智源信息技术有限公司、国家智能交通系统工程技术研究中心和交通运输部公路交通安全工程研究中心等五家会员单位共捐赠 190 万元作为奖励基金的启动资金，我代表协会向他们表示衷心感谢。今年 2 月，协会印发了《关于 2012 年度中国智能交通协会科学技术奖申报工作的通知》（中智交协〔2012〕01 号），正式启动了 2012 年度中国智能交通协会科学技术奖的申报评审工作。截至 5 月 10 日，共收到申奖项目 37 项。按照“公开提名、科学评议、实践检验、公信度高、宁缺毋滥”的要求，经过半年来的形式审查、初评、终评、公示和审定会议等工作流程，最终授予一等奖 4 项、二等奖 7 项、三等奖 9 项。中国智能交通协会科学技术奖营造了有利于科技人才成长和科技成果转化的氛围，将有力推动我国智能交通创新发展。

（四）编辑出版《中国智能交通行业发展年鉴（2011）》

继 2011 年 9 月成功出版发行《中国智能交通行业发展年鉴（2010）》后，今年协会组织成立了《中国智能交通行业发展年鉴（2011）》编委会，开展了新一年度年鉴的编撰工作。《年鉴(2011)》的编撰历时 9 个多月，汇聚了中国智能交通领域的数十位专家，收集了我国智能交通相关行业发展的基本资料，编录了智能交通发展相关的政策和标准，汇集了我国智能交通领域的主要技术进展、主要城市和地区的智能交通建设发展、重大科技成果示范应用以及智能交通产业、主要企业和市场发展等相关资料，比较系统、客观地反映了 2011 年我国智能交通行业的基本情况和发展趋势。全书共分为综述篇、政策及标准篇、技术篇、市场篇、产业篇、记事篇和附录七部分内容，涵盖了交通领域中公路、铁路、水运、民航、汽车、电子等各个方向。此次年鉴编写在去年基础上，增加了 2011 中国智能交通标准化发展及发布的主要标准；中国智能交通协会科学技术奖管理办法、实施细则、申报及评审流程；国家智能交通科技发展综述、总体技术布局、主要研究成果与示范应用以及 2011 中国智能交通市场发展分析等内容，将为政府部门和社会各界全面了解我国智能交通行业发展提供借鉴。

（五）加强国际交流合作

协会通过参与国际活动、进行技术交流等多种形式，进一步加强与国际智能交通领域的联系，扩大了影响。去年 10 月中旬，协会成功组团参加了在美国奥兰多市召开的第十八届智能交通世界大会并参展。协会理事长应邀在全体大会上做了主题演讲，介绍了我国智能交通发展及未来规划；交通运输部翁孟勇副部长参加了主题为“交通与经济”部长级圆桌会议并发表了讲话；王笑京副理事长在主题为“智能交通和经济发展”的会议上做了专题报告。会议期间，40 多名国内代表分别在特别会议、科学论文会议、技术论文会议上演讲，就中国智能交通技术发展与参会代表分享经验。大会期间，协会组织搭建了中国展台，采用展板、实物、多媒体互动等多种方式展示我国智能交通行业发展和企业形象。会议期间，协会分别与美国智能交通协会、欧洲智能交通协会签署了合作备忘录，并与美国智能交通协会共同组织了中美企业交流会，来自中、美两国政府及知名智能交通企业、科研机构、高校代表 80 余人参加了交流。

今年 2 月，韩国国土海洋部、大韩贸易投资振兴公社、中国智能交通协会、韩国智能型交通体系协会在北京共同主办了2012中韩智能交通企业技术交流会，协会介绍了近年来中国政府组织的智能交通技术攻关和示范工程建设的成果，双方企业共同讨论了智能交通领域的技术发展趋势。此外，中韩企业见面对接会为双方企业开展合作提供了良好的契机。今年5月，欧洲智能交通协会拜访协会，双方就第19届智能交通世界大会以及未来在智能交通相关项目展开合作进行了洽谈；7月，塔吉克斯坦交通规划处、交通司、环保局、能源环境处以及塔吉克斯坦国家电车集团公司的代表一行六人专程拜访了协会。协会组织有关专家向塔吉克斯坦的代表们介绍了国内智能交通系统、各地区项目建设情况及发展趋势，塔方代表表示希望今后能加强与中方的交流，保持联系；8月，协会接待了日本智能交通协会专务理事和2013年第20届智能交通世界大会组委会一行来访。日方介绍了明年将在日本东京召开的第20届智能交通世界大会的筹备情况，并邀请中方组织中国企业参展和参会。

协会从今年3月起全面开展了第十九届智能交通世界大会中国代表团的组团工作。在5个多月的工作中，以电话、邮件、传真等形式面向会员单位、相关企事业单位、科研院所、大专院校等440家单位发放了组团通知及相关资料，截至目前已报名140余人。协会还将在世界大会期间继续组织搭建中国展台，宣传中国智能交通发展和企业形象。

（六）组织筹备2012’中国智能交通年会暨第七届中国国际智能交通展览会

为做好2012’中国智能交通年会暨第七届中国国际智能交通展览会筹备工作，协会秘书处开展了大量的前期准备工作，组织成立了年会程序委员会和技术委员会，负责年会日程的审定和论文评审等工作。对日程进行了精心安排，既包括政府部门和国内外专家代表的主题演讲，又从城市智能交通创新发展、道路交通安全技术、智能交通建设与投融资、综合智能交通技术、城市智能化交通技术、轨道交通智能化技术等6个方面涵盖了广泛的学术交流，同期展出智能交通科技成果，并安排了技术考察。本次活动共征集论文150篇，录用论文135篇，其中优秀论文110篇，推荐到核心期刊5篇，录用论文制成光盘和大会优秀论文集在活动期间发放。三十多家来自智能交通的企业、院校、研究院所积极参展，展览总面积达3000平方米。协会联合多家媒体开展了智能交通“感知新生活”摄影征集大赛，作品从“人、车、路、环境”四要素入手，体现新技术应用给交通环境带来的变化，全面反映感知交通技术给日常出行带来的安全有序、高效畅通的和谐景象，比赛设置了丰富的奖品，鼓励更多的人关注智能交通。

（七）组织开展行业培训

2012年4月18~25日，由中国智能交通协会主办、北京华夏捷通技术培训有限公司承办的城市智能化交通管理培训班在北京中关村科技园区石景山园重点实验室成功举办。共有来自河北、浙江、广西、陕西、四川等省市交警总队、支队的30余位学员参加了为期七天的培训。邀请来自北大、清华以及北京市交管局的10余位智能交通领域知名专家和资深学者为学员授课。培训内容涉及智能交通系统、公安交通指挥系统、外场子系统等多个方面。培训结束后给学员颁发了培训结业证书，鼓励学员将培训所学内容学以致用，在日常城市交通管理工作中发挥作用。

二、进一步加强自身建设

（一）完成上级部门下达的各项任务

根据财政部、中国人民银行《关于执行〈中央预算单位银行账户管理暂行办法〉的补充通知》(财库 [2004]1 号)要求，协会秘书处完成了 2011 年度协会银行账户的年检。根据《民政部关于做好全国性社会团体 2011 年年度检查工作的函》（民函 [2011]46 号）的有关要求，协会秘书处完成了《中国智能交通协会 2011 年度工作报告书》，报送民政部审查。根据 2012 年 8 月民政部对外公布结果，协会 2011 年度工作检查合格。

（二）严格执行内部管理规章制度

本着节约高效的原则，严格执行审签制度控制各项办公费用开支；建立定期工作例会制度，通报近期工作进展情况，对下一步工作进行部署；加强收发文件登记，截至 9 月，协会秘书处共收发各类文件 72 份，对各项工作进展及时请示、报告，对通知、来函及时办理答复；对到访人员进行登记，截至 9 月，协会秘书处共接待国内外智能交通行业内人士 60 余人次来访。

自去年 9 月份至今，协会秘书处共召开两次常务理事会，第一次是通信会议，第二次于今年 3 月 16 日在北京召开。两次会议集中审议并通过了聘请于春全同志担任中国智能交通协会专职顾问一职的决议、关于设立中国智能交通协会科学技术奖励专项基金的决议及 8 家单位的入会申请、4 家单位会员变更理事单位会员的申请、4 家理事单位变更常务理事单位会员的申请等事宜。

（三）成立专业委员会，提升会员服务水平

根据我国智能交通行业发展需求，充分发挥专家队伍群策群力作用，2011 年 12 月 23 日，按照《中国智能交通协会章程》有关内容，中国智能交通协会专家委员会城市交通专业委员会正式成立。城市交通专委会由 18 位国内城市智能交通领域的专家组成，将为我国城市智能交通系统规划建设提供指导和决策支撑。

为进一步提升会员服务水平，协会的会刊《ITS 世界》在原有基础上进行了改版。杂志的外观变更为彩色版本，杂志尺寸和版面都有所调整；杂志的内容由主要介绍协会和会员动态转变为重点报道行业内的大事和热点；杂志的发行周期由季刊缩短为双月刊，充实了信息量。与此同时，会刊与协会网站加强了互动，网站会刊专区发行电子会刊，会员在网站上可直接浏览；定期选取会刊上精彩文章，推广到网站行业声音版块；网站图片新闻、协会要闻、秘书处工作、会员风采等版块都与会刊保持同步更新。自 2011 年 10 月至今，会刊《ITS 世界》总计发行 5 期，向会员单位和行业内其他单位免费印发 7000 册。

协会网站在现有网站基础上参考科技部等政府网站进行了改版，对于整个版面进行优化，增设了科学技术奖奖励专区、会刊专区、协会公告专区等版块，突出了重点；对协会大型活动的报道，由单一的文字图片形式改为新闻、视频、图片等多种方式联合报道，满足了不同的需求，同时使得报道形式更丰富多彩；网站对 2012 年已经开展和即将开展的主要活动还建立了专题页面，内容更加充实有效。

回顾这一年多来的工作，协会在上级主管部门和全体会员单位的支持帮助下，克服了许多困难，做了大量工作，取得了不少成绩，在此，向大家表示衷心的感谢！

与此同时，我们也清楚地认识到，工作中还有不少有待改进的地方。一是自身建设有待进一步加强；二是业务工作有待进一步拓展和深化；三是与会员单位和行业有关单位需进一步加强联系，争取更多的支持和帮助。今后我们将虚心听取各会员单位、相关部门和社会各界的意见，更好地按照协会章程开展业务，为我国智能交通事业做出更多的贡献。

第二部分：今后一年的主要工作

今后一年，协会将继续保持强劲的发展势头，在保持已有成绩的同时，充分利用协会各方面资源，开拓新的业务，力争取得更大的成就，将协会建设成具有影响力、权威性和凝聚力的行业协会。经过多次研究，现提出中国智能交通协会下一年度的工作重点：

一、发挥协会的行业导向和引领作用

中国智能交通协会作为国家级智能交通行业组织，将充分发挥对我国智能交通行业发展的导向和引领作用。协会将加强行业调查研究，为智能交通行业发展提供积极的政策建议，为城市智能交通建设提供决策咨询；协会还要发挥科技资源和专家资源的优势，为智能交通建设发展提供技术咨询和服务。

协会和“国家智能交通产业技术创新战略联盟”将共同推进以企业为主体、市场为导向、产学研相结合的智能交通技术创新体系的建立，组织和启动合作攻关项目，开发具有自主知识产权、对智能交通行业有重大影响的共性关键技术和产品，为智能交通产业的健康可持续发展提供支持。

协会将做好 2013’中国智能交通年会和“联合国道路安全行动计划”中国区宣传筹备活动，树立协会活动品牌；做好 2013 年度中国智能交通科学技术奖的奖励工作；积极开展智能交通技能的国内和国际培训，同时探索开展职业资质认定和有关技术标准制定工作。

二、推动国际合作深入开展

第二十届智能交通世界大会将于 2013 年 10 月在日本东京举办，协会将在历年组

团的基础上继续组织中国代表参加世界大会，交流学习国际智能交通发展先进经验；加强国际智能交通技术研讨。加强对外合作与交流，发挥协会对外“纽带”职能作用；建立信息交流制度，和已经建立联系的国外协会和机构定期交换行业发展和会员需求等信息，建立稳定的对外合作渠道，更好的服务行业、服务会员；利用世界大会和年会的平台，和更多国外机构建立联系，拓展对外合作渠道；组织协会专家、会员单位和国外协会、机构就共同关注的主题，进行专业研讨和技术考察；邀请国内外专家和技术人员，就国际智能交通发展趋势和技术开展专业的国际化培训。

三、加强自身建设和会员服务工作。

协会将在完善日常行政管理规章制度的基础上，加强员工思想政治建设和工作能力建设，为员工创造培训机会，不断提升业务能力。

在会员服务方面，协会将面向国内相关行业吸收会员，争取更多的行业人士关注、支持协会发展，同时将定期走访会员进行调研，不断完善会员信息数据库。在行业资讯平台方面，继续优化丰富《ITS 世界》内容，在栏目设置和编排方面更加细化，同时通过对协会数据库的更新不断扩大读者群。

各位常务理事、会员、来宾们，

在科技部、公安部、交通运输部、铁道部、住房和城乡建设部、中国民航局等部门的领导和关怀下，在各位会员单位的大力支持下，中国智能交通协会将致力于建立政府和企业之间的桥梁，推进产学研合作，推动智能交通领域的国际交流与合作，为中国智能交通领域做出重要贡献！

最后，预祝本次年会取得圆满成功！谢谢大家！

第十九届智能交通世界大会上的讲话

中国全国人大教育科技文化卫生委员会委员
中国智能交通协会理事长　吴忠泽博士
2012年10月22日　奥地利维也纳

尊敬的主席先生、女士们、先生们：

大家好！非常高兴相聚在美丽的维也纳，参加一年一度的智能交通领域的国际盛会。感谢主席先生和大会主办方给我机会，与各位同行和朋友交流中国ITS的发展。

近年来，中国在保持经济水平稳步增长的同时，还面临着交通拥堵、交通安全、环境污染、资源制约等问题的巨大挑战。构建更加便捷、高效、节能、畅通、安全的智能交通体系，是中国ITS发展的根本任务。

经过十年建设，中国交通发展成效显著。截至2011年，全国公路总里程达410余万千米，其中，高速公路达8.49万千米；全国港口生产用码头泊位31968个，完成货物吞吐量100.41亿吨，内河航道通航里程达到12.46万千米；航空运输完成运输总周转量570多亿吨千米，旅客运输和通用航空保持较快增长；中国高速铁路营运里程达到6800余千米，构建了高效的高速列车技术创新机制，推动中国高速铁路的可持续发展。

与此同时，中国ITS建设也取得了长足的进步。通过科技攻关和示范工程在高速公路不停车收费系统（ETC）等方面已形成比较完整的技术体系和标准规范体系，到目前为止，已在22个省（市）开通，用户超过300万；交通基础设施建设管理信息化水平显著提高，城市交通智能化管理系统的建设和应用保障了奥运会、世博会、亚运会等大型活动的成功举办；城市智能化交通管控水平得到全面提升；面向出行者提供综合性交通信息服务，搭建了民众与政府间的信息沟通渠道，交通社会化服务水平稳步提升，为实现智能交通打下良好的基础。

在前不久召开的中国全国科技创新大会上，国家主席胡锦涛再次强调，科技创新在转变经济发展方式和调整经济结构中的支撑引领作用。中国政府对智能交通领域的前沿技术进行了规划与部署，交通状态感知与交互、区域交通协同控制、智能车路协同、高速铁路重大关键技术及装备、城市轨道交通网络化运输组织、控制与保障一体化关键技术与装备研制等一系列国家重大项目的研发工作正在积极开展。智能交通科技正在引领和推动着中国ITS应用和产业化发展。

2011年至2015年将是中国ITS的提升阶段，我们将围绕突破智能交通重点技术以及提升综合交通运行效率和智能化水平开展以下工作：

（一）加快推进物联网技术应用，进一步提升交通感知智能化水平

在继续进行交通基础设施建设的同时，中国将加快交通基础设施的智能化升级，我们将建设覆盖主要城市道路、公交场站、高速公路、轨道交通站点、综合运输枢纽的数据传感网络，提升监管能力，推动各管理部门信息共享，支撑一体化的交通智能调度、安全应急指挥和规划决策。

（二）提高出行智能化交通信息服务水平

为满足公众出行多样化的需求以及交通应急救援需求，要整合各种交通信息资源，完善交通信息社会化服务体系，推进公众出行个性化信息服务发展。建设形成新一代的交通信息服务系统，让民众“随时随地”享受到交通信息服务带来的便利。

（三）提升公共交通智能化水平与服务能力。

大力推广应用公交智能化、公交信号优先和快速公交（BRT）等技术，提高公交运行效率和服务水平。建设综合客运枢纽的智能化管理和服务体系，实现各种公共交通方式无缝衔接、提高公共交通系统的综合服务水平，有效缓解城市交通拥堵。

（四）提高交通协调管理智能化水平，提升交通系统整体运行效能

研究开发符合中国国情的大城市区域交通控制技术和装备，构建完备或准完备网络化全景交通信息环境，实现区域出行调控、网络化诱导、时空动态优化的协同联动控制，建设智能化综合交通管控枢纽，以及城市道路、公路、铁路、民航等交通系统的协调运行体系，实现多个交通部门的相互配合，为交通运行高效有序、居民出行安全便捷提供保障。

（五）提升车辆的智能化服务水平

加强车路协同系统、专用短程通信技术（DSRC）等核心关键技术研究，建立智能车路协同技术体系框架，形成基于车路协同的道路交通主动安全保障技术基础。普及车辆智能终端，进一步推广不停车收费系统（ETC），加强城市物流车辆的智能管理，并开展“车联网”试点工作，提高车辆运行效率和交通安全水平。

（六）发展低碳、绿色交通，促进城市建设可持续发展

智能交通是智慧城市的重要组成部分。重点加强智能化车辆技术与新能源汽车研发相结合的应用力度。在发展新能源汽车的同时，通过城市智能化交通运行管理减少交通污染是下一阶段重要的工作方向，中国已有多个城市明确提出了建设低碳交通城市的发展目标。

（七）积极推进智能交通的标准化与产业化

我们将加快标准的制定，特别是智能交通重点应用领域的相关标准和基于物联网技术的智能交通标准。还要建立技术、应用和资本共同引领的智能交通产业发展模式，构建产学研相结合的智能交通科技创新联盟平台，推动智能交通的技术开发、规模应用和产业化。

女士们、先生们，中国智能交通系统发展，将在坚持自主创新的同时，积极借鉴国际智能交通领域的成功经验，开展广泛的国际合作交流。相信通过不懈努力，智能交通将会更快速地发展，为公众提供更加便捷、高效、绿色、安全的出行环境，创造更加美好的生活！

最后，预祝本次大会取得圆满成功！

谢谢大家！

全面实施城市公交优先发展战略 努力建设人民满意的城市公共交通系统

——交通运输部冯正霖副部长在全国城市公共交通工作会议上的讲话

2012年10月29日

同志们：

10月10日温家宝总理主持召开第219次国务院常务会议，审议通过了关于实施城市公共交通优先发展战略的指导意见，确定了优先发展城市公共交通的八大重点任务，这使我国城市公交发展站在了新的起点上。今天我们组织召开全国城市公共交通工作会议，主要任务是全面贯彻落实党中央、国务院关于城市公共交通发展的重要指示和国务院常务会议精神，总结我国城市公共交通发展取得的成绩，分析存在的主要问题，明确发展目标和工作重点，推动公交优先发展战略全面实施，更好地服务人民群众的出行需求。

下面，我讲三方面意见：

一、充分肯定近年来我国城市公共交通发展取得的成绩

按照党中央、国务院部署要求，在地方各级党委、政府特别是城市人民政府的领导下，近年来城市公共交通发展迈出了坚实步伐。城市公共交通优先发展理念得到普遍推广，公交优先发展的政策环境逐步改善，场站基础设施建设逐步完善，车辆装备技术水平不断提升，服务质量水平明显提高。主要体现在以下几个方面：

（一）优先发展呈现新局面

党中央、国务院对城市公共交通优先发展高度重视，胡锦涛总书记、温家宝总理等中央领导同志多次就加快落实城市公共交通优先发展战略做出重要批示，胡锦涛、习近平等中央领导同志亲自乘坐公共交通工具，体现了党中央、国务院领导同志对切实解决人民群众出行这一民生问题的高度关注。《国民经济和社会发展第十二个五年规划纲要》中明确："实施公共交通优先发展战略，大力发展城市公共交通系统"，并提出将"城市建成区公共交通全覆盖"纳入国家基本公共服务体系，首次将公交优先发展战略上升为国家战略。近期国务院常务会议对城市公共交通发展进行了专题研究，强调必须树立公共交通优先发展理念，将公共交通放在城市交通发展的首要位置，为公交优先发展进一步指明了方向。地方各级人民政府积极出台支持城市公交优先发展

的政策措施。福建、湖北、山西等省人民政府制定了优先发展城市公交的实施意见。北京市明确将城市公交补贴纳入公共财政预算，2011 年对城市公共交通补贴资金占全市财政收入比例将近 4%。福建省设立了省级公交发展专项扶持资金，2010 年以来共安排 6.61 亿元，用于支持公交场站建设和车辆购置更新。江苏省建立了全省城市客运工作联系会议制度，形成跨部门协调推进机制。上海市将机动车牌照拍卖收入全部用于城市公交发展。杭州、昆明等城市明确从城市土地出让收入中抽取一定比例资金专项用于城市公交发展。哈尔滨市出台政府规章，规定公交基础设施与城市建设项目主体工程同步规划、同步设计、同步建设、同步验收、同步交付使用。这些做法和措施有力地推动了城市公交基础设施建设和公共交通的优先发展。

（二）服务水平迈上新台阶

各地积极加快城市公交线网优化和设施建设，创新服务方式，提高服务品质，多层次、一体化的公共交通服务体系基本形成，城市公交服务覆盖面不断扩大，公交出行分担率稳步提升。目前北京市公交出行分担率已达到 42%。2011 年，全国城市公共交通系统客运量达 787 亿人次，比 2008 年增长 28%，相当于将全国城市居民每年运送 100 多次，其中轨道交通完成客运量 71 亿人次，比 2008 年增长一倍。北京、深圳、西安、济南等城市因地制宜地开通了上下班高峰通勤班车、商务快巴、旅游专线、社区接驳公交、学生专线公交等多种形式的公交服务，得到了社会高度认可。各地积极落实对老年人、残疾人乘坐公交车的减免票措施。城市公交电子支付卡快速普及，全国平均使用率达到 37%。江苏溧阳、浙江嘉兴、河南新乡、山东邹平、福建尤溪等地积极创新城乡客运运营模式，推进城乡客运一体化发展，“市民下乡、农民进城”更加便捷。许多城市积极开展公交行业优质文明服务活动，“星级服务”文明线路、“青年文明号”先进班组和模范个人不断涌现，济南公交推行的“公交论语”进车厢、北京“神州第一街、领先大 1 路”等一大批公交优质服务品牌赢得了社会广泛赞誉。这次会议将对全国城市公交十佳先进企业、十佳优质服务线路、十佳先进个人进行表彰，他们的事迹集中体现了我国公交企业和广大干部职工的风采，代表了近年来城市公交行业精神文明建设的新形象，是全行业学习的榜样。

（三）设施建设取得新进展

通过规划、项目和资金引导，各地加快了城市公交基础设施建设步伐，公交线网密度、站点覆盖率不断提高。截至 2011 年底，全国公共汽电车运营线路达到 3.4 万条，运营线路总长度达 67.3 万公里，比 2008 年增长了 3.5 倍，全国公共汽电车站场面积达 5231 万平方米。轨道交通建设稳步推进，全国共有 13 个城市开通轨道交通线路 58 条，运营线路总长度 1700 公里，比 2008 年翻了一番，北京、上海、广州、深圳等城市轨道交通网络初步形成，西安、长春等城市建成了轨道交通主骨架，25 个中心城市轨道交通项目获得立项审批，已批准项目总投资约 8000 亿元。全国 10 多个城市相继建成了城市快速公交（BRT）系统，运营线路里程近 1000 公里，比 2008 年增长 1.4 倍，济南、常州、郑州等城市初步建成了快速公交网络化运营系统，乌鲁木齐、广州、枣庄等城市建设开通了快速公交走廊，在城市交通系统中的主骨架作用日益显现。全国26个省份开通了公交专用车道，总里程4400多公里。北京、大连等城市探索设置了公交优先通行信号。上海虹桥枢纽、深圳福田枢纽、南京南站枢纽等一批集多种运输方式于一体的综合客运枢纽相继建成，群众换乘更加方便。

（四）车辆装备得到新提升

各地不断加大车辆技术改造和更新步伐，近几年平均每年购置新型公交车辆7万多辆，淘汰老旧车辆4万多辆，乘车环境、排放水平和安全状况明显改善。截至2011年底，全国公共汽电车运营车辆达到45.3万辆，比2008年增长27%；轨道交通运营车辆9945辆，比2008年增长1.4倍。全国空调公交车辆达到19.8万辆，占全部运营车辆的43.6%；安装车载卫星定位终端的公交车辆23万辆，占全部运营车辆的51%。各地积极加快大容量、新能源公交车辆的推广应用，2011年底，全国新能源公交车辆总数近1万辆，国Ⅲ以上排放标准的公交车辆达到26.3万辆，占运营车辆总数的58%。北京市所有公交车辆达到国Ⅳ排放标准，深圳新能源公交车占公交车辆总量的比例超过20%，成为全国新能源公交车使用量最多的城市。

（五）运营管理取得新成效

各地积极探索城市公交特许经营制度和服务质量招投标制度，加快推进经营主体结构调整，城市公交运营管理制度化、规范化程度显著提高。北京等城市将公交经营业务从上市公司剥离，上海市将全市40多家公交企业整合成为7家公交公司，深圳市将30多家公交企业整合成为3家公交企业，为公交企业做大做强、实现集约化经营创造了条件，有效消除了企业数量多、规模小、逐利性强和不良竞争的弊端，更好地体现了城市公交的公益属性。一些城市积极创新城市公交运营管理模式，深圳的成本规制、济南的星级服务管理、成都的“网运分离”、佛山的公交联合体经营模式等，都为规范公交市场经营和服务质量管理积累了宝贵经验。北京、广州、深圳等部分城市建立了城市交通运行监控中心，实现了对城市轨道交通、公共汽电车的一体化监控和管理，提高了运营监管效率和应急处置能力。此外，各地还按照大部制改革精神深入推进城市公交管理体制改革，全国所有省份以及绝大多数地市级城市，基本建成了城乡客运一体化管理体制，为推进城乡公共服务均等化和现代综合交通运输体系建设提供了体制保障。

回顾近年来我国城市公交发展实践，我们认为有五条基本经验：

第一，必须坚持公交优先

“公交优先”本质上就是“百姓优先”。推进城市公共交通优先发展，是贯彻落实执政为民方针、顺应群众出行新期待的重大战略决策，是提高我国城市活力、转变城市发展方式的重要手段，对于促进经济社会发展、改善民生、应对资源环境挑战等具有十分重要的意义，是城市交通发展必须长期坚持的重大战略方针。

第二，必须坚持政府主导

城市公共交通是重要的社会公益性事业和重大民生工程，是政府应当提供的基本公共服务。城市公交发展必须发挥政府在资源配置、政策保障、服务监管等方面的主导作用，加大政府投入，强化行业管理，努力扩大城市公交的覆盖面，提高吸引力，让更多的人享受更高质量的公共交通服务。

第三，必须坚持改革创新

改革创新是推动城市公共交通优先发展的持久动力。城市公交的快速发展离不开良好的体制机制保障和政策制度环境。必须加大改革创新力度，理顺管理体制和运行机制，强化部门责任落实，健全完善规划建设、资金投入、安全监管和运营服务等基本制度，加快科技创新和先进技术装备的推广应用，提高公交发展的质量和效益。

第四，必须坚持因地制宜

除部分发展较早的区域外，我国城市节点总体分散，城市规模、经济发展水平、自然地理条件等情况各异。城市公共交通发展必须坚持因地制宜的原则，准确把握不同区域、不同规模、不同经济发展水平城市之间的差异，科学确定城市公共交通系统结构，合理制定公共交通发展目标，实行分类指导和差异化管理。

第五，必须坚持可持续发展

公交事业健康发展的关键在于公交企业发展的活力、后劲和可持续程度。公交企业是城市公共交通服务的基本载体和直接提供者，没有企业的可持续发展，就没有城市公共交通的优质服务。必须从资金投入、用地安排、财税扶持、职工待遇等多方面采取综合措施支持公交企业发展，提高企业的可持续发展能力。

上述这些经验是我国城市公共交通长期发展实践的积累，也是今后需要继续坚持和遵循的基本原则。我国城市公共交通发展取得的显著成绩，是认真贯彻落实党中央、国务院战略部署的结果，是各级党委政府正确领导的结果，是发改、财政、公安、住建等各部门关心支持的结果，更凝聚了广大公交行业干部职工艰苦奋斗、无私奉献、努力拼搏的心血和汗水。在此，我代表交通运输部向国家有关部委、向各城市人民政府表示衷心的感谢，向辛勤奉献在城市公交第一线的广大公交企业干部职工表示崇高的敬意和慰问。

二、准确把握城市公共交通发展面临的新形势新任务

城市公共交通是城市经济发展的“动脉”，是联系社会生产、流通和人民生活的纽带，是城市功能正常运转的基础支撑和提升城市综合竞争力的关键。城市公共交通发展水平体现了一个城市的发展质量和文明程度，从一个侧面也反映了一个城市政府的执政能力和居民幸福指数。各级交通运输主管部门要深刻认识优先发展城市公共交通的重要性和紧迫性，以服务城市经济社会发展为目标、以满足人民群众基本出行需求为宗旨，主动适应城市公共交通发展的新形势，积极应对城市公共交通发展的新任务，推动建设人民满意的城市公共交通系统。

与国际化大都市公共交通发展水平和我国经济社会发展需求相比，我国城市公共交通发展仍然比较滞后，与城市经济社会快速发展、群众生活水平不断提高的要求还有一定差距。主要表现为：一是公共交通的主体地位尚未确立。全国大部分中心城市公交出行分担率平均不足30%，中小城市平均约10%，与国外同类城市相比差距较大。我们了解到，管理较好的发达国家城市公交分担率一般在60%以上。公共交通的比较优势尚未得到充分发挥，在缓解城市交通拥堵、降低能源消耗和空气污染等方面的重要作用未能充分体现。二是公共交通吸引力不强。公共汽电车准点率较低，换乘不便，信息化、智能化水平不高，路权优先、信号优先等保障措施不到位，“等车时间长、行车速度慢、乘车环境差”等问题仍较为突出。三是基础设施建设滞后。公交站点、场站、枢纽等设施建设历史欠账较多，不少地区用地指标长期得不到落实，站点覆盖率不高，全国主要中心城市公交车辆进场率不足60%。四是行业发展政策不完善。公交发展缺乏稳定的资金来源，补贴补偿“一事一议”现象较为普遍，企业经营困难，职工待遇偏低，队伍不够稳定，行业可持续发展能力较弱。这些问题，需要我们高度重视，认真研究，努力加以解决。

在客观分析我国城市公共交通发展存在问题的基础上，我们也要看到当前我国正处在全面建设小康社会的关键时期，经济社会快速发展，城乡、区域一体化迅速推进，城镇化和机动化程度不断提高，城市公共交通发展也面临难得的发展机遇。一是经济社会快速发展和城镇化进程加快为城市公共交通发展提供了广阔空间。近年来，我国经济持续稳定增长，目前人均GDP已超过5000美元。与经济社会发展相适应，居民出行需求也快速增长。据预测，到2015年我国城市公共交通年需求总量将达到1100亿人次，群众出行要求也越来越高，从“有车坐”向更加“便捷、顺畅、绿色、安全、人性化”的服务要求转变。此外，近年来我国城镇化率以每年近一个百分点的速度增长，每年约有1000多万人口从农村转入城市生活，2011年我国城镇人口占总人口的比重首次突破50%。随着经济社会快速发展和城镇化进程加快，城市公共交通必须按照“适度超前”的原则，在加快提高覆盖广度和深度的同时，进一步提高服务能力和服务质量，实现公共交通服务“量”和“质”同步提升，为城市经济社会发展提供基础支撑。二是小汽车快速增长和汽车社会提前到来为城市公共交通发展提供了新的需求。从2000年到2011年，我国民用汽车保有量从1609万辆增长到1.06亿辆，增长了5倍多，目前我国千人汽车拥有量已超过70辆。按照国际通用标准，一个国家100个家庭拥有20辆汽车视为进入汽车社会，我们是在尚未做好公共政策储备和公民意识养成中就迈过了汽车社会的门坎。伴随着机动化的快速发展，不少城市交通拥堵范围日益扩大，居民平均上下班通勤时间不断延长，资源供应紧张、核心功能区秩序混乱、环境恶化等成为很多城市面临的社会管理问题。城市交通决定着城市的未来，在机动化快速发展的形势下，必须超前谋划城市交通发展战略和规划，充分发挥公共交通的比较优势，提高吸引力和竞争力，加快确立公共交通在城市交通体系中的主体地位，降低小汽车使用强度，给未来城市发展“省下一点空间、留下一片蓝天”。可以说，这个新需求是符合社会公众意愿的，必须引起我们的高度重视。三是能源资源节约和生态环境约束更趋强化对城市公交发展提出了紧迫要求。交通运输行业是国家实施节能减排战略的重点领域之一。据统计，交通运输业所消耗的石油占全国石油消耗总量的36%以上，机动车排放的污染物占大城市空气污染物总量比例达60%，给城市经济社会可持续发展带来了严峻挑战。按照人均能耗和人均污染物排放水平比较，公共汽车分别是小汽车的10%和15%左右，轨道交通和电车则更低。我国城市人口总量大、居住密度高、土地资源匮乏，随着能源资源刚性需求持续上升，生态环境约束进一步突出，对加快城市交通发展方式转变、推动公共交通优先发展形成了“倒逼机制”，城市交通发展必须走以公共交通为主体的集约化发展道路，大力发展低碳、高效、大容量的公共交通系统，加快推广新技术和新能源装备，倡导绿色出行。否则，就会陷入小汽车使用越来越频繁的恶性循环。四是现代交通运输业和综合运输体系的加快推进要求充分发挥城市公交的比较优势。城市公共交通在与道路客运班线、铁路、民航、水运等其他客运方式的有效对接中具有不可替代的关键作用，在城市交通基本需求和特殊需求的分类供给中扮演了重要角色。城市公共交通作为城市交通系统的核心和各种运输方式中转换乘的重要支撑，直接决定着综合运输体系的运行效率和总体功能的发挥。综合运输体系的发展，要求城市公共交通既要加快建设由轨道交通网络、公共汽车、有轨电车乃至出租车等组成的城市机动化出行系统，不断完善内部衔接机制，构建一体化的服务保障系统，又要主动加强与其他交通运输方式的统筹衔接，努力实现管理系统之间的信息共享和资源整合，为其他交通运输方式的高效运转提供重要保障。

城市公共交通优先发展，公共是基础，发展是前提，优先是保障。推动城市公交优先发展，要把握好“一个属性”，发挥好“三个作用”。

（一）要突出城市公交的公益属性

城市公共交通是解决人民群众基本出行需求的交通保障系统，具有覆盖范围广、受益群体多、前期投入大等特点，相比于特殊出行需求，城市公共交通具有重要的基础支撑和兜底作用，是典型的社会公益事业，也是国家基本公共服务体系的重要组成部分。城市公交虽然采取企业化经营，但具有特许经营的属性，经营内容、经营范围以至于票制票价等都由政府确定。城市公交的公益属性定位，是确立公共交通在城市交通中的首要位置，树立城市公交优先发展理念的基本前提。要按照方便群众、综合衔接、绿色发展、因地制宜的原则，积极构建安全可靠、经济高效、便捷舒适的城市公交服务体系，把城市公共交通服务作为公共产品向全民均等提供，不断提升人民群众的生活品质。

（二）要充分发挥城市公交在城市规划布局中的引领作用

根据发达国家经验，解决城镇化过程中人口快速集聚带来的土地资源紧张和城市管理难题，实现城市可持续发展，关键在于科学处理城市公共交通规划与城市整体规划布局的关系。新加坡、香港等一些国际大都市都把构建以公共交通为导向的发展模式作为城市交通发展的核心理念，通过一体化规划和综合开发建设，积极构建立体交通网络，引导城市功能布局和产业结构调整，促进了城市土地资源的高效利用。国内的深圳、厦门等不少城市也在进行积极有益的探索。借鉴国际先进经验，总结国内先行试点实践，在当前我国城镇化进程加速推进过程中，中心城市特别是后发展城市必须通过科学规划和系统建设，推动建立以公共交通引领城市发展的新模式，改变城市公共交通被动适应城市扩张的局面，破解城市发展难题，转变城市发展方式，实现公共交通与城市发展的良性互动、协调发展。

（三）要充分发挥城市人民政府在公交优先发展中的主导作用

城市公交优先发展是一个复杂的系统工程，涉及到发展理念的转变、体制机制的创新和一系列配套支持保障政策的制定出台。这次国务院常务会议明确了城市人民政府是城市公交优先发展的责任主体，会议通过的优先发展城市公交的八项重点工作中，强化规划调控、加快基础设施建设、加大财政性资金投入、拓宽融资渠道、保障路权优先、强化安全监管等，都需要在城市人民政府的统一领导下，各有关部门按照职责分工形成工作合力，才能加快推进。在公交优先发展战略推进实施中，各级交通运输主管部门要积极在城市人民政府领导下并会同有关部门，加强组织协调，合理配置资源，优化线网结构，增强供给能力，着力提升服务品质，更好的服务人民群众出行需求。

（四）要充分发挥城市公交企业在公交优先发展中的主体作用

城市公交企业是城市交通基本公共服务的直接供给者，是人民群众检验城市公交优先发展成效的重要窗口，是城市公交优先发展战略的具体实施者，也是受益者。城市公交企业一方面要承接政府优先发展公共交通政策的组织实施，另一方面要通过遍布城市区域的公交体系向人民群众提供更加可靠、舒适和高效的城市公交服务。城市公交企业要抓住国家推动城市公交优先发展的战略机遇，在企业内部管理、行业精神文明建设和先进文化培育等各方面，充分发挥主体作用，确保优先发展政策落到实处。要健全安全管理机构，落实安全管理责任，加大经费投入，定期开展安全检查和隐患排查，确保车辆技术状况良好和运营安全。要完善服务质量信息公开和社会监督机制，加强服务监督和考核，着力打造优质服务品牌，不断提升服务品质。要大力弘扬爱岗敬业、无私奉献的公交文化，有效降低工作强度，丰富职工精神文化生活，使公交企业真正成为公交职工之家。

三、大力推进城市公共交通优先发展

今后一段时期，我国城市公共交通发展的基本思路是：以科学发展观为指导，认真贯彻落实国务院常务会议精神，进一步实施公共交通优先发展战略，充分发挥公共交通对城市发展的引领和带动作用，大力开展公交都市建设示范工程，让人民群众“出行更便捷、乘坐更舒适、换乘更方便”。当前，要重点抓好八个方面工作：

（一）完善法规政策体系，推动公交制度化规范化发展

部正在积极配合国务院法制办加快推进《城市公共交通条例》制定出台工作，并已着手制定《城市公共汽电车管理规定》、《轨道交通安全运营管理规定》等配套规章，研究修订城市公共交通相关技术标准规范。各地要抓住机遇，加快完善公交法律法规体系和技术标准体系。省级交通运输部门要配合有关部门认真研究，及时提请省级人民政府因地制宜的制定地方管理条例等地方性法规，出台促进公交优先发展的具体实施意见，进一步细化工作目标，完善综合扶持政策，为城市公共交通市场准入、资金投入、土地开发、路权优先、运营管理等提供法律法规保障。要健全公共交通发展规划，加快制定设施建设、车辆配备与更新、服务监管、票制票价、补贴补偿、新能源车辆使用维护及性能检验等标准规范体系，建立协调机制，明确部门分工，确保工作实效。

（二）强化规划编制实施，发挥公共交通对城市发展的引领和带动作用

各地交通运输主管部门要积极争取地方政府和有关部门支持，加强城市公共交通规划的编制和实施工作，充分发挥公共交通对城市发展的引领和带动作用，在新城开发和旧城改造时以公共交通规划为主导，引领城市发展布局；以主要客运枢纽为节点，形成城市综合运输体系的发展格局。一要合理确定规划思路。规范公共交通规划编制的内容和程序，科学规划公共交通线网布局，优化重要交通节点设置，加强与步行、自行车等交通方式的协调，促进城市内外交通便利衔接和城乡客运一体化发展。二要加强公共交通规划与其他规划的衔接。将公共交通纳入城市总体规划和城市综合交通体系规划，加强城市公共交通与城市控制性详细规划的协调，确保公共交通规划落地。三要落实土地综合开发政策。在城市新区、新城的规划建设过程中，在保证交通功能的基础上，按照市场化原则对公共交通基础设施用地的地上、地下空间实施土地综合开发，并将收益用于公共交通基础设施建设和弥补运营亏损。四要加强规划实施过程监管。建立规划落实责任机制，加强规划修编的监督检查，禁止随意修改和变更公共交通规划，确保规划执行到位。

（三）加快基础设施建设，提高公交服务保障能力

各省（区、市）、各中心城市要按照部“十二五”交通运输发展规划要求，结合本地实际，加快推进公交基础设施建设。一要严格落实公交设施用地。将城市公共交通规划确定的停车场、保养场、首末站、调度中心、换乘枢纽、港湾式停靠站等设施用地，纳入城市旧城改造和新城建设规划同步保障，研究制定公交设施用地划拨或者协议转让的优惠政策。加强已投入使用的公共交通基础设施土地监管，不得随意改变用途。二要加快建设公共汽电车专用道和设置公交优先通行信号系统。规范公共汽电车专用道设置标准，符合条件的城市道路，要争取设置全天或者高峰时段公共汽电车专用道。在城市主要交叉路口，加快设置公共汽电车优先通行的标志信号。加强公共交通优先车道的监控和管理。三要科学有序安全发展城市轨道交通。加快建立轨道交通规划、

建设与运营的衔接机制。在轨道交通项目的规划、设计、建设环节，应充分考虑轨道交通运营服务和安全保障，以及与公共汽电车的换乘、衔接，确保换乘和安全设施同步规划、设计、建设与运营。四要加大快速公交系统建设。市区人口超过100万的城市，应当规划建设快速公交系统。市区人口超过300万但暂不具备建设轨道交通条件的城市，应当加快建设快速公交网络化运营系统，发挥其在城市公共交通系统中的骨干性作用。五要加快城市综合客运枢纽建设。部对综合客运枢纽的补贴标准已提高到3000万元至5000万元，各地要加大配套资金支持力度，认真编制城市综合客运枢纽建设规划，统筹考虑城市公共交通与城市对外交通方式衔接并编制相应的交通建设投资计划，给予必要的政策扶持。

（四）建设智能低碳公交系统，引导绿色低碳出行

以综合性和区域性公交信息化工程为典型，建设一批带动性强的重大工程及示范项目，全面提高城市公交智能化、现代化水平。一是组织实施城市客运智能化建设示范工程。加快建设公众出行信息服务系统、车辆运营调度管理系统、安全监控系统和应急处置系统等信息系统，力争到“十二五”末，在300万人口以上的城市建成公共交通智能调度和监控中心。二是加快推广应用城市公交电子支付卡。完善技术标准和密钥体系，建设城市公交清结算平台。有条件的地区，积极推进跨市域公交电子支付卡的互联互通。三是加快建设低碳公共交通系统。实施城市公交车辆新能源改造试点工程，建设完善新能源公交车辆配套服务设施网络，大力推进低能耗、低排放、清洁能源、混合动力、纯电动汽车等新型公交车辆推广应用，加快城市公交车辆的更新改造和升级步伐，力争到“十二五”末，城市公交新能源车辆数在现有基础上翻一番。四是实施城市交通综合管理。积极探索实施市区差别化停车收费、小汽车购置和使用管控、错时上下班、驻车换乘等管理措施，综合运用经济、法律和行政等多种手段，合理引导个体机动化出行需求，缓解城市交通压力。加快建设出租汽车服务管理信息系统，推广出租汽车电话约车服务。五是积极开展多种形式的群众性公交出行文化活动。加强舆论宣传和引导，倡导“低碳交通、绿色出行”理念，营造支持公交优先、践行公交优先的良好社会氛围。

（五）加强运营服务管理，增强公交可持续发展能力

以方便群众日常出行为首要原则，不断强化城市公交运营服务管理，提升服务品质。一是优化公交供给结构。科学规划和调整公交线网结构，大力提高公交站点覆盖率，加大公交运力投放，提升公交车辆档次和舒适程度，灵活发展高峰通勤巴士、商务快巴、社区接驳巴士等多品种、多层次的特色公交服务形式。二是统筹规划城乡客运服务网络和设施建设。促进城市公共交通线路向城市周边地区和农村延伸，对符合条件的农村客运进行公交化改造，不断提高城乡客运一体化水平。三是规范公共交通重大决策程序。实行线网规划编制公示制度和运营价格听证制度，建立城市公共交通运营成本和服务质量信息公开制度。四是实施城市公共交通企业服务质量考核制度。将服务质量考核结果作为市场准入、企业绩效考核、政府补贴发放的重要依据，鼓励以服务质量招投标的形式配置公交线路资源。部将研究制定城市公共交通发展水平评价准则和服务质量评价方法等标准。五是积极稳妥推进公交行业改革。适度整合公交经营主体，建立完善现代企业管理制度，规范法人治理结构，加强企业内部管理，强化公交企业的社会责任。

（六）强化安全应急管理，提高安全防范水平

城市公交在市区运行、载客量大、线路站点多、客源复杂且上下客在开放的环境等特性，决定了城市公交安全防范难度大，安全监管责任重。一是继续落实安全生产主体责任。督促城市公交企业切实落实安全生产主体责任，建立安全生产管理机构，健全企业安全生产责任制，落实车辆、人员、场站、安全应急等方面的安全生产管理制度，定期开展安全检查和隐患排查，严格实施车辆维修和报废制度。二是加大安全经费投入。加强交通安全技术、设施、装备和运营模式的研究、开发、应用投入。参照有关规定，公交企业可将安全生产专项经费纳入成本核算。各城市交通运输主管部门要提请当地政府完善相应的规章制度，确保安全经费投入到位。三是完善应急处置措施。由城市人民政府组织完善城市公共交通突发事件应急预案，建立涵盖基础设施监控、车辆运行监测和预警、突发事件应急处置等领域的，统一管理、多网联动、快速响应、处置高效的城市公交应急反应系统，并定期组织开展应急演练。四是加强轨道交通运营安全监管。实施城市轨道交通运营安全保障工程，完善轨道交通工程验收和试运营审核及第三方安全评估制度，确保轨道交通在规划建设环节充分考虑安全运营要求。

（七）落实财税扶持政策，改善公交发展的外部环境

国务院常务会议明确，城市人民政府要将公共交通发展资金纳入公共财政体系，“十二五”期间，对城市公共交通企业实行税收优惠政策，落实对城市公共交通行业的成品油价格补贴政策。一是拓宽政府投入渠道。要尽快将公共交通发展资金纳入城市人民政府公共财政体系，在大容量公共交通建设、综合交通枢纽和场站建设、车辆设备购置和更新等重点领域，加大投入力度。二是配合税务部门认真落实免征公共汽电车车购税政策。按照《国家税务总局交通运输部关于城市公交企业购置公共汽电车辆免征车辆购置税有关问题的通知》要求，完善信息交换机制，科学界定免征范围，确保应免不征、应征不漏。加快出台公共交通车船税减免政策。三是进一步规范城乡客运燃油价格补贴制度。严格燃油消耗统计和燃油价格补助资金发放管理，加强专项资金监管，确保燃油价格补助资金及时足额发放到位。四是合理界定补贴补偿范围。对实行低票价、减免票、承担政府指令性任务等形成的政策性亏损进行足额补偿，对企业在技术改造、节能减排、经营冷僻线路等方面的投入给予合理补贴。五是科学确定票制票价。综合考虑社会承受能力、企业运营成本、交通供求状况以及不同交通方式的比价关系等因素，完善价格形成机制，实行群众可接受、企业可发展、财政可负担

的公共交通价格，并根据服务质量、乘车距离以及各种公共交通方式换乘等因素，建立多层次、差别化的票制票价。同时，要研究建立公交票价与企业运营成本和社会物价水平的联动机制，适时调整公交票价。六是配合有关部门研究建立公交职工工资收入的正常增长机制。充分体现岗位劳动强度和技术要求，确保公交职工收入与当地经济社会发展水平相适应，保证职工队伍特别是公交驾驶员队伍稳定。

（八）实施公交都市建设示范工程，增强公交引领城市发展的能力

“十二五”期间，部决定选择30个城市组织开展公交都市建设示范工程，并将明确公交都市建设标准、实施范围和支持政策，在城市公交基础设施、信息化建设和节能减排等方面给予支持。各地在公交都市创建过程中，一是要科学编制公交都市示范工程实施方案。结合当地实际合理确定建设目标、建设重点、保障措施、投资预算、融资方案、进度安排和部门职责分工等事项。二是要完善扶持政策。落实城市公交社会公益属性，细化规划、资金、土地、路权、财税、技术等方面的扶持政策。三是要营造良好的创建氛围。加强宣传报道和经验总结，争取社会各界支持。各城市试点工作目标完成后，部将组织专家组，依据公交都市建设评价标准体系和有关协议文件，对创建工作进行考核评价，达到标准的，由部授予“公交都市”示范城市称号。

同志们，以国务院第219次常务会议研究部署城市公交发展问题为标志，我国城市公共交通事业发展站在了新的历史起点。近期，国务院将颁布关于实施城市公共交通优先发展战略的指导意见，各级交通运输主管部门要在地方人民政府领导下，会同发改、财政、公安、住建、国土等部门，认真学习贯彻落实，切实增强责任感和使命感，完善制度、强化措施，不断提升城市公共交通服务水平，把党中央、国务院对民生问题的关切切实落实到工作中、惠及到民众中，努力开创城市公共交通优先发展新局面，以优异成绩迎接党的十八大胜利召开！

交通运输部副部长高宏峰谈交通运输事业十年发展成就

——十六大以来交通运输事业的飞速发展

2012年11月02日

这10年交通运输业取得了长足发展，10多年来在党中央国务院的正确领导下，经过交通运输战线广大干部职工拼搏，我国交通事业彭勃发展，可以说交通事业的发展为国民经济的发展社会进步和人民群众安全便捷出行发挥了重大的作用。10年间，我们坚持规划引领，先后编制实施了《"十一五"交通发展规划》和《国家高速公路网规划》、《农村公路建设规划》、《全国内河航道与港口布局规划》等重大规划。

10多年随着规划的实施交通运输大通道逐步形成，为促进对外贸易和市场发展提供了有力的支撑，我们公路总里程从176.52万公里增长到410.64万公里，其中高速公路里程跃居世界第二位，"五纵七横"12条国道主干线提前13年于2008年全部建成。2011年年底，全国内河通航里程12.46万公里。民航定期航班机场达到182个，机场体系更加完善。邮政局所达5.4万个，邮路总长402.8万公里。十年间，我国新增客运量的80%以上、新增货运量的70%以上均由公路运输完成，公路客运在春运中承担的比重在92%以上。水运承担了全国90%以上的外贸货物运输量，沿海港口货物和集装箱吞吐量连续多年位居世界第一。民航客货运输规模居全球第二。

10年间，大规模的农村公路建设和西部大开发，使农村地区和中西部地区的出行条件发生了翻天覆地的变化，使区域间、城乡间的交通运输发展差距明显缩小。全国农村公路总里程由133.69万公里增加到356.4万公里，全国乡镇、建制村通班车率分别达到98.1%和91.3%。实施西部大开发战略10年来，西部地区公路水路交通建设总投资1.67万亿元，是新中国成立后头50年投资总和的6.8倍，投资之大、增幅之快前所未有。

10年间，交通安全监管和应急保障能力不断提高，建立了全方位覆盖、全天候监控、快速反应的现代化水上交通安全监管系统和救援体系。专业救捞队伍10年间共执行水上应急救助抢险任务7716次，挽救了31094名遇险人员的生命，使1631艘中外籍船舶转危为安，获救财产总价值达787.4亿元。

一、10年来比较具有代表性的重大工程

应该说随着我们国家交通运输事业的发展，交通运输基础设施的建设一直处在大建设大发展的时期，在这样的建设当中，我们实施了很多大的工程，可以说都是世界领先的工程。比如在高速公路方面，湖北沪蓉西高速公路。2010年4月18日，经过

六年克难攻关，湖北沪蓉西高速公路全线正式通车，至此，沪渝国家高速公路全线贯通。该路桥隧比高达 51.81%。高墩大跨桥梁和特长隧道群规模和技术难度创下多个世界之最。长江上游与中下游之间的陆路高速交通瓶颈由此打通，乘车从武汉到恩施的时间由原来的 10 多个小时缩短至 5 个小时，从武汉到重庆的时间由原来的一天一夜缩短至不到 10 个小时，从上海到重庆只需 17 个小时。

桥梁和隧道，比如杭州湾跨海大桥。2003 年 11 月 14 日开工建设，2008 年 5 月 1 日建成通车，全长 36 公里，是我国跨海大桥建设史上的重要里程碑，攻克了在强潮海湾建设跨海大桥的技术难题，获得了 200 多项技术革新成果，创造了多项世界记录。大桥建成之后，宁波至上海间陆路距离缩短 120 公里，为长三角一体化奠定了坚实基础。秦岭终南山隧道。2007 年 1 月通车，是国家高速公路网包头至茂名线控制性工程，单洞长 18.02 公里，双洞共长 36.04 公里，是世界最长的双洞高速公路隧道。它的建成，对改善我国西北与华中、西南地区的交通，促进秦巴山区的社会经济发展及陕西省与周边省市的经济交流具有十分重要的意义。

在水运方面，大连港 45 万吨原油码头。2010 年 8 月 16 日，中国最大的原油码头——大连港 45 万吨原油码头正式投入使用，填补了中国接卸 ULCC 超级油轮的空白，也使大连港跃升为世界排名前 10 位的大型油品专业港口。上海洋山深水港区。2006 年 12 月 10 日，洋山深水港区一期工程建成开港、保税港区封关启用；次年 12 月 10 日，二期工程竣工启用；2009 年 9 月 16 日，上海国际航运中心洋山深水港三期工程（二阶段）通过国家竣工验收。洋山深水港一二三期合并运作后，整个码头岸线将长达 5.6 公里，港区的总面积达到 299.285 万平方米，深水泊位数量将达到 16 个，成为上海建设国际航运中心的重要战略基地。它的成功建成，开创了我国在开敞外海、强潮流、高含沙海域，依托外海岛礁地形建设大型集装箱深水港区的先河。长江口 12.5 米深水航道工程。2011 年 5 月 18 日，长江口深水航道治理三期工程顺利通过国家竣工验收，标志着我国水运建设史上最大的航道工程取得圆满成功，全长 92.2 公里、底宽 350 米至 400 米、水深 12.5 米的长江口深水航道正式投入生产运行。长江口深水航道治理工程分三期实施。一期工程于 1998 年 1 月开工，2000 年 3 月完成，航道水深从 7 米增深到 8.5 米；二期工程于 2002 年 4 月开工，2005 年 3 月完成，航道水深由 8.5 米增深到 10 米；三期工程于 2006 年 9 月开工，2010 年 3 月 14 日实现 12.5 米航道水深上延至太仓。目前，第三、四代集装箱船和 5 万吨级船舶可以全天候双向通航，第五、六代集装箱船和 10 万吨级满载散货船及 20 万吨级减载散货船可乘潮进出长江口。目前，长江南京以下 12.5 米深水航道一期工程也已经开工建设，届时，海船将可以直接航行至南京。

此外，交通运输行业还加快建设农村公路。中央对农村公路的投资力度不断加大，在投向上向西部地区、“少边穷”地区倾斜。从 2002 年的 63 亿元到 2011 年的 438 亿元，中央投资增长了近 6 倍，其中“十一五”时期中央投资年均递增 32%。2011 年全年共安排中央投资 438 亿元，同比增长 38%。比如在云南怒江州实施的索改桥工程建设，对 42 对溜索中的具备条件的 18 对溜索实施了溜索改桥工程，建设 7 座人马吊桥、

7座农用汽车吊桥、4座汽车吊桥和146.5公里连接线路。其中，1座农用车吊桥和1座人马吊桥已于去年建成通车。

我部还在今年颁布了《集中连片特困地区交通建设扶贫规划纲要》，把集中连片特困地区作为交通扶贫主战场，打好交通扶贫攻坚战，在政策制定、资金分配、项目安排时向集中连片特困地区倾斜，提出了“外通内联、通村畅乡、班车到村、安全便捷”的交通建设扶贫目标，即到2020年，片区内的国家高速公路网路段基本建成，具备条件的“县县通二级公路、村村通油路、村村通班车”，农村公路服务水平和防灾抗灾能力显著提高，交通运输基本公共服务主要指标接近全国平均水平。

二、10年来交通运输业积累的宝贵经验

中国的交通运输业发展的速度在全世界都是少有的，发展非常快，为什么发展这么快？有很多值得总结的经验，当然我们也有教训。这10年来，应该说我们深入贯彻科学发展观，使我们积极探索科学发展的新道路，回顾总结我们10年发展的成就，我们的经验主要在于党中央、国务院的正确领导下，以科学发展观统一全局，探索符合中国国情的中国交通运输发展道路，创造了符合时代特色的交通运输发展经验。在农村道路上，我们提出要发挥各个方面的积极性，中央的积极性，地方的积极性，甚至是农民群众的积极性，共同推进农村交通的建设和发展。农民群众对修路的热情是非常高涨的，有一次，我还是在贵州，看到一个村的老乡全出来了，在施工机械正在进行施工作业的情况下，老乡们也拿着铁锹跟着干。所以我觉得应该发挥各个方面的积极性，共同推进农村公路事业的发展。

另外，交通运输业正确把握时代需求和阶段性特征，要结合中国的实际，均衡的发展、科学的发展、安全的发展。我们这些年还坚持“四个审视”，要站在世界交通发展趋势和规律的角度审视我国交通发展水平，站在国民经济发展全局的角度审视交通适应能力，站在人民群众对交通需求的角度审视交通服务水平，站在行业以外的角度审视交通存在的问题。这样的话，来明确我们的发展思路，明确提出加快发展现代交通运输业的战略任务，增强贯彻落实科学发展观的自觉性和坚定性。

在发展理念上，我们坚持服务于经济社会发展全局，服务于社会主义新农村建设，服务于人民群众安全便捷出行的原则，努力提升交通运输业整体服务水平，从交通运输是国民经济基础产业和服务性行业的实际出发，从联系千家万户、服务亿万群众的特点出发，把交通运输工作作为全面建设小康社会的重要内容和服务保障，提前思考、统筹谋划，凸显行业服务属性。

在发展方式上，推进“三个转变”，即由主要依靠基础设施投资建设拉动向建设、养护、管理和运输服务协调拉动转变；由主要依靠增加物质资源消耗向科技进步、行业创新、从业人员素质提高和资源节约环境友好转变；由主要依靠单一运输方式发展向综合运输体系发展转变，提高发展的安全性、全面性、协调性和可持续性。

在发展动力上，推进“四个创新”，即推进理念创新、科技创新、体制机制创新和

政策创新，来破解影响和制约交通运输科学发展的突出问题。

正是沿着这条符合中国国情、富含时代特色的发展道路，交通运输业坚持把解放发展交通运输生产力同改善民生紧密结合起来，把保障和改善民生作为一切工作的出发点和落脚点，努力使交通运输基本公共服务人人共享、普遍受益。

三、如何看待交通运输业高要求下的压力

应该说这10年交通运输事业取得了巨大的发展和进步，但是与国民经济发展、人民群众安全出行的要求的差距还是非常大的。我们的高速公路总里程已经居于世界第二位，我们道路总里程也是居于世界第二位，400多万公里的公路，相对于13亿这样的人口大国来讲，相对于我们国民经济世界第二的经济总量来讲，显然是不够的。特别是相对于人民群众日益增加的出行需求来讲还是不够的。美国不到3亿人口，现在有600多万公里公路。从量来讲，我们觉得需求还是很大的，所以交通运输基础设施建设还处在一个大建设大发展的时期。当然，水路运输我们也在大力推进，我们水路运输事业发展还是不错的，现在大家越来越看重水运高效、节能、低污染的特性，所以对水运的需求也越来越高。

总之我觉得随着国民经济的发展进步，对交通运输的需求会越来越大，要求会越来越高，所以交通运输事业发展任重道远。应该说交通运输管理部门的压力还是很大的，如何能满足国民经济发展的要求，满足人民群众日益增长的需求始终是我们使命，我们将按照这样的精神进一步认真总结前10年的经验，进一步规划好今后的工作，推进交通运输业更好更快实现科学发展安全发展。

四、交通运输行业的优秀的集体和典型

交通运输业是基础性、先导性和服务性的行业，交通运输业面对的是广大人民群众，要把服务列入我们的重要工作议事日程，这些年我们做了大量的工作也总结了很多优秀典型和集体，比如郭娜陆地航空班。班组成立之初由8名女职工组成，目前发展到15人，平均年龄29岁。班组人员都是在全站范围内选拔出来的，每天迎来送往四万余名旅客，提供问询、导乘、广播等百项便民服务。通过几年的努力，班组荣获全国“工人先锋号”、全国“十佳巾帼文明岗”、全国“三八红旗集体”、全国“女职工巾帼建功立业标兵岗”、全国“学习型组织先进班组”等五项国家级荣誉称号。

在交通运输行业还有一支不太被大家熟悉的队伍，就是部救捞局飞行救助队。部北海第一救助飞行队救助机长潘伟就是其中的一位典型代表。自2005年以来，他在极其危急困难的条件下先后驾机385架次，成功救助遇险群众375人，安全救助飞行1100小时。他先后获得了国际海事组织授予的“海上特别勇敢奖”、中华全国总工会授予的“全国五一劳动奖章”、人力资源社会保障部和交通运输部授予的“交通运输系统先进工作者”等荣誉称号。在救助方面，我们有船、有飞机，24小时值勤值班。水上遇险的人员可以随时呼救，我们将会在第一时间会赶到现场。这种救助通常是在风

大浪大、气候条件非常恶劣的情况下进行的，这种救助也是极其困难的，10 年来，我们专业救助队伍共救助了 3 万多人，是非常不容易的，还比如汶川地震，我们救助力量也去了，在这期间取得了巨大的成绩，他们的口号叫把生的希望留给别人，把死的危险留给自己。

五、交通运输部对提升质量要求严格

交通运输还是一个发展中的行业，随着发展从业人员越来越多，现在是 3500 多万人，队伍的年龄相对来讲是比较年轻的，再有一个确实像你刚才说的，我们对服务标准提出了更高的要求，这个服务行业应该说老职工也要发挥他的优势，年轻职工更要发挥他的积极性，年轻职工非常有激情，在平凡的岗位上把他们的激情要调动起来，也是对我们工作的推进，也是对他们的锻炼。

应该说交通运输行业是一个发展的行业，对年轻人的吸引力是比较强的，我感觉到这支队伍里，这些年轻同志进来以后非常热爱自己的工作，尽管说这项工作很艰苦，很平凡，很琐碎，但是他们都是认真对待自己的工作，努力做好自己的工作。特别在一些危险的时候我还是非常感动的。比如汶川地震的时候，我到了汶县，我亲眼看到山上的石头往下飞，我们同志戴着头盔完全不顾危险。我们唐古拉山口道班，我去了以后，感觉到了他们的精神，如果没有这种毅力是很难支撑下来的，5100 米啊，人完全都跟黑人一样了！紫外线照射的非常厉害，缺氧，特别到冬天又寒冷，又下雪，没有毅力是很难支撑的，所以在他们那里我非常受感动。

六、首个免收通行费政策实施的假日

这个假日是 8 天，最长的假期，在中央的领导下，在各部门的支持下，在方方面面的努力下，特别是交通运输战线广大职工的政策实施的首个假日，这 8 天社会公共交通流量达到了 2.39 亿辆次，比去年同期增长 38.2%。今年十一出来的小汽车比去年多了 54.6%，全国免收小客车通行费是 65.4 亿元。应该说实施这个政策说起来简单，实际上带来了很多问题，如何加强管理，如何保证服务水平，这都是很难的问题。所以在十一期间交通运输战线广大干部职工坚持免费不免责，放行不放假，为广大人民群众做好服务工作。领导同志也提出要把好事办好，我们提出好事办好，首战全胜，这个目标是达到了，通过这个政策实施，体现了交通运输业服务群众服务社会的行业价值理念，我觉得这次实施的情况是比较好的。

但是，因为这是第一次，我们需要认真总结经验，比如说这次出行在非常集中的情况下，一些地方出现了拥堵，也出了一些安全事故，但是总体上安全事故的水平比通常有了大幅度的降低。当然现在出行带来了一个问题，事故里头刮蹭事故的比例大幅度上升，我老开玩笑说，一说放假大家都愿意出去了不收费了，平时不太开车的现在也都开车上路，所以刮蹭的比例很高。

再就是我们的服务区，服务区的服务能力受到了严峻的挑战，大批的车辆人员进来，服务区原来建设规模没有那么大，在这里面如何来应对这样的局面，来保证服务水平不至于有大的降低？对我们来讲确实是一个课题，所以我们要认真总结经验，在今后节假日期间认真做好我们的工作，争取不断改进我们的服务水平，使大家真正充分享受这样的政策，更好的出行，更好的度过我们的节假日。

杨传堂部长在全国城市公共交通工作会议上的讲话

2012年11月12日

同志们：

这次全国城市公共交通工作会议，主要是深入学习贯彻国务院关于优先发展城市公共交通的决策部署，总结交流发展公共交通的经验和做法，细化实化落实加快城市公共交通优先发展战略。这在我国交通运输现代化建设中具有重要的意义，希望各地各部门认真抓好落实。

昨天上午，正霖同志作了一个很好的报告，肯定了大部制改革以来城市公交发展取得的成绩，也标志着开创了交通进“城”的新阶段，分析了当前面临的形势，部署了重点工作。这些意见我都赞成。这次会上有 7 个单位作了交流发言，他们的经验和做法都很好，值得各地学习借鉴。刚才宣布了公交都市示范工程的第一批 15 个创建城市，希望这些城市在发展城市公交方面不断创新管理方法、创造新鲜经验、创建便捷城市，为全国树立榜样。这次会上表彰命名了全国十佳公交企业、十佳优质服务线路、十佳先进个人，我代表部党组向他们表示祝贺。希望受到表彰的单位和个人珍惜荣誉，再接再厉，不断创造新的佳绩，也希望全国公交行业向他们学习，努力争创一流，共同为城市公交发展做出积极贡献。

下面，我讲几点意见。

一、深刻认识优先发展城市公共交通的重大意义

推进城市公共交通优先发展，是深入贯彻落实以人为本执政为民理念、顺应人民群众出行新期待的重大战略决策，也是立足我国实际、符合世界交通运输发展趋势和规律的重大战略选择。近年来，在以胡锦涛同志为总书记的党中央领导下，国务院及有关部门和地方人民政府切实加大支持公交优先发展的力度，公交企业创新进取，广大公交职工辛勤工作，有力地推动了城市公共交通健康发展、科学发展，基本适应了人民群众的出行需求。同时，我们也要清醒地认识到，城镇化水平快速发展，交通出行需求快速增长，加之城市规划考虑不充分等原因，使得当前我国城市公共交通发展总体还比较滞后，城市交通拥堵日趋严重，城市公交普遍服务能力不足、发展方式粗放、服务质量不高等问题比较突出，与经济社会发展需求和人民群众期待还有较大差距。面对新形势新任务，我们要从党和国家事业发展全局以及推进现代交通运输业发展的战略高度，深刻认识优先发展城市公共交通的重要性和紧迫性。

第一，优先发展城市公共交通是践行执政为民理念、保障人民群众基本出行的迫切需要。

城市公共交通是为社会公众提供基本出行服务的公益性事业，是关系人民群众“衣食住行”的重大民生工程，是衡量各级政府执政为民的重要体现。实行“公交优先”，就是让“百姓优先”;推进城市公共交通优先发展，就是优先满足人民群众“行有所乘”的交通运输基本公共服务需求。树立公共交通优先发展理念，让更多的人享受到平等的交通出行，为群众提供快捷、安全、方便、舒适的出行服务，关系国计民生和社会和谐稳定，关系人民群众的根本利益，对于更好地保障和改善民生，深入推进基本公共服务均等化具有重要意义。

第二，优先发展公共交通是加快转变经济发展方式、推进生态文明建设的迫切需要。

加快转变经济发展方式是我国经济领域的一场深刻变革，推进生态文明建设是涉及生产方式和生活方式根本性变革的战略任务，关系到改革开放和社会主义现代化建设全局，关系到实现和提高城市文明程度和品位。交通运输作为转变经济发展方式、建设生态文明的重要领域，其石油消耗占到全社会消耗总量的36%以上，污染物排放量占到大城市空气污染物总量的60%左右。而城市公共交通具有容量大、能耗低、污染小等诸多优势，其空间布局对于城市节约土地资源具有重要的引导作用。优先发展公共交通，倡导人本、集约、绿色、高效的交通运输发展模式，用有限的资源来满足人民群众不断增长的交通运输需求，有利于从根本上推动交通运输发展方式的转变。

第三，优先发展公共交通是保障城市正常运转、提升城市综合竞争力的迫切需要。

城市公共交通作为现代城市重要的基础设施和交通系统的核心，是联系社会生产、增进经济流通和方便人民生活的“主动脉”。发达的城市公共交通系统能够有效缓解城市交通拥堵，提高城镇居民特别是广大中低收入群体的生活质量，提升城市综合竞争力。同时，公共交通投资具有经济社会效益回报率高的特点，研究表明，每增加1元公共交通投资，将产生4元的综合经济收益，同时带动相应工作岗位的增加。可以说，优先发展城市公共交通，对于增长经济社会发展短板、有效扩大内需、拉动经济增长和促进就业都具有积极影响，也将为我国城镇化持续健康发展发挥重要作用。

二、全面推进实施城市公共交通优先发展战略

实施城市公共交通优先发展战略是关系全局的重大紧迫任务。要科学规划、完善政策，统筹兼顾、突出重点，把优先发展、科学发展的理念贯穿落实到城市公共交通发展的全过程，加快建立安全便捷、经济高效、节能环保的城市公共交通体系，全面提高城市公共交通的服务能力和水平。

（一）要坚持规划先行

科学谋划城市公交发展与城市功能布局，推动建立以公共交通为导向的城市发展模式，实现以快速、大容量的公共交通走廊引领城市的发展。要按照“方便群众、综合衔接、绿色发展、因地制宜”的原则，结合城市规模、地域特点、经济水平和人文特征等因素，科学确定城市公共交通发展目标、发展模式和发展重点，优化公共交通

设施结构和服务网络，促进公共交通服务与城市建设和城市经济社会的协调发展。要将城市公共交通规划纳入城市总体规划，并与城市综合交通规划、土地利用总体规划等相衔接，保障规划的严肃性，确保规划落实到位，促进城市科学发展、有序发展。

（二）要加大扶持力度

国务院第219次常务会议提出了城市政府要将公共交通发展资金纳入公共财政体系的明确要求，确定在“十二五”期间，对城市公共交通企业实行减免税收优惠政策，落实对城市公共交通行业的成品油价格补贴政策，对城市轨道交通运营实行电价优惠等一系列扶持政策。各地交通运输主管部门要积极争取政府财政支持，使得各项政策落到实处。要建立健全城市公共交通补贴补偿机制，从设施建设、市场融资、税费扶持等方面加大对公交企业的支持力度，加快推进城市公共交通优先发展。部将通过专项试点和示范工程的方式，给予城市公交必要的资金和政策支持。各地要积极借鉴福建等省的经验，加大对公交事业的支持力度。经研究，部决定实施公交都市建设示范工程，树立30个公交发展的样板城市。对公交都市创建城市，部将从公交基础设施建设等方面加大资金补助力度，并在政策、技术等方面给予支持和指导。各有关省份交通运输主管部门要加强对公交都市创建城市的指导，加大资金和政策的支持力度。城市人民政府要积极落实公交发展在规划、资金、土地、路权、财税、技术等方面的支持政策，为公交优先发展创造良好环境，确保按期建成高标准的公交都市。

（三）要促进安全发展

城市公交运营线路长、站点多、服务面广、载客量大、客源成份和运营环境复杂的特点，决定了其在安全防范和应急管理上压力较大。做好城市公共交通安全应急管理工作责任重大，要建立城市人民政府负总责，公安、交通、安全监管、建设、质检等部门明确职责、各司其职、配合主动、齐抓共管的安全监管体系。要督促公交企业落实安全生产主体责任，设立安全生产专项经费并纳入运营成本，加强从业人员安全和应急知识培训，定期开展安全检查，加强动态监管，消除事故隐患。要加强城市轨道交通运营安全管理，定期组织开展城市轨道交通安全评价和安全认定工作。要制定和完善城市公共交通安全事故应急预案和防范措施，加强应急演练，提高事故防范和应急处理能力。要加强对公众文明安全乘车的宣传教育，增强公众防范个人极端暴力犯罪、恐怖袭击和自救互救的意识和能力。

（四）要加强队伍建设

城市公交企业职工是城市公共交通服务的直接提供者，提高公交职工队伍素质对于促进城市公交优先发展至关重要。广大公交职工，特别是公交车驾乘人员长期奉献在公交服务第一线，十分辛苦，让人敬佩，也让人心疼。由于各方面原因，许多城市公交职工的收入远低于社会平均工资水平，劳动强度、个人奉献与社会认可度、个人待遇严重失衡，导致公交职工行业队伍不稳定，部分地区发生了城市公交驾驶员罢运事件，给人民群众的日常出行带来许多不利影响。各级交通运输主管部门要积极争取当地政府支持，会同有关部门建立完善公共交通企业职工权益保障制度，研究制定公共交通职工收入管理规定，规范驾驶员、乘务员的作息时间和职工的劳动报酬，维护职工合法权益，让公交职工体面工作、愉快工作，确保行业队伍稳定。要加大对从业人员的培训、考核，实行岗前培训、持证上岗、优胜劣汰的用人机制，不断提高城市公共交通从业人员素质。

三、切实加强对优先发展城市公共交通的组织领导

推进实施公交优先发展战略，关键在于加强组织领导。各级交通运输部门要切实增强责任感和紧迫感，把国家关于优先发展城市公共交通的决策部署落实到行动中，体现在成效上，让人民群众“出行更便捷、乘坐更舒适、换乘更方便”。

（一）坚持政府主导，形成工作合力

城市人民政府是公共交通发展的责任主体、投入主体和管理主体，为人民群众提供公平普惠、便捷高效的公共交通服务，是城市人民政府的重要职责，也是交通运输主管部门的重要任务。各级交通运输部门要将城市公共交通管理工作作为当前的一项重点工作，坚持一把手亲自抓、主动抓。要提请当地人民政府制定出台贯彻落实国务院第 219 次常务会议精神的具体实施意见，细化发展目标、工作任务和保障措施，抓紧研究解决公交发展的重大问题，在队伍建设、资金投入、政策扶持、部门协调等方面给予倾斜和支持，逐步形成政府主导、政策扶持、分工负责、齐抓共管的工作格局。

（二）深化改革创新，完善体制机制

要加快城市公共交通管理体制和机制改革，积极争取当地政府及有关部门支持，按照大部制改革要求理顺管理体制。要在当地党委政府的领导下，推动建立完善主要领导负总责，分管领导具体负责，主管部门和相关部门分工协作的联合工作机制。要推动省、市政府建立由人民政府牵头的城市公交跨部门联席会议制度，加强协调配合，完善工作机制，共同推进城市公共交通优先发展。要加大对社会公众的宣传引导，争取理解和支持，为公交优先发展营造良好的舆论氛围和外部环境。

（三）加强绩效考评，提高服务质量

实施城市公共交通发展的绩效考评制度是提高公交服务质量、推进公交优先战略落实的重要手段和有效途径。部将组织制定城市公共交通发展水平评价准则和服务质量评价方法等相关标准，研究制定针对城市公共交通发展水平的评价办法，以及针对公交企业的服务质量考核办法，并定期发布全国重点城市公交发展水平绩效评价结果。各级交通运输主管部门要研究建立适合自身特点的城市公共交通发展水平评价指标体系及评价办法，会同有关部门加快建立完善城市公共交通绩效评价制度，定期开展考

评工作。要将考评结果作为发放政府补贴、配置线路资源等工作的重要依据，形成有效的激励约束机制。要完善乘客投诉受理制度，畅通乘客和社会公众的投诉渠道，形成公众参与、企业自律、政府考评三位一体的行业综合监管体系。

同志们，推进城市公共交通优先发展任务艰巨、使命光荣，我们要深入贯彻落实科学发展观，开拓创新，扎实工作，推动城市公共交通优先发展再上新台阶，为人民群众提供更加优质安全高效的出行服务，以优异成绩迎接党的十八大胜利召开！

第三篇

技术篇

第一章

学术动态

第七届中国智能交通年会

2012年9月26~28日，在北京成功召开了由科学技术部批准，中国智能交通协会主办，国家智能交通产业技术创新战略联盟、北京交通发展研究中心、北京四通智能交通系统集成有限公司协办的“2012中国智能交通年会暨中国国际智能交通展览会”。会议以“智能交通 感知新生活”为主题，来自科技部、工业和信息化部、住房和城乡建设部、交通运输部、铁道部、中国民航局、总后军交部等有关部门以及地方科技、公安、交通等部门，协会组织机构以及国内外交通、汽车、信息、电子等行业的近2000名代表和专家、学者出席了大会。其中有近400人参加了学术会议，1600余人参观了展览，为推动我国智能交通技术、产业发展、创新成果的推广应用做出了积极贡献。

本届年会主要包括全体大会，2个研讨会（即城市智能交通创新发展研讨会、智能交通建设与投融资研讨会），道路交通安全、综合智能交通、城市智能化交通、轨道交通智能化4个技术分论坛，会议共吸引了来自智能交通领域专家、学者、企业代表、学生等400余人前来参加。

9月26日上午，科技部高新技术发展及产业化司副司长陈家昌宣布活动开幕。科技部党组成员、科技日报社社长王志学，中国道路交通安全协会副理事长罗俊仪研究员分别致辞；全国人大教科文卫委员会委员、中国智能交通协会理事长吴忠泽博士就国际智能交通的新动向、中国智能交通的未来发展等内容做了主题报告；北京市交通委员会薛江东委员为大家介绍了北京市智能交通建设情况；意大利智能交通协会秘书长Landolfi女士就意大利在智能出行和智能城市建设中面临的挑战做了精彩的报告；俄罗斯智能交通协会主席Kryuchkov先生则对智能交通系统如何促进国际运输通道的发展进行了演讲；公安部交通管理科学研究所所长王长君研究员就公安交通管理科技应用进展与前景展望发表演讲。来自科技部、公安部、交通运输部、中国民航局、铁道部、住房和城乡建设部、总后军交部及地方政府部门的领导以及国内外智能交通相关组织的代表也应邀出席了本次活动。

9月26日下午，2012中国智能交通年会召开，年会由科技部高技术研究发展中心副主任袁建湘和中国智能交通协会副秘书长金茂菁主持。吴忠泽理事长，王笑京副理事长，中国民航局空中交通管理局副部长张忠勇，意大利智能交通协会高级主管Domanico，国家智能交通产业技术创新战略联盟理事长关积珍等嘉宾出席了年会，来自智能交通领域相关企业、研究机构、大学院校的近400名代表参加了本次活动。吴忠泽理事长出席年会并作《中国智能交通协会工作报告》，回顾了中国智能交通协会过去一年多来在协会自身建设、积极搭建行业服务平台、科研项目管理、国际合作方面所取得的进展与成果，包括积极组织举办智能交通领域技术交流活动、编辑出版《中国智能交通行业发展年鉴（2011）》等，并展望了明年协会的重点工作安排，报告中指出要继续发挥协会的行业导向和引领作用，积极推进行业评奖及会员服务工作等。同时，来自北京、上海、广州、深圳等城市相关部门的代表应邀出席，并从我国公路、铁路、水路及城市智能交通建设与发展，车联网、现代汽车、北斗导航等多角度发表了精彩演讲。

9月27日，协会组织了2个研讨会和4个技术分论坛。每场会议分别邀请到2位行业知名专家担任主持人，约60名来自智能交通领域的专家、学者、优秀论文作者，就智能交通技术在城市、公路、铁路、航空、水运等领域的发展和应用等主题，在会议上发表不同观点，进行精彩演讲。会议还通过现场提问的方式与参会代表进行互动，会场讨论热烈。

通过组织多种形式的学术研讨，本次活动充分展现了我国智能交通领域的一些国家重点项目的最新进展和成果，代表们交流了国内外最新的技术进展，探讨了智能交通的技术发展趋势，为促进我国智能交通的进一步发展奠定了基础。

中国国际智能交通展览会是本次活动的重要组成部分，本次展览会与前两届相比，在专业性和技术性上有了大幅度的提高。由于本次展览会定位明确，吸引了许多国内大型智能交通企业竞相加盟，其中不乏CIC中国智能交通系统（控股）有限公司、北京宏德信智源信息技术有限公司、上海三思电子工程有限公司、安徽科力信息产业有限责任公司、北京云星宇交通工程有限公司、俄罗斯奥利维亚公司、上海慧昌智能交通系统有限公司等30多家行业领军企业参加。本次展览总面积达3000平方米，共展出了100多种先进的智能交通设备与产品，吸引了国内外专业观众近万人次到会现场交流、观摩洽谈，有多家单位现场签订了百万元大单。

会议期间，举办了一系列丰富多彩的配套活动，包括中国智能交通协会奖励基金捐赠仪式暨首届中国智能交通协会科学技术奖颁奖仪式；优秀单位会员表彰活动；《第七届中国智能交通年会优秀论文集》评选;《中国智能交通行业发展年鉴（2011）》发布;“智能交通 感知新生活”摄影大赛成功举办；组织北京交通发展研究中心、北京汽车博物馆技术考察。

本次会议组织较好地贯彻了中国智能交通协会努力搭建国内外智能交通学术交流平台、促进产学研结合的宗旨。会议期间，媒体邀请效果显著。展会开幕后共吸引了新华社、北京交通台、中国交通技术网、《综合运输》杂志、中国高速网、中国交通报、智能交通网、光明日报社、科技日报社、北京日报、米尔自动化网、中央电视台7套、《中国公路》杂志社等多家媒体报道活动盛况，相关媒体合计发稿40余篇，全面提升了活动的社会影响力，实现了向社会各界普及智能交通领域知识的目的；另外，协会通过发放会刊等宣传资料，进一步提升了协会在业内的影响力。

会议后期，俄罗斯、意大利等参会嘉宾纷纷致电，对中国智能交通协会的盛情款待和此次活动的成功举办表示了极大的肯定及赞赏，对协会在中国智能交通领域的领军地位表示了极大的钦佩，并表达了加强双方密切合作的强烈愿望，对智能交通领域的多家企业、科研院所来电对本次活动给予高度评价并积极咨询下届会议及展览的相关事宜，同时对协会的相关信息、开展业务以及如何入会进行咨询。

据统计，本次会议参会人员中，53% 为企业，37% 为研究机构及高校，7% 为政府部门人员，3% 为媒体及其它人员。从人员构成比例上看，企业、政府及媒体的比例较去年有所增加；总人数也较去年增加了三倍，越来越多的企业更加重视宏观政策倾向和科技发展动态，大会也吸引了很多媒体，特别是业内的专业媒体参加和报道。

本届大会促进智能交通领域专家和企业的交流、企业间的横向联系与合作，为更全面地展示我国智能交通领域的最新成果，让社会各界和各国代表更多地了解我国现代智能交通技术领域所取得的成就做出了重要贡献，也为中国智能交通行业技术进步及可持续发展起到积极的推动作用。

（撰稿：中国智能交通协会）

第十九届智能交通世界大会

第十九届智能交通世界大会（以下简称“世界大会”）于2012年10月22日至26日在奥地利维也纳成功举办，中国智能交通协会吴忠泽理事长率领中国代表团参加了本次大会并盛载而归。

本届大会由欧洲智能交通协会、欧盟、美国智能交通协会、亚太智能交通协会联合主办，以“智能化出行”（Smarter on the way）为主题，包括全体大会、高层论坛、特别会议、科学/技术论文会议等245场会议，收集技术论文800余篇，会议注册代表3000余位，会议深入讨论了智能交通系统的先进技术、系统标准及实际应用的各个领域，55位中国发言人在不同技术领域会议上发言。大会举办33场展览和演示，展览面积14500平方米，吸引了300多个国际展商和来自全球90多个国家的10000余名资深参观者，在中国智能交通协会的组织下，国内来自政府部门、研究院所、大学和企业的130名代表参加了本次大会。

图1　中国代表团合影

10月22日下午，第十九届智能交通世界大会开幕式在奥地利维也纳展览馆开幕，来自全球60多个国家的部长、政府官员、专家教授及企业代表等近千余人参加了开幕式。欧洲著名脱口秀主持人Melinda Crane主持了开幕式及全体大会I，奥地利交通运输部部长Doris Bures和欧盟副主席Siim Kallas做了开幕式致辞，此外，还有来自欧洲、美国和亚太等地区的代表进行了致辞。

维也纳是世界音乐之都，开幕式上安排的维也纳童声合唱团和钢琴表演、芭蕾及现代舞表演都给大家留下了深刻的印象，也为此次世界大会的举办增添了一抹亮色。

图2　开幕式表演

协会吴忠泽理事长作为特邀演讲嘉宾，在全体大会上以智能化出行—成就及展望（smarter on the way —today’ s achievements，tomorrow’ s ambitions）为题演讲，介绍和展示了中国近年来在智能交通建设方面的成就，提出了未来发展目标。此外，主持人还就城市化及智能出行等主题与发言嘉宾一起进行了交流和讨论。

大会开幕式上颁发了一年一度的智能交通世界杰出成就奖。国家智能交通系统工程技术研究中心主任、交通运输部公路科学研究院总工程师、中国智能交通协会副理事长王笑京在会上获得此项国际智能交通最高奖项，并进入大会名人堂，成为中国获此殊荣的第一人。另外两位获奖者分别是美国的 Gerald Conover（国际 ITS 事业的奠基人之一，第一届 ITS 世界大会的发起人）和荷兰的 Fotis Karamitsos（欧洲著名的学者和交通管理系统专家）。

图3　吴理事长作报告

图4　王笑京副理事长在领奖

10 月 23 日上午，本届世界大会展览开幕，协会吴忠泽理事长参加了开幕式剪彩并受邀参加 VIP 观展团。此次展览，中国智能交通协会搭建了中国展台并在展台分发《2012 中国智能交通企业名录》，展台面积 45 平方米，采用展板、实物与多媒体等方式联合展出，高德软件有限公司和北京世纪高通科技有限公司参展。展览介绍了我国智能交通发展建设成就，展示了中国智能交通企业形象，并传达了与国际智能交通领域相互交流学习的良好意愿。吴理事长与参展企业代表亲切交谈并合影。

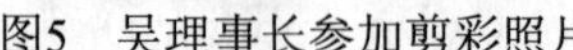
图5 吴理事长参加剪彩照片

图6 吴理事长中国展台与展商合影

此次智能交通世界大会一行，中国智能交通协会圆满完成了中国代表团的注册和行程安排工作，组织搭建了中国展台，了解了当今世界最前沿的智能交通技术和最新的发展趋势，展示了中国智能交通的建设成就和企业的形象，与国外智能交通机构建立了联系，为今后进一步的合作交流奠定了基础。

随着 ITS 技术的不断发展，智能交通各应用系统也将不断完善，今后公众将体会到智能出行所带来的安全与便捷。在改善人们出行体验的同时，智能交通产业的繁荣发展也将对经济、环境、能源等问题的解决产生积极的推动作用。中国智能交通协会将不断探索创新，促进行业技术交流和产业发展，推动中国智能交通事业更好更快地发展。

（撰稿：中国智能交通协会）

第十二届COTA国际交通科技年会（CICTP2012）

（12th COTA International Conference of Transportation Professionals，CICTP2012）

2012 年 8 月 3 至 6 日，第十二届 COTA 国际交通科技年会（12th COTA International Conference of Transportation Professionals，CICTP2012）在北京航空航天大学成功召开。本届大会由北京航空航天大学、中国交通运输部公路科学研究院、海外华人交通协会（COTA）联合主办。北航副校长张军教授与 COTA 主席辛辛那提大学魏恒教授任大会主席；北航研究生院常务副院长黄海军教授和佛罗里达大学殷亚峰教授任学术委员会主席；北航交通科学与工程学院院长王云鹏教授、哈特福德大学方芳教授和德克萨斯运输部马建明博士任大会执行委员会主席；交通运输部公路科学研究院王笑京总工、华盛顿大学王印海教授任大会顾问委员会主席。大会得到 The American Society of Civil Engineers（ASCE）、Transportation Research Board（TRB）、国家自然科学基金委员会、工业和信息化部科技司、北京市交通委员会、中国智能交通协会、北京四通智能交通系统集成有限公司、安徽科力信息产业有限责任公司等单位的大力支持。

图1　第十二届COTA国际交通科技年会合影留念

8 月 4 日上午，开幕式在北航晨兴音乐厅隆重召开，开幕式由北航副校长张军教授主持，北航校长怀进鹏院士、中国交通运输部公路科学研究院周伟院长、海外华人协会主席、美国辛辛那提大学魏恒教授、美国国家工程院院士卡内基梅隆大学 Dr. Chris T. Hendrickson 教授、美国交通研究委员会交通运输网建模分委会主席普渡大学 Srinivas Peeta 教授、美国土木工程学会交通与发展院主任 Ali A. Selim 教授、IEEE 智能交通协会主席 Christoph Stiller 教授分别致辞。会议围绕“便捷、安全、经济、高效的综合交通运输”的主题，交流国际先进技术、探讨交通发展方向和热点问题。大会共收录论文 370 余篇，设立 9 个学术论文专题分会场、3 个国际特邀专家分会场、5 个 COTA 特邀专家分会场、5 个国内专家分会场，以及政府论坛、世界银行论坛、COTA-

ASCE 论坛等进行科技交流，主题报告数量达到 140 余人次。会议期间还邀请国内重点实验室、交通领域知名企业开展了技术成果展示。

会议期间召开了“第四届全国大学交通学院院长论坛”，来自东南大学、同济大学、北京交通大学、上海交通大学等 30 余所高校的交通学院院长以及来自 5 个科研院所和企业的 50 余位嘉宾出席了本次会议。本次论坛的主题是“创新型人才的培养”，着重探讨中国交通领域高水平创新型人才培养问题。北京航空航天大学交通学院王云鹏教授主持了会议，并做了题为《对交通运输工程学科创新型人才培养的思考》的主题报告。东南大学交通学院院长王炜教授、同济大学交通学院院长孙立军教授、北京交通大学交通学院副院长朱晓宁教授、上海交通大学交通研究中心主任陆键教授、北京工业大学建筑工程学院副院长关宏志教授等先后作了主题发言。与会嘉宾围绕人才培养问题展开了热烈的讨论，吉林大学、长安大学、北京理工大学、中南大学等分别介绍了人才培养方面的经验，本次会议特约的企业界代表结合市场对人才培养模式提出了建议。本次论坛大家共同分享了新形势下我国交通运输工程学科在创新人才培养方面的经验。

图2　第四届中国大学交通学院院长论坛合影留念

（撰稿：田大新、王云鹏）

第十二届海峡两岸智能运输系统学术研讨会

2012 年 7 月，第十二届海峡两岸智能运输系统学术研讨会在台湾桃园县的开南大学隆重举行。会议由开南大学、台北市交通促进会与桃园县政府主办，主题为“人本、永续智慧运输系统”，议题涵盖数位化交通体系、电子收费系统、紧急救援、城市交通监控、交通安全、车路协助与车联网技术、先进旅行者资讯系统、先进车辆及安全系统等。本届研讨会有来自海峡两岸交通运输领域的较多知名专家、学者和政府领导参会交流，共收录学术论文 57 篇，参会人数 100 多人。其中，大陆代表主要来自武汉理工大学、同济大学、华南理工大学、湖北省交通厅等交通运输领域的高校、科研院所和学术团体，台湾代表主要来自台北市交通安全促进会、开南大学、淡江大学、台湾大学、逢甲大学、桃园县政府和台北市政府等，还包括一些交通运输领域的台湾知名企业。

图1　第十二届海峡两岸智慧型运输系统学术研讨会留念

本届研讨会的开幕式由桃园县副县长黄宏斌主持，武汉理工大学副校长严新平教授、台北市交通安全促进会理事长罗孝贤教授、同济大学杨东援教授等出席开幕式并致辞。开幕式后，桃园县交通局高邦基局长做了题为“桃园都会区整体道路系统规划”的大会报告，介绍了桃园县对于未来几年的道路系统规划方案和理念，向与会者展示了未来桃园的道路网建设目标。同济大学杨东援教授做了题为“全方位实施城市交通精细管理 - 构建与现代化大都市相匹配的交通管理基础”的大会报告，介绍了如果构建与现代化大都市相匹配的交通管理，交通管理方法。台北市交通局林志盈局长做了题为“‘台北好行’——轻松掌握即时交通资讯”，阐述了台北市为推行全民信息化交通而开发的“台北好行”手机交通资讯服务终端，向与会代表介绍了部分服务应用功能和范围。最后，华南理工大学徐建闽教授以“城市交通协调控制新技术与应用”为题，从理论与方法层面详细阐述了课题组在交通协调控制方面的新研究成果和应用实例，深入讲解了交通协调控制的理论方法和实践效果。

分组交流中，参会代表分别从先进的智能交通规划、管理和控制等方便详细阐述了他们在这些方面的最近研究成果，会场气氛热烈，海峡两岸学者相互之间踊跃交流和沟通。其中，来自台湾大学张学孔教授的课题组介绍了他们开发的反应式运输服务系统在桃园县复兴乡分两阶段进行示范应用的情况，最后统计表明该地区约有九成以上的人正在使用该系统，突显其重要作用。淡江大学范俊海教授研究发现“领地效益”不仅仅发生于行人之间，也可应用于机动车之间。华南理工大学徐建闽教授提出了一种利用现有移动互联网来搭建车联网的架构方法，该方法使用现有移动互联网资源作为数据源和服务对象，实现对实时路况的检测，并可对路网流量进行有效的诱导和优化。武汉理工大学陈先桥教授研究了如何方便地自动检测雾环境下道路及水面上的能见度，对船舶驾驶和交通管理提出了技术支持，同时提出了基于图像分析的能见度估算算法。

本届研讨会始终围绕着交通运输系统的“智能化、信息化”发展方向，倡导构建“更加安全、更加畅通、更加环保”的现代交通体系。通过连续多年在智能运输系统方面的学术交流与探讨，“海峡两岸智能运输系统学术研讨会”已成为海峡两岸在智能运输系统领域交流和对话的重要平台，而智能运输系统也已成为海峡两岸，乃至当今世界交通运输领域最重要的发展方向。通过海峡两岸在智能运输系统领域的深入交流，进一步提升了海峡两岸的交通运输理论与技术水平，扩大了研究机构、政府和企业间的相互合作，为推动海峡两岸的交通科技进步和产业发展发挥了积极的作用。

（撰稿：褚端峰、吴超仲）

2011—2012年TRB会议

2012 年 1 月 22 ～ 26 日，美国第 91 届交通运输研究学会（TRB）年会在华盛顿特区举行，会议在华盛顿 Marriott、Shoreham、Hilton 设置了三个分会场，本次年会吸引了 70 多个国家和地区的 11000 名交通及相关领域的决策者、管理者、研究人员、从业人员和政府以及学术机构的代表参加。本届年会的主题是“坚持以创新与人为本（Transportation: Putting Innovation and People to Work）”，在设立的近 650 个学术专场中，共组织了 4000 多场演讲与论文交流，集中了国际上比较关注的课题和研究方向，论文的内容涵盖公路、铁路、航空、公共交通、轨道、行人等 35 个研究领域，包括路面新兴检测技术、路面养护管理与技术、GPS 在交通出行中的研究应用等，具有论文观点新颖，研究内容细致有深度，研究方法独特等特点。

美国交通运输研究委员会（Transportation Research Board，简称 TRB）成立于 1920 年，是一个非盈利性行业学会组织，其与美国国家研究参事会（National Research Council）、国家科学院和工程院（National Academy of Sciences and Engineering）以及医学科学院（Institute of Medicine）等国家层次研究机构有着密切的联系。TRB 的主要任务是倡导交通运输研究与信息的交流，从而为交通运输研究、学术会议和成果推广、技术人员培训等活动提供一个中立性的交流平台。TRB 在全球范围内的广泛影响力主要来源于每年 1 月中旬在美国华盛顿特区定期召开的 TRB 年会。作为世界交通界的盛会，TRB 年会每年吸引来自 70 多个国家和地区的超过 10000 名交通专业人员参与，TRB 年会的召开为交通各研究领域的专家提供了一个高水平的国际交流平台。每年 TRB 年会都会在全世界范围内征稿，论文的主题可以涉及交通研究领域的各个方面。有时为帮助论文作者更好的确定主题，委员会也会对研究领域进行一定的设定，论文全文提交的截止日期为每年的八月一日。 TRB 对所发表的论文都有极高的标准及要求，TRB 有一套十分完善的论文审核流程和一流的评审专家，其论文接收难度远超于其它同类国际性会议。在 TRB 年会上发表的论文，将收入 TRB 学报系列——“交通运输研究汇编”（Transportation Research Record，TRR）加以出版发行。TRB 目前共出版包括 TRR 在内的 14 种具有国际期刊号（ISSN）的专业学报 / 期刊系列，其中“公路国家合作研究计划”（National Cooperative Highway Research Program，NCHRP）系列、“公共交通合作研究计划”（Transit Cooperative Research Program，TCRP）系列、“商业货运和巴士安全综合计划”（Commercial Truck and Bus Safety Synthesis Program，CTBSSP）系列、“会议论文集”（Conference Proceedings）、“专题报告”（Special Report）、“交通运输研究月报”（TR News）和“交通运输研究通讯”（TR Circular）等，均为交通运输行业研究论文和参考文献的重要期刊来源。此外，TRB 通过其官方网站每隔两周发表一期 TRB 电子简报（TRB e-Newsletter），这些期刊上的论文均代表了世界交通领域前沿的研究成果，是交通界科学研究的风向标。

近年来，我国越来越多的交通界的专家学者开始参与到 TRB 年会中，并通过 TRB 会议这一桥梁，加强了同国外众多行业内的专家学者的联系，同时也获得了更多的合作交流机会。与此同时，国内众多高校积极参与 TRB 年会，与国际上知名高校、组织、学者进行了深入而富有成效的交流，提升了我国在国际上交通领域的知名度。TRB 年会作为高水平的国际会议，使与会者及时了解国际研究动态与前沿知识，为促进国内外知名学者之间的交流沟通提供了良好的平台，为拓展科研思维、增进学术交流提供了方便的渠道，对交通领域今后的科研思路以及科研领域的拓展也将提供很大的帮助。

（撰稿：闫学东）

世界大城市交通发展论坛2012—北京

2012 年 5 月 23 日上午第一届“世界大城市交通发展论坛 2012—北京”在北京万豪酒店隆重开幕。会议历时两天，参会人员共 560 余人。此次论坛邀请了北京、柏林、香港、东京、洛杉矶、首尔、上海、新加坡等 8 个城市的交通机构代表，国际知名专家 8 位，其他国际机构参会外宾 27 位。影响范围波及欧洲、美洲、亚洲地区的世界大城市以及国内十余座一线城市。人民日报、光明日报和北京日报等 30 多家媒体 40 余名记者参加了采访报道活动，北京电视台的北京新闻栏目于 23 日对该论坛进行了相关报道，同时北京市交通委也通过交通委微博进行了宣传和报道。

会议期间，与会人员共同回顾了世界机动化发展的百年历史，梳理了世界大城市交通发展的兴衰得失，描绘了未来大城市机动化发展蓝图。与会交通机构就各自城市交通发展现状、问题、交通需求管理政策以及交通拥堵治理经验进行专题演讲，专家就机动化发展历程、土地利用与交通模式等热点难点问题进行交流和探讨。

北京交通发展研究中心名誉主任、交通战略家全永燊先生认为：交通发展与城市发展进程不协调、不适配，城市交通模式趋同化、政策无差别化，“公交优先”理念存在误区及策略偏差，规划、建设、运营、管理体制缺陷，技术支撑体系与创新机制不健全等，是导致中国大城市交通问题的主要原因，大城市的交通拥堵问题并非不可避免。

著名城市规划师 Alain Bertaud 先生指出：随着城市规模的不断扩张，职住地点分离现象越来越突出，迫使交通系统与新的城市形态相匹配。大容量公共交通方式与“点对点的及时交通工具”相结合、多种交通模式有效组合，是当前大城市的有效途径和必然选择。日本国家政策研究院教授、政策研究中心主任森地茂博士认为：交通系统引导城市发展的关键在于基于铁路的高密度城市建设，交通和土地有效协调使用，以轨道交通为基础的新城开发，市郊铁路和地铁实现直通运营并通过环线连接大型枢纽，以及地面公交与轨道之间的密切配合。

宾夕法尼亚大学交通运输工程和城市区域规划名誉教授 Vukan R. Vuchic 先生强调：提供大量低价停车场将破坏城市的经济发展和宜居性。美国加州大学教授 Donald Shoup 先生认为：免费停车要付出高昂代价，应向管理燃油价格一样管理停车价格，而衡量停车价格的一个重要指标就是停车位的利用率，85% 的利用率是合理调整停车价格的分界点。新加坡国立大学李光耀公共政策学院 Paul Barter 先生提出：对乱停车进行“足够”的控制是停车政策得以有效实施的重要前提，严格的执法是治理停车问题的关键环节和必要前提。

盖尔建筑工作室中国业务负责人 Kristian Skovbakke Villadsen 指出：宜居城市应该是以行人为主，而不是以汽车为主，步行和自行车是解决最后一公里出行的有效方式。

37% 的哥本哈根人骑自行车出行，哥本哈根市中心已逐渐取消机动车位，建设更多的自行车停车位。德国联邦环境署交通与噪音部部长 Uwe Brendle 先生认为：推广自行车、步行和公共交通，合理进行城市规划以减少出行需求，实施低排放区域政策，是改善空气质量和应对气候变化的关键。

此次论坛扩大了北京市交通委和北京交通发展研究中心的国际影响力，学习并收获了关于热点问题的真知灼见和政策措施，聘请了 8 位荣誉教授为北京交通发展建言献策。同时该论坛以大城市视角寻求新时期缓解交通拥堵的新思路，搭建了城市政府部门间交通资源互通和人才交流培养的国际合作平台，在汇聚国际交通发展思路、加强国内外交流合作、推动交通事业发展等方面发挥了积极作用。

（撰稿：温慧敏）

第十二届智能交通系统亚太区域论坛及展览会

2012 年 4 月 16 日 ~18 日，第十二届智能交通系统亚太区域论坛及展览会在马来西亚吉隆坡举行。会议主题为“智能运输系统：交通运输的转变动力”，以加强智能交通行业的转型目的，旨在促进亚太地区智能交通领域的交流与合作，把握智能交通行业的发展动态，并通过技术研讨的形式进一步促进亚太地区的相互沟通与学习。有来自中国（包括中国香港、中国台湾）、日本、韩国、印尼、马来西亚、泰国、新加坡、美国、加拿大、欧洲、澳大利亚等 16 个国家，约 800 名代表参加了此次会议。

本次大会共有 3 场全体大会、2 场行政会议及 13 场技术会议。从技术论文投稿和论坛的发言情况看，66 场发言中，东道主马来西亚有 16 篇宣读论文，中国（包括中国香港、中国台湾）有 17 篇宣读论文，其它如新加坡、日本等国家也有超过了 8 篇以上的论文宣读。由此，可以强烈的感受到亚太国家和地区对于智能交通的高度关注。

图1　王笑京总工程师特邀做报告

图2　参会中国代表团合影

交通运输部公路科学研究院王笑京总工程师率领中国代表团一行参加本次大会。受马来西亚国家工程部特别邀请，王笑京总工程师在会上做了关于中国ITS发展现状的报告，受到与会各国学者的广泛关注和高度评价。我国与会代表分别在网络管理和运行、通讯/收费技术、公共交通等技术论坛中发言并交流相关技术问题。此外，中国大陆与香港地区组成联合展区，向与会代表展示了中国大陆及香港地区智能交通发展的蓬勃之势。

本次会议，通过展台和大会的形式一展亚太地区智能交通的风采。突出体现亚太地区智能交通行业的如下特点，值得我国借鉴和学习。

（1）因地制宜，注重实用性。第十二届亚太ITS大会反映了当前亚太地区国家的智能交通水平，很多技术研究热点和应用热点虽然没有站在世界ITS的顶端，但却在实际应用上进行的深入研究，并且是与各个国家的实际需求情况、基础条件紧密挂钩，因地制宜，注重使用效果。例如：对于新加坡这样发达国家，人们生活十分繁忙，对信息的需求度十分高。新加坡LTA整合了相关的交通数据，放到统一的平台上，通过多种渠道发布，方便于民。

（2）电子收费的推广及扩展应用。电子收费有快速、高效、节能减排等多种优势，在众多国家得到应用。新加坡的ERP已经比较成熟，对于缓解城市拥堵也起到了一定的效果。而且已经将ERP系统的应用扩展到小区停车场收费等其他领域。在我国ETC的扩展应用也在积极推进，许多经验值得借鉴。

（3）充分理解高速公路路网管理的内涵。本次会议上，无论是发达国家日本、新加坡，还是发展中国家马来西亚、泰国，都对路网的监控、管理手段、路网结合等方面，以及基于此的适合各自具体情况的交通信息服务运作模式，提出各自的见解，分享宝贵经验。我国高速公路建设正在逐步完成规划里程，路网管理体系的整体建设、管理手段、运作模式仍有许多需要探索的地方。本次会议借鉴的宝贵经验，为提升我国路网管理能力和活力奠定基础。

本次会议的成功召开，展现了亚太智能交通行业的发展动态，促进了亚太地区智能交通领域的交流与合作，为亚太地区的技术研讨、进一步沟通与相互学习提供了良好的平台。

（撰稿：杨蕴）

城市智能交通发展研讨会（合肥）

2012 年 3 月 21 日，由中国智能交通协会主办，安徽省智能交通建设联席会议办公室、安徽省智能交通协会承办，安徽科力信息产业有限责任公司支持的“城市智能交通发展研讨会”在安徽省合肥市召开。中国智能交通协会吴忠泽理事长、安徽省人民政府余焰炉副秘书长和安徽省智能交通建设联席会议办公室罗荣选主任出席会议并致辞，来自安徽省交通运输厅、公安厅、科技厅、经信委和安徽省智能交通协会的领导出席了会议，同时，来自北京、上海、广州、包头、青岛、深圳等城市管理部门，同济大学、东南大学等四所高校，北京四通、易华录、青岛海信、上海电科等企业的代表共计 60 余人参加了此次研讨会。研讨会主要由城市智能交通建设经验介绍、探讨城市智能交通系统发展中的问题及科技需求和技术参观考察三部分组成，具体如下：

一、城市智能交通建设经验介绍

经过十多年的发展，我国智能交通领域技术创新能力快速提升，“十一五”期间，国家针对重大需求、民生问题开展了一批集成应用开发和规模化示范工程，创新成果层出不穷，推动了城市智能交通体系建设，并在缓解交通拥堵，保障交通安全等方面发挥了巨大作用。但是我国各大城市之间、东西部城市之间的个性化差异较大，每个城市智能交通建设所面临的基础条件千差万别，能采取的方案也各不相同。

为了解各城市智能交通建设现状，在诸多差异中探寻适合我国城市智能交通建设的内在规律，从而建立起一套适合我国国情的智能交通建设理论体系，3 月 21 日上午，中国智能交通协会武平常务副秘书长主持了研讨会，中国智能交通协会吴忠泽理事长首先就中国城市智能交通的整体发展做了报告，来自北京、上海、包头、深圳和合肥五个城市的智能交通专家代表，也就各自城市的智能交通建设情况进行了经验介绍和交流。

吴理事长题为《城市智能交通的未来发展》的报告，主要由发展城市智能交通的紧迫性、国内外城市智能交通的发展现状和中国城市智能交通的未来发展三方面内容组成。报告指出，城市智能交通的发展，不仅是现代城市建设发展的重要内容，而且在新一代宽带移动通信、下一代互联网、泛在网络、智能终端等新技术产业领域也存在巨大发展空间，具有广阔的市场环境和应用前景。

北京交管局科信处邹平处长就北京智能交通管理系统建设与应用情况做了详细介绍。北京的智能交通管理系统规划设计为：“一个中心、三个平台、八大系统”，具有交通监测、信号控制、指挥调度、信息服务四大功能群，实现了对城市交通的可视化、扁平化、预案化和统一、高效的指挥调度，在提高道路综合通行能力、提高道路交通安全水平、增强城市交通应急处突和抗风险能力、降低能源消耗和交通污染等方面应用成果显著。同时邹处长介绍，根据首都城市交通发展的需要，北京交管局制定了《“十二五”道路智能交通管理发展规划》，将根据首都交通发展的形势和交通管理工作实际，深入开展“物联网”、“云计算”等前沿技术在交通管理中的研究与应用，开发建设更加具有前瞻性、实用性的智能交通管理系统。

来自上海市交通信息中心的何承副主任介绍了上海市“智慧城市”交通综合信息应用与服务平台的建设发展情况。上海市目前已建立了综合交通信息平台，对郊区、市内快速路网和高速路网三张路网信息采集全覆盖，初步建成了以此平台为核心的智能交通发展框架，在此基础上，将以建设“智慧城市”为总体目标，着重建设道路交通、公共交通和交通信息服务三方面内容。

包头市公安局安锐副局长以《现代城市道路智能交通需求的探索》为题，介绍包头作为中等城市“治堵”的经验。他认为要科学合理地规划城市公共交通，要实行主干道大循环的公交线路加次干道、支路和小区路的微循环来完善城市公交网。组织直行和右转弯的公交在道路最右侧通行，尽量避免左转弯。轨道交通解决城市区域间的拥堵，公用自行车解决最后一公里问题。包头的治堵经验，对于中小城市有一定借鉴意义。

深圳市综合交通运行指挥中心关志超总工从宏观上强调，智能交通体系设计与建设研究应以政府为主导，整合各方资源。实时动态的监测、分析、研究、评价交通系统是城市交通工作的理想境界。通过智慧交通，可以让市民品味交通的幸福感。关志超总工介绍了深圳市智能交通的“十二五”规划以及在实践中的一些问题和解决方案。

合肥市国资委朱明峰主任对合肥市的智能交通建设情况作了介绍。截至2011年底，合肥市市区及四县一市机动车、驾驶人保有量分别达到85.04万辆和105.3万人，同比分别增长16.9%和14.4%。其中，市区有43.8万辆和54.5万人。预计到2020年，市区机动车将达到200万辆，驾驶人达到300万人。这对合肥城市交通管理的理念、模式、手段提出了更高的要求。合肥市目前已出台了一系列政策和文件来支持合肥市信息化建设，并于2010年5月制定了《合肥市城市智能交通管理系统建设总体规划（2010年-2020年）》。2010年12月24日，经市政府批准，合肥市国资委、市财政局联合下达项目建设批复，正式启动了合肥市“智能交通”一期项目建设。

二、探讨城市智能交通系统发展中的问题及科技需求

未来我国社会经济将继续保持较快发展，汽车保有量必然也要继续增长，智能交通发展必须采取有效策略来实现可持续发展，即在考虑目前复杂因素和成本的基础上，开展智能交通顶层结构设计和应用管理系统的开发，同时为快速发展的未来预留空间。同时，根据上午各城市智能交通建设情况的介绍，引申出了城市智能交通建设发展体系的问题。3月21日下午，由住房与城乡建设部城市交通工程技术中心马林主任主持了讨论交流环节。

讨论交流环节主要围绕两个问题展开：一是智能交通与城市发展的可持续性，二是城市智能交通建设发展体系。会议在座的多位专家发表了看法，提出了很多有建设性的意见和建议。

三、技术参观考察

根据“近期 2010 年到 2015 年 ，完成现有建成区道路智能交通管理系统建设；新改建道路同步设计，同步建设；中远期 2016 年 -2020 年，实施规划道路智能交通管理系统建设，随道路同步设计，同步建设”的智能交通建设规划，合肥市为避免成为“堵城”已未雨绸缪，其中智能交通安徽省重点实验室的一系列研究成果已投入应用并发挥了很好的作用。3 月 21 日下午，会议讨论交流环节结束后，参会人员参观了智能交通安徽省重点实验室。

实验室人员介绍了智能交通系统在合肥市的一些具体的应用。在实验室的 LED 屏幕上，实时显示着合肥市区的交通路况，绿色的路段代表“畅通”，黄色的代表“缓行”，红色的代表“拥堵”。除了合肥，这个智能系统在北京、厦门等全国 11 个城市都有应用。实验室开发的手机“智能出行系统”，可以让出行者实时掌握合肥各路段的路况。除实时路况外，还有施工信息，这些信息是通过广播渠道获取的，五分钟更新一次。同时，智能交通系统联手物联网，开发了基于物联网的信号控制系统，通过路上感应装置实时感知路况，自动改变红灯时长，起到疏通车流的目的。

此次研讨会围绕智能交通与城市发展的可持续性、城市智能交通建设发展体系两大主题进行了充分交流，几大城市的专家代表也介绍了各自的经验。此次会议，使不同城市能够有机会互相借鉴和学习先进经验，共同探讨当前城市智能交通存在的共性问题、问题存在的本质原因，探索适合我国国情的智能交通发展之路，是一次成功的会议，也搭建起了城市智能交通发展沟通交流的平台，希望更多的城市和企业能够加入进来，借此平台共同推动智能交通技术在城市建设发展上的应用，实现建设智慧城市、宜居城市的目标。

（撰稿：中国智能交通协会）

第三届交通运输研究（上海）论坛

2012年11月3日，第三届交通运输研究（上海）论坛在同济大学四平校区隆重举行。会议由交通运输研究（上海）论坛委员会和上海市交通工程协会主办。会议包括4个议题：综合交通规划与公共政策、智能交通系统、交通行为与安全、学科建设与人才培养，并设置4个分会场进行小组讨论，共交流论文21篇。来自上海市交通工程学会、上海交通大学、同济大学、上海理工大学、上海大学、武汉理工大学、北京交通大学、山东大学、长沙理工大学、河南理工大学、上海电科智能系统股份有限公司、世界银行中国和蒙古局交通局专家等单位的120多名专家学者以及160余名研究生参加了会议。

本届论坛的开幕式由上海理工大学韩印教授主持，上海理工大学副校长田蔚风教授，同济大学杨晓光教授、上海大学戴世强教授、上海理工大学副院长叶春明教授分别致辞发言。在论坛大会上，同济大学原副校长杨东援教授作了题为“应用数据密集型分析支持城市交通战略管理决策”的主题报告，介绍了利用现代信息系统和各种交通管理信息以及通过语义分析技术，构建数据密集型决策分析环境，支持城市交通战略管理。中组部“千人计划”专家、上海交通大学交通研究中心主任陆键教授作了题为“城市停车需求的现实挑战和应对发展战略”的主题报告，提出了当前我国城市交

通拥堵和停车困难的问题，并针对该问题引导大家思考导致停车供需不平衡的主要原因，如何在战略上重视城市小汽车停车问题，在战术上改善城市停车环境等研究问题。上海海事大学周溪召教授作了题为“基于交通信息的多用户多模式多准则交通网络均衡模型”的主题报告，提出了 ATIS 背景下的多用户多模式多准则交通网络均衡模型关键算法和算例。上海大学张鹏教授作了题为“优化原理与行人流自组织现象”的主题报告，阐述了将费马原理应用于行人流的连续宏观模型（即流体力学模型）和离散微观模型（即元胞自动机模型），并介绍了课题组在这方面的最新研究进展。最后，上海电科智能系统股份有限公司林瑜高级工程师作了题为“交通综合信息平台构建与应用技术研究”的主题报告，以上海市交通综合信息平台为背景，介绍了城市交通综合信息平台的架构，以及为交通运行指挥过程起到的重要作用。

分组交流中，专家学者围绕“综合交通运输规划与公共政策”、“智能交通运输系统”、“交通行为与安全”、“交通学科建设与人才培养”四个专题汇报自己的最新研究成果，展开热烈的讨论。其中，上海交通大学的孙健研究员介绍了微观交通仿真软件 CORSIM 和 VISSIM 在城市道路微观仿真中的对比研究。山东大学的朱文兴教授介绍了城市主干路交通溢流形成机理、协调控制和仿真实验。就职于世界银行和蒙古局交通局的宗延女士通过介绍 TRB，提出了对中国交通行业能力建设的发展建议。上海大学的戴世强教授结合实际情况，简述了如何深化交通研究和培养后继人才的思考。嘉宾们结合近年来我国交通运输领域的现状以及发展热点和难点问题，对交通运输领域的科学问题、学科发展以及交通运输行业发展进行了探讨。

论坛发展讨论环节对本届年会工作进行了总结，讨论了论坛的发展方向，遴选了新的议题。会议最后，一致选举决定，下一届承办单位为武汉理工大学。

本届交通运输研究论坛的成功举办，为全国各地交通运输领域及交叉学科专家学者的合作交流提供了一个良好的平台，对于探讨交通运输领域的学术前沿、学科发展和人才培养等，形成服务于社会的研究成果，增强交通领域人才的培养具有重要意义。通过开展我国各交通运输系统研究领域的深入交流，进一步提升了我国的交通运输理论与技术水平，扩大了研究机构、政府和企业间的相互合作，为推动我国的交通科技进步和产业发展发挥了积极的作用。

（撰稿：韩印）

第三届智能运输大会（ITS CC）

2012 年 7 月 31 日至 8 月 1 日，由交通运输部科技司指导，交通运输部公路科学研究院和北京市交通委员会共同主办的第三届智能运输大会（The 3th ITS Conference China，简称“ITS CC”）在北京国家会议中心举行。

在本届大会全体会议上，交通运输部科技司赵冲久司长、工业和信息化部科技司戴晓惠副司长、北京市交通委员会李晓松副主任、安徽省交通运输厅梅劲厅长等领导到会并做了致辞，交通运输部科技司洪晓枫副司长首次公开解析了《交通运输行业智能交通发展纲要（2012 ～ 2020 年）》，为中国智能交通未来的发展指明了方向。交通运输部公路科学研究院总工程师、国家智能交通系统工程技术研究中心王笑京主任发表了智能交通与无线物联网的主题报告；江苏省交通运输厅总工程师金凌、广东省佛山市交通运输局高荣堂局长、北京交通大学贾利民教授等嘉宾分别就各自专业和当地智能交通发展角度做了精彩报告；日本智能交通协会专务理事天野肇先生、奥地利交通创新与技术部 Evelinde Grassegger 女士、澳大利亚智能交通协会代表 Simon Pickup 先生就各国 ITS 发展状况做了介绍，Reinhard Pfliegl 先生作为奥地利组委会主席向全体参会代表介绍了 2012 年第 19 届世界智能交通大会筹备情况，并热情邀请中国代表积极参加今年在维也纳举行的 ITS 盛会；中国移动位置基地王东炬副总经理、英特尔智能系统事业部徐伟杰总监、深圳市金溢科技有限公司刘咏平总工程师作为中国智能交通企业嘉宾也分别做了精彩演讲。

图1　赵冲久司长致辞

图2　王笑京主任做主题报告

图 3　大会开幕式现场

图 4　大会发言嘉宾

本届大会在全体大会的议程之后，还开设了 5 个专题分会，内容涉及交通运输物联网、路网管理与服务、高速公路电子不通车收费（ETC）、城市智能公交、城市一卡通支付；大会同期举办了“中日 ITS 合作纪念与研讨会。

图 5　邹力处长主持分会会议

图 6　李斌主任做分会报告

本次研讨会的主要内容是回顾自 1996 年至 2012 年历时长达 16 年的中日两国在智能交通领域的合作与交流，研讨会邀请到多位从最早启动或参与双方交流合作的老领导、老专家和双方工作人员，包括：交通部原副部长李居昌、交通运输部总规划师戴东昌、交通部科教司原副司长刘家镇、交通部公路所原所长刘奎香、陈国靖、姚震中、王晓曼、交通运输部部公路院总工、国家 ITS 中心主任王笑京、清华大学李克强教授、北京交通委科技处处长王刚、国家 ITS 中心原常务副主任齐彤岩、交通运输部公路院 ITS 中心主任李斌等；同时日方也破例组织了庞大的代表团，并邀请到日本智能交通协会历届主席、专务、常务理事等元老级高管和工作人员，包括：石太郎、寺岛大三郎、浮穴浩二、坂本坚太郎、黑濑义雄、小口隆久、诸泽健司、杉山智树、天野肇、大月诚、冈田郁子、许卉等。曾参与和促进中日双方技术交流和推广的部分企业代表也为研讨会提供了支持，并到会祝贺，包括：四维图新公司孙玉国总经理、世纪高通公司陶海俊总经理、丰田通商公司原经理何凌等。

王笑京主任以《交流与合作，成就与未来》为主题，发表了完整回顾中日交流与合作 16 年来发展历程的精彩演讲，天野肇先生代表日方对中日之间交流与合作的背景、历程、未来发展目标做了回顾和展望。研讨会中，王笑京主任与天野肇专务理事为中日合作做出杰出贡献的双方老领导、老专家和工作人员颁发了纪念品，部分代表也深情地发表了获奖感言，场面热烈、感人。

为配合这次研讨会的举办，王笑京主任精心准备了大批中日合作交流的实物展品、照片和文献资料，供参会代表参观浏览，这个小型展示也是本次研讨会最精彩的环节之一，很多中日合作元老看到这么多珍贵并且保存完好的实物和照片都十分感动，现已退休的日本ITS协会原常务理事石太郎先生感慨道：“这是我所见到最完美的一次展览，它不仅是中日合作的展示，更是一段友好合作历史的见证和里程碑。”

王笑京主任与天野肇专务作为中日双方代表，共同签署了《合作备忘录》，全体参会代表合影留念，研讨会在一片友好祥和的气氛中落下帷幕，同时也揭开了双方未来更广范围、更深层次的交流合作新纪元。

本届智能运输大会邀请了来自交通运输部、工业和信息化部、地方交通运输主管部门、国内企业和高校、相关国际组织等的相关负责人和专家，围绕ITS发展的问题、趋势、应用及产业化等多个角度进行了深入探讨。参会总人数500余人，参展厂商30余家。

智能运输大会（ITS CC）自2010年起，已成功举办三届，为国内外智能运输领域的科研单位、企业、专家学者及技术人员搭建了交流合作的平台，取得了良好的效果，逐步打造了中国智能运输领域“ITS CC”会展品牌。第四届中国智能运输大会将于2013年5月26-28日在深圳会展中心举行，同期举办第二届深圳国际智能交通与卫星导航位置服务展览会。

（撰稿：杨蕴、陈茂林）

第八届交通运输研究国际学术会议

2012年8月1～3日在湖南长沙和一大酒店胜利召开了第八届交通运输研究国际学术会议(ICTTS2012)。会议由中国科学技术协会(CAST)、中国系统工程学会(SESC)、北京交通大学（BJTU)、美国土木工程师学会（ASCE)、美国交通工程师学会（ITE)、中南大学（CSU)、北京交通发展研究中心（BTRC)、英国工程技术学会（IET)、美国能源基金会（EF)、日本土木工程师学会（JSCE)、西安电子科技大学（XidianU)、英国公路与运输研究会（IHT）及香港交通运输研究会（HKSTS）等单位联合主办。大会还得到国家自然科学基金委员会等单位的资助。

参加本次大会的有美国、英国、加拿大、澳大利亚、日本、韩国、印尼、瑞典、印度等12个国家和地区的40余名海外代表，以及同济大学、华南理工大学、中南大学、东南大学、兰州交通大学、长安大学、北京工业大学、北京航空航天大学、北京交通大学、国家发改委综合运输研究所、中国城市规划设计研究院等15家国内著名高校和科研单位的57名专家学者。还有来自国家自然科学基金委员会、中国系统工程学会、北京交通大学、中南大学、西安电子科技大学等单位的10余位特邀代表出席了会议，并参加会议论文交流和讨论。

大会开幕式于8月1日上午在和一大酒店17层会议大厅举行。大会开幕式由ITE特派代表田宗忠博士和北京交通大学孙全欣教授主持。在开幕式上，中国系统工程学会副理事长黄海军教授、中国国家自然科学基金委员会管理科学部副主任高自友教授、北京交通大学副校长刘军教授、中南大学副校长田红旗教授、西安电子科技大学党委书记陈治亚教授等嘉宾致辞。

开幕式后，国家发展和改革委员会基础产业司吴晓副司长做了“我国十二五综合交通运输体系发展规划编制的若干思考”的主题发言，引起海内外学者的广泛兴趣。此外，美国普度大学Jon D. Fricker教授的“21世纪交通运输的作用及发展”、澳大利亚昆士兰科技大学Edward Chung教授的“交通管理新数据源”、英国爱丁堡龙比亚大学Michael Carreno博士的“倡导购买低排放车辆：绿色交通政策的发展”、美国杨百翰大学Mitsuru Saito教授的“基于多层贝叶斯方法的高速公路事故黑点鉴别”、北京交通发展研究中心郭继孚教授的“北京交通需求管理实践和经验”、美国内华达大学Zong Z. Tian博士的“自适应信号控制系统对于解决交通拥堵的作用分析”、英国卢夫堡大学Baibing Li教授的“基于贝叶斯方法分析交通措施及其影响”、日本岐阜大学Jiangqian Ying博士的“城市经济框架下最优交通网络定价研究”等演讲也十分精彩，听众提问踊跃，讨论热烈。

大会发言后，80多名论文作者围绕综合交通政策、交通规划与运营优化、交通新技术及其应用等当前运输研究与实践的热点领域展开热烈讨论。会议分组发言仍然按照以往惯例分为“交通运输与政策”、“交通规划与优化”，以及“交通规划与优化”进行。在“交通运输与政策”组，澳大利亚的 M. Alqhatani，印度尼西亚 L.S. Leksmono 博士，日本的 P.E. Faye，美国的 L. Ding 博士，英国的 J. Monios 博士及我国的 M. Xu 博士等就低碳交通、交通能耗、港口运输等问题进行了广泛讨论。在“交通规划与优化”组，澳大利亚的 R. Jiang，Z. Zheng 博士，美国的 M. Williamson，日本的 T. Kozasa 等学者深入探讨了交通冲突、信号交叉口事故、路网交通流分配等问题。在“新技术应用”一组，日本的 R. Mu，加拿大的 M. Zhong 博士，韩国的 Y.R. Kim，瑞典的 E. Grumert 等学者交流了可变限速系统、高速公路事故清理、地铁车辆节能、路面铺装材料技术应用等问题。会议上提问踊跃，讨论热烈，形成了浓厚的学术交流气氛。

本次会议为国内作者提供了很好的国际交流舞台。同济大学、华南理工大学、中南大学、东南大学、北京交通大学、江苏大学等单位都在会议期间与海外专家举行了附加会议，多名专家在会后增加了交流，或约定了下次访问的时间。会议期间，美国、澳大利亚、英国、加拿大、印尼等地的一些专家也在国内寻找到了他们意向合作的伙伴，他们与内地的一些专家也建立了直接的联谊机制。本届交通运输研究国际学术会议的胜利召开，有力地推动了交通运输的研究进展，为新世纪我国交通运输的深入研究打下了良好的基础。

（撰稿：毛保华、杨淑娟）

第七届中国交通高层论坛

2011 年 10 月 22 日，第七届中国交通高层论坛在北京交通大学举行。该论坛以“系统科学与交通发展”为主题，涉及区域综合交通规划理论与方法、智能交通技术进展及应用、交通运输节能方法与实施策略、绿色物流等专题。

论坛以中国综合交通问题为对象，邀请政府、高校、研究机构和产业各界专家，从加强综合交通运输系统理论的探索，构建和完善综合交通运输体系，推进交通运输领域管理体制改革，完善交通运输系统化管理体系，协调国家能源战略与交通发展战略的关系，强调环境保护的重要性，构建生态交通、绿色物流，并制定相关制度加以保障等角度展开充分讨论。

论坛由北京交通大学校长宁滨致欢迎词，国务院参事、中国综合交通研究中心主任石定寰致开幕词，原建设部副部长、两院院士周干峙为论坛发来书面致辞，部分专家学者先后作主题报告。原航天部 701 所所长于景元就钱学森系统科学思想和交通运输体系建设作了报告，对钱学森系统科学思想的形成与发展、交通运输体系与系统科学两大问题进行了讨论；中国工程院院士刘友梅对轨道交通系统安全技术问题进行了分析；德国交通部环境政策基础设施司副司长 Martina Hinricher 探讨了可持续发展交通政策下的货运和物流行动计划；中国人民大学信息学院教授陈禹就社会经济系统的复杂性及其对策提出了自己的思考与见解；中国工程院院士邹德慈阐述了小汽车与城市的发展关系；北京交通发展研究中心主任郭继孚就北京交通发展历程与目前实施的政策进行分析；国家发展和改革委员会基础产业司司长黄民就“十二五”综合交通规划的目标与任务作演讲。在分组专题研讨环节中，论文作者及特邀嘉宾围绕“区域综合交通规划理论与方法”、“交通运输节能方法与实施策略”、“智能交通技术进展及应用”、“绿色物流”等专题进行了分组讨论和交流。

中国工程院院士邹德慈，中国工程院院士刘友梅，国务院参事、中国综合交通研究中心主任石定寰，发改委党组成员、国家物资储备局局长王庆云，国家发展和改革委员会基础产业司司长黄民，国务院参事、原交通部公路院副院长张元方，原航天部 701 所所长于景元，原交通部办公厅主任、道路运输协会名誉会长姚明德，德国交通部环境政策基础设施司副司长 Martina Hinricher，中国系统工程学会交通运输专业委员会常务副理事长张国伍，原铁道部发展计划司副司长张大为，建设部城建司副司长兰荣，北京交通发展研究中心主任郭继孚，交通运输部规划研究院副院长张宝胜，交通运输部规划研究院副总工程师方然，国务院发展研究中心原局长邓寿鹏，原北京交通大学校长万明坤，原北京交管局副局长、总工程师段里仁，中国铁道学会自动化委员会主任胡书凯，呼和浩特铁路局总工程师张景瑞，大连交通大学副校长任瑞铭，清华大学外事处处长张毅，兰州交通大学交通运输学院院长牛惠民，长安大学社科处处长王建伟，中国人民大学信息学院教授陈禹等领导嘉宾出席论坛开幕式。来自国家发展和改革委员会综合运输研究所、交通运输部公路科学研究所、北京航空航天大学、山东大学、日本名古屋大学、上海财政大学、内蒙古大学、南京航空航天大学、广东工业大学、西北工业大学、中国民航飞行学院、山西大同大学、中兴智能交通系统有限公司、盛科建业集团、京港地铁公司、北京四通智能交通系统集成有限公司等科研院校、企业的论文作者及北京交通大学师生参加了论坛。

该论坛得到中国交通运输部、中国国家发展与改革委员会基础产业司、中国科技部高新技术发展及产业化司、德国交通建设与城市发展部的支持，并与英国工程技术学会（IET）合作出版学术会议论文集。

中国交通高层论坛创办于2005年，由北京交通大学、中国系统工程学会主办，每年1次，迄今已成功举办六届。在交通运输相关部门的领导、院士、专家、教授、企业家的支持和热情参与下，论坛目前已成为交通运输界“交融思想、开拓创新、引领前沿”的高水平交流平台。

（撰稿：蔡伯根）

2012年交通“7+1”论坛

2005 年 9 月创办的、由交通 7+1 论坛理事会主办交通“7+1”论坛，按照每季度举办一次的原则，已经无间断地办到了 2012 年底的 29 届。论坛旨在立足交通整体角度，依托系统理论分析的方法，淡化部门色彩，倡导多学科的融合，更新交通发展理念，开拓交通新思路，实现理论研究与发展实践的统一，推动智能交通等新技术的应用，为实现交通行业内外智慧的结合，以及交通与社会的相互沟通做出贡献。7 年来的发展证明，论坛已得到国内外交通运输界的认可和重视，在推动我国综合交通、智能交通等领域的官产学研相结合的学术平台建设方面，起到了良好效果。

一、第26次会议

第 26 次会议于 2012 年 3 月 31 日下午在翠宫饭店召开。会议由首都机场股份有限公司承办，石定寰、段里仁主持。参加会议的除了论坛核心理事石定寰、王庆云、段里仁、张国伍、宁滨、黄民、李学伟，还有周干峙院士、邹德慈院士，以及张光辉、张元方、沙洪江、李文兴、纪寿文、陈文玲、隆国强、刁永海、郭小碚、覃章高、王海平、刘秉镰、曹允春、胡华清、毛保华、郭继孚、方然、田建国、胡杰、张中茂、任国锋、赵昕昕、石明源、陈文松、靳砚杰、任瑞铭、刘增禹、孔越、王江燕、关积珍等专家学者、政府部门决策者、企业界管理者共 70 余人。会议的主题为“枢纽机场与区域经济发展——机场对区域经济发展影响”。围绕如何评价枢纽机场对区域经济的影响，以及如何扩大枢纽机场对区域经济的推动作用进行研讨。以首都机场为案例，研究了机场与区域经济互动发展的影响问题，提出了相关的评价指标，计算了机场发展对区域经济的直接影响、间接影响、引致影响，分析了临空经济和产业园区的发展问题。

张光辉与大家探讨了机场在区域经济发展中的作用和地位，分别就民航业的发展与国民经济的关系、首都机场与北京市经济发展的关系、首都机场对区域经济影响思考，以及首都机场开展区域经济影响研究项目等具体内容展开了讨论。李文兴针对首都机场对区域经济影响研究做了简单的汇报，从如何界定首都机场对经济影响的范围和层次、建立指标体系、直接影响、间接影响、引致影响等角度做了介绍。纪寿文利用研究数据介绍了北京机场对就业、增加值、税收等影响，还论述了机场对旅游业的影响及北京机场工作量和 GDP 长期发展的关系。沙洪江提出高附加的新兴产业和产品对航空业具有很强的依赖性，机场是不断聚集优势资源的平台，要重点建设以机场为中心的现代综合交通运输体系。陈文玲指出北京机场管理水平和机场软的东西，内部的东西，包括物流周转速度、机场服务能力等存在欠缺；还指出要研究枢纽机场和区域经济的发展关系，必须要研究新一轮区域经济的战略布局。胡华清对比分析了国际和国内民航业对经济效益和社会效益的贡献。黄民针对围绕机场服务于经济社会发展提出了三个需要研究的问题，即机场怎么样才能更好地服务于经济社会的发展、作为空港经济货恐怕更重要、民航强国的标志是什么等内容。刘秉镰、曹允春、邹德慈、隆国强、张元方、邓寿鹏、王海平、宁滨、刁永海、石定寰等专家领导也作了发言。最后王庆云作了大会总结。

二、第27次会议

第 27 次会议于 2012 年 7 月 1 日下午在翠宫饭店召开。会议由北京交通大学轨道交通控制与安全国家重点实验室承办，石定寰、李学伟主持。参加会议的除了论坛核心理事石定寰、王庆云、段里仁、于景元、张国伍、宁滨、李学伟，还有傅志寰院士、施仲衡院士，以及张元方、唐涛、贾利民、刘军、秦勇、舒平、朱宏、朱士友、顾基发、张大为、郭小碚、周伟、胡华清、贺国光、陈培勇、胡书凯、武平、徐文强、关积珍、邹迎、任瑞铭、陆化普、李志恒、刘长颖、申大川、索沪生、王飞跃、吴建平、张宁、蔡伯根、叶龙、荣朝和、赵坚、宋瑞、钱大琳、黄溅华、刘海峰、肖星、黄银霞、宗延、张庆等专家学者、政府部门决策者、企业界管理者共 60 余人。会议的主题为“系统科学与交通安全保障”。介绍了系统安全的基础理论和体系，围绕高速铁路、城市轨道交通、航空运输、道路交通等系统，分析了在安全保障方面存在的问题，研究了安全系统工程包括的过程、体系、标准、方法等内容，结合国内国外的实际案例，提出了交通安全保障系统的战略目标、实现路径和技术关键。同时，探讨了高速铁路“十二五”专项规划的主要内容，认为尽快制定和完善交通安全国家标准和实施体系是未来工作的重要内容。

唐涛就“系统安全与轨道交通安全保障”为大家作了报告，他认为轨道交通本身是一个复杂的紧耦合系统，建议国家建立轨道交通安全保障体系和第三方安全测试体系。贾利民从高速铁路体系化安全保障技术、高速列车装备谱系化技术、高速铁路能力保持技术、高速铁路可持续性技术等方面进行了探讨。刘军讨论了城市轨道交通在网络化的条件下，如何从基础设施、控制及运营的角度去保证城市轨道交通整个系统的安全和它的正常运营。秦勇汇报的题目是“城市轨道列车在途监测与安全预警关键技术”，主要是针对车辆系统的安全保障和监控来展开介绍的。舒平介绍的题目是“民航的安全管理体系”，民航的安全管理体系也是一个系统安全概念，他分别从技术进步、规章行政法规、管理理念和风险评价举证等方面论述了为什么我国民航在安全方面能够做到世界先进水平。朱宏介绍了上海地铁的风险管理策略，上海轨道交通设施设备风险和与行车直接相关的主要风险等。顾基发向大家介绍了中国的概率风险评估方法。于景元的发言题目是“系统科学与交通运输安全”，主要讨论系统科学的基本特点、人机环境系统和人机环境系统工程三个方面问题。段里仁主要介绍了道路交通安全和人的交通行为问题，提出交通行为要改变的 24 字方针：基于责任，源自关爱；遵循规律，崇尚规矩；严于自律，创新他律。傅志寰和施仲衡也作了简单的发言。最后，王庆云为大会作了总结。

三、第28次会议

第 28 次会议于 2012 年 9 月 29 日下午在翠宫饭店召开。会议由能源基金会可持续城市项目和宇恒可持续交通研究中心承办，李学伟、段里仁主持。参加会议的除了论坛核心理事王庆云、段里仁、于景元、张国伍、宁滨、李学伟，还有周干峙院士、傅志寰院士，以及袁伟、王江燕、扈万泰、李亮、张新兰、刘贺明、周小棋、郭小碚、毛保华、关积珍、陆化普、荣朝和、陈禹、张宁、方然、任瑞铭、吴建平、邹迎等专家学者、政府部门决策者、企业界管理者共 50 余人。会议的主题为“系统科学与可持续城市交通理论与实践”。从可持续城市项目及昆明可持续城市规划设计、济南快速交通规划与实践、重庆山城步道规划与应用等方面，共同探讨土地使用与城市交通协调发展的可持续城市交通之路。

袁伟简单介绍了能源基金会的创立、理念、原则和项目等内容。王江燕与大家分享了这些年来在中国可持续发展城市与交通系统规划方面的积累经验和思考。扈万泰向大家介绍了重庆过去两年开展三个项目的规划：在新城区搞了三平方公里的生态城，在北部新区搞了自行车系统示范段的规划和设计，在老城区中心区渝中半岛地区做了步行系统的规划设计。余军介绍了渝中半岛规划过程中通过对行人行为的分析，不停修正规划的策略和措施，最终实现更好需求的方案。李亮介绍了昆明的几项策略：在城市整体方面实现与公交主导为目标的城市交通发展策略、在城市片区层面以路网加密为核心的城市道路规划策略、以环境改善为支持的慢行交通发展策略、TOD 模式主导下的土地利用混合策略等。张新兰与大家分享了济南市快速公交发展实践，以及在实践的过程中碰到的问题。傅志寰提出堵车的原因到底是什么。周小棋讨论了城市的运行效率、以人为本、需求侧管理、树立公交优先理念等内容。刘贺明提出解决交通可持续发展就是解决拥堵问题、节能减排的问题、土地有效使用的问题。陆化普讨论了绿色交通系统分担率、不同的交通方式的不同经济技术特性、路网密度和街区大小等问题。最后，王庆云为大会作了总结。

四、第29次会议

第二十九次会议于 2012 年 12 月 29 日下午在北京翠宫饭店召开。会议由清华大学交通研究所承办，石定寰、段里仁主持。参加会议的除了论坛核心理事石定寰、段里仁、于景元、张国伍、宁滨，还有周干峙院士、邹德慈院士，以及陆化普、郭小碚、郭继孚、毛保华、叶剑、陈文玲、陈禹、方然、贺国光、胡基士、孔令斌、林仲洪、荣朝和、赵坚、张宁、王江燕、关积珍、沈培钧等专家学者、政府部门决策者、企业界管理者共 50 余人。会议的主题为“城镇一体化与综合交通发展”。 针对城市土地利用和交通系统的协调发展，探讨了城市和城市群交通发展战略与政策保障。提出以大型综合交通枢纽为载体，进行城市交通系统与区域交通系统，以及不同交通方式实现无缝衔接的一体化规划建设。研究了需求管理对策与供给策略，认为在交通系统发展与资源环境关系的基础上制定可持续发展的交通战略与政策，对于保障城镇化的平稳、健康、有序发展至关重要。

陆化普就“交通供给策略和需求管理对策研究”做了汇报，最后提出调整交通发展战略加快区域与城市一体化综合交通管理、调整城镇化发展战略促进综合交通与城镇化的协调发展、调整交通供给策略推进环保节能、以人为本的绿色交通系统规划建设、密切结合城市实际，把需求管理作为长期对策全面实施、加快综合交通枢纽的规划建设，促进枢纽与城市综合开发的一体化、实施更加严格的交通环保节能政策、完善体制机制健全法制等七大政策建议。郭小碚介绍了城市群的客货运的特点及其要求，并提出客运要以轨道交通为主体来解决，货运要通过公路来解决、差异化建设城市群的交通体系、推进一体化、集约化的发展等建议。郭继孚讨论了大城市交通战略方面的问题，分别就轨道交通的运输量、城市机动化、优先发展公交、路权问题、停车问题等做了讨论。毛保华重点就城市化机动化背景下的城市交通、公交都市建设、构筑以轨道交通为骨架的一体化公共交通体系等问题做了阐述。周干峙指出城镇化和中国交通的发展绝不是一个部门、一个对策就能解决的。邹德慈指出城市交通问题需要系统工程的方法。陈文玲提出交通格局将决定城市形态、现在是转变城市发展方式的重要阶段等看法。林仲洪提出在重视硬件建设的同时一定要高度重视软件建设、思路决定出路、交通要贴近民众等观点。孔令斌提出要关注差异化、要关注政策。张大为指出要法律途径解决问题，完成相关法律体系和相关法律的执法力度。郑剑、王江燕等专家也提了很多看法。最后石定寰为大会做了总结。

（撰稿：毛保华、杨淑娟）

第二章

技术动态与发展趋势

大数据与智能交通

一、技术概述

“大数据”（ Big Data）是继云计算、物联网之后IT产业又一次颠覆性的技术变革。互联网等信息技术的发展导致了信息大爆炸，使得我们进入了“大数据”时代，尽管目前对大数据还没有统一的和更为权威的定义，但对其实质的认识基本趋于统一。“大数据”是需要新的处理模式才能具有更强的决策力、洞察发现力和流程优化能力的海量、高增长率和多样化的信息资产。大数据与传统数据相比，具有以下四个典型特征，即多样性（variety）、数据量大（volume）、实时性强（velocity）以及真实性（veracity），另外还有业界普遍认可的价值（value）。

智能交通系统（ITS）是利用交通与信息通信技术建立的运用于整个交通运输管理体系的一种在大范围内、全方位发挥作用的，实时、准确、高效的综合运输和管理系统。交通数据是ITS进行交通组织与管理，也是ITS与城市交通大系统得以发挥的关键环节，数据采集和接入是ITS的基础。ITS的交通数据来源广泛、形式多样，包括动态的交通流数据和智能交通子系统的管理控制数据，以及静态的道路基础数据等。通常交通数据采集是从ITS的各个子系统中的车辆检测器实时采集交通数据，而现在的车辆检测器采集交通数据不够完善，有些车辆检测设备尚未完全开发，例如视频系统的采集技术还在发展，它的大量交通数据还需进一步开发。近年来，利用移动网络通信数据进行道路交通状态数据采集和处理的技术，作为ITS的实时交通数据和公众出行（OD）采集的一种数据源。

在ITS不断发展的今天，积累大量交通数据。在北京，用于视频监控的摄像头有约50万个，一个摄像头一个小时所采集到的数据量就多达几GB，每天北京市总的视频采集数据量约为3PB；上海市交通信息中心每日汇聚的实时动态交通信息数据共237项，动态交通数据更新时间2分钟以内，其中，仅原始数据每2分钟周期仅处理手机信令和GPS记录数就有约1000万条，全天约72亿条达100GB以上；另外，还有每天实时接入的各种结果数据量30GB以上；南京市约有20万个摄像头，每月产生的数据量达120PB；广州市就城市道路运行系统平均每年采集的总数据量为4427 TB，平均每天为12.12 TB，平均每天采集数据条目6亿7千余条。某城市单看其浮动车的GPS数据，以其城市20000pcu/辆的数量计算，实时传输的车辆轨迹记录平均单位长度为50~200B，车辆汇报频率范围为15~60 s / 次。按照均值估计，每天产生数据量为4.75 GB，年数据量为1.75 TB。而一个中等城市每年视频监控产生的数据约为300PB，这些摄像头实时回传信息，海量数据对数据存储、并发处理的要求是近乎苛刻的。ITS 是交通和计算机融合的产物，ITS 管理和控制的对象是交通数据，大量交通流数据是按时间顺序采样得到的一系列数值型数据序列，是 ITS 中最重要的数据。

目前，我国通过 ITS 汇聚交换的交通数据越来越显现出大数据的四个特征：第一，数据体量巨大;第二，数据类型繁多，除结构化的常规格式数据外，还包括网络文件、视频、图片、地理位置信息等；第三，价值密度低，以视频为例，连续不间断监控过程中，可能有用的数据仅仅只有一两秒；第四，处理速度快，传统的数据存储、处理和数据挖掘技术已不能满足迅速反应的交通决策与管理需要。ITS 是否真正“智能”源自大数据，如何挖掘海量数据的潜在价值并为城市交通系统正常运行和高效运行提供可靠数据支持，成为 ITS 在大数据时代建设的关键。因此，借助于大数据技术解决交通问题，是 ITS 的内在需求和新技术发展趋势下的必然途径。

二、关键技术及研究进展

（一）关键技术

1. 跨行业的数据接入及挖掘分析技术

目前，利用移动通信网络中的手机定位信息来分析推算动态交通状况是一种新兴的广域动态交通采集技术。它在现有的移动网络资源上，利用已有移动网络通信中的少量信息，定位手机用户，进而获取实时交通数据和动态交通出行数据，成为了传统固定车辆检测器技术的有力补充。但移动通信网络信令（CELL ID 信息）数据还有其他信息数据，例如车辆 OD 信息数据等没有推算和挖掘出来，这就需要结合交通系统的需求以及手机信令数据相关研究，通过新的算法，推算出 ITS 新的应用交通数据。

大数据时代需要跨行业领域（环境、气象、土地、人口等其他行业）数据快速挖掘技术，分析各类交通现象与环境、气象、土地、人口等的相互影响关系，以及将来车联网实现“人与车”、“人与路”、“人与人”之间的沟通以及“车与车”、“车与路”之间的交互中将产生的更大量数据，需要数据的规范接入和快速分析技术。

针对交通大数据多源多维的数据信息特点，需要研究交通信息的形式化表示方法和语义规范表示方法，制订交通信息语义表示规范，形成交通信息语义基本概念集、公理集、规则集和推理机制，为交通信息展示及交通状态感知提供统一交通信息语言描述基础，挖掘出更多应用，更全面、更系统地了解交通现状数据，为科学制订交通战略和规划，缓解交通矛盾及改善交通决策等，以及 ITS 提供有用的数据支撑。

2. 多源异构网络数据融合及集成化管理技术

早期 ITS 中各个子系统一般以业务应用系统为单元，其数据、计算资源和业务应用都分配于一个比较独立的系统内，与外部系统的资源相对独立。随着信息技术的发展，ITS 技术各子系统之间需要交换数据，则需进行原始数据交换，以及与 ITS 的系统外的系统交换数据，特别是与移动互联交换数据，移动互联有多样的网络接入方式，同时对于同一种接入方式还可能存在不同的运营商，因此移动互联网络是高度异构的。

异构网络融合技术包括接入控制、垂直切换、异构资源分配和网络选择等资源管理算法，以及安全路由协议、接入认证技术、入侵检测技术、加密解密技术和节点间协作通信等异构网络安全保障技术。移动互联网络中，由于用户（特别是车联网用户）的位置通常是不断变化的，需要地理上分布的各种数据源，而时态空间数据库技术是解决问题的关键。

针对交通大数据的多来源异构（结构化、半结构化）的特点，围绕交通大数据应用服务需求，研究检测、关联、相关、估计和综合等多层次、多方面的数据处理方法，形成高效整合、快速响应、自适应变更的多平台异构数据集成化管理模式的核心，满足交通大数据高效整合、快速响应的集成化管理目标。

3. 基于云计算环境下的大数据平台技术

目前，我国的ITS主要还是以业务为导向建设应用系统，还有跨行业、跨区域的ITS，其数据和计算资源都比较分散和独立，缺少大数据处理与应用技术体系，导致各类信息融合和业务联动难以实现。大数据的诸多突出特性使得传统的数据分析、数据挖掘、数据处理的方式方法都不再适用。云计算的出现，为大数据提供了产生、保管、访问的场所和渠道，以集中式资源池化管理、资源按需使用、专业化IT服务及海量数据存储能力为主要特点，提供高效能、低成本、低功耗的按需服务；对于ITS以多应用、多行业、复杂系统组成的综合体，多个应用系统之间存在信息共享、交互的需求。以跨行业结构化和非结构化数据的接入汇聚、存储管理、处理分析与应用服务提供为目标，基于先进的大数据处理云架构和虚拟化技术，研究交通大数据应用系统的整体构建方案。重点攻克基于Hadoop的海量数据处理架构技术和大数据环境下的虚拟主机性能优化技术。

（二）应用进程

近年来，ITS各个应用系统之间的数据交换和数据挖掘以及通过其他的应用信息系统的大量数据中获取有用、有价值的数据，是ITS中大数据初级阶段的应用。例如，通过对移动网络通信信令（CELL ID信息）数据分析推算获取交通数据，并在2010届上海世博会期间应用，为世博会提供了精确度高、覆盖范围广的实时交通信息服务，并为交通管理部门掌握实时道路交通状况提供保证，同时通过多样化的移动互联终端提供给出行者，帮助他们计划行程。此外，基于移动互联的交通信息采集技术在上海、深圳和天津等地的应用，为交通管理者提供了多种交通信息，如OD矩阵、客流统计等。

上海已开展了交通大数据系统构建关键技术研究，建设交通大数据平台应用示范系统，其研究目标概述为“一套基础理论、三项关键技术、一个挖掘分析工具和应用示范系统”，即：完成一套交通大数据基础理论研究，完成交通大数据体系构架、系统构建技术、服务应用技术等关键技术研究，完成可视化挖掘分析工具开发和交通大数据应用示范系统建设。

通过交通大数据平台应用示范系统整合上海市道路交通、公共交通、对外交通等方面的大数据资源，结合气象、环境等交通相关行业大数据，联合政治、经济、社会、人文等领域的活动与事件数据，充分挖掘交通大数据资源价值，培育上海交通大数据分析应用产业，建设上海智慧城市交通体系，不断提升政府交通智能决策管理和公众智慧出行服务水平。

三、发展趋势

我国多年的ITS建设，已经具备了利用大数据管理系统科学地分析交通管理体系的能力，成为改善交通运行系统的基础和条件。大数据时代ITS在运行中产生大量的数据，大量优质的数据和劣质数据融合在一起，需要通过清洗保证数据的可信性和质量，通过智能的挖掘和分析，产生真正的数据价值。大数据时代的ITS应将大数据有效地运用于ITS的调控优化、决策支持、信息服务等各个环节中，使系统在大范围内全方位发挥作用，成为实时、准确、高效、闭环的城市交通运行系统；通过大数据管理交通改变现有的交通管理模式、改变行政区域的限制，在交通大数据的虚拟性中，多方共同遵照相关的交通信息共享原则，就能在已有的跨部门、跨行政区域下解决共同的交通管理问题，真正达到ITS的目标，提高交通系统运行和管理效率。

（撰稿：徐亚国、余志、吴旭、关志超、虞鸿）

物联网与车联网

一、技术概述

物联网（Internet of things）被认为是继计算机、互联网与移动通信之后的世界信息产业的第三次浪潮，通过物联网可以构建无处不在的网络，实现任何时间、任何地点，互连任何物品的需求。在 2010 年的全国的两会上明确提出要利用物联网技术推进经济的转型和升级。物联网技术已经成为国家重点发展的战略性新兴产业。

车联网是物联网在交通领域的具体应用，广义地说，车联网将车内网（如 CAN 总线）、车间网、车路网、互联网结合在一起，通过互联互通实现在对所有车辆动态和静态信息的有效获取，并根据不同的功能需求对所有车辆的运行进行有效的监管和提供综合服务。汽车是车联网的关键载体，车辆信息化是车联网的核心，基于车辆信息化的应用是车联网的本质，便捷、舒适、安全、节能是车联网的基本功能。

车联网初级应用包括道路事故处理系统、车辆防盗系统、紧急救援系统、车辆安全预警等，高级应用目前主要是车路协同系统。车路协同系统是指通过采用先进的通信技术、传感器技术等来对车况和交通信息的获取，通过车与车，车与路信息的互通和共享，同时能够实现车辆和其他的交通基础设施进行信息的互通，达到车与路、与控制中心和其他交通基础设施的信息的协同配合，达到充分利用和优化系统资源，提高交通道路的安全、缓解交通拥堵的目标。

二、关键技术及研究进展

（一）关键技术

1. 车联网无线通信技术

车联网技术与传统智能交通系统的最大区别是引入了车辆与车辆、车辆与路侧设施之间的数据交互。由于车辆的移动性，数据交互只能采用无线通信方式，而车联网对数据交互的实时性和可靠性提出了很高的要求，针对无线通信的覆盖范围和数据包的传输表现则具有苛刻的指标，目前没有满足其要求的商业化产品。另外，为保证足够的车辆能够运行车路协同应用，需要统一的数据交互系统来支持。清华大学依托 863 计划主题项目开发了基于多模式无线通信的数据交互平台，支持多种无线通信模式，实现了对不同类型的车联网应用需求的有效响应，能够很好地适应车辆移动性的要求，并将作为车路协同系统应用的基本运行条件，在车载和路侧设备的信息交互底层条件进行运转，有效攻克了车路 / 车车无线通信技术的难点。

2. 车联网组网技术

车联网技术采用无线通信手段将交通出行者联系在了一起，实现信息交互。组建用于车联网的专用无线通信网络对于车连网功能的实现具有重要的意义。车载网络拓扑变化较快，通信环境复杂，需要强健的数据交互网络作为支撑。清华大学依托 863 计划主题项目，建设了涵盖车载终端、路侧设备等交通出行辅助工具的无线自组织网络，采用了基于 IPv6 的的下一代网络技术，解决了网络地址分配和和路由选取的问题。

3. 车内网技术

车联网中，随着集成无线通信设备、车内用电器件和电控单元的增加，车内网络结构愈加复杂。下一代车内网通过增加智能网关和多层的拓扑网络结构，将车内各节点连接在通信干线上，实现车内网络的一体化。目前，车内各网络不互联，车辆的网络协议不公开，各汽车企业的网络协议不统一，不利于车内网技术的发展；车联网将构建标准化、模块化的车内网结构，推动车内网的发展。

4. 车联网信息融合技术

车联网系统中，采集到的和需要处理的信息都是海量的，数据来源于不同的交通参与者和各种类型的传感器，数据具有相当的冗余度，如何充分利用这些数据，提高信息的准确度和可用性对于车联网是一个非常重要的环节。同时，车联网系统的数据也存在很大的关联性，如何有效桥接这两大系统也是富有挑战性的任务。

（二）研究、试验与应用现状介绍

在理论研究方面，首先完成了车路协同系统架构设计以及项目集成系统的顶层设计，在顶层设计中详细规定了系统的接口和整体部署方案，形成了整个项目实施推进的指导大纲。其次，就车路协同系统数据交互的通信框架、车路协同通信协议栈和车路协同数据交互协议开展了研究，完成相关协议的定义。第三，开展了车路协同系统集成测试环境的研究，完成了测试环境和测试案例的设计。

在技术开发方面，开发了用于各课题数据交互的平台软件，实现了车路协同系统中实体（车 / 车设备、车 / 路设备）之间、应用（车路主动安全、交通协调控制）与数据交互平台之间的通信控制和数据交互；开发了数据交互平台演示验证软件，用于测试数据交互平台的可用性。开发了集成演示系统 3D 演示软件。

在实验方面，对通信装置性能以及数据交互平台进行了大量实验测试，确定了数据交互平台及不同的通信设备对车路协同应用的适用性。

三、发展趋势

（一）技术发展方向

1. 车路协同通信协议

目前，世界范围内尚无统一的车路协同通信协议，车联网面临重新设计网络协议栈的问题。国际标准化组织（ISO）、欧洲电信标准化协会（ETSI）在过去两年中对车路协作系统的标准化制定进行了诸多工作，美国在车路协同及车辆安全通信标准发展上，已形成以 5.9GB 频段 DSRC 为核心的完整的通信标准体系架构。适应于我国国情的各层协议也在制定过程中。交通部下属的全国智能运输系统标准化技术委员会也正在制定满足道路交通需求的车联网和车路协同通信标准。

2. 多模式无线通信

车联网中，不同数据业务对通信的传输时延、传输带宽、误码率和传输距离等都不同。通常可以把车联网数据分成三种：车辆安全业务、路况信息业务和非安全信息业务。现有常用于车辆网络的无线技术有 WLAN（如 IEEE 802.11a/b/g/n/p 协议），WIMAX（IEEE 802.16a/e），超宽带通信 UWB（IEEE 802.15.3a），3G/4G 通信以及卫星通信等。未来车联网终端将兼容有多个不同网络的接口，并能根据不同类型的业务提供不同的服务质量保证。

3. 车车 / 车路通信网络一体化

车联网依托于互联网构建，车辆与车辆、车辆与路侧设备之间构建的车载自组织网络需要具备网络一体化技术的接入设备来保障对网络的兼容性，还需要高效的路由算法来保障数据传输的可靠性。车联网需要把交通系统中的各类参与者结合为一体，各种不同类型终端数据的整合给车联网也提出了很大的挑战。在此方面，国内刚刚起步。

（二）典型应用展望

尽管尚处起步阶段，但车联网本身具有非常大的价值，受到产业各方的高度关注。可以说，车联网是推动信息化深度融合工业化最有效的产业之一。车联网的发展还将改善社会交通基本矛盾，包括个人出行需求和道路交通效率的矛盾、出行安全与公共交通安全的矛盾、节能与碳排放的矛盾。车联网的发展还将推动新技术、新产品和新市场的创新，衍生出新的产业发展空间。例如：工业级汽车级移动网络技术、产品与服务，信息技术与汽车技术的融合，车辆安全技术与交通安全技术的融合，驾驶和导航技术与智能交通的融合，驾驶行为和风险管理技术的融合，都将形成新的细分市场空间。车联网还将推动建立协同的产业生态环境，改进优化传统产业结构和形成新的可持续发展的商业模式。

（撰稿：姚丹亚、王云鹏、李克强、王建强、刘帅、谢伯元）

节能减排与智能交通

一、技术概述

交通运输业是常规污染物排放的主要贡献者之一，在我国主要城市中，道路交通已成为大气污染的主要来源。国外发达国家，如日本、欧盟、美国等，相继提出了基于 ITS 的交通节能减排体系，其核心内容包括节能减排相关产品开发、路网排放的准确量化、节能减排策略的制定等，其目标在于减少环境污染和国家能源消耗，实现交通系统的可持续发展。由此可见，基于 ITS 来实现交通运输的节能减排研究是未来交通能耗排放控制的发展方向。

二、关键技术及研究进展

目前，我国采用的基于 ITS 的节能减排策略技术主要包括：节能减排监测系统、路网机动车排放评价体系、以及智能调度、服务、物流等其他相关技术。

（一）路网机动车排放评价体系

路网机动车排放评价体系包括以下主要模块：路网运行状态、车辆排放水平、路网排放量化、路网排放分析、节能减排策略评价。

（1）路网运行状态：通过浮动车系统、仿真模型、规划模型等智能化技术，获取道路网络中车辆速度、流量信息，为排放测算提供基本参数；通过视频监测技术获取路网中车型构成，为计算不同车重、燃油类型的车辆排放提供基础。

（2）车辆排放水平：按照车龄、车重、燃油类型等参数进行具体分类，通过台架测试、车载测试、排放模型测算等多种方式，获取不同类型车辆在不同驾驶行为下的能耗和排放水平。

（3）路网排放量化：选取平均速度，道路流量，车型构成等参数，结合车辆排放水平，从微观、中观等层次对路网中车辆的整体能耗排放水平进行排放测算。

（4）路网排放分析：采用地理信息系统等软件，分析交通排放的时空分布、从点线面等不同层次，筛选排放的重点点段，采取针对性治理策略。

（5）节能减排策略评价：通过上述步骤，对不同交通策略的环境效益进行测算、分析、评价、比选，从而为相关策略的决策支持提供科学化的数据支撑。

（二）交通运输统计监测考核体系

交通运输统计监测考核体系是交通运输企业或交通运输主管部门全面掌握交通运

输能耗情况，及时了解节能管理工作进展，评估节能降耗政策执行效果，以改进优化节能降耗管理措施的重要手段。该系统采用制度建设和技术支持并重，建立能源统计指标体系和能源数据统计报表及其相关制度，建立能耗统计监测系统，对数据进行采集、处理、发布，建立考核制度和调控措施，对企业或行业节能状况实现反馈，从而有效实现节能减排的精确化管理，推动节能减排工作不断取得新进展。

该体系建成后，可以很好地激发企业的节能减排意识，增进了行业推进节能减排的使命感和责任感，提高发展清洁运输的主动性和自觉性，对调整运输结构，转变发展方式具有重要意义。

（三）其他相关技术

1. 车辆智能运营管理系统

车辆智能运营管理系统综合运用了 GPS 定位、GPRS 无线通信、GIS 地理信息、自动控制等信息技术，结合车辆调度生产管理实际，开发智能调度管理系统，实现车辆生产运营调度信息化、自动化和智能化管理。对客运可实现智能排班、自动报站、运行监控、运营调度、跨线路调度、车距过疏过密提醒、电子行车路单、驾驶员工作时长考勤、车辆日检刷卡管理、停车场规范停车管理、安全限速、安全提醒和统计分析等；对货运实现车辆监控调度、对货物运输全程跟踪，打造货物信息服务网络，提供货源配载信息，形成发货方、接货方、车属单位之间建立实时的动态沟通体系。

通过车辆智能运营管理系统，可以规范驾驶习惯、控制车速、实时智能调度、建立运输信息反馈、管理自动化、提高车辆利用率、降低事故发生、减少运营成本等多种效益，从而节省了燃油消耗，减少污染和二氧化碳排放，保护环境，对于采用网络化经营的运输企业节能减排效果尤为突出。

2. 车载排放测试系统

车载排放测试系统是一种先进的单车尾气排放测试手段。这类系统多采用 PEMS 系统，即综合运用多气体监测仪、颗粒物监测仪、GPS 等设备，实时测得尾气管排放的 HC、CO、CO_2、NOx、PM 的排放浓度及排放量等参数。在该系统基础上，可开发车辆行驶状况检测系统，用于实时获得车辆速度、加速度及发动机运行状态等。对于道路两侧空气质量的监测，正朝着多要素监测一体化发展：从过去侧重监测各种污染物浓度转向同步监测流量、噪声等。但同步测量涉及要素多，技术难度大，研究进展相对缓慢。建立排放模型是建立准确尾气排放清单的基础。目前，常见的排放模型有 IVE、MOVES、COPERT、MOBILE，并在很多国家得到广泛应用。国内多为对上述模型的本地化研究，自主开发的排放模型较少。目前，国家排污监控中心正在自主开发中国机动车尾气排放模型。

3. 智能化公众出行信息服务系统

智能化公众出行信息服务系统以实时的道路引导和信息服务系统的实用性为目的，通过装备在道路、机动车、换乘站、停车场以及气象中心的传感器和传输设备，获得全面的交通信息，经处理后，向社会提供实时的道路交通信息、换乘信息、交通气象信息、停车场信息以及与出行相关的其他信息，引导公众出行。

智能化公众出行信息服务系统可以通过路况信息的指引，社会公众和客货运车辆错峰行驶，及时调整出行安排，减少道路拥堵引发的二次事故和拥堵事件，从而减短堵车现场车辆排队长度，节省每辆车平均出行时间，实现节约燃油消耗、减少废气排放的效果。

4. 机动车驾驶模拟系统

通过使用机动车驾驶培训模拟装置，真实再现交通环境，替代了原先需要实车训练的《机动车驾驶员培训教学大纲》规定的相关训练项科目，减少学员实车训练学时，从而实现燃油节省。

三、发展趋势

（一）智能路网监控与排放模型有机结合

采取智能化的信息采集与集成技术，将路网状态的监控系统与排放模型进行有机结合，对路网中的排放进行实时监控与评价，是节能减排领域的重要发展方向。目前，国际排放模型的发展趋势逐渐倾向精细化，如何在智能交通网络的大平台下，向排放模型提供精细的交通驾驶行为参数，是将智能路网监控和排放模型有机结合的关键点。

（二）面向节能减排的交通控制或路径诱导系统

以排放最优为目标，开发面向节能减排的交通控制或路径诱导系统，分别研究确定自适应信号配时和动态路径诱导的算法及系统。

（撰稿：胥耀方、邵毅明）

移动互联与智能交通

一、技术概述

移动互联网（Mobile Internet）在近些年极速发展，是一个全国性的、以宽带IP为技术核心的，可同时提供话音、传真、数据、图像、多媒体等高品质电信服务的新一代开放的电信基础网络。业务开发模式借鉴SOA（面向服务架构）和WEB2.0（新一代互联网模式）模式，将原有封闭的电信业务能力开放出来，并结合到WEB方式的应用业务中，具体业务包括移动环境下的网页浏览、文件下载、位置服务、在线应用、视频浏览等。

移动互联网的出现，从宏观层面来看，是移动通信与传统互联网的融合产物；从微观层面来看，移动互联网的网络接入是多种无线技术的融合；从终端技术来看，移动互联终端集成了电话、摄像机、播放器、传感器、RFID等丰富的功能模块；在业务能力层面，基于移动通信网络和互联网的数据融合和应用融合创造出众多的创新业务和新型产品，大大推动了移动互联网的发展。

近些年，移动互联技术已逐渐渗透到智能交通领域，一系列基于移动互联技术的智能交通应用服务相继推出。一方面，随着移动互联终端的普及，利用移动网络通信信令（CELL ID信息）数据进行道路交通状态数据采集和处理的技术，作为智能交通系统的实时交通信息采集的一种数据源，成为了传统固定交通监测器技术的有力补充。同时，移动网络通信数据也是交通管理者研究公众出行规律的有效手段，它能够突破传统交通工具的限制，获取完整出行数据。另一方面，智能交通系统利用移动互联网为公众出行提供地图服务、导航服务、实时路况服务、票务服务、出行食宿服务等一系列高效、专业、方便的服务应用，为出行者提供完善的出行信息服务，满足人们出行的多样化、个性化需求。此外，基于移动互联终端的交通出行APP得到了大幅发展，移动互联技术在交通出行方面的作用越来越大。

现阶段，基于移动互联技术的智能交通应用服务还处在起步阶段。首先，移动互联终端作为交通信息采集手段的作用还未充分发挥；其次，绝大部分出行服务，其功能较为单一，缺乏综合性，且没有全局范围内的智能优化；第三，基于移动互联技术的智能交通服务绝大部分均由商业公司推出，缺乏交通管理部门的参与，也缺乏与其他交通管控手段的结合。

二、关键技术及研究进展

移动互联将互联网技术、平台、商业模式和应用与移动通信技术有机结合，是当今信息化社会发展的趋势和热点。

（一）移动互联关键技术

1. 网络接入

移动通信系统是移动互联技术中连接用户终端和应用服务器的纽带，它将用户的需求无线传输给应用服务器，再将服务器的分析结果传输给用户终端，其核心技术为无线网络接入技术。移动互联中的网络接入技术主要包括无线局域网 WLAN（如 IEEE 802.11a/b/g/n/p）、蜂窝移动通信网络（3G/4G）、WIMAX（IEEE 802.16a/e）、超宽带通信 UWB（IEEE 802.15.3a）以及卫星网络等方式，目前应用最多的还是无线局域网 WLAN 接入以及蜂窝数据接入。

WLAN 是一种能够将移动互联终端以无线方式互相连接并接入互联网的技术，一般都使用 IEEE 802.11（a/b/g/n）系列协议，通常情况下信号接收半径在百米以内，对移动性不强的终端通信效果较好。由于 WLAN 接入方式传输速度较快，且网络容易组建，频段使用无需任何电信运营执照，因此 WLAN 接入方式已经成为移动互联的一个重要的网络接入方式。但是，WLAN 接入最大的缺点就是其范围比较局限，通信质量和数据安全性也有待提高。

蜂窝移动通信接入是目前应用最广、用户数量最大的一种移动互联接入方式。其技术标准按照发展的阶段可分为四代。一代和二代通信技术主要解决语音通话问题，三代技术解决了部分移动互联网相关网络及高速数据传输问题，四代技术则是“专为移动互联网而设计的通信技术”。目前大部分的移动互联终端均可支持 2G 或 3G 接入，部分国家和地区也已开始推行 4G 的网络接入。目前，2G 技术的主要标准有 GSM 和 CDMA 两种；3G 技术的主要标准有 TD-SCDMA、WCDMA、CDMA2000 三种；4G 标准则已推出了 TD-LTE 和 FDD-LTE 等。随着移动通信技术的不断发展，通信速度、网络容量、稳定性、覆盖面和保密性等各方面性能都得到了很大的改善。

此外，WIMAX 技术目前正处于技术标准的制定和相应产品的进一步研究阶段，还未大规模推向市场，但其在无线城域网领域的应用潜力是完全可以预期的。UWB 技术目前的应用主要集中在军用领域，以及短距离应用领域，例如家庭数字娱乐等。

2. 异构网络信息融合

移动互联有多样的网络接入方式，同时对于同一种接入方式还可能存在不同的运营商，因此移动互联网络是高度异构的。为充分提高服务质量，实现自组织、自适应，且具有端到端服务质量（QoS）保证的服务，需要利用不同网络间的互补特性，实现异构网络的信息融合。异构网络融合技术包括接入控制、垂直切换、异构资源分配和网络选择等资源管理算法，以及安全路由协议、接入认证技术、入侵检测技术、加密解密技术和节点间协作通信等异构网络安全保障技术。

在移动互联网络中，由于用户的位置通常是不断变化的，需要的信息多种多样，因此任何单一的数据源都无法满足要求，必须有地理上分布的各种数据源，借助于现有的分布式处理技术，为多用户并发访问提供支持，并且要求移动数据库支持用户在多种网络条件下都能够有效地访问，完成移动查询和事务处理。利用数据库复制 / 缓存技术或数据广播技术，用户即使在短时离线的情况下也可以访问所需的数据，从而继续自己的工作。其中，时态空间数据库技术是解决问题的关键。

此外，通过基于移动互联终端采集的技术可以挖掘出大量的交通信息。同时，车路协同系统还有交通流数据采集系统采集得到的数据，如线圈数据、微波数据和视频数据等。这些多样化的交通数据需要通过不同的方式传输到数据处理平台，平台将对多源异构的交通数据按照一定的标准规范进行多层次的处理，最终生成综合性和个性化的交通信息。在此过程中，设计高效的交通流数据表达和存储方案，实现路况信息与电子地图和路网的关联及更新，建立路况信息表达和动态更新模型，进行高效的路况信息提取、去除交通信息中的重复信息，并实现交通数据的可视化，将是异构网络中的交通信息融合的关键技术。

（二）基于移动互联的智能交通关键应用技术

1. 基于移动互联的信息获取

移动互联技术给智能交通提供了一种新的实时交通信息获取的手段，通过移动互联终端可以采集两类交通数据，即实时交通状态信息和动态出行调查信息。此外，根据数据采集方式的不同，将可以得到不同粒度的交通信息。

粗粒度的实时交通信息较容易获取，通过移动通信基站的终端接入数量和手机信令数据，可以估计出对应区域内的用户密度以及一段时间内用户的位置转移，应用在交通领域中，就可以据此估计区域的交通需求、实时交通状态和路段旅行时间，或研究人们的出行规律。同时，借助采集到的手机信令数据，可以获得用户的区域定位（例如东南大学通过移动通信基站对手机 SIM 卡的感应实现对用户的区域位置信息的获取），进而分析得到动态 OD 矩阵、居住地就业岗位分布、客流集散地人流调查等一系列信息。

另一方面，由于智能移动互联终端一般配备 GPS 等感应设备，能够获取用户当前的位置、速度、方向等信息，再结合每一个用户特有的标识，就可以形成针对单个用户的细粒度实时信息。通过移动互联网络，交通管理者可以采集到这些细粒度信息，从而辅助用于交通控制、路径诱导等服务。但是细粒度的信息事实上涉及到用户的个人隐私，其具体的操作标准在未来还需进一步讨论研究。

近年来，基于移动互联的信息获取得到越来越广泛的应用。2010 届上海世博会期间，上述技术被广泛应用，提供了精确度高、覆盖范围广的实时交通信息服务，并为交通管理部门掌握实时道路交通状况提供了保证，同时通过多样化的移动互联终端提供给出行者，帮助他们计划行程。此外，基于移动互联的交通信息采集技术在上海、深圳和天津等地的应用，为交通管理者提供了多种交通信息，如 OD 矩阵、客流统计等。典型的应用案例包括：上海市第四次综合交通大调查中，利用基于手机数据，对于典型区域集散客流量及人口密度时间分布规律及来源，以及市境道口、越江设施等典型断面客流分布规律进行了分析；深圳市也基于手机数据，获取了实时动态客流分布信息，辅助交管部门进行决策；天津市在 2011 年第四次交通调查项目中，利用手机信息，获取了夜间与白天出行人口分布、主要区域间的通勤 OD，为城市交通规划提供了基础性的数据支撑。

2. 基于移动互联的出行服务

移动互联终端为用户出行服务提供了一个新的实现平台。目前，我国已至少有 22 个城市建立了面向公众出行的交通信息服务系统，发布实时道路交通信息。而借助移动互联网络，交通管理部门或者服务供应商可以为用户提供更加全面的交通信息，如路况地图、交通监控照片、路况信息、交通事故、交通事件、交通管制、道路施工、交通气象等信息，以及更加多样化的出行服务，如智能路径导航服务、实时路况信息服务、票务服务、出行周边服务等。目前，清华大学正在研究并开发基于移动互联终端的多模式个性化出行诱导平台，与已有的诱导服务不同，该平台的智能诱导算法以实时交通运行状态作为数据基础，支持多种交通工具的换乘，并且能够根据用户偏好，定制个性化的诱导策略。华南理工同样基于移动终端 APP，一方面为用户提供道路拥堵信息，合理地进行路径诱导；另一方面，利用移动终端的 GPS 定位模块，对用户的位置信息进行实时采集，用于后续进一步的智能交通管控。

三、发展趋势

目前，移动通信技术已完成了从 2G/GPRS 到 3G/CDMA 的技术更替，3G 移动互联终端逐渐取代 2G 成为市场的主流；而以 TD-LTE 为代表的 4G 移动接入技术也正处在高速发展阶段，目前已形成了较为成熟的技术标准，并且在诸多发达国家已投入使用，中国移动也将在近年开始运作 TD-LTE 通信网络。移动接入技术的不断演进，带来了更高的数据率、更大的网络容量以及更优的接入质量，这势必会使得移动互联终端进一步普及以及移动互联应用服务进一步丰富。更进一步，随着 IP 技术的不断发展和通信网络的全面推进，移动网络与固定网络也最终将在 NGN 架构上实现融合，无线广域网、无线局域网和无线个人域网等不同层次的无线技术，将彼此互补、融合发展。那么，在各种无线网络技术走向融合背景下，依靠无所不在的“泛在网络”，通信服务将渗透到人们生活的任何一个角落。

结合智能交通系统的发展，基于移动互联技术的智能交通服务未来发展，可以从以下 3 个主要方面进行考虑。

（一）信息采集的新途径

对于交通管理者而言，移动互联终端的普及为实时交通信息的获取提供了一种新的有效手段。该手段基于个人进行信息采集，而非传统的基于交通工具的采集方式，是对传统交通信息采集手段的一种很好的补充。但就目前而言，基于移动互联的交通信息实时采集技术标准尚未明确，而且其信息采集精度与用户隐私的矛盾也十分突出，是未来亟需解决的两个问题。

（二）用户出行的辅助工具

移动互联终端作为出行辅助工具被用户广泛接受，目前绝大部分的应用也都是以出行辅助工具的形式推向市场的。在这一层面上，已有技术的优化和系统间的整合应该是未来发展的重点。如在已有路径导航的基础上，优化路径算法，结合实时路况信息，考虑用户偏好等；又如整合多种出行应用，为用户提供贯穿整个出行链的综合服务平台。

（三）交通管控的新手段

移动互联技术为智能交通管控提供了一个新的途径。移动互联技术使交通基础设施资源情况和交通工具运行状态连成综合的数据库供交通管理者和交通主体使用，移动互联网将成为信息沟通的新窗口，实现交通参与各方的实时沟通。一方面，它可以配合其他传统或新型的交通管控手段，如感应控制技术、车路协同技术等，来提高交通的安全性和效率；另一方面，它也可以作为一种独立的交通管控手段，进行出行的诱导，特别是在对交通需求的全局优化分配和均衡方面有良好的效果。目前，移动互联技术距离成为一种有效交通管控手段还比较远，一些具体的方法和技术仍在研究开发阶段，但在可以预见的将来，它必将成为新一代智能交通系统的一个重要组成部分，辅助实现人、车、路、环境有效协同的智慧交通。

（撰稿：胡坚明、姚丹亚、关志超、徐亚国、王易之）

车辆智能化技术

一、技术概述

车辆智能化技术是模拟驾驶员的“感知－决策－执行”机制，部分或完全代替驾驶员工作，以降低驾驶员的操作负荷，并在潜在危险出现前，为驾驶员提供报警信息，必要时对车辆进行辅助控制的技术。车辆智能化的关键技术包括环境感知技术、轨迹规划及决策技术、车辆控制技术和系统集成技术。

二、关键技术及研究进展

（一）环境感知技术

车辆、车道和行人识别技术是环境感知技术的关键。车辆识别可以使用雷达、红外传感器、光扫描仪、超声波、机器视觉等传感器，主要通过机器视觉技术以及基于机器视觉和雷达的信息融合技术识别车辆，一般采用立体视觉、图像差分和视觉流、基于学习、基于特征、信息融合的方法，实现结构化道路以及非结构化道路环境中的车辆目标识别和目标车辆测距。车道识别是实现车道偏离报警、车道保持等技术的基础，可采用立体视觉、彩色图像和单目视觉的方式，在车道识别技术中，主要解决感兴趣区域选择、车道边界约束条件、车道模型、车道参数估计等技术。行人识别一般采用机器视觉和红外探测技术，基于机器学习（主要以 Adaboost 方法为主）的行人检测方法逐渐成为目前该领域最常用的方法。环境感知技术面临最大的挑战是复杂环境下（如路况、天气和光线变化等）的环境感知。

（二）轨迹规划及决策技术

决策与规划技术是指智能车辆不依赖外界指令和设备支持，仅依靠自身的传感器和计算资源完成决策与规划的技术。决策与规划技术将提升车辆的智能化水平，提高智能车辆对不确定的行驶环境和动态变化道路的适应能力，使智能车辆能够融入到车辆的使用环境，主要应用于无人车辆的自主控制。决策与规划技术主要包括驾驶员特性研究、面向交通要素的多约束行为规划、基于驾驶员特性的决策规则生成机制和行为规划、基于车辆动力学特性的轨迹规划、多目标协调的路径规划和轨迹优化技术。在智能车辆中，决策与规划技术是提高车辆危险辨识能力，提供报警策略和决定控制时机，降低行车风险，实现车辆智能化控制的关键技术。

（三）车辆集成控制技术

车辆控制技术主要包括纵向控制技术、横向控制技术，以及纵横向集成控制技术。在进行汽车纵向运动控制系统设计时，为降低设计难度，将控制目标在不同层次加以解决。上位控制器根据自车信息、行驶环境信息和驾驶员的设定输出使汽车按期望的安全状态行驶所需要的期望加速度（或车速），主要解决系统的跟踪性、安全性、驾驶员特性、燃油经济性、交通流及队列稳定性等问题；下位控制器通过对节气门开度和制动压力的控制使汽车的实际加速度（或车速）按期望的动态特性跟踪期望值，主要解决汽车纵向动力学系统存在的非线性特性，建模过程存在不确定性等问题，主要采用滑模控制、H ∞控制、参数自适应控制和智能控制四种方法加以解决。对于汽车横向运动控制系统进行设计，根据其特点，一般将控制目标分成不同层次进行解决。上位控制器根据车载信息，行车环境信息等输出期望的方向盘转角和方向盘转角速度，使汽车按期望安全状态行驶；下位控制器通过对转向电机的控制，使执行机构转角和转角速度按期望的动态特性跟踪期望值；针对汽车横向模型存在不确定性的问题，主要采用 PID 控制、神经网络、滑模控制、H ∞控制、参数自适应控制和智能控制等方法加以解决。对于汽车纵横向协同控制问题，针对不同的安全系统，国内外研究了不同的控协调制方法。20 世纪 90 年代，出现了直接控制车辆横摆运动的思想，即直接横摆力矩控制（DYC，Direct Yaw-moment Control），应用 DYC 方式的 ESP（Electronic Stability Program）系统突破了 ABS/TCS 的局限性，可通过实时监测车辆的运动姿态对车辆进行稳定性控制，显著提高车辆处于附着极限时的稳定；近年来，出现了对 ACC 及 DYC 协调控制的研究，其基本思想为在 ACC 和 DYC 存在矛盾的情况下，利用最优控制算法在下位协调控制器中协调实现 DYC 系统期望的附加横摆力矩和纵向力目标。

（四）执行装置及系统集成技术

智能车辆等的关键部件之一是执行装置，执行机构通过控制汽车的制动 / 加速来实现纵向控制。目前用于乘用车 LDAS 的液压电控辅助制动装置发展较为成熟，有多种类型的装置得以实际应用，如电子真空助力器、液压电控辅助制动装置等；而对于采用气压制动的商用车，现有研究多针对用于提高车辆制动效能的缓速器等辅助制动技术，而能够主动调节制动压力的电控辅助制动装置的应用进展则比较缓慢；现阶段，针对商用车开发的电控辅助制动装置主要包括基于电动缸控制制动踏板式（德克萨斯 A&M 大学）和气顶液式（五十铃公司）两种。执行机构通过控制汽车的制动和方向盘转角来实现横向控制。电动助力转向（EPS，Electric Power Steering）能够自动控制方向盘的转角和 / 或转矩，具有可变的方向盘传动比控制功能，是横摆角速度控制、泊车辅助、车道保持、换道辅助等系统的重要部分；直接横摆力矩控制（DYC，Direct Yaw-moment Control）直接控制每个车轮受力，产生附加横摆力矩克服异常转向行为，从而调整行驶方向。目前，在车辆智能化产品上，已经取得了阶段性成果，在市场上大量销售的车辆智能安全系统包括LDW（车道偏离报警）、LKA（车道保持辅助）、PA（泊车辅助系统）、Night-View（夜视系统）、ACC（自适应巡航控制）、LDP（车道偏离预防控制）等，并取得了很好的效果。

三、发展趋势

复杂交通环境限制了智能车辆的应用范围，提高车辆的环境感知能力是拓展车辆智能，促进智能车辆应用开发的关键。也是当前的研究热点；基于驾驶员特性的决策机制，使得智能车辆更接近人类思维决策习惯，容易为市场所接受，也是智能车辆能广泛应用的关键；智能车辆应用涵盖安全、节能等多个领域，其产品也层出不穷，迅速开发能够为市场所接受的新型控制系统具有重要意义。

（一）提高复杂交通环境下的环境感知能力提升

在复杂交通条件下，要根据智能系统的使用需求，如汽车前撞报警、车道偏离报警、自适应巡航系统等对行车环境信息不同的需求，综合考量系统成本因素及各类传感器的优缺点，研究与需求相适应的环境感知方法，使其满足精度要求。目前，基于多源信息融合的方法是复杂环境感知的重要手段，针对车辆智能化技术对环境感知的要求，研究基于雷达、机器视觉、红外、GPS、GIS等多源信息融合的复杂交通环境感知方法，使其在不同的情况下满足目标识别的准确性和实时性要求。

（二）基于驾驶员特性的多目标智能控制

智能决策技术必须以驾驶员的决策习惯为参考，要提高系统的可接受性，必须使其符合驾驶员的操控机制，设计适应驾驶员特性的纵向安全辅助算法和横向安全辅助算法。此外，还要求针对安全系统的控制期望以及车辆非线性特性、模型参数的不确定性、道路环境的干扰性等问题，设计车辆纵、横向控制方法，使其满足控制性能要求。在此基础上，开发面向行车安全性、驾驶舒适性和燃油经济性等多个期望目标的优化控制策略，研究多目标协调式车辆控制方法，使其满足多目标的协同要求。

（三）新型控制系统

要满足车辆智能化控制的要求，还需要开发能够实现车辆主动控制的系统。为使安全执行装置满足成本低、可靠性高、对不同车型的适应性强的要求，开发适用于乘用车的电子真空助力器、适用于商用车的电控辅助制动装置，以及满足在用车的双模式油门控制系统，同时，对多个安全控制系统进行集成，实现网络互通、信息融合、机构共享、控制协调的一体化安全辅助系统是下一阶段的研究重点。

（四）无人驾驶技术

无人驾驶汽车包含众多的车辆智能化技术。近年来，雷达、视觉、GPS、地理信息系统（GIS）、3G、专用短程无线通信（DSRC）等环境感知设备，电子油门、液压电控辅助制动装置等纵向控制系统，电动助力辅助转向（EPS）、直接横摆力矩控制（DYC）等横向控制系统，已经在市场上得到广泛应用，为无人驾驶汽车的出现提供了技术基础。无人驾驶汽车是汽车技术发展的终极目标，无人驾驶汽车相关技术会逐步得到越来越多的应用，汽车智能化水平会越来越高，无人驾驶汽车在特定路线和特定区域上会得到逐步的使用。2012 年 9 月，美国签署了 SB1298 法案：允许加州第一辆无人驾驶的汽车于 2015 年起正式驶上公共道路。

（撰稿：李克强、王建强、谢伯元）

第三章

关键技术发展及应用

交通状态感知与交互技术

一、技术概述

在智能交通系统的发展和建设过程中，交通状态的感知与交互处理是贯穿始终的核心基础。事实上，对于任何发展阶段的交通系统，信息的获取与处理都作为基础模块存在，起着举足轻重的作用。传统的信息采集与处理具有局限性，为了适应社会和经济发展对交通运输系统的新要求，需构建“通信顺畅、现场及时、信息完备、指挥到位”的综合交通管理平台。先进的综合交通系统将拓展传统的交通信息范畴，基于“空地、水运、公路和城市道路”等不同，且复杂的交通环境，采用“高覆盖、长寿命、高精度、网络化”的综合交通状态智能感知新技术、新装备，开发交通状态智能感知与交互处理关键技术和系统，可以进一步提高交通基础信息获取的技术水平和效率，为交通控制管理、决策和出行服务提供更加精准、丰富的基础数据，为交通信息化和智能化发展奠定重要的技术基础。

近年来，随着国内交通系统信息采集手段和信息处理技术的不断更新，已获得和可获得的交通信息呈现出丰富性、海量性和异构性等特点，对交通大数据进行处理、分析和挖掘并形成决策，对于改善我国综合交通控制与实时交通诱导等应用具有非常重要的作用。目前我国重点针对空地、水运、干线公路、城市路网等不同交通环境条件，基于公交、浮动车等不同载具，研究各类交通环境下、多模式综合交通状态感知，信息交互融合和系统集成应用等技术，形成了交通状态感知与交互系统与关键技术体系，并实现了相关应用。

二、系统组成及功能

交通状态感知与交互系统由三个模块构成（如图 1 所示）：交通状态感知方法、信息交互处理技术以及系统集成测试与应用部分。三个模块从不同层面为交通状态的感知与交互提供支撑，根据空地、水运、干线公路、城市路网等不同交通环境条件，公交、浮动车等不同载具的特点，系统以理论方法研究为基础，关键技术攻关为核心，集成应用测试为验证，共同实现综合交通状态信息感知与交互系统功能。

根据交通状态感知与交互系统的多层综合架构，各组成模块的功能作用如下：

（一）综合交通状态感知

综合交通状态感知包括了针对空地、水运、干线公路、城市路网等不同交通环境，针对公共交通、路侧系统和车载系统等不同载体的宽覆盖、长寿命、高精度、网络化的综合交通状态智能感知新技术、新装备等，并提供面向交通控制与管理的综合交通状态感知系统化方法。

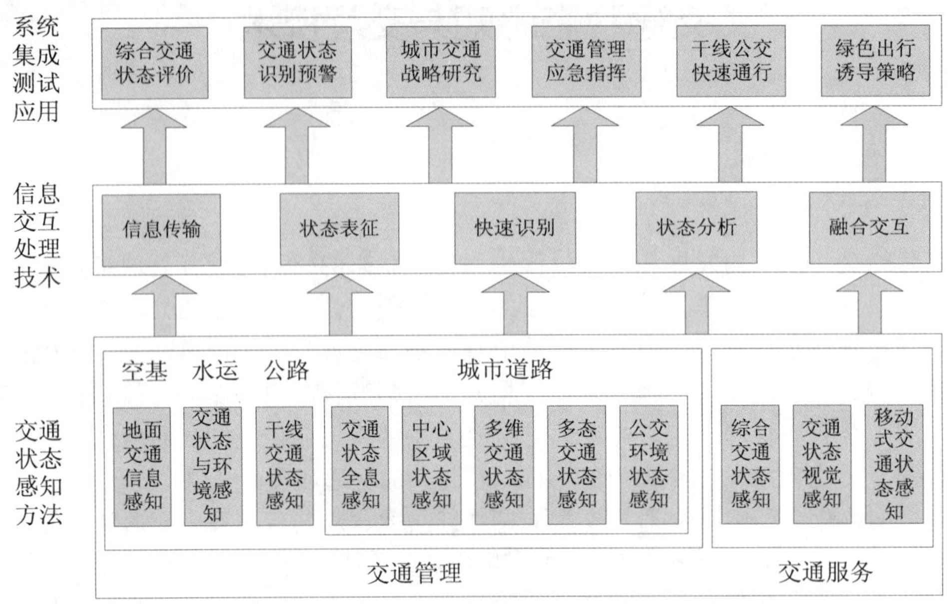

图1 交通状态感知与交互系统组成及功能

在空地环境下，以我国低空空域开放为契机，以空地协同交通状态感知为突破点，以建立空地一体化感知、协同联动的应急移动交通指挥平台为目标，系统可实现空地协同式应急指挥及地面交通信息感知功能。在水运环境下，研究水上交通状态描述模型和多传感器融合感知方法，开发水上交通状态感知装备，可实现船—标—岸与船—船信息交互与集成。在干线公路环境下，重点攻克满足干线路网特点的关键监测点传感器布局优选技术，多粒度干线公路网交通状态综合评估与预警技术，在部、省两级路网中心实现交通状态综合评估预警系统实地验证，以满足面向国家干线公路网“可视、可测、可控”的核心需求。在城市路网环境下，瞄准国家中心城市交通管理与出行中对智能化交通信息处理技术的迫切需求，着力研究中心城市交通状态感知与信息分析技术体系，针对不同出行者的出行需求，实现满足环保要求的交通出行诱导应用，并构筑城市交通系统的战略研究平台。

物联网、车联网、移动通信和下一代互联网技术的最新发展，有效拓展了交通基础信息的获取途经和手段；以服务交通出行为目的，交通状态感知模块还可实现基于出行者视角的多模式交通状态感知、基于视觉感知的交通状态识别和基于移动式设备的交通状态感知，为兼顾效率和环保的多模式绿色出行诱导策略提供支撑。

（二）交通状态信息交互处理

该模块在不同交通模式下多维多态交通信息获取的基础上，对多种综合交通状态信息进行一体化管理和交互处理。关键技术包括交通信息交互传输、交通状态表征、交通状态快速识别、交通状态分析和交通信息融合分析等技术，使得信息交互处理关键技术更加全面化与系统化。同时，重点结合车路协同、车联网等相关研究项目发展和应用的需要，该模块还涵盖了特别适用于交通系统信息交互的通信传输技术，以支持多模式交通系统间、不同交通设备间和不同交通出行者间的多维、海量和异构交通信息的交互和应用分析。

（三）系统集成测试应用

交通信息的应用遵循出行服务与交通管理并重的原则，系统集成测试应用模块依次从研究到应用的不同层次建立了典型系统和环境，以实现相关测试验证。在交通管理方面，建立相关集成应用测试验证系统或环境，可实现对综合交通状态的评价分析、基于交通状态识别的预警、城市交通状态的战略研究平台、交通管理的应急指挥、干线公交的快速通行保障和绿色出行的诱导策略等的测试验证功能；在交通服务方面，拓展传统交通状态范畴，可实现基于出行者视角的多维交通状态感知以及基于机器视觉感知的交通状态识别功能，以建立满足效率和环保的多模式绿色出行诱导策略。同时，在车路协同、物联网和云计算等技术的环境支持下，还可满足综合交通系统信息感知集成与多式协同出行诱导的实证研究工作要求。

交通状态感知与交互系统的各项模块功能仍在不断实现与完善中，系统完成之后，将涵盖以下技术与应用。

1. 四种交通环境下面向交通控制与管理的综合交通状态感知系统化方法

- 空基环境下面向交通控制与应急指挥的交通状态感知方法
- 水运环境下面向交通控制与管理的交通状态感知方法
- 干线公路环境下面向交通控制与管理的交通状态感知方法
- 城市道路环境下面向交通控制与管理的综合交通状态感知方法

2. 三种面向交通服务的多模式交通状态感知方法

- 基于出行者视角的多模式交通状态感知方法
- 基于视觉感知的交通状态感知方法
- 基于移动式设备的交通状态感知方法

3. 五项综合交通状态信息交互处理关键技术

- 交通信息交互传输关键技术
- 综合交通状态表征关键技术
- 交通状态快速识别关键技术
- 综合交通状态分析关键技术
- 综合交通信息融合分析关键技术

4. 六类集成应用测试验证系统或环境

- 综合交通状态评价分析测试验证平台
- 基于交通状态识别的预警测试验证系统
- 城市交通状态分析战略研究平台“战略实验室”
- 交通管理应急指挥测试验证平台

● 干线公交快速通行保障测试验证系统

● 绿色出行诱导策略测试验证环境

三、应用案例

（一）基于多源信息融合的交通状态判别系统

多源交通数据融合系统，主要用于采集多种异构数据并采用分布式预处理，再与转化的统一参数描述及格式的多源交通数据进行融合，并最终形成交通状况文件，为后续服务提供数据支撑。多源交通数据融合系统的功能结构图如图 2 所示。

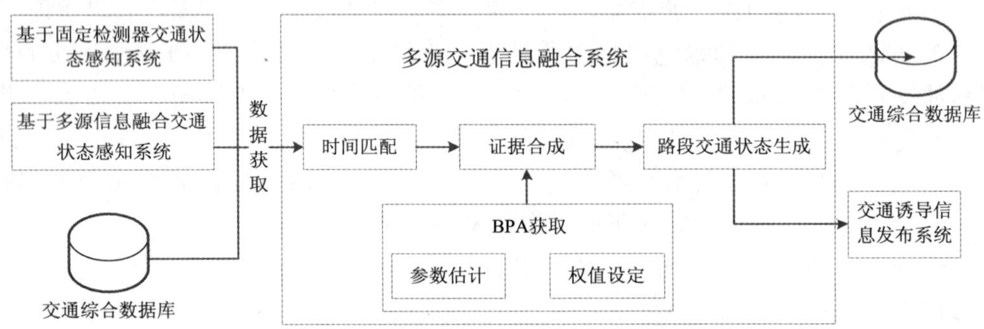

图2 多源交通信息融合系统功能结构图

多源交通数据融合系统主要包含以下功能模块：

1. 浮动车数据处理模块

从车辆调度中心获取实时的浮动车数据，对数据进行过滤与清洗后存入数据库，同时转发给后续程序。后续处理使用了系统中的浮动车交通信息处理子系统。浮动车原始定位数据经过浮动车交通信息处理子系统的处理，将转换为基于路链的平均车辆行驶速度，并以路况文件的形式进行保存。

2. 检测器数据处理模块

检测器数据处理模块通过对大量历史数据的分析，得到某条路链上的车流量和速度的关系曲线，并作为参考数据进行保存。当从交通控制中心接收到流量数据时，首先对异常数据进行检测和剔除，然后根据当前路链的车流量速度关系曲线，计算得到相应的速度数据。

3. 数据融合模块

数据融合模块是核心处理模块。主要包括四部分内容：基本概率函数即 BPA 的获取、权值确定、时间匹配以及证据合成。基本概率函数的获取是离线运算，它是基于 D-S 概念数据融合的先导工作，它主要是通过多种方法对不同数据的历史数据进行分析，从而获取多种数据基于路链的基本概率函数。路链基于多种数据的基本概率函数通过一定的格式进行保存，并为在线的证据合成提供支持。在证据合成前，需完成多种数据之间的时间匹配，获取时间点相同的对应数据。最后，使用动态权值证据合成算法对多源数据的速度信息进行融合。

（二）基于智能终端的交通出行诱导平台

基于智能终端的交通状态感知与诱导平台，可通过面向智能终端的交通信息服务诱导软件，分析、挖掘和提取行人、机动车等不同出行模式的交通参与者的交通行为特性，系统总体构架如图 3 所示。系统通过智能终端的交通信息服务诱导软件获取 GPS 数据，并将这些 GPS 数据发送给交通状态感知与诱导平台，服务控制中心将大量位置信息（即路网数据）交给运算分析中心进行分析和预测，得到的交通状况写入数据库保存。信息发布中心从数据库中获取对于每个用户有用的交通信息，并将信息发布给手机用户。

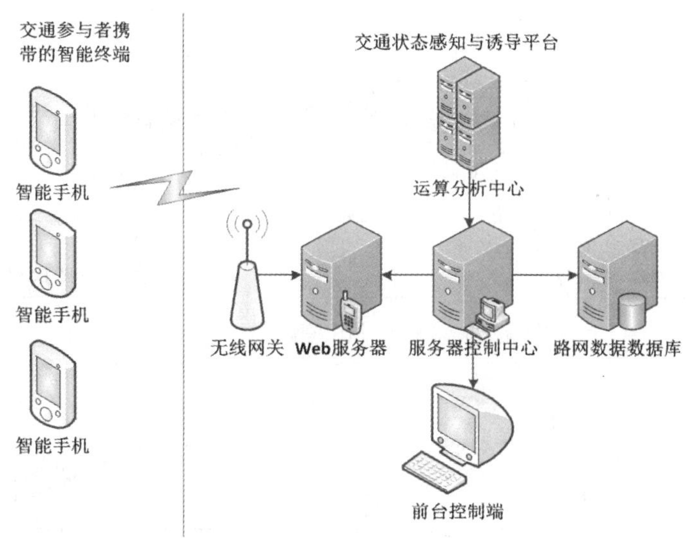

图3　基于智能终端的交通状态感知与诱导平台总体架构

1. 交通状态感知与诱导平台

交通状态感知与诱导平台由服务器控制中心、运算分析中心、路网数据库、前台控制终端和 Web 服务器组成，其主要核心部件为服务器控制中心。服务器控制中心负责主要的系统逻辑；运算分析中心主要负责系统的主要运算，包括地图匹配、设备识别、交通状态分析及预测等功能；路网数据库主要负责存储路网信息，它保存了实时及历史路况信息，这些数据可以作为交通分析及预测的依据；前台控制终端可以在服务器端显示路网信息，也可进行一些人工手动控制；Web 服务器主要作为手机客户端和服务器通信之间的接口，完成一些基本的用户管理等。

平台可以实现的主要功能包括：获取智能终端的 GPS 数据，实现精确的地图实时匹配，交通状态感知以及基于位置服务（LBS）的交通诱导信息发布功能。其中地图的实时匹配功能最为关键，实例中开发了一种精确的多权值地图匹配算法，以改进地图匹配的精确度，其算法流程如图 4 所示。

新旧算法的比较结果如图 5 所示。在原有算法图中，蓝色线条表示匹配后的路径，部分情况下存在较大匹配误差，如红色圆中所示。而在多权值地图匹配算法图中，红色线条表示匹配后的路径，蓝色线条表示接收到的 GPS 数据路径，可见，原有算法图中存在的误差已经基本消除，地图匹配精确度得以显著提高。

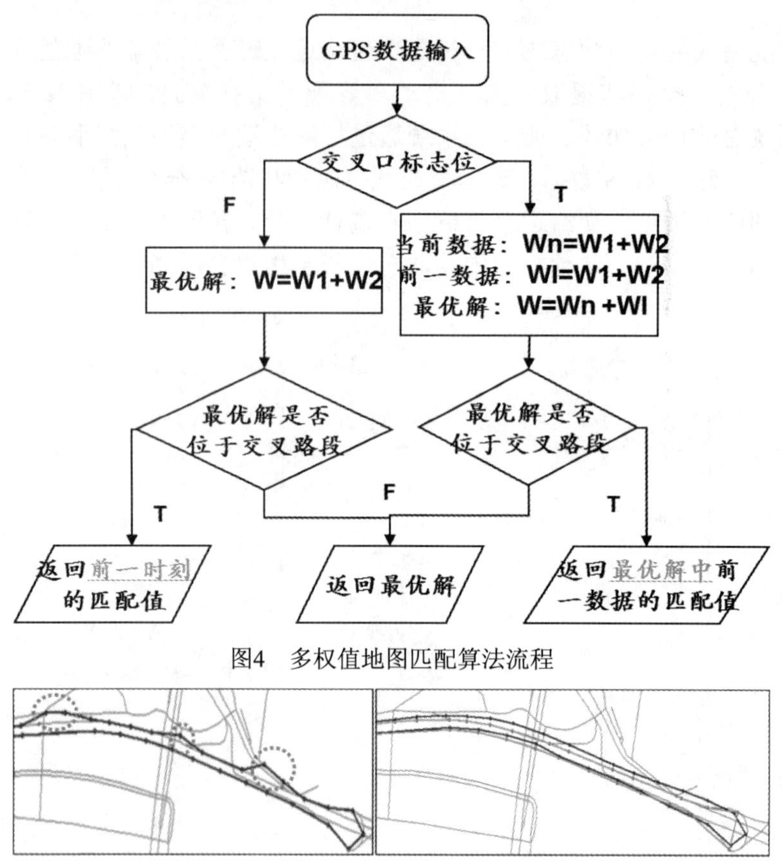

图4　多权值地图匹配算法流程

图5 新原算法的比较

2. 智能终端交通信息服务诱导软件

智能终端交通信息服务诱导软件（如图 6 所示）基于谷歌的 Android 平台完成开发。数据更新周期为 3 秒，每个周期内都会将终端的位置数据自动向交通状态感知与诱导平台发送，并下载附近的交通信息。

智能终端交通信息服务诱导软件具有下述功能：

- 实时获取手机用户GPS位置信息。
- 与服务器保持高速稳定的网络连接（HTTP为主，TCP为辅）。
- 实时路况信息动态展示（如图6所示蓝色区域显示当前诱导信息，黄色区域显示历史诱导信息记录）。
- 智能人工语音播报。
- 可以对周围关键交通信息进行实时提示。
- 路径诱导功能（如图7所示）。

如图 7 所示，红色线条表示拥堵路段；红色圆形曲线表示以拥堵路段起点为圆心，以 1 千米为半径所覆盖区域（信息发布区域）的界线；棕色线条表示与拥堵路段连通的上游路段集合；对可能进入拥堵路段的上游路段车辆发布诱导信息，有利于平衡交通负载，提高交通运输效率。

图6 智能终端交通信息服务诱导软件界面示例

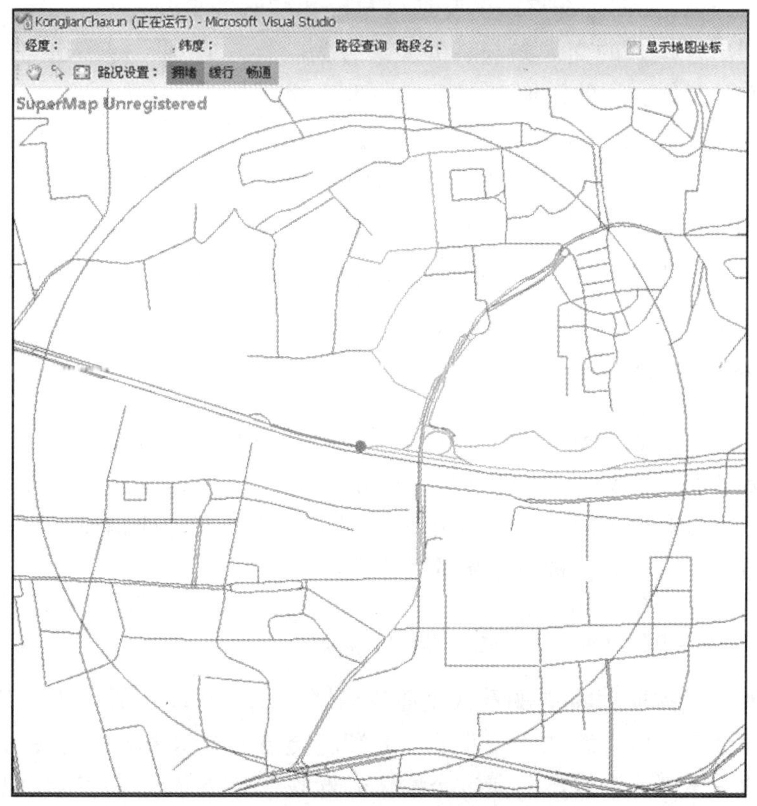

图7 交通信息播报的范围（平台Web展示）

四、发展趋势

交通系统的发展已经经历了从局部到全局、从单一目标到多目标、从只考虑交通系统本身到考虑与交通系统相关的环境因素等的过程，其研究范围逐渐扩大，应用技术不断丰富，社会价值日趋重大。新技术的发展与社会进步为交通状态感知与交互技术带来了新的发展契机。

（一）交通信息感知方式多样化

随着移动通信、下一代互联网、智能车路协同等技术的日新月异，交通状态获取与感知方式更加多样化。现阶段交通信息采集获取技术发展最快的是基于移动手持终端（手机、蓝牙和PDA等）和车路协同（包括物联网和车联网）的方法，这些技术的引入和拓展，推动现代交通系统进入交通信息的大数据时代，提供了种类更加丰富、覆盖率更广、准确度更高和实时性更强的交通信息，可有效提升交通信息的交互技术，实现与交通出行相关的全方位的应用。

随着近几年移动互联网技术的迅猛发展，个人移动终端和智能手机的功能日益强大，它们都集成了丰富的硬件资源（如GPS模块），且用户普及度越来越高。合理高效地利用这些移动智能终端获取交通状态信息，并为各类交通参与者提供高效的交通出行服务信息，构建面向智能终端的交通信息感知和服务平台，分析、挖掘和提取行人、机动车等不同出行模式的交通参与者的交通行为特性，有利于提高道路交通信息的获取效率，也为智能化交通的发展奠定重要技术基础。

构建在车路协同技术基础上的智能交通系统将成为下一代智能交通的发展方向。车路协同系统使道路中运行的所有车辆都成为交通信息的来源，通过无线通信技术，使车辆、路侧设备、行人和控制中心实时共享所有的交通信息，并采用基于数据共享的车辆协同主动安全和交通协同诱导控制技术，最终提升道路交通安全性和提升路网运行效率。

（二）交通信息处理技术智能化

随着交通信息进入大数据时代，对丰富、海量且具有异构性的繁杂交通信息进行实时快速有效的智能化处理与分析挖掘技术的需求与要求越来越多。在新兴车路协同环境下，基于各种移动互联方式，采用分布式云计算等智能化信息处理技术，为实现异构交通状态的交互与分析提供了新的技术支撑。

（三）交通信息服务应用人性化

未来交通信息的应用将更加重视交通参与者的出行体验，提供人性化与个性化的服务。基于综合交通状态感知和交互处理的智能交通系统将大大节约民众的出行时间，减少交通事故、增强安全性，并通过个性化的驾驶行为指导或出行诱导倡导绿色出行，促进节能减排。智能化、高交互、协同性的交通系统能够有效的引导和规划人、车等交通动态要素的行为，将有效缓解道路交通的拥塞程度，从而间接降低交通事故发生频率；同时将潜移默化地改变人们的出行方式，改变人们的生活理念，并将最终营造形成安全、高效和环保的宜居环境。

（撰稿：张毅、裴欣、郑一辰）

无人驾驶汽车技术

一、技术概述

无人驾驶汽车集中运用了传感、通信、智能计算及自动控制等高新技术，是一个集体系结构、人工智能、视听觉计算、自动控制等功能于一体的综合系统。作为智能交通系统的关键载体，无人驾驶汽车广泛涵盖了以主动安全为导向的先进车辆自动驾驶与辅助驾驶功能，可以提高道路通行能力，提升交通安全性和快捷性，并在此基础上节约能源、减少污染等。

对于无人驾驶汽车控制结构而言，主要分为感知、决策、控制、远程通信等模块。其中，感知模块包括机器视觉、雷达、GPS、惯导等车载传感器，主要采集本车的位姿信息，识别道路、周围车辆、行人等交通要素。根据车内外信息的采集与共享，决策模块可以通过航迹推算、路径规划、典型交通危险行为辨识以及风险评估与预测，设计巡航、跟随、换道、超车、避碰等自主驾驶策略。控制模块根据决策的结果，采用有效、可靠的控制方法对车辆的相关执行机构进行精确控制。远程通信模块可以通过使用移动通信、卫星通信、数字微波通信、图像通信，人机交互等形式进行数据、语音、图像等共享信息的电子传输，支持车内、车间、路侧及指控中心之间的信息交互。

对于无人驾驶汽车控制内容而言，主要包括纵向控制和横向控制两个方面。车辆纵向控制是指在行车方向上对车辆的行驶速度进行自动控制，使被控车辆与目标车辆保持理想的间距，并防止与其他障碍物发生碰撞。主要通过控制发动机节气门开度、制动液压及自动变速器，使车辆实现巡航、跟踪和避碰等控制策略。车辆横向控制是指在不同车速、载荷、路况及风阻等条件下，直接控制车辆，使之自动跟踪真实或虚拟的理想行车路线，并使车辆具有一定的舒适性和稳定性，主要通过控制车辆的前轮转向角和横摆力矩共同实现该目标。虽然车辆的自主驾驶行为由纵向控制和横向控制共同组成，但是由于车辆纵、横向运动之间存在很强的耦合关系，任意一方向上的运动状态变化都会影响另一方向上的控制效果，因此，对纵向和横向运动进行单独控制会造成控制精度降低、稳定性变差等一系列问题，进而影响车辆的行驶安全性。

二、系统组装及功能

无人驾驶汽车系统架构可以围绕着理论方法、关键技术和产品应用三个层次，按照自顶向下的顺序，由传感层、信息层、决策层、执行层、集成应用层等五个层面组成，如图 1 所示。

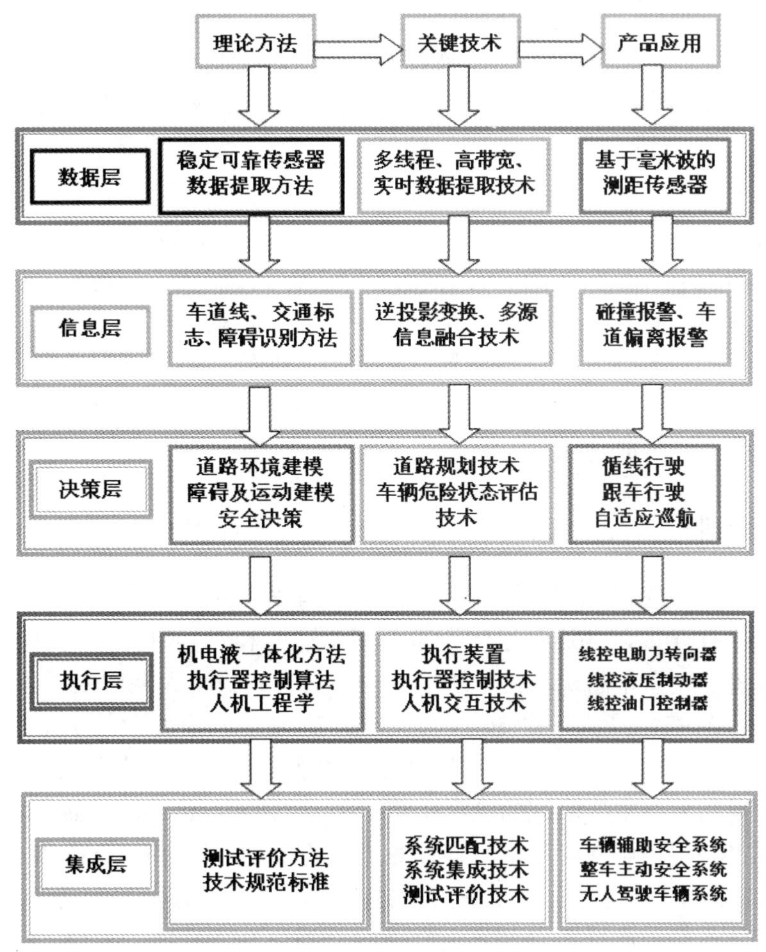

图1 无人驾驶汽车系统架构

在数据层面，针对多种复杂环境中的适应性问题，通过设计不同的传感器配置方案，利用视觉感知车道线、交通标志和交通信号，以激光雷达实现对障碍的精确感知，以毫米波雷达实现雨雾等恶劣天气环境下的可靠感知，以卫星定位感知自身的位置。采用并行数据处理的理论，构建高带宽的网络系统和多计算机的计算架构，实现多源数据的实时、高效的处理。

在信息层面，针对环境感知复杂性和变化性，在视觉中可采用逆投影变换，识别多条车道线，并考虑多种约束条件的方法，较好地解决智能车视觉的可靠性、准确性问题。同时利用栅格法融合多传感器数据，可以实现多源信息的高效融合计算，能够克服单一传感器信息可靠性不高的问题，从而大大提高了信息的可信程度，也使智能车能够更准确、可靠地适应更多的环境状况。

在决策层面，针对复杂的交通环境，采用基于路权雷达图的综合决策方法。在决策过程中，考虑到道路标志线、交通信号、车辆、行人、交通规则、周围障碍的运动速度和运动趋势、车辆的行驶线路等多种情况，有效提升了决策的适应性和有效性，使得智能车能够适应高速公路、普通公路和部分乡村道路。

在执行层面：针对国际上安全执行装置成本高、开发周期长、实验条件苛刻、以及与车型匹配困难、难以用于在用车等系列问题，可研制具有自主产权的新型电子节气门传动装置和电子辅助制动装置，以实现智能无人驾驶汽车控制指令的快速、精确响应。

在集成层面：一方面，针对系智能驾驶试验成本高、风险大、效率低，没有现成的实验与评价方法等问题，建立了先进的缩微智能车与缩微道路交通实验系统，实现了智能车技术研究、多车交互研究、智能交通动态监控调度、智能车实验与评估等多项功能。另一方面，针对目前汽车安全系统执行器兼容能力差、系统结构复杂难以信息共享、开发周期长且成本高昂等问题，研制了多功能、适用于多路况的智能驾驶实车验证平台，实现了多源信息融合、车内网络互通、执行机构共享、车型匹配期短、人机交互宜人的系统集成功能。

三、应用案例

从 20 世纪 80 年代中后期开始，世界上主要发达国家投入大量人力、物力对智能交通相关领域进行研究，并通过组织一系列演示试验和竞赛对各研究机构的研究成果进行检验，推进了无人车的实用化进程。其中，美国、日本和欧盟处于领先地位。

在美国，卡耐基梅隆大学的 Boss 智能车、美国斯坦福大学的 Junior 智能车多次参加国防部高级研究计划局（DARPA）举办的智能车挑战赛，获得了优异的成绩。美国加州大学伯克利分校主导研究的 PATH（Partners for Advanced Transit and Highways）计划，从 1997 年 8 月到 2004 年 1 月，针对不同的控制目标进行了 11 次自治汽车列队行驶公开演示试验，分别对乘用轿车、公共汽车、商用卡车和特种车辆进行了测试，实现了车辆编队行驶，车队拆分和车道变换等一系列演示功能。目前，Google 公司研发的无人车 Prius 目前已累计驾驶里程 30 万英里，无一起交通事故，已获得美国内华达州机动车辆管理部门颁发的首例驾驶许可证，如图 2 所示。

图2 美国无人车相关技术研究

在日本，汽车行驶电子技术协会 JSK 早在 2000 年 11 月的筑波就进行了 5 辆尼桑轿车协同驾驶演示试验。先进安全车辆计划 ASV 是由丰田、马自达、本田、三菱等汽车制造商联合研发的项目，目前已完成三期内容，实现了车载独立感知，包括 AHS 和 ETC 等内容的智能诱导系统和车车信息交互系统（VICS）等功能，大大提高无人车技术的实用化程度，已在日本国内进行普及和推广。2013 年 2 月 25 日，日本新能源和工业技术发展组织（NEDO）研发的车队一体无人驾驶行车系统在试验场进行了测试，4 辆卡车分别保持 4 米间距、以时速 80 千米的同一速度进行了试跑，如图 3 所示。

图3 日本无人车相关技术研究

在欧洲，从早年的 PROMETHEUS 计划，历经 Cartalk、PReVENT 项目，到目前的车路协同计划都对无人车自主驾驶与协同驾驶的高效性与安全性进行了研究。来自欧洲众多的大学、科研机构、以及汽车制造商都参与了相关计划，并开展了相关测试与应用。如德国慕尼黑联邦国防大学研发的 VAMP 原型车，意大利帕尔玛大学的 ARGO 无人车。2009 年 9 月，由欧盟赞助、英国 Ricardo 主导开发，并结合西班牙 Idiada and Robotiker-Tecnalia、德国 Institut fur Kraftfahrwesen Aachen（IKA）与瑞典的 SP Technical Research Institute Of Sweden 数个研究机构以及唯一参与的 VOLVO 汽车制造商共同合作开展的 SARTRE（Safe Road Trains for Environment）计划正式启动，为期 3 年，主要开发、测试和验证自治汽车列队控制技术，旨在不改变现有道路设施的前提下，提升道路空间利用率、提升道路安全，并能改善燃油经济性、降低二氧化碳排放量，同时又能使驾驶人行车时拥有更多个人时间使长途旅行变得轻松舒适。该计划已于 2010 年 12 月份完成 5 辆沃尔沃汽车列队行驶演示试验。试验中，3 辆不同的沃尔沃汽车在 2 辆沃尔沃重型卡车的领航下，以平均 90 km/h 的速度，并保持不超过 6 m 的车间距，在高速公路上编队行驶。此外，大众公司研发的奥迪无人车 Sherry 已经行驶 12.42 千米，能在城市、乡村、山区等工况下自主驾驶，成为继 Google 获牌后的第二家获准上路的无人驾驶汽车企业，如图 4 所示。

图4　欧盟无人车相关技术研究

我国在智能交通领域的整体科研水平与欧美国家相比还存在一定差距，为了提升我国无人车关键技术研究的整体实力和水平，国家自然科学基金委于2008年提出了“视听觉信息的认知计算”重大研究计划，该计划对车辆自动驾驶过程中的多传感器信息融合、三维地图生成及局部路径规划等关键技术进行攻关，研制具有自然环境感知与智能行为决策能力的无人车验证平台，在遵守交通法规的前提下，使无人车在城市道路、高速公路和乡村道路三种道路工况下都具有自动驾驶功能，并最终达到提高车辆主动安全性的目标。截止到2012年，由国家自然科学基金委主办的中国“智能车未来挑战”大赛已经成功举办了4次，清华大学、西安交通大学、上海交通大学、国防科技大学、中科院合肥物质科学研究所、军事交通学院等十余所高校的无人驾驶车辆参加了比赛，都取得了显著的成绩。该赛事作为体现“视听觉信息的认知计算”重大研究计划研究成果的一个载体，对我国无人车研发从实验室走向实际应用，推动和促进无人车验证平台的创新与发展具有重大意义。其中，具有代表性的是国防科大的“开路雄狮”和军事交通学院的“JJUV”智能车。国防科技大学研发的“开路雄狮”智能车主要从平台与传感包括器搭建、车辆运动状态估计和补偿、目标检测与跟踪、道路形状估计的感知功能、以及导航与控制方面进行设计，已于2011年完成从长沙到武汉高速公路无人驾驶自测试验，如图5所示。军事交通学院研发的JJUV3智能车从传感层、信息层、决策层、执行层、集成应用层等五个层面展开具体设计，如图6所示。2012年11月，军事交通学院研发的JJUV3智能车首次在官方机构（国家自然科学基金委、国家发改委、总后勤部）、第三方测试机构，国家新闻媒体共同见证下完成北京到天津高速公路无人驾驶公开测试。在测试中，JJUV3智能车采用3个摄像头、5部雷达、以及速度传感器，顺利完成循线行驶、跟车行驶、自主换道、自主超车、按指令行驶等7个科目，总里程114千米，平均时速79.06 km/h，最高时速105 km/h，累计转向11812次，成功换道36次，自主超车12次，邻道超车21次，全程自动，无人干预。

（1）智能车外观

（2）行人检测与跟踪结果

（3）64线激光雷达点云处理

图5 国防科大无人驾驶汽车“开路雄师”

（1）JJUV3智能车

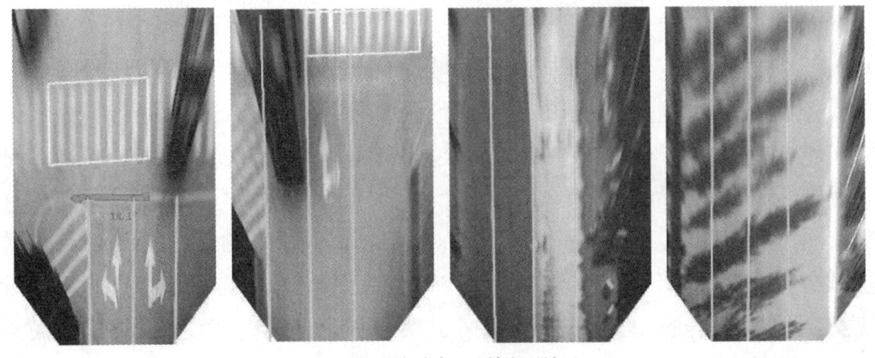

（2）道路标示线识别

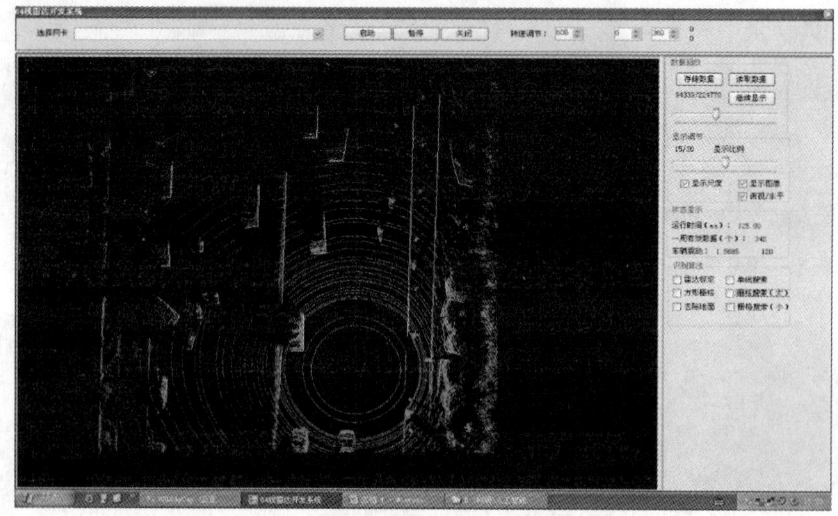

（3）64线雷达障碍物检测

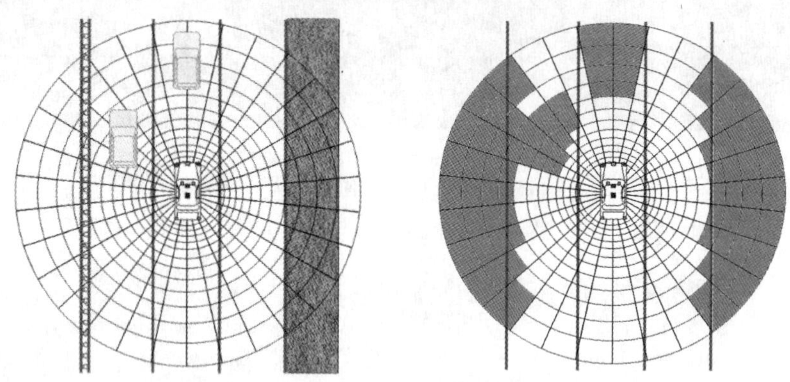

（4）路权雷达图的信息融合与决策

图6　军事交通学院JJUV3智能车

四、发展趋势

自 DARPA 举办第一届无人汽车挑战赛以来，无人驾驶技术飞速发展，国内外有许多名校和科研机构都在投入资源去研究这一技术，而随着来自 Google 公司和汽车行业的研发投入的增多，无人驾驶汽车的合法化、商业化进程迅速加快，各种辅助驾驶技术和无人驾驶技术都在不断引导这一领域向前飞进。目前无人驾驶汽车并不能完全离开人的操作，在面对复杂情况时人的干预仍然不可或缺。但是随着科技的进步，传感器将越来越先进，计算机的计算能力将越来越强，在无人驾驶领域的诸多成功实践将进一步指导无人驾驶技术的发展。正如李德毅院士所说，“所谓智能驾驶，主要包括自主驾驶、网络导航和人工干预三个环节”，因此，在未来的研究工作中，无人驾驶汽车需要在自主驾驶的基础上，结合网络导航和人工干预，才能将人从拥堵的交通和恶劣的驾驶安全环境中解脱出来，真正意义上实现城际道路、市区道路以及特殊道路和气候环境下的智能驾驶。

（一）自主驾驶环节

目前，无人车的自主驾驶功能已经能够部分或全部代替人类，减轻驾驶员在驾驶过程中的操作负担，如自适应巡航控制系统（ACC）、车道偏离预警系统（LDWS）、车道保持辅助系统（LKAS）、自动紧急刹车（AEB）、碰撞缓解制动系统（CMBS）等。然而，由于车辆的高速移动性和环境的多变性，如光照、场景、路线、气候等制约因素，复杂交通条件下的环境感知技术一直目前研究的难点。根据驾驶员的视听觉认知，驾驶员必须在车辆导航、危险检测、速度控制与车道保持之间分配注意力，当驾驶员没有将注意力在正确地时间分配给正确的对象，安全行车会受到影响。因此，针对先验知识优先、运动目标优先、全局（大尺度）优先、差异优先、前景优先以及驾驶过程中的注意切换，研究基于选择性注意的环境感知技术是无人车自主驾驶环节的研究热点。

（二）网络导航环节

目前，无人车主要依靠GPS设备进行定位，并根据航迹推算等方法实现车辆的路径规划。然而，GPS设备存在精度低、误差大等固有缺陷，将传统的导航方法放入云计算、大数据环境下，发展基于卫星定位，集成移动通信网络、地理信息系统、惯性导航等手段的网络导航服务技术，可以实现更个性、更准确的无人车导航定位，从而为智能驾驶奠定坚实的数据基础。

（三）人工干预环节

无人车应服从“生命至尊，安全至上”的核心价值观，发展目的地表达、意图表达、意外处置等事件驱动方法，利用智能手机、平板电脑等手持终端，通过语音、触摸等方式实现自然交互，使无人车更好地为人服务。

（撰稿：徐友春、戴斌）

交通行为控制技术

一、技术概述

道路交通控制需要通过对出行者的交通行为控制才能发挥控制作用。交通行为控制泛指以信息手段对复杂道路交通行为进行有目的系统性干预，降低交通行为自由度，实现交通系统控制的目标。交通行为控制技术是智能交通系统面向人精细应用信息的关键技术之一，是伴随现代信息科学与技术发展发展起来的新技术。交通行为控制技术具有如下技术特征：

（1）交通信息进程与交通行为进程融合，使交通信息出现在群体或个体交通行为最需要的时间和地方，将交通行为控制转化为目的明确的交通信息服务。

（2）面向交通行特点优化交通控制指令信息，提高交通信息效用，将生硬的交通控制指令转化成为能够实现行为控制的巧信息。

（3）明显缩短对交通行为控制指令执行的反馈周期，特别是缩短违法交通行为回报周期，将交通管理措施转化为交通行为控制手段。

(4)面向人的感知能力,充分使用多媒体、多形态信息。合理配置声音、图文、气味、动感等信息发布方式，高效率调度语气语调、色彩反差、亮暗闪烁、清香焦糊、颠簸推搡、歪斜失衡等信息作用。

（5）交通控制信息的个性化，面向交通行为个体发布交通行为控制信息。

交通行为控制技术建立在现代信息技术、计算技术、无线通信技术、机电一体化技术等技术基础上。

二、系统组成及功能

交通行为控制技术高度依赖信息处理、传播和应用。道路交通行为控制技术由以下四种技术组成。

1. 交通行为探测技术

探测或判断道路上发生的交通行为常常通过检测车辆运动的物理参数实现。同时，针对出行人直接交通行为探测技术开发取得快速发展，使交通行为控制内容更加丰富。

2. 控制信息计算、配置和调度技术

服务于系统控制，交通行为控制不仅需要指令信息，同时还需要建构行为控制语境的信息。建立在交通行为模型基础上的云计算等技术为实现交通行为控制提供了计算基础和信息配置、调度基础。

3. 多模式高速移动通信技术

车联网、车路协同等相关技术为交通行为控制提供可靠的信息联通技术。

4. 交通行为控制信息施效技术

该技术能够分层次、递进、适时、适度、可调节的综合刺激行为控制对象感官，实现交通控制信息的效用价值。

三、应用案例

交通行为控制技术目前处于起步阶段，目前开发的关键技术主要有：

（一）违章不良驾驶行为控制技术

违章不良驾驶行为控制技术通过检测发现违章不良驾驶现象，面向人的综合感知能力，合理配置声音、图文、气味、动感等信息发布方式，高效率调度语气语调、色彩反差、亮暗闪烁、清香焦糊、颠簸推搡、歪斜失衡等效用信息，形成递阶结构的行为控制语境，刺激驾驶人感官，实现违章不良驾驶行为控制，见表1。

表1 交通行为控制配置调度效用信息

信息作用的感官	信息作用形式	信息调度参数	涉及信息技术
视觉（眼睛）	屏幕图案、图形	颜色、构成、闪烁等	物联网技术 无线传输技术 行为探测技术
	灯光	色彩、变亮、变暗、闪烁等	
听觉（耳朵）	音乐声响	悠扬、恐怖、高频、低频等	
	人物话语	话语者、语气、语调、语速、时机等	
嗅觉（鼻子）	气味	焦糊危险气味、薄荷清醒气味	
触觉（身体）	温度	舒适、凉爽等	
	抖动、颠簸、失衡、力反馈	轻微、强烈等	

目前，该技术验证开发主要面向超速等容易探测到的违章不良驾驶行为控制，并与车载导航装置、移动通信装置、交通信息中心等密切融合开发。基于移动通信车载导航的超速驾驶行为控制装置已完成模块设计，并获得实用新型专利。

（二）道路限速控制关键技术

道路限速控制是应用于道路上的交通行为控制技术。与传统的可变道路限速（VSL）管理不同，该技术将使超限速驾驶行为的反馈（或处罚）周期大幅缩短，将道路车辆行驶“限速管理”转化为“限速控制”。该关键技术由两部分组成：道路限速控制装置和道路限速控制系统平台。

1. 道路限速控制装置

该装置是由垄台高度可调节的限速垄机构、车辆行驶速度检测单元、限速机构控制单元等构成的机电一体化控制装置。其功能是按照道路限速控制平台指令，实时设置限速值，检测到达车辆速度，控制限速垄机构的垄台高度，平稳放行不超速的车辆，颠簸放行超限速行驶的车辆（保障安全的前提下）。该装置将可变道路限速及相关超限速行为处罚管理性回报，转化成对超限速行为的及时警示、颠簸回报的控制手段，通过驾驶行为控制实现道路车辆限速控制。

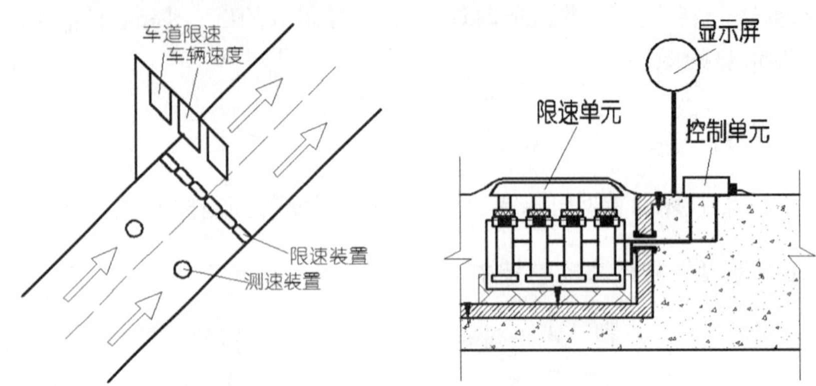

（a）限速控制装置的安装　（b）垄台高度可调节限速垄装置

图1　道路限速控制装置及应用

该技术的核心是限速垄装置。由于道路工况十分复杂，对限速垄装置提出了非常严苛的设计要求，如防水、防尘、防冻、抗冲击、长寿命、高可靠、易维护等。这些要求对装置材料选用、机械结构设计、防护设计、安装设计等诸多方面做出了巨大挑战。

该装置基本结构设计已经申请了多项专利。

2. 道路限速控制系统平台

分布在城市道路网上的限速控制装置可通过通信网络连接起来，形成路网限速控制系统。道路限速控制系统平台与交通信号控制、可变交通信息系统、交通检测传感网络等系统或平台连接在一起，协同运行，计算道路网络上限速控制参数，向限速控制装置实时发布限速控制指令。限速控制可有效平稳路段上的车辆行驶速度，减少车辆行驶加减速次数，减少到达路口排队等待的车辆，起到节能减排作用。

（三）驾驶路径选择行为控制技术

在城市拥挤的交通时段，找到相对快速的路径到达目的地是驾驶员的主要需求；而平衡路网流量，改善局部交通拥堵程度，确保整个路网的路阻达到最小，提高整个路网的通行效率是城市交通控制系统的主要控制目标。但由于交通个体和交通控制系统的目标与所掌握的信息并不对称，为使个体和系统在路网上的效益达到最大化，需进行驾驶路径选择行为控制。该技术面向众多的驾驶员个体，服务于交通控制系统交通流路网均衡目标，发布个性化行驶路径安排指令，通过通信网络传输到车辆驾驶信息系统中，并调度各种信息作业于介绍人，实现路径选择行为控制。该关键技术由两部分组成：车辆行驶路径安排问题和路径选择行为控制信息装置，如图 3（a）所示。

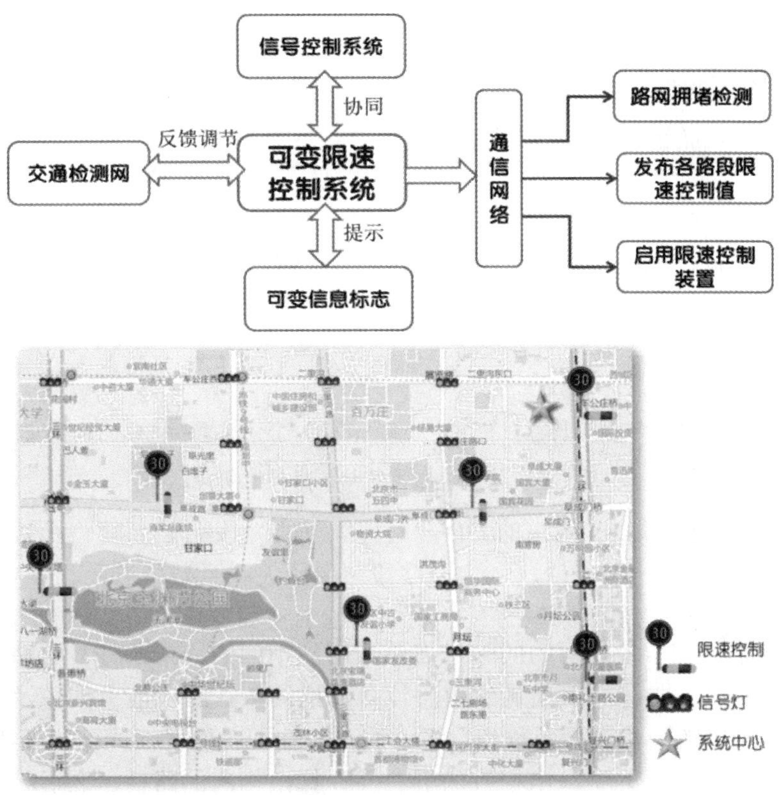

图2　道路限速控制系统与信号控制协同

1. 车辆行驶路径安排问题

建立在交通云计算基础上交通信息中心具有强大的计算和存储能力，在车辆物联网环境中，能够为道路网络上所有车辆的行驶路径进行优化安排，实现均衡路网交通。驾驶路径选择行为控制建立在优质的路径诱导和信任的基础上，并融入路径诱导服务的行为控制方法。

在对道路上海量车辆行驶路径安排之前，首先需要通过交通传感网络掌握动态交通状况；之后由交通预测系统对整个路网未来一段时间的交通状况进行预测，当有车辆进行路径请求时，导航中心可以根据由交通检测系统和交通预测系获得的信息对请求的车辆进行路径安排；在安排的同时需要对安排的车辆进行行驶信息登记，以确保后续的系统更新路径时可以对请求过的车辆进行路径的修改，使其能够获得及时的路况交通信息；然后由控制系统对整个路网的交通信息进行监控，并进行实时更新，完成路网信息的反馈。系统最优诱导是一种基本的理论的建议性信息方式，这是交通管理者希望达到的一种均衡状态。在系统最优的诱导模式下，交通管理者基于系统最优准则，根据对路网上各路段的流量、旅行时间、路段饱和度等信息的掌握情况，制定使用户总体阻抗（出行时间、出行费用、出行距离等）最小的流量分配方案。其原理可用如下数学规划问题如图 3（b）所示。

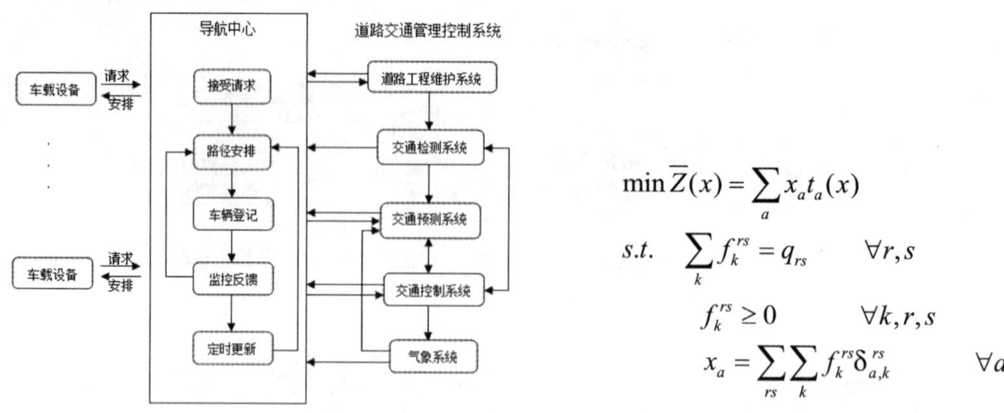

$$\min \overline{Z}(x)=\sum_a x_a t_a(x)$$

$$s.t.\quad \sum_k f_k^{rs}=q_{rs}\qquad \forall r,s$$

$$f_k^{rs}\geq 0\qquad \forall k,r,s$$

$$x_a=\sum_{rs}\sum_k f_k^{rs}\delta_{a,k}^{rs}\qquad \forall a$$

（a）路径选择行为控制导航装置与导航中心关系（b）个体与系统优化的路径安排问题

图3 道路限速控制系统与信号控制协同

其中，q_{rs} 为起讫点 r-s 间总的 OD 出行量，f_k^{rs} 为该起讫点间路径 k 上的分配流量，x_a 为某一路段 a 上的流量，$\delta_{a,k}^{rs}$ 为路段 - 路径关联系数，若路段 a 在路径 k 上，则 $\delta_{a,k}^{rs}=1$，否则为 0。在该原理的数学规划问题上使用变分不等式模型求系统最优规划问题的最优解，在求最优解的同时，需要考虑到不同的约束条件，有路段流量动态变化约束、流量守恒约束、确定性约束、流入流出约束、路段能力约束及非负条件约束等。根据所得到的最优目标函数和一定的约束条件，在使用某种算法（如双层规划、遗传算法、蚁群算法等）下求出相应的解，并计算出相应的路径。之后将其发送到驾驶员的车载导航装置中，以期驾驶员能够按照计算好的路径进行行驶。

2. 车载路径选择行为控制信息装置

该装置的基础是具有告诉引动通信的车载导航装置。与违章不良驾驶行为控制装置相同，是针对驾驶人的复合多媒体信息智能调度系统。装置通过强大的数据中心支持形成非对称优质导航信息服务构建驾驶人高度信任的控制语境，将路径选择行为控制指令融入到个体最优的导航服务中，以细致与情境相关信息作用实现控制目标。

四、发展趋势

现代信息科学技术开发和应用的重要目的之一就是通过影响改变人的行为，使生活更加便捷舒适。交通行为控制是现代信息科学技术在交通中应用重要的需求性拉动。借助移动通信、物流网、云计算等现代信息技术发展，交通控制可以针对人更为精细的应用信息，有目标的干预交通个体行为或交通群体行为，最终实现交通控制的目标。交通行为控制技术的本质是以信息为手段，实现机器对交通人的有效控制。随着信息科学理论、行为科学理论和交通学科的发展，交通行为控制技术将得到广泛的开发和应用。

（撰稿：石建军）

交通控制与管理技术

一、技术概述

交通控制与管理是指对整个道路交通系统进行全面的实时监控，以系统延误、停车、油耗和废气排放最小化，或公共汽车交通效率化，或特殊交通功能需求最佳化，对交通流实施优化组织和控制。

我国的交通控制系统研发始于20世纪80年代，主要项目有国家“七五”科技攻关项目（75-2443）“南京城市交通实时自适应控制系统”、“八五”科技攻关项目（85-403）“城市交通控制系统应用技术”、“九五”科技攻关项目（96-A15）“缓解城市道路交通堵塞关键技术的研究及示范工程”；之后国内多所大学、多家企业，或基于国家和省部级的各类研究计划或自发地，研发了不少交通控制系统，并在一些城市得到了局部使用。但由于诸多原因，我国的城市交通控制系统主要仍依靠国外引进，其中北京、上海、广州、武汉、杭州、沈阳等大城市皆应用SCOOT系统或SCATS系统。实践证明，任何交通控制系统不与当地、当时的实际交通结合起来，都无法适应国内混合交通特点的控制与管理、连续交通流与间断交通流的整合控制、以及公交优先和行人过街的智能化控制要求，难以发挥交通控制系统应有的控制效率，也达不到预定的控制目标。此外，现有交通控制系统的子区划分规则仅被动考虑现实路网的主要特征而没有针对交通特性，交通组织方法在协调控制方法中融入程度较低，不利于充分实现协调控制的效果。

我国引进国外交通控制系统的基本上是特大城市和大城市。由于引进的SCOOT系统和SCATS系统基本上是20世纪70～80年代的技术和研究成果，随着城市发展，系统通常难以管理和扩容。而中小城市建立智能交通控制和管理系统普遍存在资金和人才两大瓶颈，即使有资金投入，系统的应用、调试、维护、开发的难度都较大，需有一批专门的交通控制和管理人才做支撑，如果没有必要的技术支持，即使建立了交通控制系统，也不能充分发挥系统功效，更是难以达到规范路口秩序、减少交通事故和提高路口通行效率的目的。

针对以上问题，国内有关科研单位开展了有针对性的研究与开发，首先面向中小城市的交通特征和问题及应用特点，研发了相应的交通控制系统并投入使用；对引进的国外交通控制系统的部分路口进行了IP化改造，使交通信号控制系统更易于管理和扩容，例如上海、重庆、苏州、广州等城市；同时优化现有的交通信号控制系统，使之适应城市道路混合交通特点的控制与管理，实现连续交通流与间断交通流的整合控制，满足公交优先、行人过街等智能化的控制要求。

二、系统组成及功能

（一）交通控制系统组成及功能

1. 系统组成

交通控制系统由交通指挥控制中心、区域交叉口信号控制机以及交通信息通信系统三部分组成，其基本物理框架与硬件组成如图 1 所示。

交通指挥控制中心的相关硬件设备主要包括协调控制服务器、数据库服务器、交换机与通信服务器。通过以交换机作为核心节点，采用以太网技术建立控制中心局域网完成区域分区决策、子区协调控制等功能；可借助现有无线传输网络，利用通信服务器实现信号协调控制方案的发送与路网实时交通信息的接收。根据控制对象与实现功能的不同，协调控制服务器可分为动态子区划分计算服务器、过渡控制方案计算服务器、子区边界协调控制服务器、动态子区协调控制服务器等；根据存贮数据用途的不同，数据库服务器可分为路网实时信息数据库服务器与系统运行状态数据库服务器。

区域交叉口信号控制机的相关硬件设备主要涉及交通信号控制器、视频检测器、线圈检测器、机动车信号灯、行人信号灯以及数据终端设备等。交通信号控制器负责交通信号控制方案的实施，交通检测器完成交通数据信息的采集，交通信号灯负责交通信号的显示，数据终端设备则实现交通信号控制方案的接收与实时交通数据信息的发送。

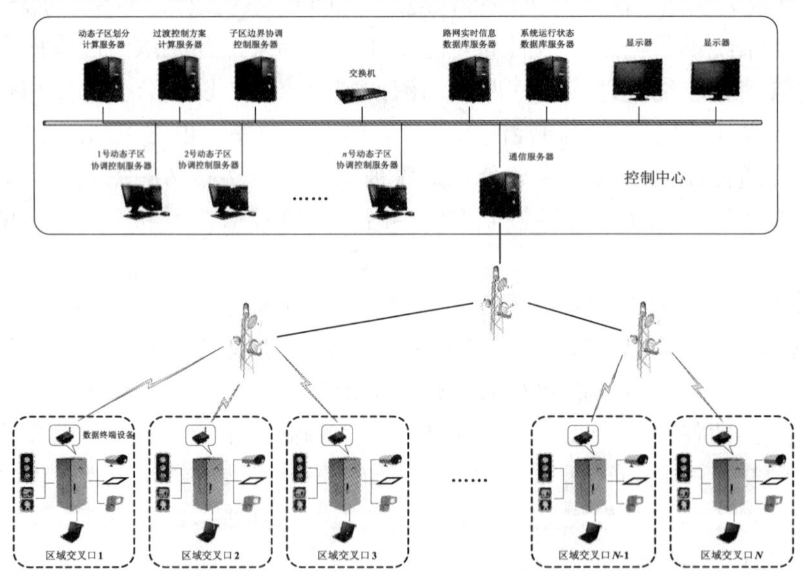

图1　动态分层式交通控制系统物理框架

2. 功能及特色

（1）科学的控制策略——采用“外控内疏、干道群协调”的控制策略，通过控制子区划分和边界主动控制，以干道为基本单元，由线及面地实现区域的协调控制。

（2）多样的协调方式——根据交通流特点可选择双向绿波协调、单向绿波协调、红绿波协调等方式进行协调控制。

（3）强大的适应能力——适应复杂的城市道路结构、不同的交通流状况和各类型信号控制设施。

（4）安全的方案过渡——改变控制方案时，提供安全、多样化的方案过渡机制。

（5）便捷的特色服务——设有公交优先和特勤线路绿波的区域协调控制模型，在实现公交优先和特勤管控的同时，保障绿波控制的有效性。

（6）灵活的系统结构——软件既可以用于辅助现有控制系统的配时优化设计，又可以直接作为城市的先进信号控制系统。

（7）丰富的拓展应用——可扩展应用于智能交通系统的其他领域，如城市交通诱导系统、智能交通管理指挥系统和综合交通信息交换平台等。

（二）远程托管中心系统

1. 系统组成

交通信号控制远程托管中心系统（该成果获“2013 年度中国智能交通协会科技奖”二等奖）在各城市现有路口交通信号机的基础上，利用远程网络实现本地系统与远程中心之间的协同运作，解决了中小城市建立智能交通控制和管理系统普遍存在的资金和人才两大瓶颈问题。

交通信号控制远程托管中心系统结构可以分为现场设备部分、远程通信部分、托管中心三大部分。

远程托管中心由交通数据网关和中心控制系统两部分组成。中心控制系统配置多种交通信号控制系统、大容量数据库和标准化城市电子地图，利用互联网与受控城市现场设备之间的通信联接，并以专用虚拟网络方式在交通控制系统与受托城市交通信号机，操作终端之间进行数据交互，实现实时控制。

远程通信网络由互联网实现托管中心交通数据网关与受托城市本地交通数据网关之间的联接，实现受托城市交通控制设备与托管中心信号控制系统的实时解耦控制。

现场设备由受托城市部分由路口交通信号机、本地通信网络、本地交通数据网关和本地操作终端组成，本地通信网络保障本地交通数据网关与路口交通信号机的交互。本地操作终端在远程网络通信正常时通过访问远程中心系统实现对路口交通信号机的优化控制；当远程网络通信故障时采用只读方式监控路口交通信号机的运行状态，从而保障本地交管部门对交通信号机的无盲区管理。

2. 系统功能

远程托管中心系统涵盖了多个主流城市交通信号控制系统的主要功能，通过远程网络托管中心的多个交通信号控制系统可对受控城市内的路口交通信号机实现无差别实时控制，网络时延不大于 5 秒，不影响系统正常运行。当远程网络通信故障大于 5 秒时，受控城市的路口交通信号机同步采用本地控制模式。

托管中心服务层是远程托管中心系统的功能核心，完成交通信号控制、交通数据处理和挖掘、数据库服务、交通信息发布、能见度检测、交通拥堵检测等应用功能，不同城市可实现不同功能的任意组合。

三、应用案例

（一）主干道的双向绿波协调控制

城市主干道路协调优化技术是交通控制领域研究的一个热点。近年来，我国许多城市结合各地的交通实际，开展了对城市主干道的协调控制。例如江苏南徐干线、深圳市华强北路区域9个过饱和交叉口群、东莞市虎门镇的连升路8个干道交叉口以及广州市南沙开发区环市大道西（全程10km）的21个交叉口等主干道的优化协调控制，取得较好的控制效果。其中2012年1月，对广州市中心主干道同泰路（市中心主干道，全长约为3.2千米，双向四车道，12个信号交叉口）实施绿波协调控制技术后，交通流可以顺畅、快速、大量地通过全路段，并有效改变了之前由于局部交通拥堵导致区域交通瘫痪的状况发生；对于协调控制前后效果，平均停车次数减少了34%，平均延误时间减少了24%，在提高干道交叉口通行能力、改善道路行驶状况、减少交通污染等方面取得了良好的成果并带来了有关的社会经济效益。

（二）区域绿波协调控制

广州市天河区珠江新城区域内的“三横五纵”共8条主要道路、24个信号交叉口的进行了区域绿波协调控制。协调控制系统实施后，各条干道的行程时间、延误时间与停车次数均有较大幅度的改善，其中行程时间均缩短20%以上，延误时间均缩短21%以上，停车次数均减少67%以上。对于区域内交通流不平衡的控制，在广州市广州大道北以西的西片区内，分别针对未饱和、饱和、潮汐流等不同交通状态，实现了未饱和状态下的干道双向绿波协调控制、饱和状态下的干道最小延误协调控制以及面向潮汐流交通的干道红/绿波协调控制，从而达到了确保连续通行、缓解交通拥堵、保障交通安全、实现有序通行的控制效果。

（三）远程托管中心系统的应用

交通信号控制远程托管中心系统项目在北方工业大学建立远程信号控制中心，示范工程选在大连金州区五一路选取13个路口安装前端交通信号控制设备，其选取SCOOT系统作为远程交通信号控制系统；以及在北京亦庄开发区的交通信号控制设备的远程交通控制。通过对应用远程托管系统后的交通控制效果进行评价，使路口交通通行能力在高峰及平峰期均有不同程度的提高，且平均路段旅行时间和平均停车次数均缩短了20%以上。

该项目所构建的集中控制管理与灵活组网相结合的全新交通信号控制模式，为提高我国中小城市智能交通信号控制水平探索出了一条新途径，开创了先进交通控制技术和管理方法以远程托管的模式在中小城市推广应用的先河。

四、发展趋势

针对交通信号控制系统的运行现状与实际需求，可以推断我国城市交通信号控制技术及系统的未来特征与发展趋势如下：

（一）结构动态化

为了提高交通信号控制系统的响应速度与控制效果，实现真正意义上的自适应区域协调控制功能，需要能对控制区域内的交叉口群进行优化重组，实时调整控制系统的层次结构。

（二）模式多样化

为了满足城市交通不同状态下的协调控制需要，交通信号控制系统应能及时针对所处状态，选取并切换相应控制模式，实现未饱和状态下的交叉口群绿波协调、过饱和状态下的交叉口群拥堵疏导、以及近饱和状态下的交叉口群拥堵防控。

（三）策略主动化

面对过于饱和的交通状态下可能引发的交通拥堵问题，交通信号控制系统应及时采取主动防控与快速疏导的控制策略，对过饱和交叉口群进行“外控内疏”，从而实现城市交通拥堵的主动预防与快速化解。

（四）诱导控一体化

通过整合与集成交通信号控制、视频监控、交通路况、事件管理、可变信息服务，以及交通诱导等子系统相关的交通信息资源，实现交通控制信号优化、交通管制与信息诱导等功能一体化，从而完善未饱和、近饱和、过饱和等不同状态下的交通控制策略；进行交通诱导信息发布，并可提供基于交通事件驱动的智能响应、紧急情况下的动态“绿波”路径和交通诱导协同，以满足交通临时管制、公交优先、救护、消防、特勤和安保车队的管理需求。

（五）控制效果仿真及评价

城市大范围交通控制的交通仿真与评价系统将会集成于基于 GIS 的交通控制与管理系统中，可应用于交通信号配时方案评价、交通临时管制、交通事件影响评价以及交通控制策略评价等。通过城市交通仿真系统和交通控制与管理系统的软件集成，可搭建模拟运行环境，对全路网及局部区域的交通运行状态进行评价，提供信号配时、线控协调、区域协调的事前评估与事后评价，并实现对历史的信号配时与协调方案、统计数据、历史录像、车牌信息、交通流数据等综合信息的查询与分析评价。

（撰稿：徐建闽、王殿海、徐亚国、杨晓光）

城市交通运行监测与评价技术

一、技术概述

交通运行监测与评价是智能交通系统的重要组成部分之一。其主要功能在于实现对交通运行状态的及时、科学、定量度量，为管理者快速发现并应对交通系统运行中出现的问题；准确掌握交通系统运行的内外规律并基于此进行科学管理决策；快速预测预警实现对交通拥堵事件主动预防等。另外，也为出行者了解交通运行状况，合理规划或优化出行路径实现个人出行效率最大化提供第一手数据。

交通运行监测和评价的显著应用效益和对智能交通体系的基础性作用，决定了它在各城市智能交通的研究和建设中往往受到更多关注并率先发展。纵观 2012 年，我国交通运行监测和评价领域取得了长足的发展和进步，主要体现在以下三个方面：

（1）系统建设和应用的城市迅速扩增。除北京、广州等城市的即有系统之外，武汉、杭州、深圳等城市陆续宣布建成各自城市的交通运行监测和评价系统，并开始通过网站、评价报告、决策系统等方式为政府的交通运行监测和决策支持、市民出行等提供服务。

（2）系统监测和评价的覆盖范围持续扩大。在传统的基于微波和视频等固定检测器、浮动车技术等数据采集方式的道路拥堵监测基础上，开始研究并实现基于公共交通 GPS 数据和收费数据相互补的公交运行监测和评价、基于高速公路电子收费数据的高速公路运行监测和评价，并开始研究面向城市交通尾气排放的监测和评价技术，以及基于移动信令数据的城市人口及宏观交通运行的监测和评价技术。

（3）系统监测和评价的角度更加丰富。系统监测和评价在以城市区域路网的基础上，开始向微观的街道级小区、交通走廊以及重要功能区扩展，从城市中心城区向城区联络线、高速公路扩展。系统监测和评价的内容、方法更加灵活和丰富，多源数据的综合使用开始走向深入。

二、系统组成及功能

交通运行监测和评价系统由采集层、传输层、数据层、计算层和应用层五个部分组成。各层次的逻辑关系如图 1 所示：

根据数据获取渠道不同，数据采集可以分为直接采集和间接采集。直接采集是通过传感设备直接获得交通运行状态参数，如固定检测器、视频摄像头等。间接采集是通过数据挖掘间接获得交通运行状态参数，如浮动车技术、基于收费数据的客流参数采集等。根据数据获取频率不同，可以分为实时动态数据、定期统计数据和静态基础数据，实时动态数据一般包括车辆卫星定位数据、断面固定监测数据、客流收费数据、车辆运行能耗数据等。

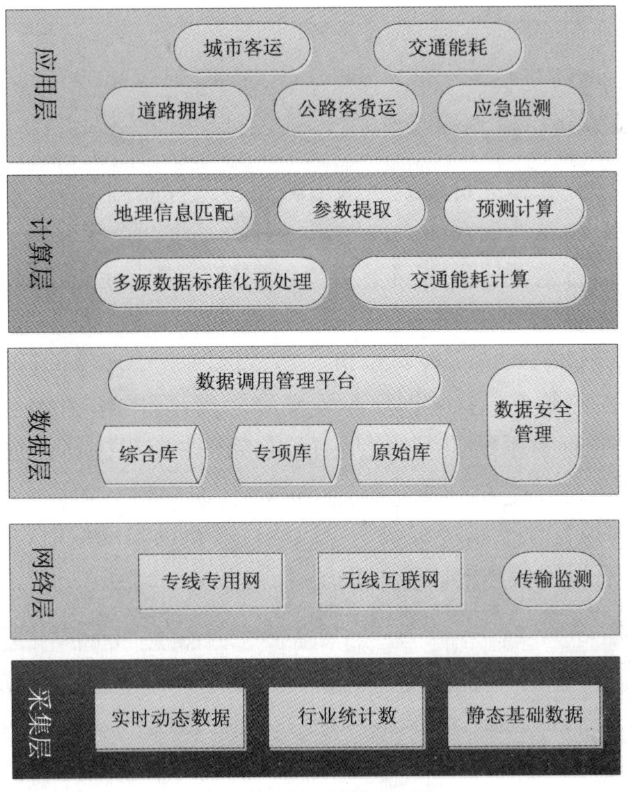

图1　系统逻辑框架图

交通运行监测和评价因对象、周期和空间范围的不同，构成了多维度的监测和评价体系。因对象差异，分为城市道路拥堵监测与评价、公共交通运行监测和评价、公路服务水平监测与评价、交通能耗监测与评价等；因周期不同分为实时、日、周、月、季度、年监测与评价；因空间分为不同，分为路段、走廊、区域、城市监测与评价。目前主要开展的仍然是城市道路交通拥堵监测和评价、公共交通运行监测和评价，评价周期以实时、工作日和年度为主，监测范围多面向城市全网或大型功能区。

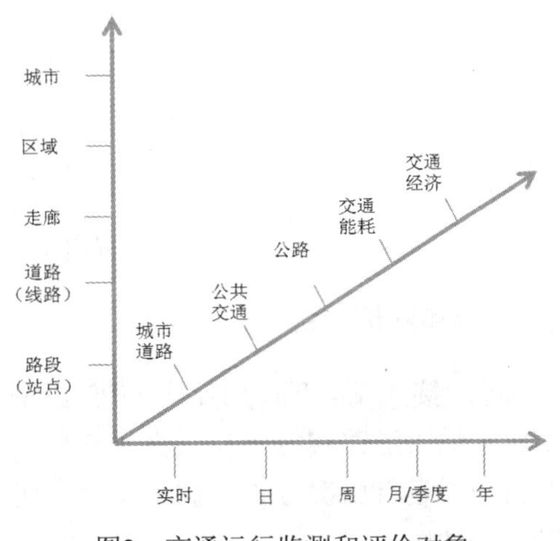

图2　交通运行监测和评价对象

三、应用案例

（一）北京市交通运行监测和评价系统

北京市交通运行监测和评价系统包括道路交通运行监测系统、交通拥堵评价系统、交通运行评价报告编制和管理系统、路网运行分析系统四个子系统。

（1）道路交通运行监测子系统目前覆盖的空间范围为北京市城六区，涉及到三层路网4万个路段，2747条等级不同的道路。

（2）交通拥堵评价子系统实现对全市、城六区和五个环路间区域的交通拥堵水平评价和跟踪监测，监测频率包括实时、早晚高峰、周、月、年和特殊日期。

（3）路网运行分析子系统监测内容包括城市道路交通拥堵、公共交通客流变化、交通事件和气象等。

（4）交通运行周报管理子系统实现了交通运行周报的自动编制、周报的发送和管理、交通事件等影响交通运行信息的收集和整理等。

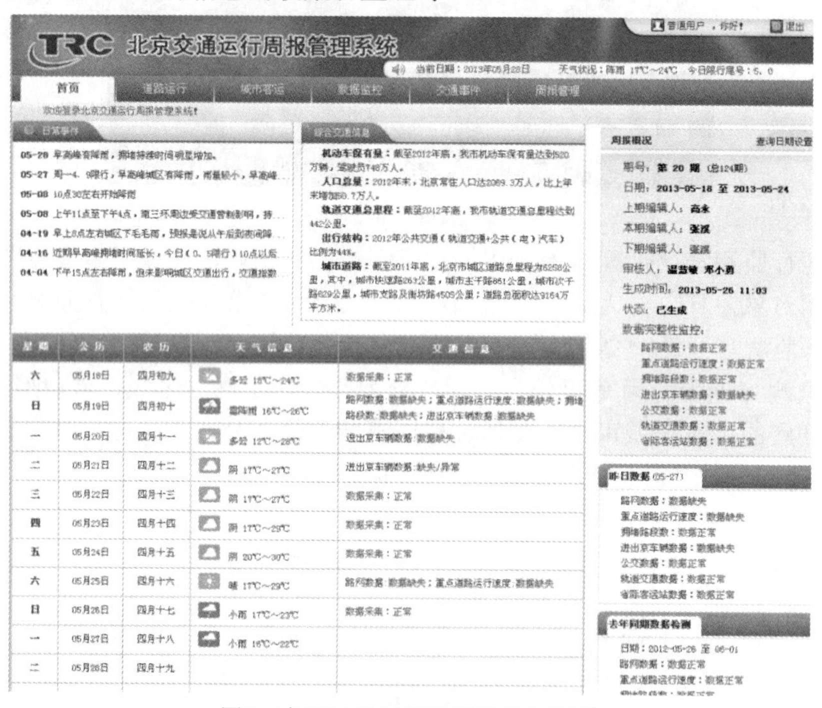

图3 交通运行周报管理系统主界面

（二）武汉市交通拥堵监测和评价系统

武汉市自2011年6月起，接入1.4万辆出租车GPS数据，构建了武汉市五维交通拥堵评价指标体系，实现了城市道路实时监控、交通特征分析、常发拥堵路段识别、重大活动、极端天气和节日交通运行状况分析与拥堵预警、居民日常出行引导和建议，以及综合交通治理方案制定等功能。

每周发布武汉市城市交通运行周报，评价每周区域道路交通运行状况，包括交通拥堵指数、拥堵持续时间、路网早晚高峰运行车速、重点路段行程车速、常发拥堵路段分布和分区域的路网运行指标，并与上周运行指标进行对比分析。

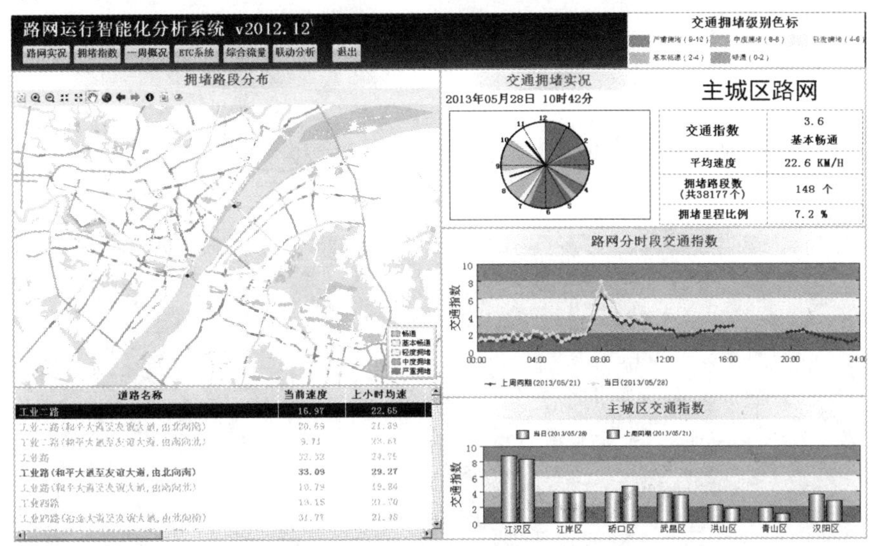

图4　路网运行智能化分析系统界面

（三）杭州市交通拥堵监测分析系统

杭州市交通拥堵指数实时监测平台于 2012 年 12 月试运行，2013 年 2 月底正式运行。该平台实现了对 2009 年以来杭州市交通拥堵状况和演变趋势进行连续评价，充分反映了杭州市在错峰限行、地铁开通前后交通运行状况的变化。下图中明显可见 8:30 之后还有个高峰，体现出早高峰 7:30~8:30 的限行时段错峰限行的削峰效果，但早高峰持续时间延长。

四、发展趋势

交通运行监测和评价作为智慧交通感知功能实现的主要支撑，在未来我国智慧城市建设和发展过程中必然受到高度重视和持续建设、发展。就目前来看，交通运行监测和评价的近期发展趋势主要有两个方面：

（1）强调通过数据挖掘计算实现间接式的数据采集。如利用高速公路收费数据实现对高速公路站间行程车速和 OD 的采集，利用手机信令数据是城市区域交通发生和吸引数据的采集等等。

（2）强调公共交通、公路的运行监测和评价。在城市道路交通拥堵运行监测和评价日渐成熟的基础上，将更加侧重基于公共交通（包括地面常规公交和轨道交通）的运行监测和服务水平评价。同时，随着高速公路免费通行政策的推行，以及城市交通拥堵开始向放射线扩延，将更加重视城市放射线、高速公路等道路的运行状态的监测和评价。

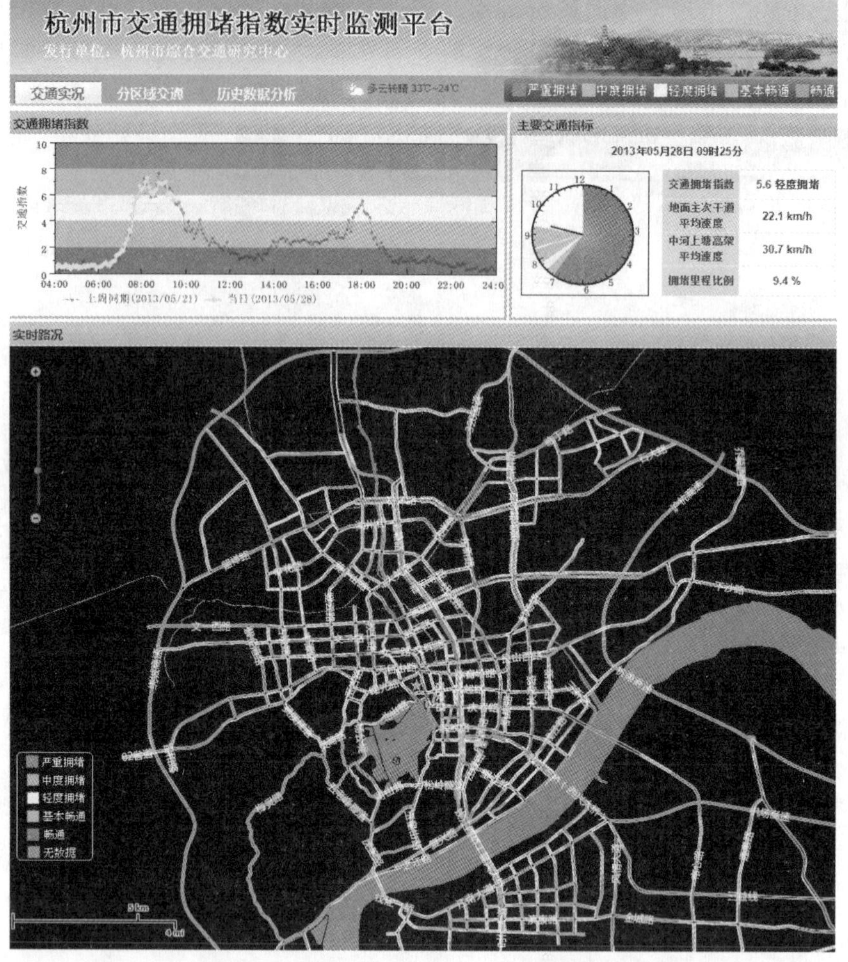

图5　杭州市交通运行监测与评价系统主界面

日益重视大数据时代背景下海量交通运行监测数据的深入挖掘分析，利用非传统数学统计算法挖掘海量数据背后的交通行为影响因素与深层次拥堵演变规律机制，同时强调多源数据间的互相印证与融合分析市交通运行监测和评价的必然发展趋势。

（撰稿：温慧敏、关志超）

电子支付技术

一、技术概述

电子支付就是通过安全的信息传输手段，采用数字化方式进行的货币支付或资金流转的一种方式。电子支付作为一种新兴的支付手段，是新时代信息技术飞速发展的产物，它的出现改变了无数人的生活和消费方式，也代表了社会以及时代的进步。

随着信息技术地不断发展和国家金融电子化进程的加速，交通运输作为人类社会经济活动的基础环节，人们对电子支付的需求也逐渐显现，如高速公路联网收费、公交地铁售票、长途客运售票、出租车运营计价、货运物流等各应用领域，均涉及到各类用户的收缴费问题，通过安全、便捷、高效的电子支付方式解决目前交通运输行业中现金支付存在的种种问题，无疑将大大提高行业服务和管理水平，对改变公众生活出行方式和提高生活质量、推动国民经济和社会信息化进程均具有重要意义。

由于交通运输领域的流动性、广域性等特点，各类涉及电子支付的应用系统普遍需要满足快速通行、脱机认证、安全支付等需求，因此一般采用便携性较好的智能卡作为支付工具，而卡片技术标准多以《中国金融集成电路（IC）卡规范》（PBOC2.0，中国人民银行颁布的第二代金融 IC 卡应用规范）为基础，并在具体应用方面进一步细化，从而既能够有效解决脱机交易安全，又能通过电子钱包的复合消费交易流程解决交通运输行业中常见的分时分段计费等问题。

二、系统组成及功能

交通运输领域中的电子支付应用系统一般主要包括电子支付 IC 卡发行系统、客户服务系统、消费终端应用系统和清分结算系统等。

（一）发行系统

发行系统主要完成电子支付 IC 卡的发行工作，根据发行环节不同，可分为初始化发行、一次发行和二次发行三个阶段。其中初始化发行阶段主要是将卡片出厂密钥替换为发行方主控密钥，获得对卡片的初始控制权限；一次发行阶段主要建立应用文件结构并装载应用密钥，实现对不同应用文件的访问权限控制；二次发行阶段主要是进行个性化信息写入，如用户个人信息、卡片类型等。

若该应用中采用与银行卡联名的电子支付卡时，系统还应包括与银行业务系统的数据处理及通信接口功能。

（二）客户服务系统

客户服务系统主要为各类用户提供卡片生命周期内的各项服务功能。客户服务系统的表现形式则是多种多样，一般包括服务网点、Web 网站、呼叫中心以及各类自助终端等。由于各类服务形式不同，所提供的服务内容也会有所不同，总体来讲主要包括换卡、退卡、充值、查询和投诉等。另外，还可通过客户服务系统为消费终端应用系统提供各类运行参数和用户状态信息（如黑名单）等。

（三）消费终端应用系统

消费终端应用系统是实现电子支付的基本工作单元，一般由应用主程序、读写器、PSAM 卡和数据传输、机械控制等部分构成。应用主程序根据系统下发的各种运营参数和操作处理流程，通过读写器自动读取用户电子支付卡信息，并与终端内的 PSAM 卡按照规定的安全认证机制完成扣费操作，最后通过控制终端信息显示、声音提示、闸机或自动栏杆等设备放行人员或载运工具。

（四）清分结算系统

清分结算系统是整个电子支付系统的后台核心，它衔接发行系统和消费终端控制系统。主要功能包括电子支付交易数据存储、转发、对账、资金清分以及系统参数管理等。客服、充值、消费和票卡发行等各类业务应用数据进行检查、集中备份，提供数据文件接入及分发功能，提供黑名单管理功能，对有效数据按区域进行分账、出具报表，提供准确和及时的支付结算服务。对于交通运输领域的电子支付结算服务主要分为三类：充值资金对账与结算、消费对账与结算、跨区交易资金对账和结算。

三、应用案例

（一）电子不停车收费系统

电子不停车收费（E1ectronic Toll Collection，ETC）技术是世界范围内普遍采用的道路自动收费技术，在日本、欧洲、美国、新加坡和中国等国家和地区应用最为广泛。ETC 技术应用范围不仅包括高速公路，还包括城市道路、城市停车场等相关领域。

我国的 ETC 技术标准是基于 5.8GHz 微波频段的专用短程通信技术和 IC 卡技术的组合式电子收费技术。在高速公路应用场景，用户在车辆上安装 ETC 电子标签，结合一张与用户电子账户对应的 IC 卡（ETC 电子支付卡），便可不停车通行 ETC 专用通道，系统自动完成通行费支付。在没有设置 ETC 专用通道的收费站，用户可使用 ETC 电子支付卡在人工车道刷卡支付通行费。

我国 ETC 技术标准文件和相关技术文件主要包括如下几项：

（1）《电子收费 专用短程通信》（GB/T 20851），2007 年出版。

（2）《收费公路联网电子不停车收费技术要求》（交通运输部行业技术要求），2011

年出版。

（3）《电子收费 OBE-SAM 数据格式和技术要求》（GB/T 28420）、《电子收费 基于专用短程通信的电子收费交易》（GB/T 28421）、《电子收费 关键信息编码》（GB/T 28422）和《电子收费 路侧单元与车道控制器接口》（GB/T 28423），2012 年出版。

目前，基于国家 ETC 技术标准的关键设备和系统主要由国内企业制造并提供，包括电子标签、天线、IC 卡、消费终端系统等。电子标签射频芯片等核心部件也实现了国产化。早期电子标签射频电路普遍采用分立元件，设备一致性和可靠性等级不高。到 2012 年，随着集成接收、发射和唤醒功能的一体化专用射频芯片的研发和生产，电子标签产品的一致性、可靠性和可制造性等方面的技术水平都得到了显著提高。

截止到 2012 年底，全国已有 24 个省、市、自治区开通了高速公路 ETC 系统，共建设部署 ETC 车道 4 700 余条，ETC 用户总量达到 550 万。京津冀地区和长三角地区作为最早启动的交通运输部高速公路 ETC 应用示范区域，系统普及率相对较高，用户发展迅速。北京等地的 ETC 车道在收费站的普及率已达到或接近 100%，ETC 通行比例超过 30%。

除高速公路 ETC 应用以外，一些地区已经试点开通了 ETC 在停车场的应用，包括广州、北京等地。武汉市路桥收费系统也采用了 ETC 技术，但由于该系统的特殊需求，相关的技术与国家 ETC 技术标准不兼容。广东省 ETC 应用早于国家标准的颁布，相关系统还需进行改造才能与国家 ETC 技术标准兼容，目前已准备开展相关工程改造。

从全国民用汽车保有量基数和高速公路的里程规模来看，ETC 系统普及和用户增长还有巨大的潜力。根据国家统计局公布的 2012 年民用汽车保有量数据（不包括三轮汽车和低速货车），现有的 ETC 安装量从全国范围来看，刚刚超过 5%。

（二）城市公交一卡通系统

电子支付在交通运输领域的应用，最早可追溯至上个世纪 90 年代，公交 IC 卡就已作为城市公共交通领域的便捷支付工具，大大方便了市民的日常出行，扩充了运载工具的服务效能，并提高了行业管理效率和服务水平，是营造优质公共交通服务体系、提升公共交通竞争力和吸引力的重要举措，对缓解交通拥堵，建设和谐型、资源节约型、环境友好型社会，均具有重要意义。

截至 2012 年底，全国约有 400 余个城市在城市公共交通领域建立了不同规模的 IC 卡应用系统，发卡量超过 2 亿张，其中 90% 的城市实现了一卡多用，主要应用领域包括公交、地铁 、轻轨、出租、轮渡等公共交通领域，有的扩展至路桥隧、自行车租赁、停车场、加油、商超、便利店、餐饮、影院、饼屋、数字社区、园林、供水、供热、燃气缴费等。

随着区域经济融合和一体化综合交通运输进程的加快，城市公交一卡通的区域互联互通乃至全国互联互通已成为突破行政界限、推进城际交通与城市交通的对接融合、增强区域快速通行能力的重要载体，也是信息技术发展到一定高度的自然表现。但由于缺乏统一规划等历史原因，各个城市交通一卡通的技术标准、服务规范不统一，造成社会公众“周身是卡、互不通用”，不但增加了使用成本，还给使用者带来诸多麻烦与不便，同时与智能卡“一卡多用”的技术特点背道而驰，造成了“多卡并存、多卡不通”的无序局面。

为解决“多卡并存、多卡不通”的问题，广东省在互联互通方面开展了一系列研究和探索，并于2012年12月6日正式被交通运输部授予“城市公交电子支付卡区域试点”，开展“粤港澳交通一卡通互联互通试点示范工程”。截止2012年底，已实现广州、佛山、肇庆、江门、惠州、汕尾、潮州、茂名、韶关、河源、揭阳、云浮、湛江、珠海、中山、阳江和清远等17个地市和香港、澳门地区互联互通，岭南通技术标准卡发卡量超过3 100万张，消费终端近7万台，充值点超过5 000个，合作运营商家已超过1 200家，累计消费交易量超过139.6亿笔，消费金额超过232.3亿元，跨区域消费笔数3.6亿笔，跨区域消费额8.1亿元，日刷卡量近1 000万人次，跨区域日刷卡量超过50万人次。该工程已成为国内业务规模最大的区域交通一卡通系统。

江苏省也已开展全省城市公共交通一卡通互联互通应用研究，预计将于2014年实现全省互联互通。

（三）发展趋势

无论是高速公路ETC，还是城市公交一卡通，随着系统的建设和开通以及用户量的不断增加，跨省市的交通出行需求也将会愈加突显，ETC目前只在京津冀、长三角两个片区内实现了互联互通，而城市公交一卡通也只是在很有限的城市内实现了互联互通，而其他省市的用户还无法实现跨省的电子支付，因此实现更大范围的区域联网乃至全国联网将是这些电子支付系统发展的必然趋势。

另外随着ETC应用的普及与推广，ETC车道对设备抗干扰能力、通行速度等方面也将会提出更高的技术要求。目前，多个ETC天线厂商已经研制了具备电子标签定位功能的数字化相控阵或多波束天线，从原理上解决了邻道干扰、跟车干扰等问题。具体的应用效果还有待通过实际工程使用来检验。

针对货车的计重ETC收费技术也正在进行研究开发和试验工作。电子标签与导航仪等车载设备的结合也开始在一些地方试用。此外，针对城市道路收费及未来高速公路自由流收费的发展需求，北京市在国家标准ETC技术基础上开展了支持自由流收费的ETC技术和系统研发工作，取得了阶段性成果。

可以预见，随着信息技术和电子支付技术的不断进步，交通一卡通（或综合交通电子支付）将会作为交通运输行业统一的电子支付工具扩展到越来越多的行业应用中。

（撰稿：杨蕴、谢振东、温慧敏、胡宾）

交通信息服务技术

一、技术概述

智能化交通信息服务技术是先进的交通信息系统（Advanced Transportation Information System，ATIS）的基础。智能交通系统（Intelligent Transport Systems，ITS）技术是解决交通参与各方之间进行全面沟通的技术，其涵盖的信息内容分为三类：一是交通资源使用情况（例如道路、码头、车站、机场、航线等）；二是交通工具的运营情况（例如运营线路、时间、可用性、不同交通工具的连接等）；三是交通参与主体的信息（例如行人、驾驶员、乘客等，信息需求为目的地、时间要求，路径偏好等）。这三类信息在交通参与各方之间的沟通，就能提高交通的效率和容量。

交通信息是进行交通组织与管理，也是智能交通系统与城市交通大系统得以发挥的关键环节，信息采集和接入是 ATIS 的基础。现有的交通信息主要来自于各交通路口的检测装置获得。随着移动互联网络的发展，利用移动终端和移动网络进行道路交通状态数据采集和处理的技术，成为智能交通系统的实时交通信息采集的一种越来越重要的数据来源。移动网络通信数据也是由于这种数据采集方式能获取完整出行数据，从而能为交通管理者研究公众出行规律提供有效手段。

交通信息服务平台为开展多渠道交通信息服务提供信息和软硬件支撑。以同一交通信息服务平台为依托，将能保证不同服务主体、不同的服务方式（手机网站、互联网站、电视台、广播、车载终端、多媒体查询终端等）之间信息内容的一致性。同时面向不同的信息服务方式，按照特定的标准进行信息组织，通过不同的接口技术（数据接口、应用接口、人机接口）提供业务支持。

交通信息服务平台应将信息采集技术、云计算技术与交通信息融合技术进行结合，既可以为交通管理部门指挥调度提供决策依据，又可为各类交通参与者提供准确、实时交通信息服务。其服务对象可以是群体或个体。群体的交通信息服务可以通过网站、呼叫中心、可变情报板、广播电台等发布动态信息，如路况、事故等信息；个体的交通信息服务通常是为交通出行者定制的出行者所处位置或将经过地点或到达位置，以及相关的实时交通信息。交通信息服务可以是通过先进的交通信息系统将交通信息主动发送给交通出行者或交通管理者，也可以是交通出行者或交通管理者主动要求提供相关的交通信息服务。

我国交通信息服务的历史可追溯至上个世纪 80 年代，国家“七五”科技攻关项目的南京城市交通实时自适应控制系统应用交通情报板和交通诱导广播电台，开始了由政府部门发布的交通信息。2005 年致力于交通信息服务的企业崭露头角，为我国的交通信息服务发展打下良好基础；交通部组织实施的“公众出行交通信息服务系统”建设示范工程。2006 年各省市交通主管等部门和单位已将公路交通出行信息服务工作纳入公路管理日常业务范围，建立了面向公众公路出行的交通信息服务系统。目前，我国许多城市进行的交通基础建设为的采集奠定了基础，而通信技术快速发展为交通信息服务的应用提供了快速通道。导航、移动位置服务以及移动网络通信数据等智能交通信息服务应用技术的大规模推广，更是为交通信息服务特别是面向公众出行交通信息服务提供了广大的应用空间。

二、系统组成及功能

（一）系统组成

交通信息服务系统从逻辑上分为三个部分：数据的接入和采集、数据的融合与加工处理、交通信息的多方式发布。其中数据接入和采集的功能是通过不同的方式将多样化的交通数据传输到信息服务系统的数据处理平台。平台主要实现数据的融合和加工处理功能，即对多源异构的交通数据按照一定的标准规范进行信息融合和挖掘、智能推理、计算实验等处理，最终生成综合性和个性化的交通信息。交通信息的多方式发布体现在两个方面：一方面体现在其能够服务于多种出行方式的社会公众，另外一方面体现在其能够通过各种不同种类的发布终端显示信息。交通信息服务系统的总体框架如图 1 所示。

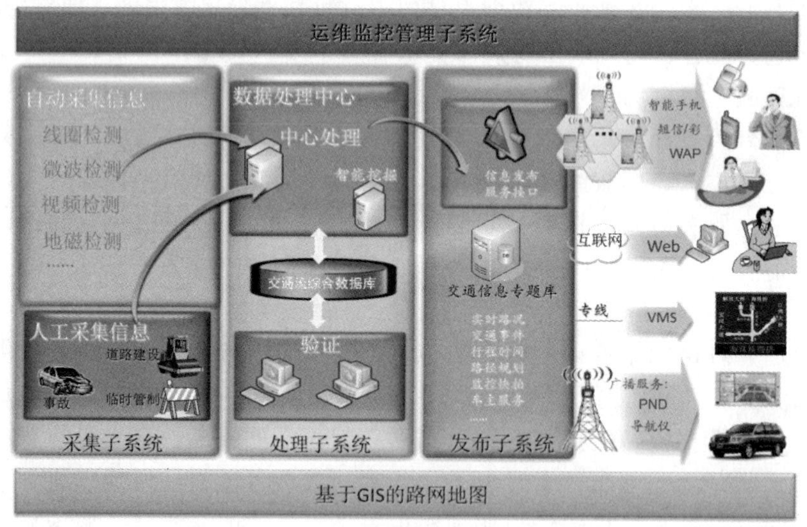

图1 交通信息服务系统的总体框架

（二）系统的功能

1. 基于 GIS 的动态路网图

动态路网图是展示实时交通路况的最直观有效的形式。基于 GIS 的动态路网图可以通过红（拥堵）、黄（缓慢）、绿（畅通）等不同的颜色来表示当前路况，也可以通过不同的符号来表示各种地图要素，以此提供更加直观的用户体验。

2. 数据采集

数据采集子系统主要实现从现有各种交通流基础数据库的自动采集和接入，其功能主要包括自动采集、人工路况采编、数据预处理。自动采编功能支持从现有的交通流检测、交通事件检测、交通信号控制、交通指挥调度、电子警察、气象检测以及移动采集（浮动车采集）等各种具备检测的系统采集交通基础数据；人工路况采编支持采编人员将通过视频监控系统看到的或者其他渠道得到的道路交通路况录入到系统中；系统支持自动集采和人工采编相结合的交通信息采集处理模式，适应不同地区的智能交通基础系统建设的情况。

3. 多源数据处理

多源交通流数据的处理是通过完成对多源异构数据的接入以及人工采集和其他渠道获取的交通数据基础上，建立融合各种实时多源交通信息的进行处理的高效率数据处理模型，包含实时路况预测、行程时间预测模型和混合交通信息模型，对交通数据进行规范化、标准化整合后，将交通数据转换可视化、易于理解和发布的交通数据，并保证数据间关系的正确性、可读性并避免大量的数据冗余，发掘隐藏在原始交通信息背后的有用信息，并用于交通分析与预测。

4. 交通信息发布

交通信息服务系统利用 GIT、Web-GIS、三维建摸等图形展示技术，采用视频、图表、简化图、重点区域三维仿真等形式，整合了文字、声音、图片和视频多媒体混合传输展现技术，可以根据终端的配置自动实现交通信息的文字、声音、图片或视频播放，实现多维多态的交通信息展示。其发布交通信息包括路况地图、交通监控照片、路况信息、交通事故、交通事件、交通管制、道路施工、交通气象等信息；可根据城市道路的特点开发了列表方式、城市简图、变形图等展现形式。并可以在互联网 WEB、交通信息板 VMS、电子沙盘、智能手机和智能终端 APP 等上发布。

三、应用案例

随着北京奥运会、上海世博会、广州亚运会、深圳大运会的召开，在原有系统例如浮动车交通信息采集系统、道路交通流实时检测和分析系统等系统基础上，建立了城市的交通信息服务系统，为公众出行提供实时交通信息，从而保障活动的平稳、有序、安全运行。目前，我国有城市 22 个以上建立面向公众出行交通信息服务系统，发布实时道路交通信息。

例如，上海在世博会前充分研究了交通信息源的组织方式和交通信息的发布组织形式，建立的世博交通网网站可以适应于不同的终端。在世博会期间，为出行者提供了世博园区周边道路交通状况、世博会入园客流、世博会在园客流等多种世博动态交通信息及交通管制信息，停车场信息、公交线路信息等静态信息，并提供公交出行与自驾出行的决策支持。实现了基于 GIS 的交通信息发布手机应用终端系统“灵通出行”，实现对世博声讯热线 962010 以及上海城建声讯话务咨询，世博会期间，日均接电量达到 10 000 多次，实现在大宾馆布设了交通信息触摸屏，每天咨询业务超过 1 000 多次，实现了在车载移动终端发布实时动态交通信息。

“高速通”APP 是由广东省为公众推出的高速公路交通信息服务的移动应用，以广播、同步、推送、公众报料等多种方式，通过智能手机，以路面车道的动态模型展示直观实时的动态路况、交通事件、服务设施信息（加油、维修、餐饮），随时随地为公众出行提供高速路线查询、路况直播、车辆救援、定制我的路线等一系列高效，方便的服务应用，交通信息除了在电子地图上展现以外，根据高速公路的特点开发了列表方式、简图、变形图等展现形式如图 2 所示，为用户提供更加便捷的查询方式；“高速通”还具有语音播报的功能，客户端通过语音播报功能，可以放当前位置附近的实时路况信息，满足人们出行的多样化、个性化需求。

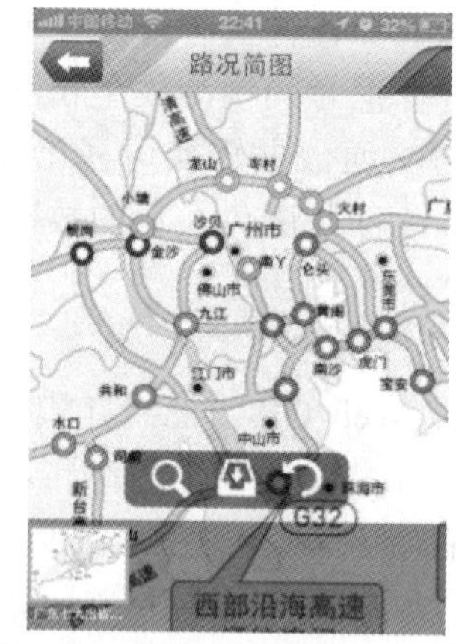

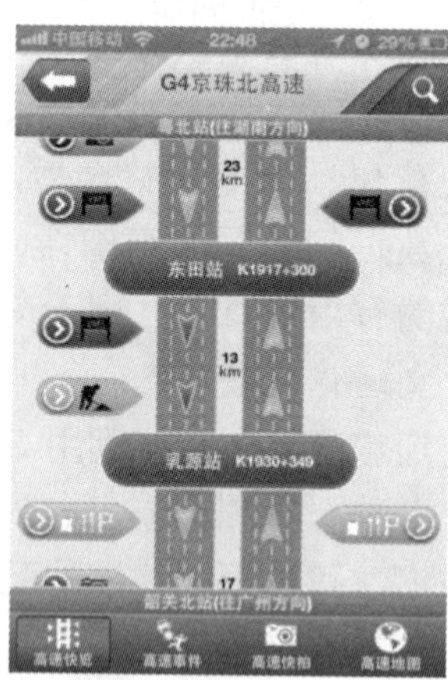

图2　“高速通”APP列表方式、简图、变形图等展现形式图

“高速通”移动应用 APP 程序在去年试运行后，今年春运时发布“广东高速通”APP 的正式版本（包括苹果版及安卓版两个版本提供免费下载），获得了近十万次的下载和两百万次的启动。特别在 2013 年 1 月 27 日至 2 月 25 日期间，手机 APP 应用《高速通》录得总共 74 030 人次下载。其中广东省新增用户共 58 049 人，占 78.4%。其余新增用户的所在省市分别为湖南省（1 210 人次）、广西省（977 人次）、贵州省（832 人次）、江西省（721 人次）；“广东高速通”APP 活跃用户录得总共 22 8752 使用次数。其使用峰值从 2 月 5 日开始一直延续至 2 月 20 日，平均每天用户登入使用次数为 11 485 次。为广大出行者在春运期间的高速出行提供了很有意义的出行参考，获得了良好的社会反响。

2013 年广东还推出了城市道路公众交通信息服务的 APP 应用，有重点针对公交的广州“沃 · 行讯通”和深圳的“交通在手”，有以对驾驶员为主的广州“警民通 · 出行易”。

“智行”移动 APP 是北京交通发展研究中心面向社会工作提供实时路况、交通事件信息服务的应用软件。从 2013 年 1 月 19 日开始在安卓市场、百度应用平台、机锋市场等主流的移动应用平台发布使用。系统主要是实现基于移动互联网的交通信息采集和应用功能，包括基于Android平台的智能手机应用软件和基于Windows操作系统的后台管理系统两个部分。其中，主要实现的功能包括多类型事件信息即时报送功能、基于地图的实时路况和事件信息展示功能、事件信息语音报读功能、社交网络服务功能等。

系统基于Android平台提供完善、用户友好的交通事件信息收集与发布，通过服务端控制系统提供信息采集、聚集筛选、通信、实时推送等管理功能。从用户群特征、功能需求和设计要求出发，充分考虑系统的高可用性、实用性、可维护性、先进性、可扩展性和安全性等各方面，设计系统架构。

图3　智行软件主要界面

四、发展趋势

智能化交通服务技术的发展，智能化交通服务系统不仅可为交通管理部门提供决策的辅助依据，同时，公众出行者可以随时随地通过多种方式，获取交通运输系统的实时状况、管制措施、公交换乘、停车场有无等与自己出行相关的交通信息，使得其出行更加便捷和高效。建立比较完整的交通信息发布体系，使信息发布真正起到交通诱导分流的作用，从而缓解交通拥堵。而基于移动的交通信息采集技术将是对现有的动态交通信息采集技术的一种有效补充和完善，面向移动终端的个性化交通信息服务将显著拓展交通信息服务的覆盖对象范围和应用能力。基于车联网动态交通信息采集将是智能交通系统发展的一个重要领域，也必将与智能交通系统的发展密切相关。

传统交通信息服务实际是路径诱导服务，为驾驶员提供实时的路况和诱导信息。随着移动通信和互联网技术的发展，公众出行交通服务的用户群逐步扩大，不仅包含了交通管理者、在途用户，而且要为计划出行的用户提供出行前的路线选择、所经道路的交通情况、出行方式选择、换乘选择及停车诱导等，用户对发布的信息要求形式更加多维化，实时性增强、个性化的内容更加广泛，公众出行交通信息服务系统还将是一个逐步深入和不断完善的长期过程。

（撰稿：徐亚国、李斌、温慧敏）

智能泊车管理技术

一、技术概述

近年来我国汽车保有量直线上升，许多城市“停车难、难停车”的问题日渐显著，供需紧张、违章停车、进出停车场不易、寻找停车场困难等现象普遍存在，影响了城市景观，更影响着动态交通的和谐发展。要缓解或解决停车难题，首先需要在停车场法规规章的约束和保障下，根据城市经济、人口、面积、道路状况、功能分区、车辆拥有量等因素进行系统的、科学的停车场规划；其次要根据停车场规划、车流运行特性和道路网布局，进行路外停车场和路内停车场的配置与建设；在此基础上，需要进行合理科学的停车管理，多年来停车管理仍处于劳动密集的粗犷状态中，因此造成了停车场通行效率低下、监管难度大、管理单位鱼龙混杂，车场秩序混乱、车位分配不均等现象，因此停车管理的智能化科学显得尤为重要。

在 2010 年 5 月 19 日国家住建部、公安部、发革委发文要求“大力推动停车设施新技术应用，要积极依靠科技进步，给合实际需求推广占地少、成本低、见效快的机械式停车设施建设，加大停车新技术的推广应用，提高土地使用效率。按照方便使用、注重引导、人性化服务的要求，加快建设完善的城市停车设施标识系统”以及“要充分利用现有资源，给合数字化城管系统、城市交通信息系统建设，积极建设城市停车信息服务平台，整合停车资源。大力建设城市停车信息诱导系统，鼓励采用现代信息技术、通信技术等为公众提供停车信息服务，推广停车预约服务和电子缴费技术，提高停车设施的利用率”。

智能化停车管理系统或称城市停车信息管理系统是 ITS 的重要组成部分，其目标在于缓解城市道路的交通压力，规范停车交通秩序，方便交通管理部门的统一管理规划，通过通信系统实现与其他城市交通管理系统的信息共享；同时促进城市停车及周边道路的有效利用，通过多种可识别方式向道路出行者提供停车位置、使用情况、行驶路径以及相关道路交通状况等信息，诱导出行者最有效地找到停车位置。

智能化停车管理技术包括了停车管理的信息技术、收费介质和识别技术、停车位感知的车辆检测技术、停车收费的支付技术、停车场（位）分布和停车诱导的 GIS 技术、停车信息服务技术等。其智能化停车管理系统包括了城市停车管理信息系统、停车场管理系统、停车诱导系统等组成。

停车场管理系统通常由收费介质识别设备（入口设备、出口设备）、停车场管理专用设备（收费终端设备和数据中心设备）所组成。路内停车管理系统通常由停车收费咪表、停车数据读写器和停车管理系统所组成。

城市停车诱导系统是以可变、多级信息发布屏或其他发布方式为载体，向出行者提供停车场（库）的具体位置、行驶路径、当前车位实时数据等信息，指引驾驶员合理停车，同时提供数据进行分析、辅助管理部门决策的智能交通系统。

二、系统组成及功能

从功能逻辑结构划分，智能化停车系统由停车信息采集系统、智能综合收费系统、停车诱导信息系统、其他辅助系统四部分组成。其功能逻辑结构如图1所示。

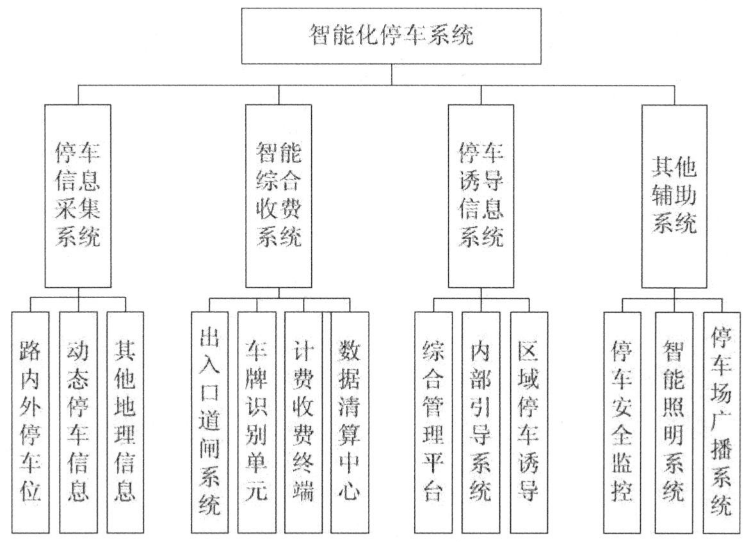

图1　智能化停车系统功能逻辑结构图

（一）停车信息采集系统

停车信息采集系统主要包括基础地理信息（道路基础设施、建筑等）采集、静态的路内外停车场停车位的信息采集、动态的车位占用状态信息采集，以及相应的信息传输模块。

其中动态停车位占用状态信息采集技术主要包括电感线圈检测技术、信标技术、视频检测技术、卫星定位技术、超声波检测技术、微波检测技术、红外检测技术、地磁技术等。一般通过在停车场各层出入口埋设检测线圈、ETC等技术，检测车辆进出停车场的信息并上传给空余车位数据采集器来实现。进一步对于单个停车位的占用状态，一般采用红外检测或地磁检测技术，实时采集停车位的状态信息。

（二）智能综合收费系统

传统的停车场收费普遍采用人工计费的方式或基于出入口PC端的管理方式，因此造成了通行效率低下，秩序混乱，“跑冒滴漏”等现象。将车牌识别技术、电子支付技术和互联网技术应用于停车场收费管理中，实现停车场通行效率和管理水平的最优化，封堵停车服务管理中产生的人为漏洞。停车领域内的领军企业已着手与第三方支付运营商合作将电子支付手段引入到停车场收费管理中，如一卡通、ETC、银联等支付手段已成功进入到停车领域，通过实际应用，证明了依靠电子快捷支付手段能够有效缓解停车场高峰时段由于车流大造成的出入口排队拥堵现象，实现停车服务精细化和停车支付多元化，提高了停车场的综合管理和服务水平。

停车智能综合收费系统由出入口道闸系统、车牌识别单元、计费收费终端和数据清算中心组成。

出入口道闸系统感应车辆，控制车辆驾驶行为；车牌识别单元一般通过人工或牌照识别、ETC 检测等智能手段读取用户标识，以此为依据检验用户是否具有存车的权限并通过硬件设备控制车辆的存车行为；计费收费终端设备作为系统前端应用软件的运行平台，为用户提供管理系统的友好用户界面，显示设备运行情况和停车场管理信息，执行用户发出的管理命令，通过金额显示器、票据打印机等配套设备，收费终端可以完成停车交易的结算功能；数据清算中心是系统数据库运行的平台，其功能是保证智能化停车收费的稳定可靠运行。

而对路内停车的收费管理，多数大城市启用停车咪表（电子计时表）收费，目前上海等城市在维持固定式咪表稳定运营的同时，逐渐实施道路停车使用移动收费系统（手持 POS 机），凭借移动收费系统，将道路停车场实时车位信息纳入智能化停车管理信息系统，以便进行停车诱导系统服务。

2012 年，北京首都机场 T3 航站楼停车场出入口进行了改造，设置了 ETC 专用通道，率先实现了将 ETC 这一电子支付手段引进了停车场，如图 2 所示。

图 2　首都机场T3航站楼停车楼的ETC专用车道

（三）停车诱导信息系统

系统通过与停车信息采集系统的联网，获取路内外的静态停车场（库）信息、动态车位占用状态信息与动态交通信息，实现对停车场（库）、车位数据以及周围道路交通情况和禁停路段等交通设施集成化管理，为相关部门提供城市停车情况和停车场（库）、车位的分布情况等信息和禁停路段信息，并为车主提供一系列停车服务，如车位预定、停车场位置引导、停车场附近信息介绍等信息。

信息发布技术主要包括电子可变情报板、车载导航仪、因特网、社区服务网、无线寻呼网、广播电台、图文电视、电话声讯服务台等。各停车场与路边可变标志牌数据通信利用配备的专用无线通信模块实现。停车场数据采集器与主控计算机之间的数据通过电话线或移动通信传输。车主可以通过使用智能手机或车载智能终端的 APP、二维码等技术即时搜索附近停车场和停车位及路径、路况信息。

智能化停车诱导信息系统的目的不仅是对停车的有效管理，提高停车的效率，而且要减少停车场、车位的相关道路的交通拥堵。

另一方面，由于停车场内数据难以获得引发的车位分布不均现象更加剧了停车矛盾。据统计，常见的中型停车场的寻找停车位的平均时间为 3.3 分钟，盲目的寻找势必造成内部交通压力加大并影响车主的情绪，因此内部引导和反向寻车子系统作为成熟的泊车引导手段可全面提高停车场的服务水平。

该子系统是停车设计领域的七步引导法中的智能化应用补充，通过合理的停车规划结合停车诱导可以缓解场内无效泊车的现象。该子系统将车位信息实时采集，并通过 LED 显示屏和车位灯光引导的方式让车主清晰的了解到各区域的停车情况，方便对自己的路线进行决策判断。系统拓扑图如图 3 所示。

车主活动完毕，计划驾车离开的时候经常出现找不到车辆的情况，因此可以采用通过找车机快速寻找到车辆，依靠车位车牌识别或区域主动定位的方式进行信息获取，同时将车位停放信息通过统一的发布终端向车主发布。如图 4 所示。

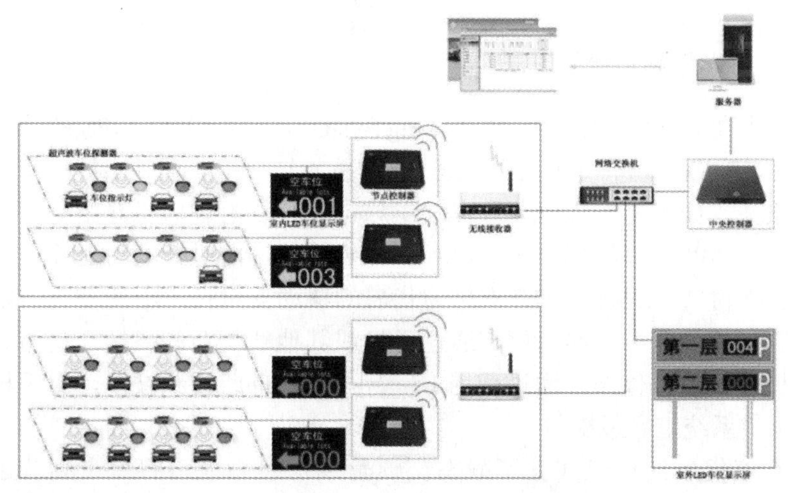

图3 内部引导系统网络拓扑图

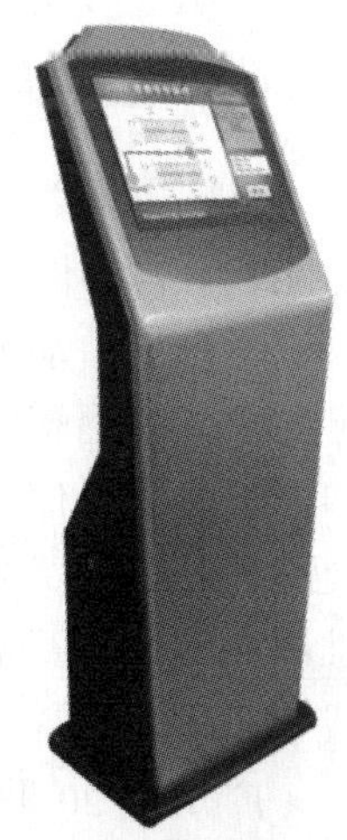

图4 停车场找车机

（四）其他辅助系统

1. 安全监控子系统

安全监控系统是停车场运营管理安全水平的重要保证，其中实现方式包括视频监控和视频分析监控，其中视频分析监控不仅能够对现场的情况进行视频取证，同时可以对所发生的事件进行智能识别和报警，同时极大地提高了停车场的安全管理水平。

2. 智能照明系统

大型地下停车场由于其特殊性，部分区域必须保持 24 小时的灯光开启，这样既提高了成本又造成了资源的浪费，据统计每 5 千平方米的大型室内停车场每年照明能耗可到 3.5 万到 4 万度，因此正确的照明管理将会是停车场运营成本节流的重要设计和管理元素。通过停车场智能照明控制子系统，根据本地停车场的具体情况编辑适合于自己的照明控制方案，应用到系统的各节点中。当有人员或者车辆进入停车场时，该照明智能控制系统能够根据照明控制方案对停车场内指定的照明设备进行控制。实现当有车、有人的时候照明开启，无人、或者车辆完全停放后照明关闭的作用。

该系统由上位机、出入口控制器和节点控制器、传感器、照明设备等组成，各个部分通过 CAN 总线进行连接。该子系统采用可调光源，结合科学化的内部设计可最大限度地实现节能和运营成本的节约，通过顶层控制系统的调控作用可以和内部引导子系统相结合，节约成本，更大限度地提高系统的价值。

3. 停车场广播子系统

大型停车场面积相对较大、结构较为复杂，当遇到紧急情况如找人、紧急疏散、事件紧急发布等情况，难以向车主进行信息的传输时，广播系统便发挥了其作用。大型停车场楼宇广播系统由多媒体计算机、多媒体软件、分区矩阵、前置放大器、功率放大器、主备功放切换器、音箱和周边器件组成。

三、应用案例

（一）道路停车泊位管理信息系统的应用

上海市计划推进智能停车体系（Intelligent Parking System，简称 IPS），IPS 的主要功能有：自动停车服务，为停车场（库）、泊位信息共享技术结合场内场外引导技术将提供一系列自动停车服务，如车位预订停车场位置引导、停车场附近信息介绍，车主可在行驶中用智能手机的 APP、二维码、短信、呼叫中心等技术即时搜索附近停车场和停车位；以信用卡、支付宝、银行、预订支付为代表的移动支付技术将使得路内以及路外停车收费管理更加便捷服务；路内停车通过手机或其他智能互联终端，使用二维码在网上进行支付操作；路外停车，通过使用 IC 等卡、RFID 或视频技术，用手机或智能移动设备自动付款系统上完成支付。

广州市 20 世纪 90 年代后期已经建立了静态交通管理信息系统，将城市划分了 274 个交通小区（TRIPS 分区），采用简单的顺序码编码方式表达 TRIPS 分区，对停车场采用区间码，形成了编码规则；结合数据库设计完成了功能结构配置和从系统流程到对象结构树的转换，登录广州市静态交通管理信息系统，用户可以对数字化地图实行放大、缩小、平移等基本操作，并利用它实施多项停车辅助数据查询功能。

（二）停车诱导系统的应用

2001 年 12 月起，北京在西单地区建立了“停车诱导系统示范工程”，其中包括西单商业区停车场诱导子系统、灵境胡同路侧停车诱导子系统、停车诱导信息发布子系统等三项内容。2003 年上海市在黄浦区（CBD）建立了“停车诱导系统示范工程”，系统具有停车信息采集、处理和发布功能的信息技术集成应用系统。2006 年年底杭州建成停车诱导信息系统，在武林广场和灵隐风景区停车场两个试点入口处，安装了几个大的显示牌，显示停车场空车位的数目和具体位置，这些信息每隔几分钟就会更新一次。

截至 2013 年 2 月，国内已有 17 个省、4 个直辖市及澳门特别行政区安装了停车诱导系统。其中江苏省安装停车诱导系统的城市最多，有 6 个，其次是浙江省，有 4 个；上海、北京、苏州、重庆的停车诱导系统覆盖面最广，上海已有 10 个区域安装了停车诱导系统，包括黄浦区、静安区、徐汇区、长宁区、虹口区等；北京已有 8 个区域，包括王府井、西单、金融街、朝外 CBD、崇文门、中关村西区、广外大街、公主坟商圈。国内目前已建成的停车诱导系统，大多采用三级诱导：一级诱导设置在主干道，级诱导设置在次干道，三级诱导设置在靠近停车场的周边道路。在数据采集方式上，北京的中关村和公主坟地区率先采用了车牌识别的方式；在传输技术上，也多采用 GPRS 无线通信技术实现数据的实时传送。

（三）停车场智能化综合管理系统应用

重庆奎星楼是典型的停车场智能化综合管理系统的应用案例。重庆奎星楼位于临江门 4 号，总建筑面积 72 600m²，主体共计 11 层，于 2005 年建成，为缓解解放碑 CBD 商圈的“停车难”现状，渝中区委、区政府于 2011 年 9 月出资 2.35 亿元，整体收购，拟分为两期对停车楼建设和改造，奎星楼项目是国内首例政府通过收购单体建筑进行停车楼改造项目，也是国内首例单体停车楼（库）智能化程度最高的项目，现在已经完成一期 1~8 层的工程，建成车位 925 个，采用了停车场智能化综合管理系统进行内部的智能化管理，涵盖了智能收费子系统、停车内部引导和反向寻车子系统、智能照明子系统、停车场广播子系统等多项技术应用，同时引入美国沃克公司的设计理念对停车场整体进行了科学化设计。相比普通的大型停车场 / 楼，该停车场大幅减少了管理人员的数量，部分引导和秩序管理工作由智能化子系统进行，通过几个月的运行，整体状况良好，受到了媒体和社会大众的普遍关注。

（四）发展趋势

建立城市智能化停车系统，将全市路内外停车场（位）集中管理起来，动态获取停车占用状态信息和交通路径、路况信息，同时建立WEB网站，手机软件、车载终端、诱导屏、广播等全方位的多级、连续的发布手段，把诱导信息提前告知驾驶员，并实现车位预订、错时出行、网上支付等，以及满足不同驾驶者的个性化需求，不仅为公众出行提供停车资源的直观信息，同时通过停车效率的增加减轻相关道路的拥堵，另一方面也为政府、科研等部门开展静态交通相应研究提供数据参考，体现了停车管理科技化的发展趋势。

智能化停车收费技术将车牌识别技术、电子支付技术和互联网技术结合应用起来，能有效缓解停车场高峰时段由于车流大造成的出入口排队拥堵现象，实现停车服务精细化和停车支付多元化，实现停车场通行效率和管理水平的最优化，封堵停车服务管理中产生的人为漏洞。

停车场智能化综合管理系统具有一定的开放性和扩展性，为停车场利益相关方带来更多的支持。其针对停车场内部管理的需要可以采取移动视频会议、在线拍照上传取证、视频分析在线发布等方式提高停车场的运营管理效率；针对停车场业主对停车场商业价值和服务水平的需要可以提供停车场智能系统广告联动等方式挖掘停车场背后的价值；针对政府对信息综合管理方面的需求可以将停车场采集信息应用于城市智能化交通控制与管理平台中，为政府管理决策打下重要的基础。该系统真正地实现了停车场服务品质的提高，最大地发挥停车场作为现代建筑物第一大堂的作用。

（撰稿：温慧敏、刘举、关志超、徐亚国）

汽车主动安全技术

一、技术概述

车辆是智能交通系统的重要载体，是关键的交通参与者。在智能交通系统安全框架中，车辆通过无线通信技术、网络技术和车载传感器技术，感知宏观交通状况、微观的交通环境、自车和驾驶员状态，消除冲突风险，提升整个交通系统的安全性。车辆主动安全控制技术包括自主式车辆安全技术和协同式车辆安全技术。

自主式车辆安全技术是指车辆通过自车状态传感器（加速度、速度、惯性传感器、GPS 等）和车载行驶环境传感器（机器视觉、雷达、红外等）感知行车状态及交通环境，判断车辆危险状态、驾驶危险行为和交通冲突风险，为驾驶员提供安全信息服务，必要时采取主动控制的技术。

协同式车辆安全技术是指车辆通过无线通信和网络技术（3G/4G、DSRC、WiFi、RFID 等）感知行车环境和交通状态，结合自车状态，判断危险行为和冲突风险，为驾驶员提供信息服务，必要时采取主动控制的技术。

二、系统组成及功能

主动安全技术主要包括：底盘主动安全技术、纵向主动安全技术、侧向主动安全技术和其他主动安全技术。也可分为：底盘主动安全技术、安全预警技术和综合安全技术等。安全预警技术和综合安全技术主要是通过毫米波雷达、激光雷达、超声波雷达、摄像头等传感器检测驾驶员、车辆以及周围行驶环境信息以避免或减轻碰撞的技术。

底盘主动安全技术中主要有：防抱死制动系统（ABS）、牵引力控制系统（TCS）和车身电子稳定程序系统（ESP）、电子制动力分配系统（EBD）等。

纵向主动安全技术主要有：自适应巡航、前碰撞报警、主动刹车和主动夜视系统等。主动夜视系统通过近红外光源和对近红外光线敏感的摄像头采集图像，处理后得到更接近实际的效果，且对其他光照抗干扰能力强。自适应巡航、前碰撞报警、主动刹车系统通过前向的雷达或摄像头检测前车信息，控制本车与前车保持安全的距离。

侧向主动安全技术主要有：车道偏离报警、车道保持、弯道车速预警和盲区检测等。盲区检测系统通过侧后向的雷达或摄像头，检测盲区车辆，当相邻车道车辆进入盲区时，系统发出警示信号。车道保持辅助系统通过摄像头检测车道线，当车辆即将偏离车道时，系统发出报警提示，如果驾驶员不采取措施，系统将主动控制转向机构，辅助驾驶员脱离危险。

其他主动安全技术主要有：倒车雷达、自动泊车、后碰撞预警、自动驾驶技术、交叉口技术支持、行人及动物监测系统、胎压监测系统、智能可变轮胎附着力系统、主动照明系统、抬头显示系统、预紧式安全带、安全气囊（SRS）、主动式头枕（AHR）、智能车载感知与侧翻预警系统等。自动泊车系统以雷达为主要传感器，通过模式识别检测泊车位。后碰撞预警系统通过后向的雷达或摄像头检测本车道后方车辆，根据车间距和相对速度计算预碰撞时间，对双方驾驶员进行警告。环景影像系统可以合成环绕车身 360° 俯角影像，驾驶者直接透过屏幕可清楚看到汽车周围 360° 全景影像，避免潜在危险。自动驾驶技术通过应用摄像头和雷达，在拥堵的交通中跟随前方车辆行驶。交叉口技术支持利用传感器可对交叉口整个交通情况进行估测，在特定紧急情况下，可以自行制动。行人及动物监测系统能够识别行人及动物的形状和行为习性，当探测到前方行人及动物时，可自动减速停车。

三、应用案例

基于道路线形判断的主动安全技术，为提高汽车在山区公路上驾驶的安全性，防止因驾驶员对不和谐线形的疏忽而造成交通事故，利用采集到的各种驾驶信息和车辆行驶信息对公路线形进行判断，从而实现对驾驶员的预警。基于山区公路线形判断的主动安全技术，采用矩阵论的思想，将各种不和谐线形定义为状态矩阵，将各种驾驶信息和车辆行驶信息定义为信号矩阵。根据信号矩阵对判断不和谐线形的贡献值不同，建立初始权重矩阵。然后，通过 Matlab 软件进行迭代仿真，从初始的权重矩阵过渡到最终的权重矩阵，该权重矩阵可以作为常量直接使用。用给定线形对最终权重矩阵进行检验，其结果表明：使用该权重矩阵对线形进行判断得到的结果与给定线形一致。

汽车主动避撞系统的安全距离模型和目标检测算法，为辅助汽车驾驶员安全驾驶，开发了一种汽车主动避撞系统。该系统以“碰撞时间倒数”TTC-1 作为评价指标，采用了基于危险系数 ε 进行分级报警与主动制动的安全距离模型，其关键参数按照驾驶员特性进行标定。基于自适应巡航系统（ACC）目标检测算法，设计了适用于避撞系统的毫米波雷达算法。基于捷达轿车，开发了用于避撞系统的软硬件平台，并在良好路面下分别进行了主动避撞试验和人为切换试验。实车试验表明：本系统的分级报警和主动制动功能，符合期望的 TTC-1 指标，提高了汽车的主动安全性，体现了驾驶员控制的优先性和协调性。

主动式安全带扣保证后排乘客安全，奔驰发明了一种新的后排安全带扣，这种新式安全带扣可以用三个词来形容：简单、智能、安全。在不使用的时候它完全隐藏在后排座椅里面，一旦打开后门就自动弹出而且亮灯提示位置。系好安全带后，它就自动缩回 40 毫米，这样可以尽量紧贴乘客身体提供一定的预紧力。

主动转向技术是转向扭矩叠加和转角叠加与转向、制动和稳定性控制系统的集成，增强了主动安全和驾驶辅助系统的性能，并实现“按需助力”，具有节省燃油的潜力。

智能车载感知与侧翻预警系统，为了防止汽车在行驶过程中发生侧翻，使汽车始终在安全状况下行驶，减少交通事故，设计了一种基于 ARM9 的智能车载感知和侧翻预警系统，对汽车在行驶时的侧倾角和侧倾角速度进行监测，并采用多阶递推模型对汽车侧倾姿态进行预测，当预测到侧倾达到极限状况时发出报警信息，提醒驾驶人员注意并采取相应减少侧向加速度的措施，从而达到预防汽车侧翻事故的发生。

一体化安全技术可以在驾驶的不同阶段提供安全保护。当危险还没有出现的时候，系统帮助驾驶员保持安全驾驶，其主要技术有灯光、视野等主动安全技术，智能巡航速度控制系统等驾驶辅助系统。

以 CCD 和雷达为感知手段，嵌入式系统为处理器的汽车主动安全感知平台，其中包括机器视觉技术、雷达信息处理技术、传感器融合技术和嵌入式处理技术四项共性技术。道路环境感知是先进汽车主动安全系统的核心技术，它们都需要实时的掌握车辆行驶的道路状况，各种预警和避撞策略都建立在车辆准确全面的感知道路环境的基础上。

以上提到的汽车主动安全技术大多搭载在中高端车型上，尚不亲民，新技术的推广及应用成本的降低还需要时间，期待这些福祉技术能早日惠及更多人群。另外，欧美日等汽车工业发达国家的汽车主动安全技术已经走在了发展前沿，相比之下，国内技术还有待提升和完善，我国作为世界上交通事故最为严重的国家，汽车安全问题更是责无旁贷且，路漫漫其修远兮。

四、发展趋势

（一）一体化主动安全技术及车联网技术将成为汽车安全技术发展的主流

（1）多模式的人车路信息交互：信息共享的力度将进一步加大，从传统的单一依靠某种或某几种通信方式，转变为全面的多模式通信方式，包括 DSRC、WiFi、WiMAX、3G/4G、Bluetooth 等。

（2）信息监管水平的提高：人、车、路、环境等综合信息的进一步合理利用，以提高信息安全，保护个人隐私，解决智能车路协同系统所触及的社会安全问题。

（3）驾驶行为的研究：分析驾驶行为对交通安全的影响，在车路协同系统构建和设计时突出“人机协作”。根据出行者的出行意图和习惯，实现更加安全地出行。

（4）新兴技术将在车路协同系统中不断应用：模式识别技术、智能计算技术、现代控制技术、传感检测技术、现代通信技术等人工智能领域的几乎所有新技术都将成为车路协同系统的有力支撑。

（二）中国汽车市场与欧美等国市场的被动安全技术差异逐渐缩小

汽车安全仍然是全球大同的发展趋势，由于中国开放的市场环境，中国汽车市场与欧美等国市场的被动安全技术差异逐渐缩小。自主品牌汽车企业在安全研发中会逐渐考虑中国交通特性以及人员的驾驶习惯，特别是在吸收国际先进被动安全技术的基础上开发出具有针对性的被动安全技术。

由于中国混合的交通模式，行人和骑自行车的人群很长一段时间以来是交通事故的主要受害者，针对中国人体模型和骑车人模型在交通事故中伤害减少的研究是中国汽车安全技术的主要发展方向之一。

碰撞相容性是从单一碰撞模式转向复杂碰撞模式必须开展的工作，通过深入调查中国交通事故状况，有计划性地对主要车型交通事故进行相容性实验的研究，能够最大程度延伸中国汽车安全技术的研究范围的同时提高汽车整体安全性能。

在车内乘员保护方面，根据周围交通事故中后碰追尾、钻入碰撞以及翻滚事故进行深入的调查，同时需要针对后排乘员在事故中头、颈、胸部位伤害机理，防乘员下潜，儿童约束系统匹配等情况展开研究。

（三）安全法规和标准的扩充是刺激中国汽车安全技术发展的有效途径

在不久的将来会针对幼儿专用安全装置、车身稳定控制系统、车载电子系统特性以及爆胎监测安全控制系统进行相关标准的制定，主动安全标准是国家法规未来很长一段时间内的主要研究方向。

C—NCAP 已逐渐成为中国汽车安全性能评价的核心体系，对汽车企业、零部件供应商在相关方向的努力有着直接的推动作用，在将来的发展中会趋于全面化、细节化，整车翻滚实验、多角度碰撞实验、自动驾驶机器人操作主动安全实验等将会被纳入新的评价体系中。

（四）政府积极参与到汽车安全技术的开发中

通过组织如日本的 AVS、UTMS 等大型国家级安全技术推进活动并协同国家级的汽车安全实验室让汽车生产商、零部件生产商、高校以及社会各界参与进来，实施正面激励的政策鼓励汽车生产商增加汽车安全配置，提升整车安全性能。

国家积极推动汽车安全相关领域的安全研究和技术开发，如人体生物力学、高新技术材料、电子信息技术、计算机仿真模拟技术等，除此之外政府需要设立中国人体模型特征、底盘一体化等关键技术的研究专项，集中优势资源解决中国目前面临的主要难题。只有汽车安全相关学科和技术得到完善，才能有效促进汽车安全技术的长足发展。

（撰稿：李克强、邵毅明、王志洪、吴超仲）

基于智能交通的道路交通安全技术

一、技术概述

智能交通是指通过先进的电子技术、信息技术、通信技术、传感技术、检测技术和自动化技术等在道路交通中有效的集成应用，从而建立一种在大范围内、全方位发挥作用的，实时、准确、高效的综合交通管理系统。智能交通技术在我国道路交通安全工作中的应用主要经历了四个阶段：

（一）起步阶段

20 世纪 70 年代，特别是改革开放初期，我国社会经济发展基础薄弱，公路和城市道路交通基础设施非常落后，断头路、畸形路口比比皆是，道路交通标志标线缺失、安全设施缺乏，道路交通管理手段落后，理论指导不足，严重阻碍了道路交通管理水平的发展。在此情况下，迫使公安交管部门运用科技手段和科技装备来解决交通问题。以交通工程和交通信号控制系统的引入和应用为标志，新建、改建道路按照交通工程理论设置标志标线，根据条件设置信号灯，逐步代替人工指挥交通，拉开了智能交通技术在我国交通安全工作中的应用序幕。

（二）发展阶段

20 世纪 80 年代，我国城市规模较小，交通方式以自行车、步行为主，机动化进程初步显露头角，路面交通秩序较为混乱，再加上先天不足的交通基础设施，对交通安全管理造成很大的困难。为应对这一变化，北京、上海、广州、南京等一些大城市借鉴国外发达国家城市经验，开始筹备和建设以电视监视为基础的城市交通指挥中心，有效的提高了城市交通动态管控能力。

（三）扩张阶段

20 世纪 90 年代，我国社会经济迅速发展，城市化、机动化进程逐步加快，机动车、驾驶人员数量逐步增加，道路交通流量随之增加，交通违法现象日益严重，公路交通事故频发，路口、路段交通拥堵。公安交管部门充分应用智能交通技术，积极构建交通管理系统，以适应日益增长的机动车和驾驶人员数量；引进和研发闯红灯、超速抓拍等执法设备，补充路面执法，提高执法效率；建设公路卡口系统，监控公路交通运行。此阶段，智能交通技术应用逐步成熟，计算机技术、通信技术、传感技术、信息技术等先进科技在交通中得到了广泛的应用。

（四）深化阶段

随着机动车和驾驶人数量的爆发式增长，以及道路基础设施建设水平落后，交通文明基础薄弱，导致我国交通安全态势日趋严峻，重特大事故、紧急事件频发。同时，城市交通拥堵全面深化，重大活动对交通安保要求进一步提高。为提高道路交通事故预防和处理水平，改善道路交通安全，缓解城市交通拥堵，自2000年以来，各级公安交管部门十分重视智能交通技术的应用，逐步实现了交通事故再现、交通仿真模拟、事故现场快速测绘，同时广泛应用于交通安全宣传教育，为制定完善交通安全管理对策提供了可靠的技术保障。此阶段，公安部门联合建设、交通等部门，探索道路交通管理发展机制，完善交通基础设施，优化交通结构，全面推广交通工程、交通控制、交通诱导、交通监测等各类智能交通管理技术和科技执法装备应用，大规模建设交通指挥中心和控制系统，极大的提高了交通安全管理水平，初步实现了我国交通安全管理由经验型向科学化管理的转变，实现交通安全管理向科学化、智能化的迈进。

二、系统组成与功能

智能交通技术在我国道路交通安全工作中的应用主要包括六个系统，分别为：城市交通管理系统、公路交通管理系统、车辆和驾驶人及管理系统、交通事故处理系统、交通安全宣传教育系统和公安交通执法系统（图1）。其功能是通过对人、车、路、环境交通安全四要素的综合作用，进行道路交通安全态势研究分析，辅助形成道路交通事故预防对策，从而可以提高事故处理和应急救援水平，规范道路交通运行秩序，均衡交通流量时空分布，改善道路通行效率，保障道路交通安全，为道路交通安全管理工作提供有力的技术支撑。

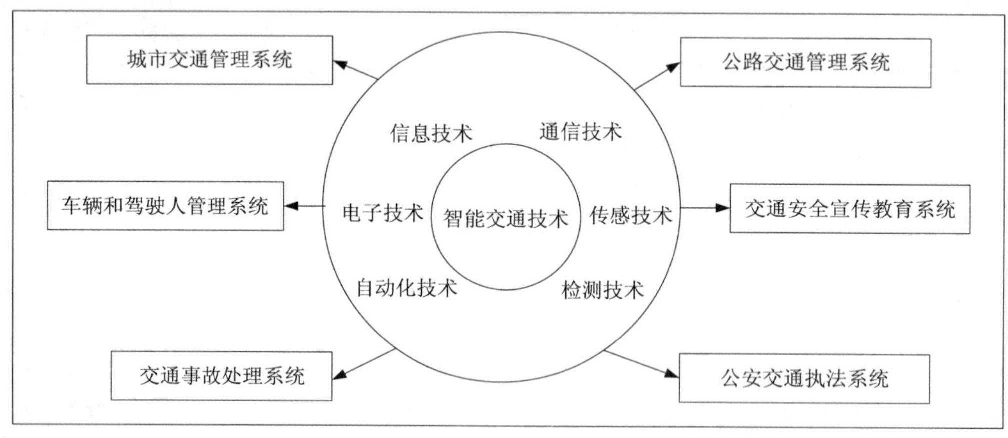

图1　系统组成

1. 城市交通管理系统

应用检测技术、信息技术、通信技术、传感技术等智能交通技术实时采集、监测城市道路交通各类交通方式运行情况，分析研究道路网交通运行态势，为居民出行提供可靠信息服务，科学调度路面警力资源，管控交通秩序，应对城市突发事件情况下交通管控，实现城市道路交通的安全与畅通。

2. 公路交通管理系统

充分利用了智能交通技术实现路面多元交通安全数据的实时采集，科学分析研究交通安全态势和制定应对措施，为交通参与者提供交通安全信息，加强对交通安全管理的主动预防能力。

3. 车辆和驾驶人管理系统

应用智能交通技术提高机动车主动安全性和被动安全性，加强机动车运行和驾驶人员的动态监管，为机动车和驾驶人员提供便民信息服务，实现机动车和驾驶人员的一体化服务管理。

4. 交通事故处理系统

通过信息技术、自动化技术等智能交通技术的应用，实现交通事故信息采集与分析的智能化和科学化，提高交通事故信息采集处理精度，加快事故处置效率，为深层次挖掘事故成因和合理鉴定事故责任提供技术支撑。

5. 交通安全宣传教育系统

针对特定的群体制定科学的宣传教育方案，采用先进的通信技术、网络技术等智能交通技术向群众更直接更形象地展示交通安全宣传内容，提升交通安全宣传效果。

6. 公安交通执法系统

应用信息技术、网络技术、电子技术等智能交通技术研发警务通、酒精检测器、移动抓拍设备等交通执法装备，通过视频抓拍、车牌识别等技术实时采集记录路面交通违法现象，进而提高执法能力，保障交通安全。

三、应用案例

在智能交通技术和道路交通安全态势互动发展情况下，智能交通技术在我国道路交通安全工作中应用力度不断加大，在城市交通管理、公路交通管理、车辆和驾驶人管理、交通事故预防和处置、道路交通安全宣传、公安道路交通执法等方面的应用愈加深入（见图 2），交通管理指挥决策能力显著增强，有力地推动了我国道路交通安全工作的健康发展。智能交通技术在我国道路交通安全工作中的具体应用如下：

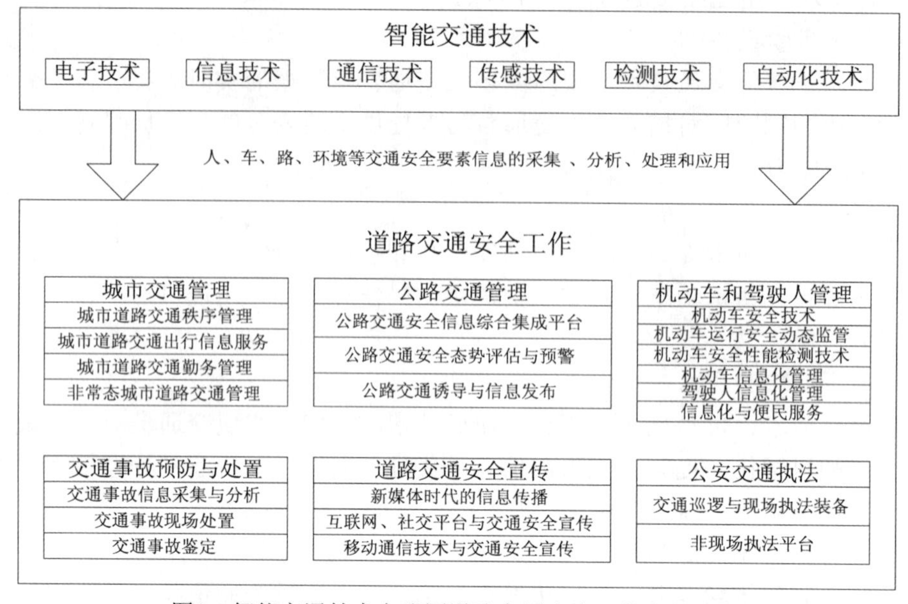

图2　智能交通技术在我国道路交通安全工作中的应用

（一）城市交通管理

1. 城市道路交通秩序管理

自交通信号控制系统应用于城市道路交通管理开始，信息技术、传感技术、计算机技术等智能交通技术得到了广泛应用，各城市积极建设和完善城市交通指挥中心、交通违法行为自动记录系统、停车管理信息系统，应用交通仿真技术研究解决城市交通微观问题。“十一五”期间，全国建成交通指挥中心的城市由“十五”期间的 270 个增加到 542 个，设置闯红灯自动记录设备 2.7 万台，测速设备 1.7 万台，比“十五”期间增长 234.4% 和 314.1%。智能交通技术的应用极大地提高了交通拥堵、突发事件等警情的监测和指挥水平，增强了快速反应和处置突发事件能力。同时，规范了交通秩序，有效地提高了城市交通运行效率，缓解了城市交通拥堵，改善了城市道路交通安全状况。

2. 城市道路交通出行服务

随着信息技术的发展，交通信息的采集、分析与应用在城市交通管理中愈来愈重要。各地不断增加视频监控、路面线圈等交通信息采集设备，完善交通信息采集系统。积极开展城市交通运行状态的实时研究分析，通过交通诱导屏、停车诱导屏、互联网实时信息查询、车载道路诱导系统等先进的设备为广大交通参与者提供及时、准确的交通信息，使得居民出行更加方便，也提高了城市交通运行效率。在公安交通管理工作中，交通违法实现了信息的自动采集与分析，提高了交通管理水平。目前，城市道路交通信息出行服务已经逐步向多元化、人性化和智慧型发展，采集分析交通信息更加智能化，提供的交通信息愈加广泛，更加考虑不同交通参与者的出行需求，使得交通出行更加方便、快捷。

3. 城市道路交通勤务管理

智能交通技术充分应用到了城市道路交通勤务管理，在日常勤务调度和特殊勤务调度中，主要利用城市交通管控中心研究判断交通运行态势，实时监测、预警交通事故、拥堵和突发事件，并通过 GPS、警务通等设备对警车、警员定位和指挥，科学调度警力，开展指挥疏导交通、纠正和取缔交通违法、预防和处置交通事故、应急处置突发事件等工作。此外，公安交通管理部门也逐步建立了交通设施管理信息系统，实现交通设施的科学设置、维护和管理。

4. 非常态城市道路交通管理

针对自然灾害、交通拥堵、安全事故等突发事件对城市交通的影响，诸多城市逐步探索并建成了对城市恶劣天气、紧急突发事件等情况的城市交通管理系统，有效加强了城市交通对突发事件的需求响应。

（二）公路交通管理

1. 公路交通安全信息综合集成平台

在标准规范体系的框架内，以路面前端高清卡口、测速取证、视频监控、气象监测、流量监测、车载设备、诱导设备等信息采集设备为基础，通过视频专网、公安内网、卫星通信等通信技术实现交通安全数据的综合采集与传输，经过数据融合与分析，发挥对交通安全监测、运行态势评估预警、交通违法查处、特殊事件处置、交通诱导、应急指挥和社会化服务等作用。公路交通安全信息综合集成平台可以全面掌握公路交通安全信息，为公路交通的安全与畅通提供可靠保障。

2. 公路交通安全态势评估与预警

应用交通流检测、视频监控、路面实时巡查等技术及时采集分析公路交通安全态势数据，针对恶劣天气、交通流量、交通违法、突发交通事件等条件进行交通安全态势评估与预警，辅助制定应对策略，显著提高了公路交通特别是区域公路网对交通事故、特殊事件等情形的主动预防能力。

3. 公路交通诱导与信息发布

为提高公路交通通行效率，改善对交通参与者服务水平，我国公路交通逐步建立了交通诱导与信息发布系统，通过诱导屏、服务区告知栏等信息诱导设备的优化设置，制定科学合理的诱导方案，采用音频、视频等多途径信息发布手段，为公路交通参与者提供公共和个性化的信息服务。同时，应用信息诱导与信息发布机制，交通管理部门进一步加强交通事件的联动指挥、视频联动监控和多级应急指挥预案管理等交通安全指挥调度，提高了对交通安全态势的把握管控能力。

（三）机动车和驾驶人管理

1. 机动车安全技术

随着传感技术、通信技术的发展，机动车安全性也得到了大幅度的提升，我国在机动车设计、制造中也广泛采用智能交通技术提高安全性。在主动安全性方面，机动车制动系统电子控制技术、机动车限速装置、机动车转向控制系统安全技术、驾驶人驾驶行为动态监控装置逐步成为常规配置。被动安全性方面，吸能式车身结构技术、机动车乘员保护系统、机动车内饰安全技术、机动车乘员应急逃生系统正被广泛应用。

2. 机动车运行安全动态监管

机动车运行中的安全监管对道路交通安全具有重要意义。目前，我国已经实现应用 GPS、行驶记录仪等设备对个体进行车辆和运营车辆运行安全动态监管，加强了对大型客货车、旅游包车、出租车等重点运营车辆运行和超限超载的联网监控。

3. 机动车安全性能检测技术

一方面是定期的机动车性能检测，应用计算机技术、传感技术、通信技术、检测技术等对机动车制动、转向、底盘等安全部件实施自动化检测，有效提高了检测效率，改进机动车安全检测水平。另一方面则是机动车自身安全性的能诊断和报警，在机动车运行过程中实时自动监测诊断各安全部件的运行状况，通过传感技术提示车辆故障，采取主动安全措施降低安全风险。

4. 机动车信息化管理

目前，我国已经建立了完善的车辆登记管理信息系统、车辆安全技术远程查验、重点车辆信息户籍化管理系统，基本实现信息化，交警总队、支队公安网接入率达100%，大队达 99.2%，加强了对我国登记机动车和外国进入我国境内机动车的安全监管。基于无线通信技术，全国高速公路广泛采用 ETC 不停车收费系统，极大的提高了公路交通运行效率，有效解决了收费站的通行瓶颈。

5. 驾驶人信息化管理

为加强对驾驶人员考试、证件核发、交通违法等方面的管理，交管部门充分应用智能交通技术，建立了驾驶证管理信息系统，采用智能交通技术科学设定驾驶人考试内容，评判驾驶人员考试，监管驾驶人员培训，实现对出租车、大型客货车等重点驾驶人员的动态监管，不仅提高工作效率，减少监管漏洞，更是创新社会管理，有效地提升了规范执法和服务水平。

6. 信息化与便民服务

机动车和驾驶人信息化管理也进一步提升了便民服务水平，应用远程通信技术、网络技术等为广大机动车驾驶人员提供车驾管业务远程信息服务、社会化服务、流动便民服务、自助服务终端，方便机动车驾驶人员实时查询和处理交通违法，办理驾驶证审验、变更、补发、换发、降级等业务，咨询机动车和驾驶证业务办理信息，选取机动车号牌等。

（四）交通事故预防与处置

1. 交通事故信息采集与分析

利用道路高清卡口、测速取证、视频监控摄像机、事件视频检测器、交通流量检测器等智能交通技术设备，通过对路面交通信息的采集与分析，实现交通事故的判定、预警与应急处置。在采集和分析海量交通事故数据基础上，智能交通技术应用于开展道路交通安全隐患排查、事故数据的深度挖掘和分析，建立特大道路交通事故分析平台，与交通、安监等部门实现跨部门信息对接与共享，为交通事故的预防、处理提供了可靠的技术保障。

2. 交通事故现场处置

快速及时的应急救援能够显著降低交通事故导致的伤亡水平，提高现场处置水平对改善交通安全具有重要作用。交通事故应急处置平台的使用有效地提高了交通事故应急处置能力，能够及时发现和响应事故救援需要。事故现场处置过程中，现场的安全防护、勘察也依赖于先进的智能交通技术设备，为事故的分析提供可靠的数据支撑。事故分析过程中，特别是对重特大道路交通事故深度调查，充分应用了智能交通技术的通信、传感、模拟等技术。

3. 交通事故鉴定

为科学分析交通事故成因，道路交通管理部门依托交通事故信息采集与分析，使用交通事故鉴定技术及装备，采用一种或多种致因分析方法对交通事故发生原因进行辨识，明确道路交通事故责任，掌握道路交通事故发生规律。深入应用事故再现技术和仿真模拟技术，将事故再现的内容在计算机上进行动态模拟，形象地显示道路交通事故的真实过程，使交通事故过程和成因更加形象直观。

（五）道路交通安全宣传

1. 新媒体时代的信息传播

智能交通技术能够满足新媒体时代交通安全宣传教育用户的个性化需求。目前，我国已在推广应用直播卫星技术开展交通安全宣传教育，在制定个性化宣传教育方案基础上，依托直播卫星系统搭建重点单位交通安全宣传教育平台，将定制方案直接推动到“两客一危”企业，提升针对交通重点营运企业源头管理的交通安全教育水平；搭建重点场站交通安全宣传教育平台，在长途客运站、高速公路服务区等重点部位安装交通宣传教育显示屏，播放内容丰富的交通安全宣传片，提高出行者的交通安全宣传教育水平；搭建覆盖全国中小学校的交通安全宣传教育平台，与教育部门联合制定推送宣传教育方案，提高中小学生的交通安全教育水平。

2. 互联网、社交平台与交通安全宣传

在网络技术发达的今天，使得人们更容易从网络上获得交通安全宣传教育信息。交通管理部门充分利用互联网传播广泛性和社交平台影响力的特点，实时更新交通安全法律法规、安全知识、交通文明行为规范等宣传内容，强化了交通安全宣传教育力度，拓展了交通安全宣传教育阵地。

3. 移动通信技术与交通安全宣传

为提高交通安全动态宣传效果，交管部门加强了移动通信技术应用，通过交通安全宣传车强化重点路段、重点区域、重点人群的宣传教育，编辑交通安全宣传提示短信发送到用户，与媒体联合开设交通广播，不仅可以宣传交通安全内容，也可以起到播报路况信息的作用，逐步扫除交通安全宣传教育的盲区。

（六）公安道路交通执法

1. 交通巡逻与现场执法装备

为提高交通巡逻效果和现场执法能力，交通管理部门不断提升民警执法装备水平，酒精检测仪、移动测速设备、破胎路障、锁胎器等执法装备大量投入使用，在现场执法中强化了对违法人的震慑和控制作用。执法记录仪纳入单警装备，能够实现对交通违法和民警执法全过程的记录，不仅提高了民警规范执法水平，也减少了执法争议，充分保障民警执法权益。

2. 非现场执法平台

据统计，2012 年我国机动车保有量达到了 2.4 亿辆，驾驶人员数量达到了 2.62 亿。随着我国机动车和驾驶人数量的飞速增长，交通违法数量也迅速增长，有限的警力难以及时纠正交通违法，交管部门加大了非现场执法平台建设。应用路面闯红灯抓拍设备、超速抓拍设备等交通违法检测设备实时记录机动车交通违法现象，通过特定的传输网络将违法记录上传至处理系统，进而实现对交通违法行为的查处。同时，还可应用缉查布控系统实现对盗抢车辆、套牌车辆等重点违法车辆的监控、报警和查处，有效地打击了违法犯罪行为。

四、发展趋势

（一）基于传感网络的区域大范围交通信息采集技术

为应对频繁发生的大范围公路交通拥堵、交通事故、恶劣天气等特殊事件，公路交通应急调度需要跨部门、跨区域、跨路网的协同，公路网络密度和连通度的增加为区域协同调度提供了基础设施保障，但区域大范围交通信息的采集存在设施不全、标准不统一、采集难度高等困难。传感网技术的发展为区域大范围交通信息采集提供了可能。在区域大范围内为交通安全要素装设感知节点基础上，通过气象传感器、路况传感器、车辆检测器、CCTV 视频摄像头等各种传感器或智能采集单元，检测区域范围内驾驶员行为、道路路况、交通流信息、气象信息、CCTV 监控信息等，完成各类数据和视频信息的信号变换与信息采集。此外，单个感知节点能处理单一的数据信息，当发现单一数据超过设定阈值时可以发出报警，如对路况信息和气象要素进行危险性指标检测和分析，达到危险天气和异常交通现象报警阈值时自动启动报警功能。

（二）基于“云计算”的交通信息处理技术

道路交通安全管理信息需求已开始大规模的多元化发展，广泛应用于交通安全和拥堵态势研究分析、交通事故预防和处置、社会化信息服务等方面，海量数据的分析处理和多元服务急需新的技术突破。“云计算”技术在交通安全管理中具有广泛的应用前景。一方面，云计算技术能够透过网络将庞大的计算处理程序自动分拆成无数个较小的子程序，再交由多台服务器所组成的庞大系统，经计算分析之后，将处理结果回传给用户，为用户提供强大的网络服务。交通安全管理信息的海量数据可以经由无数个子程序分析计算得出所需结果，节约计算资源，提高信息分析处理效率，也保证了信息处理过程的安全性。另一方面，云计算为客户提供自助化的资源服务，用户无需同提供商交互就可自动得到自助的计算资源能力。因此，可以将道路交通安全管理海量数据分类处理，根据用户需求进行计算处理，实现交通安全态势研究分析、交通事故预防与处置、交通信息发布与诱导等方面不同的服务需求。

（三）城市区域交通协同联动控制技术

近年来，我国城市交通拥堵现象十分普遍，大城市交通拥堵向全天候、全城蔓延，直接冲击着脆弱敏感的城市道路交通网络。同时，恶劣天气、大型活动等紧急事件也极易导致交通网络的瘫痪。缓解城市交通拥堵、应对突发事件，需要研究城市区域交通协同联动控制技术，从更大范围内调度资源，提高交通应急能力。城市区域交通协同联动控制技术依赖于区域大范围交通信息的采集与交互，进而在分析交通出行行为基础上综合采取信号控制、交通诱导和需求管控等技术实现区域交通的联动协同，从而达到调节交通需求、优化交通结构、提高运行效率的目的，实现缓解城市交通拥堵的目标。

（四）智能“车－路”协同技术

智能车—路协同技术是基于无线通信、传感探测等技术获取车辆和道路信息，通过车车、车路通信进行交互和共享，实现车辆和基础设施之间智能协同与配合，为缓解道路交通拥堵、提高道路通行能力、改善道路交通安全等发挥重要的作用。智能车路协同技术的应用关键在于车辆、道路基础设施的感知以及二者的信息交互和车辆的自动控制。车辆的感知和控制技术需要有完善的车载感知设备，能够对车辆自身以及周边运行环境进行精确识别、定位和判断，并根据感知信息进行车辆运行状态的调整；道路基础设施感知技术需要通过对道路及其附属设施、交通流等信息实时研究分析，明确当前以及预测可能发生的状态，为车辆感知和控制提供依据；在车辆和道路基础设施感知基础上，通过车路通信技术实现车辆与道路之间的信息互通，重点解决车辆在高速移动状态下多元信息的融合、分析和处理。

（五）物联网、车联网技术

物联网（Internet of Things）的概念由美国麻省理工学院的 Kevin Ashton 1999 年提出，是通过射频识别（RFID）、红外感应器、全球定位系统、激光扫描器等信息传感设备，按约定的协议，把任何物品与互联网连接起来，进行信息交换和共享，用以实现智能化识别和管理的一种网络。物联网技术架构分为感知层、网络层和应用层，在道路交通安全管理方面的应用通过前端的 RFID、智能卡、线圈、信号控制、读卡设备等交通信息采集和处理设备对交通安全管理要素的感知，通过微波、卫星、互联网等通信网络实现交通安全要素物的信息交互，进而进行交通控制、交通诱导、交通事故预防和处置、社会化服务等深度应用。

车联网是物联网在交通领域的一个细分应用，是指车与车、车与路、车与人、车与传感设备等交互，实现车辆与公众网络通信的动态移动通信系统。车联网技术使得车辆具备信息的感知和交互功能，能够实时判断交通流运行状态，进而调整车辆操作，保障车辆在交通运行中的安全和效率，如车辆在交通流中跟随控制模型实现自动驾驶，减少人为因素带来的复杂影响。

（撰稿：赵新勇、戴帅）

道路交通仿真技术

一、技术概述

交通仿真技术（一般指道路交通仿真技术）是以交通规划管理应用需求为导向，以交通工程科学为核心理论基础，以计算机技术为主要实现手段，以不同的时空尺度模拟交通系统运作的模拟技术。一般按仿真尺度的不同，分为宏观仿真、微观仿真、中观仿真三大类。

宏观仿真一般以基于连续介质假设的流体单元为仿真基本单元，实现路段单元交通流宏观特性快速模拟和分析见图 1。早期的宏观仿真以英国的 TRANSYT 项目和美国的 FREFLO 项目的研究成果为代表，应用于道路网络的信号配时优化；美国加州大学 Daganzo 于 1993 年提出了 CTM 模型（Cell Transmission Model），把路段划分为多个等长元胞，并将时间离散化为均匀的时间段，每时段更新元胞交通流状态，能很好地描述交通波传输、排队形成及消散等现象。2003 年，加州大学的 Munoz 提出了改进的 CTM 模型 MCTM（Modified cell transmission model），MCTM 实现了道路的非等长划分，增强了 CTM 模型的实用性。2006 年加州大学的 Gomes 等提出非对称的 ACTM 模型（Asymmetric Cell Transmission model），可用于进行匝道控制策略的优化比选。2010 年，中山大学钟任新等在 SMM 模型的基础上，考虑了由于随机外在因素，如天气、限速、大车比例等在内的影响，造成模型中元胞的供需不确定的情况，提出了 SCTM（Stochastic cell transmission model），将随机因素的影响归结到基本图的差异中，更贴切地反映真实的交通流运行状况。

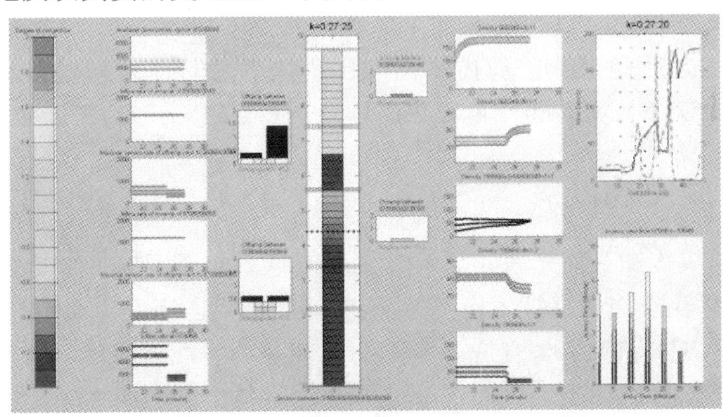

图1　宏观仿真

微观仿真以车辆、行人等个体作为仿真基本单元，通过建立车辆跟驰、换道等模型细致地模拟车与车、人与人、车与人的相互作用，一般适用于车辆跟驰模型和交通流模型见图 2。近年来微观仿真得到了充分的发展，其中比较具有代表性的是 CORSIM、VISSIM、PARAMICS。CORSIM 由美国联邦公路局（FHWA）开发，综合两个微观仿真模型（用于城市的 NETSIM 和用于高速公路的 FRESM）的优点，能够对城市道路和高速公路的交通流进行仿真，用于交通管理系统的开发和评价。VISSIM 是德国 PTV 公司的产品，是一个离散随机的微观模型，车辆的纵向运动采用了基于规则的算法。VISSIM 提供图形化的界面，用 2D 和 3D 动画向用户直观显示车辆运动，运用动态交通分配进行路径选择，能够模拟许多城市内和非城市内的交通流。PARAMICS 是由英国 Quadstone 开发的支持多用户并行计算的微观仿真软件，具有功能强大的应用程序接口，用户可以利用程序接口创建特殊的仿真场景。

图2　微观仿真

中观交通仿真型以车辆或车队作为仿真基本单元，捕捉交通流的基本动态，同时简化车辆行为，减少数据需求，达到比微观仿真更为高效的仿真速度见图 3。中观仿真考虑车辆动力学，同时可以模拟个体车辆的驾驶行为，是一种能够兼顾宏观交通仿真与微观交通仿真优点来描述交通流动态运行的仿真技术。最早的中观仿真并不考虑单个车辆行为，以车道上的车队作为仿真对象，如 1989 年伦纳德等人开发的 CONTRAM；之后提出的中观仿真以简化个体车辆的行为来模拟交通流动态，如 DYNASMART、DYNAMIT、DYNAMEQ 以及 MEZZO。

二、系统组成及功能

国外的科研机构和公司研发了各种交通仿真软件以满足宏、中、微不同尺度的仿真应用需求，国内由于在仿真技术研发方面起步较晚，尚未研发出商用的交通仿真软件。现有的仿真软件基本涵盖了仿真应用所需的大部分功能，因此目前仿真技术的应用基本上以交通仿真软件的使用为主，部分地区为满足特定的应用需求，在现有软件的基础上进行二次开发，也搭建了具有一定业务针对性的仿真系统。综观现有的仿真软件和基于现有软件而搭建的仿真系统，基本由仿真基础数据采集及管理、仿真建模及仿真运行、仿真结果获取及分析三大模块组成。

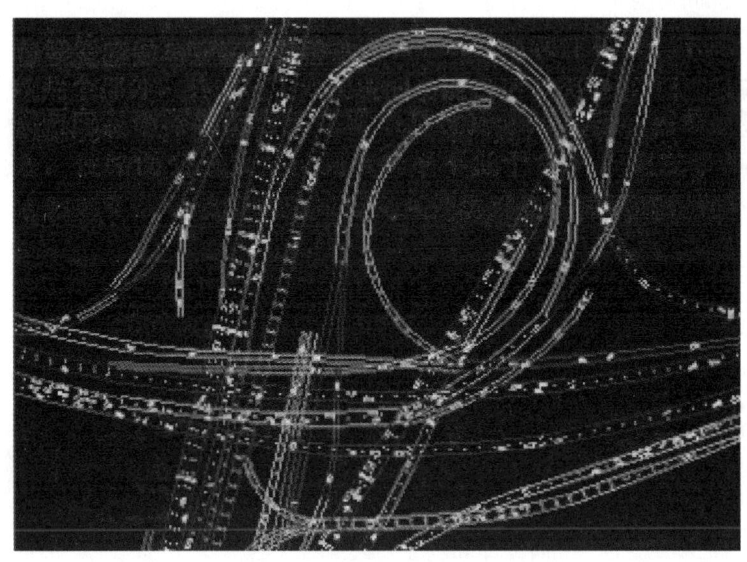

图3　中观仿真

仿真基础数据采集及管理模块负责为仿真应用提供基础数据环境。仿真系统通过人工采集、机器采集等方式获取仿真所需的仿真对象相关的动静态交通数据，并由该模块负责管理。一般采集得到的交通数据为断面交通流数据，为从中获得必要的交通需求作为仿真模型的输入，部分仿真系统还具备交通需求估计（OD 估计）功能。

仿真建模及仿真运行模块以采集得到的交通数据为基础，根据仿真需求创建虚拟的仿真场景（交通仿真模型），并在对应的仿真尺度下模拟仿真场景的运行。现有交通仿真软件基本支持从一种或多种包含标准化道路网络地理信息的文件生成基础路网结构，但对于交通信号、公交线路等未有标准化数据存储格式的交通对象则需要手动添加和编辑，对于左转待转区等特殊的交通组织则需要通过插件开发等方式才能进行模拟仿真。

仿真结果获取及分析模块主要负责仿真结果数据的提取及可视化分析展示。在仿真场景模拟运行的过程中，仿真系统根据用户设定的数据采集需求，对仿真过程中产生的路段流量、行车时间等各项数据进行统计输出，输出结果一般为表格式的文本文件。用户在进行结果分析时，一般需要借助 Excel 等软件进行统计分析。

三、应用案例

针对特定区域的施工建设影响评估、交通管控措施评估等咨询类项目仍然是目前仿真技术应用的主要需求，而如何减少基础数据采集和仿真场景建模的工作量、加强仿真应用与日常交通管理业务的结合逐渐成为现阶段仿真系统建设考虑的重要问题。

2012 年，上海针对高架路网交通负荷过重、事故频发等问题，建立了高架网车辆仿真及评价系统，利用 Transmodeler 仿真软件建立了上海高架路网 125 千米的仿真场景，包含上下匝道共 221 个，虚拟交通小区 123 个，全日车流量达 230 万辆。利用线圈检测获得断面流量、车速等交通流数据，通过车牌识别和匹配获得部分车辆的出行路径信息。以此为基础通过需求估计建立高架路网全日的交通需求分布。利用该模型实现了对上海高架路网的交通运行现状精细化评价，实现了快速路交通拥堵成因分析、交通事件影响过程分析和改善措施实施效果分析，实现了路径诱导和信息发布模拟，如图 4 所示

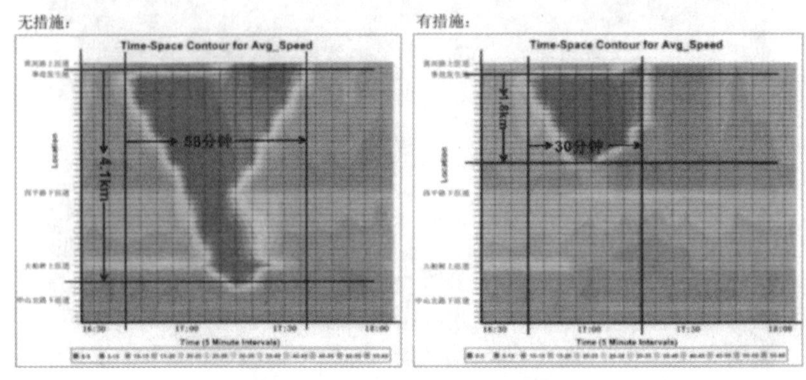

图 4　事故管制措施效果分析

2012 年，随着广州城市道路占用挖掘许可管理试行办法的实施，交通仿真将作为占道施工影响评估和分析的主要手段。为提高占道施工项目仿真效率，搭建能满足频繁仿真应用需求的交通仿真平台，广州市交委联合中山大学智能交通研究中心开展了交通仿真管理及应用平台的建设工作。该平台建立了以车道级城市交通路网模型为核心的交通系统对象实体（路网元素、交通设施、交通流检测数据、交通事故等）数字化关联存储模型体系，线圈等检测设备的检测结果可以自动存储到平台数据库中并自动建立与路段、车道的对应关系，实现了仿真基础数据的统一管理；在进行仿真应用时，该平台可以基于车道级路网模型自动创建指定区域的微观交通仿真路网文件，不仅能完成路网模型的建模，还能根据已有的公交数据、信号配时数据自动完成仿真场景中公交模型和信号控制模型的建模工作，大大提高了仿真建模效率；通过仿真数据提取插件，平台能根据用户需求自动提取仿真结果数据，并对不同仿真方案、仿真方案与现状之间的交通系统运行状态进行可视化对比分析。

四、发展趋势

（一）大型路网在线仿真分析

近十年来，出行需求的快速增长和变化导致大城市道路交通系统经常处于饱和状态，交通系统抗扰动能力大幅下降，大范围交通拥堵经常发生，由于缺乏对管控区域内交通态势的宏观把握和趋势分析，现有的交通管控系统仅能被动地根据检测量做出控制反应，难以主动实施准确有效的管控措施；另一方面，面对多种区域性的诱控方案，交通管理者难以准确判断和定量比较实施效果，因此大路网仿真分析和决策辅助需求越发强烈。

智能交通技术应用的推广、计算机技术的发展和交通信息化建设的开展，使得以

实时交通检测数据获取为基础，通过实时交通状态估计和预测，实现对交通管理方案在线评价，为实时管制方案提供决策支持的在线交通仿真成为可能。仿真系统不断接收最新采集的交通检测信息，调整系统内部的仿真模型使其尽可能准确地反映实时道路交通状况，然后在对未来一定时间内动态交通需求预测的基础上，快速测试不同的交通管理方案，对不同方案的实施效果进行评价，并给出效果最好的作为实施方案。

（二）针对特殊复杂场景特点的交通流仿真

目前交通仿真应用技术的另外一个发展趋势，是由单一的通用交通流仿真技术，开始向针对不同复杂场景特点的专用交通流仿真技术转变。复杂交通场景主要包括复杂的交通组织情况，如交织区和公交车站；复杂气象情况，如雨雪雾天气；复杂的地形情况，如桥梁、隧道和弯道等，如下图 5 所示。

图5　复杂交通场景

复杂交通场景在各类城市中普遍存在，同时也是城市交通拥堵产生的主要场所，其交通流组织通常与一般场景下的交通流组织有很大的区别，通用型的交通流仿真模型往往不能很好地描述复杂交通场景下的交通运行规律，因而有效把握复杂交通场景处的交通流运行规律是认识城市交通拥堵形成机理及其变化发展规律的关键所在，越来越引起国内外学者的关注。目前国外已经广泛开展了交叉口的交通流仿真、雨雪雾天气下的交通流仿真及弯道交通流仿真等技术的研究与应用，取得了一批研究成果。而国内虽然起步较晚，但是同济大学、中山大学等高校针对交叉口及高速公路出入匝道、城市交通瓶颈处的交通流仿真已经开展了深入的研究并取得了不错的成果。

（撰稿：余志、何兆成）

第四章

主要科技项目进展

2012年度国家高技术研究发展计划（863计划）现代交通技术领域项目

一、交通状态感知与交互处理关键技术主题项目

本项目主要针对道路交通基础信息获取的瓶颈问题，开展交通状态感知与交互处理关键技术研究，提高交通基础信息获取的技术水平和效率，为交通控制管理、决策和交通服务提供精准丰富的基础数据，为交通信息化和智能化发展奠定重要技术基础。

重点攻克不同交通环境和载体下的交通状态实时获取和处理关键技术，形成交通状态感知、交互处理的新技术和产品研发能力，开发一批具有自主知识产权的产品样机和技术系统，为交通系统的智能化管理和服务提供技术支撑。

主要研究内容为：空—地协同交通状态感知与应急指挥技术，形成空地协同地面移动应急指挥平台；船—标—岸协同下的水上交通状态感知与交互技术，开发船载智能感知技术装置，形成内河水上交通状态感知与交互验证平台；多场景多方式的道路交通状态感知技术，研发新型交通状态感知与交互处理装置，建立综合感知与交互处理应用系统，在中心城市或干线公路网等进行测试验证等。

本项目由以下 11 个课题组成：

（一）空地协同交通状态感知与应急指挥

通过课题研究，研制了地面移动应急交通指挥平台，使交通密度感知误差不大于 10%，更新周期不大于 15 分钟，实现了 2 种以上交通状态感知信息融合，并支持 2 种以上的无线通信方式，空地信息交互通信范围（无遮档）大于 10km，形成了 1 台原型样机。

（二）船 - 标 - 岸协同下的水上交通状态感知与交互

课题主要研制具有航行状态与货物状态感知功能、功率小于 5W 的低功耗多模船载智能终端，并通过行业认证，提供样机 1 台；研制了具有航道状态感知、信息交互等功能的智能航标系统，示范应用不少于 5 处；建成了覆盖 50~100 千米航道的内河水上交通状态感知与交互技术验证平台。

（三）交通状态感知与城市干线公交通行保障

研究形成减少干线公交通行干扰的保障技术、面向干线公交的交叉口微观控制技术和城市干线公交绿波控制技术，完成了典型城市 1~2 条干线公交通行保障技术示范应用，使示范线路公交行驶速度提升 20%，交叉口延误减少 30%。

（四）基于出行者视角的多维交通状态感知

研究形成基于出行者视角的交通状态建模与分析体系化方法，建立了面向效率和环保的多模式绿色出行诱导应用测试环境，使多方式出行诱导策略平均旅行时间缩短20%，总出行能耗降低15%。

（五）交通状态全息感知与交通战略实验室

课题研制了交通状态全息感知及交互处理系统，使信息提取粒度小于10s，交通状态感知精度不低于90%，并建成了具备3~5项决策支持技术功能的交通战略实验室原型系统。

（六）多源多维城市交通状态感知与交互处理

本课题研制了多元多维异构交通信息交互处理云计算系统，使示范区域交通状态感知识别精度不低于90%，交通状态动态预测准确率不低于85%，多级路网实时交通指数生成周期2分钟，并形成1套原型系统。

（七）国家干线公路网交通状态综合感知与态势评估

本课题研制了国家干线公路网交通状态综合感知与预警原型系统，实现了事件报送、交通流检测、气象监测等不少于3类数据的接入，具备了跨区域交通综合状态态势评估功能，并选择至少2条干线公路、覆盖范围500~1000千米的路网建立测试验证系统。

（八）多维多态交通状态感知

课题研制具有路段感知功能的高点视频监控终端和路口级交通传感器集成式一体机，研制完成多维多态交通状态感知与评价系统，使交通状态感知与评价周期不大于5分钟，并完成3台以上样机。

（九）多源道路交通状态数据分布式交互处理

课题研制支持多种数据网路传输协议的移动式车载综合感知平台，使二氧化碳测量误差小于10%，温度测量误差小于3%，湿度测量误差小于5%，实现了对能见度和道路湿滑的多级分类，形成了精度不低于90%。基于多源异构海量交通信息的分布式数据管理系统。

（十）中心城市交通状态感知与信息分析

课题研制了中心城市交通状态感知与信息分析集成平台，该平台支持5个以上跨平台格式转换的数据交互，运行分析处理能力不小于30000辆/5分钟，可接入管理路口数量不少于500个，集成各系统间业务流响应时间小于2s，各系统间信息同步时间小于5s，并在典型城市建立测试验证系统。

（十一）机器视觉感知与智能车载控制

课题研制了面向复杂环境的智能交通信息视觉感知系统，实现了对道路 0.1~2 千米宽范围覆盖，使路面交通数据检测准确率不低于 90%，突发事件识别率不低于 90%；研制出智能车载交通信息感知与交互处理设备，障碍物识别准确率不低于 90%，路侧与车载通信延迟不大于 1s；提供样机 5 台以上，并建成智能预警示范应用验证系统。

二、交通枢纽智能管控关键技术主题项目

本项目围绕交通枢纽协同运行瓶颈问题，开展状态识别、多式联运、智能管控等关键技术研究，提升多种运输方式间的协同效率，增强交通枢纽的综合服务能力，为提高综合交通系统运输效率和安全运行水平提供技术支撑。

主要研究内容为：交通枢纽内多元信息采集和融合处理技术，研制多功能集成的交通状态感知设备，开发交通枢纽智能管控平台；研究多式交通协同服务关键技术，开发语义一致的交通枢纽综合信息服务原型系统；研究城轨换乘站环境状况检测、车辆运行安全状态感知和设备能力优化技术，开发城轨换乘站多业务协同操作平台；研究铁水联运装卸智能化检测技术和作业信息交互技术，开发集装箱铁水联运信息联动系统。

本项目由以下 4 个课题组成：

（一）交通枢纽综合感知与智能管控平台

课题研制了适用于交通枢纽具有有线及无线连接功能的新型车辆运行状态获取传感器，能够检测 1m 内车辆运行方向，检测准确率不低于 98%；研制出了高密度客流状态感知设备，检测准确率不低于 95%；开发完成了交通枢纽综合感知智能管控平台，实现了信息感知、处理、发布和交通控制等系统间的协同功能。

（二）综合交通枢纽多模式交通信息协同服务

课题研制了密集客流运行态势自动识别系统，建立了覆盖枢纽内多模式交通信息协同服务平台，使动态客流信息更新周期小于 5 分钟，客流管理综合管理效率提高 20%；并开发 1 项新产品。

（三）城轨换乘站综合状态感知与业务协同

课题研制了城轨换乘站综合感知和管控技术系统，使站内客流状态检测精度不低于 90%，运营车辆关键安全状态感知准确率不低于 90%，监测系统报警响应时间小于 5s，并发互操作对象数不少于 30 个，并完成示范应用验证。

（四）大型铁水联运枢纽装卸作业智能化联动控制

课题研制了铁水联运枢纽装卸作业基础数据库，建立了港口与铁路系统信息交换平台，实现了装卸与调车的作业信息交互与联动；构建了载运车辆与集装箱适配度的智能判别系统，实现了对装载作业的实时监测和安全控制，使集装箱自动识别率不低于90%；并选取典型港口与铁路枢纽站，进行集装箱铁水联运信息联动与装卸自动感知应用示范，系统测试的集装箱数量不少于50台，检测精度达到国家三级计量器具标准。

国家科技支撑计划项目
“中国民航协同空管技术综合应用示范”

“十二五”国家科技支撑计划项目“中国民航协同空管技术综合应用示范(2011BAH25B00)”，于2011年12月30日由国家科学技术部正式批复立项。执行期为2011年到2014年。

项目紧密结合中国民航“十二五”规划，实施中国民航协同空管技术的综合应用与示范工程。依托GNSS导航领域新技术，针对我国飞行繁忙地区航班运行和低空空域通用航空飞行的2类重大应用需求，从航空导航监视技术、航班运行与通航服务、空管综合验证平台3个方面，突破多星座GNSS导航与着陆引导、机场综合交通态势监视、航班协同运行控制、通航综合飞行服务、协同空管系统的验证及飞行校验等多项关键技术，进行民航一体化协同空管技术的研发和系统设备研制，形成一批具有自主知识产权的空地协同式的国产化空管装备和技术标准，并在民航管制空域和低空空域试点分别开展面向公共运输航空和面向通用航空的协同空管系统的综合示范与测试验证。

项目研究内容主要包括：

（一）基于多星座GNSS的终端区精密导航系统

研究GPS、Galileo和我国第二代卫星导航系统等多星座卫星导航系统的空管应用技术，面向精密进近着陆引导需求，重点研究机载多模式进近引导接收机技术、多频/多星座GNSS地基增强技术和终端区PBN进近引导技术，研制基于多星座GNSS的终端区精密导航系统，并在民航典型飞行繁忙机场终端区进行应用示范。

（二）机场综合交通监视与引导系统

针对繁忙飞行终端区管制间隔缩小对机场交通精确监视技术的迫切需求，研制由场面监视雷达系统和高级场面活动目标引导与控制系统联合组成的机场综合交通监视与引导系统，对机场周围空域及场面实施全面、可信的全范围监视，达到机场场面10米的监视精度，终端区管制间隔缩小至6千米，并在民航典型飞行繁忙机场进行应用示范。

（三）航班协同运行控制系统

研究面向民航全系统（空管、机场和航空公司）的航班对象信息共享数据结构模型和信息共享与交换技术，开展民航广域信息管理验证与评估系统综合集成与开发，研究航路（航线）网络、空域扇区、终端区动态规划与优化技术，研制民航空中交通流量管理系统和航空飞行的数字化指挥调度系统，实现对航班进行分钟级的准确控制，并在民航典型管制空域进行应用示范。

（四）通用航空综合飞行服务系统

针对我国未来通用航空发展的需求，研究通用航空气象及飞行情报处理与发布技术与目视航图制作技术，集成开发数字化的通用航空飞行情报服务系统，研究通用航空运行和灾备支持系统框架，突破通用航空多源监视系统、通用航空运行支持系统和通用航空灾备支持系统等方面的关键技术，研制通用航空综合飞行服务原型系统，并在低空空域开放试点区域进行应用示范。

（五）协同空管验证及飞行校验系统

根据国际民用航空组织相关标准，研究仪表/微波着陆系统（ILS/MLS）、全向信标/测距仪（VOR/DME）、无方向性导航台（NDB）、一次/二次雷达/精密进近雷达（APR/SSR/PAR）、跑道助航灯光（PAPI）、甚高频通信（VHF）、飞行程序（Flight Procedure）、卫星导航着陆系统（GLS）、ADS-B空中监视技术、区域导航（RNAV）等空管通信、导航、监视技术设备和飞行程序的飞行校验技术，研制机载校验设备自动标校系统，研制我国自主知识产权的自动化机载协同空管飞行校验平台，并在民航典型运输机场进行应用示范。

项目依照以上研究内容，共设置13个研究课题和两个典型示范工程。课题单位涉及国内外企事业单位、科研院所、高校等五十余家，涵盖产、学、研、用各个方面。

项目的顺利完成，将促进我国航空运输业的持续稳定发展，提升我国航空运输系统运行效能和安全保障水平，提高我国航空产业的自主创新能力。

2012年交通运输部科技项目

（一）基于浮动车的综合交通信息服务成套技术研究与应用

在交通信息数据采集、处理和发布等关键技术上进行了深入的理论研究，设计了具有完全自主知识产权的系统架构，开发了国内首个面向公众服务的综合交通信息服务系统。本项目在浮动车动态交通信息采集处理系统方面实现了重大技术突破，建设了具有自主知识产权的浮动车系统，获得及已受理申请 8 项技术专利。

（二）ITS 域多业务系统跨平台构建关键技术研究

针对江苏交通系统的现状和特点，结合现有跨平台技术及其他相关的数据信息，提出了 ITS 域多业务跨平台关键技术研究。其包括异构图像数字域转码、IP 专网架构、宽带移动融合、基于 B/C/S 可伸缩地图视窗，以及异构数据交互、操作系统兼容等跨平台技术，有效解决区域视频联网、异构系统兼容、综合业务员扩展的瓶颈。

（三）公路监控系统系列标准及技术研究

通过分层模糊评价法与有效寿命评估算法的研究，提出了各级标准的通用参数指标及其检验方法，据此，修订了一批监控系统设计、产品、检验等方面的标准，并已于 2009 年起陆续颁布实施，在依托工程中得到了极好地验证，为后续标准的修订提供了理论和技术支撑。

（四）国家公路网运行状态获取与管理技术及应用

提出公路网运行状态获取与管理技术体系，在国际上首次提出给予信息提取计算的路网动态交通分析技术，创造性提出分布式交通信息系统互操作技术，突破了公路网多元管理信息交互难题；在国内首次提出了基于空基的大范围交通状态获取技术及使用与道路设施的无线传感网技术。建设了我国首个国家公路网服务、监管及应急处置系统示范工程，在日常管理、重大自然灾害和突发事件应急处理中发挥了巨大作用。

（五）公路网运行监测与服务系列标准规范

分别从公路网运行监测与服务技术、监控技术和通信技术三个方面对公路网运行监测与服务系统的规划建设、运行管理和监测发布进行了系统研究，结果形成了《公路网运行监测与服务暂行技术要求》、《高速公路监控技术要求》、《高速公路通信技术要求》三项行业标准，2012 年 1 月颁布实施。该系列标准规范为部省两级公路网运行监测与服务系统的规划建设、运行管理和监测发布提供了统一的技术指导。

（六）大型综合交通枢纽智能管控系统建设关键技术

大型综合交通枢纽集航空港、高速、城际铁路、磁悬浮、城市轨道交通、公交车和出租车等交通方式，是多交通衔接、协同运作的节点。项目搭建了综合交通枢纽"一总五子"管理信息系统，解决了7种交通方式下特大交通枢纽的"车一人一车"的和谐相处，实现了枢纽区域交通协同运行和高效管理。

（七）ITS中交通流诱导与控制一体化方法研究

诱导和控制分别从空间、时间两方面对路网交通流进行管理。项目在研究交通流诱导相关理论基础上，研究诱导与控制的协同优化方法。

（八）高速公路网交通调控方法与关键技术研究

解决了分区域、分线路、分车种、弹性收费的路网建模和方案测试问题，提高了高速公路网交通量分析的能力和准确性；建立了给予实测流量修正的路网模型更新方法；车辆时间价值的流量拟合标定方法；基于路段费率差异的路径广义费用模型；多义路径辨识算法。

（九）高速公路联网运营交通决策支持系统研究

建立了一套面向高速公路联网收费数据的数据仓库模型；提出了基于交通流反演模型的全路网交通状态实时监测方法；提出了基于概率图模型和局部加权学习的高速公路网交通流预测方法，并建立了高速公路交通流可预测性的上界理论；研发了高速公路交通事故演变分析模型；建立了车辆异常指数模型。

（十）基于动态信息的智能导航与位置服务关键技术研发与应用

项目突破了传统静态导航与位置服务技术的局限，研发出具有自主知识产权的基于动态信息的智能导航与位置服务系统，有效提高了我国城市交通信息化、智能导航与位置服务水平。

（十一）基于物联网应用的高速公路路网运营监测与调度指挥系统研究

课题利用物联网技术实现交通信息全方位采集、分析和智能化应用。内容包括建立基于物联网的路网监测体系，设计实现了交通事件联合判定方式；提出以路网运营状态为核心的调度指挥体系，实现了调度预案数字化，动态掌握应急资源情况变化；基于SOA架构进行了系统设计，提出GIS、视频设备、集群通信系统、车检设备集成方法和性能优化方法。

2012年度公安部立项的交通管理智能化科研项目

（一）警用地理卡口布控及报警系统

基于卡口车辆数据的整合及可疑车辆分析系统的需求，通过对已建的不同类型、不同编码格式卡口进行联网整合，实现数据的实时上传与综合应用。

（二）智能化交通信号控制系统

利用检测器实时的脉冲数据传送信号机来判断交通流量的变化，根据实际车流量系统自动优化；通过科学限定放行时间的最大值，最小值范围，能够根据路口流量变化实时的自动调整；本地信号机与上下游路口之间执行区域协调。

（三）机动车违法停车自动报警与抓拍系统

利用视频事件系统，对机动车违章停车事件自动检测报警，并与视频监控系统联动，完成抓拍取证。抓拍形式以手动、半自动和全自动任意切换。

（四）基于 RFID 数据的交通诱导系统

基于 RFID 数据的路段交通状态判别；基于 RFID 数据的路段行程时间预测；基于多源数据融合的路段交通状态判别。

（五）公安基层警务车载执法平台

为基层民警警务执法提供车载式移动执法平台，该平台主要功能包括：警务信息采集、公安信息查询、移动接处警、警务审批等。该平台采用北斗系统为基层民警提供位置信息服务并为警务执法平台提供应急通信服务。

（六）车辆动态管控系统

车辆行踪动态管控系统是一个服务实战的应用软件，依托电子警察、专业卡口、治安监控三大系统，高度融合公安内部各类数据信息，通过对辖区车辆轨迹的自动分析、比对，实现对车辆的智能化、具体化、精准化管控。

（七）基于智能相机的车身颜色识别系统

利用支持向量机和图像处理方法，对交通监控系统获取的车辆图像进行颜色识别；实现车身颜色的实时获取，结合智能相机的目标检测功能，实现相机的无参数车身颜色识别。

（八）基于云计算的海量视频分析与快速检索系统

研究适用于云计算的海量视频数据管理技术、多格式视频解码技术，针对人像、车牌、异常行为等可疑目标的智能分析技术和智能预警技术，基于云计算的海量视频分析与公共安全预警系统构建方法。

（九）道路交通事故再现技术研究

针对道路交通事故处理的难点—事故经过再现，通过理论分析和实例验证等手段，开展基于事故痕迹、损伤的事故形态再现研究、基于事故形态和特征性损伤的交通行为方式再现研究及基于交通事故形态的车速再现技术研究。

（十）交通事故三维全景模拟再现系统

交通事故三维全景模拟再现系统是一款软硬件结合产品，主要实现交通事故现场情况快速绘制、360° 全景事故现场拍摄和动画实景制作、交通事故虚拟现场还原动画制作等功能。

（十一）新疆掌上车管所

系统应用软件采用成熟可靠的开发平台和通用 Oracle 数据库软件，针对现在广泛使用的安卓及 WindowsMobile 操作系统定制开发，具有良好的通用性，实现机动车牌证以及驾驶证补、换领、等多项业务。

（十二）可信无源超高频 RFID 读写器研发

基于 RFID 技术、密码技术和安全认证技术，研究设计安全可控的无源超高频 RFID 读写器，其技术核心是高性能读写器控制模块、射频模块、安全模块以及与通信接口的协同工作机制以及板级集成兼容性研究与设计。

（十三）智能交通多源异构技术的研究与应用

通过对中小型城市智能交通多源异构信息关联技术、系统结构、交通异常事件分析及感知技术、交通优化与组织的决策辅助的研究，形成适用于中小型城市的智能交通多源异构技术的应用平台。

（十四）交管业务自助服务技术研究

研究交通管理业务自助服务设备硬件要求和软件功能；研究 3G 网、银联专网等与公安网之间边界安全接入技术；研究自助服务系统与交管综合应用平台安全关联共享技术；研究确定交通管理自助服务业务流程。

（十五）城市快速路出入口指路标志系统设置方法研究

参照国内技术标准、国外相关研究，制定城市快速路出口指路标志系统设置技术规范和要求；研究完善涉及城市快速路的城市一般道路交叉口指路标志设置相关技术要求；形成一套城市快速路出口编号编排方法。

第五章

重点科技成果

2012年度国家科学技术进步奖

一等奖

项 目 名 称：京津城际铁路工程

主要完成单位：铁道第三勘察设计院集团有限公司、京津城际铁路有限责任公司、铁道部工程设计鉴定中心、铁道部工程管理中心、中国铁道科学研究院、中国中铁股份有限公司、中国铁建股份有限公司、中国铁路通信信号股份有限公司、北京铁路局、唐山轨道客车有限责任公司

主要完成人：何华武、郑　健、孙树礼、任润堂、张　梅、范建国、王志坚、康　熊、刘为群、王学甫、梁　毅、王云波、张秀广、高　峰、余卫平

二等奖

项 目 名 称：国家高等级航道网通航枢纽与船闸水力学创新研究及实践

主要完成单位：水利部交通运输部国家能源局南京水利科学研究院、交通运输部天津水运工程科学研究所、重庆交通大学、中交水运规划设计院有限公司、交通运输部水运科学研究所、四川省交通运输厅交通勘察设计研究院、广西壮族自治区交通规划勘察设计研究院

主要完成人：胡亚安、李　云、宣国祥、郝品正、张绪进、吴　澎、费维军、曾　林、张华庆、韩昌海

项 目 名 称：沥青路面状态设计法与结构性能提升技术及工程应用

主要完成单位：长沙理工大学、湖南省高速公路建设开发总公司、武汉理工大学、海南高速公路股份有限公司、广东省长大公路工程有限公司

主要完成人：郑健龙、周志刚、钱国平、曾　胜、刘朝晖、赵　平、黄绍龙、李宇峙、关宏信、吕松涛

项 目 名 称：**基于通信的城轨列车运行控制系统关键技术及其应用**

主要完成单位：北京交通大学、北京市地铁运营有限公司、北京市轨道交通建设管理有限公司、北京市基础设施投资有限公司、北京交控科技有限公司、北京交大创新科技中心

主要完成人：宁　滨、唐　涛、丁树奎、谢正光、郜春海、刘　波、张建明、牛英明、马连川、王海峰

2012年度地方科学技术奖

省 份	项目名称	主要完成单位	主要完成人	获奖等级
北京市	北京市电子不停车收费（ETC）系统技术与工程	北京市首都公路发展集团有限公司，北京速通科技有限公司，北京云星宇交通工程有限公司	胡 宾，张北海，李全发，李 剑，高军安，陈日强	三等奖
	铁路列车运行控制车地数据传输监测系统	北京交通大学，北京六捷科技有限公司，北京交大创新科技中心	钟章队，蒋文怡，丁建文，孙 斌，武贵君，安志鹍	三等奖
重庆市	公路隧道智能联动控制技术研究	重庆高速公路集团有限公司，西南交通大学，招商局重庆交通科研设计研究院有限公司，成都金隧自动化工程有限责任公司，成都西南交大科技园管理有限责任公司	李祖伟，何 川，王卫平，王明年，钟 宁，方 勇，李海鹰，章勇武，韩 直，耿 萍，金朝辉	三等奖
江苏省	北斗卫星导航地面接收终端关键技术及其应用	东南大学，中电科技扬州宝军电子有限公司，清华大学，扬州宝军苏北电子有限公司	曹振新，夏继钢，陆明泉，汤湘伟，梅玉顺，俞 菲，厉璐慧，闫双山，王武军	二等奖
	道路交通气象检测传感器关键技术及其应用	东南大学，凯迈（洛阳）环测有限公司，交通运输部公路科学研究院	黄 庆，秦 明，黄见秋，聂 萌，张中平，曲来世，沙广军，李 斌，刘清彬	二等奖
辽宁省	无人直升机输电线路自动巡检与架设系统	中国科学院沈阳自动化研究所等		一等奖
湖北省	全球导航卫星系统单频RTK技术及其应用	中国科学院测量与地球物理研究所	刘根友，郝晓光，欧吉坤，柳林涛，刘成恕，田良辉，张怀相，应俊俊，郭爱智	一等奖
	内河航道助航系统成套技术研发与应用	长江航道局，武汉理工大学，长江航道规划设计研究院，武汉大学，武汉中原电子集团有限公司，北京视酷伟业科技有限公司	初秀民，熊学斌，李国祥，刘怀汉，万大斌，吕永祥，王先登，毕方全，张东华，万晓霞	二等奖
浙江省	杭州市道路停车监管和服务诱导系统	杭州市数字城管信息处置中心	陈祥荣，赵美英，李圣权，何 江，朱建明，沈 瑶，周 洋	三等奖
陕西省	高速公路交通安全设施系统优化及评价研究	长安大学，陕西省高速公路建设集团公司，陕西省公路勘察设计院	王建军，王天林，王剑、马荣国，陈宽民，邓亚娟，王海渊	三等奖

2012年度中国智能交通协会科学技术奖

一等奖

项 目 名 称：城市地面公交高效能组织与控制关键技术及应用

主要完成单位：东南大学、常州市公安局交通巡逻警察支队、常州市公共交通集团公司

主要完成人：王　炜、陈　峻、杨　敏、胡晓健、任　刚、王　昊、朱志星、蔡健臣、陆　建、周文竹、陈学武、陈淑燕

项 目 名 称：基于智能交通系统的车辆行驶安全技术及工程应用

主要完成单位：清华大学

主要完成人：李克强、王建强、罗禹贡、李升波、郑四发、杨殿阁、连小珉、张德兆、宾　洋、侯德藻、高　锋、郭　磊、张　磊、邓　博、易世春

项 目 名 称：城市道路交通拥堵指数理论方法及应用

主要完成单位：北京交通发展研究中心、北京四通智能交通系统集成有限公司、北京交通大学

主要完成人：郭继孚、全永燊、温慧敏、关积珍、孙建平、朱丽云、于　雷、邓小勇、高　永、张　溪、刘　静、扈中伟、宋国华、侯晓宇、陈旭梅

项 目 名 称：智能化城市道路交通诱导系统成套技术与装备

主要完成单位：北京四通智能交通系统集成有限公司

主要完成人：关积珍、朱雪良、蓝　普、刘　静、王义生、郭喜峰、朱光宇、邹元英、赵景星、侯晓宇、熊　娟、杨　毅、杨劲夫、蒋光胜、陈淑红

二等奖

项 目 名 称 ：智能列车监控系统在城市轨道交通中的推广和应用

主要完成单位：卡斯柯信号有限公司

主要完成人：孙军峰、钱　江、姜坚华、崔　科、東剑峰、满化录、颜红慧、陈卫华、周公建、蒋建金

主要完成单位：北京易华录信息技术股份有限公司

主要完成人：林拥军、甄爱武、李艳东、樊　平、朱弘戈、宋　波、林宝华、孙建宏、刘福州、丛长明

项 目 名 称 ：城市道路交通异地集中控制关键技术研究与应用

主要完成单位：北方工业大学、公安部交通管理科学研究所、大连大学

主要完成人：李正熙、王长君、张永忠、李颖宏、张福生、王　力、刘小明、邹　平、熊昌镇、王一良

项 目 名 称 ：冰雪条件下车辆行驶安全保障成套技术研究及应用

主要完成单位：交通运输部公路科学研究所、新疆交通科学研究院、伊犁公路管理局

主要完成人：李　斌、黄　勇、王笑京、张春雨、贾那·托留汗、汪　林、谌　仪、刘　涛、宋向辉、吴　涛

项 目 名 称 ：营运车辆能耗监测与排放估算关键技术及应用

主要完成单位：北京航空航天大学、安徽科力信息产业有限公司

主要完成人：余贵珍、王家捷、鲁光泉、王　建、吴　坚、田大新、王庞伟、邹　娇、高万宝、梁子君

项 目 名 称 ：面向驾驶行为预警及导航的多功能车载系统研发及应用

主要完成单位：武汉理工大学、武汉光庭科技有限公司、中国汽车技术研究中心、武汉大学

主要完成人：吴超仲、严新平、朱敦尧、马　杰、龚进峰、褚端峰、戎　辉、贺　宜、黄　伟、张　晖

项 目 名 称：城市区域交通状态分析理论与方法

主要完成单位：清华大学自动化系

主要完成人：张　毅、李　力、胡坚明、姚丹亚、李志恒、张　佐、赵婷婷、尹胜超、郑一辰、王易之

三等奖

项 目 名 称：深圳巴士公交智能调度系统项目

主要完成单位：博康智能网络科技股份有限公司

主要完成人：田　广、舒　林、李建刚、唐永兴、许　杰

项 目 名 称：多车道自由流电子收费系统路侧单元与车载单元关键技术研究

主要完成单位：北京万集科技股份有限公司

主要完成人：田林岩、王春生、赵昱阳、武宏伟

项 目 名 称：FZL300型点式ATC系统

主要完成单位：北京全路通信信号研究设计院有限公司

主要完成人：邓红元、卓开阔、刘　帅、王春军、王　佳、邱锡宏、刘贺军

项 目 名 称：基于预测和仿真技术的世博园区人流控制系统研究

主要完成单位：上海市城市建设设计研究总院

主要完成人：刘伟杰、徐一峰、蒋应红、康　磊、王宝辉、保丽霞、王跃辉

项 目 名 称：双通信区电子不停车收费车道系统

主要完成单位：广州华工信息软件有限公司

主要完成人：李　坚、徐晓帆、饶　晖、范崇贵、张建文

项 目 名 称：深圳市综合交通运行指挥中心系统

主要完成单位：深圳市易行网交通科技有限公司、深圳市公路客货运输服务中心、深圳市智能交通中心

主要完成人：张　良、徐承俭、关志超、熊文贵、陈滨力、张　昕、胡　斌

项 目 名 称：智能化交通管理设施设置技术研究

主要完成单位：交通运输部公路科学研究所、北京中交国通智能交通系统技术有限公司

主要完成人：张纪升、梁玉庆、孔　涛、薛　文、程　锦、张　利、赵　丽

项 目 名 称：基于多网络协议的电动汽车远程监控、诊断及标定技术开发与应用

主要完成单位：北京航空航天大学、吉林大学

主要完成人：杨世春、李　君、高　莹、曲大为、曹耀光、李　明、姬芬竹

项 目 名 称：交通警务车载信息平台

主要完成单位：安徽科力信息产业有限责任公司、北京航空航天大学

主要完成人：朱晓光、王海亮、叶加圣、唐铁桥、鹿应荣、陈发钢、田大新

2012年度中国公路学会科学技术奖

一等奖

项 目 名 称：高速公路联网运营交通决策支持系统研究

主要完成单位：山西省交通规划勘察设计院、山西省高速公路管理局、北京大学智能交通系统（ITS）研究中心

主 要 完 成 人：董新品、聂承凯、宋国杰、范双成、谢昆青、张明欣、武移凤、倪　津、王天楠、高新文、崔　兰、牛　铮、韩　磊、续　宏、李　宏

项 目 名 称：三峡库区船桥碰撞规律、防撞措施设计与预警系统研究

主要完成单位：重庆高速公路集团有限公司、招商局重庆交通科研设计院有限公司、同济大学、重庆市港航管理局、重庆交通大学

主 要 完 成 人：张太雄、章勇武、王福敏、李祖伟、王君杰、杨渡军、梁雄耀、耿　波、汪　宏、徐　谋、李海鹰、韩道均、刘元丰、文传平、陈　诚

二等奖

项 目 名 称：道路运输车辆卫星定位系统系列标准研究

主要完成单位：中国交通通信信息中心、交通运输部公路科学研究院、福建省交通运输厅

主 要 完 成 人：刘　建、周　炜、冯　泉、罗冠伟、汪宏宇、董　轩、庄孝昆、牛文江、李文亮、张　锦

项 目 名 称：公路网运行监测与服务系列标准规范

主要完成单位：交通运输部公路科学研究院、交通运输部路网监测与应急处置中心、北京交科公路勘察设计研究院、北京中交国通智能交通系统技术有限公司

主 要 完 成 人：王笑京、李爱民、吴春耕、董雷宏、李　琳、盛　刚、李宏海、王　琰、王　珣、陈　洁

项 目 名 称 ：基于动态信息的智能导航与位置服务关键技术研发与应用

主要完成单位：吉林大学、北京航天智通交通科技有限公司

主 要 完 成 人：杨兆升、于德新、林赐云、姜桂艳、丛玉良、杨庆芳、龚勃文、郑黎黎、李乐人、杨 楠

项 目 名 称 ：高速公路建设管理WebGIS与Web3D集成式可视化信息平台

主要完成单位：中交第二公路勘察设计研究院有限公司、中南大学

主 要 完 成 人：蒲 浩、刘利民、刘东升、吴 强、李 伟、张星宇、郑 亮、任碧能、董继恩、杨 武

项 目 名 称 ：高速公路全路段气象检测与交通信息实时提示系统

主要完成单位：江西方兴科技有限公司、北京中瑞方兴科技有限公司

主 要 完 成 人：邝仲平、蒋雅辉、钱怀风、何国华、高 林、皮旭东、王新官、杨上滢、陈松林、熊海第

三等奖

项 目 名 称 ：基于物联网应用的高速公路路网运营监测与调度指挥系统研究

主要完成单位：山东高速公路股份有限公司、山东省交通运输厅信息中心、山东高速信息工程有限公司

主 要 完 成 人：罗楚良、王树兴、马晓刚、褚为耕、张 伟

项 目 名 称 ：基于BIM的可视化公路建设管理集成系统关键技术研究与应用

主要完成单位：中交宇科（北京）空间信息技术有限公司、新疆维吾尔自治区交通建设管理局、新疆交通通信信息中心、中交第一公路工程局有限公司

主 要 完 成 人：郭 力、王 成、闫晓颉、刘连战、龚晓晖

项 目 名 称 ：公路网路警联合管理与应急指挥技术研究与应用

主要完成单位：安徽省交通运输联网运行管理中心（安徽省路警联合指挥中心）、交通运输部公路科学研究所、安徽皖通科技股份有限公司、科大恒星电子商务技术有限公司

主 要 完 成 人：周正兵、孟春雷、董永东、纪仕光、李 明

项 目 名 称：数字公路信息管理与应急指挥平台集成技术应用

主要完成单位：潍坊市公路管理局

主要完成人：王培福、刘兴明、牛玉森、李海生、贺光福

第四篇

市场篇

第一章

智能交通系统建设应用

物联网交通应用示范工程介绍

一、基于物联网的城市智能交通应用示范

广州市“基于物联网的城市智能交通应用示范工程”是国家发展改革委和财政部列入的首批国家物联网应用示范工程之一，也是全国唯一一个城市智能交通领域物联网应用示范工程，标志着广州物联网应用被正式纳入国家总体发展战略布局。该示范工程由交通运输部牵头，会同广东省交通运输厅、广州市交通委员会等地方交通部门共同组织实施，并明确广州交通信息化建设投资营运有限公司为项目主体实施单位。

该示范工程自2011年起实施，以“突出公交优先、强调公众服务、加强标准建设、促进产业发展”为宗旨，针对城市交通中出现的拥堵、停车设施供需矛盾突出、公交车和出租车服务监管服务水平不高、机动车交通诱导水平低、桥梁健康监测力度不足等一系列问题，借助物联网领域一系列信息采集、处理和发布技术，成规模部署车载移动传感网节点和路边固定传感网节点，建设一批基于物联网技术的智能交通业务应用系统，逐步构建广泛互联的交通要素感知网络，实现交通物理单元的全面感知和主动管理，提供更加丰富、更加准确、更加人性化的公众信息服务，形成一个智慧、和谐的交通出行环境。同时，以示范应用为引领，加快培育和发展壮大国内物联网产业。

示范工程的实施，拉开了“十二五”期间交通运输信息化、智能化发展的全新序幕，物联网为城市智能交通发展注入新的活力，城市交通将向着“透彻感知、全面互联、智能应用”的崭新方向快速迈进。

二、船联网简介

长三角及京杭运河水系的智能航运信息服务关键技术研究及应用示范工程（简称“船联网”）是国家发改委、财政部首批立项的国家物联网应用示范工程（发改办高技[2011]2058号），交通运输部科技司2012年设立了“船联网”重大科技专项，以进一步推动示范工程的科技研发工作。“船联网”是面向浙江省、江苏省和上海市（简称两省一市）的内核航运信息化建设，该项目基于两省一市的内河航运业务，以物联网成套信息通信、智能管理、信息服务技术为支撑，在内河水运开展全领域信息感知、泛在网络传输、信息数据共享、管理业务协同和公共信息服务，打造旨在提高内核航运效率的现代化船舶联网信息化大平台，为我国现代化绿色智能交通运输提供支撑，示范应用覆盖长三角航道网及京杭运河水系航道里程15 000千米，涉及船舶近12万艘，船闸20余座，计划安装船舶电子标签10万张，智能船载终端5 000台等。

船联网项目以“两省一市”内河航运船舶联网建设为目标，研究建设船舶联网的共性核心技术、探索构建更大范围的内河航运船舶联网的体制机制等管理思路。通过该项目的研究及示范工程的实施，攻克跨区域（两省一市）船舶联网的技术难题、建立适合全国大范围推广船联网的体制机制，最终为我国现代化绿色智能交通运输贡献力量。

三、国家集装箱海铁联运物联网应用示范工程介绍

（一）建设背景

集装箱海铁联运在我国已经开展多年，政府有关部门和企业界对于进一步发展集装箱海铁联运也早已达成共识。但就目前发展水平和总体规模而言，集装箱海铁联运仍旧是薄弱环节，不仅与先进国家相比差距大，也难以适应我国经济社会对于加快发展集装箱多式联运的需求。

2012 年 7 月，国家发展和改革委员会、财政部联合下文，批复集装箱海铁联运应用示范工程列为国家物联网重大应用示范工程（发改办高技 [2012]2101 号）。2012 年 8 月 13 日，交通运输部下发《关于开展集装箱海铁联运物联网应用示范工程建设的通知》（厅函规划 [2012]91 号），要求按照国家发展和改革委员会和财政部的文件要求，在大连港、天津港、青岛港、连云港港、宁波港和深圳港积极组织开展示范工程建设。2012 年 12 月 31 日，交通运输部下发大连港、宁波港等 6 个港口关于国家集装箱海铁联运物联网应用示范工程可行性研究报告的批复，批复同意在开展国家集装箱海铁联运物联网应用示范工程建设。

（二）建设内容

围绕集装箱海铁联运的实际需求，以信息共享为主线，利用信息技术和物联网等多项技术，着力解决集装箱海铁联运各环节信息不畅、信息服务内容和手段不丰富、信息资源集成及利用程度偏低三大问题，带动港口和铁路相关管理业务协同体系的形成，搭建海铁联运信息感知和传输体系，建设和完善主要业务应用系统，促进信息开放共享机制与交换标准体系的形成，为提高集装箱业务管理与服务效率提供强有力支撑。

（撰稿：杨琪）

公安部“六合一”系统工程建设应用

为推进我国公安交通管理信息化应用发展创新，公安部交管局于2011年提出了“对信息系统实施整体改造、建设公安交通管理综合应用平台”的战略决策，公安部交通管理科学研究所承担了整个系统应用软件的开发、培训和推广应用工作。公安交通管理综合应用平台建设总体目标是：运用现代信息集成和融合技术，从数据资源、硬件平台、业务流程、软件功能、信息服务、安全体系、标准体系等八个方面对原独立运行的机动车登记、驾驶证管理、交通违法处理、交通事故处理等六个业务系统进行全方位整合和创新，打造一个覆盖全国公安交通管理主要业务工作、满足公安交通管理实战需求的“六合一”系统综合平台。经过历时两年的努力，截止2012年底，全国31个省（区、市）均启用了全新的“六合一”系统（即公安交通管理综合应用平台），项目建设和应用顺利完成。

一、六合一系统应用成效

公安交通管理综合应用平台推广应用以来，各地以该平台为中心，注重应用培训、监管和考核，加强信息系统安全防护，拓展社会化服务、路面执勤执法、数据挖掘分析等系统应用，平台应用不断深化，并取得了显著成效。

（一）应用范围不断扩展

公安交通管理综合应用平台集成了交通管理业务办理、统计分析、预警监管、属地化管理、基础台账、执法告知、信息化评价等，共有1353个功能菜单，涵盖范围不断扩展，成为每一个民警工作中不可或缺的助手。据统计，全国各地共有49 298个执法管理部门、270 683名警员用户和235 325名非警员用户，每天通过公安交通管理综合应用平台办理机动车业务47.4万笔、驾驶证业务32.5万笔、交通违法业务127万笔、交通事故业务1.11万笔，每天向公安部传输各类数据500余万条。

（二）执法办案更加严密

公安交通管理综合应用平台实现了与全国人口管理、在逃人员、盗抢机动车、吸毒人员、道路治安卡口等信息的关联比对，并为其他信息系统提供机动车、驾驶证、违法、事故等信息查询接口，执法更加严密。据不完全统计，全国31个省（区、市）通过该平台关联比对功能，发现在逃嫌疑人12 459人次，发现吸毒驾驶人93 894名。

（三）服务效率不断提升

公安交通管理综合应用平台实现了一窗式服务、自助式服务，数据更新由8小时缩短为0.5小时，跨省数据转递由24小时缩短为2小时，工作效率显著提高。该平台还实现了全国31个省的交通违法记录异地转递，跨省转递违法记录共7 300多万条，显著提高了对跨省异地交通违法行为处罚的执行力度，同时也方便了广大群众，减少了群众的来回奔波，取得了明显的社会效益和经济效益。

（四）拓展应用不断深化

公安交通管理综合应用平台实现了数据资源的高度整合和业务的紧密融合，为其他新技术的拓展应用奠定了良好基础，形成以平台为中心，延伸社会化服务、移动警务系统、地理信息平台、数据挖掘分析等其他信息化应用的崭新格局。据统计，各地通过公安交通管理综合应用平台共接入外挂软件4 413个，其中：移动警务系统195个；互联网服务、自助终端业务办理、短信告知等便民服务系统621个；机动车检测线联网和远程查验系统295个。

（五）系统安全不断加固

一是公安交通管理综合应用平台实现了数字证书登陆、IP地址绑定、授权轨迹分析等安全管理功能，提高了系统使用安全性。二是各地通过平台推广应用，推动异地容灾备份建设，吉林、江西、贵州等18个总队实现综合平台数据库异地容灾备份。三是加强系统运行监控，河北、四川、云南等15个总队部署应用系统运行和数据库监管软件，实现对公安交通管理综合应用平台访问、数据库操作的安全审计。

（六）监管考核体系不断完善

一是公安交通管理综合应用平台在机动车登记、驾驶人管理等主要业务办理环节有60种业务提示预警和监测记录点，在规范业务办理、防止违规违纪方面发挥了重要作用。二是交通管理科技信息化评价指标体系已将该平台的应用作为重点考核内容，成为指导和评价各地系统应用的纲领性文件。三是每月对各地的平台使用情况进行通报，包括系统应用、运行保障、信息安全等内容。各地制定了本地应用及异常业务情况定期通报制度，其中，全国25个省（区、市）进行每月通报，4个省（区、市）进行每季度通报。

二、下一步工作

（一）优化和拓展公安交通管理综合应用平台

一是完成交通管理信息资源库切换升级，确保系统切换平稳过渡，为各地提供更精准、便捷的核查和查询服务；二是推动跨省交通违法处罚和缴款，建设省际交通违法罚缴信息交换平台，实现交通违法当事人可在全国范围任意地缴纳道路交通违法罚款；三是强化业务预警监管，重点对驾驶人考试评判、机动车安全检验、交通违法信息撤销等业务监管；四是关联应用警用地理信息系统，实现交通违法、交通事故、剧毒品通行线路、执法取证设备等地理信息可视化采集展示和应用。

（二）建设交通管理信息服务和发布平台

2013 年，完成基于互联网的业务信息告知、信息查询及共享、业务处理、群众监督举报处理功能开发和推广应用；2014 年完成手机客户端软件开发测试及应用，完成针对跨部门、跨行业的业务信息告知、信息查询及共享、业务处理功能、出行信息服务等开发测试及部署应用工作。

（三）建设交通管理信息分析研判平台

2013 年，重点围绕夯实分析研判技术基础、明确分析研判需求，积累分析研判经验，做好四点：一是调研梳理各级交通管理部门对数据分析的需求，完善综合应用平台现有统计分析功能；二是建立分析研判工作机制，每月对海量数据进行分析，编制专项分析研判报告；三是筹建基于云服务的交通管理数据中心，逐步购置数据挖掘和分析研判软件工具，云计算服务器、海量存储等先进设备；四是开展数据挖掘技术、云计算技术、海量数据处理技术研究。2014 年，研发交通管理信息分析研判平台软件，建立专门的分析研判数据仓库，实现深度分析和规律发现，为政府机关科学管理和决策提供信息研判支持。

（撰稿：王长君、吴晓东、孙正良）

广东省珠三角九城市交通管理一体化平台建设

一、技术基础

交通管理需要交通信息采集、处理、决策、控制、发布等环节各种技术的支撑。其中，交通信息采集、融合、仿真、决策是基础的支撑技术，标准化工作是保障各地、市之间交通信息得以交和共享的前提。

（一）区域交通信息采集处理关键技术

1. 视频交通信息采集技术

视频交通信息采集是通过计算机对视频图像的处理，获取各种道路交通流参数信息，包括车流量、车速、占有率、车型分布、拥堵、事故等。可为道路交通管理提供基础数据支持，与传统地感线圈方式相比具有安装维护方便、使用寿命长和成本低等优点。随着视频检测技术和应用系统的发展和成熟，视频交通流信息采集成为越来越重要的应用手段，并在交通管理系统中配置应用中越来越多。

视频交通信息采集方式分为两类：

一是视频交通流参数检测和视频交通事件检测，即利用固定安装的摄像机自动获取具体车辆的信息（如车辆轨迹、车速、车头时距、车型等），从而获得检测断面的车流量、车速、占有率和车型分布等交通流参数，以及逆行、非法停车等交通事件的相关数据。这方面的技术已经发展得比较成熟，有多个厂家的产品投入使用。近年来，在适应城市复杂交通流情况的交通流参数检测方面，也有产品进行了改良，可以达到不亚于高速公路的检测水平（如广东方纬科技有限公司的视频交通流检测系统）。

二是交通监控，即借助交通监控视频，获知路面交通情况，如拥堵、事故等，目前以人工观察为主。不过，已经有智能化分析手段，可以对满足应用条件的交通监控视频实施自动化的宏观交通流信息获取，充分利用现有监控视频资源，减轻人工负担、提高工作效率。这种基于广角监控视频的广域交通状态快速判别技术，通过对视频场景的智能分析，无须先验知识，无须摄像机拍摄参数固定，能够直接估算出道路交通流速度和占有率，获得区域交通的宏观状态，如区域路段是拥堵还是顺畅，而不是由检测点的断面流量、速度信息间接推导出交通状态，适用于变化的交通监控场景。

2. 浮动车

浮动车指装配有 GPS 定位和通信功能的车载装置的出租车（城市内为主）、运营车辆（长途大巴、货车等）、危险品运输车辆和警车。由于浮动车在实际道路上不断移动并将自身的位置信息以一定的采样频率（如 1 秒 1 次）发回信息中心，从而可以获得各条道路、各个位置的实时交通信息，弥补了现有其他采集设备只能检测设备安装位置处交通信息的缺憾。

通过浮动车发回的时间、位置坐标数据，除了可以知道该车辆的轨迹、速度、行程时间等信息，还可以通过数据清洗、地图匹配、速度解算、数据融合等技术，获得当前道路的车速、交通状态等交通信息来估算出某路段的行程时间，以指导交通导航并发布交通疏导信息

（二）交通信息融合与发布

1. 多源交通数据融合

多源数据包括微波传感器断面交通流数据检测、微波车辆轨迹追踪数据、视频交通流检测数据、浮动车 GPS 数据以及收费站缴费卡数据。根据不同的目标（例如交通流、交通状态和行程时间等）和数据特性（断面、点到点、全局追踪），对这些数据进行有效滤波处理和数据融合，可以得到更加准确的区域路网交通状态和各种交通流参数。

2. 交通仿真

关于交通仿真评价技术的研究越来越深入，除了取得学术成果，也已经形成具有明显经济效益的技术服务。交通信号控制仿真评价技术在城市交通控制管理系统的优化改造、新的交通控制管理系统设计和工程建设方面发挥重要作用，广州、中山等多个城市对现有信号控制路口、路段的控制策略优化均采用此技术进行了优化，效果显著。同时，交通仿真还可以用来进行区域交通服务水平的评估，如广州市发布的道路拥堵指数，正是通过交通仿真结合多源数据融合技术得出的。

3. 交通信息发布

对于区域内不同尺度要求的交通信息，依照交通指挥、交通诱导的信息发布需求进行整合，研究它们的融合技术；并结合区域交通出行知识挖掘技术，形成路径诱导信息。这方面既有“广东省公安厅交通指挥中心信息管理系统项目”这类的政府网站提供服务，也开始有应用软件和手机服务支持。

（三）交通管理协调联动标准化体系

1. 交通管理协调联动标准化框架体系

交通管理的协调联动体系实现，关键在于三点：各级管理系统的功能明确、边界清晰；系统设计标准统一；信息 / 数据交换流畅。在省、市两级的交通管理系统设计和建设过程中，形成了一整套系统框架体系设计和实施的标准化流程以及相应的规范和标准。这样，无论承建方是哪个单位、系统功能如何升级扩展，均可以保障区域交通管理系统的无缝联动、协调指挥。

交通信息 / 数据是交通管理和指挥的基础。当前各种交通信息获取技术发展迅速，手段多样，而且应用时间不一，相应的数据格式、系统配置各种各样，各种信息 / 数据的交流和融合是交通管理和指挥系统需解决的首要问题。通过分析各种静态数据和动态数据的格式、在交通管理系统中的应用方式，在数据接口方面制定相应的规范和

标准，可以实现不同交通信息 / 数据的交互、联接、融合。同时，在交通管理系统中，对各个功能模块、子系统制定规范的接口，并统一编号，可以保障系统建设的模块化和系统化。

2. 规范与标准

有关交通信息采集和数据交换共享的标准在逐步完善，目前已经有两个广东省地方标准：《交通流采集系统数据接入规范》和《交通流发布系统数据发布规范》，并有一些地方规范文件，用于支持静态数据（包括路网节点信息以及路网路段信息）和动态数据（包括：视频交通流数据、浮动车交通流数据、线圈交通流数据、微波交通流数据、卡口系统交通流数据、电子警察系统交通流数据、以及人工采集数据等）共享，支持实时路况信息发布。

广东省地方标准《交通流采集系统数据接入规范》和《交通流发布系统数据发布规范》的制定目的是推动全省道路交通状况的监测管理工作，并统一各交通管理系统与全省交通流采集系统的数据接入和数据发布标准。《交通流采集系统数据接入规范》中不但规范了各种交通流数据的接入方法、接口功能、参数说明和返回说明，给出了各市交警支队交通流分析结果规范，还给出了图片和视频录像等数据的接入规范，以及相关的各种术语定义和代码实例。《交通流发布系统数据发布规范》则对交通信息的发布数据、接口等进行了规范，对“集成调度指挥系统交通流信息发布接口”、“大屏电子地图的交通流信息发布接口”、“LED 简图发布接口”和“交通流信息发布统一接口”都进行了详细的定义和说明。

二、系统组成及功能

交通管理一体化平台建设的主要系统组成包括：统一的交通管理 GIS 平台、交通信息采集系统、全省交警警用车辆监控系统、信息发布与查询系统、交管知识信息管理系统、专家信息管理系统、卡口稽查布控系统子系统等，这些元素共同构建出全省交通管理指挥的平台联动、信息联动、指挥调度联动的省域联动。

统一的交通管理 GIS 平台用于实现基于 GIS 平台的动、静态交管信息的汇总和应用，增强公安交警部门对全省主干道路交通的动态管控能力，以及提高对全省道路交通安全的全面分析及宏观管理水平。

交通信息采集系统通过各种设备采集交通信息。

全省交警警用车辆监控系统实现对警车的监控管理、大队的勤务管理和系统管理。

信息发布与查询系统支持各种交通信息（含实时交通信息）的发布、交通视频截图发布、各类交通信息查询和统计等。

交管知识信息管理系统用于支持各种交通管理知识的查询、管理。

专家信息管理系统用于支持专家信息的查询和管理。

卡口稽查布控系统子系统则是在卡口点的报警信息动态管理。

三、应用案例

“广东省公安厅交通指挥中心信息管理系统”项目作为“广东省公安交通指挥中心建设”项目的重要组成部分，是实现紧紧围绕“信息主导警务”的中心思想，以“信息服务为核心，宏观管控为手段，增强协调指挥能力，营造全省交通“安全、畅通、有序”的管理格局这一总体目标的重要手段，是全省主干公路交通管控智能化的重要组成部分。目前，已经完成广东省交通管理用GIS-T平台，为区域协调指挥奠定了良好的平台基础。此外，通过构建“广东省交通指挥中心信息管理系统网站”，在内、外网渠道实现全省道路交通实况信息（图、文）发布与查询，从提供省际出入口、珠三角城际高速公路网及部分国省道的交通实况信息开始，逐步向各地、市辖区道路信息进行扩展，并达到省市交互的交通信息发布。以现有的高速公路巡逻警车GPS监控系统的信息资源为基础，实现对巡逻警车进行实时监控，和对勤务进行客观统计、科学分析、绩效评判，并提升勤务监管水平。此外，结合全省专家信息管理系统、交管知识信息管理系统、卡口稽查布控系统GIS子系统等子系统建设，构建出全省交通管理指挥的平台联动、信息联动、指挥调度联动的省域联动、协调指挥的管理框架和应用体系。

四、发展趋势

（一）技术发展

在关键技术研究与技术实施、多技术集成与应用等方面取得显著的成果和效果，也带动了相关技术的研究，无论是传统交通工程领域的研究内容（如信号控制优化），还是新兴的交叉学科研究内容（如视频交通流信息获取技术），或是相关学科的研究（如气象数据采集技术），乃至多个学科的技术集成（如信息融合技术）的发展迅速。其中，交通监控视频的信息智能分析和应用技术发展迅速，利用浮动车数据进行更多交通信息分析、交通仿真评估的技术进展很快，交通仿真模型更加细化，交通信息服务的需求呈现爆发式的增长。

（二）标准制定

交通管理相关技术的快速发展和平台建设力度增加，对规范标准的制度提出更加广泛和迫切的需求，这在区域交通协调指挥和信息共享发布方面表现尤为突出，也是急需进行的基础性工作。

（三）业务应用系统和管理的发展

借助各种先进技术的研发和成果转化，业务服务水平大大提高，传统的交通管理手段也在不断更新，逐渐形成信息化为主导的新型管理模式，并将在信息挖掘和充分利用方面继续提升。

（撰稿：余志、关志超）

广东基于APP公众出行交通信息服务建设与应用

一、概况

20世纪90年代后期，广东各个城市同全国其他城市一样，开始研究和建设ITS相关应用系统，建立了ITS综合信息平台或智能交通管理系统（ITMS），以及交通控制、视频监控、电子警察、交通动态信息采集、浮动车信息等各个子系统。系统利用各种交通信息的融合处理和交通系统运行的评估和仿真，对道路的动态交通科学的控制和管理，其核心在于根据道路供给情况，最大限度地合理分配交通资源，提高道路整体通行能力。

ITS技术的发展有了这些交通信息积累做为基础，开始在现有交通动态信息采集设施的基础上，借助可变情报板发布系统、交通信息网站、声讯台（客户服务电话），短信彩信，导航设备等发布交通信息，例如广东省交通厅依托公路信息资源整合系统和客运站场管理信息系统的信息资源，在互联网建立了广东省公众出行交通信息服务系统，为出行者提供了较为完善的公路出行信息服务。广州、深圳、佛山等市建立了智能交通管理系统平台和ITS，能够在互联网交通信息网站、路边电子标志板（交通诱导牌）、交通电台、声讯台（客户服务电话）、导航设备等载体上，为出行者提供动态交通信息等。通过这些以交通广播电台或频道播报为主的渠道，小区域范围内的实时路况信息可以通过语音播报、文字、图形等方式进行展示，为交通出行和管理提供了极具参考价值的信息。但人们在出行中需要的服务是多种多样的，不熟悉的路段、不清楚的目标位置需要导航，更多的时候需要综合的出行服务，因此希望通过导航设备和电子地图来主导提供所有的出行服务。现有途径的不便利性和局限性非常明显，出行者不能随需随取，也很难即时有效地获得有用的交通信息，出行服务效果非常一般，用户体验较差。

随着平板电脑和智能手机的迅速普及，人们的行为习惯正在悄然地发生变化，越来越多的人开始逐步从传统的PC端转移到了移动互联网，而现有的交通信息服务系统的信息内容和发布方式，已经难以满足出行者对交通信息服务综合化、个性化的实时动态需求。通过使用移动互联网的信息技术来提升信息的获取和提供手段，使交通信息参与各方的信息共享更加丰富和透明成为ITS发展的一个趋势。近年来，广东省经历了广州亚运会、深圳大学生运动会期间有关方面的考验，ITS的建设和使用经验已经取得了较大的进展，广东高速公路的经营部门和各城市建立了面向公众出行交通信息服务系统，推出了智能手机APP的公众出行交通信息服务软件，利用移动互联网为公众出行提供高速路线查询，路况直播、车辆救援、定制出行者自定路线等一系列高效、专业、方便的服务应用，为出行者提供完善的出行信息服务，满足人们出行的多样化、个性化需求。

二、建设完成的系统

（一）公众出行服务系统的架构

公众出行服务系统通过 iPhone、Android 等智能手机提供的公共交通、动态路况等出行信息查询，是其核心服务，并延伸至其他类型的增值服务，如救援、车友、保险、加油、保养、维修、生活、资讯、旅行等，通过专业的信息加工、服务的聚合（Mashup）和提供有效、及时的出行信息，同时提供良好的用户体验，吸引大众的持续使用，并通过增加交互、分享、丰富的服务来增加用户的黏度与使用时间。公众出行服务系统的架构如图 1 所示。

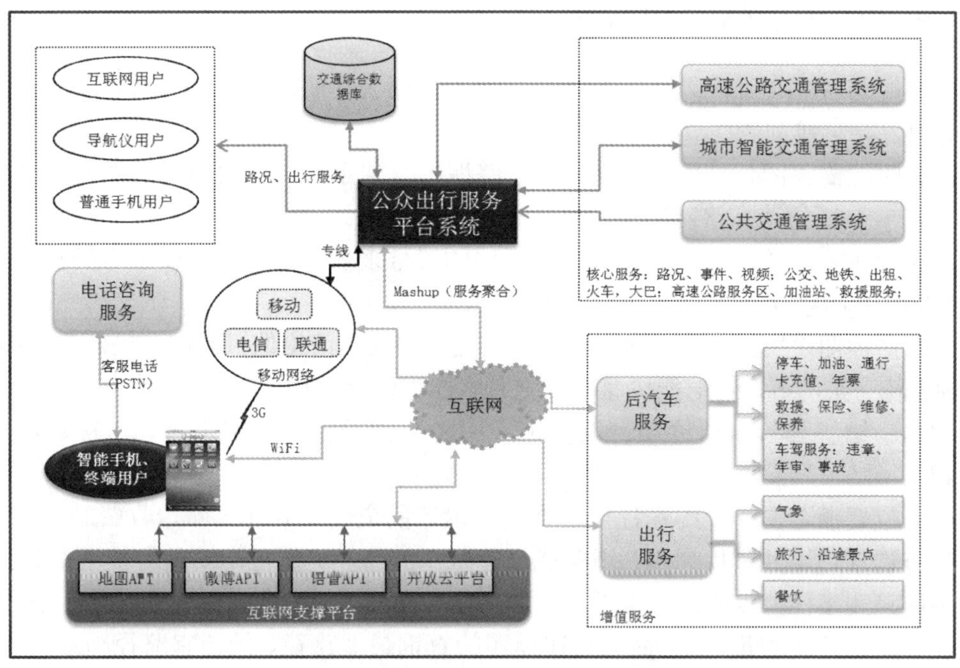

图1　公众交通信息服务系统的架构图

（二）服务架构

利用云计算和移动互联网等新技术，聚合城市道路或高速公路及主干线的多源交通信息、服务设施信息和其他出行信息，建设一个交通路况信息加工、发布和出行服务的系统平台，如图 2 所示的公众交通信息服务系统的服务架构图。强调公众出行者与交通管理者的互动与交流，鼓励广大交通志愿者的参与和信息分享，向车载导航、智能手机、普通手机等多种传播载体提供文字、视频、图片、图示、语音、短彩信等多种方式的交通信息内容，为公众出出行提供最佳体验的路况信息与旅途服务。

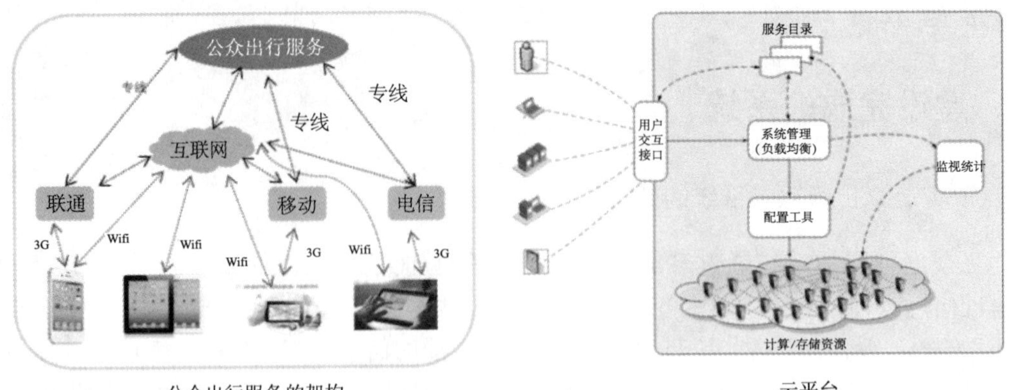

公众出行服务的架构　　　　云平台

图2　公众交通信息服务系统的服务架构

三、智能终端的特点和功能

（1）地图 API：智能终端应用谷歌等大型互联网公司的地图 API，解决了地图更新、访问速度、精度等问题。

（2）路况简易图片：智能终端的动态路网图是展示实时交通路况的最直观有效的形式。基于 GIS 的动态路网简易图可以通过红（拥堵）、黄（缓慢）、绿（畅通）等不同的颜色来表示当前路况，也可以通过不同的符号来表示各种地图要素。简易图需遵循 RTIC Link 国家标准 /TMC 国际标准。

（3）监控图像快拍：依托城市道路或高速公路的高清摄像机监控，提供快拍图片，1 分钟更新一张，智能终端能快速导览交通监控图像的图片。

（4）一键报警：智能终端可以由个人中心一键报警、一键报障、一键出险、一键播报；

（5）位置服务：智能终端提供查询用户附近的道路或高速公路、收费站、服务区的快速查询入口，并可规划出到道路或高速入口的路径。智能终端具有基于 LBS 位置的交通信息和事件信息的精准推送，以及附近的高速公路、收费站与服务区信息。

（6）路径路费查询：基于简易高速地图的查询最短路径、最便宜路径与最优路径，按照规划路径检索途径路段事件信息，并按照行驶规划提前精准推送前方路段路况信息。

（7）语音云 API：实现语音合成、语音查询和语音报警。

（8）交通信息的分享与转发（微博、SNS、短信、彩信、邮件等）。

（9）多模式信息发布：交通信息除了在电子地图上展现以外，根据道路或高速公路的特点开发了列表方式、简图、变形图等展现形式，为用户提供更加便捷的查询方式，为用户提供语音播报的功能，客户端通过语音播报功能，向用户播放当前位置附近的实时路况信息。

四、系统的应用情况

（一）高速公路交通出行服务

“广东高速通”APP 是由广东省为公众推出的高速公路交通信息服务移动应用，以广播、同步、推送、公众报料等多种方式，通过智能手机，根据路面车道的动态模型展示直观实时的动态路况，交通事件，服务设施信息（加油、维修、餐饮），随时随地为公众出行提供高速路线查询，“路况直播”，“车辆救援”、“定制我的路线”等一系列高效、专业、方便的服务应用。交通信息除了在电子地图上展现以外，根据高速公路的特点开发了列表方式、简图、变形图等展现形式界面（图 3 所示），为用户提供更加便捷的查询方式。“广东高速通”还具有语音播报的功能，客户端通过语音播报功能，可以放当前位置附近的实时路况信息，满足人们出行的多样化、个性化需求。

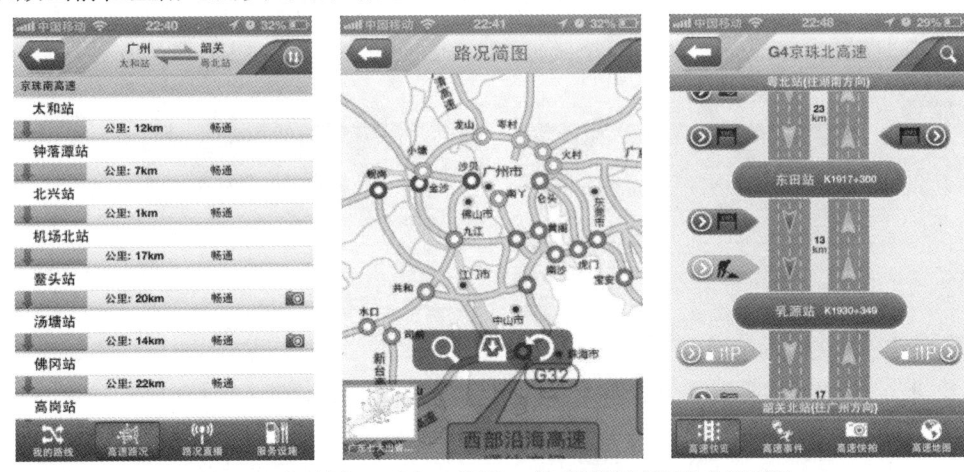

图3　“高速通”列表、简图、变形图等展现形式界面图

“广东高速通”移动应用 APP 程序在 2012 年试运行后，于 2013 年春运时发布“广东高速通”APP 的正式版本（包括 iPhone 版及 Android 版两个版本的免费下载），获得了近十万次的下载和两百万次的启动。特别在 2013 年 1 月 27 日至 2 月 25 日期间，手机 APP 应用“广东高速通”录得总共 74030 人次的下载。其中广东省新增用户共 58049 人，占 78.4%。其余新增用户的所在省市分别为湖南省 1210 人次、广西省 977 人次、贵州省 832 人次、江西省 721 人次，该应用为广大出行者在春运期间的高速出行提供了很有意义的出行参考，获得了良好的社会反响。

（二）公交公共交通出行服务

2012 年广州市利用智能交通信息平台，综合了公共交通相关的信息系统、城市各大客运站客运票务数据信息、停车场车位数据等信息，重点针对公交出行者，推出了交通信息服务软件“沃 · 行讯通”，该软件通过手机 网络的查询、搜索等功能，可以查询到广州中心城区实时公交信息、客运信息、地铁信息、航空信息、铁路信息、驾培信息、路况信息、停车场服务信息等一站式的交通服务信息，极大地方便市民随时随地掌握实时交通状况。同时“沃 · 行讯通”中的“的士查询”可让手机用户知道自己周边有几辆空车的士。“出行规划”可以让手机用户知道目前到达某地选择哪条路线。这些信息都是根据采集于交通部门的权威实时数据加工整合而成，覆盖率及准确率均达到90%以上。目前市民查询公交的次数每天多达12万以上，“沃 · 行讯”软件下载量达到57万多次。

深圳在2010年，建立了深圳市公众出行信息服务网站“深圳易行网”基础上，推出了出行服务掌上门户——“交通在手”手机应用。手机安装“交通在手”后，可在线查询公交进站时间，还可以实时查询道路交通情况，可以实现以下五大功能：一是查询公交、地铁、机场巴士等市内公共交通信息；二是关注航班、列车抵离港实时动态信息；三是获取自驾出行城市道路实时路况、加油站、停车场、维修店等信息；四是查询海陆空铁票务信息；五是实现手机电召出租车服务。市民在客户端上还可以及时发布交通事件并通过微博互动。深圳“交通在手”公共交通服务简图界面如图4所示。“交通在手”推出Android、IOS两个版本的应用，市民可以免费下载，并使用相关的交通信息。

图4　深圳“交通在手”公共交通服务界面图

（三）城市道路交通动态信息服务

2012年广州市依托公众交通信息服务平台，利用智能交通管理系统的平台，建立了较为准确、全面、多模式且便捷的交通信息服务体系，重点针对驾驶员，推出的“警民通 · 出行易”（称“广州出行易”），能依靠平台向手机用户以专用APP形式提供实时、动态交通信息，包括交通拥堵、道路施工、交通事故等信息，还以开放平台的形式向车载终端提供实时交通数据接口，在基于位置信息发布中，可以随时随地掌握广州实时交通路况、获取出行指引信息。例如，用户可自定义“我的线路”，系统按用户的当前位置的移动，不断更新不同位置的信息，沿途实时交通情况和沿途实时的交通监控点的照片、高速路出入口、收费站等信息。其基于位置“我的线路”交通信息服务界面如图 5 所示。广州出行易自 12 月 20 日正式启用投入使用至今,“警民通·出行易”、“网上车管所”已拥有超过 21 万的认证用户，累计访问量达 301 万次。

图5　基于位置我的线路交通信息服务界面图

五、展望

公众出行服务是智能交通系统（ITS）的核心内容，也是综合治理交通的一项非常有效的手段。交通管理者、交通工具与交通出行者的良好互动，将对交通管理和出行者产生积极的影响；及时、方便与准确的交通信息服务能够调整交通时间和空间分布、提高路网通行能力，使得出行者可以选择错峰出行，有效解决交通需求与交通服务能力之间矛盾，提高交通效率，改善交通运行环境，使整个道路交通系统达到最优运作。

移动应用 APP 的引入，为公众出行交通信息服务系统建立起点、线、面有机结合的完善的信息发布渠道，实现人、车、路及信息的四位一体融合，打造智能化、个性化交通信息服务方式，从而进一步提高公众出行交通信息服务质量，推动交通信息服务产业的持续健康发展。同时，促进了智能交通系统的健康发展，除了要求准确、可靠的实时交通信息外，更想获取准确和有用的决策支撑交通信息的现实需求。这就需要智能交通系统（ITS）在积累交通数据的基础上，逐步深入和不断完善的公众出行交通信息服务系统。

（撰稿：徐亚国、徐建闽、李日涵）

广州智能交通管理指挥系统应用与发展

一、系统概述

广州智能交通管理指挥中心和系统（Guangzhou Intelligent Transportation Management System，简称“GZ-ITMS”）是在1993年广州交通控制指挥中心和系统的基础上，于2006年建成使用。经过逐年的完善，形成了“一个中心、两个平台、两套网络、十五个子系统”这样相对完善的格局——智能交通管理指挥中心（一个中心），综合信息应用平台、与非公安信息系统数据交换平台（两个平台），光纤数据通信网络、无线指挥调度通信网络（两套网络）、集成指挥调度系统、警务管理系统、移动警务应用系统（PDA）、短信息平台、交通管理信息查询中心、警车及警员定位系统GPS、交通地理信息系统GIS、交通设施管理系统、交通闭路电视监控系统、交通信号控制系统、电子警察前端系统、交通流采集分析系统、交通诱导系统、辅助决策系统、运维管理系统（十五个系统），其系统框架图如图1所示。

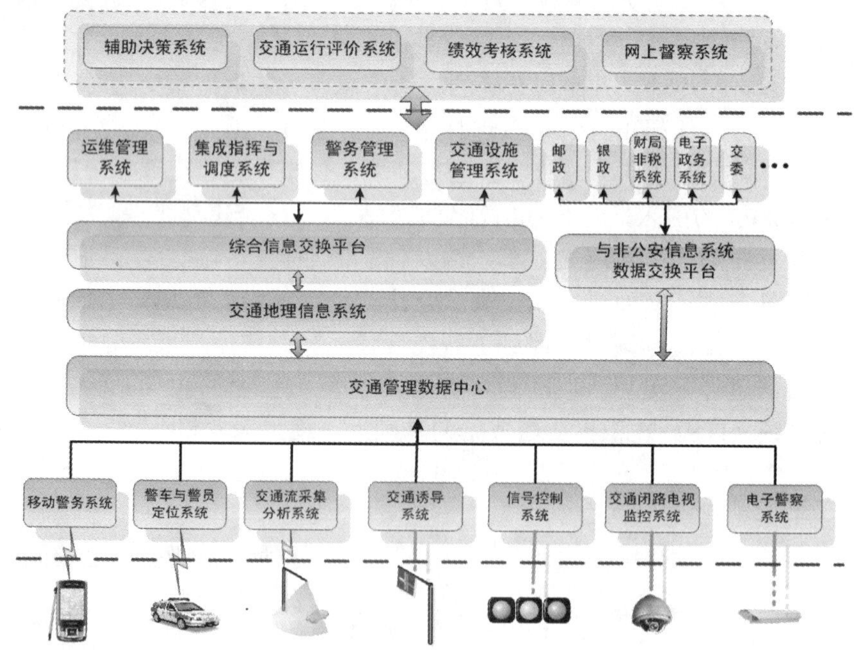

图1 GZ-ITMS系统框架图

GZ-ITMS在2010年亚运前增强了交通情报信息研判分析系统（辅助决策系统），建设了交通事件检测及车牌识别系统；GZ-ITMS交通监控系统已建成1个中心、13个分中心（区或大队），完成了与广东省公安厅、广州市公安局的视频监控联网，达到资源共享。2011 年建设高速公路电子警察 41 套，实现高速公路电子警察为零的突破，对超速、违法变线等容易诱发高速公路交通事故的交通违法行为起到了强有力的震慑作用。

2012 年 GZ-ITMS 在巩固现有系统运行管理良性发展的基础上，不断深化建设、规范管理、强化应用，并勇于开拓创新，研发推出了“警民通 · 出行易”以及新一代的交通指挥综合系统，从而大大提高了交通指挥调度能力、提升了面向公众出行的信息服务水平，为规范交通秩序、降低交通事故、缓解交通拥堵等方面起到了重要作用。

二、系统建设

（1）2012 年为了推动电子警察朝着较高密度覆盖和合理化布局建设方向发展，通过以下的做法：一是使用移动式电子警察可以随时设置交通监控点，满足了交通监控面临时设点的要求；二是新建交通监控点 70 个，使交通监控点位总数达到 739 个，有效解决了市区部分区域的监控盲区；三是电子警察实现大规模、多元化发展，继 2011 年实现高速公路电子警察为零的突破后，2012 年共建设高速公路电子警察 65 套，覆盖广河、广韶等 19 条高速公路，总数达到 106 套，对超速、违法变线等容易诱发高速公路交通事故的交通违法行为起到了强有力的震慑作用；四是大力发展新型电子警察，为配合限行“黄标车”、中小客车指标调控管理、限行货车等交通管理措施，两年来共投建了 132 个新型电子警察，实现了非现场执法是多元化发展。

（2）交通信号控制运行逐步实现精细化、人性化的管理目标。一是扩大 SCATS 交通信号控制系统的控制范围，2012 年共改造 61 个单点控制路口，使 SCATS 联网自适应控制路口达 832 个；二是推进无线联网协调控制计划，重点将城乡结合部道路的 100 个单点控制路口改造成 3G 联网协调控制路口，使联网控制路口总数达 932 个；三是市区共安装了机动车倒计时器的路口达 600 个，使主干道路口均有倒计时器显示；四是完成 60 个路口行人按钮安装，使“以人为本”的宗旨得到进一步落实；五是优化交通信号，推行“绿路”计划，提高道路通行能力，缓解拥堵。提出并推进“绿路”计划，在临江大道、新港路等 20 条适合条件的道路进行双向绿波协调控制，“绿路”、分段式“绿路”的实施，有效地减少了非高峰时段的停车次数，改善了司机的驾车体验。

（3）优化交通流采集点及交通信息板管理，扩大建设规模和加大维护力度。一是提升和优化交通信息发布系统的信息发布功能和交通状况判定技术，其中重点提升内环路系统的信息发布操作工作，使信息发布操作更加人性化和简单化；二是对于重要路段，交通信息发布方式采用人工二次复核的方式进行，确保对外的信息发布更加准确，对交通拥堵的疏解更加有效；三是扩大建设规模和加大维护力度，至 2012 年 12 月底，交通流检测点共 355 个、交通信息板共 97 块，设施正常率基本维持在 90% 以上。

（4）广州联合三大移动电信运营商推出了手机软件“警民通”，通过“警民通”可以办理交通、户政、出入境等常见业务，“警民通”中的“警民通 · 出行易”（又称广州出行易）是依托公众交通信息服务平台而开发的，实时动态的交通信息来源于广州市智能交通指挥中心，通过“广州出行易”，可以随时随地掌握广州交通路况、获取出行指引信息，还可以登录网上车管所。

三、系统应用

（一）新一代的交通指挥系统及移动警务系统 PDA 的应用

2012 年 GZ-ITMS 在整合信息资源、优化管理流程，倾力打造“指挥中枢—神经末梢”紧密相连的高效核心体系，通过借助 800M 无线对讲机、移动警务终端、SCATS、路面各类监控等设备采集的信息，整合勤务管理、涉案财物管理、语音通信调度、短信收发、警员状态识别等应用，在 PGIS 应用的基础上，实现了勤务安排及指挥调度的可视化，建立起集指挥、控制、诱导一体化的新一代交通指挥综合系统和移动警务系统，并于 2012 年 12 月 1 日、12 月 15 日应用，标志着智能交通管理指挥系统及移动警务系统的全面升级，使广州智能交通管理系统又上了一个台阶。

（二）移动和无线技术在 GZ-ITMS 中应用

2012 年 GZ-ITMS 的电子警察建设向着较高密度覆盖、布局合理化和执法多元化的方向发展。在建设固定电子警察，同时使用移动式电子警察作为临时需交通监控范围和交通监控盲区的有效补充手段，有效保障了“广州马拉松”等多项集会交通、运动会交通的交通秩序和安全；将 3G 技术应用到 GZ-ITMS 的交通信号控制路口，通过对城乡结合部道路的 100 个单点控制路口改造成 3G 联网协调控制路口，使交通信号控制系统联网控制路口总数达 932 个，提高了道路的交通控制效率和通行能力。

（三）科技设施运行管理中心在 GZ-ITMS 中的应用

引入国际先进的服务管理理念 ITIL，建立一套适合智能交通系统的“运维管理平台”（itsm.jt.gzs.gd），对 GZ-ITMS 中的五大外场系统的交通设施运行管理。

智能交通系统的“运维管理平台”对五大外场系统的交通信号（机、灯）、交通监控、电子警察等智能交通设施上增设编号，在系统上标注故障设备的位置，便于及时准确地维修；并通过每月的系统运行报告全面反映 GZ-ITMS 五大外场系统运行状况，提高了 GZ-ITMS 的智能交通设施运行的正常率。例如 2012 年 4 月将电子警察管理平台纳入运行维护管理系统后，通过精细化管理，经过一年多的努力，电子警察正常率由 60% 提高至 93%，拍摄违法行为的合格率也由 35% 提高到了 60%，电子警察执法比例由 10% 提高至 60%，规范了交通秩序、降低了交通事故发生可能性；2012 年 1 至 12 月份，交通执法总数 772.38 万宗，其中电子警察拍摄 472.75 万宗（占 61.21%）；2012 年，计算机信息系统运行维护管理处理报障 3 280 宗，故障解决率达到 95% 以上，服务评价各维护组达到 95 分以上，交通监控的正常率、图像质量和录像正常率 3 项关键指标关键指标均超过 96%，交通流检测数据的准确性达到 95% 以上，交通信息板正常率达到 96% 以上。

（四）面向公众出行的交通信息服务

2012 年利用现有的 ITMS 各系统集成综合信息服务，完善了公众出行交通信息服务系统，系统主要包括 5 部分：数据采集子系统、数据处理子系统、信息发布子系统、基于 GIS 的动态路网图、运维监控管理子系统。其总体框架如图 2 所示。

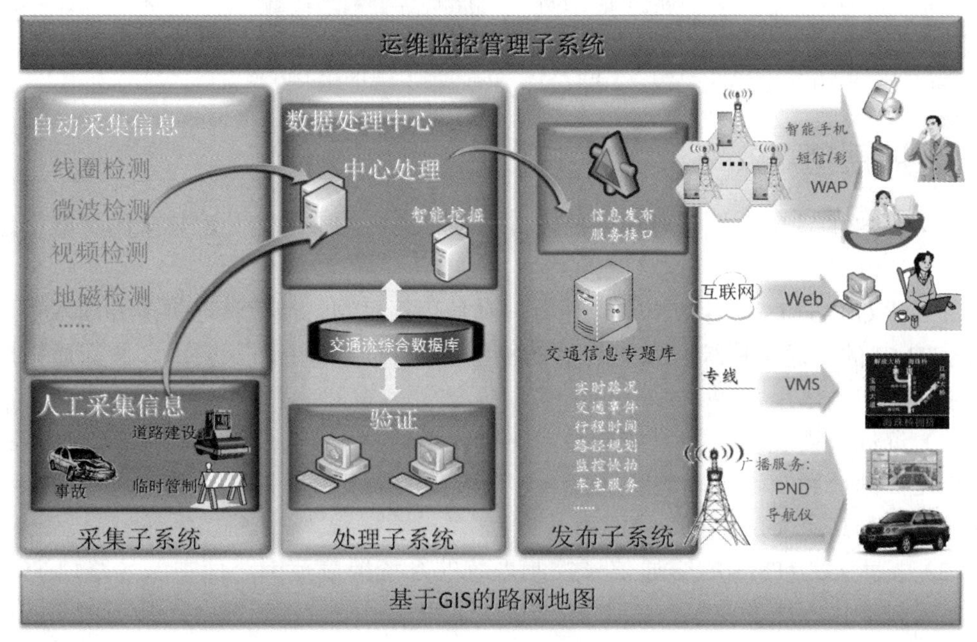

图2　公众交通信息服务系统的总体框架

广州市公众出行服务系统可以在多种渠道的信息展示：智能手机——支持 iOS 、Android 内核的智能手机应用；平板电脑——支持 iOS 、Android 内核的平板电脑应用；互联网站——支持 HTML5 标准的互联网站应用；车载导航——支持基于 Android 的车载导航应用；电子沙盘——支持电子沙盘的交通信息查询；交通诱导屏：支持标准封装的信息接口，并通过交通诱导屏直接发布。

特别是推出了"警民通·出行易"（又称"广州出行易"），交通出行者通过"广州出行易"可随时、随地、全方位地掌握广州道路实时交通路况、即时交通监控照片、交通事故、交通事件、交通管制、道路施工等信息，发布交通信息的相关内容如图 3 所示。"广州出行易"在交通信息展现，除了在电子地图上展现以外，根据城市道路的特点开发了列表方式、城市简图、变形图等展现形式，为用户提供更加便捷的查询体验，满足其出行的多样化、个性化需求。同时，通过广州出行易可以登录网上车管所，查询车辆和驾照状态，包括交通违法记录、记分、年审到期提醒、缴纳交通罚款等。自投入使用至今广州出行易的网上车管所已拥有超过 21 万的认证用户，累计访问量达 301 万次。

图3 “广州出行易”发布交通信息的相关内容

四、发展展望

GZ-ITMS 的发展与其交通拥堵治理目标和相关措施密切相关，未来的智能交通管理将主要从以下几个方面开展：

（1）从 GZ-ITMS 运行效率、交通管理勤务运行机制、绩效管理等多方面入手，通过 GZ-ITMS 的交通指挥综合系统及移动警务系统 PDA 的更深入应用，使交通指挥调度逐步实现智能化。

（2）继续开展交通监控系统建设，在市区道路特别是城郊区域增加交通监控点，重点启动高速公路交通监控的联网接入、开展高清晰度交通监控点的建设，增强对城郊区域道路和高速公路交通管控能力。

（3）扩大 GZ-ITMS 的交通信号控制系统的系统覆盖范围，使主城区路口 SCATS 交通信号控制比例达到 99%，占比 80% 以上；将城乡结合部道路（尤其国道）的单点交通信号控制路口改造成 3G 联网的系统控制路口；优化点、线、面结合的交通信号控制联网协调控制，逐步向“智能控制”的升级，并针对部分道路交通潮汐特征，进行可变车道信号控制研究。

（4）确保检测点的完好率达到 95% 以上，同时，对现有检测点的位置进行迁移优化，以完善交通流检测网络，将交通流检测系统覆盖 90% 的发布交通信息的路网，提高交通信息发布自动化程度。综合运用 GZ-ITMS 的各种交通检测设备等手段，重点研究视频图像识别技术在交通监测中的深化应用，并通过对多种交通数据源的整合与处理，建立统一的交通数据中心。

（5）在市区内常发性拥堵点（路段）、市区各主要出入口以及重要场馆周边道路附近扩大交通可变情报板布设范围，例如改造内环路 49 块交通信息板，联网接入高速公路 70 块交通信息板，新建高速公路出入口 10 块交通信息板等，使其在交通管理中产生规模效应，引导车辆提前分流，以缓解交通压力，使市区主干道达到交通流均衡的状态。

（6）综合利用电台、电视、平面媒体、微博、网站、手机短信、3G视频等方式，建立面向公众的交通信息服务体系，及时将交通信息、运输信息、停车场停车位信息等动态向公众发布。同时，并依托公众交通信息发布平台和“广州出行易”完善信息发布运行。

（撰稿：徐亚国、傅贵、李京）

深圳市综合交通运行指挥中心系统工程建设

深圳市综合交通运行指挥中心系统，是深圳市政府借“第26届世界大学生运动会”“办城市、办大运”契机的重要举措，属于社会公益类项目，既满足“大运会”实际需求，又满足城市交通综合运行监测与指挥的业务需要，实现了“一个平台、六大系统”的综合交通智能化一体化监测、管理和评价的结构体系。

一、系统构成

深圳市综合交通运行指挥中心系统，由七个部分组成：

综合交通运行指挥中心集成平台；城市交通数据采集与传输网络系统；城市交通分布式与共享式数据库群系统；城市交通宏观、中观、微观一体化模型体系；城市交通宏观、中观、微观、在线智能仿真系统；城市交通规划、建设、管理全程决策支持系统；综合交通运行指挥中心大屏幕与机房系统。

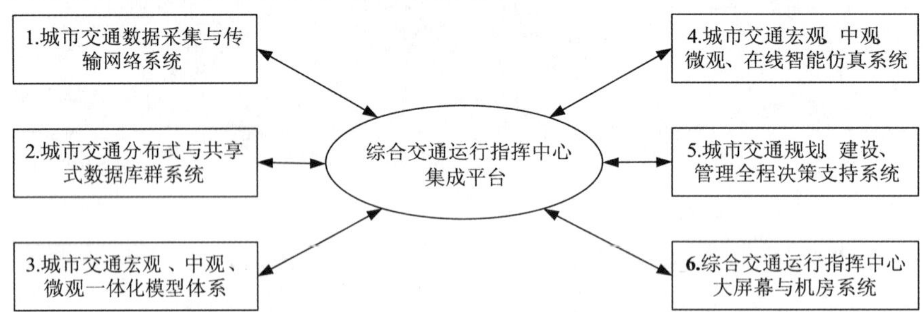

图1：深圳市综合交通运行指挥中心系统结构

该系统属于交通运输系统工程学科，具有以下要求特征：

● 城市交通需求特征：需求量大，时间集中，需求优先的层次性强，可靠性要求高。

● 交通流特征：时空分布不均匀，峰值明显且流量巨大；非常规短期出行，不具备平衡配流特征，具有时空波动性；出行讫点单一，具有多源单汇网络流特征，交通方向不均匀系数极大。

● 综合交通运行指挥中心功能定位：数据中心、监测中心、可视中心、发布中心，系统具有“动态监测、仿真评价、决策支持、应急调度、战时指挥”功能需求特点。

● 集成系统众多，包含同构与异构体系结构的系统集成难度大，专业技术分布广泛，是跨学科、跨专业复合型系统工程。

二、需求分析

深圳市综合交通运行指挥中心系统针对“大运会”交通组织管理措施服务的对象

不同，与常规交通组织管理目的有很大差异："大运会"交通组织运用各种交通管理措施手段，保障"大运会"期间的交通安全、顺畅，尽量减少对背景交通需求的影响，并在遇到紧急事件时能够保证"大运会"参与者快速、有序、及时地撤离；而常规交通组织管理措施制订的目标是缓解新平衡状态下的交通拥堵。由于"大运会"交通组织管理措施的临时性，其组织管理措施在原平衡状态被打破后而新的平衡状态未形成时即已结束，因此"大运会"交通组织管理措施针对的是非平衡状态下的城市交通状况，制订措施目标是缓解非平衡状态时的城市交通压力。

（一）需求特征

深圳市综合交通运行指挥中心系统需要考虑的交通特征如下：

（1）出行时间集中：比赛在特定的时间举行，参与比赛的运动员、观众等在时间上集中在比赛开始前陆续前往赛场，同时在比赛后集中离开赛场。进入城市交通体系，大运交通将造成早、晚高峰的高峰值越发升高，或引起新的高峰。

（2）出行目的地明确：大运出行的目的地集中在各个比赛场馆、大运村，比赛前后城市道路网络的流量分配以大运场馆交通热点为中心迅速外延扩散，比赛场馆周边路网的快速路、主 / 次干道、交叉出入口承受巨大压力。

（3）交通流消散需求比汇聚迅速：公众前往比赛场馆的集中汇聚周期要比比赛结束后观众返回驻地的消散周期长、速度慢，汇聚期间对道路交通的压力较轻；反之，比赛结束后观众消散迅速，对比赛场馆周边地区的交通组织是一个巨大挑战。

（4）道路交通使用者的不同要求：大运会的官员、工作人员、运动员等主要是集中往返于下榻的宾馆、酒店、大运村等固定场所，市民观众则是分别返回分布于城市不同区域的住所，需要根据不同的交通需求给予相应的交通服务。

（5）大运会科技水平要求高：大运会的运动员主要是在校大学生或毕业 2 年以内的中青年，而深圳这座年轻的科技创新型城市，科学技术创新又是城市的支柱与灵魂，这集中表现出中青年的交通出行服务需要高科技手段展现，再加上世界各国的国情、文化、传统等不同，大运交通应突出体现时代感。

（二）"大运会"交通需求分析

1. 大运交通需求分析

大运会交通需求主要包括专车客户群体赛时交通需求分析、大运会车辆需求分析两大部分，专车客户群体交通需求包括专车、班车、注册人员工作车、自行车等大运车辆；大运会车辆需求根据大运主办城市合约规定的用车数量，针对大运会不同的服务类别和标准，对各群体配置不同的车型，主要包括小汽车和大客车的需求情况。

2. 大运观众交通需求分析

大运会观众交通需求的主要特点：第一是时间分布特点，观看比赛观众在比赛前一至两个小时到达比赛场馆，比赛结束后迅速离开场馆。第二是空间分布特点，观众的出行主要集中于比赛场馆，其中 50% 的出行汇集于市中心区域、南山西部通道区域、宝安体育场区域、龙岗体育场区域，而观众来源主要集中在大运会国外观众和本市公众观众、香港跨境观众，内地观众不会明显增加。第三是大运会不同阶段的交通需求特点，大运会开 / 闭幕式期间，观众明显增加，主要是深圳本市观众和香港跨境观众以及参加大运会的代表等；进入常规比赛阶段，观众出行的交通需求会明显减少，一方面有正常的工作与学习的通勤、通学的出行需求，另一方面香港跨境游客也会存在正常的通勤、通学的跨境出行交通需求，而到周末，这种交通需求比较明显增加，包括个别有影响的比赛赛事。

3. 深圳城市交通发展需求预测

2011 年是深圳城市未来三十年发展和城市交通“十二 . 五”规划实施的开局年，城市综合交通将伴随城市发展进入崭新的发展时期：双港提升 -- 建设辐射全球的海空枢纽；公铁跨越 -- 构建服务全国的公铁枢纽；南联北拓 -- 促进港、深、莞、惠交通一体化；特区一体 -- 建设一体化城市交通系统；品质交通 -- 营造优质的交通出行环境。

作为“深圳质量品质交通，全球性物流枢纽、国际水准公交都市、国际化现代化一体化综合运输体系”发展核心支撑的智能交通，由侧重技术和系统开发，转向加强系统应用、对用户的优质服务、系统性能的整体优化和高薪技术支柱产业化四个方向发展。

在统一的智能交通系统体系架构下，协同交通运输信息化建设，加速交通信息服务体系集成应用，启动新一代 ITS“1+6”工程建设、整合与提升智能交通信息平台、协同构建交通信息源网（九网合一）、加强路网运行监测与调控能力、深化智能公交都市服务内涵、丰富交通信息服务体系（两横两纵一平台）、推进区域与城市智能交通架构、支撑现代化综合交通运输体系“八大”重点行动计划，完成区域与城市相结合 ITS 体系结构一体化，深、港跨境交通信息服务一体化，智能交通、交通信息化支撑现代化综合交通运输体系一体化，深圳全市域经济特区 ITS 建设一体化，深圳智能公交都市的大公交服务一体化，深圳市 ITS 体系结构领域划分与交通物联网融合一体化，大交通体制下，交通运输委和交通警察局实施 ITS 建设管理一体化，深圳市 ITS 建设人、车、路、环境协同推进一体化，深圳市智能交通、交通信息化、交通信息服务三大体系构建一体化“九个一体化”创新体系。

三、总体技术设计

（一）城市交通需求管理设计

大型体育盛会在短时间内形成的巨大交通需求，不可能依靠道路建设来解决，实施交通需求管理来缓解城市交通压力，在“大运会”交通管理中起到关键作用。相对于传统的“供给适应于需求的被动式管理”，TDM 是一种主动式管理，它在适度的运输供给规模下，控制运输需求总量、削减不合理的运输需求、分散和调整运输需求，使整个运输系统供需平衡，保证系统有效性运行。

深圳市“大运会”交通需求管理措施框架如图 2 所示。

根据“大运会”交通需求管理措施实施目的,“大运会”交通需求管理措施分三类，即减少大运会期间出行总量需求策略、协调大运会期间交通资源消耗策略、均衡交通资源消耗时空分布策略。

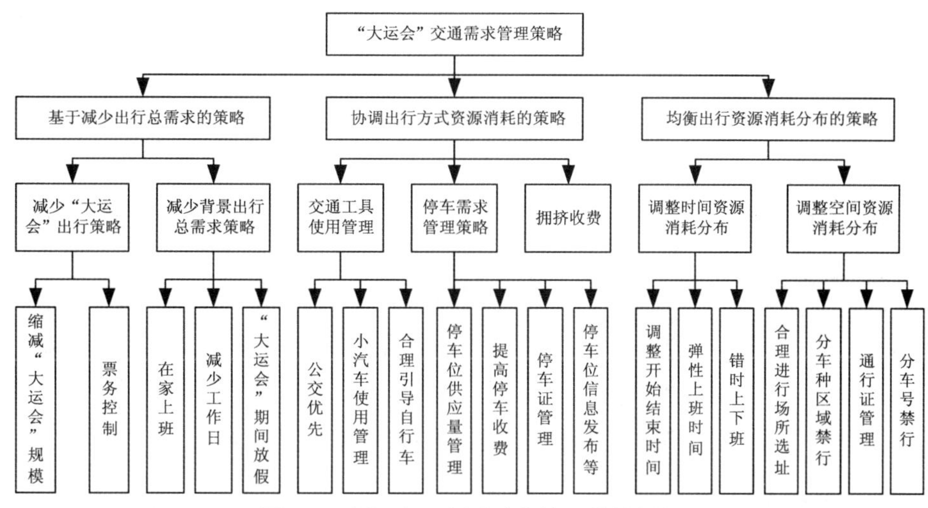

图2　“大运会”交通需求管理措施框架

（二）交通系统管理设计

城市交通系统管理措施是“大运会”交通管理的关键，其主要内容是根据城市道路网络及大运会期间交通流量、流向，综合运用各种交通管理措施及手段，合理引导、控制、组织交通流，达到交通流均衡、有序的运行状态，从而减轻交通拥挤，提高网络运行效率和安全水平。交通需求管理是宏观层面管理，交通系统管理是微观层面上管理，主要管理对象是交通流及组成交通流的车辆。

根据“大运会”交通系统管理措施是否具有时变特征，可将大运会交通系统管理措施划分为：静态交通组织措施和动态交通组织措施；进一步还可划分为区域交通运行组织措施、路线交通运行组织措施、节点交通运行组织措施、交通诱导措施等。“大运会”交通系统管理措施详见图 3 所示。

静态交通组织管理措施是根据管理范围进一步划分为区域运行组织、路线运行组织、节点运行组织措施。其中节点运行组织措施是基础，因为区域运行组织和路线运行组织措施实施大多数是由节点开始，与节点运行组织措施密切相关。

动态交通组织措施是在交通运行组织过程中，以措施本身不断变化来引导控制交通流的运行。主要包括交通信号控制和交通诱导；而交通信号控制中信号配时调整和单向绿波是适合于“世界大运会”的主要措施；交通诱导主要在下面交通信息发布与服务中分析。

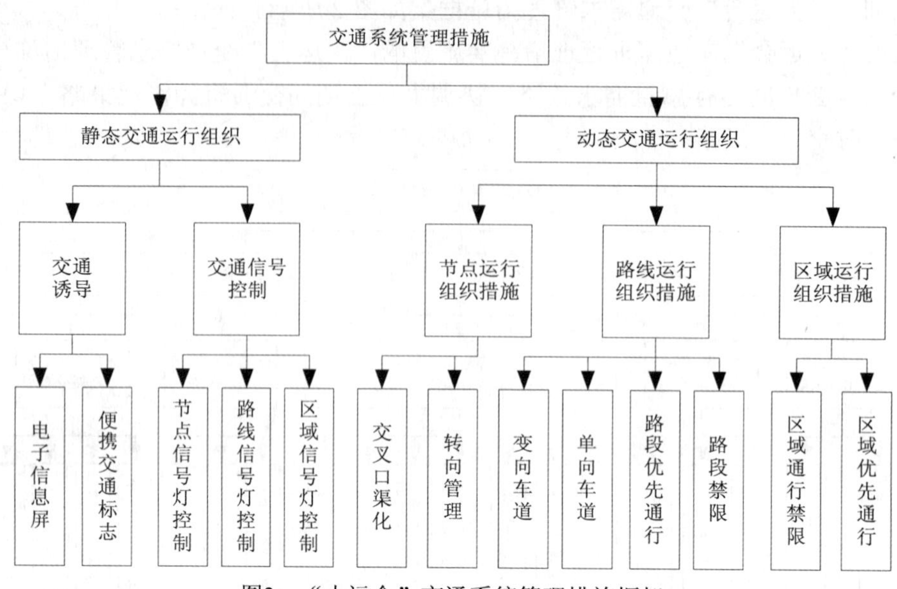

图3　“大运会”交通系统管理措施框架

（三）交通信息发布与服务设计

“大运会”期间，因为大量的临时交通组织管理措施的实施，城市正常的交通秩序被打破，观众和城市背景交通出行都具有一定的盲目性，所以实时动态交通信息发布与服务在大运会交通组织管理中具有重要地位。

出行前或出行途中的实时动态交通信息发布与服务，可以利用广播、电视、互联网、电子信息牌、手机、车载、移动电视等媒体进行服务，使交通出行者提前或途中及时了解大运会期间的交通管理措施、可能交通状态和可采用省时、经济、便利、安全的交通出行方式，从而使大运会期间出行者能够了解出行方式与出行路线等交通信息。“大运会”交通信息发布与服务详见图 4 所示。

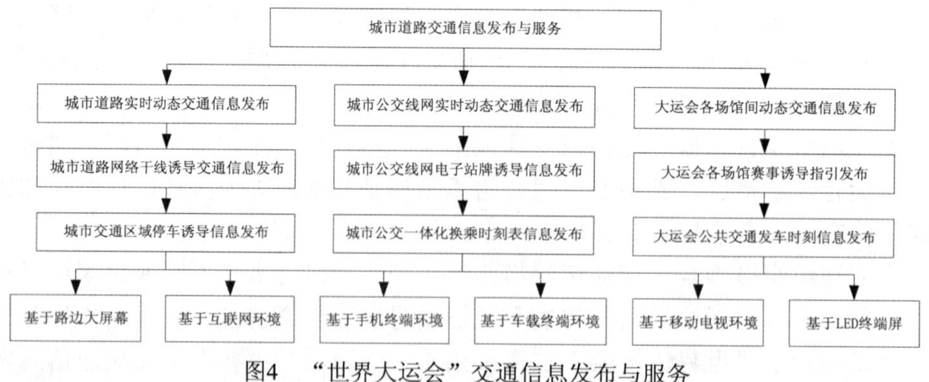

图4　“世界大运会”交通信息发布与服务

（四）系统总体结构设计

深圳市大运交通运行指挥系统结构详见图 5 所示。

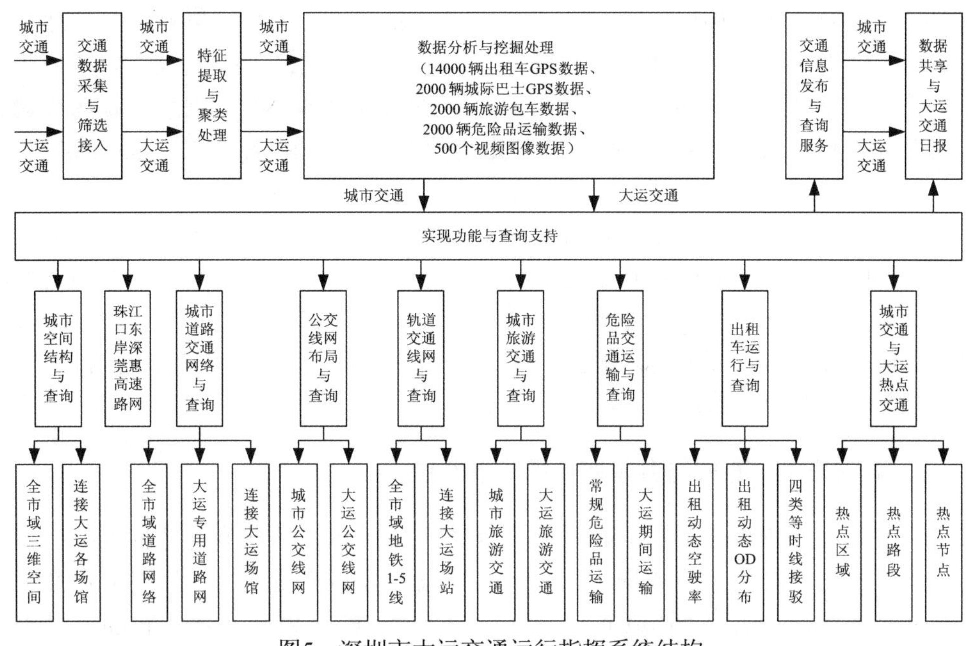

图5　深圳市大运交通运行指挥系统结构

四、建设的主要系统

（一）城市交通数据采集与传输网络系统

深圳市综合交通运行指挥中心系统的动态信息采集系统完成所需的外场实时交通信息获取，通过 GPRS、VPN 方式传输进入数据中心。

动态信息采集系统是城市道路交通仿真系统的基础，主要包括定点交通信息采集、浮动车信息采集、深圳通公交客流信息接入、交通运输行业 GPS 监管平台公交 GPS 数据接入、交警局区域监控和车牌识别数据接入等。定点交通信息以采集微波检测方式对特区主要道路（次干路等级以上）的关键断面和节点进行检测；浮动车（Floating Car Data）信息采集由出租车载 GPS ＋ GPRS 单元，采集车辆在路段上的行程时间，通过专用模型与算法得到路段行程车速；深圳通公交乘客信息、交通运输行业 GPS 监管平台公交 GPS 数据、交警局区域监控和车牌识别数据主要是对涉密信息进行过滤后，以信息共享形式通过 VPN 专线接入系统数据中心。

深圳市综合交通运行指挥中心系统采集数据主要包括：

14300 多辆出租车 FCD 数据；2400 多辆危险品运输车 FCD 数据；800 余条公交线路网络数据；118 个地铁站点客流数据；2400 多辆长途客车 FCD 数据；1900 多辆旅游包车数据；东莞惠州 10200 多辆出租车 FCD 数据；9300 个公交站点数据；700 多路枢纽视频图像数据。

深圳市综合交通运行指挥中心系统的定点数据采集，立足深圳市现状路网及布设原则，将采集点按功能属性进行分类，逐步优化，优先保证可满足多项功能的采集点。

选取特区内重要区域（福田、南山、罗湖）的重要道路进行交通信息采集，逐步扩展到全路网、全市域，系统设计预留后期扩容的接口。布设的采集点也充分考虑了《深圳市交通发展年度报告》的交通信息要求，保持交通信息自动采集数据和历史调查数据的延续性、可比性。本期工程在67套定点采集设备基础上，增加80套采集设备，布设在42个关键点。由于一期设备用于覆盖深圳福田、南山、罗湖三区的快速路、主干道和部分次干道，可以初步满足特区内交通状况评价、交通仿真和信息服务对检测点信息采集的要求。本期的重点是特区外主要境界线采集点布设，同时考虑对特区内及二线关新开通的一些重要道路增加一些布点。2011年深圳将举办世界大学生运动会，考虑到大运会交通仿真的要求，在运动场馆、运动员村、大运相关道路布设检测器，作为大运交通仿真的基本依据。

（二）城市交通分布式与共享式数据库群系统

深圳市综合交通运行指挥中心系统的分布式与共享式数据库群结构主要包括：地理信息数据、交通基础设施数据、高速公路数据、公路流量数据、道路流量数据、浮动车实时监测数据、公交 / 轨道 IC 卡数据、出租车 IC 卡数据、公交车 GPS 数据、长途客运数据、运输行业统计数据、出性行为特征数据、城市背景数据等。

深圳市综合交通运行指挥中心系统的数据中心将承担网络、系统、服务、安全等多项任务，确保各系统能够安全、高效地运行。深圳市交通仿真系统是深圳市城市综合交通规划系统的一个重要组成部分，于2006年底完成了一期工程的建设。本项目是在一期工程的基础上进行数据采集规模的扩充和系统功能的完善，本项目基础数据中心将在一期工程的基础上进行扩展，提高数据处理能力和系统的可靠性。

作为一期工程的继续，本期工程在采集及应用方面都进行了扩展，因此，需要数据中心提供相应的环境来保证有关扩展实现。

从共享角度看，深圳市仿真系统是深圳市智能交通一个核心子系统，是深圳市数字城市的一个共享节点。数据库群是一种概念上的描述，在物理上可以映射为多个物理数据库。数据库之间的关系具有明显的层次性。交通数据库群的数据包含几何数据和属性数据。几何数据描述空间目标的位置、形态和空间关系。属性数据是对几何实体的描述。交通信息通过信息管理系统进行管理，信息管理系统通过数据库管理系统进行数据获取、存储、更新和查询。

（三）城市交通宏观、中观、微观一体化模型体系

深圳市城市道路交通模型是将现实生活中的城市道路交通网络进行抽象，以刻画城市道路交通的几何结构、路网特性、部分交通设施等交通元素，以及上述交通元素之间的相互关系及其变化过程。城市道路交通系统是一个复杂的大系统，所描述的内容根据描述的层次不同而存在差异。根据所要研究的对象和系统的功能要求，建立相应的模型体系结构，通过这一结构来描述交通元素的作用以及整个系统的核心模型和功能模型。

交通模型包括城市道路交通网络结构模型、交通生成模型、车辆行驶行为模型和城市道路交通分析模型，具体建立与开发、标定各模型的模块包括：

● 城市道路交通网络结构模型：该模型用以描述道路的空间特性和物理特征，包括交叉口节点模型、路段模型和城市道路交通网络模型。

● 交通生成模型：该模型向仿真系统提供入口处车辆到达输入，如车辆类型、车头时距等符合用户给定的随机分布，包括车辆生成模块和目的地分配模块。

● 车辆行驶模型：该模型属于交通行为模型，它是交通系统仿真中最重要的动态模型，用以描述车辆的物理位置、车辆之间的相互关系等，包括车辆的自由行驶模型、跟驰行驶模型和车道变换模型。

● 城市道路交通分析模型：该模型用以描述车辆在道路上的行驶时间情况、整个路网的交通流运行状况等交通行为，包括车辆在旅行时间分析、道路交通网络的最优路径算法，以及路线选择模块。

（四）城市交通宏观、中观、微观、在线智能仿真系统

作为深圳市综合交通运行指挥中心系统的宏观、中观、微观、在线智能仿真系统，需要一体化架构，要求在平台内部进行宏观、中观、微观、在线仿真时数据转换不丢失。目前，已初步建立了以 PTV VISUM、VISSIM 交通仿真专业软件为核心的交通仿真模型系统，为近阶段的交通规划设计研究与咨询工作提供了科学方法和依据。

“大运会”交通仿真应用包括大运会场馆周边道路交通仿真，和大运会主场馆行人交通仿真。大运会场馆周边道路交通仿真的建设方案与干线预报预警服务系统类似，而大运会主场馆行人交通仿真，属于行人交通仿真软件的一个应用案例，主要工作是在已有工具软件上建模、标定、测试与评价分析。

大运应用专题分析由三部分构建而成，输入部分是数据准备工作，包括大运会场馆交通组织方案，大运会场馆地区所在路网，大运会场馆所在的交通基础设施等相关交通供给，系统运行部分通过调用交通仿真模型体系和干线预警预报分析系统，对输入的数据进行计算和分析，得到的结果采用多形式和多模式输出。

大运道路交通仿真包括：

● 提供大运片区周边交通动态分析预报。提前跟踪评估分析大运片区周边交通动态与发展变化趋势，对近期可能出现的交通拥堵进行预警，以便及时采取相关对策、措施与应急预案，保障大运期间周边道路交通的畅通。

● 大运道路交通组织或管制方案评估。结合新的交通发展变化情况，定期对大运交通组织或管制方案进行测试与评估，对大运交通组织或管制方案进行预警并提出改善建议。

大运主会场行人集疏交通仿真包括：

● 进行大运主会场观众入场行人仿真与评估。包括入场前行人集聚情景仿真与验票入场行人的仿真，对人行组织方案进行评估，识别行人拥挤区域并提供改善建议。

● 进行大运主会场观众离场行人仿真与评估。通过评估离场时的拥挤区域与拥挤

时间，保障离场安全。

● 进行大运主会场观众紧急离场安全评估。评估主会场在紧急情况下行人疏散能力与疏散时间，保障紧紧急情况下观众离场安全。

对于大运主会场行人集疏交通仿真应用，受软件对网络应用限制，采用单机操作模式，并对软硬件资源纳入网络化管理。对于评估结果，通过三维的场景进行展示，提供直观的可视化的视频演示，并形成简要评估报告。

（五）城市交通规划、建设、管理全程决策支持系统

面向政府部门的决策支持主要体现在对城市交通规划、建设、管理过程中的决策服务，其中交通规划过程的决策支持是重中之重。总体的基本路线为：对综合交通信息采集、分析与挖掘，揭示潜在的交通发展变化规律，研究评价决策过程中典型的交通统计、分析、测试及评估内容，统一输入要求并进行输出成果的可视化，建立新型的评估体系和工作模式。其流程详如图 6 所示。

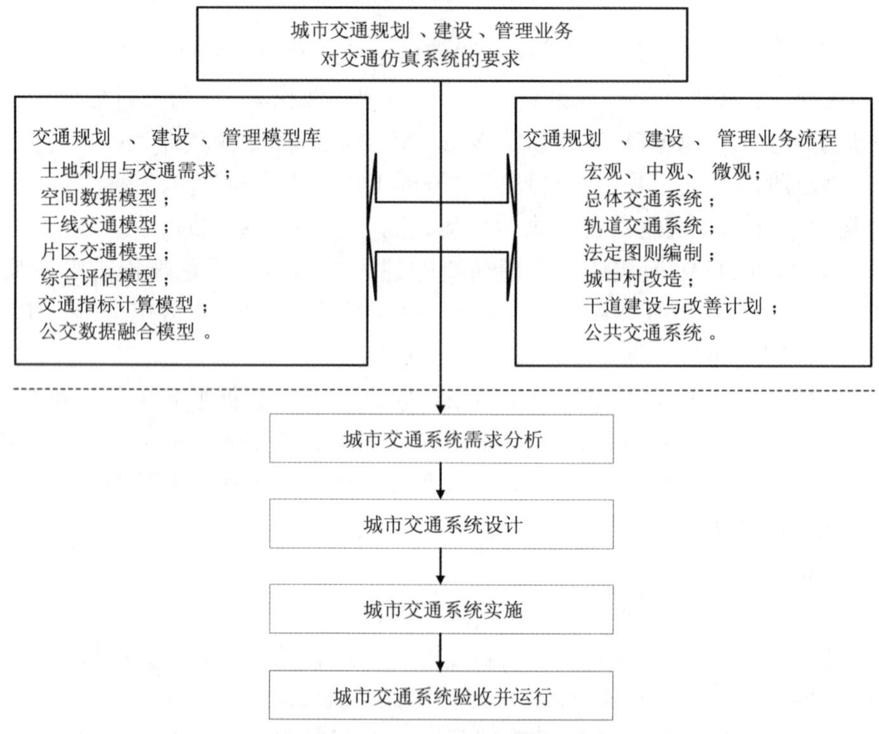

图6　城市交通规划过程决策支持流程框图

（六）综合交通运行指挥中心大屏幕与机房系统

综合交通运行指挥中心大屏幕投影相关设备（见图 7），主要包括 900 平方米的指挥监控大厅和 500 平方米的决策大厅两部分。

1. 指挥监控大厅投影设备和投影屏幕

投影设备 6 台，亮度 30000 流明，分辨率最高 2048 ×1080，对比度范围：2100 -

2700:1，典型模式下的灯泡寿命不小于 750 小时，运行噪声：≤64dB。

整体成型大屏幕 1 张，尺寸宽度不小于 30 米，高度不小于 6.5 米，中间无缝，卷曲运输到安装现场。粗糙不大于 25μm，均匀度 >95%；光学增益为 0.8 左右；水平视角为 175 度，垂直视角 155 度；屏幕尺寸精度：误差≤2 毫米。

投影控制相关设备主要包括边缘融合设备，大屏幕拼接器、视频切换设备等。

2. 边缘融合设备

支持三通道平面 / 弧面融合 /S 形曲面及不规则幕面校正；大屏布局支持任意开窗，支持对所有视频窗口进行任意缩放、任意漫游和任意叠加、画中画等；单画面显示最大分辨率为 5300×1200。分辨率物理点对点，投影机分辨率为 2048×1024，融合带为 20%）；支持预设场景编排、场景数量≥1024 个，至少支持激光笔、鼠标、键盘 3 种方式控制场景模式（支持动态和静态背景）等。

3. 编程主控机

开放式的可编程控制平台，人性化的中文操作界面，交互式控制结构；不少于 8 路独立可编程 RS-232 控制接口；不少于 8 路独立可编程 IR 红外发射口；不少于 8 路数字 I/0 输入输出控制口，带保护电路；不少于 8 路弱电继电器控制接口。

4. 大屏幕拼接器

纯硬件构架，上电即可工作，开机时间少于 5 秒，可 24x7x365 持续无故障工作；支持红外、按键、RS232 串口、无线彩色触摸屏控制及 TCP/IP 控制等。

5. 切换矩阵

包括视频切换矩阵和 VGA 切换矩阵两部分，视频切换矩阵要求输入不少于 128 路，输出不少于 48 路；VGA 切换矩阵要求输入不少于 36 路，输出不少于 16 路。

6. 音响子系统

能满足整个指挥监控大厅的音响要求，并且讲解员在任何地方都可以使用大厅的音响系统。音响系统能够接入数字会议子系统和坐席子系统，并保证会议语音和坐席来源的电话语音不会导致失真，以保障 VIP 室与指挥监控大厅、坐席等的良好互动。应包括：中控设备，各种需要的扬声器，录播系统等。

7. 数字会议子系统

部署于 VIP 会议室，具有报告、会议讨论、演讲功能，具有会议现场音频信号保存功能，具有回音消除、噪声消除功能，具有专用会议功能。数字会议子系统与大厅的音响子系统良好接口，确保 VIP 会议室与监控指挥大厅的良好互动。主要的声学指标包括：最大最大声压级≥95dB（125 至 4000Hz 范围）；声场不均匀度≤8dB（1000 至 4000Hz）；传声增益≥-8dB（125 至 4000Hz 的平均值）；总噪声级：最多 30dBA；总失真度：最多 5%；语言清晰度（RASTI）：0.5 – 0.7。

8. 坐席子系统

提供至少 40 个坐席。软件系统运行环境相关设备主要包括系统运行所需要的 11 套 PC 服务器，8 台网络设备，软件基础环境（如：操作系统、中间件、商务智能软件）等。

（1）900平方米运行指挥大厅

（2）500平方米决策支持大厅

图7　深圳市综合交通行动指挥中心

深圳市综合交通运行指挥中心系统与当前国内外同类研究、同类技术的系统综合比较具有以下特点：

●站在城市高度提升城市交通与区域交通的总体运行效率，支撑综合交通系统。

●实现城市大交通--规划、建设、管理一体化决策，海、路、空、铁、口岸五位一体评价，构建基础设施智能化模型与仿真平台，打造“五维分析”基础、构建“七度评价”环境。

●建设城市大公交（公交都市）--轨道、常规、出租无缝换乘与接驳，单枢纽、多枢纽、枢纽城市协同管控，深、港、莞、惠珠江口东岸/四地区域跨界智能公交信息多模式服务。

●构建交通物联网、云计算环境--现代物流、交通信息“云群”服务为突破口，建立交通物联网服务体系，加速推进智能交通产业化发展。

●支撑信息共享与高水平应用--交通电视并机直播、交通气象联合发布、交通污染同步监测，交通信息服务由面向公众出行转移到面向城市综合交通出行，提升“九网融合”管理水平。

●建立现代化交通体系--官、产、学、研紧密结合的智能交通科研体系构建，建立“交通分析与交通影响评价重点实验室”，智能交通科研与应用建设并举。

五、项目建设创新

（一）体制创新

深圳市综合交通运行指挥中心系统是建立在新成立的“深圳市综合交通运行指挥中心”全额拨款的事业单位机构之中的项目，受专业机构的直接规划设计、建设管理、运行使用的一体化体制，特别是2009年深圳市政府大部制机构改革后，政府层面建立智能交通处，实现智能交通项目建设的“三统三分”指责，实现系统建设的体制创新。

（二）模式创新

快速城市化建设发展阶段，智能交通建设与管理并重；体现城市空间结构演变与延伸受交通系统的扩张直接关联理念，应该由交通系统主导，以智能交通为核心支撑；构建了珠江口东岸深、港、莞、惠区域智能交通与城市智能交通相结合体系结构创新模式。

（三）观念创新

深圳智能交通建设底子薄、起步晚、时间紧、任务重，不能照搬其他城市的建设模式，要走出一条自己特色道路：即纵向“切蛋糕”模式，实现“建设一个系统，就建出高水平应用，做到牵一发、动全身”。要把核心重点放到:深度分析应用已有数据、采集与应用并举、建设高水平的应用系统上来。同时,对过去原有的相关系统进行整合、提升、优化等改造。

（四）服务创新

构建一支自己的专家技术团队，实现智能交通建设“贴身服务”，构建智能交通系统建设技术（技术支撑）、建管（政府监管）、运营维护（服务外包），“技术、建管、运维”一体的核心专业模式。

（五）管理创新

深圳市综合交通运行指挥系统项目是借“世界大运会”契机，政府办城市、办大运的统一管理模式下，引入社会资金，实现政府主导的项目建设 BT 管理模式。

（撰稿：关志超、黄 练）

北京市智能交通系统建设与发展

2012年北京市在交通管理、轨道交通、地面公交、电子收费及停车管理等方面继续推进和完善智能交通系统建设，增加了一批新的智能交通设备，开发相应的系统。

一、城市交通管理

2012年全市新建电视监控系统150处、违法监测997套、高速路区间测速设备25处、室外显示屏90块，并接入分局及社会视频监控700套，实现了对政治中心区等重点地区和主要环路的无缝隙覆盖。正式启用公安部“六合一”平台，整合对接系统100余个，实现非现场违法信息全国转递、异地处理，确保了海量基础数据随平台同步启用、同步到位。

二、公共交通

（一）地面公交

截止至2012年年底，全市65%的公交车辆安装了卫星定位设备，形成了以智能调度指挥中心、公交救援抢修、快速公共汽车交通系统（Bus Rapid Transit BRT）、枢纽站运营调度管理、乘客信息服务、智能调度、应急指挥车、图像信息管理等八大应用系统为基础的公交智能调度管理体系，实现地面公交三级调度，提升了地面公交管理及服务水平，在日常运营中发挥了重要作用。

（二）轨道交通

2012年新开通了4条轨道线路，使得全网运营里程达到442千米。北京轨道交通指挥中心整合了全部14条线路的各条线路行车、客流、视频图像、供电等系统的信息、实现了运营的“统一指挥、逐级负责、协调动作”。

（三）交通枢纽

建成六里桥、东直门、四惠、宋家庄智能化枢纽管理平台，推进枢纽内多种交通的联动和协同管理，提高枢纽安全疏散效率，为北京市快速通勤系统建设提供坚实的支撑。

三、出租车

全市6.66万辆出租车全部安装了卫星定位设备，开通了“96103”和“961001”两个叫车电话，总入网车辆3万辆，日叫车服务近8000次。

四、停车

停车行业已建成全市停车场电子地图和停车信息平台；同时建成了王府井大街、西单商业区、崇文门新世界和金融街等 7 个区域停车诱导系统，覆盖 83 家停车场、7620 个车位，设立了 170 块电子诱导显示屏建成;东城、西城、朝阳三个区示范建设“三位一体”的路侧停车电子收费系统，共建设 3072 个电子收费车位并配有 220 套 POS，提高停车管理水平和服务能力。

五、ETC电子收费

北京市区域联网不停车电子收费系统已建成 412 条 ETC 车道，覆盖全市所有收费站点。截至 2012 年年底电子标签用户量为 88.2 万户，电子收费流量占总通行量的 27%，先后与多家商业银行开展合作，共建成全业务客服营业网点 55 个（其中自营 19 个、银行合作 36 个），联名卡发行业务网点 1189 个，自助充值终端 8800 台。建成机场停车楼 ETC 项目，是国内首个将 ETC 技术用于大型公共停车场的项目，覆盖了 T1、T2、T3 航站楼的三个大型停车场，8 条 ETC 专用车道和 24 条人工刷卡车道。

六、综合交通管理

2012 年完成了北京市交通运行协调指挥中心 TOCC（一期）的全部建设，整合了 2800 多项数据，接入 20 000 多路视频，新建或升级了多个应用系统；实现了全市综合交通运输的统筹、协调和联动，建立了常态化综合交通运输协调管理体系，为缓解交通拥堵、提高交通运行效率和安全提供重要保障。其中交通运行智能化分析平台的交通指数的评价范围由原来的五环路以内扩展到整个城六区。新建了极端天气道路交通保畅物联网应用系统，实现了对极端天气条件下道路交通运行的事件预警及应急指挥，初步建成交通应急指挥中心。

（撰稿：温慧敏）

上海市交通综合信息应用服务工程

通过多年努力，上海交通信息化建设取得了一定成效，在城市日常交通运行管理和公众出行服务，特别是2010年“世博会”特大型活动的交通运行保障中发挥了重要的作用。但随着上海交通供需矛盾日益突出，现有的交通信息化建设成果已经不能满足政府交通决策管理和公众出行对交通信息服务日益增长的需求，表现为：一是交通信息采集的范围等还不能满足交通信息化建设的需要。如郊区交通信息化尚处于起步阶段，郊区城镇及连接市区的“交通走廊”道路信息采集尚未覆盖；二是交通信息采集内容对支撑交通决策管理还有局限性，如对公共交通客流数据尚无法实时掌握，对支持公共交通运力科学调配、公交智能调度缺乏基本的客流信息支撑；三是交通信息服务政府、企业和社会的共同参与度不够。目前，交通信息服务的产业链未形成，仍处于政府主导，市场参与阶段，还需要通过推广示范应用，培育市场。同时，上海建设“智慧城市”，实现“创新驱动、转型发展”的战略目标，对建设完善上海综合交通体系、提升交通管理与服务智能化水平等也提出了更高的要求。

为了解决上述问题，满足建设“智慧城市”等需求，结合建设“智慧城市”三年行动计划，上海正在筹建“上海市交通综合信息应用服务工程”，以进一步提高上海交通信息化建设和服务水平。

一、工程建设总体目标

按照建设“智慧城市”的总体部署，坚持“掌握现状、找出规律、科学诱导、有效指挥”的建设指导方针，立足把握交通需求，研判发展趋势、辅助科学决策，通过扩大信息覆盖范围、强化数据分析能力、提高信息应用水平，基本建成上海市交通运行评估常态化、决策支持智能化、出行服务智慧化的智能交通系统框架。从而为本市交通设施规划、日常交通运行、道路通行状况预测提供有效的信息和技术支撑。

二、工程建设主要内容

工程在上海市交通综合信息平台基本框架的基础上进行开发建设，主要包括道路交通数据采集与处理子系统、公共交通数据采集与处理子系统、交通综合信息应用与服务子系统三个部分。拟建工程项目的总投资估算7552万元，工程建设周期约20个月，2012年完成工程项建书编报等前期工作。

（一）道路交通信息采集与处理子系统

该子系统主要针对上海道路交通信息采集范围扩展需要，以闵行区、嘉定新城等郊区为典型代表，开展道路交通信息采集、数据汇聚和共享示范，通过示范应用，探索郊区不同交通信息基础条件下的区域道路交通信息采集和数据共享模式。其中闵行区已建成区交通信息平台，部署了道路交通信息采集和视频采集设备，实现了部分道路交通信息采集，具备了一定信息化基础条件。工程将实现闵行区已采集交通信息数据接入上海市交通综合信息平台，补充采集跨区域道路交通信息，实现闵行区与中心城区快速路、主要地面道路及高速公路交通信息的交换共享。而嘉定区暂无固定交通信息采集设施，工程将采用手机信令、出租车 GPS 数据方式，以及两种移动式方式融合技术，采集嘉定新城道路交通信息，并将数据汇聚至上海市交通综合信息平台。

该子系统还将建设道路交通拥堵指数分析系统、基于在线数据的交通动态仿真与预测系统。通过开发交通拥堵指数模型、在线分析系统等，实现对城市快路网全网、地面道路交通热点区域路网和中心城外重要区域交通路网交通拥堵特征分析、影响评估和态势预测，实现对全路网交通运行状态和拥堵特征的精细化、动态评估。工程将利用既有交通模型和上海市交通综合信息平台车流量、车速、OD 等实时数据，建设基于实时交通信息数据的在线仿真系统，实现快速路重点区域交通流量预测、预报，交通事件影响分析和交通匝道开关闭措施影响分析，实现交通动态仿真、三维展示。

另外，该子系统还将建设基于实时交通数据的机动车污染分析、影响示范应用系统，建立示范区基于机动车实时数据的高污染路段和时段实时监控、评估和预测分析模型，为制定交通污染控制措施提供数据支撑。

（二）公共交通信息采集与处理子系统

该子系统针对交通信息采集内容尚有局限等问题，补充完善公共交通客流信息采集与处理。包括：建设虹桥枢纽公共交通信息采集与处理系统，补充完善枢纽内交通信息采集设备，接入和完善枢纽内公共交通、客流数据，实现虹桥枢纽应急响应平台与上海市交通综合信息平台网络互通。

该子系统将建设轨道交通客流数据采集与处理系统，按照 15 分钟周期汇聚全市轨道交通网络各个站点进出站票务数据，分析轨道交通全线网客流总量、站点流量及客流出行特征。建设基于公共交通卡客流采集与处理系统，接入全市公共交通卡清分数据，推算中心城地面主要公交线路的客流总量及地面公交客流出行特征。研究上海市公共交通方式的出行规律、客流与典型节假日、重大活动的相关性，为科学调配公共交通运力、保障大型活动交通畅达等提供技术支撑。

该子系统还将建设基于手机信令的客流采集处理和分析应用系统，通过跟踪手机信令数据，分析生成用户出行的电子轨迹，形成可用于出行分析的客流数据。通过人口空间分布处理模型、热点区域集散客流处理模型、轨道交通换乘客流处理模型的开发，动态分析较大范围内人员群体出行活动特征，实现中心城区人口分布检测以及特定热点区域客流集散分析，以及轨道交通全路网非共线换乘站点换乘客流检测和规律分析，为轨道交通运营管理与大型活动交通组织保障等提供数据支持。

（三）交通综合信息应用与服务子系统

该子系统将紧密结合社会公众出行的实际需求，借鉴世博期间交通信息服务成功经验，进一步完善网站、广播电视、移动终端、可变信息标志、触摸屏等发布交通信息的技术和支撑软件，充实交通信息服务内容，全面升级交通信息服务，并通过探索市场运作模式，推动产业链的形成及产业发展。

该子系统将建设完善上海交通出行网，由世博交通网单一的动态信息发布向全方面、针对性强的综合交通信息服务发展，包括道路通行状况、重大交通事件、匝道开关、养护封道等交通信息实时发布及市内驾车出行路线规划、公交出行线路查询，进一步贴近社会公众对交通信息服务的需求。

该子系统将对跨路网、跨区域的道路交通联动信息发布进行扩展、改造和升级，开发交通事件联动发布预案库和联动发布软件，形成主要越江交通设施、城市快速路及上匝道、高速公路及重要地面道路间跨路网可变信息标志信息联动发布及运行机制，并完善道路交通信息联动信息发布设施。

该子系统将结合移动互联网发展，开发支持主流移动终端数据接口软件、基于移动终端的客户端软件等，探索研究终端载体信息发布内容和形式，满足出行者出行途中的信息需求。并结合广播电台、电视台节目播报特点，开发新闻媒体播报支撑系统，增强交通信息播报节目交互性和观赏性。该子系统还将开发交通呼叫热线和多媒体应用支撑系统，完善交通枢纽区换乘信息服务设施，扩容交通信息服务应用平台，不断提升交通信息服务能力。

通过该工程的实施，将进一步扩展上海道路交通信息采集覆盖面，提升交通信息采集、处理和分析应用的整体能力，不断提高政府交通管理决策能力和公众出行信息服务水平，为上海建设“智慧城市”做出应有的贡献。

（撰稿：顾承华）

安徽省县域城镇智能交通（ITS）建设研究应用

一、基本情况

随着我国城镇化进程加快，县域城镇基础设施建设逐步完善，机动车保有量迅速增长，居民出行需求逐渐提高。然而，我国县域城镇现有的交通管理模式和日益增长的交通需求与安全形势不相适应，交通拥堵等“城市病”逐渐从大中城市向中小城镇蔓延。同时，我国县域城镇智能交通应用建设在规划设计方面还处于空白阶段，对县域城镇智能交通发展缺乏系统性研究，制约了县域城镇交通智能化的发展速度，迫切需要探索县域城镇智能交通应用建设模式，采用先进的智能交通技术全面提升我国县域城镇道路交通的综合管理与服务水平。

为了更好地推动县域城镇交通智能化的发展，提高县域城镇交通规划建设、管理水平和综合决策效率，安徽省公安厅交通警察总队与安徽省智能交通协会合作开展了公安部应用创新计划项目《县域城镇公安智能交通（ITS）应用建设模式》研究，该项目在充分调研县域城镇交通发展现状的基础上，结合城市智能交通发展经验，总结县域城镇交通的发展模式和管理特色，探索县域城镇智能交通发展新思路，填补我国县域城镇智能交通应用建设在规划设计领域的空白，系统性地提出我国县域城镇智能交通应用建设模式，为我国县域城镇智能交通发展提供指导意见。

安徽省公安厅经过充分调研选择了经济条件较好、智能交通发展需求较高的当涂县作为县域城镇智能交通应用建设试点县，以“县域城镇公安智能交通（ITS）应用建设模式”初步研究成果为指导，在当涂县进行县域城镇智能交通应用示范工程建设，并取得了良好的成效，提高了当涂县交通综合管控能力，为我国县域城镇智能交通建设提供指南和样板。

二、研究内容

“县域城镇公安智能交通（ITS）应用建设模式”项目以县域城镇（重点是县城镇、包含辖区内重点镇和一般城镇）为研究对象，研究内容如下。

（一）县域城镇智能交通建设总体需求和应用特点

针对国内外智能交通发展现状，分析国内外中小城镇智能交通建设和应用情况，结合我国县域城镇交通现状的调研情况，分析我国县域城镇智能交通建设的总体需求和应用特点。

（二）县域城镇智能交通应用建设基本流程

基于我国县域城镇目前智能交通应用建设与管理方式现状，制定县域城镇智能交通应用建设基本流程，包括提出应用建设需求、智能交通专项规划与设计、项目建设实施、设备管理与维护、应用建设保障机制与智能交通建设及应用效果综合评价 6 部分内容。

（三）基于智能交通技术的县域城镇道路交通管理策略

通过对基于智能交通技术的县域城镇道路交通发展模式和管理特色进行研究，提出适用于县域城镇的智能化交通管理策略，为县域城镇的交通规划与管理提供指导，增强县域城镇交通管理部门对交通的管控能力。

（四）县域城镇智能交通应用建设标准体系

针对我国县域城镇交通发展现状及需求，建立我国县域城镇的智能交通应用建设标准体系，主要内容包括：提出我国县域城镇分类依据和方法；提出县域城镇智能交通应用建设标准体系总体框架；制定相应的智能交通应用建设标准。

（五）县域城镇智能交通综合评价体系

根据县域城镇智能交通应用建设标准体系，结合城市智能交通应用建设经验，建立适合县域城镇的智能交通综合评价体系，评价体系研究首先构建评价指标体系，其次选择评价方法确定评价基准，从而确定评价指标的权重，最后对县域城镇智能交通进行综合评价。

三、应用案例

安徽省当涂县作为公安部应用创新计划项目《县域城镇公安智能交通（ITS）应用建设模式》的试点县，其智能交通示范工程主要应用情况如下 .

（一）基于地磁检测的交通信号控制系统

当涂县建立了基于地磁检测的交通信号控制系统（包括 16 个路口交通信号控制系统设备的新增或改造，以及 8 个路口地磁检测器的安装），实现振兴路和太白路两条主干道上 16 个路口信号的感应控制、绿波控制和自适应控制功能，降低路口停车次数和延误时间，提高路口通行能力；同时与其他交通信息采集手段（如交通视频监控、电子警察、测速、卡口和 GPS 浮动车等）获取的数据融合分析，应用于区域交通动态诱导，提高路网运行效率。当涂县公安交通警察大队以此申报的《基于物联网概念的地磁车辆检测器信号灯控联网技术》获第三届全省公安基层技术革新一等奖。

（二）交通指挥中心

在当涂县智能交通系统外场设备建设的同时，如何最大程度地发挥智能交通各子系统的功能与作用，关键是交通指挥中心能够对外场设备进行统一管理与控制。因此，当涂县智能交通示范工程一项重要内容就是升级、改造原有交通指挥中心，以满足当涂县交通综合管理需求。交通指挥中心的硬件升级包括在指挥中心新建了研讨决策室，扩容机房存储设备，增加指挥中心大厅操控席位等，进一步提升了交通指挥中心的应急指挥和管控能力。

（三）智能交通综合管控平台

当涂县智能交通系统综合管控平台包括公安交警地理信息平台、信息采集处理服务、交通信号集中控制和管理系统、外场设备集成与控制系统四大部分，各部分具体功能如下。

（1）公安交警地理信息平台为管控平台的基础核心功能，采用基于 ARCGIS 切片地图技术实现电子地图的基础功能，充分兼容 PGIS 等地理信息资源，为管控平台相关应用系统提供地图服务支撑。

（2）信息采集处理服务用于对各类交通信息数据（包括交通流量和速度信息、电子警察违法抓拍数据、卡口数据、交通信号控制信息、固定视频数据及 GPS 数据等）的采集以及外场设备通信控制，为管控平台应用程序提供数据支撑和设备控制服务。

（3）交通信号集中控制和管理系统主要用于对联网信号机的控制和管理，通过交通流信息采集设备（如地磁、线圈和视频等）上传的数据统计分析区域内点、线、面交通参数，宏观监控区域内交通整体运行态势，发现拥堵点后可以及时优化和下发信号控制方案，并根据交通流状况对方案进行效益评价。

（4）外场设备集成与控制系统主要包括实时信息播报、道路信息管理、卡口联网布控、外场设施管理、指挥调度管理、应急资源管理、勤务管理、辅助分析和系统管理，实现当涂县交警日常管理工作、业务办理和信息共享，提高交通管理工作效率和服务水平。

（四）交通管理服务信息网

当涂县交通管理服务信息网主要面向的服务群体包括驾驶员、车主、交通信息爱好者等互联网用户。网站提供车辆查询、驾驶证查询、违法信息查询、交通法律法规信息查询、业务办理指南、便民服务信息、驾驶人或车主用户的网上办事、基于交通电子地图的外场设施分布等服务。

四、未来展望

在当涂县智能交通示范工程的基础上，再选择安徽省五六个具有应用特点的县和镇进行应用示范工程建设，在此基础上完成公安部应用创新计划项目《县域城镇公安智能交通（ITS）应用建设模式》的研究工作。结合县域城镇智能交通应用建设模式，进一步在安徽省和全国县域城镇扩大研究成果的转化应用，全面提高我国县域城镇智能交通应用建设和管理服务水平，以发展智能交通带动城镇化发展。

（撰稿：吴恒武）

安徽省跨区域交通安全应急联动指挥系统建设

一、项目概述

以构建和谐交通为核心，面向区域路网重大突发交通事件应急管理面临的突出问题，集成、示范和推广应用一批先进、适用的科技成果，完善跨部门、跨职能交通应急联动指挥机制，建立交通应急管理信息的惠民服务体系，增强重大突发交通事件应急处置能力，保障道路交通安全，提升群众出行满意度。探索建立长效运行机制和模式，在同类地区示范推广，实现项目成果的可持续发展。

高速公路和国省道等跨区域干线路网是社会经济发展的重要基础，一旦发生突发事件，其应急处置工作涉及道路交通、公安交警、消防卫生、化工环保等多个部门，其人力、资源的调配还关联到多个地区甚至多个省份。目前，我国在高速公路为主体的跨区域干线路网管理体系中，虽然已经普遍建立公路监控系统、收费系统和通信系统，为跨区域干线路网的运营管理提供了较为完善的技术支撑，但是，由于资金和技术的局限，交通信息采集手段主要是通过视频监控、雷达探测、电感线圈等路面监控设备，设备分布密度较小，有效监控范围狭窄，无法形成对区域路网实时交通信息的全面掌握，难以针对迅速变化的实时交通信息数据开展有效分析甄别。同时，现有体系中信息共享范围较窄、跨部门应急保障缺少统一调度和规范、应急处置策略和预案难以有效评估、常态化交通预警和大范围交通诱导信息主动推送能力还不具备等一些不足也逐步显现。极易在突发交通事故、恶劣天气等因素影响下，导致大范围的交通瘫痪，不仅会造成人员、财产等硬损伤，而且给人们社会生活造成精神的软损伤，影响社会的和谐稳定，迫切需要通过机制创新和先进科技成果的应用示范加以有效解决。

为此，开展跨区域公路网交通安全应急联动指挥系统的建设，提供一套先进、适用的应急指挥与智能调度决策支持系统，解决公路突发事件应急响应机制、预案编制、资源保障及应急管理程序设计等实战应用问题，不仅对提高交通突发事件的处置效率、进一步完善高速公路突发事件应急管理体系具有重要战略意义，而且能够充分发挥我国已有良好交通基础设施的承载能力，更好地为社会经济发展和人民生活水平提高提供安全、畅通的交通服务。基于以上因素，在政府和交通、公安等行业主管部门的全力推动和大力支持下，跨区域交通安全应急联动指挥系统在 2012 年得到了进一步的应用和推广。

二、系统组成及功能

跨区域交通安全应急联动指挥系统的建设，是针对交通事件的随机性和突发性特点，在总体上遵循交通信息采集共享到交通管控应用，再到交通信息社会化服务的设计路线，在预防和处置两个层面，充分整合高速公路应急管理所涉及的各部门现有的科技成果和装备，通过交通态势的常态化监管、交通事件的应急指挥调度、交通安全辅助决策和交通信息的空地协同与跨部门共享等工作，实现全区域高速路网交通信息采集、处理、控制、诱导、指挥的一体化管理和高速公路交通常态化管理、辅助决策支持及动态应急指挥联动，建立现代化的交通安全监管预控体系和立体化的搜巡救助体系，健全各种突发事件的交通预警应急反应机制，能够为提高跨区域突发交通事件应急管理与服务水平、减少和降低突发交通事故和人员财产损失提供完整解决方案。

跨区域交通安全应急联动指挥系统采用了数据仓库和系统分层架构技术来实现应用的集成整合，总体上由 IT 基础设施层、数据共享层、数据支撑层、业务组件层和应用层 5 个层次构成。

其中，IT 基础设施层包含与行业主管部门互联互通的网络设备、系统运行所需的服务器和大数据存储设备、相应的操作系统及信息安全管控设施等资源，是交通应急指挥体系开展跨部门信息实时交换、确保系统稳定运行的软硬件基础支撑体系。

数据共享层由各类多维、多基交通数据采集处理组件和外场设备通信服务程序构成，可以将公安交警管理业务开展过程中产生的信息数据流、交通运输行业管理业务产生的信息数据流与气象及相关行业管理和社会公众产生的信息流进行汇集和融合，并为应急指挥信息与相关行业管理部门的共享提供通道。

数据支撑层主要实现数据评估、分析、融合、存储和交换，将应急指挥所需的人、车、路、环境、管理、资源等信息根据时空不同维度进行分层抽象和标准化，为业务组件层提供标准化的数据支撑。

业务组件层主要实现综合应急联动指挥系统数据库访问、业务逻辑实现功能，为各类客户端应用程序提供数据访问接口和业务实现接口。主要包括基础信息管理、核心算法模型、交通信息服务、交通状态监控、事件检测处置、特勤与勤务管理、警用 GPS 监控调度及 GIS 服务平台等业务模块组成。

应用层主要实现应急联动指挥系统的各类业务功能的界面展现，为使用者提供交互性的页面应用。在业务层面主要由常态化监管平台、应急指挥平台及辅助决策分析平台和监督管理与评价体系构成。在服务层面主要由广播媒体、热线电话和互联网及手机平台实时对外发布交通路况和突发事件信息。

三、应用案例

在交通应急指挥体系的实际建设和应用过程中不仅需要有效的机制和体制保障，同时也需要建立完备的指挥中心等基础平台，以此为基础部署应用跨区域交通突发事件应急指挥系统，可以在实际操作层面保障跨部门交通突发事件应急工作机制的有效运行。在此方面，安徽省的做法具有一定的代表性如图 1 所示。

安徽省位于华东腹地，交通运输发展历史悠久，是我国东南沿海地区与内陆腹地的过渡带，也是沟通京、沪、宁的南北重要通道。为引领自主创新，加速崛起，国家设立“合芜蚌自主创新综合试验区”，并将其纳入国家“十二五”科技发展规划，作为大力促进中部地区崛起的重要战略之一，进一步凸显了安徽省在全国经济建设和交通运输中的重要地位和强劲的发展势头。

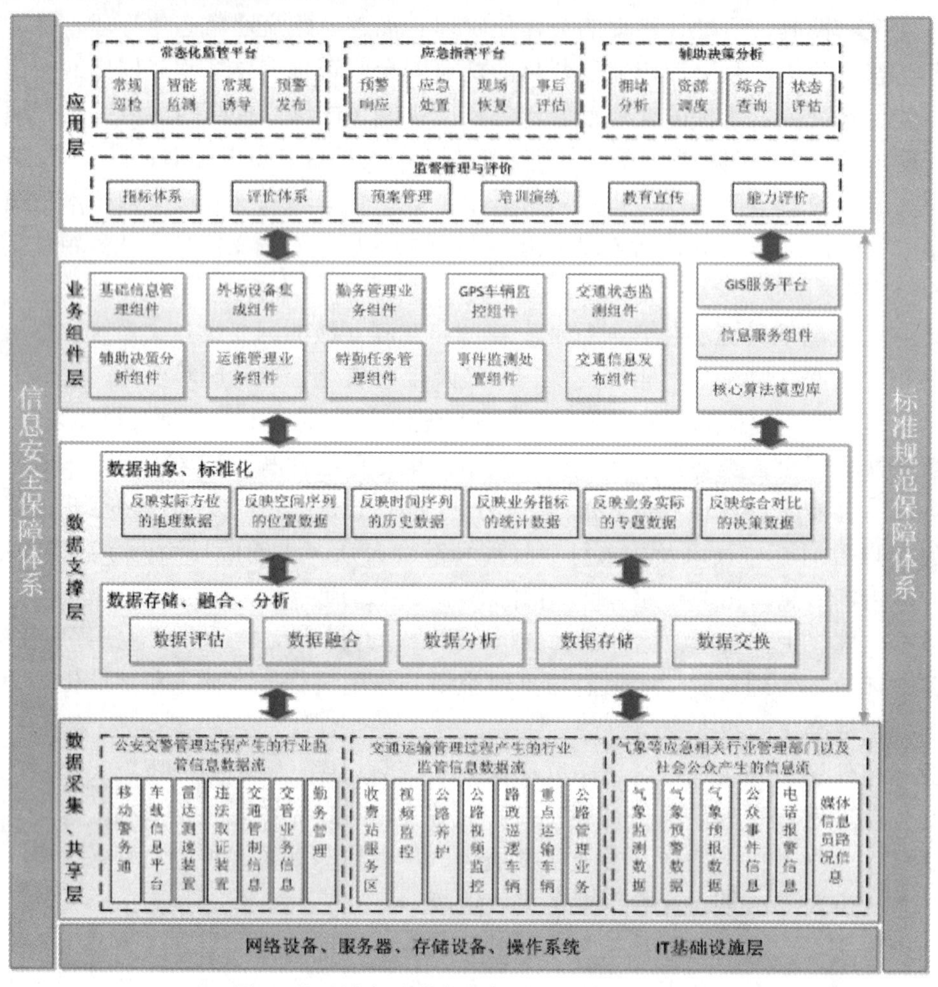

图1　跨区域交通安全应急联动指挥系统框架

安徽省政府重视高速公路交通安全问题和重大事件应急处置工作，成立了安徽省道路交通安全工作联席会议制度，从体制和机制上全面推进道路交通安全工作。在联席会议的领导下，由省交通运输厅牵头，联合省公安厅、省气象局等单位共同组建成立了安徽省路警联合指挥中心，是安徽省交通应急指挥体系的基础支撑平台。目前中心已完成基础平台建设，实现交通运输、公安交警和气象预警等信息接入，包括3259路高速公路监控视频、高速公路联网收费车流量和车型实时数据，实现全省重点车辆的实时联网掌控，包括6340辆危险品车辆、9419辆班线客运车辆、1217辆旅游包车及警务和路政执法等车辆数据，在此基础上建设的安徽省跨部门交通突发事件应急指挥系统平台，已经实现对全省高速公路路网日常运行状态的监控，可以为应急指挥、路网决策、公众服务提供有力的技术支撑。该系统在功能结构上主要由跨部门交通信息采集与融合平台，常态化交通状态监管平台，突发交通事件应急指挥平台、应急管理辅助决策平台和社会化服务平台 5 个子系统组成，如图 2 所示。

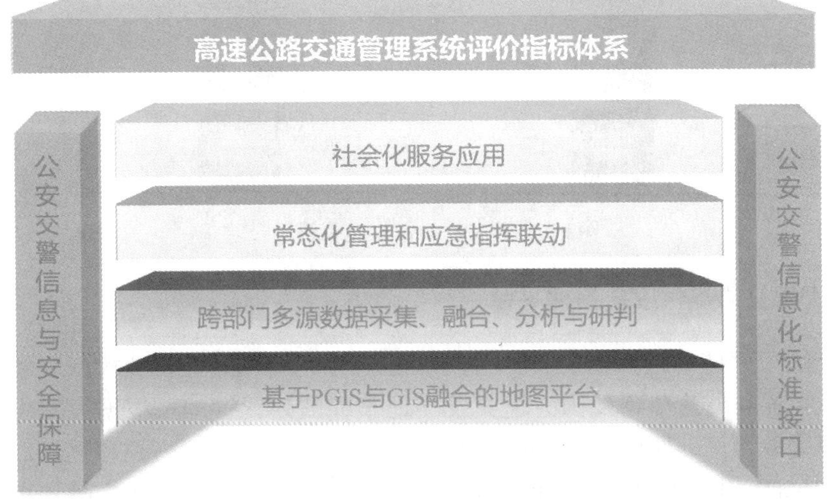

图2 安徽省跨部门交通突发事件应急指挥系统平台总体架构

（一）跨部门交通信息采集与融合平台

跨区域交通综合管控和服务工作的开展，特别是交通突发事件应急指挥领域的深入应用，实时、准确、详实的交通基础信息是基础保障，跨部门交通信息采集与融合平台通过统一的信息交换过程和多元化的通用数据标准体系，建立统一的“数据交换接口”，实现应急指挥业务开展与行业管理业务系统的松耦合架构，不仅实现了跨部门行业管理信息和实时交通状态信息的充分汇集，也提供了在应急管理方案执行过程中实现应急处置和指挥调度信息的跨部门共享，可以在保证业务系统独立运行的同时，保持应急指挥系统良好的可扩展性。

（二）交通态势的常态化监管平台

交通态势常态化监管主要对跨区域交通路网运行状态的常态化监控及对一般性事件（拥堵）的检测与处理，如图 3 所示。其中，路网实时状态监测可以通过速度、流量等指标对路网服务水平进行实时监测。道路拥堵识别及其控制可以通过建立拥堵识别模型，对不同类型的道路拥堵进行主动报警，使管理者能够在第一时间接收到预警信息，从而进行相应的收费站控制或者主线控制等管制措施。基于出行的路况预测能够通过历史交通数据的累积与实时交通运行状态的监测，实现交通流量的短时预测功能。自动限速控制根据气象监测站检测到的数据，发现雾情或雨情后，根据能见度或降水量的指标，自动调节雾区、雨区及上游道路的可变限速标志，进行最高限速控制。这些功能可以通过常规巡检、智能巡检的方式进行人工或自动运行，对于达到预定阀值的事件信息，自动通过预警发布接口向突发交通事件应急指挥平台发布预警信息，并视情况启动应急响应预案。

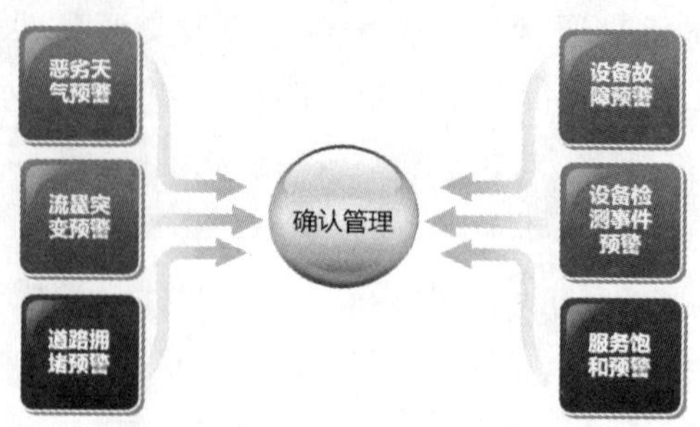

图3　交通态势的常态化临管平台

（三）突发交通事件应急指挥平台

突发交通事件应急指挥在总体上按照应急响应、应急处置、现场恢复和事后评估4个阶段开展各类高速公路及国省道突发交通事件的处置管理。根据突发事件的实际情况，一般采取“同一路段，由各单位之间联动；不同路段，由各路段之间联动”的协作原则，开展跨部门的突发交通事件应急处置。一般包括普通事故应急指挥、大型活动应急指挥、恶劣天气应急指挥、特殊车辆应急指挥、隧道事故应急指挥度等。其总体处置流程如图4所示。

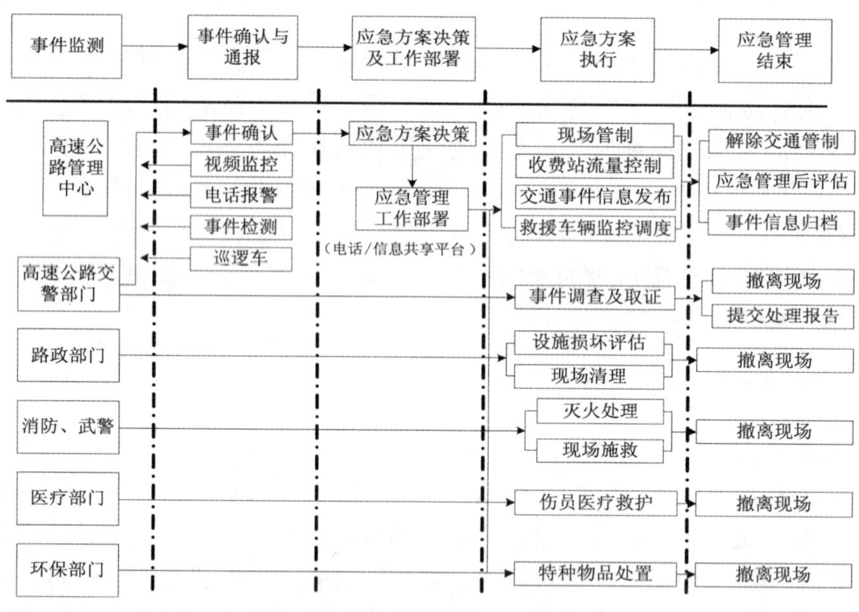

图4　突发交通事件应急指挥平台

（四）应急管理辅助决策平台

应急管理辅助决策平台用于实现对高速公路及国省道各类交通信息的宏观数据分析，为领导决策提供相关交通信息分析数据支持，包括交通状态分析、交通事件分析、交通违法分析、应急资源分析、气象数据分析、设施及勤务分析等如图5所示。

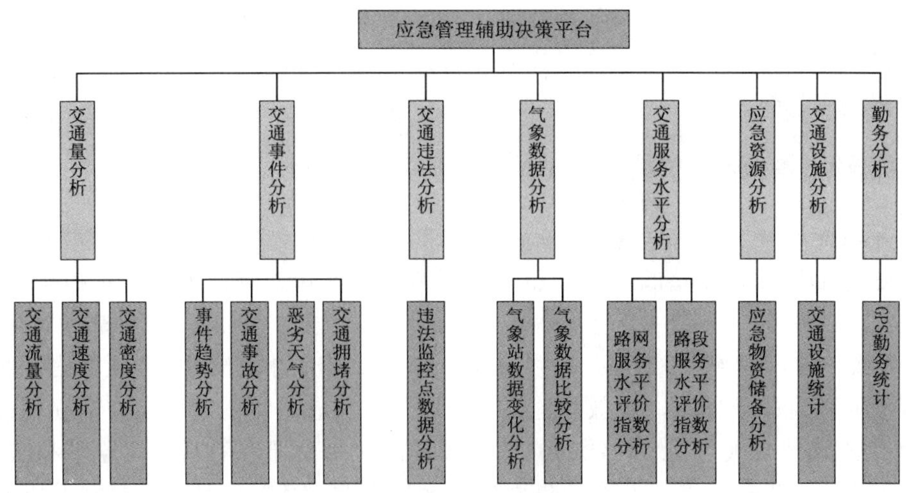

图5 应急管理辅助决策平台

（五）交通应急信息社会化服务平台

交通应急社会化服务平台可以将实时交通路况和突发交通事件及交通应急指挥的诱导和管控信息，及时通过广播、手机和互联网等多种渠道向出行者发布，使交通参与者能够及时掌握前方路况信息，及时调整行驶路线和驾驶行为，预防和减少交通拥堵和二次事故的发生。目前，安徽省跨区域交通突发事件应急联动指挥体系的社会化服务主要由96369交通运输公众服务热线、908安徽交通广播和安徽交通信息服务网（http://www.ahjtxx.com）等多种服务系统构成，其中，96369交通运输公众服务热线主要负责人工服务，908安徽交通广播主要负责交通信息的广播服务，可以对外提供路况播报、信息查询、服务投诉等传统服务。

安徽交通信息服务网作为安徽省公安、交通行业信息共享与社会化服务的重要载体，利用自身在互联网和移动互联网的平台优势，将来自全省公安交警、交通运输、保险、气象、交通广播等各单位的车驾管、交通违法、交通事故、交通路况、交通资讯等各类信息进行整合共享，先后为省公安厅开通了全省交通违法信息查询、车驾管业务“网上轻松办”、“交警直通车”、“合肥等城市实时路况”等服务，为省交通运输厅承担了全省“危险品车辆监管和共享服务”、“高速公路视频监控数据共享”、“高速公路路况服务信息”和省公安厅、省交通运输厅共建的“全省客货运车辆及驾驶员管理系统”等应用工作，形成专业栏目12个、服务内容70余项，已成为安徽省交通信息社会化综合服务窗口和专业平台。

四、发展趋势

随着我国交通应急指挥体系建设的不断完善，应急指挥体系所涉及的地理范围、管理部门和信息种类等必然进一步拓展和延伸，完善交通状态感知体系、交通应急分控中心建设和基于交通事件智能感知的辅助决策支持等实战需求将更加迫切。因此，信息采集手段更加多元化、系统更加集成化、决策更加智能化、使用更加人性化、服务更加多元化将是未来跨区域交通突发事件应急指挥和智能调度领域相关技术支撑系统的重要发展趋势。

（一）搭建空地协同区域交通状态感知体系

跨区域交通突发事件应急联动指挥体系的有效运行，实时、准确、完整的交通基础信息是基础保障。伴随低空飞行器宏观交通状态感知关键技术、行人和非机动车等微观交通状态感知关键技术的突破，充分利用空基、陆基交通状态感知网络的应用特点，在发挥 FCD 浮动车和地磁、视频等多种传感装置应用特长，结合区域内现有雷达、视频等交通信息采集体系，有效构建路基交通信息传感网络的基础上，建立覆盖城市、高速重点区域交通状态空地协同的立体感知体系，为交通态势常态化监管和应急交通管理提供全面、有效的基础信息，是面向跨区域交通态势感知体系的重要发展方向。

（二）省中心与分控中心相结合将成为跨区域应急体系建设的主要模式

随着交通监控设施分布密度和采集范围的不断拓展，高强度的信息处理需求将对单纯依靠省级中心运行的应急指挥体系造成巨大压力，现有队伍和设施将难以保证系统运行的安全和有效。因此，未来交通应急管理体系将更加趋向于通过省中心与区域分控中心相结合的方式，按照国家交通应急事件等级划分，建立信息集中、分级管控的应急指挥体系，发挥不同地区应急指挥设施、队伍和保障体系优势，规范和形成更为有效的应急指挥体系。因而具备分布式集成应用能力，不断提高信息和应用集成度，也将成为跨区域交通突发事件应急指挥系统未来发展的重要方向。

（三）基于交通大数据的分析挖掘将逐步成为辅助决策的主要手段

跨区域交通突发事件应急联动指挥系统需要大量交通状态感知数据、系统数据、服务数据和应用数据等多源、异构和分布存储的海量交通信息，其规模正在从 TB 级别跃升到 PB 乃至 EB 级别，通过多维、多基、多源海量交通感知数据的挖掘分析，可以有效评估突发交通事件的可能性，构建交通安全模型和应急指挥决策模型，为应急决策指挥提供更为有效的辅助决策支持，不仅可以进一步增强跨区域交通应急救援能力，减少人员伤亡和财产损失，而且能够进一步提高交通运营效率和路网的通行能力。这将是跨区域突发交通事件应急指挥领域面临的新挑战，也是未来智能交通应用领域的新热点。

（四）更加贴近应急联动指挥实战应用场景的系统化设计

突发交通事件的应急指挥具有涉及领域广、信息容量大、工作强度高用等应用特点，设计良好的跨区域交通突发事件应急联动指挥系统不仅要能够满足常态化监管、应急指挥和辅助决策等基本功能，更要通过指挥中心电子屏幕、个人电脑、手机移动终端、电子沙盘及车载信息平台和移动警务终端等信息推送渠道，为应急指挥员、管理者、现场处置队伍、现场滞留人员和附近区域的交通参与者提供及时、完备、准确的应急处置和指挥调度信息，因此，跨区域交通突发事件应急联动指挥系统的未来发展，需要根据应急联动指挥实战应用场景，更加系统化地进行信息规划和交互设计，为交通突发事件的应急指挥提供更加人性化和智能化的信息工具。

（五）建立交通应急管理信息的惠民服务体系

以跨区域交通安全应急联动指挥系统建设为基础，在充分实现跨部门交通信息共享应用与惠民服务体系建设的基础上，实现大范围交通应急处置与诱导信息的智能生成、规范管理和及时发布，形成以信息建设为基础、以服务出行为目标的全方位、多渠道的交通信息惠民服务体系，通过互联网服务、手机移动平台、语音呼叫服务中心、路面诱导可变情报板、高速公路服务区与收费站信息发布设备及广播电视媒体等多种形式，保障在重大交通突发事件常态化监管与应急处置中，通过信息的主动推送，使出行群众第一时间获得所需的交通信息，切实提高交通应急管理工作中的惠民服务能力，最大程度实现惠民、利民的目标。

（撰稿：陶刚）

杭州市循环交通系统建设

随着经济水平的提高与机动车保有量的增加，交通拥堵已成为困扰国内外大中城市的普遍问题。杭州作为国家历史文化名城和重要的风景旅游城市，其交通呈现出“景城合一，向心聚合，平面低速，江河阻隔”的特点，外加机动车保有量的迅猛增长，导致交通供需矛盾日益尖锐，交通拥堵日益严峻。

为解决机动化快速发展带来的城市交通拥堵问题，近年来，杭州市进一步加大了城市道路基础设施的建设力度，地铁建设、快速路网建设、东站交通枢纽建设等重大工程陆续启动。然而，在施工期间，城市道路资源与车辆供需矛盾更趋尖锐。面对这一严峻形势，杭州市从“地少车多”的实际情况出发，从2012年7月份起开始通过优化交通组织、挖掘道路潜力，创新并逐渐形成了一套完整的循环交通的思路和方法。

一、基本策略

“循环交通”是个区域概念，是以城市发展形成的分区为基础，以区间通道链接各分区和各分区内组织循环交通单行（潮汐车道）为主要措施，借助交通廊道，以智能控制和信息诱导为主要科技支撑，使城市交通流按照设定的路径有序高效运行，以达到充分利用既有城市交通资源的全新交通组织管理体系。

从当前情况来看，缓解交通拥堵问题可以从两方面来考虑，一是提升科技应用；二是提高管理水平。科技应用主要表现为桌面，交通组织主要表现为路面。通过寻找循环交通、桌面和路面三者之间的关系。发现三者都是围绕一个核心拥堵问题：桌面主要是发现拥堵特征、评价拥堵效果；循环交通主要是避开拥堵核心、开渠引流绕行，路面主要是打散交通结点，管控重点违法。通过发现—统筹—落实—评估—统筹的循环关系，做到及时发现问题、及时处理问题、及时统筹改善问题，循环交通的总体策略如图1所示。

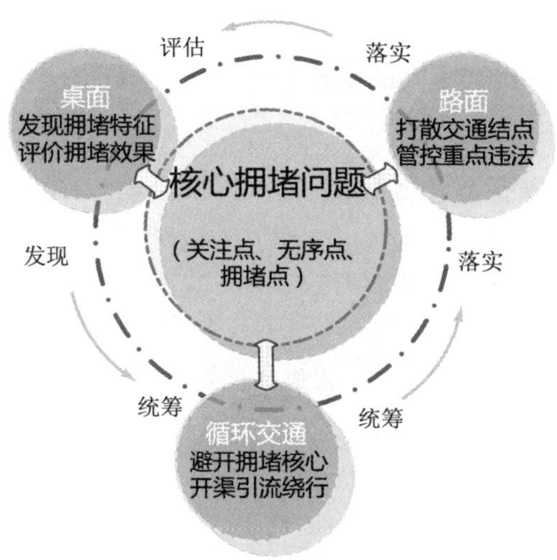

图1　循环交通总体策略

二、具体措施

循环交通是个系统工程，其内容包括循环交通分区、交通组织（循线分层、循线设计）及动静态交通管理等，其体系架构如图 2 所示。

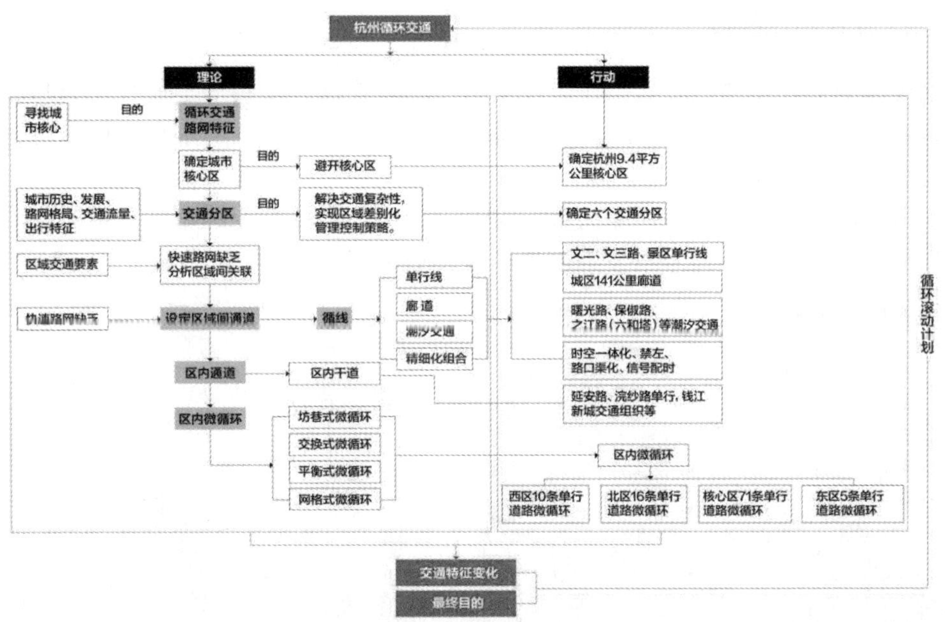

图2　循环交通体系架构图

（一）循环分区

循环分区是实施循环交通的基本前提，是制定循环策略及方案的基础。针对杭州

市的实际情况，首先，通过分析交通流的时空关联特性，确定了城市交通的核心区；其次，围绕核心区，划分了东南西北及景区五个区域（简称“5+1”交通区域，如图 3 所示）。通过在不同区域实行不同的交通管理与控制策略，保证长距离出行的“循”、短距离出行的“环”。

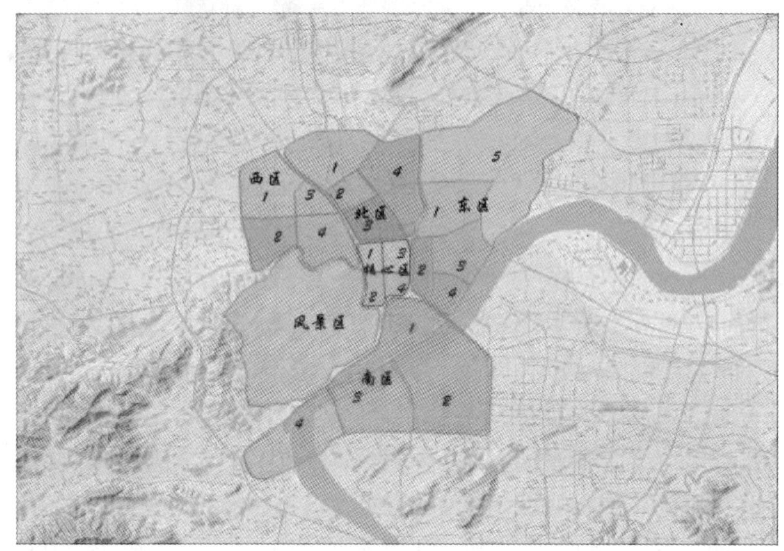

图3　杭州市循环交通分区

（二）交通组织循线

循线作为循环交通的载体，在循环交通组织中扮演重要角色。循线交通功能主要分为直线长距离通过、区域转换、末端到达等三种，综合考虑与循环交通分区的关系，可将其分为：区域循线、区内通道、区域内微循环路网。

区域循线：对应循环交通路网分层，循线架构服务于交通战略区。根据现状路网和交通出行分布情况，构建了 8 条快速循线、5 条主环线、两条通勤通道（简称 8-5-2 网络，见图 4 和图 5）。

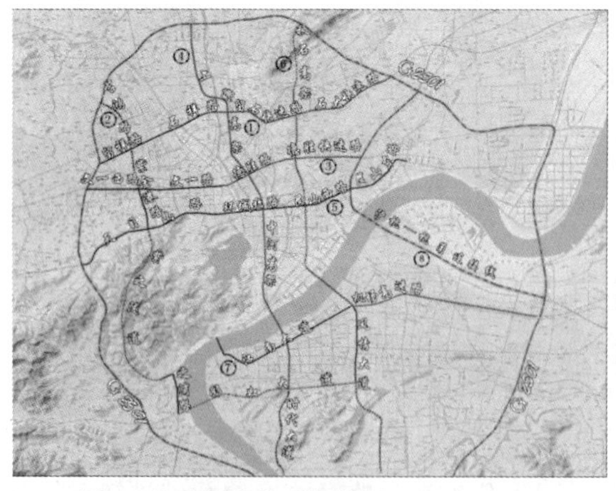

图4　快速循线体系架构图

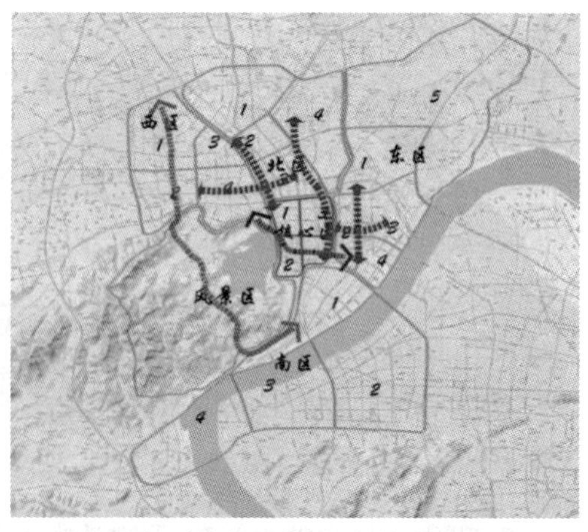

图5　主循线与通勤通道体系架构图

区内通道：由部分主干路、次干路组成的区域道路网络运输体系，主要服务于城市对外交通或承担中长距离的片区交通联系。

区域内微循环路网：由部分次干路、支路及支路以下道路组成的微循环网络体系。西四文教区（微循环样板）内部交通组织如图 6 所示。

图6　西斯文教区（微循环样板）内部交通组织

（三）交通组织循线设计

针对各层循线的特点，灵活采用多种交通组织方法组合模式，实现循线效率最大化。常用的循环交通组织方法有如下几种。

1. 交通廊道方法

主要服务于杭州城区具备一定通行能力、贯通性较强的城市干道组成的某一方向上的道路主骨架通道，其通过设置中央隔离、封闭支小路出入口、合理设置路内停车泊位、取消或合并人行横道线、干线协调控制、公交优先、综合运用禁左或禁右等管理手段，将主干道尽可能地向快速通道的标准靠拢，模拟交通廊道。杭州廊道的特色体现在：应用在快速路网尚未形成的状态下，主动型廊道、引导型廊道、管控型廊道。

2. 潮汐车道方法

是指根据潮汐交通流特征在不同的时间段内改变某些车道的行车方向或行车种类的一种交通组织方式。杭州潮汐的特色体现在针对了奇数车道，T 型杆破解了绿化带难题，新设施的应用，禁左的应用，微循环的配套。

3. 单向交通方法

即通过单向交通的形式组织道路交通的方法。杭州单行线的特色是以单行带动整条道路的体系升级，进而起到开辟通道的作用。

4. 小区域网络微循环方法

是针对微循环系统改造，以提高微循环系统运行效率的方法。通过新建支路、打通断头路、调整出入口、限制交叉口转向、设置单行线、改造停车及慢行交通灯方法疏通微循环网络。杭州小区域微循环的特色体现在微循环提升小区域效率，带动停车位位置的置换，带动小区域管控的简化，有效降低冲突点数量。

不同循环层次所对应的方法及可能实现的效果关系如图 7 所示。

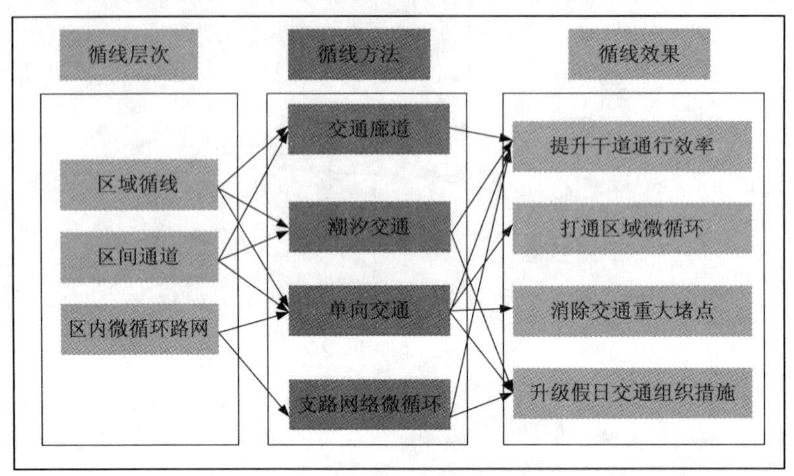

图7　循线设计方法图

（四）静态交通管理

1. 停车场建设对策

加快循线周边公共停车场配套建设，公共停车场增加在主要循线周边 300~500m 范围以内，且近期增加的停车场应与小区微循环相结合；主要循线周边支小路可增设路内停车，但应严格控制循线道路路路内停车泊位的数量。

2. 停车位管理对策

严格控制循线范围内路内停车泊位，主要循线上禁止路内停车，取消已有路内停车泊位；主要循线周边道路可增设路内停车，但应严格控制路内停车泊位的数量。

3. 停车收费对策

优化停车收费结构，实现差别化收费。提高市中心、景区的停车收费价格，以价格调节减少车辆出行，以实现“避开核心区”的目的。主要有如下策略，一是通过停车累计费率控制核心区和景区车辆停放时间；二是在循线周边道路路内停车泊位采取计时高收费策略控制车辆停放时间；三是循线周边公共停车场，采取低收费策略引导车辆停放。

4. 智慧停车对策

促使停车诱导和循环交通体系相得益彰。一是通过增加交互式信息平台的诱导方式（互联网、广播、移动终端定制），使出行者出行前可获得区域内各停车场的分布情况及停车收费方式与费率，以便做好“行前规划”。二是在快速循线和主循线路侧设立动态诱导标志牌，或结合路侧广播、手机定制服务等诱导方式，告知各区域中停车资源现状等信息，使驾驶员及时得到目的地交通状况、车位资源占用情况。

5. 以静制动对策

不限制公民对车辆的拥有权，而是降低车辆的使用率；严格控制道路停车的总量，充分提高场库泊位使用;动静态交通平衡发展，保障城市交通可持续性;新老政策并举，力争不欠新账。

三、实施效果

以曙光路（求是路至保俶路）、保俶路（曙光路至省府路）段为例，分析微波检测系统检测得到的循环方案实施前后区域交通流运行数据，得到的结果如下。

1．城西进城主干道通行明显改善

曙光路、保俶路早高峰西向东实施潮汐车道后，曙光路通行能力提高，吸引了部分流量，文二路、天目山路西向东通行得到了释放，达到“两提高”目标，即流量增加、流速提高。

2．城西进城转换通道通行节点有所改善

曙光路、保俶路早高峰西向东实施潮汐车道后，对教工路黄龙路沿线、学院路沿线的转换交通流起到了较好的作用，特别是以往较为拥堵的教工路黄龙路沿线（文三路—曙光路），学院路沿线（文三路—天目山路）得到了改善，流速分别提高 16.8% 和 5.7%。

3．城东进城主干道通行效率有所降低

曙光路、保俶路早高峰西向东实施潮汐车道后，对环城北路、文三路沿线东向西通行效率带来一定影响，流速分别降低 9.7% 和 2.7%。

4．城中往城西方向通行效率未受到大影响

体育场路（环城西路—保俶路）受到较大影响，流速增加 14.1%。

四、结束语

循环交通作为解决杭州过渡期交通拥堵问题的交通组织管理体系，为地铁道路施工期的交通流正常运行提供了基本保障;同时，循环交通支撑了“城市东扩、旅游西进，沿江开发、跨江发展”的城市总体发展战略，突破了地理条件、路网格局限制，引导着城市发展的新通道。日后，杭州市将以循环交通为依托，打造空中高架快速路、地面道路循环交通、地下轨道交通的分层路网结构，最终形成以运行格局、出行方式调整为核心，以公共交通为发展方向，以交通组织和管理为保障，以智慧交通为先导的现代城市交通体系。

（撰稿：阎浩、王殿海）

重庆市智能交通系统建设应用

一、基本情况

重庆市作为国家科学技术部确定的首批9个全国智能交通系统应用示范工程试点城市，一直以来十分注重智能交通系统建设，包括道路监控、交叉口渠化、交叉口信号控制、交通诱导等。由于重庆特殊的地形地貌，通常被称做“山城”、“江城”，其智能交通系统建设应用较一般平原城市有着自身的特点。2012年，重庆市基于RFID技术的城市智能交通管理与服务系统通过国家验收，成为重庆市智能交通系统核心。同时，智能交通诱导系统、高速公路不停车收费系统、智能交通信号控制系统、智能电子站牌系统、出租车电召服务系统等也取得新的进展，有效地推进了重庆市智能交通系统跨越式发展。

当前重庆市智能交通已搭建起ITS系统的基本框架，主要包括8个子系统：交通管理控制中心、交通信号控制系统、闯红灯违章记录系统、电子监控系统、视频车辆检测系统、公安交巡警移动警务系统、道路渠化系统及交通诱导系统。截至2012年12月，重庆市交警总队目前可监控前端摄像头350处，任何突发事件都可以通过前端摄像发送到监控中心的DLP银幕电视墙或电脑银幕，而交通警力和其他救援部门可迅速派遣到相关现场。重庆主城区内的交叉口安装信号灯总数约为850个，其中820个为多时段信号控制机，大多数都是定时定相位且无左转保护相位控制。部分新建道路交叉口车道上都安置感应线圈，在北部新区建立了自适应信号控制SCATS系统。另外，目前共有电子警察240处，卡口26处，主城区内共设置交通诱导板37处。

重庆市已搭建一套交通管理控制系统——重庆市公安交通管理指挥集成系统，该系统能够进行区域交通设施设备地理信息查询，包括信号灯、视频监控设备、电子警察、卡口、诱导屏等，并能够对选定视频设备在视频播放窗口中进行视频查看监控，还能指定路口信号机，查询并修改该路口前端信号机的工作状态、信号周期、相位、绿信比等参数，便于信号灯控制与维护。

二、基于RFID技术的城市智能交通管理与服务系统

（一）总体定位

重庆市基于RFID技术的城市智能交通管理与服务系统，通过电子牌照的支持，解决车辆自动识别和动态监测，逐步实现车辆精准管理、路网动态监测，车流统计与分析，各种交通规（税）费的动态稽征，面向机动车的出行服务与行业应用服务、大

众出行路况信息发布等功能。系统建设包括车辆自动识别和应用系统示范两方面。其中，“基于 RFID 技术的车辆自动识别支撑平台”是现有“重庆智能交通信息支撑平台”的后续建设工作和重要组成部分，将为重庆市智能交通应用系统建设提供车辆自动识别和动态监测信息的基础支撑。在该平台上实现的城市智能交通管理与服务系统，是结合重庆市交通领域工作重点，在重庆市智能交通整体框架下的典型应用。

系统也是国内首次在一个省级行政区域内全面推荐 RFID 技术在交通管理与服务领域的自主创新应用。系统采用“建设一个 RFID 支撑平台，支持多行业、多部门、多业主、多目标共享应用”的新模式，充分发挥 RFID 技术在加强城市交通监管、提高城市交通管理服务水平方面的应用潜力和重要作用。

（二）建设历程

2009 年 2 月，“重庆基于 RFID 技术的城市智能交通管理与服务系统”获得国家发展改革委员会批准，成为全国首批国家级信息化试点项目之一，该项目是目前全国规模最大的一个物联网涉车综合应用项目。

2012 年 10 月 27 日，“重庆基于 RFID 技术的城市智能交通管理与服务系统”通过国家验收。该项目功能之一是实时采集处理交通动态信息数据，道路拥堵信息只需 10 秒左右即可传递到设置在附近的交通诱导屏上，市民可据此及时改道行驶。

（三）系统构成

1. 基于 RFID 技术的车辆自动识别支撑平台

落实重庆市政府建设智能交通系统实行的一车一卡政策，为重庆市所有机动车辆安装具有防拆卸功能的射频识别卡，形成“重庆交通信息卡”系统的电子牌照部分。利用 RFID 基础，构建车辆射频识别卡管理的运行模式和管理机制，形成支持车辆信息动态采集和自动识别的系统集成平台。平台具有车辆射频识别卡发行管理、安装与检测管理、射频识别卡读写设备管理、远程网络通信及后台数据中心等功能。

截至 2012 年 12 月，重庆市已在全市机动车上安装了 161 万多张“电子牌”，实现全市机动车的全覆盖，完成了 213 个信息采集点及基于 RFID 技术的车辆自动识别支撑平台等建设，并在公安交警车辆“电子牌”自动监测、车辆规（税）费征收稽查、城市交通信息服务等方面开展试点应用。

2. 重庆市车辆电子牌照管理与车辆自动检测

充分发挥车辆安装的射频识别卡作为车辆身份自动标识功能，在“基于 RFID 技术的车辆自动识别支撑平台”支持下，实现公安交通管理的车辆电子牌照管理、车辆精准自动检测和路网动态检测管理功能，包括车辆动态检测、车牌防伪、卡口监控、肇事逃逸车辆追查、出租车治安管理、路网动态检测、交通流分析及诱导控制、车辆安全管理等。

3. 支持交通规（税）费稽征和城市建设规划

针对城市交通规（税）费征收缺乏有效动态稽查手段的现状，充分发挥“重庆交通信息卡”作为车辆身份自动识别和规（税）费征收信息载体的功能，在“基于RFID基础的车辆自动识别支撑平台”支持下，实现交通规（税）费征收的动态稽查管理及电子支付功能。同时，通过长期的信息积累与数据分析，可以获得的城市交通统计信息并发现城市交通的重要规律，将为城市规划、交通政策制定、城市交通管理决策等提供重要的信息支持。

4. 面向机动车的出行服务与行业应用服务

对日益增长的机动车的出行服务需求，以及各行业、单位对机动车管理和服务手段的不足，充分利用电子车牌作为车辆身份自动标识和信息载体，在“基于RFID技术的车辆自动识别支撑平台”信息整合与共享功能支持下，实现车辆通行管理、出入及收费管理、单位车辆监管、机动车出行信息服务、停车自动诱导、大众出行信息服务等功能。

（四）主要技术创新

（1）通过地方立法的方式，在一个省级辖区内大规模发行和普及车辆电子牌照，形成了一系列适应车辆电子牌照应用和推广工作特点的RFID创新应用模式、机制、规范和技术方案。

（2）“基于RFID技术的车辆自动识别支撑平台”将系统集成、服务于多功能多业主的思想应用于交通信息采集领域，建立了一套完整的系统模式、运行机制及支撑技术，形成一次投入多行业多部门共享和增值应用的平台管理服务机制，并在一个省级行政区域大规模实施应用。

（3）车辆动态监测的新方法。系统将915MHz远程射频识别卡引入“重庆交通信息卡”，形成交通信息卡电子牌照部分，实现车辆远程自动识别和动态信息采集，形成了一种创新的车辆动态监测模式，并开发完成了相应的支撑技术。

（4）在应用系统方面，通过“基于RFID技术的车辆自动识别支撑平台”，在普及重庆市辖区车辆电子牌照的基础上，实现了车辆精准管理、交通规（税）费动态稽查、面向社会的车辆出入与收费管理、路网交通状态检测、高速公路快速通行等应用，在国内均属首次。

三、其他智能交通系统建设应用情况

（一）智能交通诱导系统

2012年7月，重庆市智能交通诱导系统投入运行，一期工程共建设37块智能交通诱导系统电子显示屏，显示屏通过红、绿两种颜色提示驾车市民前方各路段的通行情况：红色说明前方路段车辆行驶缓慢，路段状态缓堵；绿色则说明路段车辆通行正常，道路通畅。

重庆市智能交通诱导系统分为三级：一级诱导电子显示屏设置在城区高速公路进

出口处，主要引导通过高速路进入主城车辆，选择最畅通的道路进入主城区。二级诱导电子显示屏设置在主城核心区的主干道，主要对城区过往车辆进行正确诱导。三级诱导电子显示屏设置在主城核心商圈附近。显示屏主要显示最近商圈和大型停车场的停车信息，以帮助车主在现实道路条件下，选择最佳的行驶路线和最近停车地点。

（二）高速公路不停车收费系统

2012 年 10 月 1 日，重庆市高速公路收费站建成不停车收费系统。车主需把交通信息卡与指定的银行账户进行绑定，到高速集团指定地点免费申领一个特定的车载设备（OBU），这个车载设备将安装在车辆前挡风玻璃上，相当于 ETC 收费系统中的收发器，通过它能收到交通信息卡发送的相关信息。安装好 OBU 的车辆进入收费站时，低速进入 ETC 通道，在通道的前方 5~8 米时，安装在 ETC 车道的微处理器将与车载电子卡自动进行数据核对，随后挡在车道前方的栏杆自动升起、放行，此间行进车辆无须停车。

（三）智能交通信号控制系统

随着信号控制技术的不断发展和汽车保有量的快速增长，重庆市原有定周期的信号控制方式已无法满足现代交通管理的需要，信号控制模式已开始向精细化、自动化和联动化发展。针对重庆主城主干道与次干道清晰度高及受地形影响路口、坡度设置复杂的交通状况，重庆市 2012 年开展了“重庆市主城区交通诱导”、“重庆市主城区干道绿波联动动态控制”两个大型示范工程和“复杂路口单点自适应交通控制”、“干道绿波联动控制关键技术攻关与系统开发”两个研究性项目。

2012 年 11 月，“单点自适应与绿波联动控制系统”已经在渝北区新南路一线 8 个信号控制路口实施，是通过在目标路口安装检测设备，实时掌握各车行方向车辆流量信息，通过后台软件分析，生成最优的信号配时方案，在全天不同时段交通流量流向发生不同变化的情况下，系统能够自行调整参数，使信号灯能够始终保持最佳状态，从而最大限度地提高路口通行效率。

（四）智能电子站牌系统

2012 年 11 月，重庆市科学技术研究院成功研发的“智能公交站牌”不仅可以准确地定位公交车的位置，还能实时监测车上乘客的多少，让市民乘车更加方便。智能公交站牌系统是基于物联网的城市公共交通智能化关键技术研究与设备研发项目，通过 GPRS、3G、站台 WiFi、光纤等多种方式，将公交车、公交站台、监控中心连接起来，让市民公交出行也能享受到物联网技术。通过在公交车车顶上安装螺丝帽大小的超声波传感器，探测定位区域内乘客所占范围的大小。每个传感器收集到数据后，经过后台的综合测算，就能算出车厢内的拥挤度，再传输到每个站台的智能公交站牌，让乘客参考是否乘坐这辆车。相比用红外线传感技术等，超声波传感器成本低，数据更准确可靠，对人体没有任何影响。

除此之外，车厢拥挤度的监测数据还将用于公交线路的合理规划中。现有公交线路规划大多是通过公交人员跟车调研、驻站调研、IC卡数据分析和统计计算获得，这些手段均是间接取得数据，更新周期长，有不可避免的误差。而采用传感器实时监测的方式，数据将更加全面、准确，可以使公交线路的调整能更加合理、满足市民切实需要，并且为以后公交的智能调度打下了基础。预计智能公交站牌系统将在2013年在重庆市建成使用。

（五）出租车电召服务系统

2012年12月31日，重庆市出租车电召服务系统投入使用，主城1.2万辆出租车安装有智能终端，乘客每次电召需额外支付3元服务费。乘客只要使用具有卫星定位功能的智能手机，在重庆市运管局网站免费下载智能终端软件，然后用手机发出电召出租车需求，附近500米范围内的出租车就会收到信息。空载出租车司机接到乘客电召信息，按下车上的电召按钮即可与乘客取得联系，约定接送时间、地点。智能终端还具有GPS定位功能，可全程监控和记录车辆运行信息，并将这些信息传回出租汽车服务管理信息系统。一旦乘客和司机之间发生拒载、绕道等纠纷，都能有据可查。

四、建设发展规划与展望

在过去一年，重庆市智能交通系统快速发展并取得了很好的应用效果，尤其是“基于RFID技术的城市智能交通管理与服务系统”的建成，为重庆市新一代智能交通系统发展奠定了坚实基础，也提供了广泛的信息平台。“十二五”时期，重庆市智能交通系统将依旧以主城区智能交通控制系统、五大商圈停车诱导系统、交通信息管理系统与支持决策系统、综合交通枢纽客货运输管理系统等为主要建设内容。

但同时将更加注重车联网、云计算等新一代智能交通系统技术的集成与应用。2012年9月，重庆市科委启动科技惠民计划首批十大重点示范工程，其中涉及智能交通系统的就有三项，分别是：“出租汽车信息服务科技示范工程”，开展物联网、云计算、IC卡、卫星定位、出租智能服务终端、服务评价器等项技术和产品的推广应用;“智慧公交信息服务科技示范工程”，开展城市公共交通动态数据采集、分析预测与出行信息发布等技术推广应用；“智能交通科技示范工程”在机动车通行量较大的、相邻有多个交通信号控制路口的路段，实行信号灯协调联合运行，使车辆行驶不致经常遇上红灯。2013年4月，重庆市南岸区已经拟定了《南岸区车联网产业发展实施方案》，在未来5年内，南岸将积极建设智能车辆调度系统、自动路径导航系统、智能车辆监控系统、智能公交车查询系统、货物实时监测系统等，把车联网技术推广应用到全市交通管理、公共交通、物流运输、公共安全等多个方面，使重庆道路交通向科学迈进，让市民出行更方便、舒适。

（撰稿：陈坚、邵毅明）

四川省智能交通系统建设应用

一、基本情况

2012年是四川省建设西部综合交通枢纽的关键一年，也是四川省交通智能化、信息化快速发展的一年。智能交通成为四川打造西部综合交通枢纽的重要支撑，目前已基本建成省级交通数据中心，搭建了省级数据交换平台、四川交通综合地理信息平台，实现了交通信息资源的共享；建设了行业综合查询分析及决策支持、公路交通执法信息交换、公众出行信息服务等应用系统。结合国家和行业相关标准，完善了省级交通数据资源标准体系，加强了数据质量评估和反馈，保障了工程的顺利实施和长效运行。

二、建设完成的主要系统及应用情况

（一）四川省公众出行服务系统

2012年依托交通运输部信息化推广工程《四川省公路交通信息资源整合与服务工程》建设，建立"四川交通公众出行服务网"，面向社会公众提供四川路网、旅游交通、路径策划、自驾出行、客运出行、实时路况播报等各类信息服务。以可变情报板、网站、手机wap网站、微博、交通广播、12122热线电话等多种方式，向不同出行人群提供多层次、全方位的出行信息服务。

（二）四川省交通运输统计分析监测与投资计划管理信息系统

"四川省交通运输统计分析监测与投资计划管理信息系统试点工程"是全国交通运输"十二五"信息化四大工程中的重点项目。2011年9月交通运输部通过了四川省交通运输厅试点工程的立项，确定四川省交通运输厅和黑龙江省省厅进行省级统计和投资系统工程建设试点。2012年12月，该项目已通过四川省交通运输厅初步设计批复，并完成了软件系统开发招投标工作，正式进入全面开工建设的关键阶段。该系统建成后将实现以下功能。

（1）实现省、市（州）、县三级计划、统计工作网络化、电子化作业，简化统计报表处理流程，提高工作效率和数据质量；

（2）实现省厅与厅直单位间统计数据网络共享与交换，提高统计数据的利用率；

（3）实现行业运行主要指标动态监测，针对目前四川省交通运输行业信息化现状，选择具备条件的数据源直接采集相关动态数据指标，为省级管理人员提供及时准确的行业运行原始数据，提高交通运输经济运行分析能力；

（4）实现统计数据综合分析，弥补常规统计数据分析的不足，提高统计分析能力；

（5）实现统计数据发布，提高统计数据透明度，提高交通信息服务水平。

（三）四川省高速公路不停车收费系统

2012 年 7 月四川省高速公路不停车收费系统一期工程完成建设，一期工程包括 99 条 ETC 车道，成都市属的高速公路全部建成 ETC 车道，车辆进入 ETC 车道可不停车取卡，系统自动完成扫描，无须停车交费，直接在用户银行卡扣取相应的费用。

（四）四川省高速公路建设和管理信息化系统

大力推广重点公路建设项目信息管理系统，通过为项目提供合同管理、质量安全管理、变更管理、计量支付等方式，实现了对在建项目的动态管理，为决策提供及时、准确的数据资料。同时，推广养护管理系统，实现了从路况数据采集、养护计划、巡查检查、养护质量评价分析、养护工程管理等的养护业务全过程信息化。

高速公路交通监控系统开始启动，2012 年 12 月四川省交通厅高管局召开了高速公路交通管理监控系统共建共享工作协调会，研究了全省高速公路交通管理监控系统共建共享实施方案，讨论了全省高速公路交通管理监控系统共享的原则与内容，确定了在成绵高速公路公司进行共建共享配套试点。

（五）四川省水上交通安全监控系统

加快“数字海事”建设，对各地日均流量 300 人以上和有停靠 30 人以上的客渡船码头安装了视频监控系统，对载客 30 人以上和有中途停靠站点的客渡船安装了船载视频监控系统，并进一步规范视频值守制度。截至 2012 年 12 月，共建成码头视频监控点 593 个，船载移动视频监控 195 个；提高船舶“一卡通”使用效率，指导相关登记机关完成数据录入；全面推广渡口码头信息系统。

（六）四川省公路水路交通应急指挥及抢险救助保障系统

2012 年 12 月，四川省公路水路交通应急指挥及抢险救助保障系统（一期）工程开始建设，包括建设省厅应急指挥中心，广元市、阿坝州交通运输局及青川县交通运输局应急指挥中心，建设应急指挥应用系统（含应急值守、风险隐患监控监测、预测预警管理、应急辅助决策、指挥调度、应急资源管理、应急信息服务、应急评估、统计分析和应急培训演练系统等 10 个子系统）、完善交通运输数据资源平台、建设通信网络和调度系统、布设监控监测采集终端等。

三、建设发展规划与展望

四川省交通运输“十二五”发展规划提出：交通行业运行信息监测采集能力取得突破性进展，交通运输行政管理系统、监管系统和服务系统逐步完善。一、二级客运站和主要货运站实现信息联网，初步建立客货运输市场动态信息监测体系。加快建设以电子政务为主体的交通运输行政管理系统和服务系统，以物联网技术应用为引领的交通出行服务系统，以传感和相关信息技术为支撑的交通运输监管和应急保障系统。深化跨区域运输、路网监测监控、交通数据采集、高速公路联网电子不停车收费、航道和港口管理、出租车运行监管和信息服务等重点业务领域信息化应用。加快行业数据分中心建设进度。

四、成都市智能交通系统建设应用情况

成都，别称“锦城”，简称“蓉”，自古以来为中国十大城市之一。成都市面积 1.23 万平方千米，常住人口一千四百万人。成都市现系四川省行政中心，副省级市，西南中心城市，西南商贸、科技、通信、文化、教育、交通中心，国家统筹城乡综合配套改革试验新区。成都市位于四川省中部，地处四川盆地西部（成都平原腹地）。成都是中国开发最早、持续繁荣时间最长的城市之一，为国家历史文化名城之一。成都的智能交通在 2003 年才全面开展，成都交通信息化、智能化经历了从无到有，从零星的系统建设和应用到整个成都交通信息港的建设发展，取得了突破性进展。从 2006 年起更是加快了智能交通建设力度，并取得了初步的成绩。2012 年成都全力推进城市交通智能化，成都的智能交通已经进入以管理为主的阶段。

（一）成都智能交通系统建设成果

目前，成都已构建起以城市道路、公路、码头、车站动态信息，公路客运、城市公交、出租车、停车场实时信息为主体的交通信息采集、传输、处理与存储机制，综合交通数据枢纽框架体系初步形成。建成了公安交管指挥调度平台，实现基于 GIS 的信息采集、时间检查、警力调度、交通诱导等系统的综合集成，指挥调度功能基本具备。建成并投入运行的系统有三环路智能交管控（车站码头、高速公路）视频监控、城市道路交通信息采集、智能停车、交通诱导、警力定位及指挥调度、公交智能调度、出租车运营监管及服务系统等。

1. 城市智能交通综合管理及应急指挥中心

智能交通综合管理及应急指挥中心是成都智能交通系统的枢纽和核心，是提高成都综合交通管理水平和公众出行交通综合信息服务能力的技术平台及必要手段。该中心的功能主要有道路监控、应急指挥、信息服务和辅助决策，同时还是城市交通、铁路、民航等各类交通信息的数据管理中心。

2. 交通信息采集与诱导系统

该系统技术性强，建设周期较长且具有连续性，采用了试点建设、全面推广、功能完善和服务提升三个阶段来分期实施。

试点建设阶段（2007 年年底至 2008 年年底）：完成了城区 8000 多辆出租车作为浮动车的交通信息采集和三环路交通信息采集、交通意外事件检测系统建设；以视频

技术和浮动车技术相结合，配合政府南迁，完成南部新区小规模交通诱导系统建设。基本掌握城区主要干道交通流量信息和三环路交通视频监控和事故检测信息，在局部范围内进行交通诱导，减少南部片区局部道路的交通拥堵和三环路上交通事故的及时报警。

全面推广建设阶段（2008 年年底至 2009 年底）：以视频技术为主，浮动车技术为补充，完成中心城区主干道信息采集系统和交通诱导系统的建设。完全准确掌握城区主要干道交通流量信息、交通视频监控和事故检测信息，并对城市交通进行实时有效的诱导，及时避免因交通信息的不畅通而造成道路交通拥堵，同时对交通事故及时报警。

功能完善和服务提升阶段（2009 年年底至 2010 年）：进行行程时间估计、路径规划等子系统建设，完善交通信息发布手段，实现与信号控制系统、应急指挥系统的整合，提供交通预案处理、决策支持和全方位的交通诱导等信息服务。

2012 年，成都市三环路全线主道、辅道和匝道口将安装 226 套交通流量视频采集设备，重要路段和事故多发路段将安装 113 套交通事件检测设备。111 套匝道控制系统将基于数据分析，实时关闭和开启相应匝道，有效引导车流。三环路还将建设 137 套交通视频监控设备、171 套电子警察及 56 块交通诱导屏，有效引导和调节三环路流量，规范驾驶行为。同时，成都中心城区一环、二环、2.5 环、新华大道、红星路等主干线上部署 430 套交通流量视频采集系统。该系统还具有车牌识别、违章抓拍功能。

3. 城市智能交通车辆管理信息平台

以 RFID 技术为核心，搭建城市智能交通车辆管理信息平台。建立机动车辆电子管理数据库，可有效加强车辆动态监管，提升行业管理水平及执法力度。建设的内容主要有：车辆管理数据中心的建立和公安、环保、交通执法等子系统的建立；机动车电子标签的安装；固定或移动读卡设备的安装建设。

4. 中心城区智能停车诱导系统

在试点建设的基础上，2007 年完成天府广场及骡马寺片区停车诱导系统，涉及 15 个经营性停车场、5300 余个停车位。2008 年，将二环路以内所有大型经营性停车场纳入该系统，通过诱导屏、114 交通热线、短信平台及交通网站为市民提供交通出行综合信息服务。

5. 城市道路交通信号控制系统优化改造

2012 年，成都市按照 4 个部分的内容对城市道路交通信号控制系统进行优化改造：

（1）信号联网联动

将中心城区（三环以内）共计 580 个路口信号通过电信专网接入现有的 SCOOT 系统，实现路口信号的联网联动和集中优化控制。

（2）交通流信息采集

布设车辆检测器，实时采集道路交通流量动态信息，实现平峰期路口信号的自适应协调控制。

（3）信号优化控制方案的制定

结合城市道路的路口路段特点和交通流的特性，通过交通模拟仿真等技术手段，对中心城区道路交通信号进行整体的优化配时，实现高峰期路口信号的联动区域协调控制。

（4）信号灯的逐步更换

新增和更换路口的信号灯采用国家标准（三灯三色），根据需求逐条道路进行信号灯改造。

（二）发展规划展望

成都未来智能交通的建设将借助物联网技术实现“六化”，即实时交通管理可视化、交通组织科学化、交通运行有序化、信号配时合理化、智慧救援一体化、交通出行信息化。2012 年以来重点推进四大项目建设，即建立公路客运联网售票系统，建立出租车运营监管及服务系统建设，完成中心城区及重要路口交通流量采集系统建设，完成智能交通顶层平台。

（撰稿：陈坚、邵毅明）

江苏省智能交通系统建设应用

一、2012年南京市智能交通建设情况

2012 年南京市智能交通系统建设坚持创新驱动，推动信息采集发布，有效提升智能交通诱导系统服务功能。

（一）创新交通流检测技术

在全市集成 8000 辆浮动车采集交通路况信息的基础上，创新应用视频射频双基卡口系统 518 个监控断面射频、视频设备采集的车辆运行信息，深入分析挖掘交通流运行指标，实现路段交通状态的判别和行程时间的预估，并将分析数据与现有诱导信息校验融合，提升路况判别准确水平，提供更加人性化、精准化、实时化的交通诱导服务。

（二）拓展路况发布方式

交管局已建设了 52 块 LED 交通诱导屏，其中包括 16 块复合光带式诱导屏，并通过 118114 语音诱导服务、智能手机、互联网网站、交通广播电台、手机短信、“南京交管路况直播间”微博及触摸屏指路服务站等 8 类手段，提供多种实时路况播报和智能诱导。其中基于智能手机开发的“手机看交通”平台，能够实时点播南京市 190 处主干道及重要交叉口的交通监控视频，目前已有用户 4.8 万人，年度交通视频观看次数超过 100 万次。

（三）加强对诱导系统二级平台的管理

根据系统发展需要，对交通诱导二级平台进行升级，进一步完善平台功能。定期对城区各区二级平台应用情况进行通报，加强考核监督，完善管理效能，规范信息员对系统自动检测数据进行审核补充，提高系统路况判断准确率，2012 年二级平台共发布诱导信息 13 万条。

（四）加强道路交通监控系统建设

围绕“棋盘式布局，立体化覆盖”的点位设置思路，大力开展道路交通高清监控建设，目前全市开通的高清数字监控已达 572 处，在用监控点位总数达到了 1060 处，基本覆盖了全市重要的路口路段。推进监控系统“一个网络”、“两级平台”建设，完成统一网络环境下的监控资源管理调度。

二、2012年苏州市智能交通建设情况

2012年苏州市在智能交通系统建设方面重点为完善智能交通建设机制建设、突出智能交通技术应用和强化智能交通设施的管理和维护。为全市道路交通发展、质态提升提供了有力支撑和保障。

（一）以机制固化城市智能交通建设模式

在市城市道路交通委员会协调下，制定出台了全市统一的新、改（扩）建道路交通智能设施的配建、维护、更新标准；进一步巩固和完善道路交通设施建设与新改建道路“三同步”制度，将智能交通设施经费纳入工程项目建设总经费之中。

（二）突出智能交通高端化应用，大力推动智慧交通发展

不断强化新技术运用，大力升级完善现代化的智能交通系统，提升交通管理和服务的科技化水平。一是推动交通管理智能化。全面完成交通管理业务系统的六合一平台建设，建成应用基于PGIS的标准化交通管理应用平台，充分运用云变、云计算、视频分析、交通仿真等先进技术，打造更加先进的智能交通管理系统。大力加强道路流量监测，综合应用线圈、视频、微波、浮动车等监测技术，加强中心城区154个流量监测点建设，研究开发现有视频监控、抓拍设施的流量监测功能，不断深化流量数据视频分析处理技术，为交通诱导、指挥决策提供有力支撑。二是推动交通诱导信息化。不断完善城市快速干道、主干道、重点商贸旅游区三级交通诱导体系，在观前街、石路等大型商贸区建设智能停车诱导系统，推动交通诱导信息化。在公安交通指挥大厅设立104.8交通广播直播室，为群众提供实时路况信息。大力发展云媒体电视，将交通宣传、资讯等服务搬上电视；积极借助有线电视网、“无线苏州”手机客户端、城际在线、城际通等载体，对外发布实时路况信息、视频，实现手机看路况、查资讯，让群众获得“掌控交通”的新体验。三是推动交通服务网络化。重点打造以96122信息服务中心为龙头的交管综合服务群，向群众提供全方位的信息查询、服务咨询、业务办理、执法告知、交通诱导、质量评价等服务。四是利用智能交通系统强化对重点车辆的管理。为3600余辆渣土车安装了科技监管终端，实现对渣土车的实时状态监测、违法报警和通报反馈，2012年全市涉及渣土车的事故同比上一年下降了60%。

（三）研发智能交通设施管理系统，强化设施维护

专门研发了“智能交通设备维护管理系统”，将全市5000套视频监控、电子警察等智能交通设备纳入系统，实现了设施故障的自动检测、自动报修、自动关联管理维修人员，使设备的使用状态一目了然，确保了设施故障对交通的影响降到最低。

三、2012年无锡市智能交通建设情况

2012 年无锡市智能交通系统建设以信息整合、提高道路交通通行效率、信息服务社会为重点，全面开展了智能交通系统的应用工作。

（一）进一步完善社会视频监控的资源共享机制

在省内率先完成无锡高速公路视频汇聚，1074 路视频监控资源全部实现了共享。制定了视频编排规范，即根据视频监控的方向、桩号、管辖单位的信息转换为道路位置描述，融入监控编号编排规范中，共通过视频分级巡检系统对重点路段、地区巡检 337 万余次，采集各类警情 39 600 余条，1 小时内警情 GIS 定位率达 70.8%、发现并处置各类警情 11 000 余起。其中发现路面交通事故 1300 余起，发现并整改各类交通设施隐患 140 余处，观察并调整交通信号配时 1200 余次，发现并处置突发事件 50 余起，交通事故较去年同比下降 15.6%，取得显著成效。

（二）建设智能交通指挥系统，提高城市道路通行能力

一是推广应用智能交通信号控制，对全市 1230 个信号灯控制路口中的 1100 个实现了中心联网控制，其中对 56 条城市主干道的 270 个路口进行了“绿波带”交通信号协调控制，在“潮汐”特征明显的路口创新推出“可变导向车道”，大大提高了城市路网的通行效率。二是实现道路交通状态综合监测，在全市主次干道设置了 1250 组流量检测器、在全市 4000 余辆出租车上设置了交通信息采集终端，全天候掌握道路流量情况。建设、整合了近 1500 余套高清视频监控设备，部分监控设备配套安装了“自动监测报警系统”，做到了异常交通事件自动发现、及时处置。三是深度信息诱导发布，联合多家单位共同研发了动态交通诱导系统，融合数据通信传输、电子传感、GPS 定位等技术为一体，可实现路线规划、实时路况发布、绿波保障多项功能。四是强化交通安全监管，全市 7300 工程车、2400 辆危化品车全部安装了 GPS 定位装置，对行径路段、车速进行全程监控；在公司化营运的校车上安装了连接到交通指挥中心的视频监控，实行接送营运全程监控，在高速公路、国省干道和高架道路出入口，安装了 580 套机动车轨迹系统，精确掌握每辆机动车的运行轨迹。

（三）创新交通科技应用手段，拓展人性化服务渠道。

在通过交通科技加大管理力度，提升管理效能的同时，延伸拓展了多项高效便民服务项目。建设短信告知平台，提供主动告知服务。累计发布执法告知、审验告知服务短信 51 万余条，交通安全宣传及路况诱导短信 850 万余条；在交通指挥中心建立了多媒体直播室，通过电台、网络及户外诱导屏，及时发布各类交通信息，服务广大市民交通出行。推广机动车不避让行人违法抓拍系统，倡导机动车文明行车。研发启用了“机动车不避让行人违法抓拍系统”。通过电子监控、监测、高清、智能等技术手段，对机动车经过人行横道不避让行人违法行为进行自动抓拍。

四、2012年昆山市智能交通建设情况

2012 年昆山市按照市政府“智慧交通”建设的规划，在充分吸收国内外智能交通系统规划与建设经验的基础上，以综合交通信息平台为基本架构，重点抓好系统升级，加快技术落地转化，建设智慧交通，打造畅通昆山。

（一）升级智能交通，为“智慧交通”夯实科技支撑

不断维护交控中心下的六大子系统（即信号控制、道路视频监控、交通信息发布、交通违法行为动态抓拍、电子警察录入、实时交通状况监测及预报系统），发挥交控中心在日常排堵保畅、恶劣天气应急、突发事件响应、警卫任务保障、路面交通监控、交通安全宣传、交通信息发布等方面的积极作用。

（二）加快智能交通技术落地转化，加大科技建设力度

深度应用交通状况实时监测系统，目前全市有 155 个路口的信号灯实现与交控中心联控，覆盖 14 条主干道，实现中环内全部路口信号联控。

（三）全方位推进智能交通系统的应用

（1）开发了“交通状况预测预报系统”，以“市民出行前看网页即能了解行程线路交通概况”为目标，整合“原始数据采集、实时路况监测、交通状况预测发布”等系统模块，建成“城市交通状况预测预报系统”，互联网用户可根据出行需要，入网查询以道路断面、路段、路网等空间层级和分钟、小时等时间层级为基础的静态交通数据，提前掌握不同区间的交通状况，为市民出行路线规划提供重要参考。

（2）推出“手机版昆山交通出行信息网”。以“市民出行时看手机即能了解行程线路交通状况”为目标，针对苏南地区进入“汽车时代”，3G 智能手机普及率高，广大驾驶员对交通信息需求呈实时性、机动化的特点，在原互联网“昆山市交通出行信息网”的基础上，研发推出手机版“交通出行信息网”。该网站（手机版）无须注册即可登录，实时滚动发布城区路况动态，实时估测路网中两个位置车辆行驶路线行程耗时，实时为市民出行发布路网“拥堵、缓慢、畅通”建议，起到实时“导航”功能，便于驾驶员及时调整行车路线。

（3）开发“实时路况语音诱导软件”。目前全市主要路口有 20 块 LED 显示屏以及全市 300 个居民小区电子屏交通流量“三色图”，使市民在驾车途中无须浪费精力即可根据提示选择交通畅通路段行驶，避开“堵点”。

（撰稿：顾怀中）

厦门市智能交通系统建设与应用

一、厦门市智能交通系统建设与应用概要

厦门市交通面临“两高一快”的严峻形势，即机动车保有量高、保有率高、增长速度快。随着理念的不断更新，厦门市的智能交通系统建设目前取得了突出成绩。2013 年 1 月 1 日，厦门市智能交通控制中心投入运行，该中心汇集了厦门市动态交通信息，包括交通态势监控系统、信号智能控制系统、指挥调度系统、信息服务系统等，能够实时掌握实施区域内交通信息；实时监测实施区域内的路网运行状态，研判其交通运行态势；实现实施区域内交通事件（事故、堵情）的实时报警等；为用户提供实时的交通信息服务。

另外，厦门市在全国首创推出基于微信公众平台的政务服务，目前微信用户数为 18 万，具备路况推送、拥堵上报、违法查询等智能功能，被“政务微信观察”评为最具创新与实践应用的政务微信账号。

厦门市的电子车牌项目也走在全国前列。在信息采集的基础上，一期工程已实现依托集成控制平台的路况信息全方位发布和 51 个路口的信号联网。

这些技术应用纵向对比全国其他城市，都处于领先行列。厦门市未来的智能交通系统建设将在保持特色的基础上，进一步推动其应用的广度建设和单个应用系统的深度研究。

二、厦门市智能交通控制中心（ITCC）

（一）概要

厦门市智能交通控制中心（ITCC）于 2013 年 1 月正式投入运行，是在现有的交警支队交通指挥中心基础上，作为全市智能交通控制中心定位进行全面规划、全面升级改造的而来的。ITCC 的启用，标志着厦门市智能化交通建设正进入一个全新的阶段。ITCC 不仅具有勤务管理、稽查布控等公安智能指挥调度功能，更是具备全方位、立体化、多角度的路况信息服务功能。

（二）系统构成

厦门市 ITCC 根据其功能特点划分为核心控制区、电子警察巡逻区、决策会商室、文件收发室、民警办公室的“两区三室”。拥有完善的一流硬件配套，使用面积逾

1400M2，中心显示大屏中间由48块55英寸的高清（1080p）液晶屏拼接而成，两侧为近20M2的LED显示屏，核心控制区目前拥有9座全功能控制台席。

为充分发挥ITCC的作用，厦门市交警支队配套开发了“智能交通集成控制平台”(简称“集成平台”)，该平台依托GIS地理信息系统，集成了厦门市在建和已建的所有交通科技设备，包括47面交通诱导屏、178套交通流采集设备、51座交通信号机、176路交通视频监控、173套交通违法自动抓拍设备，所有前端设备都在GIS地图上准确定位，直接点击就可查看使用。

（三）应用情况

ITCC除保留原交通指挥中心具有的非现场执法、文件收发等常规功能外，还具备以下六大应用功能。

多元化的道路交通信息采集手段。建立“自动报警结合人工监测”的多元路况信息采集机制，值班人员通过检测设备、视频巡逻、市民的电话、微信、微博上报等方式实时感知道路拥堵状态，特别是在全国首次引入“微信”上报堵情，市民可在堵车现场通过手机“微信”，将现场位置、图片等信息传输到交控平台，交控平台将根据位置自动匹配道路并预警，有效解决自动采集点不足的问题。

多渠道的路口信息发布方式。ITCC在对各类交通路况信息实时采编、核实、比对后，通过室外诱导屏、网站、手机等多种发布渠道实现全方位、多角度的即时播报，即交通参与者可通过上述方式，及时掌握动态路况信息，合理使用路网资源，避免扎堆情况发生，实现出行前、出行全过程路况信息全覆盖。

多手段的排堵联动处置方式。ITCC具有智能的交通信号控制系统，该系统从宏观战略决策指挥及路口微观控制模型实时优化两个层面入手，实现了战略为主、战术为辅的分层次多目标交通信号控制。此外，一旦发现道路拥堵，ITCC可对全市61个路口交通信号机进行远程干预控制，修改并下发配时方案。下一步，ITCC将运用视频监控对轻微交通事故进行远程调解，配合市局及各分局指挥中心对交通警情进行联动调度，加快信息流转，实现快速排堵。

多维度的交通信息研判。依托射频精确识别的优势，ITCC已实现基于城市道路的态势分析图表，可实时查看某条道路的“24小时道路速度趋势”、“24小时道路流量趋势”、“24小时路段拥堵次数趋势”等；如与上一周同一天（或同一节假日）的对比分析，可实时查看进出道车辆的对比、交通状态等级的对比图表、道路交通拥堵排名等。此外，已着手开展基于事件的交通路况预测预报工作研究，通过历史海量数据的深度挖掘和数学模型运算，ITCC不仅可预测出周期性拥堵，还能实现非周期性拥堵的预报。

车辆稽查布控功能。依托射频识别的精确采集，在GIS地图不仅可查看车辆的历史运行轨迹，还可对某特定车辆进行实时布控，一旦发现，立即报警。目前，车载射频识别标签资源因掌握在路桥公司手中，该功能尚未完全开发，效能作用有待下一步完善。

勤务管理功能。具有完善的勤务排班，特勤任务、案件接报警、指挥调度等勤务管理功能。该功能涉及警力配套、警情资源等相关信息，因掌握信息不全，正与市局相关部门协商中，目前尚无法运用。

三、厦门市RFID系统应用

（一）概要

厦门是一座海湾型城市，主城区是海岛，通过桥梁、隧道和海堤与大陆联接，随着城市建设的扩展和岛内外一体化建设进程的加快，进出厦门岛交通日益增加，为了缓解进出岛通道交通压力，提高车辆进出厦门岛收费站的通行效率，从2005年开始厦门在全市推行不停车收费系统，政府免费为全市车辆安装了射频识别电子标签，用于各桥隧（堤）的不停车收费管理，系统运行多年来稳定可靠。目前在厦门56.7万辆的本地籍汽车中有53.8万辆已经安装了RFID电子标签，安装率达95%，还有2.5万辆经常在厦门市区行驶的外地籍车辆也自愿安装了厦门的电子标签，为射频识别技术在厦门市智能交通中的广泛应用奠定了基础。

（二）系统构成

厦门早在2009年初便开始探索尝试射频识别技术在城市交通管理领域中的应用，在反复论证的基础上投资200万元，在嘉禾路沿线5公里路段的6个断面，52个车道上安装了射频识别交通流量采集设备。首次将射频识别技术作为道路交通流量采集的方式，实现了流量采集、拥堵报警、异常检测、实时跟踪与历史轨迹回塑；以及路段平均车速、行程时间预估等功能。试验项目取得极大的成功，被称为我国“车联网”建设的雏型，为进一步推广建设创造条件。

在积累了丰富的建设、应用与管理经验后，厦门于2011年开始启动RFID射频识别技术应用一期工程建设，投资1850万在城市核心区六条主要干道和“四桥一隧”进出岛通道上建设了160套射频识别交通流量自动检测采集设备，在一期工程实施区域内形成了以RFID射频采集为主要手段，视频检测、地感线圈、GPS浮动车检测等手段为补充的多元化交通信息采集系统。

（三）应用情况

（1）应用RFID射频识别技术采集道路交通信息，不仅能够实时、准确地检测到交通流的“量”，而且能够精确识别其“身份”，为实现全路网运行状况监测、在途车辆统计、路段流速运算、异常事件报警等提供条件。现在厦门市智能交通控制中心凭借射频采集精确识别的优势，通过对历史海量数据的深度挖掘和数学模型运算，不仅能够实时监测当前路网运行状况，而且能够方便准确地预测未来路网运行态势；由于对通过采集断面的每一部车实现了精确识别，不仅能够实时监测路网正常运行状况，而且能够及时检测到路网运行异常状况并报警；因此，不仅可以预测出周期性拥堵，还能预测因突发（异常）事件引发的周期性拥堵。从厦门市智能交通控制中心基于城市路网的态势分析图表上，可随时查看某条道路的“24 小时车辆速度趋势”、“24 小时流量趋势”、“24 小时路段拥堵次数的趋势”等现状与历史某一天（默认上周同一天）的对比分析；可实时查看进出岛车辆数的对比和交通状态等级的比对图表；可实时查看拥堵路段排名等。形成了以射频识别为基础的多维度统计分析与决策支撑系统。

（2）应用 RFID 射频识别技术作为交通流采集手段，凭借其精确识别的优势不仅能够统计路口交通流的通过量，而且能够分析出下游路口交通流的需求量，不仅能够检测交通流量，而且能够获取交通流速；不仅能够检测某一断面的流量，而且能够知道某一路段或区域内在途车辆的总量。因此以射频识别技术作为交通流采集手段将彻底改变传统的信号控制模式，实现其它采集手段所无法实现的效果。

一是以射频识别技术作为路口流量的采集手段，可以采集到路口交通流的“需求量”。二是以射频识别技术采集的交通流数据不仅有实时的“流量”数据，而且有实时的“流速”数据；为实现浮动车速的信号协调提供条件。三是利用射频识别技术精确识别的特点，系统能够随时掌握某一区域（或路段）内的在途车辆，进而确定该区域（或路段）的交通强度。

（3）充分发挥 RFID 射频识别技术精确识别的优势，构建人性化的交通信息服务体系。射频识别技术使我们在采集交通流量的同时能够同时采集到通过采集点车辆的“身份”，进而实现对定制客户车主个性化信息服务和对所有车主的人性化信息服务。目前，厦门正在规划建设基于射频识别的路况动态信息和静态停车信息的点对点信息服务系统，根据射频采集识别的车辆身份信息，通过手机短信，车载导航设备等，点对点地向车主发送路况信息和停车场库信息。

（4）凭借 RFID 射频精确识别的优势，实施对违法车辆的精确化查处，不仅提升了执法的精确性和取证质量，而且极大地提升了执法效率。2012 年厦门国际投资贸易洽谈会期间，厦门智能交通控制中心采用射频识别技术查处违反限行规定的车辆，每天执法量达 2 万余起。

另外，射频识别技术为重点车辆实施点对点管控创造了条件，目前厦门正在推动在校车等重点车辆上采用射频技术实现行驶区域、行驶路线的监管。

（5）多渠道的交通信息发布方式，为市民提供全方位立体式的信息服务。在大胆采用高新技术，大力推进交通智能控制的同时，我们依托厦门市智能交通控制平台的强大功能，大力拓展交通信息公众服务渠道，通过户外信息屏、互联网站、手机终端等多种信息发布渠道，构建全方位、多角度、立体式的交通信息服务体系。

随着 RFID 射频识别技术的蓬勃发展，结合厦门智能交通管理中 RFID 技术的成功应用经验，我们相信 RFID 射频识别技术在智能交通领域的应用将愈加广泛、深入，在不远的将来，RFID 射频识别技术必将助推智能交通管理服务水平的提高。

四、基于微信公众平台的交通信息服务创新应用

（一）概要

微信是由腾讯公司于 2011 年 1 月推出的手机聊天软件，该产品是完全根据手机移动终端特性设计开发的手机客户端通信软件，能发短信，能发语音、视频和图片，能单聊也能群聊。和手机短信比，它具有费用低、功能丰富、交互信息多元化等特点。和 QQ 或 MSN 相比，它给人实时在线、操作简便、移动性强的体验感受。由于其独特的操作特点和技术优势，一经推出便受到手机网民的大力推崇。

微信公众平台是个通用型产品，由于其自身的众多优点，只要稍作改造便非常适合用于交通信息服务。因此，探索基于微信公众平台的交通信息服务模式具有可行性。此处将根据微信公众平台的技术特点和交通信息服务内容，总结厦门交警微信服务平台的实践经验，对微信公众平台的服务功能进行了层次设计，以满足公众账号运营机构根据自身的开发能力、技术水平、人力物力保障、服务范围选择分步实施或交叉实施。

（二）应用情况

1. 初级应用功能

初级应用功能指开展交通信息服务的运营机构直接使用微信公众平台提供的通用型管理平台，只是将微信平台作为互动交流、信息传播的媒介应用。目前，绝大多数交通信息服务提供者，特别是政务机构，多选择这种方式，从运行情况来看，能迅速吸引眼球，且效果良好。以厦门交警在微信公众平台注册的“厦门市智能交通控制中心”公众账号（微信号：xmitcc）为例，厦门交警充分运用这一平台进行警民互动交流和信息传播，开通了“小 i 说交通”栏目，每天发送 1 期与交通信息相关的原创消息，内容涵盖交管业务办理、交通法规解读、交通安全驾驶、突发事件推送、交通信息研判、交通违法排名等，比如在今年 5 月 16 日凌晨，厦门突降暴雨，致使部分道路严重积水，厦门交警通过视频监控、微信等手段第一时间收集积水路段，于 8 点通过微信平台向用户及时推送道路交通拥堵区域和道路交通管制情况，引导市民合理选择出行路线，避免车辆不断涌入积水路段加剧拥堵。厦门交警还通过微信平台听民声、访民意、排民忧，与群众开启“指尖上的对话”，自开通以来，已成功推送 107 期，累计通过微信公众平台收集各类意见建议 1823 条，在线回答、办理各类问题 4873 起，受到了市民的一致好评。

然而，初级应用功能需要大量人力支撑，无法提供全天候服务，属限时服务。

2. 中级应用功能

通过对微信平台的二次开发，实现全天候、全自动的“微查询”、“微办事”等功能，今年 1 月 1 日，厦门交警在全国首创推出基于微信公众平台的“实时路况查询”服务，市民只要输入道路名称，系统将自动返回当前道路拥堵情况、全市路网运行状态示意图，部分点位包含现场的当前视频截图，此外，为解决厦门市道路交通信息采集设备不足、

覆盖范围有限的问题，厦门交警微信平台同步开通了“交通拥堵上报”功能，群众碰到交通拥堵，只要按照系统提示选择位置、拍摄照片发上即可，拥堵信息将自动传输到智能交通集成控制平台并在警用电子地图显示出来，后台工作人员通过视频探头确认后便可发布分享给更多人。今年5月9日，厦门交警再次全国首推“微信查交通违法”服务，输入车牌，可秒级查到违章信息，查询结果不仅包括通知书号、违法时间、违法地点、罚款金额等交通违法信息，还包含车辆年检信息、报废时间等提醒，同时还附有照片，这一举措受到网友的大力追捧，推行一周吸引微信用户超10万。今年6月2日，厦门交警全国首推“微信自助移车”功能，移车人在微信上输入对方车号并选择您的当前位置，系统将自动匹配车辆库并给对方车辆所登记的手机号码发送移车提醒短信，同时对方登录微信，输入车牌号还能看到移车人给他的留言和照片信息，后台无需干预，该功能推出首日，便成功解决150余起移车难题。截止目前，平均每天有2.7万人次通过微信平台查询实时路况信息、有4.5万人次查询交通违法信息，效果显著，市民有感、后台每日平均收到群众上报得有效交通拥堵信息74条，下一步，厦门交警将在对微信用户进行分类管理，开展“实名认证”服务，并将陆续开通交通违法在线缴费、驾驶证考试科目预约、机动车补（换）号牌业务、驾驶证年检、换证在线办理等更多服务和功能。

3. 高级应用功能

传统的交通信息发布方式虽然覆盖面广、信息量大，但是缺乏个性化、缺少针对性，单一静态且被动，尤其不适合驾车人使用，而基于微信公众平台的高级应用就是针对这些问题，实现个性化、定制化、智能化的交通信息服务：一是基于位置的个性化信息推送。车辆在行驶的过程中，手机微信将根据用户的行驶路线和方向，实时自动语音播报前方及周边道路路况，为用户提供个性化推送服务，包括提供动态导航、沿途路况、周边停车位信息等，以帮助使用者选择最佳路线避开拥堵，起到提高出行效率的目的。当然不仅是驾驶人，乘坐公共交通出行的人也能使用，如果显示前方拥堵严重，可换乘地铁或其它交通工具出行。这项功能是为每个用户量身订制的个人交通实时路况，实现了一对一的交通路况播报，使路况应用更加具有针对性。二是定制化的交通信息服务。用户可根据日常的出行情况，对自己出行路线上关键路段及热点区域进行定制，在设定的时间内查看自己的定制信息，如早上7:30上班时间，定制的信息可通过短信、信息提醒等方式发送到手机上，自己出行路线上的路况一目了然，提前规划合理的出行路径。三是智能化的交通信息推送服务。根据用户日常的行车路线，分析用户的行车习惯，为用户提供常用路线沿途的交通信息、路况播报及旅行时间预测等，免除用户繁琐的设定工作，智能化地实现量身定制路线功能。此功能的应用，将大大提高用户体验效果，并通过用户的频繁使用，将进一步提高信息推送的准确性，让人们感受到真正的智慧出行。此外，相比出租车、公交车等浮动车数据，私家车因数量庞大，仍是城市交通流的主体，其运行数据可以描述城市机动化出行方式的规律，并能准确反映交通流状态，是浮动车采集交通信息模式中的最佳选择，通过私家车群体手机微信获取的车辆位置信息作为一种重要信息源，与其他方式采集的交通数据源相结合，将大大提高交通信息的准确度、完整性、可靠性。基于微信公众平台的高级功能应用需要向腾讯公司申请开通“位置上报”、“事件推送”、“语音下载和在线播放”等高级接口，目前，厦门交警已成功申请并开通过了此类接口，下一步，将结合全市智能交通系统建设稳步推进。

根据以上功能层次设计，微信公众平台决不仅仅是实时交通信息发布的渠道，它涵盖了业务办理、查询交通违法等广义上的交通信息服务，在一个平台上整合了传统多种方式的交通信息服务功能，真正实现了“一个平台、多种功能、综合服务”的新型交通信息服务模式。

（三）可持续发展探讨

1. 微信公众账号的推广

目前，厦门交警微信粉丝数达到 15.7 万，约占厦门市常住人口的 5%，根据受众群体调查，其中有 90% 以上用户常住厦门且为机动车驾驶人，因此，厦门交警微信平台的推广空间较大。一方面，提高微信公众用户群，才能最大化交通信息服务的价值；另外，提高微信公众账号的推广度，才能提高公众对该平台的认知度、认同度和参与度。微信公众账号的推广，可以采取以下策略：一是不断完善和开发新的实用功能，提高平台的吸引力；二是在既有大客户平台上推广，例如群发短信、微博导入、腾讯好友推荐形式。

2. 引入商业模式

引入多元化的商业模式，是保证微信持续活跃度的关键。可以采取的策略包括：一是和企业合作，引入奖励机制，例如：有效路况上报奖励、抽奖等，提升参与者的热情和参与度；二是开展公益性活动。例如，与汽车 4S 店等合作，定期举办微信群的汽车维修知识讲座，组织微信用户参与社会公益活动等，通过多元化的方式提高微信公众的使命感和奉献精神，并由活动达到进一步推广用户群的目的。

3. 功能应用层级区别对待

交通信息资源的社会化服务具有双重属性。一方面，具有公益性，以服务社会公众为目的，具有较强的社会责任。另一方面，交通信息资源的社会化服务必须服从信息产品的市场规律要求。因此，可以借鉴成功的网站经营模式，制定微信信息服务高级群组，鼓励参与者提高积分和会员等级。一方面，用于补贴企业收益，以便持续改进服务，提高服务品质；另外，通过差异化政策，提高群众的微信参与度。建议对初、中级应用功能应纳入政府政策，作为公民福利的一部分，免费提供给广大市民，而对于个性化、定制化、智能化的高级应用功能则可采取盈利模式，引入竞争机制，可提升交通信息服务的可持续发展活力，促进交通信息服务产业的良性发展。

4. 建立“政产学研”的发展模式

基于微信公众平台的交通信息服务涉及政府、企业、用户等多家机构，仅靠单一的力量是远远不够的。建议市场培育期建立“政府主导、企业参与”的模式，政府主导建立交通信息服务的微信平台，企业负责技术开发，成果免费给公众使用，这个阶段主要以开发初级、中级应用功能为主，吸引客户群、培养认知度；在市场成长、成熟期，建立“政府主导、企业科研院所参与”的模式，一方面，完善初级、中级应用；另外，在良好的群众基础上，由科研院所参与，对交通信息进行深入挖掘研究，企业参与开发高级功能，定制个性化的信息服务，促进交通信息服务的全面发展。

（撰稿：北京易华录信息技术股份有限公司）

成都市智能公交系统建设发展

一、概况

2012 年，成都市城市公共交通信息化建设迈上新台阶，全年累计完成城市公共交通信息化建设投资达 1.5 亿元。实现了城市公共汽车、城市快速公交车、城市出租汽车和城市公共交通行业监管的信息化管理，达到了城市公共交通智能化建设的目标。

二、城市公共汽车信息化建设

成都市自 2008 年开始启动公交智能化建设。截止 2012 年，完成了成都市公交集团公司总部监控中心、四大营运公司监控中心、各场站调度发车及视频监控系统的建设工作；完成了 300 余条线路、200 多个调度室、35 个车队、9000 多辆公交车的智能调度系统的推广应用；完成了车辆位置查询系统、公交乘车换乘查询系统等相关系统的建设。

公交智能化系统的建设，促进了成都市公交运行效率的提高，吸引了更多市民选择公交出行，中心城区公交日载客量较 2008 年增加 122 万人次。2012 年，全年完成客运总量 14.98 亿人次，同比增长 12.12%。公交分担率从 20.7% 提高到 26.46%，极大地缓解了城市交通运输压力，同时通过公交智能系统对车辆资源的合理调配及监控，减少了车辆的无效投放里程，每月总里程平均下降 140 万公里，按每公里 5 元的成本计算，每月可为成都市公交集团节约 700 万，每年可节约成本 8400 万。

在充分考虑市民出行需求的基础上，2012 年成都市启动了二环路快速公交（BRT）的建设。二环路快速路全长 28.3 公里，共设 28 对站台，投放公交车辆 300 辆，全线设置公交专用道。成都市二环线快速公交智能系统主要由公交车载智能系统、公交智能调度系统、公交综合管理系统、乘客信息服务系统等部分组成。通过对快速公交智能系统的应用，实现对快速公交车辆的实时监控和智能调度，提升快速公交的管理水平和运营效率，并为市民提供及时、准确、全面的运营信息服务和安全舒适的候车、乘车环境。

三、城市出租汽车信息化建设

2012 年 10 月，成都市投资约 5000 万元完成了出租汽车服务管理信息系统建设。建设内容为“一套车载终端、三个中心、六大系统”。其中，三个中心分别为数据资源中心、监控指挥中心和电召服务中心；六大系统分别为运行监控及指挥调度系统、电召服务管理系统、动态监管稽查系统、服务质量监督考评系统、企业在线业务管理系统与综合运行分析系统。

建成了出租汽车统一调度平台，实现了全市出租汽车资源的整合。截止 2012 年底，统一调度平台接入企业 55 家，接入出租汽车 12000 余辆，实现了对车辆的 24 小时实时监控和调度。通过该平台，能够全面掌握全市所有空车的运行方向、运行区域等情况，并且，可以根据客流情况全面调控出租汽车，极大地缓解了“打车难”的问题。

加强了出租汽车安全监控和管理能力。系统实施后，实现了对出租汽车 24 小时全天候的位置和视频监控，并与公安等实现报警联动。有效保证了乘客和出租车驾驶员的财产和人身安全。

统一了全市出租汽车客户服务号码。2012 年，成都市交委在实现全市出租汽车资源整合的基础上，完成了客户服务号码的统一（962999），方便了市民的记忆和出行。

出租汽车服务管理信息系统的实施，提升了我市出租汽车信息化管理的手段，提升了出租汽车运营、监管和服务质量。

四、城市公共交通行业监管信息化建设

2012 年，成都市交通委投资完成了城市公共交通运营监管与评价系统项目的一期建设。该项目建设内容主要包括：车辆实时监控、车内视频监控、运营监管与评价、安全监管与评价、服务监管与评价、成本监管、线网分析等。可以从供应保障、运营成本、服务质量、安全运行、线网运行、政府扶持等 6 大方面、35 项内容反映成都市公交整体状况。

该项目的实施，较好的实现了对成都市公交的运营质量、社会承诺兑现、安全服务管理水平以及精确的成本分析进行监管，完善了政府对公交补贴拨款的数据依据，强化了对公交企业运营管理的政策指导。

同时，该项目的实施也提高了成都市公交集团信息化应用水平。对公交企业自身的运营管理、安全管理、服务水平、社会承诺兑现以及成本消耗实现了实时监管、系统地评价和分析，提高了成都市公交集团对分公司管理的客观评价和管理指导能力。

（撰稿：青岛海信网络科技股份有限公司）

贵阳市智能交通建设与发展

一、概述

为了进一步扩大监控覆盖面，减少治安监控死角，实现市内重点区域的全面覆盖，2012 年下半年贵阳市开始进行视频监控平台项目的建设，旨在建设一套以打击、预防违法犯罪及疏导交通为目的的系统。通过在贵阳市各级政府所在地、治安复杂场所、重点单位、主要街道和社区、宗教场所、娱乐场所、案件多发地段、重要路口、车站、码头、卡口等地点设立视频监控点，将监控图像实时传输到各级职能部门，利用对图像的浏览、记录、分析等方式，使各级职能部门直观地了解和掌握监控区域的治安、交通动态，有效提高全市治安、交通管理的统一指挥、快速反应、协同作战水平。

该项目结合前期具备自适应信号控制、交通仿真、非现场违法抓拍、交通信息实时采集、警情监测与处置功能的道路交通管理智能指挥系统，构成了贵阳市一体化的智能交通管控体系。

二、建设规模与内容

贵阳市智能交通管控系统建设区域覆盖云岩区、南明区、金阳新区、小河区、乌当区、花溪区、白云区 7 大区域，接入的电子设备类型包括高清视频监控、标清视频监控、移动式视频监控、多功能电子警察、电子卡口、超速检测、流量检测器、交通信号控制机、诱导屏（复合式屏、双基色屏、全彩屏、二级行车诱导屏）以及具有 GPS 定位功能的 350M 设备。实现了对贵阳市城市主次干道、重点路口、区域的全方位监控及信息采集，目前贵阳市智能交通管控系统已经形成了 1 个控制中心 6 个分控中心的应用架构，即以贵阳交通管理局（位于金阳新区）为主控制中心，以其它 6 个区域作为分控中心。

三、服务及应用

（一）视频智能分析

视频智能分析是视频应用平台的重要的支撑服务，提供公安、交警、城管不同业务单位的智能化实战业务应用功能。根据“动态调配、集中部署“的原则，将智能分析设备和系统应用服务统一部署在交管局中心，并动态从视频监控平台动态获取高清视频图像进行分析比对，实现了人脸识别对比、目标特征智能检索、视频质量检测、交通事件检测等一系列智能化应用。

（二）交通事件管理

基于高清视频监控设备通过视频分析自动发现路面的交通异常事件，并将分析结果实时传送到交通指挥中心，根据业务需要对交通事件进行统一的报警展示，由指挥中心业务人员及时进行确认、处理。主要涉及到的交通事件类型如下：占有率超过阈值、车辆停驶、车辆逆行、遗弃物、行人、车辆慢行、交通拥堵、车辆排队长度超过报警设定值、违章变道等。

（三）车牌管理

车牌数据管理应用实现对前端检测设备的车牌识别数据统一接入，规范各平台中的车牌识别数据格式，实时接收车牌识别数据并进行集中存储。根据不同业务功能要求进行各类数据计算，包括黑名单车辆比对、机动车辆轨迹分析、交通违法数据逻辑判断、区间超速数据计算判断、各类数据汇总计算等。实现车牌数据的查询、黑名单车辆报警、交通违法数据监控查询、区间超速数据监控查询、各类数据报表统计等数据展示功能，辅助交通管理工作。

（四）流量管理

流量管理对前端检测设备采集的交通流量数据统一接入，规范各电警后台中的交通流量数据的数据格式，实时接收交通流量检测数据并进行集中存储。根据交通流量业务功能要求进行各类数据计算，包括路段平均流量、平均流速计算、高峰小时流量流速计算、路段和区域流量汇总计算等。实现了交通流量数据的GIS展示，在地图上以红、黄、绿三种状态实时显示检测路段的交通流量流速变化情况，便于管理人员实时掌握路面交通通行情况。根据业务管理需求，实现对各类交通流量的统计报表输出。

（五）信号控制

通过信号控制系统可以对路面信号机运行状态监视和控制。系统可直观展示各路口信号状态、控制方案、控制方式、绿信比、相位差、相位运行时间等信息，根据业务需要可手动干预进行子区控制、相位锁定、步进、方案优化及方案下发操作，并可以实时查看到信号机的联网状态、故障情况，从而实现了指挥中心业务人员对信号机的远程监控管理，减少了路面警力投入。

（六）信息发布

实现诱导屏发布实时路况信息、交通事件、道路施工信息、交通管制信息。

（七）OD调查分析

对路口断面、重点区域内的过车数据进行分析，分析每天24小时的过车数据量；分析车辆出行出发地、目的地，可以掌握每个出发地或目的地的车辆数量、旅行时间、车型分布以及车辆出行时间段分布等信息。便于指导交通管理进行优化调整。

四、系统特点

贵阳市智能交通管控系统以违法抓拍、缉查布控、视频监控、信号控制、流量采集、指挥调度核心应用体系为基础，结合各项技术发展的方向，建设达成了以下技术目标：

采用目前国内最高标准的全数字、全高清模式进行视频监控平台的建设。

采用技术领先的云存储方式，实现分布存储，虚拟化集中管理，从而实现了高效实用的管理及使用机制。

制定贵阳市的视频监控建设地方标准，对前期建设的视频监控资源进行改造整合，实现与新建系统的无缝对接。以此次建设市级平台为契机，重点整合前期建设的公安、交警、城管已建监控资源，对商场、金融场所、网吧、娱乐场所、酒店、学校、医院、住宅小区、楼宇、水库、森林等已建成的视频资源进行选择性整合，为今后视频建设提供新标准。

建设覆盖全贵阳市的高清视频专网，优化设计网络架构，按网格化自建光纤、确定汇聚点，在保证系统运行效果，节约线路租用资金支出的同时，为拓展应用打下坚实基础。各应用行业和部门可在此视频资源下根据行业和部门实际定制开发运用。

建设视频图像智能监测、智能分析、故障自动检测等后台系统，实现人脸识别、事件检测检索，保证视频图像资源的智能化运用。

实现了根据路口、路段交通状况的自适应信号控制。拥堵时进行区域需求控制；平峰通过协调增大干道通行能力；出现局部拥堵时自动启用“聪明灯”控制，达到“开源节流”效果。

充分利用高清视频资源进行车辆行驶信息记录，以此为基础对车辆个体进行管理与控制，以及对整体交通运行状态的分析研判。

五、系统效益

贵阳市智能交通管控系统的建设使贵阳市整体管理水平达到新的高度，信号监控、事件检测、非现场违法抓拍等高科技应用，缓解了贵阳市高度紧张的警力，提高了执法效率和城市交通服务水平。人脸识别、目标特征智能检索等功能为社会治安打、防、控、管体系提供准确快捷的情报信息网络支持，快速推进城市的平安和谐，保障人民群众安居乐业。

（撰稿：青岛海信网络科技股份有限公司）

第二章

联盟发展动态

国家智能交通产业技术创新战略联盟 2012工作年度报告

国家智能交通产业技术创新战略联盟是2012年4月被科技部正式批准成为开展产业技术创新战略联盟试点工作的39家联盟之一。2012年度，在科技部及有关部门的领导和大力支持下，联盟发挥自身优势，在完善运行机制、产业技术创新和成果转化、服务产业等方面积极地开展了相关工作。

第一部分：2012年度工作总结

一、建立健全各项规章制度，完善联盟运行机制

（一）运行模式和机制的完善

联盟作为一种全新的创新组织形式，具体运行需要在实践中不断探索发展。国家智能交通产业技术创新战略联盟依托中国智能交通协会，将联盟工作开展与协会的有关工作紧密结合，积极推动行业技术创新，形成了联盟工作与协会工作协同互动、协会突出行业服务、联盟突出创新驱动的运行模式。

（二）规章制度完善

2012年度，联盟对各项工作制度进行了逐步完善，修改完善了《国家智能交通产业技术创新战略联盟经费管理办法》、《国家智能交通产业技术创新战略联盟项目管理办法》等规章制度。这些规章制度，为联盟进一步深入开展各项工作提供了规范和保障。

（三）国家智能交通产业技术创新战略联盟理事会会议

2012年2月在青岛召开了国家智能交通产业技术创新战略联盟一届二次理事会，联盟全体理事和专家咨询委员会主任马林教授等出席了会议。会议总结了联盟2011年各项工作，对联盟的运行和具体工作开展等进行了讨论，进一步明确了联盟创新发展的重点技术方向、联盟创新工作计划等，并就内部创新资源调查、企业创新技术需求调查等有关工作进行了具体部署。

二、积极推进产业技术协同创新，促进智能交通领域的产业技术创新发展

推动智能交通领域的产业技术创新发展是联盟的主要职责，2012 年联盟积极开展了相关的工作。

（一）继续组织推动“新一代智能交通系统关键技术研究及示范应用”项目的创新研究工作

2011 年，联盟组织成员单位，联合启动了“新一代智能交通系统关键技术研究与示范应用”项目。2012 年度，项目研究不断深入，在交通状态感知与交互处理、道路交通智能管控、大范围路网交通运行仿真评估、城市交通运行智能监测与拥堵辨识和预警、基于 ITS 的交通环境测度、公众出行智能化服务、智能汽车等技术方面取得了积极的成效，在城市新型智能公交、新一代智能化交通信号控制、城市交通智能管控等方面的系统和装备取得技术提升，在车联网、车路协同的交通安全保障、智慧城市建设等技术方面进行了积极探索。

针对我国城镇化快速发展的形势，2012 年联盟组织成员单位积极开展了《中国城市智能交通系统体系框架》、《中国城市智能交通系统技术规范》、《城市智能交通系统建设指导意见》等的研究和制定工作，取得了阶段性成果。

（二）联盟成员单位开展了多种形式的创新合作

联盟成员单位以多种方式在技术创新和成果转化等方面积极开展了合作。在 2012 年，国家 2011 计划协同创新中心的建设中，联盟成员单位基于已有的合作基础，积极组建了多个交通领域的协同创新中心。由联盟成员单位东南大学发起成立的“2011 城市交通技术协同创新中心”，同济大学、清华大学、北京航空航天大学、北京四通智能交通系统集成有限公司、青岛海信网络科技股份有限公司等联盟成员单位参加，该中心已正式成为江苏省重点支持培育的 2011 计划协同创新中心。联盟成员单位北京交通大学、北京公安交通管理局、北京交通信息中心等联合组建了“首都世界城市顺畅交通协同创新中心”。协同创新中心的组建和运行，多学科联合攻关，打破单位、部门、区域界线，建立协同创新体制机制，丰富了联盟成员单位之间创新合作的模式。

（三）联盟成员积极合作，联合承担了多个智能交通国家科技计划项目

2012 年，北京航空航天大学、清华大学、北京交通大学、东南大学、北京四通智能交通系统集成有限公司等联盟成员单位共同承担了国家 973 计划项目“大城市综合交通系统的基础理论与实证研究”。联盟成员单位北京四通智能交通系统集成有限公司、北京宏德信智源信息技术有限公司、东南大学、同济大学、清华大学、北京交通大学等共同承担了国家 863 计划主题项目“大城市区域交通协同联动控制关键技术研究”。清华大学、同济大学、北京航空航天大学等单位共同承担了国家 863 计划主题

项目“智能车路协同关键技术研究”。在2012年度立项的国家科技计划项目中，联盟成员单位联合承担了“交通状态感知与交互关键技术”、“综合交通枢纽智能管控关键技术”等多个863计划项目。通过联合承担国家科技计划项目，联盟成员单位在技术创新合作、成果转化等方面联系更加紧密。

三、积极组织各种交流活动，促进智能交通系统领域的产业技术创新成果的交流

2012年，国家智能交通产业技术创新战略联盟开展了一系列技术交流活动，为推进行业创新发展做出了积极的努力。

（一）组织了“城市智能交通发展研讨会”

2012年3月21日，联盟与中国智能交通协会、安徽省智能交通建设联席会议办公室、安徽省智能交通协会等在安徽合肥组织召开了“城市智能交通发展研讨会”。联盟主要成员单位出席了会议，来自北京、上海、广州、深圳、青岛、包头等城市交通管理部门和高校、企业界的代表共计60余人参加了此次研讨会。研讨会围绕智能交通与城市发展的可持续性、城市智能交通建设发展体系两大主题进行了研讨，不同城市有机会互相借鉴和学习先进智能交通建设和应用经验，探讨当前城市智能交通存在的共性问题，探索适合我国国情的智能交通发展之路，收到了良好的成效。

（二）组织了“车联网与车路协同研讨会”

2012年5月31日，联盟和协会承办了2012京交会“中国国际城市智能化技术与服务大会”的重要组成部分——“车联网与车路协同研讨会”，研讨会吸引了来自国内各地方政府部门、国内外产业联盟、产学研组织以及企业逾200家、300余位嘉宾参会，对城市车路协同发展趋势和车联网与车路协同的关键技术等主题进行了深度研讨，智能交通成为京交会上的亮点。

（三）举办“2012中国智能交通年会暨中国国际智能交通展览会”

2012年9月26～28日，中国智能交通协会主办，国家智能交通产业技术创新战略联盟等协办的“2012中国智能交通年会暨中国国际智能交通展览会”在北京成功召开。会议以“智能交通 感知新生活”为主题，来自科技部、工业和信息化部、住房和城乡建设部、交通运输部、铁道部、中国民航局、总后军交部等有关部门以及地方科技、公安、交通等部门，协会组织机构以及国内外交通、汽车、信息、电子等行业的近2000名代表和专家、学者出席了大会。其中有近400人参加了学术会议，1600余人参观了展览。本次活动的成功举办，为推动我国智能交通技术、产业发展、创新成果推广应用做出了积极贡献。会议期间组织了2个研讨会和4个技术分论坛，就智能交通技术在城市、公路、铁路、航空、水运等领域的发展和应用等主题进行了专题研讨。

本次活动充分展现了我国智能交通领域的一些国家重点项目的最新进展和成果，代表们交流了国内外最新的技术进展，探讨了智能交通的技术发展趋势，为促进我国智能交通进一步发展奠定了基础。

中国国际智能交通展览会是本次活动的重要组成部分，本次展览吸引了许多国内大型智能交通企业竞相加盟，联盟成员单位积极参展，展览展出了 100 多种先进的智能交通设备与产品，吸引了国内外专业观众近万人次到现场交流、观摩洽谈。

四、面向智能交通行业，通过各种方式积极服务和推动智能交通产业技术创新和发展

（一）编辑出版《中国智能交通行业发展年鉴（2011）》

继 2011 年 9 月成功出版发行《中国智能交通行业发展年鉴（2010）》后，2012 年度联盟与中国智能交通协会组织编辑出版了《中国智能交通行业发展年鉴(2011)》。《年鉴（2011）》收集了我国智能交通相关行业发展的基本资料，编录了智能交通发展相关的政策和标准，汇集了我国智能交通领域的主要技术进展、主要城市和地区的智能交通建设发展、重大科技成果示范应用以及智能交通产业、主要企业和市场发展等相关资料，比较系统、客观地反映了 2011 年我国智能交通行业的基本情况和发展趋势。年鉴内容丰富，涵盖了国家智能交通科技发展政策、地方 ITS 发展成果、国家 ITS 科技研究成果与示范应用以及 2011 中国智能交通市场发展分析等方面，为政府部门和社会各界全面了解我国智能交通行业发展提供了权威的工具书。

（二）积极协助组织和参加 2012 年度“中国智能交通协会科学技术奖”评奖

“中国智能交通协会科学技术奖”是国家科学技术奖励办公室批准的正式奖项，由中国智能交通协会组织评审和授奖。2012 年中国智能交通协会科学技术奖首次组织申报和评审。联盟在前期积极参与了奖项相关办法的制定，并发动联盟成员单位积极为《中国智能交通协会科学技术奖励基金》捐资。

2012 年度的奖项申报中，联盟组织成员单位对产业技术创新成果进行总结，积极申报中国智能交通协会科学技术奖。在最终授予的一等奖 4 项、二等奖 7 项、三等奖 9 项中，东南大学、清华大学、北京四通智能交通系统集成有限公司等成员单位获得一等奖，中国智能交通协会科学技术奖营造了有利于科技人才成长和科技成果转化的良好氛围，将对推动我国智能交通创新发展起到积极的作用。

（三）组织开展了行业培训

2012 年 4 月，联盟与中国智能交通协会联合组织了“城市智能化交通管理培训班”。共有来自河北、浙江、广西、陕西、四川等省市交警总队、支队的 30 余位学员参加了为期七天的培训。培训邀请了联盟成员单位清华大学、北京市交管局等智能交通领域

的知名专家和资深学者进行了授课。培训内容涉及智能交通系统、公安交通指挥系统等多个方面，为推动智能交通技术成果的应用和创新发挥了积极的作用。

五、积极开展智能交通产业技术创新的国际交流与合作

（一）与国际智能交通行业的交流组织

2012 年，联盟与欧洲智能交通协会、塔吉克斯坦交通代表团、日本智能交通协会、英国工程学会（IET）、俄罗斯智能交通协会等开展了多种形式的交流，推动了智能交通产业技术创新的国际化发展，也对我国智能交通产业技术创新成果的国际市场推广和应用进行了积极探索。

（二）举办 2012 中韩智能交通企业技术交流会

2012 年 2 月，联盟和中国智能交通协会与韩国国土海洋部、大韩贸易投资振兴公社、韩国智能交通协会等共同在北京组织召开了“中韩智能交通企业技术交流会”。来自中韩智能交通领域的政府部门、行业协会、企业代表等近 250 名来宾出席了会议。来自中韩智能交通领域的专家和企业代表，就智能交通技术和未来合作进行加流。在企业专场洽谈会中，中韩双方近百家企业参加，在友好融洽的氛围下共同讨论智能交通技术方案，积极共商合作，为中韩双方在智能交通产业技术领域的合作提供了良好的机会。

（三）参加智能交通世界大会

2012 年 10 月，第十九届智能交通世界大会在奥地利首都维也纳举行。联盟组织成员单位积极参加，中国代表团出席会议，学习智能交通领域技术发展前沿动态和趋势，与国际同行进行技术交流。会议期间，部分成员单位在大会的专题技术交流会上进行了技术报告，向国际同行展示交流了中国智能交通产业技术创新的成果。

第二部分：2012年度工作存在的问题和不足

2012 年度联盟工作在以下方面还存在一定的问题和不足。

（一）日常工作制度和工作团队需要不断加强

联盟自成立以来，主要依托中国智能交通协会开展工作。随着工作范围的逐步扩大和工作的深入，相关制度和规范方面需要结合工作要求不断完善提高，组织机构、团队力量等亟待加强，要尽快建立专兼职结合的高效专业团队，为联盟工作有效开展提供保障。

（二）联盟长期可持续的运行机制尚未完全形成，经费筹集渠道需要不断拓宽

目前联盟的运行机制在发展中逐步完善，还没有建立起可持续的长效机制。联盟工作开展涉及的经费主要由依托单位和牵头单位等提供，经费筹集渠道有限，对联盟工作的深入开展有一定的资源制约。

（三）联盟在技术成果转化、专利共享等方面的工作尚待进一步深化

要进一步发挥联盟作用，通过技术、标准、协议等方式，推进产业链联合创新，逐步形成共享知识产权并建立知识产权成果有偿使用的经济机制。在标准化和资源整合方面的工作也需要进一步加强，如交通信息服务的开展，需要打破地域壁垒，建立专业标准在全国范围内推广，联盟的作用还没有充分发挥出来。

第三部分：2013年度工作计划和重点任务

2013 年将是国家智能交通产业技术创新战略联盟发展非常关键的一年。联盟将通过各项工作的开展，推动智能交通领域产、学、研在战略层面的紧密合作，努力推进企业在智能交通技术创新和成果应用中的主体地位的形成和强化，促进我国智能交通产业的发展提升和核心竞争力的形成。2013 年，国家智能交通产业技术创新战略联盟在继续做好产业技术创新推动、行业服务等工作的同时，将重点加强以下方面的工作。

（一）积极探索形成联盟运行的长期可持续发展机制

认真学习领会国家对创新战略联盟的相关政策和国家科技体制改革的精神，在科技部的领导下，借鉴试点运行工作优秀的创新联盟的经验，结合智能交通行业的实际，不断探索和完善联盟的运行机制，尽快建立形成联盟运行长期可持续的长效机制。

（二）加强联盟自身建设和发展

积极稳步推进联盟成员队伍的壮大，适当扩大联盟成员单位。加强联盟专职工作人员队伍建设，采用招聘、借调等多渠道方式，吸收成员单位的高层次专业人才参加联盟工作。

（三）以城市智能交通为重点加强产业技术创新

在服务智能交通全行业产业技术创新发展的同时，应对我国城镇化进程的加速，以城市智能交通方向为重点开展产业技术创新。组织和加强城市交通技术创新需求的调查研究，以重大应用需求为导向，明确城市智能交通的重点急需创新技术方向，联合攻关，争取取得一批创新成果并实现产业化。

（国家智能交通产业技术创新战略联盟）

第三章

重点企业发展

北京四通智能交通系统集成有限公司

北京四通智能交通系统集成有限公司（SITS）成立于1999年，是国内最早致力于ITS发展的专业公司之一。公司面向交通运输领域提供服务，以积极稳健的作风在实践中发展，具备优良的专业素质，是北京市道路交通管理部门主要合作单位之一，并与国内外交通运输领域的多家单位建立了紧密的合作关系。

公司汇聚了交通工程、计算机、自动化等专业的优秀科研人员，形成了专业的软硬件开发及技术研发团队，具备国家级高新技术企业、安防工程壹级企业、计算机信息系统集成贰级企业等多项资质。在多年的发展中，主持和参与了近30项包括973、863、支撑计划等在内的国家及北京市的ITS科技项目，科技成果荣获北京市科技二等奖、中国智能交通协会科技一等奖等多项重大奖项。参与制定多项行业标准，形成大批自主创新产品、专利、软件著作权等知识产权成果。

公司注重综合素质的提高，取得多项相关的专业资质，是多个全国性行业、学术团体的成员。公司是中国智能交通协会常务理事单位、国家智能交通产业技术创新战略联盟理事长单位、中国光学光电子行业协会副理事长单位、LED显示应用分会理事长单位。公司积极关注和推动交通领域的学术交流和技术发展，是中国交通运输系统工程学会、北京交通工程学会等学术团体的主要支持单位，并协办《交通运输系统工程与信息》、《道路交通安全》等交通专业刊物。公司在专业技术、专线服务、推动行业发展等方面贡献突出，多次获得政府部门的嘉奖。

公司以专业团队、创新技术和完善服务构建核心竞争力，具有以下综合优势：

● 扎实的交通工程专业基础，对交通运输业务运营和管理的充分了解，专业化、长期的技术服务支持。专业化的ITS综合集成设计和实施能力。

● 智能化交通管理和智能化交通信息服务领域成熟经验和雄厚技术工程实例，动态交通信息采集、处理（分析）、发布系统建设的优良业绩和工程基础。

● 交通违法检测、交通诱导、信息资源整合等专业创新的技术、完善的软硬件产品、全面地系统解决方案。

本着“立足北京，面向全国”的经营理念，近年来，公司积极参与北京市的智能交通建设，为北京交通管理现代化建设以及2008奥运、建国60年大庆等重大活动期间的交通保障做出了积极贡献。其ITS的核心技术和专业服务在天津达沃斯论坛、广州亚运会、西安世园会的交通管理中也发挥了突出的作用。

坚持“创新、专业、持久、完善”的方针，依靠科技，展望未来。公司将稳步发展城市智能交通业务，扩大公司智能交通系统集成、交通工程技术服务、交通专项产品经营、智能交通系统规划设计等主营业务的市场占有率，并积极城市智能交通其它领域的业务。为用户提供全面、精细的专业服务。

北京四通智能交通系统集成有限公司，愿与国内外交通同行携手，共同践行智能交通系统发展。

地　　址：北京市海淀区皂君庙路14号鑫三元写字楼5F　　邮编：100081

电　　话：010-62128880　传真：010-62124578

网　　址：www.sits.com.cn

北京易华录信息技术股份有限公司

北京易华录信息技术股份有限公司，成立于2001年4月，是国资委直接监管的中央企业中国华录集团有限公司旗下的控股子公司。经过不断创新发展，以“安全”、“畅通”为主题，围绕加速实施“信息慧民”工程，采用物联网、云计算、大数据等新一代先进技术，为智慧城市、智能交通管理、公共交通、轨道交通、数字城市、民航、航运等领域提供整体解决方案。2011年5月，易华录公司在A股创业板上市（股票代码300212）。目前已在全国成立了30多家分子公司，形成立体化经营的格局。

● 易华录——中国智能交通系统创新和交通文化发展的推动者

易华录公司在近十年的智能交通行业建设历程中，工程项目涉及城市智能交通应用的所有领域，积累了丰富的工程项目经验，通过不断深入了解用户需求，依据《公安交通指挥系统建设技术规范》（GA/T445-2010），逐渐形成易华录自己的全面、系统、针对性强的“城市公安交通指挥系统总体解决方案”。

“城市公安交通指挥系统总体解决方案”针对各种不同需求提供专门解决方案，涵盖智能交通应用各方面。易华录公司从用户的角度出发，以城市交通管理需求为导向，以专业化、高效率为目标，将交警指挥中心智能交通应用系统划分为以集成指挥平台为核心的五大业务应用体系。五个体系在一个平台的基础上互相联系，互为数据支撑。

● 易华录——中国智慧城市发展的开拓者

易华录致力于成为智慧城市发展的开拓者和推动者，目前为全国200余个城市提供了技术服务，工程业绩遍布全国。易华录公司结合对我国各级政府不同管理需求的分析和研究创新提出了“一个中心、四大体系、二十个系统工程”的智慧城市建设理念。一个中心是建设的核心，四大体系是建设的基础，二十个系统工程是建设的内容。

易华录智慧城市建设，秉承带着“理念”、“服务”、“资金”、“技术”的四大企业优势，通过电子政务和创新管理系统，提高政府的管理水平，促进政府由管理型向服务型的转变；通过智慧旅游、智慧工业、智慧农业和智慧商务系统，调整和促进产业结构发展，达到经济、生态的和谐统一；通过智能交通体系、智慧教育、智慧医疗等服务，建立以人为本的宜居城市，建设美丽中国。

易华录拥有一支锐意进取，励精图治的核心领导团队，拥有高度的社会责任感和历史使命感。作为中国智能交通产业引领者、中国智能交通系统创新和交通文化发展的推动者，已为3亿多交通参与者的出行提供了交通便利和安全保障，现在正努力运用独有的“智慧”方案，为更多的“城市”带去美丽。

地　址：北京市石景山区阜石路165号中国华录大厦　邮编：100043
电　话：010-52281111　传真：010-52281188
网　址：www.ehualu.com

无锡华通智能交通技术开发有限公司

成立于 1993 年的无锡华通智能交通技术开发有限公司是经公安部批准成立的股份制高科技企业，是公安部交通管理科学研究所为适应我国智能交通市场需求、更好地服务于公安交通管理业务而成立的技术应用型专业公司。

公司主要从事交通指挥中心建设工程咨询设计、交通管理工程规划设计、交通信号控制系统研发应用、交通管理信息化软件及产品开发、系统集成及交通领域相关专用产品生产销售，为省、市提供全面的交通管理、城市交通解决方案。拥有一批具有深厚理论基础和丰富实践经验、技术先进、熟悉交通管理业务的专业队伍，现有员工 90 人，博士 1 人，硕士 25 人，本科以上学历 80 人。

近年来先后承接了全国五十多个大中城市的交通指挥系统咨询设计、交通安全管理规划和道路交通工程设计等项目；具有独立知识产权的华通智能交通控制系统（含交通信号控制机）已在昆山、吴江等二十个城市（城区）成功应用；研制的软硬件产品已覆盖至全国地级市，在国内交通管理领域已居领先地位，与各地公安交通管理机关保持着良好的合作关系。

公司主要业务和产品有：

（1）省（自治区）和城市公安交通指挥系统规划设计，为省及城市建设公安交通指挥系统提供一揽子的方案及设计，包括交通信号控制系统、视频监控系统、集成指挥平台、控制中心、交通流信息采集系统、违法行为取证系统、交通信息发布系统、警用地理信息系统、警车（警员）定位系统、机动车缉查布控系统等子系统方案设计和施工图设计。

（2）交通管理（安全）工程规划，为省、市及区县提供城市交通拥堵或交通安全治理的解决方案，包括道路交叉口渠化设计、交通标志标线设置、交通安全设计、交通影响评价等。

（3）交通信号控制机和信号控制系统软 / 硬件研发和销售。包括交通信号区域协调控制系统软件和交通信号控制机研发和销售。

（4）交通管理集成指挥平台软件开发和销售。包括省级、城市公安交通集成指挥平台、干线公路交通管理系统、机动车缉查布控系统等软件产品开发。

（5）交通管理法定证件专用打印机、交通管理业务自助服务机、二维条码专用扫描枪等专用设备的生产制造及销售。

公司视质量如生命，严格按照 ISO9001 质量体系标准要求进行质量管理，申请通过了软件企业认证，获得了计算机信息系统集成三级资质和江苏省高新技术企业认定。公司本着“先进实用的科技和基层交警的满意是我们永恒的追求”的经营理念，以全新的姿态，与时俱进、开拓创新、共创美好未来！

地址：江苏省无锡市钱荣路88号　　邮编：214151

电话：0510-85504610　　传真：0510-85522206

青岛海信网络科技股份有限公司

青岛海信网络科技股份有限公司成立于1998年10月，是海信集团发展战略中信息板块的核心力量。公司秉承海信集团“高科技、高质量、高水平服务、创国际名牌”的发展战略，围绕城市交通、公共交通、高速公路、轨道交通四大产业方向，立足自主研发，专业从事智能交通领域核心技术研究，研发具有自主知识产权的智能交通系统系列产品。

公司是国家规划布局内重点软件企业，中国智能交通协会常务理事单位，交通标准化理事会常务理事单位。公司主持或参与了19项国家、行业智能交通标准的制定，承担了国家“十五”“十一五”科技攻关、863计划、973计划、科技支撑计划等41项国家、省、市科技攻关任务，申请了170项核心专利，申报了221项软件著作权，获得了14项省市级科技奖励。2012年，公司所研发的“大规模数据采集与监控软件平台 HiSCADA”被列入国家重点新产品计划。

公司产品线日趋完善，形成了城市交通、公共交通、高速公路、轨道交通四大门类产品。

城市交通：面向城市交通管理提供城市交通综合管控平台、自适应交通控制系统、多功能电子警察系统、卡口 / 超速系统、视频监控与智能分析系统、交通信息采集系统、交通信息服务系统、网络视频监控系统、视频分析产品等全面解决方案。

公共交通：面向公共交通行业提供快速公交（BRT）、常规公交、出租汽车等的智能化整体解决方案。产品包括：公交智能调度系统、公交智能安全监控系统、公交车载智能系统、公交场站智能系统、公交站台智能系统、公交优先信号控制系统、公交 ERP 综合信息管理系统、出租车服务管理信息系统、出行信息服务系统、行业监管系统等。

高速公路：提供高速公路机电工程和桥梁隧道综合机电系统的整体解决方案。提供车道控制机、视频监控器、一体化费额显示器等产品

轨道交通：面向轨道交通行业，提供以自主综合监控平台软件为核心的综合监控系统整体解决方案、以自主乘客信息服务平台软件为核心的乘客信息服务系统整体解决方案、以项目管理和系统集成为核心的通信系统整体解决方案。

公司拥有华北、东北、华东、西北、西南、华南、山东等八个营销大区，形成了覆盖全国的销售网络。海信智能交通产品已经成功应用于全国大部分地区，为诸如北京奥运、广州亚运、上海世博、济南全运会、贵阳民运会等全国重大活动的交通系统提供系统保障。成功实施北京、青岛、苏州、成都、贵阳、长春、福州、太原、南昌等城市道路交通管理工程，北京、厦门、广州、成都、常州、济南、无锡、枣庄等地的快速公交建设工程，上海浦东有轨电车智能系统、北京地铁15号线、沈海、青银、哈绕等地高速公路机电工程和国内第一长的海底隧道 -- 青岛胶州湾隧道工程等项目。

2012年，海信城市智能交通订单8.8亿，先后中标了贵阳市公安交通管理局贵阳市视频监控平台项目、江门智能交通控制中心建设项目、顺德区智能交通管理系统项目、烟台智能道路交通管理系统、银川BRT智能化系统及设备、连云港快速公交一号线智能调度系统工程、乌鲁木齐市快速公交五号线一期智能系统等千万级以上的大项目。

地　　址：青岛市山东路16号阳光泰鼎大厦　　邮编：214151

电　　话：0532-55751613　　传真：0532-83892739

上海电科智能系统股份有限公司

上海电科智能系统股份有限公司长期致力于智能交通和智能市政业务，是国内最早从事高速公路机电系统和城市智能交通系统业务的企业之一。经过长期专注和不懈的努力，现已成为国内领先的的行业解决方案提供商和系统集成商。

公司设有多个省部级重点实验室和工程技术研究中心，是国家级高新技术企业和国家规划布局内重点软件企业；承担了国家“863”计划、国家科技支撑计划等多项重点科研任务，科研成果荣获国家科技进步二等奖、上海市科技进步一等奖等多项重大奖项。公司拥有建设部、交通部颁发的多项一级资质证书，并凭借出色的工程业绩获得“全国十佳系统集成商”等多项荣誉。公司目前已汇聚了交通工程、计算机、自动化等多学科优秀科研人才，形成了科研开发与科研成果产业化应用两支优秀人才队伍，团队连年多次荣获上海市模范集体等荣誉称号。

公司由原科研院所转制而来，一贯注重行业前沿科技的研究开发；历经二十余年的市场历练，始终以用户需求为导向，以先进的科研成果为依托，向用户提供周到细致的专业服务。近年来，公司主导、研发、建设了上海世博智能交通系统，有效解决了世博会期间交通管理难题，并在世博会之后继续发挥重要作用，成为国内乃至全球城市交通智能化管理的优秀典范。公司立足上海、面向全国，近年来积极布局在江苏、浙江、天津、东北、四川、新疆等各重点区域市场建设，取得较为显著的成果。

展望未来，公司将继续聚焦智能交通业务，在稳步发展城市智能交通系统、高速公路机电系统等成熟业务的基础上，充分发挥资源优势和自身潜力，将城市交通管控及公路路网信息化等发展型业务进一步做强做精，并积极开拓轨道交通监控管理、公共交通智能化管理等前瞻型业务。同时，公司将进一步加大全国区域市场开拓力度，在各省区、各城市深耕细作，积极响应业主、用户的个性化需求，持续提升客户满意度。

上海电科智能系统股份有限公司秉承优良传统、坚持创新、不断超越；致力于通过先进的行业技术和精到的专业服务，打造电科智能卓越品牌，引领行业发展。

地　　址：上海市普陀区武宁路509号电科大厦3楼　　邮编：200063

电　　话：021-32557700　传真：021-32557002

网　　址：www.seisys.cn

广东方纬科技有限公司

广东方纬科技有限公司（方纬科技）成立于2003年，是广东省高新技术企业、软件企业。方纬科技是中国ITS协会会员单位，广东ITS协会副会长单位，广东卫星应用协会会员单位，广州智能交通信息服务产业联盟成员。

2006年，方纬科技与中山大学智能交通研究中心、广东省智能交通系统重点实验室联合共建“中大-方纬交通信息与控制联合实验室”，依托中山大学强大的科研力量，建立紧密的产学研联盟，已形成产业应用与科研攻关相结合的良性发展模式。

方纬科技致力于智能交通信息应用及服务领域，以打造先进的智能交通综合解决方案为使命，专注于智能交通行业的发展，通过不断增强企业的核心竞争力与创新能力，逐步形成“规划、建设、管理、服务”的全方位服务体系。

凭借优厚的研发实力，公司多次承担科技部、国家发改委、广东省等共35个科技研究项目，主要包括：中心城市交通状态感知与信息分析（863项目）、面向重点监管车辆安全监控服务的海量信息处理与挖掘技术研究、广东省温室气体排放综合性数据库及相关管理平台建设、广东国家低碳省试点项目、广东省重点监管车辆监控平台数据交换体系关键技术研发及应用、SmartTIS——智慧交通信息分析核心软件等

方纬科技从用户的角度出发，以先进的技术为手段，为用户提供专业、完备的智能交通解决方案。方纬智能交通综合解决方案主要包含两大类：智能交通服务体系和交通环境服务体系，涵盖了智能交通、信息化建设和交通环境的各个主要业务方向。

智能交通服务体系：依托多源数据采集与融合分析、城市交通状态估计与预测、智能交通信号控制优化与仿真，交通业务管理及策略咨询评价等服务，形成“多源数据采集－数据融合分析－交通信息挖掘－管理决策支持”的智能交通服务体系，真正实现了“宏观上对城市交通整体情况把握，中观上帮助交通管理部门进行业务管理与评估，微观上为政府、企业及公众提供多元化交通信息”。

交通环境服务体系：通过交通环境的多源数据融合分析、城市及区域大气污染研究、交通排放及交通噪声评估与控制技术等，形成“环保类系统软件开发—交通环境类咨询”的交通环境服务体系，真正实现了能为整个环境部门提供，专业的应用软件，全面的节能评审、交通环境污染治理咨询服务，为企事业单位提供低碳环保咨询等业务。

公司自主研发的产品凭先后荣获广东省科学技术奖励二等奖、中国公路学会科学技术一等奖、国家安监总局安全生产科技成果奖三等奖等奖励。公司成立以来累计已取得31项计算机软件著作权，16项软件产品登记与8项专利。

地　址：广东省广州市新港西路135号海珠中大科技综合楼411B　邮编：510275
电　话：020-85111938　传真：020-841113689
网址：www.fundway.net

安徽科力信息产业有限责任公司

安徽科力信息产业有限责任公司（以下简称“公司”）主要从事智能交通领域技术创新和产业发展，是国家级高新技术企业和国家创新型企业，是安徽省智能交通建设联席会议协调领导小组技术依托单位，安徽省智能交通协会秘书长单位。公司先后获得“中国青年科技创新行动先进集体”、“安徽省专业技术人才先进集体”等荣誉称号，是国家科技部“国际科技合作基地”、国家人保部“博士后科研工作站”、国家外专局“国家引进国外智力示范单位”。

2000年，安徽省科技厅批准依托公司成立“安徽省计算机软件工程技术研究中心”；2005年，安徽省发改委批准依托公司成立“安徽省智能交通（ITS）工程研究中心；2011年，安徽省科技厅批准依托公司成立“智能交通安徽省重点实验室”、“安徽省智能交通产业技术创新战略联盟”；2012年，公司又获得了“安徽省智能交通国际联合研究中心”、“安徽省安全技术防范行业工程技术研究中心”和“安徽省企业技术中心”等多项创新平台认定。

公司与安徽省公安厅交管局共建了“安徽省公安交警科研及培训基地”，建成了具有应用技术研究与实际应用和成果转化无缝衔接、国际一流的合肥市高新区22平方公里智能交通科研实验环境。同时，公司通过与国外的德国宇航中心、美国罗格斯大学、日本OKI和国内的北京航空航天大学、长安大学、合肥工业大学、同济大学和中国物联网研究院等大学、科研机构开展技术交流与合作，建立了富有特色的“警、产、学、研”合作体系，通过科技创新平台，取得了一系列应用成果，对安徽省的高新技术创新、新型产业发展、智能交通建设与应用做出了突出的贡献。

近两年，公司承担了工信部、科技部、公安部等国家、省市各类计划项目50多项，多次获得公安部和安徽省科技进步奖。公司在交通工程和交通安全设计、交通信息采集与发布应用、智能交通信号控制机与仿真、警用装备及交警信息化、城市和高速公路智能交通综合管控系统等方面拥有多项核心技术和产品。

公司以市场为导向，通过企业技术创新平台，积极服务于全国智能交通建设。公司现有产品和技术已广泛应用于北京、浙江、江苏、福建、广东、山东、河南、湖南、江西、四川、贵州和安徽等省市，是国内智能交通领域知名企业。

地　　址：安徽省合肥市黄山路628号　　电话：0551-65338204　65325207
服务热线：0551-65338200　　传真：0551-65338204
网　　址：www.ahkeli.com

博康智能网络科技股份有限公司

博康智能成立于 1995 年，是中国领先的智慧安全及智慧交通专业解决方案提供商，为公安行业、交通行业的专业高端领域客户提供智慧安全和智慧交通专业解决方案。

随着中国城市化进程，城市人口和车辆的高速膨胀导致城市内及城市间交通问题日益严重。这一切对交通行业方案提供商提出了更高层次的要求。博康智能从 2006 年起开发的基于高清视频的交通信息智能采集终端，以及基于大数据处理技术的智能交通综合管控 / 运营平台，使得面向海量交通混杂数据的实时采集分析和即席挖掘应用成为现实，为制定实时交通调控方案、缓解现有交通压力、评测治理交通污染等问题提供强有力的技术支撑，为政府部门改善通行环境、规范交通秩序等工作提供决策依据。

作为创新型企业，博康智能成功将“新一代信息技术云计算、物联网、移动互联、大数据、智慧城市成功运用于城市智慧交通领域，拥有图像解析及内容检索”、“数据管理及挖掘应用”两项关键技术。博康智能引入先进的大数据分布式存储计算处理技术，结合自身在图像智能化分析处理方面的优势，推出面向城市智慧交通的“行云计划”，全力打造大数据时代下的智慧交通端到端云计算、云服务整体解决方案。十多年来，博康智能在城市交通信息综合监测、交通管理指挥调度、交通车辆稽查布控、肇事逃逸情报研判、城市一体化交通信息服务、城市交通运营协调、公交汽车电子、公交智能调度等领域均已达到国内领先水平，其中城市一体化交通信息服务和城市交通运营协调已达到国际先进水平。

目前，博康智慧交通解决方案已经广泛地应用于国内多个大中城市，在应用过程中，博康平台还在不断地整合城市道路、地面公交、轨道交通、出租汽车、省际客运、公安交通管理、民航、铁路、气象等交通相关领域的海量动静态数据。随着海量交通数据的不断积累和处理能力的不断提高，博康智能系统平台将在行业运行监测、公众信息服务、综合运输协调、交通应急保障和缓解交通拥堵等方面发挥积极重要的作用，为构建人、车、路、环境协调运行的新一代综合交通运输管理奠定坚实的基础。

“智慧引领视界，数据开创未来”，博康智能为智慧城市提供了全面的交通智能视频产品和交通大数据应用解决方案，坚定地走专业专注、自主创新、合作共赢的道路，开辟了一个实业加资本、专业领域信息化加专业领域价值链整合的全新道路。未来，智慧与数据将把博康智能引领到一个更高、更远、更加广阔的天地！

地　　址：上海市徐汇区虹漕路456号光启大厦18-20层

电话：021-33637763　　传　　真：021-33637994

网　　址：www.bocom.cn　　邮箱：busines@bocom.cn

广州运星科技有限公司

广州运星科技有限公司坐落于全国首批国家大学科技园——华南理工大学国家大学科技园，成立于1999年，是一家致力于智能交通系统产品研发、系统集成及技术解决方案提供的高科技公司。

公司作为“华南理工大学智能交通系统科研团队”的主要成员，与华南理工大学、广东高校现代交通工程技术研究中心、广州现代产业研究院现代交通工程技术研发中心形成紧密的产学研联盟。团队拥有一支由智能交通领域资深专家领头、以博士和硕士为骨干的研发团队，将最新的智能交通理念、先进的ITS技术、物联网技术运用到智慧城市建设。

经过多年的专注研发、生产及应用，公司形成了智能交通控制技术、智能交通检测技术、智能车载分析技术等三大核心技术，并研发了系列拥有自主知识产权的ITS产品。其中，智能交通控制系列产品包括康安达交通信号协调控制系统、智能交通信号控制机等；智能交通检测系列产品包括线圈交通流检测系统、地磁交通流检测系统、地磁车位检测系统等；智能车载分析系列产品包括驾驶员行为督导系统、公交客流分析系统、科目三实际道路考试监控系统等。截止目前，公司已累计获得相关发明专利4项、实用新型专利7项、软件著作权6项。

公司先后承担及参与了多项国家或省部级科研项目和工程项目，其中包括交通控制协调交互技术（863计划）、广东科学中心“交通世界”展馆展品及展示系统研制、珠江三角洲区域经济一体化综合运输体系研究、广东省道路运输信息化“十二五”建设规划、佛山一环快速路智能交通管理系统设计、深圳市交通运输信息化发展总体规划、杭州市建设系统智能交通系统技术研究、广东省公路交通量数据采集与处理系统、东莞虎门自适应交通信号协调控制系统、广州南沙区环市大道西干道协调控制系统、广州市天河区区域协调控制系统等重大项目，在系统集成、规划设计咨询等方面积累了丰富的业务经验。此外，公司与国内近百所优秀大学智能交通实验室保持稳定的合作伙伴关系，成为国内最大的交通实验室设备研发生产基地。

面对智能交通这一朝阳产业，公司满怀信心，以先进的技术、一流的产品、科学的管理、优质的服务，为改善交通做出更大的贡献。

地　　址：广州五山华南理工大学国家大学科技园2号楼
电　　话：020 85566102　　传真：020 85562925
网　　址：www.gztranstar.com　　电邮：market@gztranstar.com

北京宏德信智源信息技术有限公司

北京宏德信智源信息技术有限公司（北京智源）是一家在北京市中关村科技园区注册的高新技术企业，是中国智能交通协会的理事单位，国家智能交通产业技术创新战略联盟成员。

公司面向交通运输行业，致力于交通运输生产和安全保障相关的信息获取与交互、智能计算与控制、信息融合与智能分析、交通管理与调度指挥、决策支持与公众服务等方面的信息技术综合应用与工程建设；开展智能交通（ITS）领域相关技术咨询、技术服务和系统集成等工作。

北京智源的客户对象为ITS领域内所有的用户群体，覆盖行业内政府机构、研究机构和企业、运营商等。凭借优厚的研发实力，公司多次承担科技部、铁道部、北京市等国家科技研究项目，包括：

★ 交通状态获取的新型传感器、传感器网络优化与融合（863计划）

★ 分布式交通系统信息互操作技术（863计划）

★ 新型直线电机管道运输系统关键技术研究与装备研制（国家科技支撑计划）

★ 交通安全信息集成、分析及平台构建技术开发与示范应用（国家科技支撑计划）

★ 大城市区域交通协同联动控制关键技术（863计划）

★ 面向交通状况感知的物联网中间件技术研究及实现（交通运输部信息化科技项目）

★ 军交运输态势综合展现与辅助决策系统（国家科技支撑计划）

★ 北京市浮动车监控管理与指挥调度系统（国家科技支撑计划、奥运工程）

★ 高速列车关键技术研究及装备研制（863计划）

★ 城轨交通列车运行状态全息检测与故障诊断技术及装备研制（国家科技支撑计划）

★ 城市轨道列车在途监测与安全预警关键技术（863计划）

公司以技术为基础，以市场为导向，相继自主研发了满足市场需要的交通状态传感网络系统、交通信息系统互操作平台、信息与应用资源监控管理系统、警力资源定位与调度指挥系统、区域交通服务水平评价与仿真系统、城市运行保障和应急抢险车辆卫星定位管理系统、列车运行状态综合监测与预警系统、列车综合运营维护保养系统、铁路综合视频监控系统互联互通平台等产品，广泛应用于交通运输管理与交通信息服务。公司自主研发的产品凭借其专业的性能先后荣获中国GIS优秀工程金奖、教育部科技成果奖、北京市科学技术奖等，并且获得了多项知识产权。

自成立以来，公司就严格按照ISO9000质量体系标准进行项目管理，项目的实施和进度的跟踪，严格执行公司相关的项目管理制度。秉承宽宏、行德、信义的工作理念，北京智源始终为用户提供不断进步的技术装备和优质的技术服务。

地　　址：北京市海淀区西三环中路莲花苑华宝大厦12层　　邮编：100036

电　　话：+86（10）68471763/52　　传 真：+86（10）68471765

网　　址：www.hdxinfo.com

第四章

主要产品及其应用

道路交通组织优化及案例分析

（北京四通智能交通系统集成有限公司）

北京四通智能交通系统集成有限公司是一家集智能交通系统集成和交通工程技术服务于一体的交通专业公司，公司专门成立了交通工程事业部从事交通工程技术服务，具有十几年的交通组织优化经验，有一支专业、有丰富实战经验的技术团队，长期为北京市公安局公安交通管理局提供技术支持和咨询服务。公司在北京、山西长治、青海西宁、山东潍坊、黑龙江哈尔滨等多个城市开展了交通组织优化工作，提出的方案科学、合理、可行，许多方案都得到了实施，得到了各地交管部门的一致好评。交通组织调整是缓解城市交通拥堵和停车难问题的重要手段，通过微循环道路交通组织，充分挖掘现有道路资源的潜力，可有效均衡路网交通压力，提高路网的整体运行效率，是一种成本低、见效快的重要缓堵措施。交通组织是整个城市交通良好运行的基础，也是智能交通系统建设的基础。

一、交通组织的主要内容

道路交通组织优化是在有限的道路空间上，科学合理地分时、分路、分车种、分流向使用道路，使道路交通始终处于有序、高效运行状态。交通组织优化依据现状交通需求，制定交通组织方案和措施，针对城市路网中存在的拥堵点段、事故黑点、秩序乱点等现状交通问题，提出符合交通问题个体特性的交通组织解决方案。交通组织方案设计主要包括静态交通组织和动态交通组织方案。静态交通组织方案主要包括路口、路段的渠化设计，标志、标线和隔离设施设计，单行禁左等，这些方案的实施可以解决好通行能力分配和路权分配问题，为动态流量调控打下基础。动态交通组织包括信号配时、路口间信号协调、诱导信息等，这些方案的实施可以均衡路网交通负荷，防止交通压力过于集中造成拥堵。

二、常见交通问题及交通组织优化措施

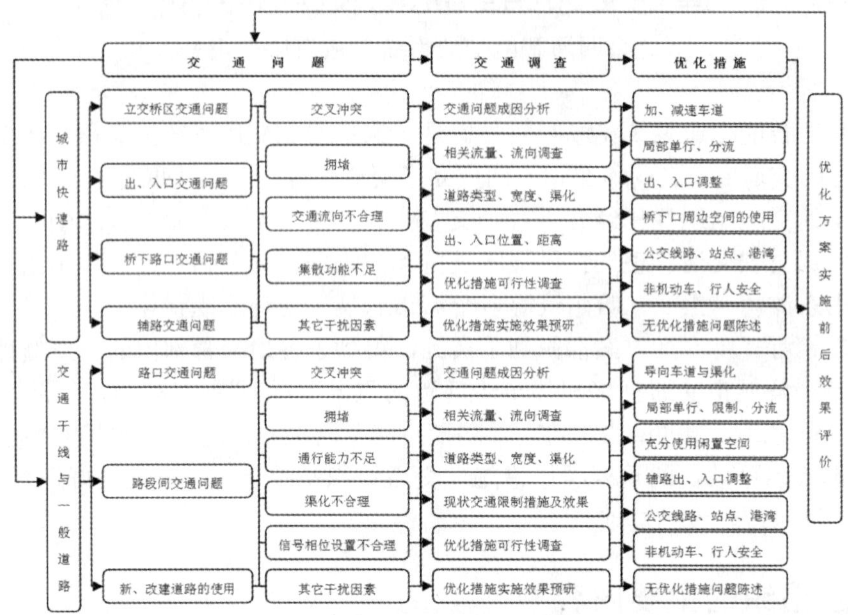

图1　常见的交通问题及交通组织优化措施

三、长安街交通组织优化典型案例

案例 1：长安街国贸桥下南侧开辟西向西公交专用掉头车道

现状问题：长安街大部分路口采取了禁左措施，国贸桥西边的路口是祁家园路口，西向北采取了禁左措施，社会车禁左时间为 8 时至 11 时、15 时至 19 时，而公交车全天允许左转弯（6 条线路，90 辆 / 小时），公交车辆左转时对东向西社会车辆干扰非常大。

优化措施：为解决公交车辆在祈家园路口左转对东向西社会车辆的影响，利用国贸桥下的空间开辟一条给公交车辆专用的西向西的专用掉头车道，公交车辆掉头后在祈家园路口右转来完成左转功能，开辟公交专用掉头车道后，将祈家园路口的禁左时间调整为 6 时至 23 时禁止机动车左转弯（含公交车），与长安街其它路口禁左时间一致，减少祈家园路口由于公交车辆左转对东向西方向社会车辆的干扰。措施得到了交通管理部门认可，并进行了实施。

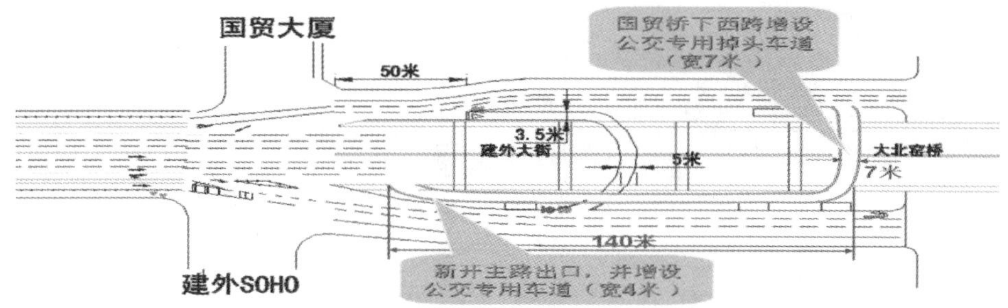

图2　北京东三环国贸桥下南侧开辟西向西公交专用掉头车道示意图

图3　国贸桥下现状照片措施示意图

图4　交通组织优化方案实施后照片

案例 2：长安街木樨地桥下西进口利用周边道路将右转车辆提前分流

现状问题：长安街木樨地桥下路口西向南右转的车辆高峰小时流量为 210 辆 / 小时，公交车辆停站后进入直行车道行驶与右转车辆存在交叉冲突。

优化措施：为缓解公交车辆停站后进入直行车道行驶与右转车辆的交叉冲突，利用木樨地桥周边的支路网，将路口西向南右转弯的车辆提前分流完成右转，西进口最外侧原右转车道调整为公交直行专用车道，以减少公交车辆在路段的交织并线和在路口的等红灯时间，从而提高公交车辆在路口的通行效率。措施得到了交通管理部门认可，并进行了实施。

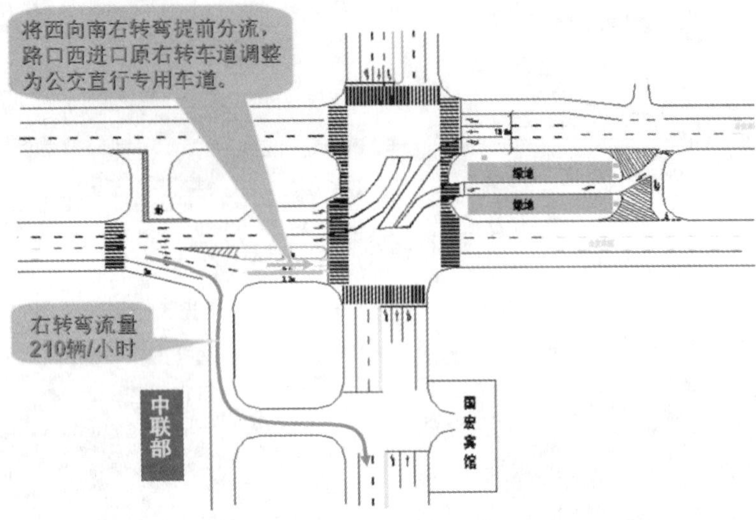

图5　长安街木樨地桥西进口交通组织调整示意图

图6　现状照片措施示意图

图7　交通组织优化调整后照片

案例 3：建国路国贸桥东南侧辅路路段压缩车道增加掉头加速车道

现状问题：长安街国贸桥东段，东向东有两处掉头车道，掉头车辆与西向东正常行驶的直行车辆冲突比较严重，存在安全隐患。

优化措施：通过压缩车道，将建国路南辅路原有的 3 条机动车道变为 4 条，通过渠化导流带给掉头车辆开辟出一条加速车道，掉头车辆提速后再并入直行车道，以减少掉头车辆与直行车辆的冲突，提高掉头处的安全性。

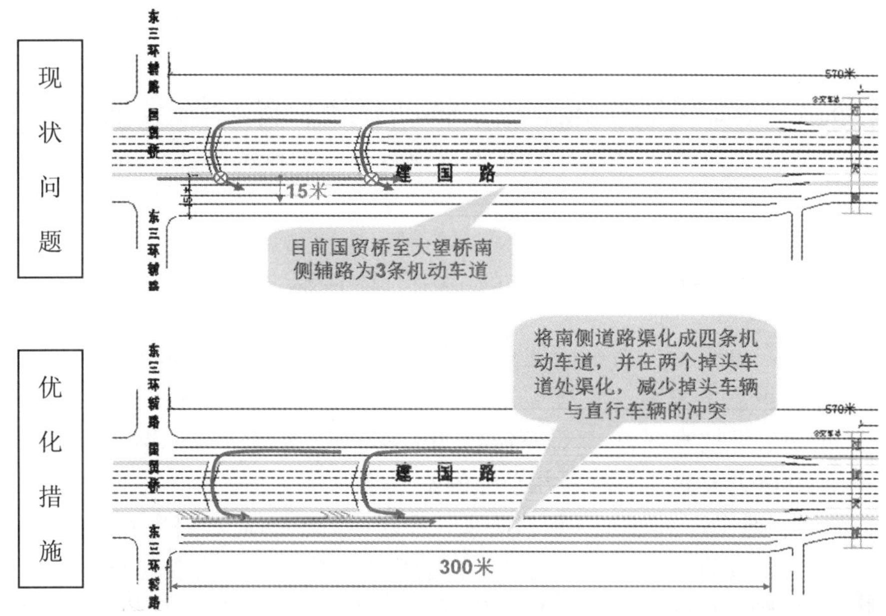

图8　建国路国贸桥东南侧辅路路段现状问题及优化措施示意图

图9　现状照片问题示意图

图10　现状照片措施示意图

图11　交通组织优化调整后照片

从智能交通到智慧城市的全方位城市智能化解决方案

（北京易华录信息技术股份有限公司）

一 、城市公安交通指挥系统总体解决方案

易华录公司在近十年的智能交通行业建设历程中，工程项目涉及城市智能交通应用的所有领域，积累了丰富的工程项目经验，通过不断深入了解用户需求，依据《公安交通指挥系统建设技术规范》（GA/T445-2010），逐渐形成易华录自己的全面、系统、针对性强的“城市公安交通指挥系统总体解决方案”。

“城市公安交通指挥系统总体解决方案”针对各种不同需求提供专门解决方案，涵盖智能交通应用各方面。易华录公司从用户的角度出发，以城市交通管理需求为导向，以专业化、高效率为目标，将交警指挥中心智能交通应用系统划分为以集成指挥平台为核心的五大业务应用体系。五个体系在一个平台的基础上互相联系，互为数据支撑。

集成指挥平台：是“城市公安交通指挥系统总体解决方案”的核心和基础，为其他体系构筑软、硬件工作平台，即信息交互平台；同时规定各体系、技术子系统接入和信息交互的规范和标准。

交通态势监控体系：通过对采集到的交通相关信息进行融合分析和研判，实现对城市交通路况现状及发展趋势的全面掌握，为交通指挥、疏导、管理服务。

交通缉查防控体系：建立非现场执法类系统和治安卡口系统的统一管理平台，对采集的数据进行深入挖掘分析，提高机动车监控系统的潜在功能和应用效果。

交通信号控制体系：建立信号控制系统建设、接入规范，实现对不同类型、品牌信号控制系统的集中统一管理控制，并提供公交优先、快速路出入口、匝道等专用信号灯控制系统。

交通信息服务体系：整合各类可发布信息资源，通过网站、交通可变信息报纸、电台、电视台、手机等途径发布，方便公众出行和相关业务的办理和查询。

交通业务管理体系：从资源基础性管理、行政服务性业务和警务管理的角度对整个体系功能和体系内各支撑业务子系统进行规划和设计。

（一）集成指挥平台

（1）三台合一智能接处警子系统；
（2）交通电视监视子系统；
（3）警用车辆定位子系统；
（4）单警定位子系统；
（5）勤务管理子系统；

（6）指挥调度子系统；
（7）特勤任务子系统；

（二）交通态势监控体系

（8）交通流信息采集子系统；
（9）交通事件检测子系统；
（10）路况监控子系统；
（11）交通信息综合研判子系统；

（三）交通缉查防控体系

（12）交通违法行为监测子系统；
（13）动态违法行为监测记录子系统；
（14）车辆缉查布控子系统；
（15）车辆查控分析子系统；

（四）交通信号控制体系

（16）交通信号控制子系统；
（17）BRT 公交优先控制子系统；
（18）智能快速路出入口控制子系统；

（五）交通信息服务体系

（19）交通诱导可变标志信息发布子系统；
（20）交通信息服务 - 短信子系统；

（六）交通业务管理体系

（21）交通设施管理了系统；
（22）交通秩序管理子系统；
（23）警务考核子系统；

二 、围绕大公安、大交通的技术应用

（一）移动警务

易华录移动警务系统，在传统移动警务功能基础上，与集成指挥平台相融合，为交警提供了一个随身办公室。具有基于关键词的综合查询、操作便捷的移动执法、与指挥中心同步的警用终端地图、信息准确的卡口监控、及依照各地交警不同需求而量身定做的特色功能。

（二）交通信息服务

交警信息服务系统是交警部门发布实时的交通信息、办理交管业务和提供互动信息服务的系统。依托交警“六合一平台”和智能交通系统资源整合与服务定制，整合交警网上业务、实时路况信息、出行信息资源、交通安全知识和交警新闻等信息，以公众服务网站、移动智能终端、短信服务平台、多媒体查询终端以及嵌入式可变情报板等多种信息服务手段，将交警支队可向社会提供的信息，进行及时、准确地发布，引导公众高效、便捷、舒适地出行，切实提高交通管理部门社会化服务能力和水平。

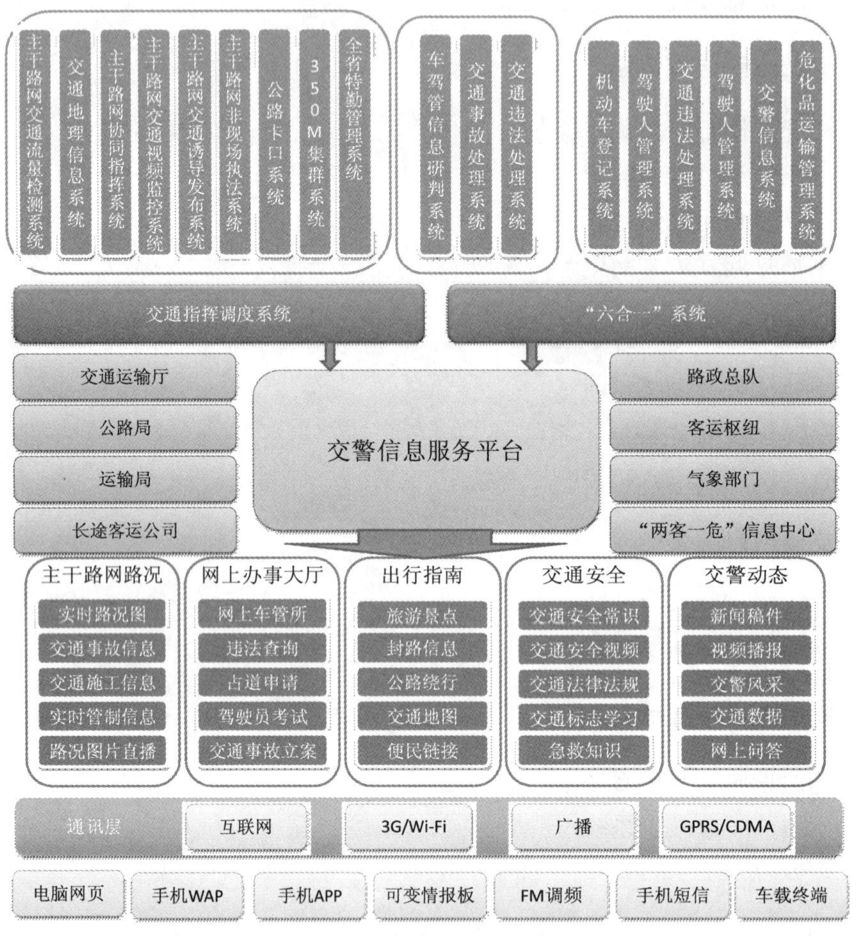

（三）轨道交通和智能公交

轨道交通：轨道交通指挥中心系统 、轨道交通综合监控系统、轨道交通相关业务应用与管理软件的开发

智能公交：智能公交监控调度系统、机务管理系统、物资管理系统、燃润料管理系统、城市公交线网规划管理、人力资源管理系统、综合报表系统、场站监控系、安全服务系统、票务管理系统、IC 卡无线传输系统、智能公交车载终端系列、通用 GPS 车载终端系列、车载终端旗舰产品 ZDA3；

（四）交通安全体验馆解决方案

交通安全体验馆是一种以“主观体验”为主的新型交通安全宣传教育手段。运用3D、4D、全息投影、虚拟仿真、模拟驾驶等多种先进技术，为体验者带来视觉、听觉、触觉等全方位的感官体验，达到提升交通安全意识，培养交通安全文化的目的。

交通安全体验馆建设内容：

为了提高青少年交通安全意识、消除交通安全隐患、预防重特大交通事故，交通安全体验馆结合打造全国范围内“一站式体验教育基地”的定位，以“四个静态展示区”和“四个动态体验区”的“四＋四”模式建设，采取差异化“参观主题线路引导”的方式，为参观者提供定制化交通安全体验教育服务。

“四个静态展示区”分别为：交通安全3D影院展示区、交通安全知识展示区、交通安全成果展示区、交通安全隐患及事故警示区。

“四个动态体验区”分别为：交通安全虚拟仿真体验区、模拟驾驶体验区、交通事故4D体验区、青少年交通安全体验区。

三 、易华录智慧城市建设理念

（一）智慧城市建设总体架构

智慧城市是通过感知探索、互联互通和智能化技术，对各类信息进行收集、共享与分析，有效规划和管理城市资源，让城市各单元和谐高效的运行，同时构建一种新的服务体系，为人们提供高效率的智能化服务，推进经济、社会和生态建设，健康和谐的发展。

易华录“智慧城市”的核心理念：智慧、互联、协同。

智慧城市的总体构架包含六层，物联网支撑层实现信息感知，网络传输层实现信息承载和传输，外部资源层实现各单元基础数据的收集，支撑服务层实现信息融合与创新，服务应用层实现城市各类应用与服务，决策支持层实现政府对整个城市的管理。

智慧城市建设包括智慧政府、智慧民生、智慧人文、智慧城市产业发展等方面，重点围绕交通、能源、物流、工农业、金融、智能建筑、医疗、环保、市政管理、城市安全等重点行业的应用，实现城市各个层面的管理与服务全面智慧化。

（二）智慧城市的建设内容

1. 智慧的交通

如果将“智慧城市”比喻为一个类生命体，交通就像是“血管”一样，连接身体的各个组成部分，“智慧交通”的建设就是保障这条“血管”的畅通与安全，使整个城市健康运行。“智慧交通”是以智能交通系统为主要骨架，整合公安交管部门、交通运输部门和交通行业数据于一体，进行深度挖掘、分析与创新应用，实现“畅通交通”和“安全交通”。

2. 智慧的城管

智慧城管，通过资源整合、手段创新、功能拓展，建立健全智慧城管应用体系，构建以基础服务、数据交换、GIS 共享服务、统一 GPS 监管、统一视频监控为应用支撑，以数字城管、应急指挥、队伍管理、网上办案、决策辅助、行业监管为主要功能的城市管理公共服务平台。智慧城管可以弥补城市管理中信息盲区与管理盲点，实现全区域的信息共享、工作互动、无缝对接，促进城市管理工作由被动向主动、由静态向动态、由粗放向精细、由无序向规范转变。

3. 智慧的安全与应急指挥体系

智慧安全及应急指挥体系主要内容包含四个方面：覆盖广泛、反应灵敏的预警系统；同作战的应急救援系统；资源共享的信息系统；整合协同的组织系统。智慧安全及应急指挥系统以维护城市稳定、确保城市安全运行、实现智慧应急管理为目的，进一步推动城市公共安全与应急处理，保证民众的安全和经济发展的活力。

4. 智慧的政务

智慧政务充分利用信息化技术，通过监测、分析、整合，以及智能响应的方式，综合各职能部门，整合优化现有资源，实现政府组织结构和工程流程的高效化，提高政府部门行政与公共服务的能力，建立更有效、更精简、更公开的服务型政府。

5. 智慧的社区

社区是城市的最基本组成部分，是居民生存和发展的载体，社区智慧化是城市智慧水平的集中体现，智慧社区包括家庭管理、社区管理、社区医疗、社区养老、社区安防、社区影院等 10 个系统建设，为居民提供安全、高效、便捷的智慧化服务。

6. 智慧的医疗

智慧医疗，通过打造健康档案区域医疗信息平台，利用物联网技术，实现患者与医务人员、医疗机构、医疗设备之间的互动，达到医疗信息化，实现各种医学数据的交换与无缝连接。

7. 智慧的文化和教育

“智慧文化与教育”利用先进的信息技术、创新的传播理念和多样化的宣教手段，整合文化与教育资源，实现虚拟校园、网上图书馆、电子影院等功能，为学习者提供个性化的学习服务，为民众提供丰富的文化内容。

8. 智慧的环保

智慧环保，通过构建基础平台、业务配置、集成开发和运行引擎，提供随需应变的在线监控解决方案，重点加强环境监测能力，主要提高环境监测质量控制水平。

9. 智慧的旅游

“智慧旅游”是对现有的旅游物理资源和信息资源进行整合与应用，为公众、企业、政府等群体提供旅游前、中、后一体化的服务。为游客提供“吃、住、行、游、购、娱”全流程旅游服务；为政府实现对旅游安全监管提供手段；为产业提升产品和服务竞争力，推动旅游产业整体发展。

10. 智慧的产业

“智慧产业”，是指在物联网、数据挖掘分析等新技术背景下，对产业实行自研发设计到运营分析，全环节的管理，将帮助企业提高生产效率，增强国际竞争力；帮助政府有效把控产业发展方向和经济指标，为产业规划和产业升级提供有效手段，为我国经济发展提供决策支持。

11. 智慧的城市运营管理中心

智慧城市运营管理中心是“智慧城市”的大脑，它将“智慧城市”中的交通、医疗、服务等各个子系统进行统一接入与管理，为城市管理者提供科学决策和命令指挥，构建城市一体化管理平台。

（三）智慧城市建设预期效果

智慧城市是人的智慧与信息通信技术紧密结合的产物，是信息化向更高阶段发展的表现。因此，它的重要特征主要体现在智慧城市具有更强的集中智慧发现问题、解决问题的能力。具体来说智慧城市的实现将能达到如下预期效果：

1. 更深入的智慧化

城市拥有海量的信息资源，通过分布在城市重要基础设施、城市公共环境中部署的传感系统、自动监测、监控设施的联网，以及分布在城市中各个角落的个人、组织、政府信息系统，实现城市海量信息与数据的实时收集与存储。

2. 更全面的互联互通

通过城市高带宽的固定网络、无线网络、移动通信网络，以及得以实时在线地连接起来，从而可以帮助用户从全局的角度分析并实时解决问题，使得工作、任务通过多方协作远程操作成为可能。从而彻底改变城市管理与运作的方式。

3. 更有效的交换共享

通过管理体制的创新保障，构建身份认证、目录交换、结算清分、信用评估等技术平台的体系性建设，确立信息系统之间的层次性。从而促进分布在城市不同角落海量数据的流转、交换、共享、比对，为应用提供良好的协同工作环境。

4. 更协作的关联应用

在互联互通网络，数据交换与共享基础上，以政府、城乡居民、企业的互动为核心构建公共管理与服务平台，可以为用户提供整合式的协同服务——政府协同办公、城市协同治理、面向城乡居民的协同式服务、面向企业的协同式管理等，从而为城市管理与运营提供更智能、高效，响应更灵活、及时的决策支持系统、管理服务手段、创新应用模式。

城市交通信号协调控制系统和道路交通信号控制机

（无锡华通智能交通技术开发有限公司）

依托国家“863”计划课题，公安部交通管理科学研究所和无锡华通智能交通技术开发有限公司研发了具有完全自主知识产权的第三代城市交通信号控制系统（UTCS-863）和交通信号控制机（TSC-23-48），2011 年荣获了公安部科学技术二等奖，系统已在江苏无锡、镇江、苏州昆山和吴江、浙江长兴、浙江衢州、安徽铜陵等长三角地区 20 个城市（区）广泛应用，赢得用户普遍认可。

一、UTCS-863系统

以适应我国混合交通流特征为出发点，从满足公安机关城市交通组织与控制管理需求角度，实现了多目标控制策略下的单点控制、干线协调、区域交通信号优化等控制功能，有效降低行车延误，提升路口、路段通行能力和路网通行效率，改善城市交通秩序、缓解交通拥堵。系统主要特点：

（1）系统多级分布架构布设，适合我国城市公安交通管理部门支队、大中队交通秩序管理职能。

（2）系统提供流量数据分析处理、多时段信号控制优化方案实现，单点感应 / 干线协调 / 区域优化、公交 / 警卫 / 消防 / 救护优先控制等交通控制功能，交通控制目标和运行模式具有自适应转换功能，满足各类交通管控模式。

（3）系统图形化操作界面功能明确、符合常规操作习惯，可以联机设置并同步更新路口及系统配置参数，能够实时监视路口的运行状态、自动定位故障、运行日志记录与分析、远程维护等功能。

（4）系统技术参数设计容量支持最大 100 个区域、每区域 128 个路口，理论设计可达 1 万个灯控路口控制规模。支持用户控制权限及控制范围的配置与管理。

（5）系统各功能模块和优化控制功能可拓展性强，所提供的通用数据接口和通信协议，兼容标准化的各类系统接入控制，方便与其它系统实现信息交换和集成。

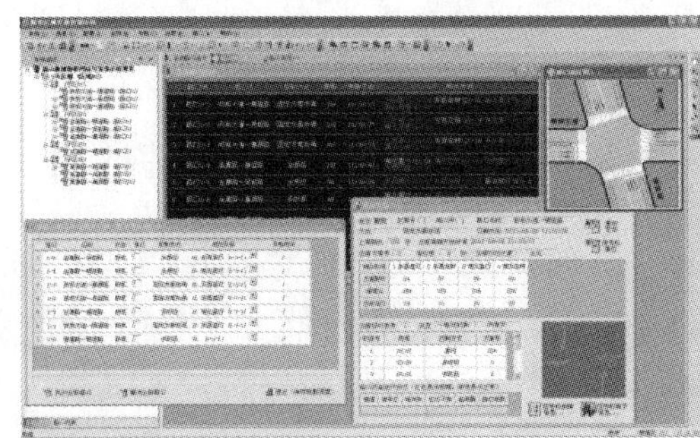

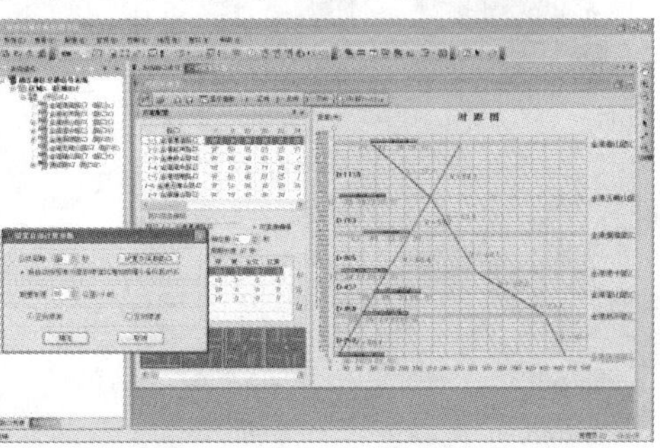

二、交通信号控制机（TSC-23-48）

完全符合国家标准 GB25280 － 2010《道路交通信号控制机》相关技术要求，具有集中协调控制、无电缆协调控制、感应控制、多时段定时控制、手动控制、黄闪、关灯等多种控制方式，并可灵活控制过渡灯色，适用于各类交叉口的交通信号控制。控制机主要特点：

（1）采用高性能嵌入式技术，使用安全性高、扩展性强的 Linux 操作系统，模块化结构设计，系统安全性和兼容性高。

（2）提供电平接入和串行通讯接口等多模式检测接口，可以接入视频检测器、微波检测器、地磁检测器等多种机动车检测设备。

（3）具备 1 台信号机协同控制 4 个关联路口的能力，关联具有独立的参数，独立的运行控制方式。

（4）采用多重判断方式，实现信号灯各种故障快速判断、保护，独特的信号灯驱动电压、电流高精度数字化检测技术已获国家专利。

（5）采用通用标准安装形式，使用 19 英寸标准机架，设备通用性、扩展性强。

（6）通过专用接口模块，方便实现公交信号优先控制和有轨电车信号优先控制功能。

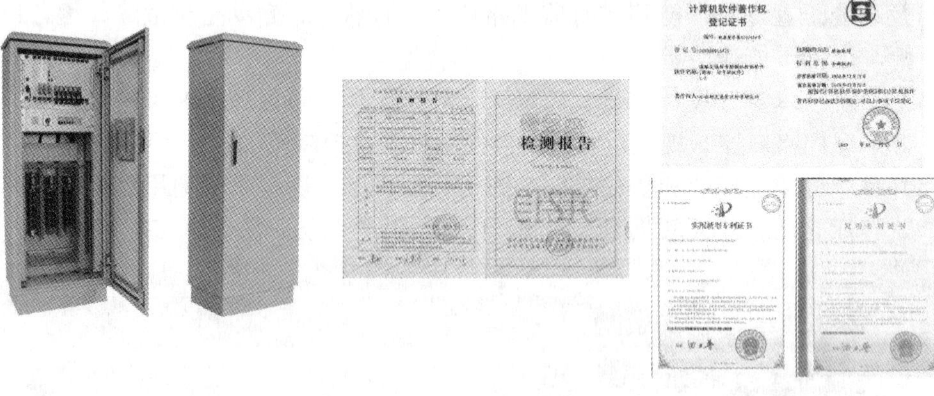

网络负荷分配层
中心管理服务器
中心级
网络流控制层
区域控制服务器
区域优化软件
区域级
关键路口控制机
虚拟路口
关键路口控制机
虚拟路口
关键路口级
路口控制层
路口控制机
路口控制机
视频检测
感应线圈
路口级

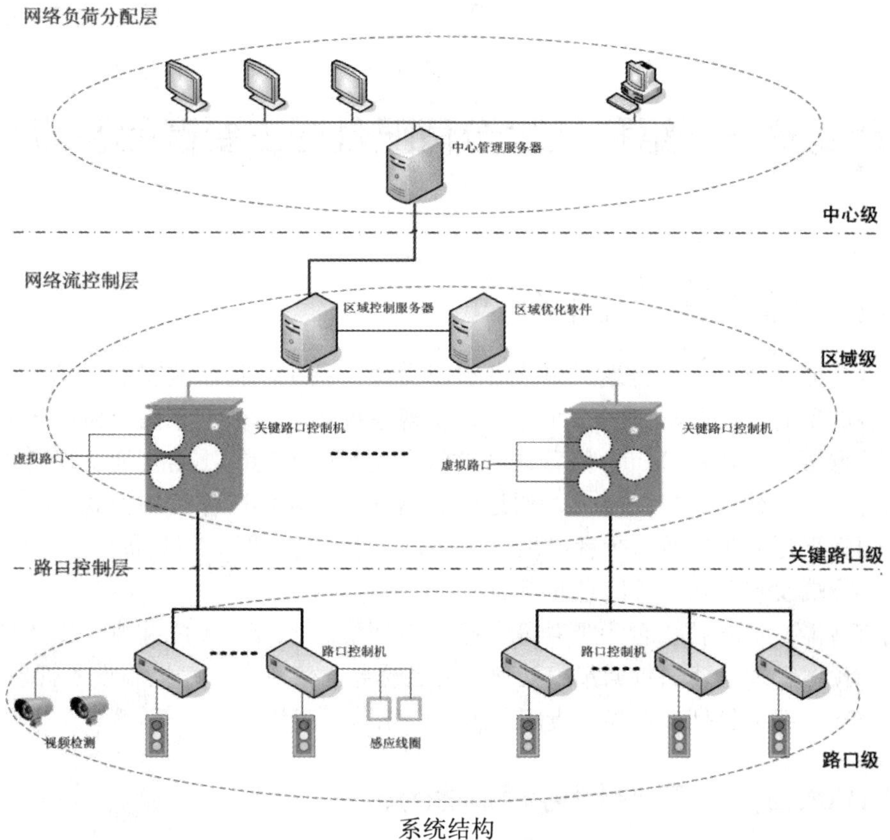

系统结构

青岛海信网络科技股份有限公司主要产品及应用

一、城市智能交通管控平台

城市智能交通管控平台通过整合各智能交通子系统，将影响交通管理决策、用于出行服务的所有信息收集到一个平台上，实现系统集成与数据采集、协同控制与指挥调度、数据融合与决策分析、信息共享与信息发布四大功能，给交通管理者提供全方位的支持，改变传统的指挥模式，通过中心指挥、全警协同作战的方式，实现交通管理工作的扁平化；为交通出行者提供行车诱导、停车诱导服务，具备向个人移动终端、车载导航终端发布动态交通信息的能力。

城市智能交通管控平台主要功能包括：地理信息系统、集成控制、指挥调度、研判分析、预案管理、违法数据集中处理、交通诱导与信息发布、设施设备管理。

典型应用案例包括：青岛，贵阳，烟台，东营，盘锦，江门等。

二、HiCON自适应交通信号控制系统

"HiCON 自适应交通信号控制系统"是海信自主开发的智能交通行业交通信号控制领域高端产品，产品应用国际领先技术，结合复杂交通特点研发，主要为城市交通提供从路口设备到中心控制的完整解决方案。系统主要是通过通讯网络实时采集路口交通流量信息，根据流量信息，依据交通控制理论，自适应地调整路口信号机的红绿灯配时参数，并能在一条路或一个区域的范围内进行整体性优化控制，从而在不增加道路基础设施的情况下，大大提高通行效率，减少拥堵。

主要功能包括：用户管理、系统参数设置、子区授权、功能定义、设备管理、区域管理、路口管理、GIS 功能、交通监视、查询统计、日志管理、交通控制参数设置、实时自适应优化控制、固定配时控制、联机线控、感应式线协调控制、紧急车辆优先控制、警卫路线设定功能、强制控制、瓶颈控制功能。

典型应用案例包括:北京，青岛，济南，贵阳，福州，太原，厦门，烟台，江门等。

三、高清多功能电子警察系统

高清多功能电子警察系统是一种新型的交通违法行为监测系统，适用于路口车辆闯红灯及其他交通违法事件的记录及车牌识别、绿灯时过车检测。它基于视频数字图像分析和计算机视觉技术以及模式识别技术，对路面车辆运行情况进行检测分析和抓拍识别。该系统采用高清摄像机进行图片采集，可支持 1-3 个车道的车辆抓拍，自动

定位识别车辆号牌，并检测车辆违章，进行抓拍。

高清多功能电子警察系统主要功能：闯红灯检测及抓拍功能、违法检测功能（压实线、违法变道、违法越线、不按车道行驶、逆行、压安全岛等）、过车检测、交通流量检测、车牌识别、视频红灯判断、防篡改功能、录像功能、自动检测环境照度等。

典型应用案例包括：青岛，贵阳，烟台，东营，江门等。

四、公交智能化运营调度系统

该系统以运营调度、技术保障、安全生产和公交服务为条主线，以人员和车辆为两大资源，辐射到其它生产、管理活动，实现企业内部人力资源、车辆资源、物资资源的有效管理和控制。

系统将 GPS、GPRS、GIS、DSRC、WEB、嵌入式软件、大型数据库等技术进行综合利用，研发了根据不同城市分类的基于应用的多参数、多目标的公交优化调度数据模型和配套软、硬件产品，按照计划、调度、监控、指挥、服务的整体要求，实现了公交的车、场、站、道、中心设备的电子化、智能化，实现了车辆自动定位、实时监控和智能化调度。

典型应用案例包括:北京、上海、青岛、成都、乌鲁木齐、昆明、广州、济南、厦门、常州、呼和浩特、聊城、泰安等。

五、公交乘客信息服务系统

公交乘客信息服务系统是智能公交的重要组成部分，主要通过实现形式多样的公交信息发布方式，为乘客提供更多的动态交通信息。系统除了应用优化公交调度技术保证合理的发车间隔和提高准点率外，还为乘客提供多种出行信息服务。乘客出行信息服务旨在为出行者在出行前或出行中选择交通方式和合适路径提供准确而及时的信息，无论在家里、办公室、公交车站或公交车上都可以获得这些信息。公交系统的实时信息包括车辆到达时间、离开时间和延误时间等。实现的发布方式包括 WEB 发布系统、电子站牌、车载查询终端、触摸屏、电话咨询中心等。通过形式多样的公交信息发布方式，乘客可拥有更大的出行选择空间。

典型应用案例包括:北京、上海、乌鲁木齐、成都、广州、厦门、常州、呼和浩特等。

六、城市出租汽车服务管理信息系统

城市出租汽车服务管理信息系统包括行业运营监管与应急调度、电召服务中心、企业在线业务管理三大子系统。行业运营监管与应急调度子系统是出租车管理信息系统的核心支撑系统，主要面向行业管理部门，用于加强对出租汽车的动态监管，由克隆车稽查管理、车辆监控调度、异常情况监测、应急调度、投诉管理、综合运行分析、终端运行管理等模块共同组成。电召服务中心系统可以让乘客通过电话的方式召呼出租车。企业在线业务管理子系统主要应用于管理出管处部门和出租车企业的总公司、分公司、部门的基础信息管理、教育培训管理、安全监督、服务管理、企业驾驶员考核和统计分析等。

典型应用案例包括：成都。

七、城市公交运营监管与评价系统

城市公交运营监管与评价系统是满足政府公交行业主管部门对城市公交企业进行行业监管、线网规划、行业指导（或行业研究）等业务需求而开发的产品。

主要功能包括：

建立监管指标体系：根据政府公交行业监管业务需要，建立一套完整的、全面的且可操作性强的行业监管指标体系。

数据采集和处理：系统自动采集公交运营、安全、服务、机务（车辆技术、维修保养、加油等）、收入（IC 卡、投币等）、成本等数据，并进行数据清洗、处理、结存等，形成行业监管指标分析数据。

车辆运营实时监控：通过基于 GIS 的车辆实时监控以及在线运营车辆数据监控，实时掌控公交企业运营投入和安全、服务状况。

公交运营监管：多层次（宏观、中观、微观）、多角度（运营、安全、服务、收入、成本等）对公交运营进行全方位监管，及时掌控城市公交企业实际运营水平和企业经营问题，引导企业提高运营效率和管理水平。

公交线网监管：通过对公交线路、站点、场站、专用道、优先路口等数据分析城市公交线网覆盖程度、公交线网负荷和运行效率，为落实公交优化战略、提高城市公交运营水平、优化公交线网、行业决策提供数据支撑。

典型应用案例包括：成都、深圳。

八、轨道交通综合监控系统

轨道交通综合监控系统作为一个综合信息化平台，集成了多个子系统的中央级功能，并同信号、自动售检票等系统的中央级互联，掌握全线设备的运行情况，负责管辖范围内设备监控与调度，其设备主要设置在控制中心，面向的操作对象是运营部门的行调、电调、环调和总调及相关维修人员。在中央级可以对整个线路各个站点系统管辖范围内设备运行状态、故障情况进行监视，并向各个站点发布指令，统一指挥、协调各个站点的运行，信号、自动售检票、综合监控等系统均设有中央级。

车站级设备的监控功能主要是完成本站点设备监控、管理。由综合监控、火灾自动报警、信号、自动售检票等车站级系统组成，其中综合监控系统在车站级集成了 BAS、PSCADA 子系统的车站级功能，一方面负责管辖范围内设备监视，并根据本站的情况向下级子系统发布控制指令，另一方面将本站设备的运行数据传输给中央级，并接受综中央级运行指令。车站级综合监控系统设备主要设置在综合监控设备室、车控室等地，面向的操作对象是车站的值班员。

不同的地铁线路的综合监控系统的系统方案不是完全相同的，但是其核心、基本功能和实现的目标是相同的，其核心、基本功能就是本项目开发完成的 HiSCADA 产品和技术平台。在面对不同的招标要求和系统集成方案时，我们就可以利用 HiSCADA 产品、进行工程设计和开发完成轨道交通综合监控系统的建设。

九、隧道综合监控系统

隧道综合监控系统包括：中央控制系统、工业总线系统、闭路电视系统、环境通信系统包括、隧道环境信息检测系统、交通控制系统、火灾自动报警系统、隧道通风、照明控制系统、横洞控制系统、隧道标志系统等子系统。为隧道运营的平安、畅通提供有力保障。

典型应用案例包括：青岛胶州湾海底隧道。

智能交通设施智能管理系统研究与应用案例

（上海电科智能系统股份有限公司）

一、研究背景

近几年来，随着城市和道路交通迅速发展，交通信号灯、交通标志、交通标线等交通安全设施投入逐步增大，交通信号灯设置率、交通渠化率明显提高。交通设施的正常、稳定运行有赖于有效的运维管理。因此，通过研究开发，建设一个先进实用的交通设施智能化运维管理系统，实时掌握交通设施运行状况，实现交通服务水平的实时安全报警；合理配置养护维修资源提供科学技术依据，保证交通检查维修策略制订具有针对性、及时性和高效性，是极为必要的。

基于迫切的应用需求，上海电科智能系统股份有限公司的技术研发团队充分应用物联网的关键技术，研究开发了智能交通设施智能管理系统，覆盖智能交通系统设施各个环节和各个阶段的全生命链全周期的健康管理。

二、建设目标

借鉴国内外的先进技术，改革传统管理方法，创新监管模式，提出了以下系统建设目标：

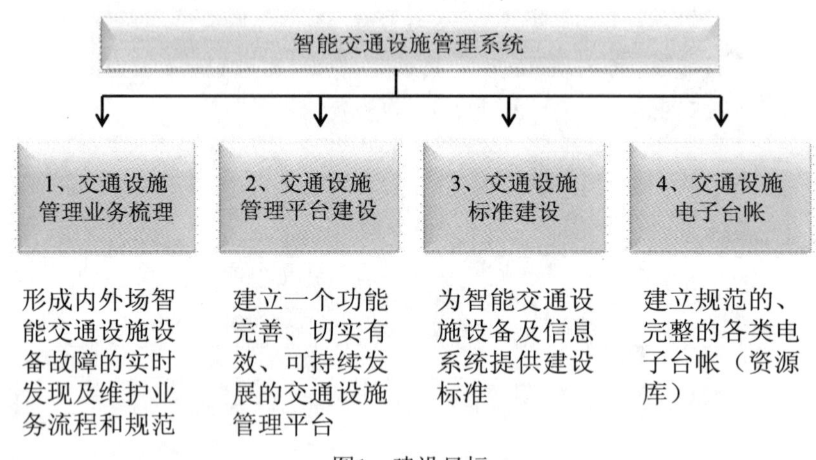

图1　建设目标

三、系统框架

智能交通设施管理系统通过接口采集和后台逻辑分析，实现对信号机、电子警察、监控摄像机、卡口、车检器等外场智能交通设施运行状态的实时监控、故障远程报警。

通过智能基础设施管理软件和机房动力环境监控系统接口采集实现交换机和服务器等内场信息系统统一平台实时监管、故障远程报警；通过上层应用软件实现报修流程管理；基于GIS实现内外场设施资源库动态管理、设施资产全生命周期管理。

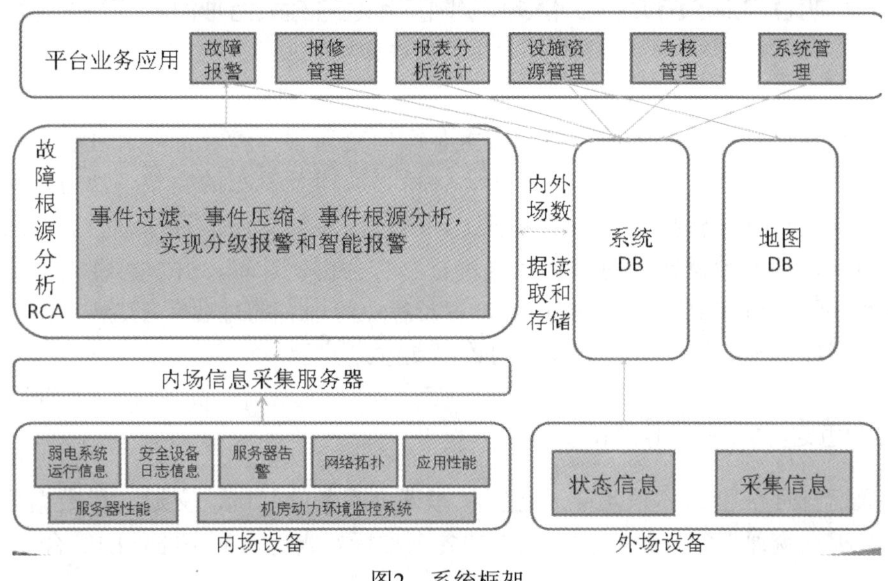

图2　系统框架

四、无锡应用案例

由上海电科智能系统股份有限公司研发的智能交通设施智能管理系统已经成功在无锡市得到应用，实现了对交通管理各业务系统内场IT设备以及外场设施设备的进行集成监管，通过智能分析，实现自下而上的设施设备管理和监控，自上而下的智能故障定位和分析、面向管理的运行维护。

图3　无锡市智能交通设施智能管理系统

该系统在视频质量智能检测、智能交通设施健康综合检测管理等技术上实现突破，并充分利用已有资源，提供跨指挥中心专网、公安网及因特网的访问系统，使得智能交通设施的运维管理水平和效率以及管理的科学性大幅度提升。

城市交通运行状态评价服务综合解决方案

（广东方纬科技有限公司）

城市交通运行评价服务综合解决方案是面向交通管理者及行业管理者所提出的一套集交通信息采集、传输、处理、分析、评价、应用及发布的完整解决方案。本方案是在建立交通运行评价指标体系的基础上，通过对多种交通运行基础数据的采集，包括流量数据、速度数据等，对采集数据进行融合分析、计算，并进行路网交通状态综合评价及提供各项应用服务，为交通管理者及行业管理者的行业管理、规划、道路优化、制定交通管理措施等提供直观、有效的数据支撑。

一、交通运行评价指标体系

交通运行评价指标体系是交通运行状态评价服务的基础，交通运行数据采集、分析后，将根据交通运行评价指标体系中的各项指标，实现对城市路网的综合评价。

（一）评价指标选择原则

交通运行评价指标体系从微观、中观及宏观各个方面来对城市路网的交通运行状态进行评价，根据各个城市的交通状况，评价指标的选取遵循以下四个原则：

1. 数据收集的可行性

数据收集的可行性表现为数据收集的可得性、动态性与连续性。数据应能够方便收集和获取，能通过现有方法或模型直接或间接方便获取。同时，收集的数据应是动态性的，能动态反应出路网的实际情况，数据的动态性是路网交通运行实现实时性评价的前提。最后，数据的收集是连续性而非断续的，确保数据的连续性是对路网交通运行评价的持续性要求。

2. 评价指标的合理性

评价指标的合理性主要是指评价指标阈值的设置要与感性认知相匹配。评价指标反映出来的路网交通运行情况要与人的主观感知相一致，才能直观、准确地表现路网交通运行的情况。

3. 评价指标的敏感性

评价指标应具有敏感性，能根据不同的交通环境采用不同的评价方法。对于各种不同的时间尺度（年、月、周、日）、不同的道路等级（快速路、主干道、次干道、支路）、不同的评价目的（拥堵情况、运行效率、运行稳定等），评价指标都要敏感地反映道路的运行状况。

4. 完备性原则

评价指标应该能从不同的方面反映交通运行的特征与性能，同时还要反映系统的动态变化，并能体现出城市道路交通拥堵发展的趋势、交通运行的效率以及道路运行的稳定性。

（二）评价指标主要内容

评价指标体系包括五方面的评价指标：基础指标、拥堵性指标、运行效率指标、运行稳定性指标和其它指标。各指标作用如下：

（1）基础指标：从微观的角度体现每条道路的运行情况；

（2）拥堵性指标：从中宏观的角度对区域路网进行交通拥堵严重程度分析与评价，对拥堵点段进行有针对性的分析；

（3）运行效率指标：从中宏观的角度对区域路网整体运行效率进行分析与评价，以展现整体区域路网的运行效率；

（4）运行稳定性指标：考察区域路网的稳定性，既可得出微观层面上每条道路运行的稳定性，亦可得出宏观层面上区域路网的运行稳定性。

（5）其它指标：是对以上四种指标的一种补充。

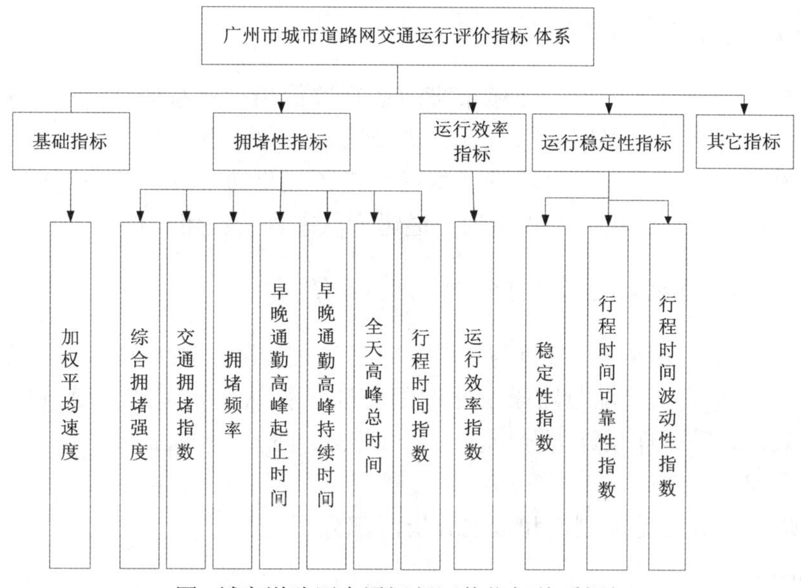

图1 城市道路网交通运行评价指标体系框架

二、交通运行数据采集及管理

城市交通运行数据采集及管理环节是数据分析、计算及状态评价的基础，系统在接入各类交通运行数据后，通过数据修补机制对数据进行普查及修补，以保障数据的准确性，修补后同步将数据导入数据库，进行统一的管理。

目前数据来源多为线圈检测、微波检测数据、视频交通流检测数据及浮动车 GPS 数据等几种方式。我公司已有的交通状态分析与评价系统，主要由车辆上的 GPS 导航仪作为数据前端，可以实时获取车辆的 GPS 定位信息并上传至浮动车数据分析系统，同时可接入各类流量数据，包括Scats、微波、视频及卡口检测数据，以实现对路段车速、交叉口流量、断面流量、路段交通流密度、路段平均延误等各类交通信息的收集，可广泛应用于道路交通管理、道路监控、信息发布平台等方面，为交通管理者及行业管理者制定各项交通管理措施及行业管理措施提供有效依据。

三、多源交通运行数据融合分析

多源交通运行数据融合分析是对各类基础交通运行数据进行分析、计算，为运行评价指标体系的各项评价指标提供数据分析结果。

针对接入的各类交通运行基础数据，包括Scats、微波检测数据、视频交通流检测数据及卡口检测数据等，我公司已有的交通状态分析与评价系统及城市交通运行评价指标体系，通过建立统一的评价标准及多种数据融合分析算法，可以实现对各类交通运行基础数据的融合分析，基于评价指标体系各项指标分析计算出来的各项数据结果，将为后续的交通运行评价及各项应用业务提供有效地数据支撑。

四、交通运行状态评价及应用

交通运行状态评价及应用是在城市交通运行评价指标体系的基础上，根据数据融合分析结果，实现对城市路网的微观、中观及宏观评价，并通过交通运行评价与信息发布系统，推送评价结果，为交通管理部门制定各项交通管理措施及行业管理措施提供有效依据。以下为我公司在广州市的交通运行状态评价应用实例。

（一）广州市主干路网交通状态分析与评价系统

广州市主干路网交通状态分析与评价系统是通过获取车辆的GPS定位信息，通过数据融合分析计算，以实现对路段及路网的交通运行状态判别。主要包括四大模块，分别是数据处理、数据库设计与分析、后台数据处理平台及Web客户端。

1. 数据处理

数据处理主要分为地图制作和数据分析两部分。

（1）地图制作

在广州市主干路网交通状态分析与评价系统中，对地图有很高的要求，因为要对每一条路段进行分析评价，需要保证电子地图的拓扑结构正确，所以要制作满足系统需求的GIS地图。

地图制作是制作满足系统需求的GIS电子地图，即对城市的主干路网，以交叉口为端点分段，对中心城区主干路、重要国道及跨市区公路，以出入口为端点分段或按公里分段；另外需要检查路网拓扑结构，纠正电子地图中的路网拓扑错误，使得各路段交通状态更独立，速度估算更加准确。

（2）数据分析

数据分析是在制作完成的路网基础上，对接入的GPS数据进行分析以确定数据源是否满足计算需求。

具体原理是参考地图处理完成后的路网，对浮动车接入的GPS数据进行覆盖性情况分析，根据GPS数据中的时间，空间覆盖情况，来计算出当前数据源的覆盖情况是否能够满足计算需求。

2. 数据库设计与分析

数据库作为数据存储的空间，对整个系统的作用是最重要的。系统数据库主要包含业务数据库和数据挖掘数据仓库两部分内容。

（1）数据库

业务数据库是系统用于存放GPS源数据以及各种计算程序所产生的计算中间结果和计算最终结果。

（2）数据挖掘数据库

数据挖掘数据库是系统融合了与路网交通状态相关的各种数据，用于路网交通状态分析、交通规律挖掘、路网服务指标评价。

3. 后台数据处理平台

后台数据处理平台按照用户业务流程划分为六个模块，分别是数据接入模块、分布式计算任务分布模块、地图匹配模块、速度估算模块和指标计算模块。其中，速度估算模块又细分为三个模块，分别是速度计算子模块、速度修复子模块、速度平滑子模块。

4.Web客户端

Web客户端开发是面向系统用户，提供各类系统功能供用户操作。Web客户端操作界面如下图所示。

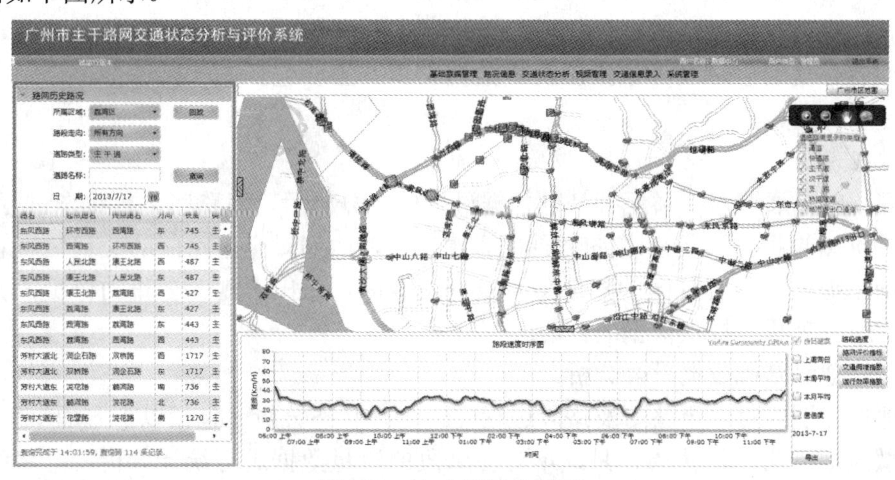

图2 Web客户端操作界面

5. 系统功能

系统功能分为核心支撑功能和业务应用功能两类，核心支撑功能主要包括浮动车GPS数据接入、路段车速计算及状态判别、路段交通状态规律分析和路网交通状态指标计算；业务应用功能主要包括基于GIS的路网交通状态发布、城市主干路网交通状态查询、交通黑点规律分析、路网交通运行评价指标查询与分析和施工路段在发布系统的显示。

系统功能分类如图 6-7 所示。

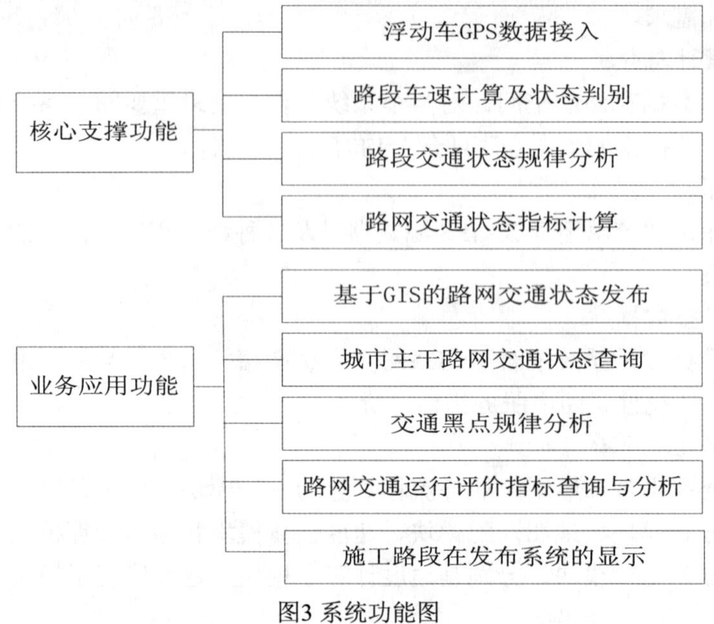

图3 系统功能图

（二）广州市交通运行评价服务项目

广州市交通运行评价服务项目是通过采集各类交通运行基础数据，通过数据融合分析计算，实现对路段（路口）、片区、整体路网的多层次交通运行评价，为交通管理部门实行各项交通管理及考核措施提供数据支撑。主要包括两大类评价，分别是常规评价及专项评价。

1. 常规评价

常规评价是通过对交通运行基础数据进行融合分析后，对路网运行状态进行评价，并撰写评价结果报告及提出道路交通管理建议。以达到对全市路网的交通运行状态全时空准确掌握，找出各片区的拥堵黑点及拥堵成因，做出客观、公正的评价，并为支队各类交通管理决策提供依据的目的。

（1）交通流基础数据融合分析

对评价范围内每一个路口及路段进行交通运行状态分析。包括以下方面：

以微波数据为主，按周、月、年对各路段的流量数据进行统计分析，并将统计结果输入相应的数据模板中。

以 scats 数据为主，按周、月、年对各路口的流量数据进行统计分析，并将统计结果输入相应的数据模板中。

以浮动车数据为主，按周、月、年对各路段的速度数据进行统计分析，并将统计结果输入相应的数据模板中。

以卡口流量数据为主，按周、月、年对各卡口的流量数据进行统计分析，并将统计结果输入相应的数据模板中。

（2）交通运行状态评价

根据交通运行数据分析结果，对评价范围内的路网运行状态进行评价。包括以下方面：

根据微波及 scats 数据分析结果，结合历史数据，对各片区路网早晚高峰及全天的交通流量变化规律进行总结评价。

根据速度数据分析结果，结合历史数据，对各片区路网早晚高峰及全天的路段平均车速变化规律进行总结评价。

根据卡口数据分析结果，结合历史数据，对各卡口的交通流量变化规律进行总结评价。

综合分析流量和速度数据，找出路网中的常发拥堵黑点及其拥堵原因，并总结拥堵黑点发生规律并进行评价。

（3）评价结果报告及道路交通管理建议

根据交通运行数据分析及状态评价结果，为支队工作提供交通管理建议并撰写评价报告，每周、月、年分别提供评价结果报告。

2. 专项评价

通过对计划性或突发性等交通事件进行包括时空影响范围、数据分析、状态评价等一系列工作，分析该交通事件的发展规律，并提交相应的专题报告。包括但不限于以下方面：

（1）分析该事件的时空影响范围，包括但不限于以下方面：

空间范围包括路段、区域和全市三个层次

时间范围包括早晚高峰及全天三个时期

（2）交通流基础数据融合分析

根据时空影响范围，对该事件进行交通运行状态分析。包括但不限于以下方面：

以微波数据为主，按时空影响范围对各路段的流量数据进行统计分析，并将统计结果输入相应的数据模板中。

以 scats 数据为主，按时空影响范围对各路口的流量数据进行统计分析，并将统计结果输入相应的数据模板中。

以浮动车数据为主，按时空影响范围对各路段的速度数据进行统计分析，并将统计结果输入相应的数据模板中。

（3）交通运行状态评价

根据交通运行数据分析结果，对评价范围内的路网运行状态进行评价。包括但不限于以下方面：

根据微波及 scats 数据分析结果，结合历史数据，对事件影响时空范围内的交通流量变化规律进行总结评价。

根据速度数据分析结果，结合历史数据，对事件影响时空范围内的路段平均车速变化规律进行总结评价。

（4）评价结果报告及道路交通管理建议

根据交通运行数据分析及状态评价结果，针对该交通事件对支队工作提供交通管理建议并撰写评价报告。

我公司已经为广州市交通管理部门研究撰写了广州市交通承载力研究报告及外地车交通运行评价报告。

基于物联网技术的区域交通信号控制系统

（安徽科力信息产业有限责任公司）

一、系统概述

基于物联网技术的区域交通信号控制系统是在充分借鉴国内外研究成果的基础上，运用物联网技术，结合我国实际交通状况，由安徽科力信息产业有限责任公司研发的集城市道路交通信息采集与发布、区域交通信号控制与车路协同优先控制技术等多项核心技术于一体的城市道路交通信号管控系统。如下图所示。

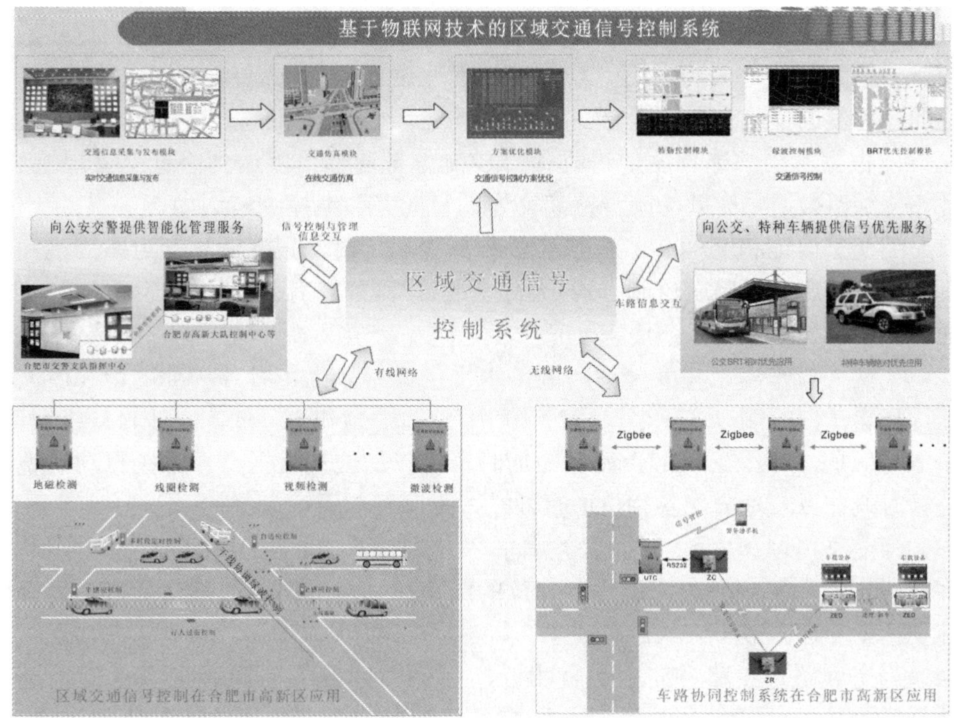

二、主要技术特点

该系统主要包含有基于物联网技术的道路交叉口与区域交通参数采集与分析系统、区域交通信号优化控制系统以及车路协同信号优先控制系统三大子系统。

（一）基于物联网技术的道路交叉口与区域交通参数采集与分析系统

本系统汇集路口、路段多种类型交通检测器数据，采用多源交通信息融合技术，分析各交通参数的变化规律，为区域交通信号控制方案的优化选择提供数据支撑。

路口交通信息采集主要应用地磁、线圈、视频等战术检测器，采集的数据主要有流量、饱和度、占有率及排队长度等，绘制流量曲线和饱和度曲线，分析流量、饱和度、占有率及排队长度的变化规律，为单路口的信号优化控制策略选择提供依据。

路网交通信息采集采用 FCD 及人工视频采集区域内各路段的交通数据，包含路段内车流速度、路网密度及交通拥堵指数等。通过持续观测路网内各路段速度、路网密度及交通拥堵指数数据，实时分析路网中趋向于的拥堵区域及道路，为及时制定交通诱导路径和多个路口的协调控制策略提供依据。

（二）区域交通信号控制子系统

区域交通信号优化控制系统主要是根据交通参数采集与分析系统分析得到的数据，通过建立信号控制模型，形成相应的信号控制策略，从而实现路口的智能信号控制。

系统采用感应控制、自适应控制、干线协调控制及区域协调控制等多种协同控制的模式，能够针对不同的交通量变化选择适合的控制方式。采用何种控制方式，主要是由交叉口饱和度决定的。运用专家系统技术通过计算相位饱和度，根据信号周期内各相位的饱和度的变化（原则上至少连续观测 5 个周期作判断），对信号控制方案进行自动组织，根据不同的饱和度值进行信号控制方案选择，以达到降低交叉口饱和度，平衡各相位绿时效益，有效的疏导路口交通的目的。详细控制策略如下：

（1）当交叉口饱和度 <0.8，服务水平在 D 级以上时，根据两相交道路的饱和度差异程度选择全感应或半感应控制方式，充分利用绿灯时间，有效消除路口绿灯空放现象，提高通行效率。

（2）当交叉口平均饱和度 <0.9，服务水平在 E 级以上，且各周期的饱和度波动较大时，选择自适应控制方式。当流量减少时，路口的饱和度降低，系统自动缩短周期，以减少等待时间，减少延误；当流量增加时，路口的饱和度提高，系统自动调整相位绿灯通行时间，以合理分配各相位通行效益，提高路口通行效率。

（3）当交叉口饱和度 >1 时，服务水平在 E 级以下，此时路口已达到过饱和状态，选择多时段定周期控制方式，优化各相位的绿信比，增大路口的信号周期，以有序平稳的疏导拥堵交通，减少二次停车现象。

（4）当干线路口主路方向饱和度相近，且 <1，次路方向饱和度 <0.8 时，选择绿波带协调控制方式。通过计算道路关键交叉口的饱和度，选择合适的协调控制方案，同时优化路口绿信比，在满足主路畅通的前提下，保证次路方向饱和度 <0.9。

（5）当区域内某些路口出现饱和度过高（>0.9），并持续一定时间后，转入子区域或整个区域的自适应协调控制方式，其算法思想为中心浓度向四周消散，通过控制进入饱和度高的路口车辆数，削峰填谷，达到区域交通优化。实现步骤如下：

（1）根据区域内每条道路不同的交通状况，计算出不同交通环境下每条道路的协调控制方案，包括公用信号周期以及相位差方案，一般可设置 3-5 种协调方案，并与各种交通流量以及饱和度情况建立配套关系，经过仿真协调验证后，储存在后台控制软件服务器里。

（2）根据实时采集的交通流数据，计算每条道路关键交叉口的饱和度，根据所得的饱和度值选择合适的协调控制方案来疏导区内的交通流。

（3）区内每个交叉口均能通过相位饱和度及时调整单个路口的绿信比，在公用周期固定的前提下，把绿灯时间合理分配给每个运行相位，在实现协调控制的基础上使每个路口的相位配时更加高效合理。

同时，本系统融入了实时仿真技术，采用专门的接口技术和设备，将仿真系统与真实的交通现场设备连接起来，通过对真实交通现场车辆信息及信号控制系统数据的收集与仿真，真实地再现交通现场，实时预测交通状况，从而进行交通控制和交通诱导的方案优化。

（三）车路协同信号优先控制子系统

车路协同信号优先控制子系统主要是基于 Zigbee 无线通信、传感探测等技术进行车路信息获取，通过车与车、车与路信息交互和共享，实现公交车、特种车辆和路口具有物联网接口的信号机之间的智能协同与配合，重点解决公交和特种车辆的路口优先控制问题，并能够提供实时的交通信息服务，达到优化利用路口资源、提高道路交通安全、缓解交通拥堵的目标。合肥市高新区车路协同信号优先控制系统分为基于 Zigbee 的无线组网系统、交通信号优先控制系统以及车载终端系统，系统架构如下图所示。

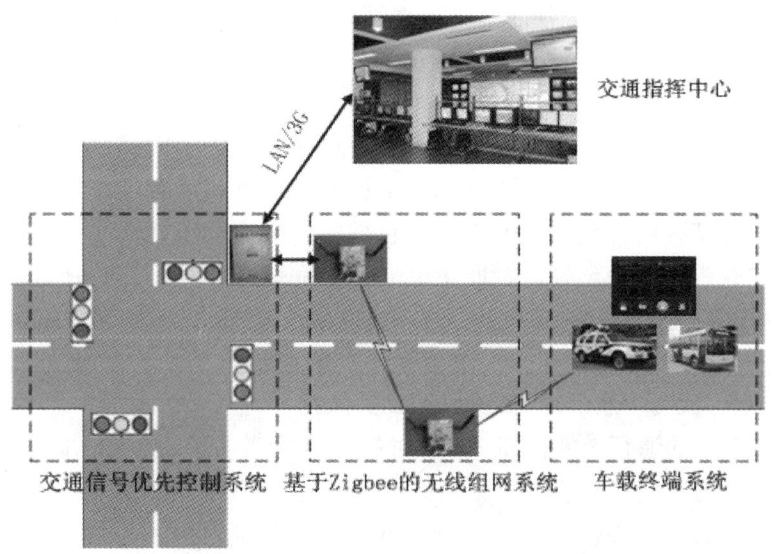

通过信号机与车辆的信息交互，实现车辆与信号机的协同控制，并把红绿灯时间信息发送到车载终端。最后将整合得到的交通信息利用专门网络传输到交通指挥中心的交通信号优先控制软件平台。交通信号优先控制软件平台对数据进行有效处理，根据计算结果，实现交通路况信息服务、交通预警、交通应急调度、交通资源分配及诱导等一系列功能，有效的提高了公交车和特种车辆的交通通行效率与行车安全性。如下图所示。

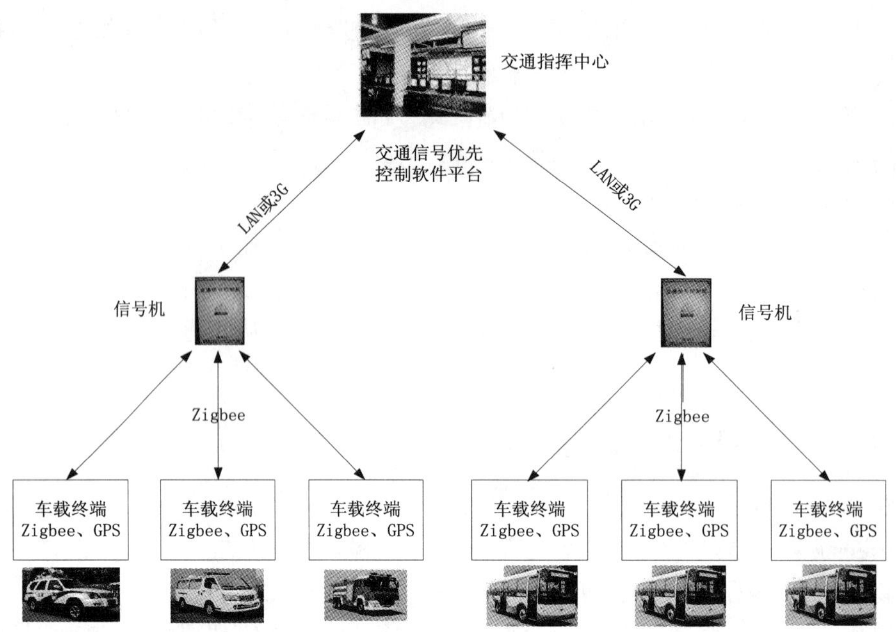

三、在合肥市高新区应用情况

目前，合肥市高新区已建设完成 16 个路口与 5 个路段的地磁检测器安装，实现了这 16 个路口与 5 个路段的信息采集与数据回传功能；同时合肥市已有 3000 多辆出租车和公交车 GPS 数据构成的浮动车交通信息采集系统，采用移动和固定检测设备两者相结合的方式，采集到的交通信息实时有效，为交通管理者提供可靠信息及决策依据。

有了这些数据，合肥市高新区采用单点自适应控制、感应控制、干线协调控制及区域协调控制等多种控制方式协同控制，根据交叉口饱和度智能调节全天各阶段的信号控制方式，提高区内各交叉口的平均通行效率，减少行车延误与停车次数。为了验证控制方案的有效性及合理性，合肥市高新区已完成 28 个路口的实时在线交通仿真，实时评估高新区自适应优化控制情况下的交通效益，取得了如下成果；

（1）在道路饱和度不超过 90% 的前提下，路口车辆排队长度减少 30%~40%，停车次数下降 20%~30%，停车时间缩短 25% 左右；

（2）区域车辆的通行效率提高 25%-30%，平均停车延误减少 20% 左右；

（3）交叉口饱和度均衡分配，交叉口平均饱和度值能减少 20% 左右。

同时，我公司的车路协同优先控制技术已在合肥市高新区全面展开应用，现已完成区内 28 个路口的的车路协同信号优先控制系统的建设，实现了公交车、特种车辆和路口具有物联网接口的信号机之间的智能协同与配合，优化了道路通行结构，节省了市民平均出行时间。

博康智能网络科技股份有限公司典型产品

作为创新型企业，博康智能网络科技股份有限公司一直致力于国内智慧交通的建设和发展，并将云计算、物联网、移动互联网、大数据及智慧城市等新一代信息技术成功地运用在智慧交通领域。在智慧交通行业大数据管理、城市综合交通运行协调指挥、公路路网综合信息管理、基于高清视频检测的交通综合监测、公交智能化运营调度、公交都市建设、面向公众出行的一体化交通信息服务等领域拥有丰富的成功案例，具备了国内领先的技术产品或解决方案，某些领域甚至达到了国际水平，具备视频处理、大数据管理等核心技术，在城市交通智能化领域处于国内领先地位。

一、博康智慧交通行业大数据管理平台

博康大数据管理平台综合运用了云计算、大数据等技术，是智慧交通云平台的基础，是交通运行协调指挥系统、公交智能调度系统、公众一体化信息服务等诸多应用的支撑平台，该平台能够帮助用户快速构建智能交通数据中心，并实现数据从采集、清洗、转换、存储、共享、挖掘、服务、销毁等全生命周期管理，从而大幅度降低智能交通大数据中心的实施难度和管理难度。

博康大数据平台包含有博康公司诸多自主知识产权或专利的产品：

博康数据采集系统：产品具备的数据采集方式涵盖了交通传感器实时数据流采集、业务数据库接入、批量文件上报等方式，数据采集的接口可扩展易维护；系统能对多源异构数据进行清洗分类，且在保证数据质量的情况下能对多传感器数据进行自动融合；系统支持实时接入大量的交通传感器、检测器数据，传输量大且持续传输，具备高性能的数据处理能力，保证数据实时入库。本系统符合交通行业数据标准规范及交通数据采集接口标准，并在北京市交通数据中心实施的项目中有非常深入且成功的应用；

博康交通行业数据资源管理系统：该系统主要解决了交通海量多源异构数据的规范存储管理的问题，参照交通部及交通行业数据标准规范，系统通过对分散在交通行业相关数据进行整合，目前已经梳理整合了七千多个数据项，汇集了轨道交通、地面公交、出租车、一卡通、民航等四十多个交通系统的数据，在国内处于领先水平。

博康智慧交通行业大数据管理平台的特点：

基于云平台的分布式存储、多节点实现海量数据的可靠存储；支撑大量用户的并发访问；大数据管理平台提供对海量数据的查询、分析、统计，解决了在传统实现方式下海量数据计算的难题；

简单的线性扩展，存储平台和计算平台可以根据实际的需求实现线性的扩展来扩

展存储和计算能力；

对外提供基于 Web Service 技术的标准服务实现数据对外共享；通过建立索引等措施，实现海量数据的快速查询，在一定条件下可以实现海量数据精确查询毫秒响应；

基于任务的功能实现和调度原则，任务和调度功能上相互独立，调用时相互关联，调度可以通过页面方便的配置，简化了系统运维和管理的复杂度，增强了系统易用性。

支持结构化、半结构化、非结构化数据的管理和搜索；支持 PB 级海量数据的管理；支持高并发访问和海量数据的查询、分析、统计；大规模集群的自动部署和监控管理；利用廉价硬件资源，充分发挥其性能提高资源利用率；

以任务为基础的功能实现和调度机制，所有的功能实现基于 SOA 的架构思想，增强了平台的灵活性、可扩展性、可重用性以便快速响应客户的不同需求；

结合了 Hadoop 标准框架和流式计算框架提供基础平台，解决了海量数据存储和海量数据计算方面的问题。

二、博康基于高清视频的综合交通监测系统

博康在视频图像的识别和分析处理方面具有强大的科研和实施能力，拥有诸多行业领先的技术专利，并将其成功运用于交通的综合监测与管理。博康视频数据的采集及处理提供了完整的端到端的解决方案，其交通图像的智能解析及快速处理能力在道路拥堵、交通事故、环境污染、缉查布控、客流分析及交通应急等方面已经有了广泛的应用案例。

博康综合交通监测系统包括：

博康高清智能电子警察系统

博康高清智能卡口系统

博康违法停车严管系统

公交专用道违法监测系统（支持固定式和移动式）

高清非压缩视频监控系统

高清网络视频监控系统

视频智能分析检测器（支持便携版和集群版）

三、博康公路路网综合管理平台

博康公路路网综合管理平台通过整合路网交通数据，实现交通信息分析、诱导与信息发布、重视频监控、气象监测与服务、特大桥梁健康监测、超限超载管理、养护信息管理及路政信息管理等，博康路网综合管理平台包括路网运行状况展示子系统和路网区域调度及应急指挥子系统。

（一）路网运行状况展示系统：

路网运行状态展示系统是包含于决策支持与信息服务平台的一个子系统，该系统

主要通过展示道路系统的平均车速、交通流状况、VMS 信息板信息、高速公路运行状态等信息展示路网运行状况。该系统由三个平台组成，即数据接入平台，分析处理平台和展现发布平台。系统将通过数据接入平台接入多个相关数据源，建立能融合多数据源数据的分析处理平台并对数据进行融合、处理和转换，最终通过包含简化变形图和基于 GIS 两种不同形式的展现发布平台展现出来。如图 1 所示：

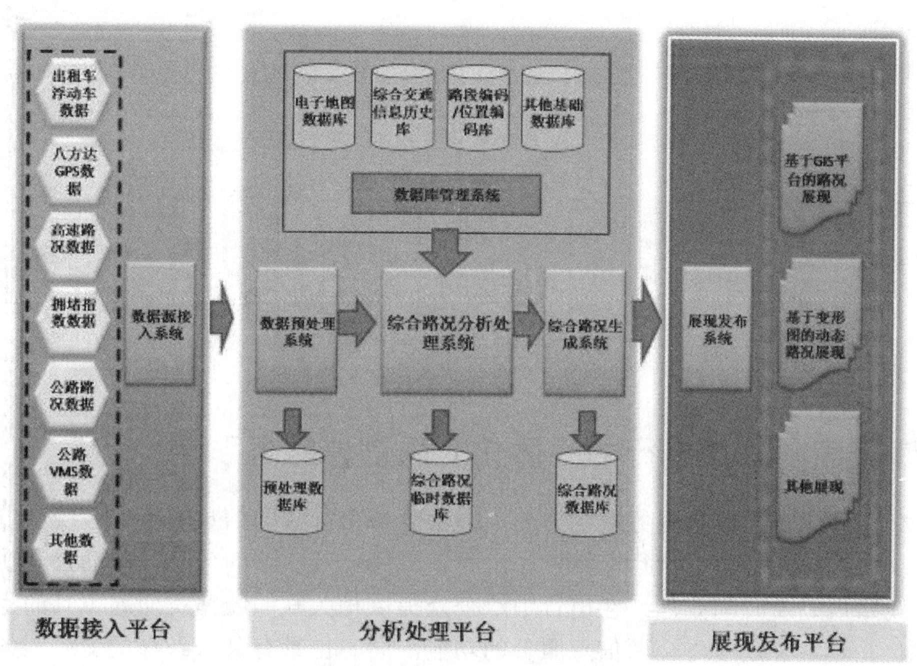

图1　路网运行状况展示系统总体结构与流程

（二）路网区域调度及应急指挥子系统

博康公路网区域调度与应急指挥子系统，为区域高速公路网调度与应急处置提供支持，提升跨区域的协调调度指挥和紧急救援能力，提高交通管理部门对突发事件的处置能力，保证路网畅通运行。系统具有如下功能：

实现对已经集成的公路网的交通流量信息、公路气象信息和视频监控信息的展示，为路网协调调度与应急处置提供支撑。

通过多种指标表达路段及路网的实时运行状态。

实现对突发事件的态势分析。

根据公路网实时运行状态及态势分析结果，生成公路网应急调度方案，并以可视化方式展现区域路网应急调度具体的绕行路线和分流方案。

实现对重大交通事件的应急处置方案生成及评估。

系统应实现六大功能模块，包括：路网监测模块、运行状态与服务水平评估模块、交通态势分析模块、路网运行协调调度模块、应急处置模块、系统维护模块。总体结构图如图 2：

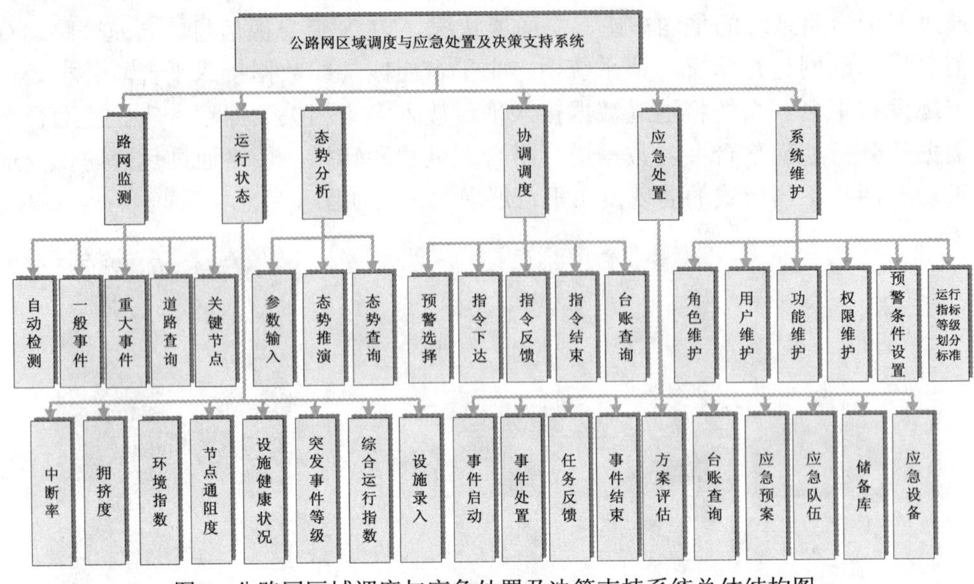

图2　公路网区域调度与应急处置及决策支持系统总体结构图

四、博康面向公众出行的一体化交通信息服务系统

博康一体化交通信息服务系统为公众提供全部出行链的信息服务，系统全方位融合地面公交、轨道交通、自行车租赁、出租车、民航及铁路的信息，帮助公众在出行前做出线路规划及时间规划，在出行中给公众提供相关联的线路及交通工具的实时动态信息，并具备公众参与交通信息服务的功能，同时也具有公众参与的交通服务质量评价体系，是一套完整的面向出行者的先进信息系统。

博康一体化信息服务系统中的公交到站距离及到站时间的预测系统通过研究公交车在实际道路中的运行规律，实现对公交车到达时间的准确预测，为公众提供可靠的出行服务信息，为公交管理部门提供可信的调度依据和交通管理者提供可靠的决策信息，以提高城市公共交通的服务水平，促进城市公共交通的智能化和信息化建设的进程。该系统采用当今国际最先进的算法，具有非常高的预报准确率。

系统建立了一系列公交运营行为模型，对聚集、事故、甩站、红绿灯等行为进行实时判断和处理，保证系统整体预报的准确性；采用大数据技术、基于采样点的 GPS 快速路径匹配算法，保证高效的公交车辆与线路匹配；制定一套完整的数据处理及更新的方法、流程和先进、高效的系统架构保证系统能 7*24 小时不间断稳定服务。

五、博康公交智能调度系统

博康公交智能交通系统是适应城市公交运营调度智能化的根本需求而开发的面向公交企业的综合智能化系统。通过综合运用移动通信网络、自动化设备、卫星定位技术（GPS 及 BD 导航）、GIS、自动售检票等综合 IT 设备和软件系统，提供运营计划管理、实时监控调度、综合统计分析、维修保养管理、车载设备智能化等功能，实现“人—-

车—线—站—路”统一监控调度，确保公交运营、安全、服务规范化和智能化，是“公交都市”、“智慧交通”在企业、公交车辆、线路场站的具体实现。

系统共包括线图调度子系统、车辆调度子系统、行程计划管理子系统、集中监控调度指挥子系统、运营统计分析及决策支持子系统；

六、博康城市交通运行协调指挥系统

本系统满足城市综合运输协调指挥、交通应急指挥、政府决策支持的需要，采集、梳理、整合城市交通资源信息，基于日常监测与运行协调指挥平台、交通安全应急指挥平台和决策支持与信息服务平台，提供综合交通运行监测与预警、应急指挥、政府决策支持三方面的功能支持，支撑政府行业监管和精细化管理，提高政府服务、决策和应急处置能力；支撑行业企业间数据共享、协调联动，提高企业服务水平和运行效率；支撑政府与公众的沟通、互动，超前服务，赢得共识。

博康城市交通运行协调指挥系统总体上包括三个子系统：日常监测与运行协调指挥、交通安全应急指挥、决策支持与信息服务。

● 日常监测与运行协调指挥子系统

日常监测与运行协调指挥功能可实现对交通基础设施、综合运输、行业执法等状况的实时监测、趋势分析及异常情况预警，加强交通基础设施与运输、各种运输方式、城乡运输之间等的协调配合力度，为春运和黄金周、重大活动、大件运输、公共交通联动等协调指挥提供支持。

● 交通安全应急指挥子系统

交通安全应急指挥功能可实现风险源、抢险物资及抢险队伍分布展示，相关图像信息统一接入及展示，综合通信，视频会议，应急预案管理，应急指挥调度等，通过信息化智能化手段实现对全市交通资源的监控和调配，为实现“信息交互、统一协调、分级指挥、一致行动”的应急联动机制提供强有力支撑。

● 决策支持与信息服务子系统

决策支持与信息服务功能可实现对交通行业各类信息的整合、处理和分析，规范信息发布渠道与内容，以大屏展示、领导桌面、短信服务、网站、服务热线、动态导航等方式为政府决策与管理、企业运营与服务、公众出行提供准确、及时的信息服务。

“康安达”连续流交通信号控制优化系统

（广州运星科技有限公司）

一、应用背景和意义

随着广州汽车拥有量的高速增长、交通路口数量的增加以及人们对交通需求的提高，交通问题已成为社会经济发展的瓶颈问题。与此同时，高密度的城市用地使得城市建成区难以通过大幅度扩大道路来改善交通状况，因此只有通过交通信号控制从时间上对交通流予以交通分离才能取得良好的预期控制效果。而在城市交通系统中，相邻路口之间存在着一定的关联关系，这种内在关系决定了理想的交通信号控制不能仅仅考虑提高某一路口的通行能力，需要实现关联路口间的协调，达到全局最优。因此单点控制方式必将逐步被区域智能协调控制所替换。

目前，部分国内外先进城市交通控制系统已经在我国一些城市获得应用，并已取得了一定的控制效果。例如，广州在 1992 年开始引进了澳大利亚 SCATS 系统；上海交警总队已完成澳大利亚 SCATS 系统的引进安装；北京也已完成英国 SCOOT 以及南斯拉夫 TRANSYT － 7F 交通信号控制系统的引进安装。然而，以 TRANSYT 为代表的定时控制软件系统和以 SCATS、SCOOT 为代表的实时自适应控制系统投资大，且难以适应中国的混合交通特点，控制效果不甚理想。

“康安达”连续流交通信号控制优化系统是华南理工大学智能交通系统与物流技术研究所和广州运星科技有限公司合作研发的交通信号协调控制领域高端产品。它源自华南理工大学徐建闽教授领衔承担的国家 863 计划项目——“交通控制协调交互技术”，运用交通控制子区智能划分方法、干道绿波协调控制模型以及区域交通协调控制理论，根据实时采集到的交通数据，对各种几何条件的交叉口进行区域群协调控制与干道双向绿波协调控制，实时优化区域交通协调控制方案，能有效减少停车次数、降低延误时间、提高行驶车速、增强行车安全、节约能源消耗的目标，能有效缓解日益严峻的城市拥堵。本文首先从需求、关键技术、功能特色等方面介绍系统，最后重点介绍系统在广州市的应用。

二、城市拥堵引来新需求

随着交通拥堵的加剧和精细化管理的要求，除了保障交通安全和单点信号优化外，城市交通管理者对交通信号控制系统提出了新的要求。

（一）提高主干道通行能力

城市主干道承担着大量的交通流，通行能力不足将造成大范围的交通堵塞。因此，协调主干道各路口的信号控制方案，使车辆快速地通过各个路口，提高主干道通行能力，是缓解拥堵的重要手段。

（二）控制中心城区车流量

当城区交通流流入量远大于流出量，且城区交通已处于饱和或过饱和状态时，城区交通势必越来越堵，各城市中心城区的早晚高峰均有此现象。此时只有调整边界交叉口信号控制参数合理控制进入中心城区的车流量，有效减少中心城区的交通需求，才能避免排队长度过长造成路网堵塞。

（三）提供特勤车队快速通道

随着“领导人出行不封路”新风尚的发扬，交通警卫保障工作要求交通信号控制系统能为特勤车队提供便利可靠的快速通道。

（四）仿真评价与辅助决策

交通信号控制方案的实施影响正逐渐增强，每一次实施都将考验着管理者的业务水平。这就要求系统具有辅助决策和路网协调控制方案仿真功能，能应用微观仿真软件对路网交通流信息及相应生成的路网协调控制方案进行仿真，直观展示方案实施后的模拟交通状况，生成方案评价，包括通行能力、饱和度、停车次数、延误时间、燃油消耗等。

三、三大关键系统技术

康安达系统以连续流交通为导向，即城市交通流能够连续不停车或者少停车地连续通过多个交叉口的交通流状态，运用合理的协调控制，在任意时段使得交通流能够顺畅、快速、大量地通过城市路网；在交通拥堵发生时，能够快速有效地疏通交通流，避免由于局部交通拥堵导致区域交通瘫痪的状况发生。康安达系统采用区域两级协调控制方法，其中上级为区域决策体整体最优，避免交通拥堵及扩散，快速疏通交通流，实现区域交通流均衡；下级为交叉口群优化，在上级控制限定的优化范围内，优化单交叉口实现交叉口群最优。康安达系统具体包含以下关键技术：

（一）控制子区动态划分

综合考虑相邻交叉口间距、路段交通量、以及交叉口信号配时参数对相邻交叉口关联性强弱的不同影响，利用相邻交叉口关联度分析方法，通过定义控制子区划分方案的解集空间、约束条件与评价准则，建立了基于关联度分析协调控制子区划分模型；采用子区划分层扩散算法实现对控制子区划分方案的分析评价，给出了一套完备的控制子区划分流程，通过与现有控制子区划分的有效结合，进一步增强控制子区划分方法的科学合理性。

（二）连续流绿波协调控制

以控制子区作为基本控制单元，综合考虑子区内的交通运行状态（如交通阻塞、交通拥挤、交通顺畅）、交叉口群的关联性大小、交叉口的实际交通量，建立了连续流绿波协调控制模型，其中包括进口对称放行方式下的双向绿波协调控制模型、进口单独放行方式下的双向绿波协调控制模型、进口混合放行方式下的干道双向绿波协调控制模型、以及相序优化选择的绿波协调控制模型。

（三）饱和状态下连续流协调控制

当路网交通需求远大于供给能力，即交通流处于饱和或过饱和状态时，系统能够启用主动控制策略，通过实施“外控内疏”，合理控制进入路网的交通流量，有效避免路网出现排队溢出甚至死锁而造成路网堵塞。饱和状态下连续流协调控制主要采用以下模型：边界主动协调控制模型、潮汐流下的红绿波协调控制模型、饱和状态下停车延误协调控制模型、饱和状态下动态相位差协调控制模型。

四、七大特色功能

（一）主要功能

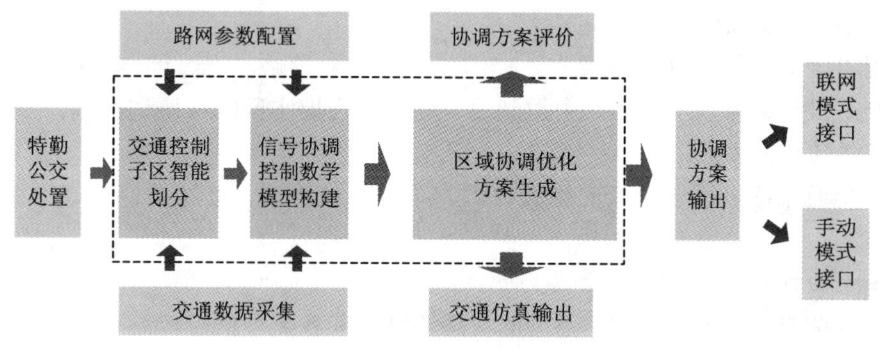

图1　功能示意图

1. 路网参数配置

路网参数分为固定参数和可配置参数。其中，固定参数包括路口基本信息、路口间距等，需要在康安达系统安装设置。可配置参数包括路口信号机通讯方式、路段设计时速等，可在系统运行过程中依据实际情况进行调整。

2. 交通流数据采集

路口车流量等交通数据经流量检测器采集后导入康安达系统，导入方式包括自动和手动两种方式。除此之外，系统还提供手动录入的方式以适应未建设流量检测器的情况。

3. 区域协调控制方案生成

采用“全局最优、分层协调、外控内疏”的控制策略，应用连续流绿波协调控制技术，通过交通流数据解算生成自适应的协调控制优化方案。

4. 特勤公交处置

警卫特勤线路基于路网规划，警卫特勤预案需求由手工录入。康安达系统依据警卫特勤预案需求，以单向绿波协调控制模型进行线路协调，生成相应的协调控制配时方案。另外，系统可对公交车辆进行优先通行权的设置，使得公交车辆能够更加便捷地通过路段，实现公交信号优先。

5. 协调方案评价

系统能对生成的协调方案进行评价，评价指标包括通行能力、饱和度、绿波带宽、停车次数、延误时间等。

6. 交通仿真输出

优化方案可以通过仿真输出，直观地展示方案实施后的模拟交通状况。

7. 协调方案输出

协调优化方案输出到信号机的方式有两种：联网模式和手动模式。对于通过有线或无线通讯方式实现远程联网管理的信号机，优化方案通过数据接口的方式进行协调方案部署。系统为不同的信号机配备了相应的数据导出适配程序。对于单点控制的信号机，优化方案可由操作人员在信号机上进行手动配置。

（二）突出特点

1. 科学的控制策略

采用“全局最优、分层协调、外控内疏”的控制策略，通过控制子区划分和边界主动控制，以干道为基本单元，由面到线、连线成面地实现区域协调控制。

2. 多样的协调方式

根据交通流特点可选择双向绿波协调、单向绿波协调、红绿波协调等方式进行协调控制。

3. 强大的适应能力

适应复杂的城市道路结构、不同的交通流状况和各类型信号控制设施。

4. 安全的方案过渡

改变控制方案时，提供安全、多样的方案过渡机制。

5. 便捷的特色服务

设有公交优先和特勤线路绿波的区域协调控制模型，在实现公交优先和特勤管控的同时，保障绿波控制的有效性。

6. 灵活的系统结构

软件既可以用于辅助现有控制系统的配时优化设计，又可以直接作为城市的先进信号控制系统。

7. 丰富的拓展应用

可扩展应用于智能交通系统的其它领域，如城市交通诱导系统、智能交通管理指挥系统和综合交通信息交换平台等。

五、广州成功应用案例

由于机动车数量的过快增长，目前广州市路网，特别是中心区路网交通运行压力日益加大，在道路硬件资源增长严重失衡的情况下，必须重点在道路交通信号控制方面进行挖掘。康安达连续流交通信号控制优化系统正是在这样的背景下先后成功应用于南沙区环市大道西、白云区同泰路，以及天河区珠江新城，展现交通信号协调优化的魅力。

（一）广州市南沙区环市大道西

环市大道西路段位于南沙区东南部，道路等级为城市快速路，整体结构为双向六车道。环市大道西作为南沙区的一条主要干道，是连接南沙区南北的重要道路，其交通流构成复杂，货车及集装箱车辆占有较大比例。随着南沙区经济的腾飞，环市大道西的交通量也逐日激增。路段设有 21 处交通信号灯（如图 2 所示），其中信号机生产厂家遍及广东三水京安、佛山同安及深圳青松科技等多家信号机厂商。由于道路的组织较为混乱、交通信号控制之间的各自为政，导致该路段交通状况较差，车辆走走停停情况严重，出现行车 10 公里需要半个小时的不合理情形。

在采用康安达系统优化方案之前，该路段全程往返行程时间平均约为 45 分钟，全程往返停车次数平均约为 19 次。优化实施后，全程往返行程时间平均约为 23 分钟，全程往返停车次数平均约 2 次，路段通行能力得到大大提高，燃油消耗和污染物排放大大减少。

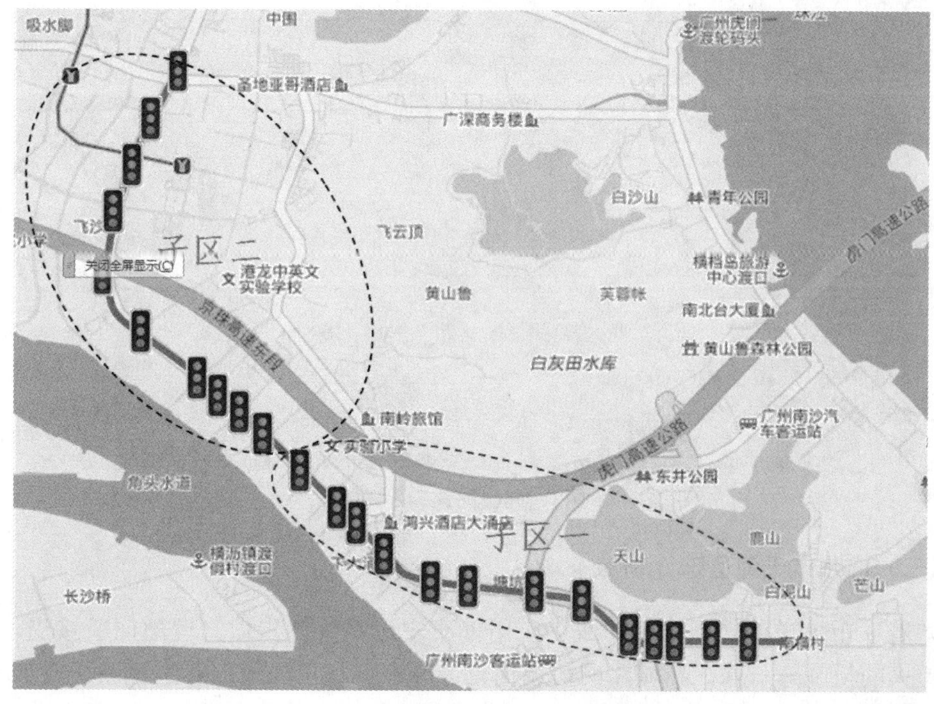

图2　环市大道西子区划分示意

（二）广州市白云区同泰路

同泰路西连白云大道北，东接广州大道北，道路大部分为双向4车道，部分为6车道，全线长3.2千米，共12个信号控制路口，交叉口间的平均间距为290米。同泰路的转向车流和相交道路的流量较少，以直行过境车流为主，是白云区主要的过境通道。12个信号控制路口均采用SCATS信号控制机，由SCATS系统实现自适应协调控制，但效果不甚理想。直行车流在路段上需频繁停车和加减速启动，出行延误大，舒适度低，迫切需要应用先进技术改善交通状态。

康安达系统运用手工导入的SCATS系统交通流数据，采用干道双向绿波协调控制模型，实现同泰路信号方案的协调优化。实施优化方案后全程往返行程时间由原来的15分钟减少为10分钟，全程往返停车次数由原来的9~10次减少为2~3次，交叉口停车次数平均减少34.15%，车辆延误时间平均减少24.68%，估算污染物排放量将减少12%。

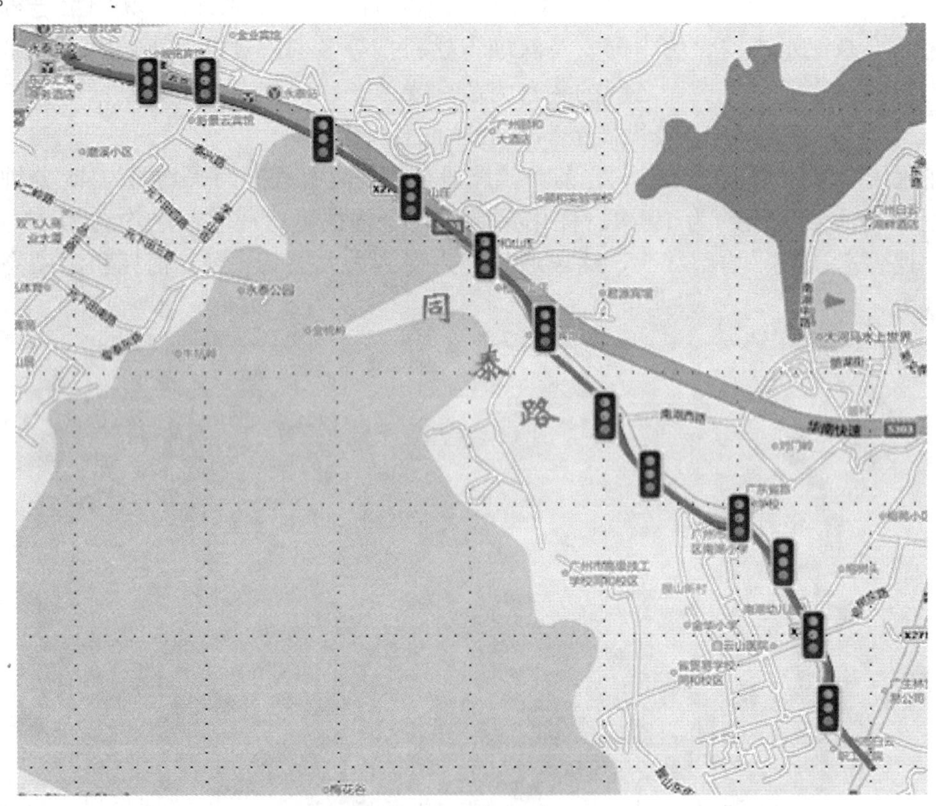

图3　同泰路路口示意

（三）广州市天河区珠江新城

随着环市大道西、同泰路的成功应用，康安达系统逐步被管理部门所接受，也迎来了更大的挑战——珠江新城路网协调优化。珠江新城主要道路有金穗路、花城大道、临江大道、马场路、猎德路、冼村路、华夏路和华穗路，呈三横五纵。所有路口均采用 SCATS 信号控制机，由 SCATS 系统实现自适应协调控制。据调查，珠江新城的主要瓶颈道路有临江大道、华穗路、花城大道和马场路，均存在停车次数较多，行驶速度较低等问题。

图4　珠江新城路网

康安达系统优化采用“从面到线，连线成面”的过程，先应用连续流绿波协调控制分别对临江大道、华穗路、花城大道和马场路进行协调，再对比相邻协调线路的周期接近程度，通过“横向协调，纵向串联”的方式将 4 条协调线路连接起来，微调相应信号控制参数，优化成网。康安达系统的应用使得珠江新城路网交通运行得到了较大改善，得到了管理部门和媒体的一致好评。表 1 是珠江新城区域路段优化前后的效果对比，图 5 是媒体的报道及评价。

表1　优化前后效果对比

道　路	基本路况		效果对比			
	道路长度	交叉口数	行程时间（协调前后）	停车次数（协调前后）	平均延误降低	平均速度改善
临江大道	3.9km	10	前：20分钟	前：7-8次	43.37%	65.48%
			后：16分钟	后：1-2次		
华穗路	1.1km	7	前：10分钟	前：5次	44.3%	55.48%
			后：4分30秒	后：0-1次		
花城大道	0.9km	3	前：5分钟	前：3次	35.49%	48.62
			后：2分30秒	后：0-1次		
马场路	0.8km	5	前：8分钟	前：4次	32.27%	45.65%
			后：4分20秒	后：0-1次		

月底 到珠江新城追“绿波”
看看外国的“智能交通”
【视频】珠江新城引入“绿波”交通或可提速
珠江新城引入“绿波” 交通或可提速
驾车沿着“绿波”区域绕行一圈
保持时速三五十公里 开车时大多一路绿灯
新快报

图5 媒体的报道及评价

城市交通运行状态获取与服务综合解决方案

（北京宏德信智源信息技术有限公司）

城市交通运行状态获取与应用服务综合解决方案是面向出行者、交通管理者及行业管理者而提出的一套集交通信息采集、传输、处理、应用及发布的完整解决方案。本方案是通过多种检测手段采集交通状态数据，利用城市现有有线专网或多种无线方式等可靠传感网络将交通状态数据上传至交管部门的监控中心或行业监控中心，中心接收并存储各类交通流数据，对其进行分析融合、计算，为交通行业管理提供交通运行状态评价、交通组织优化建议、警力资源配置、应急部署等多种应用服务，并可支持大屏、路侧诱导屏、网站、手机等多种发布方式，为交通出行者提供便利，为交通行业的管理、规划、道路优化、改建等决策提供支撑。方案总体架构如下图所示：

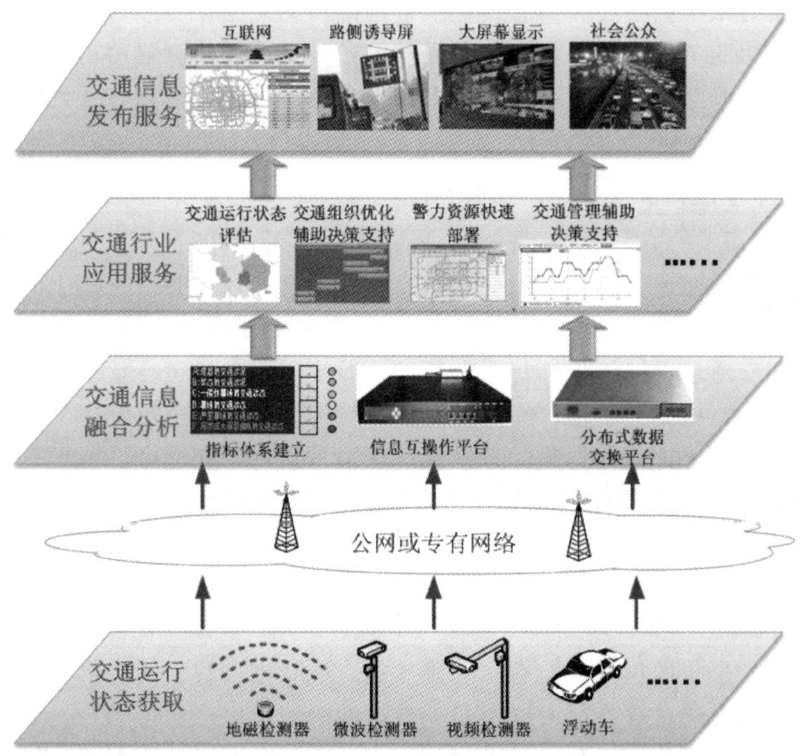

一、交通运行状态获取

城市交通状态信息采集是交通信息处理、交通信息应用和交通诱导的基础，目前城市使用较多的交通状态信息采集技术主要包括视频检测器、微波检测器、环形感应线圈、浮动车等这几种方式，其中还有一种新型的交通信息采集技术—地磁车辆检测器也应运而生。经过大量的实际应用，各种检测技术均有其优缺点及不同的适应性。

我公司研制的交通状态传感网络系统主要由交通流检测器（地磁检测器）、接入节点、汇聚节点和中心节点构成，用于实时获取车辆、设施和环境等交通信息，如车速、流量、占有率、车型、平均延误等，能够为交通优化控制、交通服务诱导和交通应急监管等提供全面的实时交通信息支持，可广泛用于道路交通管控与诱导、停车场智能管理、道路交通监控、交通枢纽等多种场合，为缓解交通拥堵、提高交通效率和通行能力等服务。

本方案建议在城市交通运行状态获取时所采用的采集技术应根据不同的道路类型及交通环境进行考虑，因地制宜的结合多种采集方式进行全面的部署，以达到全局交通信息采集的最优部署及设计，避免单一采集方式进行通用的弊端。

二、交通信息数据传输

交通信息的数据传输是城市交通状态获取与服务应用的关键环节，它将各类交通信息检测器实时采集的交通流信息传输至管理部门的监控中心或数据中心，是管理部门获取各种应用服务的基础。本方案所提供的各种交通流检测器可支持有线和无线两种传输，可通过城市已有专线或 3G、GSM、GPRS、CDMA 等多种无线方式完成交通数据的传输。

三、交通信息融合分析

获取各类原始交通信息后需对交通信息进行融合处理，并基于建立的评价指标体系进行分析计算，才能为交通业务系统及数据分析提供准确、实时、有效的数据。

确立道路交通运行评价指标体系，是评价城市道路交通运行状况的一个核心和关键的环节。本方案根据科学性、完备性、层次性等设计原则，得到用于道路交通运行评价的交通服务水平评价指标集，分别从交通运行质量、交通拥堵状况、交通运行能力以及交通运行态势等方面描述和评价城市道路交通运行状况，并综合得到城市道路的交通运行指数。

本方案中，涉及到的各类检测器信息融合主要包括微波检测器信息、视频检测器（获取到旅行时间）信息、交通流检测器（地磁）信息、浮动车信息以及环形线圈信息多种信息的原始采集数据或从已有系统接入的二次数据。我公司提供分布式数据交换平台、信息互操作平台等产品对以上多类数据源的信息进行数据融合，通过建立统一的标准和一定的融合算法，基于标准将该类交通环境中所用的检测器数据进行融合计算获得统一的融合数据指标，为后期各项应用业务提供数据支撑。

四、交通行业应用服务及发布

基于多种检测器采集的交通流数据及通过融合分析计算所获取的各项数据，可为交通管理部门进行城市道路交通管理、停车管理以及应急指挥调度等提供辅助决策支持，并可提供支持多种手段进行对外发布，全面而有效地为交通行业的各项应用提供服务。

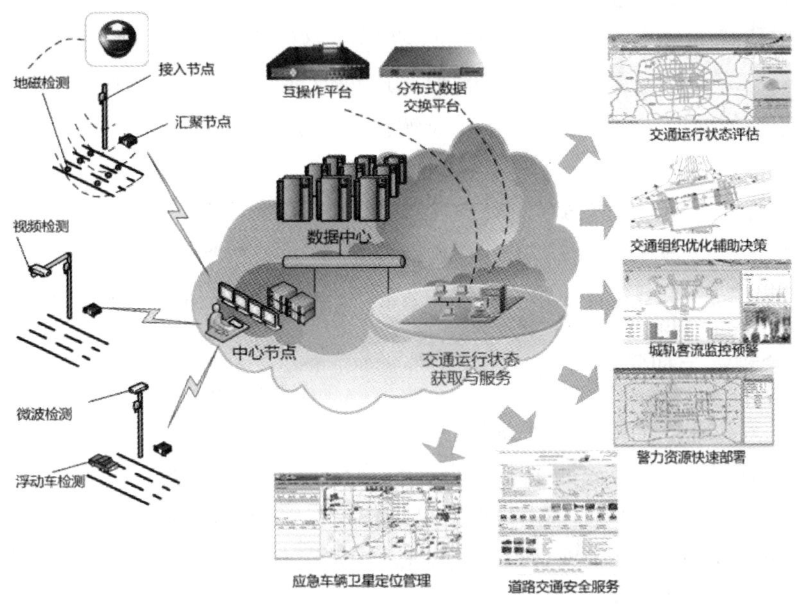

（一）道路交通管理服务及发布

1. 区域服务水平评价系统

全局交通运行状态评估业务服务主要包括实时路段、道路及区域的交通运行状态展示及评价指标分析计算，以路段类型、空间类型等多角度的区域交通服务水平统计分析，以及及区域交通服务水平日报、月度报、季度报的输出等方面。系统可使交管人员详细真实地掌握各路段、道路、路网的交通实时状态成为可能，并总结历史交通运行规律，为改善交通环境提供依据。同时可面向交通管理部门、公众等服务群体，定制不同层面的发布服务。

2. 交通组织优化辅助决策支持系统

交通仿真是城市交通系统评估和优化的重要实验研究手段和工具，以评价交通组织和控制预案的效果。本方案提出将适应交叉口的道路检测器部署至交叉口所需检测的部位，通过获取单位时间段内的车流量、车辆类型、平均通行速度等参数，在数据中心进行收集整理分析，分析计算得到进口道各流向小时流量、通行能力、饱和度、流量转向比等指标，为道路交通仿真提供可行的输入参数，得到适用于交通组织优化过程中所需要的各种参数指标，不仅大大的减少了人力和时间成本，而且为道路交通仿真及交通组织优化方案的制定提供数据支撑及辅助决策支持。

3. 对外信息发布支持系统

本方案提出的全局交通运行状态评估结果可支持不同服务主体、不同方式的发布，主要包括大屏显示、web 网站发布、手机短信、路侧诱导屏等方式，为这些发布手段提供实时、准确的数据支撑。

（二）停车管理服务

1. 室外路侧停车位综合管理

利用停车位检测器得到路网中的实时室外或路侧停车位信息，为路侧停车监管、泊车信息发布、城市泊车诱导和违章停车非现场取证等应用提供数据支撑；并能够为城市规划、道路规划提供决策依据；有效解决目前路侧停车存在的停车位监管、资源使用等问题。

2. 车牌识别停车场管理系统

将融合车牌识别技术的高清视频检测器应用于车辆智能管理流程中，建设一种出入场车辆不需停车的新型无障碍停车场管理系统，提高停车管理效率，避免停车拥堵。

（三）安全预警与应急指挥

1. 应急抢险车辆卫星定位管理系统

通过为城市应急抢险车辆加装卫星定位装置和无线传输设备，接入相关车辆定位信息；搭建城市运行保障和应急抢险车辆卫星定位信息综合管理系统，对车辆信息进行分类管理和综合展现，为安全应急管理部门对抢险救援车辆的管理、监控提供有效支撑。

2. 警力资源快速部署系统

根据实时路段、道路及区域的交通运行状态信息结合单兵定位系统的在线警力资源分布情况，在电子地图上自动圈选拥堵路段周边民警并下发执勤信息，实现警力资源的快速部署，为交通调度指挥提供服务，本方案还可结合交管部门 122 接处警等多种业务系统，为交管部门的调度指挥工作提供有力的依据及服务。

3. 城轨客流监控预警系统

基于视频智能识别分析技术，实现对地铁出入口、站厅、站台、上下车等客流密集区的客流数量及密度信息的检测，从而达到对整个车站的实时进出站客流监测、站厅客流监测、站台滞留乘客监测、上下车客流监测、换乘客流监测以及站台拥挤度监测，并在此数据基础上通过模型算法，实现对下阶段客流预测、预警及报表功能，支持地铁主管部门科学决策、线网规划、运营管理。

城市交通状态获取与应用服务综合解决方案可结合微波、视频、地磁、浮动车检测器等多种采集方式，将采集的各类交通信息存储至数据中心进行处理分析，并向各级管理部门提供交通运行状态评估、交通组织优化辅助决策、停车管理、应急指挥等应用服务，最终通过大屏、诱导屏、手机等多种方式发布出去。通过获取城市交通状态信息，进行历史数据的统计分析并总结其中的运行规律，可评估当前城市交通的服务能力并预测未来 2-3 年的发展态势，为交通管理部门实施交通管制、规划、道路优化、改建等决策提供有力依据。

第五章

智能交通市场发展分析

2012年中国城市智能交通市场发展分析[1]

一、概述

如果用几个关键词来形容2012年城市智能交通市场的发展特征，“变化”、“BT”和“增长”是恰当的。市场格局的变化越加显著，更多的非传统智能交通企业市场进入，与往年不同，2012年这些市场进入者在行业内拿下诸多大单，行业对他们的关注度更高。BT项目也迎来爆发，2012年出现过亿的项目七项，其中五项是融资类项目，BT来势汹汹。2012年前三季度由于经济和政治环境影响，市场规模增速缓慢，就在2012年被认为将是2011年高速增长后显著的回落一年时，第四季度市场打破常年发展规律，市场规模接近50亿，同比增长44%。受第四季度的影响，城市智能交通市场全年仍旧保持了高速增长态势。

城市智能交通的黄金时代正在进行中。

（一）细分行业统计范围

一般来说，城市智能交通系统的主要细分行业包括智能交通管理系统、智能公交系统、停车管理与停车诱导系统、出租车信息服务管理系统、综合交通枢纽信息系统和智能物流系统等。根据近几年政府政策导向、城市智能交通领域的热点投资细分行业、产业主要构成企业业务组成以及社会民众的主要关注点等因素，我们将城市智能交通市场规模等相关统计的范围定义为以下十个细分行业：

交通指挥类系统与设备、电子警察系统与设备、交通视频监控系统与设备、卡口系统与设备、交通信号控制系统与设备、智能公交系统与设备、交通信息采集发布系统与设备、GPS与警用系统与设备、出租车信息服务管理系统与设备、综合客运枢纽信息化系统与设备10个行业。

1. 交通指挥类系统与设备

交通指挥类系统与设备包括成系统建设的专用软件与硬件设备（含系统建设时必须的数据库、操作系统），其范畴包括警用指挥中心平台、三台合一、六合一等公安部门专用系统、城市交通应急指挥平台，但不包括单独采购的通用型软件、计算机、服务器等设备，以及单独采购的土建与基础设施项目。

---

[1] 本章内容涉及的所有图片、表格及文字内容的版权归中国交通技术网（www.Tranbbs.com）所有，摘录全部或部分数据须标明“数据来源：中国交通技术网（www.tranbbs.com）”。使用本篇章中的信息用于商业目的（包括企业融资、上市招股说明书编写等），须经中国交通技术网运营公司书面许可。

2. 电子警察系统与设备

违章自动记录相关的固定式与移动式系统与设备，包括中心系统、设备、附件等，但不包括单独采购的土建与基础设施项目。

3. 卡口系统与设备

道路车辆视频识别记录相关的系统与设备，包括成系统建设项目，以及单独采购的设备、附件等，但不包括单独采购的土建与基础设施项目。

3. 交通视频监控系统与设备

用于监控道路与车辆的系统与设备，包括成系统建设项目，以及单独采购的设备、附件等，但不包括单独采购的土建与基础设施项目。

4. 交通信号控制系统与设备

用于道路交通管理信号控制的系统与设备，包括与道路交通信号控制相关的系统、设备等，其范畴包括用于路段与路口、快速路车行道、出入口的交通信号控制设施。包括成系统建设项目，以及单独采购的设备、附件等，但不包括单独采购的土建与基础设施项目。

5. 交通信息采集、发布系统与设备

包括视频、线圈、微波等形式的交通数据采集设备与系统，交通数据处理系统，用于道路与停车、出行者信息发布诱导设施与设备、交通信息发布系统、设备。包括成系统建设项目，以及单独采购的设备、附件等，但不包括单独采购的土建与基础设施项目。

6.GPS 与警用系统与设备

包括交通管理与交通部门使用的车载或个体携带的具有定位及定位显示功能的产品，包括警务通、移动警务、单兵作战等设备与中心对应的 GIS 定位显示系统。

7. 智能公交系统与设备

用于快速公交与普通公交的智能系统与设备，包括调度、运营监控、电子站牌、乘客信息的系统与设备。包括成系统建设项目，以及单独采购的设备、附件等，但不包括车辆、单独采购的土建与基础设施、普通公交站台设施设备，以及归属于信号、交通视频监控等其他项目范畴的内容。

8、出租车信息服务管理系统与设备

包括一套终端三个中心的系统与设备。一个终端是指一套车载终端设备；三个中心指数据资源中心、监控指挥中心、电召服务中心 。

9. 综合客运枢纽信息化系统与设备

综合客运枢纽是以公共汽电车、城市轨道交通及长途客运为主，衔接两种以上（含两种）客运方式，具有运输组织管理、中转换乘、多方式联运服务基本功能的场所。综合客运枢纽信息化系统与设备包括具有枢纽运行监测、安全疏散与应急、乘客综合

---

［2］如无特别说明，文章中对项目数量和市场规模的相关统计均为10个细分行业口径。

［3］自然采购项目：项目公开招投标的数量，也可以理解为项目立项时不同编号的数量。一个自然项目可能包括几个分包。

信息服务、协同管理与联动支持、停车管理和综合运行信息管理的多功能信息集合系统与设备。

（二）地域统计范围

数据统计区域限于中国大陆地区，不包含台湾，香港和澳门。文中定义的中国市场指建设资金最终使用在中国大陆地域上所涉及的相关内容市场，包括世行、亚行等国外资金对中国城市智能交通的援建投资等。

（三）时间统计范围

数据统计时间为2011年12月16日到2012年12月15日。

二、市场整体状况

（一）项目数量与市场规模

2012年，我国城市智能交通10个领域 共发生自然采购项目 3273项，项目包数3813项，细分采购项目 4588项。自然采购项目同比增长3%；细分采购项目同比增长7%。

2012年，我国城市智能交通10个领域市场总规模163.4亿元，同比增长21.7%。继2011年市场规模迎来31%爆发式增长后，2012年市场规模仍保持较高增长态势，见图1。

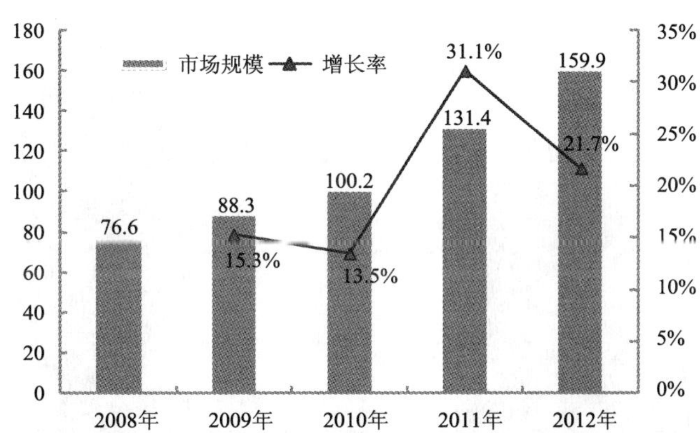

图1　2008—2012年城市智能交通市场规模及增长趋势

［数据来源：中国交通技术网（www.tranbbs.com）］

［4］项目包数：企业投标标的的数量。一个自然项目可能包含多个项目包数，每个包数也可能包含多个细分项目数。

［5］细分采购项目：在项目公开招投标的数量基础上，计算自然项目可能存在的分包数量，并根据10个行业数据统计需求，对只包含一个包的自然项目也进行了分类，分别统计。如无特殊说明，报告以下涉及到的“项目数量”称呼皆为此项统计口径。

［6］2011年及以前市场规模统计为8个细分行业，缺少出租车信息服务管理系统和综合客运枢纽信息化系统，本图表为同口径数据。

2011—2012 年城市智能交通市场规模持续高速增长，除了政府政策利好，投资倾斜外，投融资模式的频繁使用是重要原因。2012 年，不但 7 个过亿的项目中有 5 个采用企业投融资运作模式，5000 万以上市场规模合计 28.4 亿的 26 个项目中，16 个项目合计规模 20.4 亿使用了 BT、BLT 模式。

2012 年，通过企业融资方式建设的城市智能交通项目市场规模约占全年市场总规模的 16%，约合 26 亿。

（二）千万项目分布

近年来，城市智能交通千万级项目数量和金额均有增长趋势，这是整体市场升温的一个表象。对企业来说，千万级项目的运作成功提升了企业营收状况，同时，他也是企业市场竞争力的重要表现之一。

1. 千万级项目数量和市场规模统计与分析

2012 年，城市智能交通千万级项目数量 235 项，同比增长 26%（见图 2）；千万级项目市场规模合计 68.1 亿元，同比增长 46%（见图 3）；占 2012 年全年市场总规模的 41.7%。

经过 2011 年的爆发式增长，2012 年千万级项目增长率有一定幅度回落。千万项目市场规模的增长率高 2012 年行业平均增长率约 20%。

千万级项目市场规模占 2012 年全年总规模 41.7%，相比 2011 年千万级项目占全年总规模的 36%，上升 5.7%。千万级项目在城市智能交通市场比重加大，对企业业绩影响越来越明显。一些企业为此成立大项目部、重点项目部，重点协调、公关这类项目就基于这个原因。

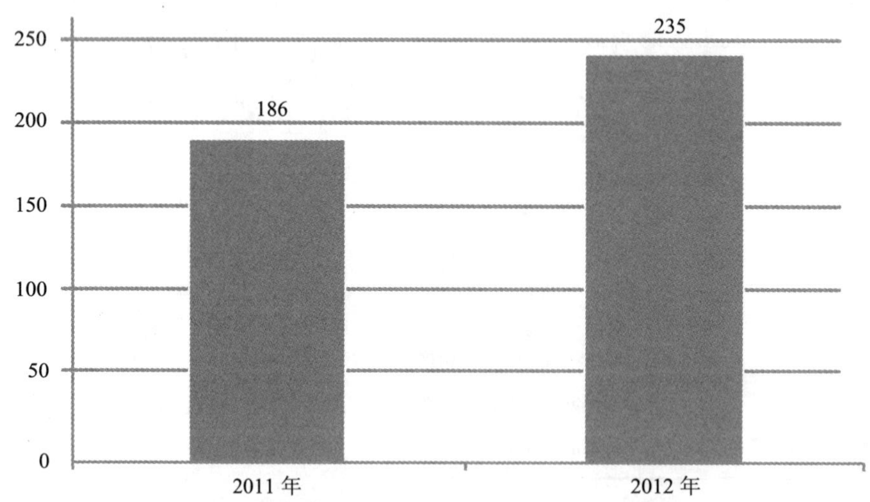

图2　2011—2012年城市智能交通千万级项目数量

［数据来源：中国交通技术网（www.tranbbs.com）］

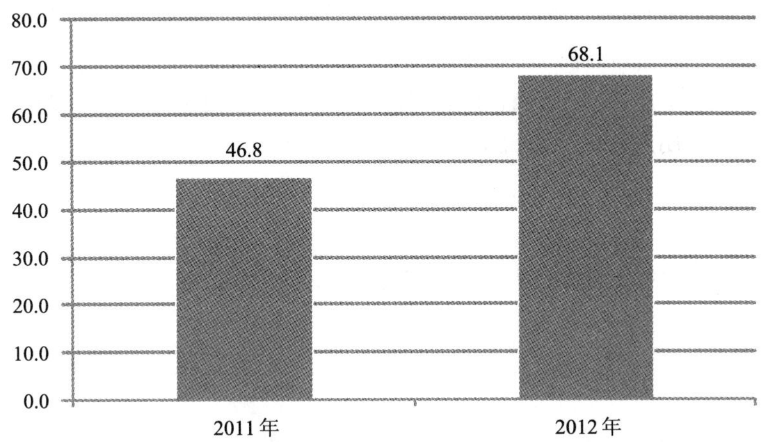

图3　2011—2012年城市智能交通千万级项目市场规模

［数据来源：中国交通技术网（www.tranbbs.com）］

2. 千万级项目规模区间分布

2012 年千万级项目平均规模为 2900 万，而 2011 年千万级项目平均规模为 2500 万，千万级项目平均规模增长 400 万。区间项目数量分布来看，2000+、3000+、4000+、5000+ 四个区间的项目数量基本与 2011 年区间分布数量一致。变化最大是 1000+ 区间，2012 年项目数量 139 个，同比增加 33%，是千万级项目数量增长的主要原因，如图 4 所示。另外一个突出变化是，2011 年没有单个项目规模过亿，2012 年一共有 7 个。7 个项目中有 5 个是融资模式项目，BT、BOT、BLT 均出现。

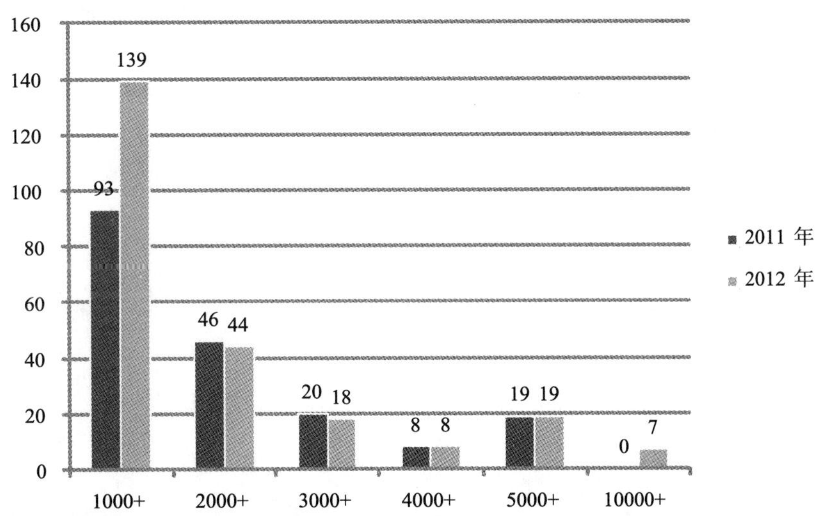

图4　2011—2012年城市智能交通千万级项目量级区间分布（项目数量）

［数据来源：中国交通技术网（www.tranbbs.com）］

从千万级项目市场规模分布来看，趋势与项目数量分布一致。2000+、3000+、4000+、5000+ 四个区间项目市场总规模基本与 2011 年区间规模分布一致，前三个规模区间从总规模来说，都呈下降趋势。

1000+ 项目区间变化明显，2012 年合计市场规模为 19.2 亿，同比增长 48.8%，是 2012 年千万级项目市场总规模增长的主要原因之一。

10000+ 项目区间 2012 年合计市场规模 15.5 亿，是 2012 年千万级项目市场总规模增长的另外一个主要原因，如图 5 所示。

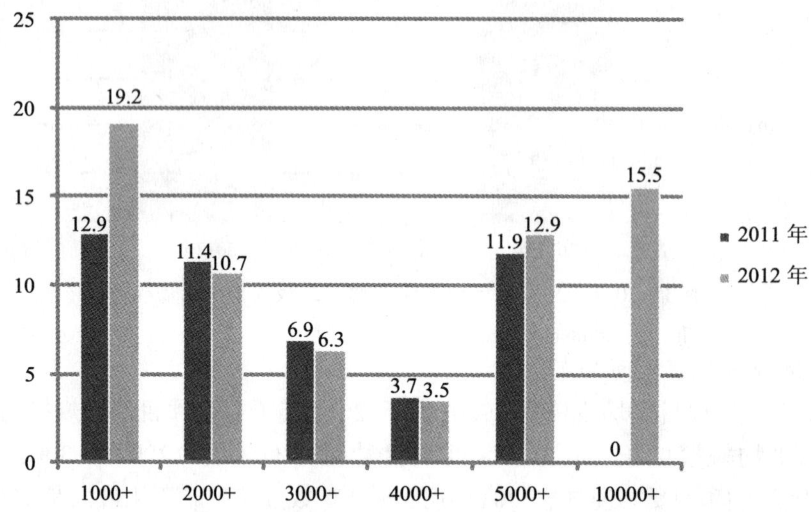

图5 2011-2012年城市智能交通千万级项目量级区间分布（市场规模）

［数据来源：中国交通技术网（www.tranbbs.com）］

（撰稿：徐赫）

2012—2013中国智能交通行业市场研究报告

一、2012年中国智能交通市场概述

（一）市场规模与增长

近几年，随着中国城市信息化的步伐加快，各地政府对城市交通投入增加，城市交通智能化建设也取得了初步成效。2011 年是“十二五”的开局之年，在国家“十二五”规划中明确了智能交通是建设的重点之一，由于国家政策的影响，2011 年中国智能交通行业应用总体市场规模达到 250 亿元，比 2010 年 201.9 亿元增长了 23.55%，2012 年随着各地智慧城市建设的推进，在智能交通行业 IT 应用投资方面加大了力度，2012 年比 2011 年增长了 27.56%，规模达到了 317.5 亿，如图 1 所示。

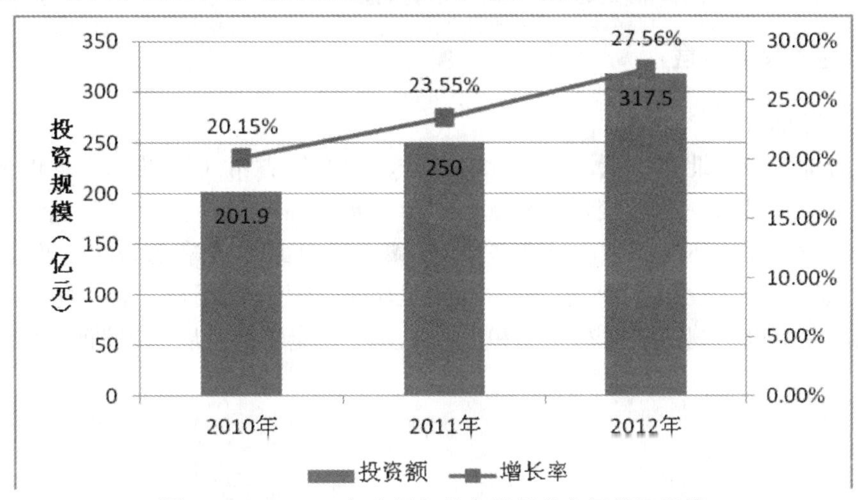

图1　2010—2012年中国智能交通行业应用投资规模

（数据来源：21ITS市场研究部）

（二）基本特点

1. 中国经济发展持续稳定，交通行业投资进一步增加

2010 年以来，国家应对国际金融危机各项政策措施的效应继续显现，GDP 增速回升强劲，物价水平温和上涨，就业形势继续向好，外汇储备增长放缓，人民币汇率走势平稳，社会消费稳定增长，对外贸易加快恢复，经济发展模式逐步从政策拉动型向内生增长型转变。进入“十二五”建设时期，国家重视智能交通建设。交通固定资产投资额快速增长，资金投向进一步向中、西部倾斜，高速公路建设步伐明显加快，农

村公路建设顺利推进。

2. 国家政策进一步推动智能交通的发展

《纲要》将综合运输体系建设、现代物流业发展列为“十二五”期间现代交通运输业必须取得重大突破的关键任务。交通运输是物流体系的重要组成部分，但从目前的发展形势来看，还存在技术性和体制性的问题，需要加大行业关键技术的研究力度，国家各部门如交通运输部和铁道部也要加强协调，实现全国整体规划和空间布局一体化。

《纲要》还指出要引导货运企业建立车辆指挥调度、货物跟踪查询、订单处理及甩挂作业信息管理系统，推广无线射频识别（RFID）、智能标签、智能化分拣、条形码技术等，提高运输生产的智能化程度。

3. 城镇化的快速推进对智能交通的需求十分迫切

党的“十八大”报告提出坚持走中国特色新型工业化、信息化、城镇化、农业现代化道路，推动信息化和工业化深度融合、工业化和城镇化良性互动、城镇化和农业现代化相互协调，促进工业化、信息化、城镇化、农业现代化同步发展。我国目前城镇化率较低、未来发展空间较大，城镇化不仅将带动传统的基础建设投资，还将推动节能环保、智慧城市、智能交通等多重产业链的发展。

（三）重点发展区域

1. 环渤海地区

环渤海地区包括北京、天津、河北、辽宁、山东等省市（见图 2），该地区有较强的技术研发实力基础，智能交通产业起步早、发展基础雄厚，具有先天优势，是我国智能交通产业重要的研发和生产制造基地，集聚了我国 30% 左右的智能交通行业企业。以北京为核心的智能交通产业发展对周边地区辐射带动作用明显，各地区政府对发展智能交通产业高度重视，陆续都编制和出台了关于智能交通发展的规划和相关的政策。

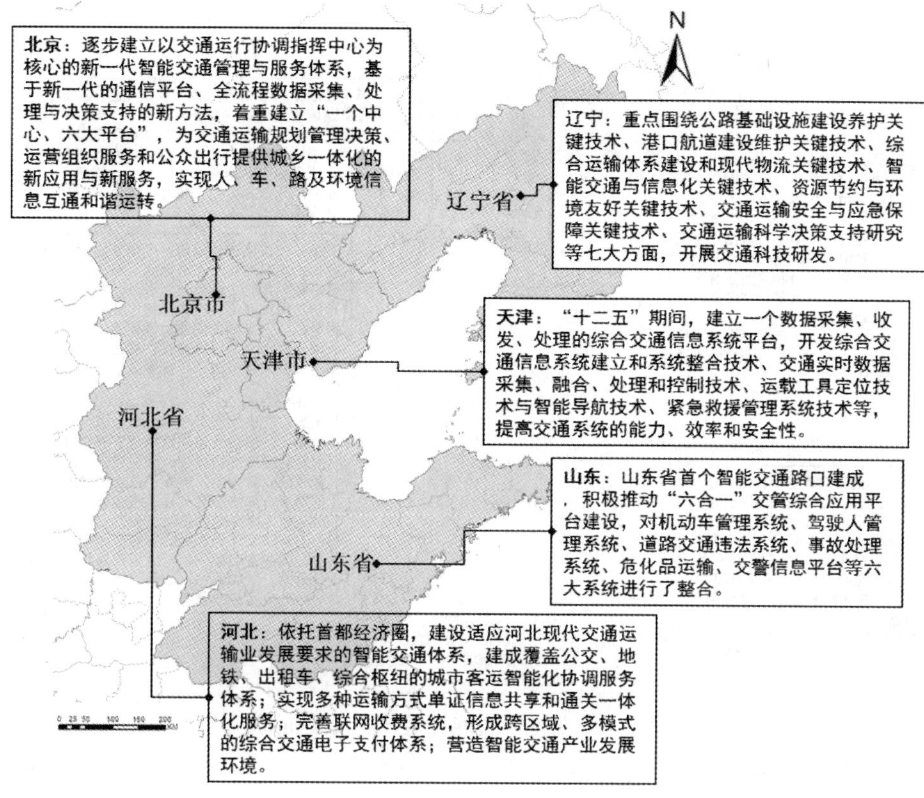

图2　环渤海区域新能源产业发展概况

（资料来源：21ITS市场研究部整理）

2. 长三角地区

长三角地区智能交通产业发展迅速，以浙江、江苏、上海、无锡等为重点城市带动东部沿海地区智能交通产业呈快速发展态势（见图3）。其中，上海、杭州、无锡代表长三角地区入选国家智能交通示范城市。同时，长三角地区高科技产业密集，龙头企业集聚，高等院校等科研单位众多，国际交往频繁，为引进国际智能交通产业高层次人才提供了有力支撑，也助推了智能交通产业快速发展。

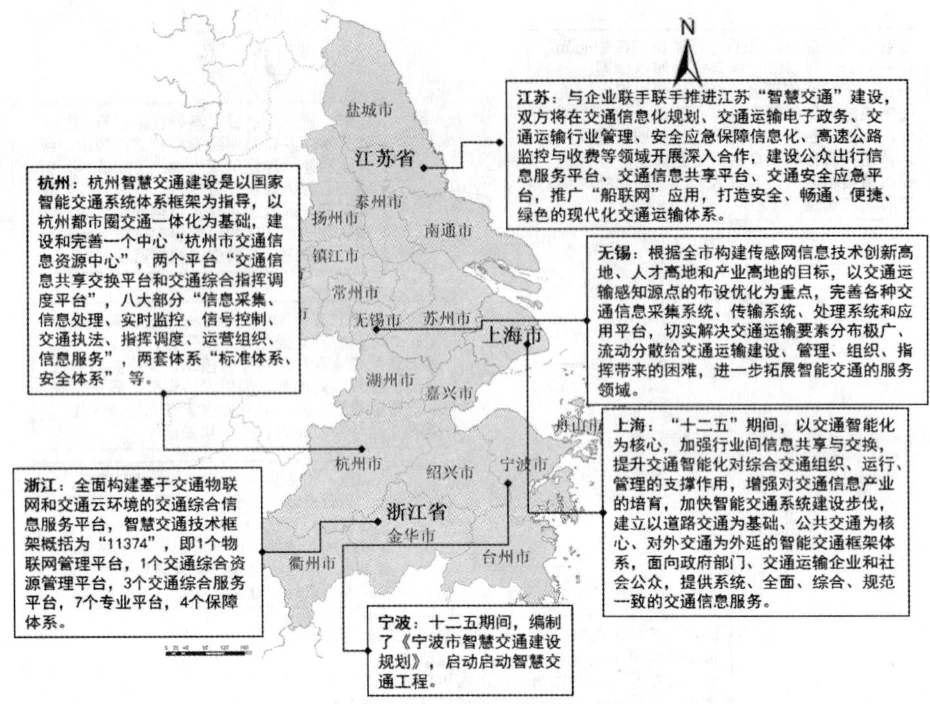

图3　长三角地区智能交通产业发展布局

（资料来源：21ITS市场研究部整理）

3. 珠三角地区

珠三角地区是我国重要的经济中心区域，经济基础好，智能交通产业基础设施完善，信息技术创新实力较强，资金、技术、人才等资源丰富，是目前我国智能交通产业较发达地区之一（见图 4）。从国家战略全局和长远发展出发，为促进珠江三角洲地区智能交通产业的快速发展，各地区纷纷制定和部署了智能交通产业发展的政策或重大工程。广州制定《广州智能交通系统发展规划纲要（2011—2015 年）》等政策文件；深圳市制定《深圳市智能交通十二五规划》；中山市作为首批全国智能交通系统应用示范工程试点城市，在中等城市如何建设智能交通系统作了一些有益的探索，在系统规划、技术集成和系统管理等领域取得了宝贵的经验。

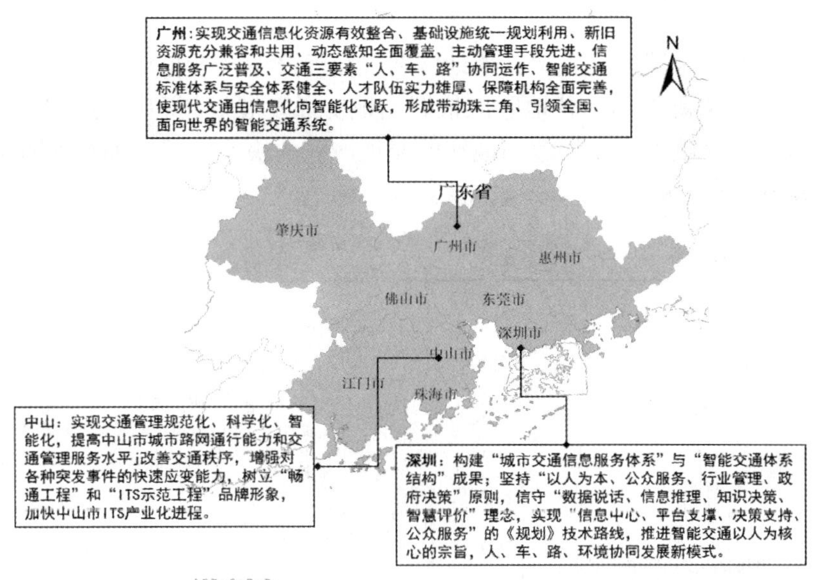

图4　珠三角地区智能交通产业发展布局

（资料来源：21ITS市场研究部整理）

4. 西南地区

成渝地区是中国中西部经济最发达和发展速度最快的地区之一。社会发展基础良好，自然生态条件相对优越，具有很大的发展容量和潜力，是中国西部大开发的重点地区。在智能交通产业建设方面具有后发优势，市场潜力巨大，如图 5 所示。

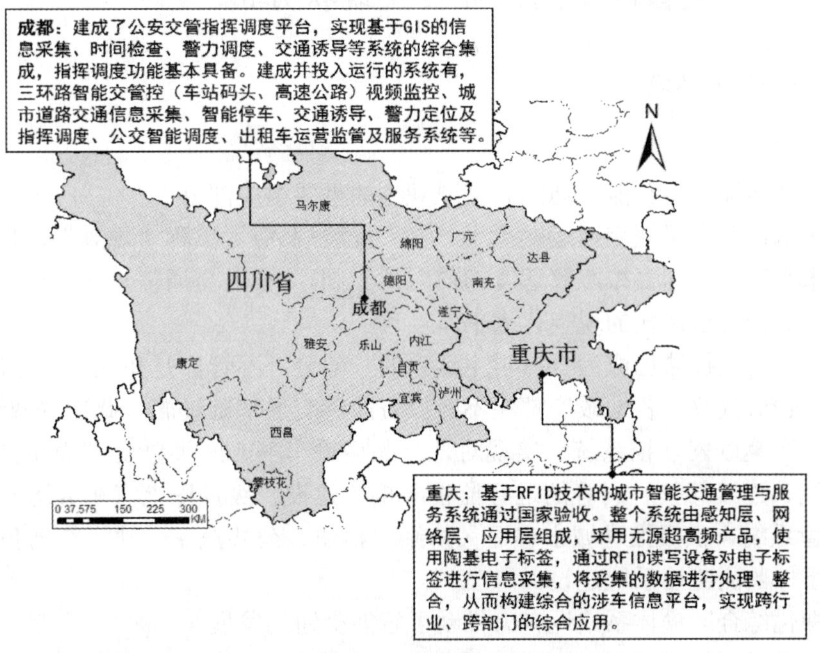

图5　西南地区智能交通产业发展布局

（资料来源：21ITS市场研究部整理）

5. 其他地区

除上述四个重点区域外，我国其他地区智能交通产业发展也呈现不同的发展态势。但由于各地所获得资源不均，各地区应依据当地交通发展规划和需要，因地制宜制定智能交通发展与建设政策，以加速当地智能交通产业的快速发展，如图6所示。

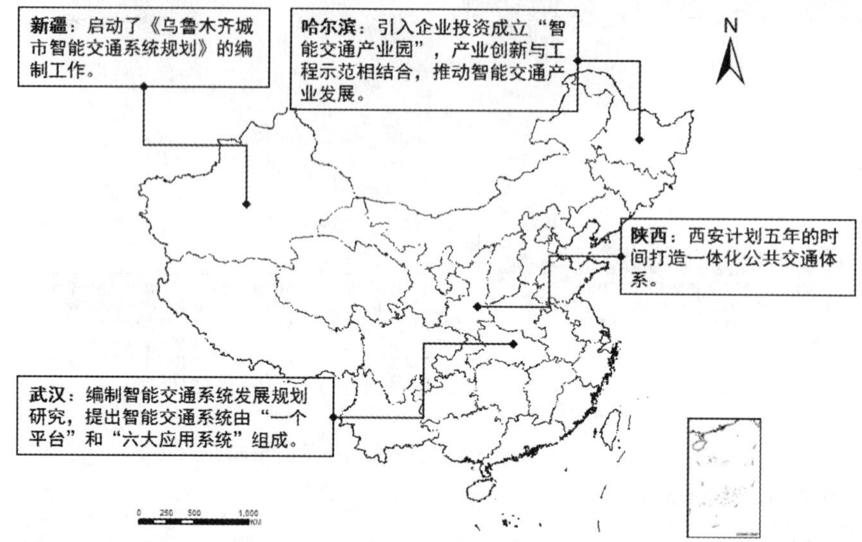

图6　其他地区智能交通产业发展布局

（资料来源：21ITS市场研究部整理）

二、2012年中国智能交通行业发展现状分析

（一）产业发展环境

1. 政策环境

（1）交通运输部将智能交通列为交通规划的重要组成部分

交通运输部公布了《交通运输“十二五”发展规划》（下称“规划”），规划中明确提出，在未来五年中国要按照“适度超前”的原则，“推进交通信息化建设，大力发展智能交通，提升交通运输的现代化水平”。

在中国，交通拥堵已成为“日常生活”的一部分，不管你是在北京、上海、深圳，还是西安、成都、武汉。各地政府都在不断投资改善交通基础设施。此次《规划》提出，要建设营运车辆联网联控系统，实现对危险品运输车辆、三类以上班线和旅游客运车辆行车路线、连续驾驶时间等的运行监控；推进建设二级及以上汽车客运站重点区域的视频监管系统。积极推进城市客运（换乘）枢纽、公共汽车、轨道交通日常运行状态和突发事件监测监控系统建设。

（2）深化综合运输体系建设有力推动了智能交通的发展

建立健全综合运输规划体系和协调机制，优化通道结构，合理配置综合运输通道和枢纽资源，推进国家运输通道建设，加快形成布局合理、功能完善、有机衔接、安全环保的综合运输基础设施网络。加快综合运输枢纽建设，为各种运输方式的有效衔接创造条件，提高综合运输优势和组合效率。“十二五”重点建设与铁路衔接的综合客运枢纽100个，在36个中心城市重点建设现代化综合客运枢纽，完善集疏运基础设施。加强养护管理，提高公路、航道、港口、机场的运营水平。继续推进运力结构调整，鼓励发展标准化、专业化运输工具，推进内河船舶标准化，不断提升运输装备技术水平。

“十二五”期间重点建设的综合运输枢纽，离不开智能交通系统的支持，建设功能完善，社会服务能力强大的交通运输枢纽，需要新一代的信息技术进行支撑，因此，在“十二五”期间对综合运输体系的深化建设加速了智能交通的发展。

（3）安全监管和应急处置能力将成为智能交通解决的重要问题

坚持预防为主、预防与应对有机结合，加快基础设施、安全监管、专业救助、治安防控、协调机制建设，逐步实现管理规范化、监管法制化、手段现代化、人员专业化、应急高效化。健全完善安全生产责任链和长效机制，加快建设安全生产和应急保障综合信息服务系统，继续完善水路、公路等安全应急指挥系统，健全应急预案，加强应急运力和物资储备。到2015年，基本建成全方位覆盖、全天候监控、快速反应的现代化水上交通安全监管系统和救援体系，努力做到“十二五”期单位运量的事故件数、伤亡人数、事故损失稳步下降，人命救助成功率达93%以上。基本建立公路应急抢通保通体系。继续组织开展基础设施建设“平安工地”活动。推进重点营运车辆联网联控系统建设，开展城市轨道交通运营安保工程建设。

“十二五”期间，将安全监管和应急处置能力作为交通部的重要任务。到2015年，基本建成全方位覆盖、全天候监控、快速反应的现代化水上交通安全监管系统和救援体系，这对智能交通的建设提出了挑战。在“十二五”期间，安全监管和应急处置能力成为智能交通急需解决的重要问题。

（4）不断推进基本公共服务均等化，有力促进智能交通的广泛应用

交通运输是直接关系到人民群众衣食住行的重要领域和民生工程。要加快构建衔接顺畅、方便快捷、经济可靠的运输服务体系，保障重点物资和城乡居民生产生活必需品的运输畅通。落实“公交优先”战略，发挥轨道交通、快速公交在城市交通运输系统中的骨干作用，建设“公交都市”示范工程，缓解中心城市交通拥堵。加强和规范出租车市场管理。到“十二五”末，实现全国高速公路电子不停车收费平均覆盖率60%，建成城市公交专用道10000公里，民航航班正常率保持在80%以上，乡镇邮政局所实现全覆盖，建制村村邮站和邮件转接点覆盖率超过80%。

农村公路是农村重要基础设施和公共服务设施。要坚持扩大成果、完善设施、提升能力、统筹城乡的原则，着力改善中西部地区和老少边穷地区农村交通运输设施条件，夯实新农村建设的交通运输基础，推进交通运输基本公共服务均等化。组织实施以西部建制村通沥青（水泥）路为重点的全国农村公路通达、通畅建设工程，进一步改善农村公路网络结构，增强整体服务能力。到“十二五”末，中国农村公路总里程达390万公里。

提高农村公路抗灾能力和安全保障水平，加大农村公路桥梁新改建、渡改桥、安

保工程等专项工程的实施力度，强化质量管理。深化农村公路管理养护体制改革，着力推进长期稳定的农村公路养护公共财政投资体制和运行机制，逐步实现管养规范化、常态化。统筹城乡客运资源配置，推进城乡客运一体化，稳步提高农村客运班车通达率，鼓励城市公交向城市周边延伸覆盖。到“十二五”末，基本实现全国所有乡镇通班车，90% 的建制村通班车。

不断推进的基本公共服务均等化，需要信息化的支撑。“十二五”期间，农村乡镇交通的大力建设，将有力促进智能交通的广泛应用，见表 1。

表 1　智能交通受到政策持续扶持

时　间	政　策	作　用
2003年12月	公安部发布《公安交通指挥系统建设技术规范》	首次就公安交通指挥系统的分类、功能、资源配置、技术性能要求等进行明确释义并制定相关标准
2005年12月	国家发改委颁布的《产业结构调整指导目录（2005年本）》	“城市道路及智能交通体系建设”、“城市交通管制系统技术开发及设备制造”、“城市建设管理信息化技术开发”属于国家鼓励发展的产业
2006年2月	国务院在《国家中长期科学和技术发展规划纲要（2006-2020年）》	该纲要将“交通运输业”列为11个重点领域之一，并将“智能交通管理系统”确定为优先主题
2008年4月	科技部、财政部、国家税务总局联合颁布的《高新技术企业认定管理办法》	将“智能交通技术”列为国家重点支持的高新技术领域
2009年4月	国务院在正式出台的《电子信息产业调整和振兴规划》	明确提出要将新型电子信息产品和相关服务培育成为消费热点，以信息技术应用有效带动传统产业改造，促进信息化与工业化进一步融合
2010年5月	公安部发布《公安交通指挥系统建设技术规范》	对公安交通指挥系统的基本功能及资源配置标准进行修订
2011年4月	交通部发布《交通运输信息化“十二五”规划》	明确提出要通过信息化手段提升交通运输管理能力和服务水平
2012年8月	交通运输部在交通运输系统内部发布《交通运输行业智能交通发展战略》（2011-2020年）（初稿）	对我国未来十年的智能交通发展目标、战略重点、战略实施策略和措施等内容进行了描述。提出要建成能够基本适应现代交通运输业发展需求的智能交通体系、关键技术体系、标准体系以及产业，实现跨区域、大规模的智能交通集成应用、协同运行
2012年11月	住房和城乡建设部办公厅印发《国家智慧城市试点暂行管理办法》	在国家智慧城市（区、镇）试点指标体系中二级评价指标专项应用中对智能交通评价内容提出了明确的内容：城市整体交通智慧化的建设及运行情况，包含公共交通建设、交通事故处理、电子地图应用、城市道路传感器建设和交通诱导信息应用等方面情况

（资料来源：21ITS市场研究部整理）

2. 经济环境

（1）经济社会的快速发展要求更强的交通运输能力

目前，从国内发展情况看，中国经济、社会保持快速发展的良好态势，GDP 年均增幅在 9% 左右，国内经济始终在较高的平台上运行，一般加工业和重化工业快速发展，对能源、主要原材料的运输需求不断加大。完善的交通运输网络和良好的交通环境，高效的运输组织方式和现代物流服务已成为适应国民经济发展和全面提高对外开放水平的基本要求。

（2）城镇化和机动车保有量攀升是主要驱动因素

城镇人口占比接近 50%。改革开放以来，我国城市化进程在与工业化互动中呈加速发展趋势。根据中国统计局调查数据显示，截至 2012 年，中国城镇人口占比已经超过 50%（扣除流动人口后的实际城镇化率要低一些），大幅超出一般预期，人口大量集中使城市道路承载能力面临严峻考验，也为智能交通带来发展机遇，如图 7 所示。

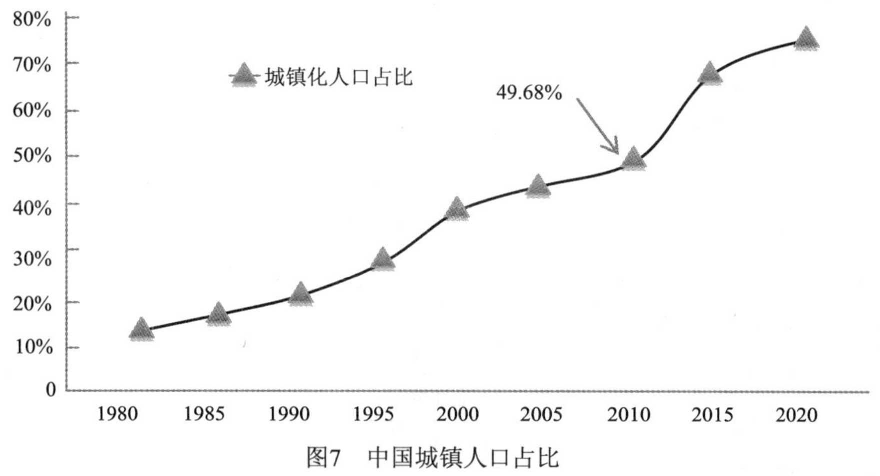

图7　中国城镇人口占比

（数据来源：国家统计局，21ITS市场研究部）

城镇化进程将继续保持高增速。根据世界银行 2010 年统计数据，美、日、欧等发达国家和地区城镇化率均已超过 65%，中国城镇化率为 44.9%，仍存在较大空间。根据世界城市化发展共同规律“纳瑟姆曲线”，城市化过程包括二个拐点：当城市化水平在 30%以下，代表经济发展势头较为缓慢的准备阶段，这个国家尚处于农业社会；当城市化水平超过 30%时，第一个拐点出现，代表经济发展势头极为迅猛的高速阶段，这个国家进入工业社会；城市化水平继续提高到超过 70%之后，出现第二个拐点，代表经济发展势头再次趋于平缓的成熟阶段，这时，这个国家也就基本实现了现代化，进入后工业社会。我国城镇化水平在 1994 年首次突破 30%，之后保持年均 0.89 个百分点的高速增长。根据《国家“十二五”规划纲要》目标，全国城镇化率在十二五期间将上升 4 个百分点，年均上升 0.8 个百分点。城镇化进程的不断推动特别是中西部的发展将为智能交通行业带来增量市场。

（3）国家智慧城市试点即将铺开，再次掀起智能交通建设高潮

住房城乡建设部 2012 年 12 月 5 日正式发布了“关于开展国家智慧城市试点工作的通知”，并印发了《国家智慧城市试点暂行管理办法》和《国家智慧城市（区、镇）试点指标体系（试行）》两个文件。经过地方城市申报、省级住房城乡建设主管部门初审、专家综合评审等程序，2013 年 1 月底，住建部正式确定了 90 个国家智慧城市建设试点城市，其中地级市 37 个，区（县）50 个，镇 3 个。具体如表 2 所示。

表 2　首批国家智慧城市试点城市

地区	具体试点城市	数量
北京市	北京东城区、北京市朝阳区、北京未来科技城、北京市丽泽商务区	4
天津市	天津津南新区、天津市生态城	2
河北省	石家庄市、秦皇岛市、廊坊市、邯郸市、迁安市、北戴河新区	6
山西省	太原市、长治市、朔州市平鲁区	3
内蒙古自治区	乌海市	1
辽宁省	沈阳市浑南新区、大连生态科技新城	2
吉林省	辽源市、磐石市	2
黑龙江省	肇东市、肇源县、桦南县	3
上海市	上海市浦东新区	1
江苏省	无锡市、常州市、镇江市、泰州市、南京河西新城、苏州工业园区、盐城市城南新区、昆山市花桥经济技术开发区、昆山市张浦镇	9
浙江省	温州市、金华市、诸暨市、杭州市上城区、宁波市镇海区	5
安徽省	芜湖市、铜陵市、蚌埠市、淮南市	4
福建省	南平市、平潭市、福州市仓山区	3
江西省	萍乡市、南昌市红谷滩新区	2
山东省	东营市、威海市、德州市、新泰市、寿光市、昌邑市、肥城市、济南西区	8
河南省	郑州市、鹤壁市、漯河市、济源市、新郑市、洛阳新区	6
湖北省	武汉市、武汉市江岸区	2
湖南省	株洲市、韶山市、株洲市云龙示范区、浏阳市柏加镇、长沙市梅溪湖国际服务区	5
广东省	珠海市、广州市番禺区、广州市萝岗区、深圳市坪山新区、佛山市顺德区、佛山市乐从镇	6
海南省	万宁市	1
重庆市	重庆市南岸区、重庆市两江新区	2
四川省	雅安市、成都市温江区、郫县	3
贵州省	铜仁市、六盘水市、贵阳市乌当区	3
云南省	昆明市五华区	1
西藏自治区	拉萨市	1
陕西省	咸阳市、杨凌示范区	2
宁夏回族自治区	吴忠市	1
新疆维吾尔自治区	库尔勒市、奎屯市	2
合计		90

（资料来源：21ITS市场研究部整理）

未来三年，住建部将与国开行合作投资800亿元用于智慧城市建设试点，我们认为，在巨额资金的支持下，智能交通项目或将改变以往中小项目零散投资的局面，试点城市大订单有望频现。根据2012年国内各地智能交通建设规划，预计平均每个试点城市投资有望达到1亿元，由此可催生智能交通百亿级市场蛋糕。

90个试点城市大部分为二、三线城市，其示范效应将带动智能交通投资热潮由一线城市加速向二、三线城市延伸。事实上，自2012年起，国内智能交通投资热潮由北、上、广、深等一线城市向二三线城市延伸的趋势已十分明显。而此番众多二三线城市被确定为国家智慧城市建设试点，其示范效应将进一步带动上述趋势的发展。这也意味着，更为庞大的智能交通市场正在打开。

3. 社会环境

随着城市化的推进和乘用车的普及，“人、路、车”之间的矛盾日益加剧，交通拥堵问题愈发突出。世界主要大城市在发展的历程中均经历过严重交通拥堵，自21世纪初开始，交通拥堵问题在国内变得愈发严重。2010年8月，美国《外交政策》盘点了世界五大交通最差城市，北京位列榜首，国内其他大中型城市同样面临交通拥堵之困。导致国内交通拥堵的主要原因是城镇化的提高、乘用车的广泛普及以及道路交通建设的掣肘见表3。

表3　世界主要大城市发展中交通拥堵的主要原因

城市	年代	交通拥堵的主因
纽约	40年代	一战结束后，美国的经济开始蓬勃发展，截至1929年，美国汽车产业的产值已占到全国工业产值的8%左右，小汽车保有量由677.1万辆增至2312.1万辆。纽约中心城区的交通拥堵达到令人难以容忍的程度，城市居民因为居住环境的恶化开始迁往郊区居住。
伦敦	60年代	二战后，伦敦道路建设未能按规划实施，而伦敦小汽车拥有量急剧上升。20世纪60年代中期，伦敦上下班的公交线路已伸展到离市中心40公里处，每天有120万人来伦敦市中心上班，而大伦敦区的小汽车则达300万辆之多，郊区每两户有1辆车。
巴黎	60年代	受到当时法国总统蓬皮杜“巴黎要适应小汽车”观点的支配，巴黎开始加大道路建设力度，环城高速路开放仅10天，路上的小汽车便开始首尾衔接，市中心区的交通拥堵。
东京	70年代	东京小汽车由1950年的6万辆增至1969年的200万辆，1979年的300万辆。这一时期东京经历了难以忍受的交通大拥堵。
首尔	90年代	首尔的都市化进程经历了高速的发展，从，一个不知名的小城发展成为世界大城市之一。人口从1945年的90万人猛增到1988年的1000万人。突如其来的人口高速增长给交通，带来负面影响，交通拥堵是最为困扰的问题之一。
中国大城市	21世纪初	城市交通拥堵开始在中国几乎所有的大城市呈现，其中包括交通拥堵严重的几个特大城市——北京、上海、广州等城市。

（资料来源：新华网，21ITS市场研究部）

当前“人、路、车”之间的矛盾日益加剧，交通拥堵问题愈发突出。城镇化提高和乘用车数量激增是交通拥堵的主要原因，而城市道路交通建设进展缓慢则加剧城市拥堵的现状。交通拥堵导致社会成本的增加和巨大财产、生命损失，急需应对之策。

一方面，由于交通拥堵，城市人群每天上下班时间增加 1.5 小时，商业车辆在交通运输中出现延误，增加交通运输成本；另一方面，城市车辆速度下降，导致氮氧化物（NOx）排放增加，加剧城市污染和热岛效应。此外，交通拥堵还导致交通事故频发。

智能交通和轨道交通是治理交通拥堵的两把利器，市场空间广阔。智能交通作为实时、高效、准确的新型交通运输系统，在欧美等发达国家正得到广泛应用，相关经验值得国内借鉴。而城市轨道交通在提高城市运力、缓解交通拥堵方面具备显著的优势。据统计，未来十年国内在智能交通领域的投资在 1820 亿元左右，而城市轨道交通领域的投资预计将达 2.31 万亿，市场空间极其广阔。

智能交通是智慧城市的重要组成部分，“十二五”期间智慧城市建设加速将带动智能交通系统迅猛发展。根据 21ITS 统计数据，截至 2012 年 5 月份，中国的一级城市百分之百提出了“智慧城市”的详细规划；有 80% 以上的二级城市也明确提出了建设“智慧城市”。从架构上看，智能交通是智慧城市的重要组成部分，两者在政府的“十二五”规划中占有重要地位。各地对智能交通和智慧城市的建设渐入佳境，投资力度逐步加大。智能交通也将逐步从一线城市向二三线城市渗透，由东部城市向中西部城市发展，市场空间广阔。

4. 技术环境

随着传感器技术、通信技术、3S 技术（遥感技术、地理信息系统、全球定位系统三种技术）和计算机技术的不断发展，交通信息的采集经历了从人工采集到单一的磁性检测器交通信息采集到多源的多种采集方式组合的交通信息采集的历史发展过程，同时国内外对交通信息处理研究的逐步深入，统计分析技术、人工智能技术、数据融合技术、并行计算技术等逐步被应用于交通信息的处理中，使得交通信息的处理得到不断的发展和革新，更加满足 ITS 各子系统管理者、用户的需求。

在国内，随着互联网、物联网、云计算、大数据技术的不断进步和应用，交通运输、汽车制造等传统分离的产业也正在与信息通信走向融合。工信部通信发展司副司长陈家春近日指出，智能交通代表着未来交通的发展方向。物联网的国家战略定位为智能交通创造了良好的政策环境和产业链基础，车联网作为智能交通未来重点应用的方向之一，也为信息通信业带来了施展拳脚的广阔舞台。

目前，作为物联网的基础，传感技术、RFID 技术在交通运输行业有着广泛的应用，主要包括电子政务领域、智能交通领域、运输 / 物流领域等。在电子政务领域的应用主要有：道路运政管理、水路运政管理、港口管理及海事管理等；智能交通领域主要有高速公路联网收费、不停车收费、多路径识别等；运输 / 物流领域主要有车辆管理、集装箱管理、船舶管理、货物管理、堆场管理等。在集装箱运输、场站（港口）及枢纽管理中，RFID 技术快速推广，发挥出了重要应用。比如在集装箱运输方面，开通了上海港一烟台港电子标签集装箱示范航线、中国上海港一美国萨凡纳港电子标签集装箱航线；青岛港与铁路部门合作开发了双层集装箱班列智能化装载系统，自动识别箱号和货物信息，实现合理配载和信息共享。青岛港、厦门港、天津港等港口还利用 RFID 技术对进出港区的集装箱车辆进行自动识别，提高闸口通过速度，减少集疏港作业的拥堵现象，体现了管理智能化、物流可视化、信息透明化的理念和发展趋势。应该说，RFID 技术的应用为提升物流信息化水平，促进现代交通运输业的发展起到了重要作用，见表 4。

表4 面向普通交通工具物联网应用服务

服务项目	解释说明
不停车收费系统	美国的E－Zpass、香港的Autotoll、广东的粤通卡等均是不停车收费系统应用的重要体现
相对位置定位	确定车辆进入了哪个区间，其定位的精度取决于RFID阅读器安装的密度
路线导航	其目的是根据事先选定的路线，在抵达某关键路口的前一个路口，通过适当的信息发布机制，可以告诉车辆应准备在某条行车道行驶或某个出口驶出。随着汽车导航系统普及率的提高、卫星导航业务的推广，路线导航应用将是物联网在交通行业普及的重要细分方向
智能信号灯控制	通过安装在路口的RFID阅读器，可以探测并计算出某两个红绿灯区间的车辆数目，从而智能地计算红灯或绿灯的分配时间。同时，通过对公交车辆的类别的识别，可以实现公交优先的交通信号控制
城市中心区域交通流量控制	对进入城市中心区的车辆，通过安装的路口的RFID阅读器，自动计算出行驶长度，从而可以对进入中心区的车辆按行驶长度不停车地进行收费，以降低城市中心区的交通压力
进入控制	通过装在路口的RFID阅读器，并辅以其他自动控制系统，可以不让特定类型的车辆，或有违章记录的车辆进入某区域或某路段
实时速度指标	可以通过计算两阅读器区间的车辆通过时间，进而实时统计出车辆的平均行驶速度。并且可以给出通告，让其他车辆可以知道该路段的顺畅程度，从而选择是否行驶该路段
实时流量统计	根据两阅读器区间的车辆通过数量， 可以实时进行某路段的车辆流量统计如果流量超过某范围还可以进行相应的警告信息发布以及进入限制
超速警告	根据两阅读器区间的车辆通过时间，计算出该车辆行驶是否超速。如果超速，通过适当的信息发布机制，对该车辆进行通告或警告
逆行警告	根据车辆在通过两阅读器区间的时间先后次序可以判断该车是否是在逆行。如果有逆行则通过适当的信息发布机制向该车辆发出警告信息
故障通告	如果某路段因为意外情况或者例行道路维护，需要暂时关闭，则可以在该路段之前的路口，对经过该路口的车辆进行通告，告诉某路段已经封闭，不可进入
自动违章记录与惩罚。	针对在某区间违章的车辆，在区间出口处，识别到该车辆后，可以自动进行违章的记录与惩罚。其费用还可以从自动缴费渠道扣除

（资料来源：21ITS市场研究部整理）

在运作的商业模式上，先行一步的车联网服务无疑是整个产业发展的试金石。按照中国《国家中长期科学和技术发展规划纲要（2006—2020 年）》规定内容，智能交通将成为国内未来交通运输业优先发展的主题，而车联网则是智能交通框架下的典型应用。车联网的发展串起了一条长长的产业链，涵盖汽车零部件生产厂家、芯片厂商、软件提供商、方案提供商、网络供应商等多个领域。车联网的出现，不但能进一步推进汽车制造、汽车服务等汽车行业进一步信息化，同时也为移动通信等领域带来了产业升级的机遇。一方面车联网将促使汽车行业从单纯硬件销售转为与服务、内容捆绑的新模式；另一方面，车联网让电信运营商和内容服务商迅速定位高端客户群体，便于提供产品和服务。此外，国家对新能源汽车“必须具备远程监控能力”的要求，也让车联网横跨两大战略性新兴产业。

（1）国家重视物联网技术在智能交通中的应用

工信部发布的《物联网“十二五”发展规划》要求到2015年初步完成物联网产业体系构建，形成较完善的物联网产业链，在十个重点领域完成一批应用示范工程。其中智能交通位于十大领域前列。

“十二五”期间智慧城市建设加速，将带动城市智能交通系统迅速发展。内地经济仍处增长期，城市化发展急速。城镇化和汽车普及加剧各大城市的交通供需、交通安全等问题，智能交通将有效提高交通效率。各城市将加快“十二五”交通网络发展，配合交通运输部全力推动智能交通运输系统。

在推动智能交通发展过程中，RFID（射频识别）、智能标签、条形码技术、无线传感等物联网技术，有助于提高运输生产的智能化程度。其中，RFID被认为是实现智能交通、车路信息管理的重要技术手段之一，中交协信息专业委员会副主任史其信在“2011中国无线世界暨物联网大会”上表示，RFID在移动车辆的自动识别和管理上有广阔的应用市场，汽车移动物联网科技工程已被列为国家重大专项，并成为财政部与工信部“物联网专项”中的重点推进项目。同时，国家重大专项第三专项已经把国家汽车移动物联网总体技术研究，列到第三专项的子课题。而且工信部和财政部已经开始列入国家每年要拿出资金专门支持物联网专项当中的车联网作为重点，见表5。

表5　面向公共交通工具及乘客物联网应用服务

服务项目	解释说明
车辆位置分布	可以通过装在公交站台的显示设备显示出某路线的所有车辆的目前位置分布
下班到达时间通告	可以通过装在公交站台的显示设备显示出某路线的下班车辆的大约到达时间
拥挤程度通告	可以通过装在公交站台的显示设备，通告下班即将到达的车辆中已有乘客数量或拥挤程度指标乘客可以结合其他车辆的位置选择是否继续等待
公交一卡通	通过装在车辆上的RFID阅读器，可以实现公交费用的电子支付减少钱币的直接支付与找零，该应用已经在很多车辆上实现。更进一步，如果在车辆下车处也装上RFID阅读器，可以实现按行程距离收费、实时乘客人数统计、以及前面提到的拥挤程度通告等。公交一卡通已经在国内一些大城市得到了规模性的应用，比如：香港的八达通、深圳的深圳通、广州的羊城通。其中，香港的八达通可以搭乘香港所有的公共汽车、地铁、火车、轻轨列车、轮渡、小型巴士等交通工具
下站到达地点通告	通过装在车内的显示设备，可以让车上的乘客知道下站的到达地点，以及整个行程所经过的站名。目前，该服务通过司机手动控制已经可以实现。如果采用RFID可以更智能化更准确地实现下站到达站名的通告
交通状况信息转告	通过装在车内的显示设备可以转告从交通基础设施提供者所收到的交通状况信息，比如实时速度指标、实时流量指标、故障通告等
动态时间估算	结合从交通基础设施提供者获得的交通状况信息，可以进行余下路线行驶时间的估算，并定期通知给车上的乘客

（资料来源：21ITS市场研究部整理）

（2）云计算技术将促进智能交通行业的发展

ITS 是交通和计算机融合的产物。近来，交通和计算机技术都发生了很大的变化。交通方面，随着欧盟、北美、东亚区域经济一体化的推进，以上各区域内的交通物流一体化的步伐越来越快。与这种趋势相适应，信息大集中模式的云数据中心的建设成为必然的选择。

目前交通系统的信息化建设，往往各省、各地区主导完成，这就造成了各地区彼此隔离的“信息孤岛”。虽然交通部所期待的目标是由某省某地区试点，建设示范项目，积累经验然后推广。然而所谓推广，往往是同样的系统在全部范围内的复制，设备的重复投资、软件的重复开发在所难免。

集中模式却改变了当前模式的弊端。比如说“道路实时监控系统”，以往示范到推广的过程，中小城市也要购置计算机，安装软件，部署摄像头，这样做的成本极其高昂。但是新的模式下，从示范项目到推广却变得非常简单，中小城市只需在本带道路安装摄像头即可，计算机硬件软件的购置维护都不再需要。由此可见，同样是示范项目，推广的模式却发生了巨大的转变，以前的推广是技术和应用方案的推广，而现在的推广是产品和服务的推广。

通过“数据集中”为社会提供“数据服务”，这样的做法摊薄了成本，使之前不具备信息化能力的边远地区也可以获得高水平交通信息化产品和服务。这些交通信息整合推广是由数据中心所主导的，并且数据中心在整合国内的硬件资源、软件资源和信息资源以后，所推出的产品和服务，这是一个省、一个地区所无法组织和提供的。这就整体提高了交通行业的信息化水平。

由于信息集中管理，实现共享，消除“信息孤岛”现象，为交通行业集中监管、集中控制提供信息基础。因此，信息管理实现集中不仅仅是指资源的集中，同时也是管理的和服务的集中，因此可以称之为“服务导向”的“大集中”。

（3）交通信息化标准工作得到进一步加强

近年来，随着交通运输信息化建设取得较大的进步，有力地推动现代交通运输业的发展。然而，由于标准工作滞后，很多单位缺乏主动学习和采纳国家和行业标准的意识，自行设计开发，从而导致交通运输信息资源难以整合，部省之间、省与省之间无法实现信息共享等诸多问题，成为制约交通运输信息化进一步发展的瓶颈问题。加强标准的制修订、宣贯和执行，已成为行业内的普遍呼声。

交通运输部近年来不断加大标准的制修订力度，先后编制了《交通行业信息标准体系》、《2007 － 2010 年公路水路交通信息化标准建设方案》，并按照方案组织制订了 13 项交通信息基础数据元标准，31 项智能交通和 20 多项物流信息化标准。进一步完善了交通信息化标准体系，组织制定并颁布了建设项目、收费公路等 5 项交通信息基础数据元标准以及《交通信息资源核心元数据》等行业信息化标准，组织开展了物流运输基础数据元、货物运输地理信息系统数据元等 10 余项物流信息化标准的研究制定工作。加强对交通信息化的政策引导，组织制定了《关于推动公路路交通运输行业 IC 卡和 RFID 技术应用的指导意见》，引导和推动物流信息化的发展。推动高速公路信息通信资源的整合，组织开展了《国家高速公路光纤通信网建设总体方案》的编制工作。

（二）产业链分析

1. 智能交通产业链分析

智能交通行业主要项目形式。我国智能交通建设的主要内容以交通管理系统为主，主要客户为各地政府、交通管理部门、道路规划和建设管理部门等（详细见图 8），目前大多属于政府采购的内容，通过政府采购的流程采取公开招投标的方式进行。现阶段行业特有的经营模式可归结如下：政府部门客户根据自身需求和咨询服务商提供规划方案公开招标，系统集成商通过投标向客户提供智能交通管理整体解决方案，中标后以智能交通系统工程项目总包商的形式进行系统集成和工程施工，通过收取项目合同款和后续维护费用实现收入与盈利，产品提供商负责提供相关软硬件产品。

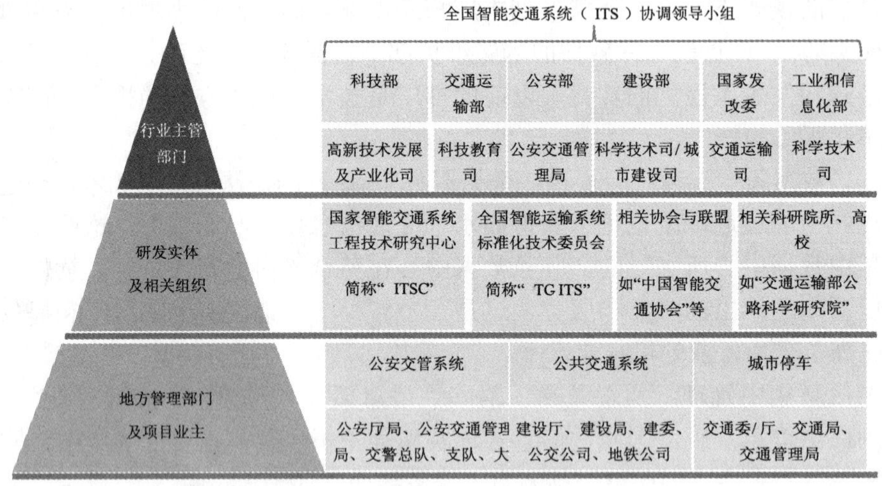

图8　我国智能交通主管部门及行业组织结构图

（资料来源：21ITS市场研究部整理）

智能交通产业链构成。智能交通产业链结构清晰，自上而下分别为算法 / 芯片、集成电路 / 数据提供商、软件 / 硬件产品提供商、咨询服务 / 系统集成商、运营服务商和终端客户，见图 9。

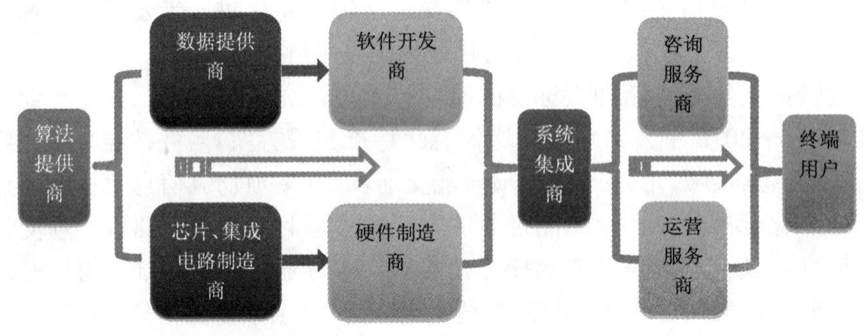

图9　智能交通产业链分析

（资料来源：21ITS市场研究部整理）

2. 智能交通产业构成（见表6）

表6　产业链环节企业构成

产业链位置	主要成员
算法提供商	ITU-T、ISO/IEC、JVT
数据提供商	四维图新、高德软件、凯立德、武汉立得、北京灵图、长地万方、易图通、城际高科、科菱航睿等
芯片、集成电路制造商	TI、SONY、PHILIPS、ADI、海思、中星微等
软件开发商	ESRI、Oracle、超图软件、北大千方等
硬件制造商	海康威视、大华股份、大立科技、英飞拓、中威电子、中兴通讯、迪威视讯、威创股份、宁波GQY等
城市ITS	易华录、北京四通、银江股份、川大智胜、捷顺科技、宝信软件、青岛海信、南京莱斯、上海电科、深圳中盟、航天智通、安徽科力、安徽蓝盾等
城际ITS	皖通科技、中海科技、亿阳通信、紫光捷通、瑞华赢、云星宇等
咨询服务商	GHD、网特金斯、奥雅纳、高效和政府部门研究机构等
运营服务商	天泽信息、武汉翼彩、天远科技、博创兴工、厦门雅讯、吉美思、上海飞田、中寰卫星、赛格导航等
终端用户	政府、交通部门、道路规划和建设管理部门、研究单位、企业、个人

（资料来源：21ITS市场研究部整理）

（三）中国智能交通产业发展的瓶颈问题

1. 关键核心技术问题

关键核心技术问题是影响我国智能交通产业竞争力的主要问题。目前我国市场的智能交通中高端产品主要是国外品牌，关键核心技术主要依赖从国外进口。即使是发展最快、推广范围最广的智能交通行业管理和智能导航产业也不例外。

例如，在智能导航产业中，国外厂商所生产的专业测量接收机和测向接收机高端产品占到了其产品总量的80%；在授时接收机中，国外产品占到了60%；在航空导航接收机中，国外产品的比例更是高达90%；国产OEM板几乎全部采用外国芯片。国产低端产品主要使用国外进口芯片或OEM模块进行二次开发。在智能交通行业管理方面，关键设备和技术也是依赖进口。关键核心技术的缺乏不仅使产业在发展过程中不断付出昂贵的技术使用成本，同时产业的命脉也会被国外企业所扼制。

2. 技术的标准化问题

由于产品没有标准化，市场准入缺乏适当标准和门槛，任何投资商都可以自由进入，导致产品质量缺乏保障，降低了消费者对产品的信心和信任度。例如，目前我国大部分GPS生产商都没有标准的生产线和相应的模拟环境检测线以及品控程序，GPS运营商为了节省投入，不买正版软件和电子地图而使用供应商提供的盗版软件和自行拼凑的电子地图，从而导致不同公司的GPS产品及运营系统难以兼容通用、软件无法正常升级、系统经常瘫痪、地图信息过时误导用户，部分监控中心甚至是多系统并存，操作使用不灵，维护复杂困难，不但影响工作效率，而且还存在隐患风险，使庞大的汽车消费群体不能完全成为智能交通产品和服务的消费者。

3. 产业链整合问题

我国智能交通企业的专业化生产程度很低，仍然处于各自为政、孤军奋战的状态，尚未形成完整的产业链。在我国，很多 GPS 运营商为了降低成本、节省投资，集软件系统开发和硬件终端研发的功能于一体，同时进行软硬件的生产、销售和运营。由于其在任何一个生产环节中的专业性都不足，从而导致其终端产品存在严重的质量问题，产品返修率高，最终导致整个产业的竞争力不足。

4. 市场培育问题

目前，即使是在几个国家智能交通示范城市，智能交通产品和服务市场也只是部分形成，顾客对大多数智能交通产品和服务还认识不足。如对手机、PDA 短信、彩信、WAP 的交通路况信息服务和车载 PND 等方式的交通导航信息服务了解和认识不深，更谈不上应用。需求的不足使智能交通企业无法实现规模效益，同时也严重影响产业的发展空间和发展速度。

四、中国智能交通市场趋势分析

（一）智能交通移动化扩展成为发展趋势

从战略性新兴产业发展形势来看，截止到 2012 年上半年，我国手机用户超过 10 亿，其中智能手机用户 2.5 亿，手机首次超过计算机成为第一大上网终端，移动互联网的迅速发展也为智能交通提供了新的手段和发展机遇。移动互联网正在逐渐改变传统行业的形态，而伴随着移动通信和互联网技术的推动，智能交通将使用最新的信息技术来提升信息的获取和提供手段，使交通信息参与各方的信息共享更加丰富和透明。

交通运输部数据显示，2012 年全年，全国接报涉及人员伤亡的路口交通事故 4.6 万起，造成 1.1 万人死亡、5 万人受伤，全国私家车导致的事故数、死亡人数上升 5.5% 和 6.5%，分别占机动车肇事总数的 68.7% 和 58.8%，比 2011 年上升 6.4 和 6.2 个百分点。从国外近两年采用智能交通技术提高道路管理水平经验来看，每年交通事故发生率下降 20% 以上，并能提高交通工具的使用效率 40% 以上。

在我国电信运营商与交通管理部门联合推出了一系列的智能交通应用。例如中国联通开发的公交车定位监控应用，目前已覆盖全国三分之一的公交车，完成十几万辆公交车视频设备装载。通过高速的移动通信网络，通过视频设备进行信息采集回传可以有效提高公交车的使用效率，并对交通情况形成网格式的监控。与运营商推出的交通管理和交通参与的应用不同的是，众多第三方企业选择在位置定位和交通周边服务来进入该应用领域。目前地图、交通、公交类应用已经远远突破上千款，在交通的众多细分领域百花齐放。

（二）产品服务化趋势成为未来智能交通发展重要方向

对于国内智能交通产品来说，虽然大多数产品具有价格优势，但是产品性能不稳、高返修率却是其致命弱点。目前国内市场的导航产品的返修率在40%以上。而交通信息的质量也影响了顾客对产品性价比的评价。据北京交通信息中心2012年的需求调研报告显示，已经购买导航仪的消费者中，超过40%的人认为交通信息的实时性差，70%的人认为信息不准确。另外，产品不能兼容也导致了顾客使用中的困难。以上原因也使消费市场的培育受到影响。随着未来智能交通行业的许多成熟产品，其成本、技术、功能与质量已达到竞争的极限，因此只有选择采用服务策略，才能达到提供差异化产品的目的。

（三）智能交通的发展趋势将表现为综合化、多部门驱动型的发展模式

由于城市智能交通体系将涉及相关的市民、公安交通管理、交通部门车辆管理、城市建设、通信等相关部门工作，因而未来城市智能交通的发展过程必然是一个涉及以交通与公安为主的多部门驱动的发展过程，我国城市智能交通行业主管部门主要是科技部、交通运输部、公安部、住房与城乡建设部、国家发展和改革委员会、工业和信息化部。项目业主主要是各地的公安厅/局，交通委/厅，交通局等。城市交通综合信息平台、全球定位与车载导航系统、城市公共交通车辆以及出租车的车辆指挥与调度系统、城市综合应急系统都将迎来较大的发展机遇。

（四）智能交通呈现融合发展趋势

中国智能交通建设仍有诸多不足，堵城现象就是一大体现，纵观个企业智能交通解决方案，智能交通各子系统相对独立，智能交通系统需做好顶层设计，需要纵观全局的城市智能交通整体解决方案，加强各子系统之间的相互协调能力实现有效融合，做到信息共享处理，实现交通的全面管控。另外，随着物联网、车联网应用的发展，给智能交通的发展带来了新契机，云计算的发展也使庞大的信息分析处理变得更加简单，智能交通把物联网、车联网、云计算这些先进的信息技术融合到系统中去，必将带来飞跃式发展。

基于物联网的智能交通产业化大发展必然需要芯片商、传感设备商、系统解决方案商、移动运营商等上下游厂商的通力配合，需要产业链各方的合作。通过制订一种有利于产业化推进的应用组织方案，由政府主导，行业协会组织，集中各种资源力量，推动和打造一批民生示范工程，促进基于物联网的智能交通产业发展。目前部分城市在建设“数字城市”和“智慧城市”的规划中，智能交通系统已经开始规模化应用，见表7。

表7　2011-2012年各地智慧城市规划

城　市	事　件	目　标	具体措施
上海	上海市委九届第十三次全会审议通过《中共上海市委关于制定上海市国民经济和社会发展第十二个五年规划的建议》	建设以数字化、网络化、智能化为主要特征的“智慧城市”	到2013年，浦东新区包括电子信息制造业、软件和信息服务业、以及电子商务在内的智慧产业总体规模将超过5000亿元
广州	市长在智慧广州建设现场工作会议上提出抓好“5+1”工程	通过智慧城市的建设，催生出一种新的城市形态，这意味着整个城市的定位、发展、规划、运营、管理、服务都要按照数字化、网络化、智能化的方向来发展和定位	抓好战略性信息基础设施和战略性信息平台建设，加快实施网络普及提速计划，以物联网、光纤到户、新一代移动通信试验网、无线城市等为重点，加快建设覆盖全市的高性能宽带信息网络
深圳	市长作了题为《努力当好科学发展排头兵加快建设现代化国际化先进城市》的报告	围绕建设“智慧深圳”、“低碳城市”	整合资源、超前布局，大力发展新能源、互联网、生物等战略性新兴产业
南京	市发改委牵头制定了《南京市“十二五”智慧城市建设规划（讨论稿）》	提出围绕南京市发展的特色优势、产业升级的战略重点和群众对公共服务的迫切要求，着力推进重点领域的智慧应用	实施“车辆智能卡”、“智慧医疗”、“智能交通”等重点工程。促进以智慧产业为代表的新兴产业蓬勃发展，建设一批“千亿级”智慧产业基地
武汉	武汉市投资100万元对“智慧城市”概念设计政府采购项目进行了招标		引进和运用物联网、云计算等信息技术，实施智能交通、智能电网、智能安防设施、智能环境监测、数字化医疗等物联网示范工程。实现车联网全覆盖
宁波	出台了《宁波市委市政府关于建设智慧城市的决定》		“十二五”期间，宁波智慧城市建设主要着力于31项工程87个项目，总投资407亿元。包括智慧应用体系建设、智慧产业基地建设、智慧基础设施建设、居民信息应用能力建设、组织保障机制建设等几个方面
佛山	市政府通过了《四化融合智慧佛山发展规划纲要（2010-2015）》	四化融合，智慧佛山	通过信息化、工业化、城市化、国际化的相互融合、互相促进、共同发展，把佛山打造成为新兴产业发达、社会管理睿智、大众生活智能以及环境优美和谐的智慧城市
合肥	建设以数字化、网络化、智能化为主要特征的“智慧合肥”，已经写入合肥市《十二五规划纲要》		以提升网络宽带化和应用智能化水平为核心，加快推进信息技术与城市发展全面深入融合
苏州	市召开信息化工作会议，会议敲定了我市“十二五”信息化工作的主要目标：到2015年，“智慧苏州”基本框架初步成型		实施智慧医疗、智慧交通、智慧物流、智能电网、智慧旅游、智慧农业、智慧社区、智慧城管、智慧安全等九个示范工程

（资料来源：21ITS市场研究部整理）

中国的一级城市百分之百提出了“智慧城市”的详细规划，有80%以上的二级城市也明确提出了建设“智慧城市”。智能交通是智慧城市的重要组成部分，各地对智能交通的投资力度逐步加大。此外《交通运输信息化“十二五”规划》出台，智能交通受到政策持续扶持。21ITS市场研究部预计城市智能交通2015年的市场规模将达到250亿元。

（五）国家重视发展智能交通产业，发展前景巨大

智能交通作为未来交通系统发展的大趋势，科技、公安、交通管理等相关部门也采取多种措施予以积极推动，分别提出将智能交通作为我国未来交通运输领域发展的重要方向和优先领域予以重点支持。

智能交通在美国的应用率超过80%，1997-2017的20年间，美国智能交通相关产品及服务市场容量将超过4200亿美元。欧洲智能交通领域2013年的经济效益预计将超过1000亿欧元。而近邻日本从1998年到2015年的市场规模累计将达到5250亿美元。与美国、日本、欧洲等发达经济体相比，中国的智能交通发展还刚刚起步。仅以车载导航系统为例，我国的安装率为3%，而日本超过60%、韩国为40%、欧美为15%。

目前，我国政府已将智能交通系统作为中国未来交通发展的重要方向。各级地方政府响应中央号召，也纷纷加大对智能交通系统的投资力度。

五、2013－2015年中国智能交通市场发展预测

（一）总体需求分析

《交通运输“十二五”发展规划》中明确提出，在未来五年中国要按照“适度超前”的原则，“推进交通信息化建设，大力发展智能交通，提升交通运输的现代化水平”。可见，在“十二五”期间，国家非常重视智能交通的建设。

未来三年间，将是中国智能交通发展的上升时期，将对提高城市交通设施利用效率、提升交通系统服务水平、促进节约型城市交通系统产生积极影响。从各省市发展规划来看，中国大多数城市从2009年起将大规模增设公交道，建设新的轨道交通，以构建大公交网络。国家和地方政府将投入大量资金采购应用于公交、地铁、轻轨和出租车的各种智能交通解决方案和产品。同时，由于城镇化进程加快，城市交通的城乡一体化趋势日益明显，交通信息化的范围逐步向城镇郊区扩展。在未来三年中，全国城市交通智能化的水平将有显著提高。随着国家城镇化进程的加快，行业的发展将迎来前所未有的机遇。

未来几年中国智能交通行业投资将以年均20%以上的速度增长。2013年受政府投资推动智慧城市建设的影响，预计智能交通行业应用投资将增长至407.99亿元，增长率则高达28.5%；2014年智能交通行业基础建设基本成型，注重应用成为发展主要方向，增长率接近30%，预计应用投资规模超过500亿；预计到2015年，智能交通

行业应用投资将增长将超过700亿元，如图10所示。

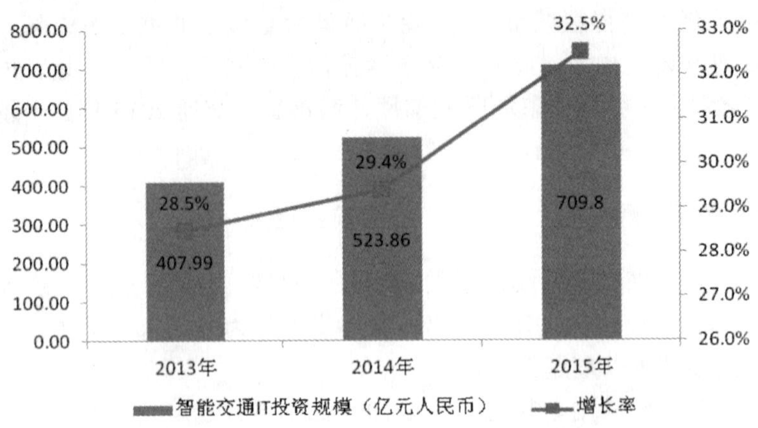

图10　2013—2015年中国智能交通行业投资预测

（资料来源：21ITS市场研究部整理）

（二）需求重点分析

1. 智能交通管理系统

目前智能交通管理已经开始建设，并且取得了一定的效果，预计2013年智能交通管理系统市场规模为125亿元，增长率为26.3%。未来2年内将会逐步完善各种子系统的建设，实现对交通的智能指挥和调度，随着智慧城市建设的展开，增长率逐年有所上升，预计到2015年市场规模将超过200亿元，如图11所示。

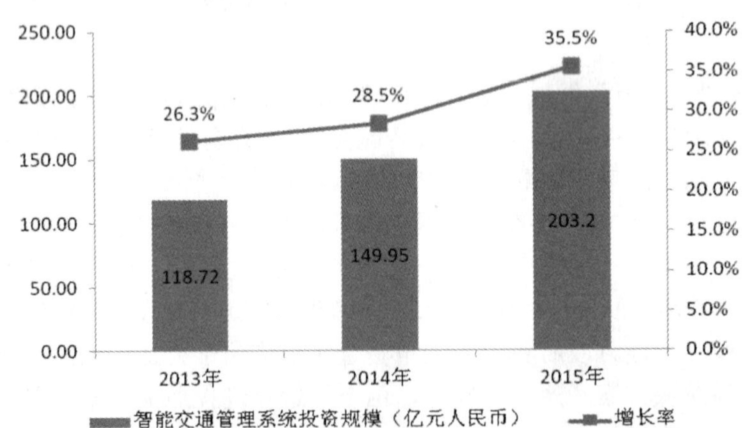

图11　2013—2015年中国智能交通管理系统市场规模预测

在城市道路交通管理方面的重要趋势之一就是增加交通环境监控系统，实现对交通车流和人流的数据采集，同时建设智能交通信号控制系统，实现交通信号能够根据道路交通流变化对城市交通信号系统的自适应控制，对大区域、多种交通方式的协调控制，以及对某种交通方式（如道路公共交通）的优先控制，同时具备交通信号控制仿真功能，最后通过对各种交通信息集成处理设备等进行信息提炼、融合形成有综合价值的基础交通信息。

城市智能交通管理系统由多个子系统组成，各个子系统的信息需求复杂多样，但有一些信息是可以共享的，通过共用信息平台可以使这部分信息增值，而且整个智能交通管理系统的信息通过共用信息平台的统一存储、组织、处理，能够更有效地保证数据间关系的正确性、可理解性和避免数据冗余，提高系统中信息的利用率和传输速度。

ITS 是综合交通运输管理系统，覆盖九大子系统，具体如表 8 所示。

表8　综合交通运输管理系统内涵

系统名称	系统功能
交通信号系统	通过在交通路口安装智能型信号机，实时检测车辆到达数据并上传到交通指挥中心，经优化计算生成合理的信号控制方案，使交通信号配时更加合理，提高路口通行效率，缓解城市交通拥堵
交通监视系统	将遍布城市、城际各关键位路的摄像机通过各种组网方式实现与交通指挥调度紧密结合的实时图像浏览、切换、预路位设路调用、视频录像查询回放等功能
交通流信息采集系统	通过对不同检测手段得到道路上不同种类的交通流数据，应用多元数据融合技术进行规范化、标准化整合、分析和存储，并能够从信号控制系统、卡口系统、GPS 系统中抽取交通流数据，实现各种管理功能
交通信息服务系统	面向公众的智能交通信息发布系统、动态路径引导系统等
电子收费系统	自动识别、不停车自动收费
应急管理系统	紧急情况处理系统
车辆控制系统	包括车载通讯设备、电子地图、全球定位系统、紧急制动、危险防护警告系统、防盗报警系统等
公共交通运营系统	包括高速公路、城市轨道交通、铁路、航运、空运的中央管理控制、指挥调度、信号信息系统
商用车辆运营系统	大型工程机械以及出租车等专业运输装备的调度、管理

（资料来源：21ITS市场研究部整理）

在中心指挥平台的统一调度下包含用于道路控制和用于车辆控制的两大功能，具体，如图 12 所示。

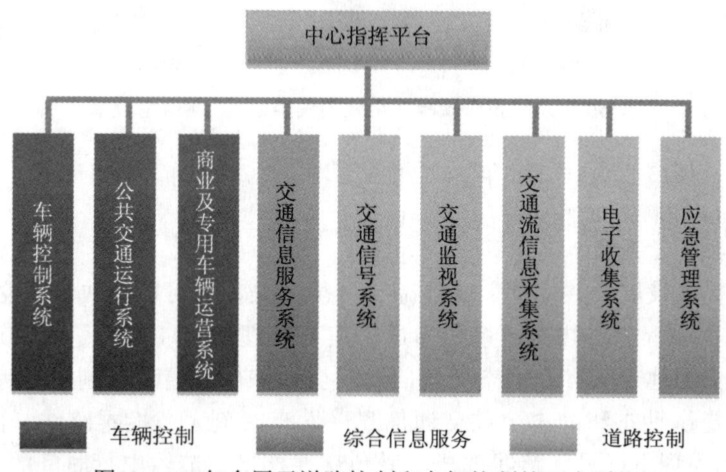

图12　ITS包含用于道路控制和车辆控制的两大系统

（资料来源：21ITS市场研究部整理）

2. 交通电子收费系统

交通运输部和国家发改委、财政部联合出台《关于促进高速公路应用联网电子不停车收费技术的若干意见》。2011 年底，全国高速公路 ETC 平均覆盖率（设置 ETC 车道收费站数量占高速公路收费站点总数量的比例）达到 30%，ETC 车道数达到 2500 条，ETC 用户量达到 200 万个，非现金支付使用率（非现金交易笔数与总交易笔数之比）达到 10%。预计 2013 年市场规模为 96.71 亿元，随着各地道路设施建设进程的推进，到 2015 年市场规模将达到 155 亿元。

中国的 ETC 系统技术自主研发仍处于起步阶段，单纯引进势必造成技术落后，资源浪费，因此应该加大该方面的研究投入，此外我们应该将这项技术与国情相结合，比如目前国内的超载现象比较严重，可以通过在 0DB 中存入相应车辆的最大载重量，在入站口处设置电子地称，从而有效控制超载。

放眼全球，为了提升人工收费效率，减少车辆停车缴费再启动的能源消耗，以及车辆的因缴费而拥堵的状况，利用短距无线通信技术发展高速公路电子收费系统 ETC 已经成为一种趋势。它是高速公路智慧化的一环，也是发展“智能型运输系统”的一个起点，而且也可以带动国家的通信、资讯、金融服务等相关产业之间的合作发展，见图 13。

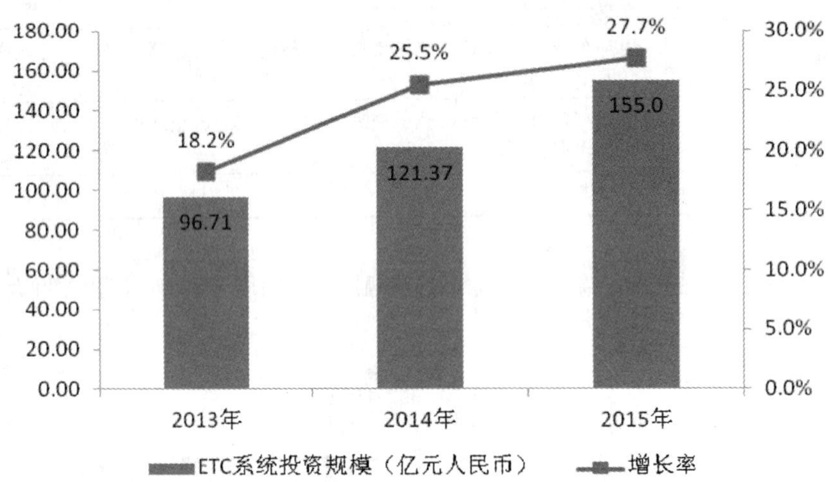

图13　2013－2015年中国智能交通电子收费系统市场规模预测

（资料来源：21ITS市场研究部整理）

3. 智能公共交通系统

国家大力提倡发展公共交通，既能减少环境污染，又可以解决城市交通拥堵问题。对于出行者而言，智能公共交通系统通过采集与处理动态（客流量、交通流量、车辆位置、紧急事件的地点等）和静态交通信息（交通法规、道路管制措施等），通过多种媒体为出行者提供动态和静态公共交通信息（发车时刻表、换乘路线、出行最佳路径等），从而达到规划出行最优路线选择、避免交通拥挤、节约出行时间的目的。对于公交车辆而言，智能公共交通系统主要实现对其动态监控、实时调度、科学管理等功能，保证公交车辆的优先通行，从而达到提高公交服务水平的目的。

目前各大中型城市大部分建设了公交IC卡系统，以及电子站牌的应用，有部分先进城市已经开始建设公交智能调度系统，未来需要整合各种公交信息资源，通过对数据资源的挖掘，对公交调度和线路设计等提供决策支持。通过建立公交智能调度系统，可以实时监控城市居民的出行情况，并对城市居民未来的公交出行需求进行动态预测。借助公共交通系统和城市交通控制系统有效对接，从而实现公交车辆在信号交叉口优先通行和公交专用道不被社会车辆占用。同时建立完善的公共交通自动监控及通信调度系统，使公交车全部实现自动监控、调度管理及信息发布功能。健全公交信息服务系统，为出行者在出行前或出行中选择交通方式和路径提供准确而及时的信息。

预计2013年智能公共交通系统市场规模为62.52亿元，未来几年将保持30%以上的增长率，到2015年市场规模将超过100亿元，见图14。

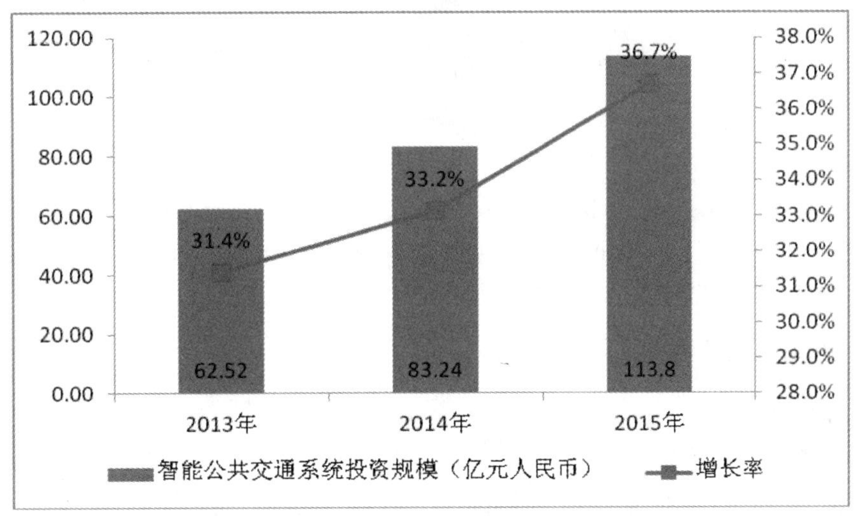

图14　2013—2015年智能公共交通系统市场规模预测

（资料来源：21ITS市场研究部整理）

4. 交通信息服务系统

实时交通信息服务重点要解决的是交通数据采集、处理、发布三大问题。动态交通信息服务系统是在对交通信息的采集、融合、处理基础上，通过有线网络和无线网络，向互联网、呼叫中心、手机、PDA、车载终端等发布实时交通信息，为出行者提供较为完善的出行信息服务。该系统能为出行者提供实时路况、交通预测、路径规划等信息。

出行者可以及时获得实时更新信息，提前安排出行计划，变更出行路线，使出行更安全、更便捷、更可靠。该系统实现的功能在使公众切身感受到交通信息服务便利的同时，也能辅助交通管理部门的管理和执法，有效诱导城市交通流，缓解交通压力，减少因交通拥堵带来的环境污染。目前，中国省会级城市的交通信息服务系统的基础建设已初步成型，但普遍面临着整合利用交通信息来服务于交通管理和出行者的问题。随着中国城市与城际路网的日益完善以及交通信息化服务水平的提高，科学、合理利用资源，采用各种高新科技手段向交通管理和出行者提供各类交通信息，已经成为迫切的需求。预计在未来，交通信息服务的重点将从系统建设转向系统整合及信息的挖掘利用，多种信息发布平台的完善将推动交通信息服务业逐渐步入成熟期。

随着智能交通的建设，对出行者和驾驶员的信息服务是近期的建设重点，可以通过交通信息服务系统提供给出行者有效的信息，同时可以为通过分析出的交通情况诱导车辆的行驶路线，引导交通需求均衡。预计 2013 年交通信息服务系统市场规模为 43.57 亿元，到 2015 将接近 80 亿元，见图 15。

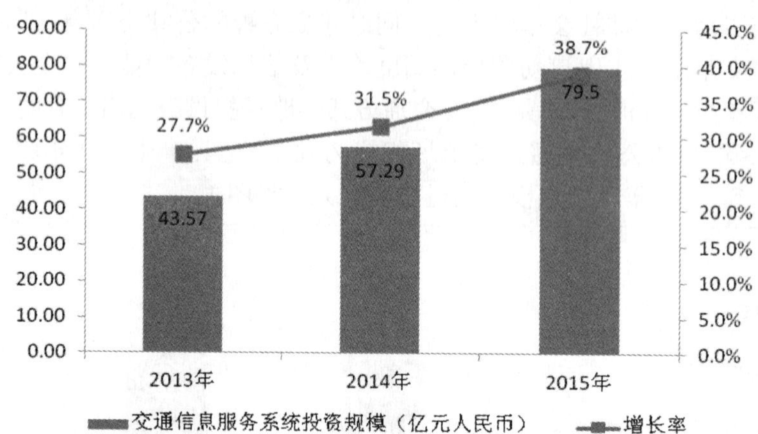

图15　2013—2015年中国智能交通信息服务系统投资规模预测

（资料来源：21ITS市场研究部整理）

（三）市场结构预测

1. 产品结构

我国智能交通的投资主要集中在三大领域：城市道路交通管理、城市轨道交通和高速公路管理。其中，城市轨道交通智能化管理系统将是智能交通投资中增长最快的细分市场，预计在 2013 年投资份额将达到 26.31%。根据 2013 年城镇化推进的速度，以及各大试点智慧城市规划与实施建设，预计在 2013 年主要投资的领域仍然是城市道路公交系统，预计在 2013 年投资份额将达到 29.1%，具体情况见图 16 所示。

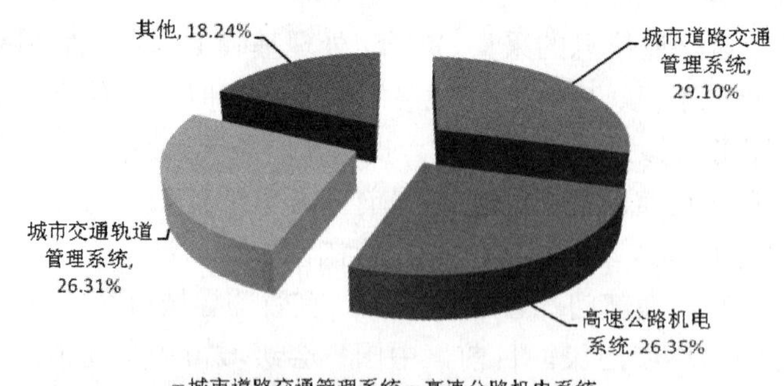

图16　2013年中国智能交通的投资领域分布

（资料来源：21ITS市场研究部整理）

（1）城市道路智能交通系统基本内容。城市道路智能交通系统是集交通指令及控制为一体的综合系统，通过智能化交通管理，疏导车辆，减少道路阻塞，并能快速应对突发事件。具体子系统包括内容如表 9 所示。

表9　城市道路智能交通系统内容

子系统	具体内容
监控系统	包括交通闭路电视监控、大屏幕综合显示、可变信息板及停车指引系统
交通控制系统	包括调节交通信号时间以增加交通流量而减少延误
电子警察系统	包括检测、记录、传输及管理违反交通规则的信息。违反规则的汽车的影像及基本信息会传送到控制中心再作处理
城市收费系统	包括对高峰期使用城市路网的用户收费，通过集成光学传感器、模式识别技术及ETC技术以降低交通堵塞

（2）城市轨道交通智能化系统基本内容。城市轨道交通智能化系统主要包括通信系统、信号系统及综合监控系统。具体子系统包括内容如表 10 所示。

表10　城市轨道交通智能化系统内容

子系统	具体内容
通信系统	包括多个独立子系统，将地铁及地铁站的声音、图像及数据有线或无线传输至中央控制中心
信号系统	包括调节交通信号时间以增加交通流量而减少延误
综合监控系统	包括是轨道交通运营监控的基础。监控系统包括多个子系统以监控实时信息及改善运营效率

（3）高速公路智能交通系统基本内容。高速公路智能交通系统涉及三种主要解决方案，具体详如表 11 所示。

表11　高速公路智能交通系统内容

子系统	具体内容
通信解决方案	通过利用高速数据传输网络、标准数据传输协议和电子信息交换系统，为整个高速公路系统提供声音、数据和影像通信
监控解决方案	高速公路监控系统由多套公路摄影机及一个省级监控中心组成。通过监控系统，营运商可以监控交通流量，对交通事故做出快速应变，减少交通堵塞，并为高速公路使用者提供及时的交通信息
收费解决方案	包括收费车道管理系统、收费亭管理系统子中心和收费中心。除收费功能外，收费解决方案也收集交通流量及交通模式的信息

2. 区域结构

城市智能交通市场格局逐步发生变化，两级分化现象明显。由于单个项目的金额在增加，千万级项目的占比明显上升，因此市场中规模较大的公司将获得更多的机会。此外项目完成后后续服务至关重要，大公司提供服务和整体解决方案的竞争力更强，因此未来很多大公司都将处于快速上升期，并有希望成为标准的制定者。此外，由于中西部二三线城市的智能交通项目正在迅速发展，各地发展步伐不一致，且投资主体较为分散，因此投资规模大小不一，很多市场能力强的小公司也将有较好的生存空间，见图 17。

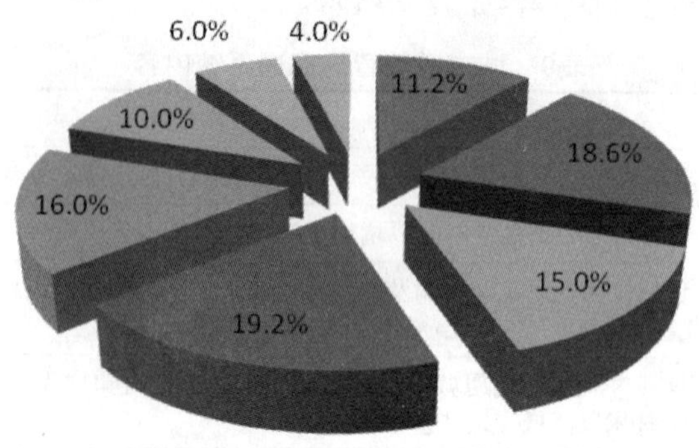

图17　2013年中国智能交通领域投资区域结构

（数据来源：21ITS市场研究部）

注：数据来源

1、中华人民共和国国家统计局

2、中华人民共和国科学技术部

3、中国智能交通协会

4、主要省市智能交通相关规划

5、行业专业网站信息（智能交通网（21ITS）等）

6、智能交通企业公开年报

（撰稿：智能交通网（21ITS））

第五篇

统计篇

第一章

高校交通学院年报

同济大学交通运输工程学院2012年年报

一、学院2012年发展概况

2012 年，交通运输工程学院教职工共有 163 人，其中专任教师 124 人。教授及相当技术职称者 41 人，副教授及相当技术职称者 53 人，讲师及相当技术职称者 59 人。博士生导师 64 人，硕士生导师 96 人（其中外聘博士生导师 12 人）。

二、教学工作

2012 年招收本科生 195 人，硕士生 112 人，博士生 53 人，全日制专业学位工程硕士 71 人，非全日制专业学位工程硕士 133 人，国外留学生 1 人。2012 年毕业本科生 221 人，硕士生 163 人，博士生 46 人。现在校本科生 882 人，硕士生 358 人，博士生 163 人，全日制专业学位工程硕士 175 人，非全日制专业学位工程硕士 404 人。

三、科研工作

2012 年纵向科研经费到款 5250 万元，横向科研经费到款 3005 万元。2012 年签订科研项目合同金额 11453 万元。

周顺华教授参与的“成都地铁盾构隧道工程建设关键技术”获四川省科学技术进步一等奖；方守恩教授主持的“高速公路网突发事件预防与快速处理系统”获公安部科学技术进步二等奖；杨晓光教授主持的”面向城市道路交通管理与信息服务的交通状态预测预报关键技术”获上海市科学技术进步二等奖；叶奋教授主持的“适用于海南地区的 BMA 改性铺面工程关键技术研究及应用”获海南省科学技术进步二等奖；另有两项课题分别获中国铁道学会和贵州省科学技术进步三等奖。

四、对外交往

2012 年学院共接待来自美国、德国、法国、芬兰、荷兰、瑞典、俄罗斯、韩国、巴基斯坦及中国台湾、香港地区专家学者共计 61 批，学院教师赴美国、德国、瑞士、奥地利、日本、韩国、新加坡及中国台湾、香港地区交流互访、参加会议、进修考察共计 17 人次，学院本科生、研究生赴美国、德国、法国、荷兰、奥地利、西班牙、日本、新加坡及中国台湾、香港地区攻读学位、双学位培养、参加会议及短期交流等共计 132 人次。

东南大学交通学院2012年年报

一、交通学院概况

（一）学院简况

1995 年，东南大学在原运输工程研究所、交通运输工程系的基础上组建成立交通学院。2000 年 4 月，原南京交通高等专科学校及原南京地质学校的部分学科、专业并入交通学院，组建成立新交通学院。

（二）机构设置

交通学院以二级学科为基本建设单元开展工作，在学科内实现教学、科研、科技产业服务的一体化。因此，交通学院以二级学科为单位设置机构，原则上一个二级学科设一个系、一个研究所，并实行系所合一的体制。

1. 教学系列机构

交通学院目前设有八个系，即：道路工程系、交通工程系、桥梁工程系、地下工程系、运输与物流工程系、港航工程系、测绘工程系、地理信息工程系。

2. 研究系列机构

交通学院目前设有八个研究所，三个研究中心。即：道路与铁道工程研究所、交通工程研究所、岩土工程研究所、桥梁与隧道工程研究所、载运工具运用工程研究所、港口航道与水利工程研究所、测绘工程研究所、地理信息工程研究所、国家道路交通管理工程技术研究中心东南大学分中心、东南大学城市地下空间研究中心、东南大学物联网交通应用研究中心。

3. 实验室及技术产业服务系列机构

交通学院设有交通实验中心（以服务于各学科为主，兼顾科技服务）、交通规划与管理江苏省重点实验室、交通规划设计研究院、南京北极测绘研究院有限公司。

（三）交通学院学科设置

交通学院的学科分布如表 1 所示。目前交通学院已拥有一个博士后流动站、两个一级学科博士点、覆盖八个二级学科博士点。其中，道路与铁道工程、交通运输规划与管理两个学科设有“长江学者”特聘教授岗位，已招聘四位特聘教授，2010 年至今已引进五位“千人计划”专家。

表1　交通学院学科分布及专业设置

<table>
<tr><th colspan="2">学　科　分　布</th><th rowspan="2">学 科 性 质</th><th rowspan="2">系　　别</th><th rowspan="2">本科专业
名　称</th></tr>
<tr><th>一级学科名称</th><th>二级学科名称</th></tr>
<tr><td rowspan="6">交通运输工程（一级学科博士点、博士后流动站、一级学科国家重点学科）</td><td>交通运输规划与管理</td><td>博士点
国家重点学科</td><td rowspan="2">交通工程系</td><td rowspan="3">交通工程</td></tr>
<tr><td>交通安全工程</td><td>博士点</td></tr>
<tr><td>交通信息工程及控制</td><td>博士点</td><td></td></tr>
<tr><td>载运工具运用工程</td><td>博士点</td><td>运输与物流工程系</td><td>交通运输</td></tr>
<tr><td>交通测绘与信息技术</td><td>博士点</td><td>测绘工程系地理信息工程系</td><td>测绘工程
地理信息系统</td></tr>
<tr><td>道路与铁道工程</td><td>博士点
国家重点学科</td><td>道路工程系</td><td rowspan="2">道路桥梁与渡河工程</td></tr>
<tr><td rowspan="2">土木工程（一级学科博士点、博士后流动站，与土木工程学院共建）</td><td>桥梁与隧道工程</td><td>博士点</td><td>桥梁工程系</td></tr>
<tr><td>岩土工程
（交通地下工程）</td><td>博士点
江苏省重点学科</td><td>地下工程系</td><td>城市地下空间工程</td></tr>
<tr><td rowspan="3">测绘科学与技术</td><td>大地测量学与测量工程</td><td>硕士点</td><td rowspan="2">测绘工程系</td><td rowspan="2">测绘工程</td></tr>
<tr><td>摄影测量与遥感</td><td>硕士点</td></tr>
<tr><td>地图制图学与地理信息工程</td><td>硕士点</td><td>地理信息工程系</td><td>地理信息系统</td></tr>
<tr><td>水利工程</td><td>港口海岸及近海工程</td><td>硕士点</td><td>港航工程系</td><td>港口航道与海岸工程</td></tr>
</table>

（四）交通学院专业设置

交通学院目前设置了交通工程、道路桥梁与渡河工程、交通运输、测绘工程、港口航道与海岸工程、地理信息系统、城市地下空间工程七个本科专业。

（五）交通学院人员配置

交通学院目前有教职工 273 人，在编教职工 202 人，人事代埋及返聘人员 71 人。专职教师 168 人，其中，中国工程院院士 1 人、国家教学名师 1 人、“千人计划”专家 5 人、长江学者特聘教授 4 人、博士生导师 41 人，教授 48 人，副教授 70 人；有博士学位的教师 112 人，有硕士学位的教师 31 人。

二、交通学院学科建设

交通学院在学科建设方面取得的成绩主要表现在以下几个方面：

（一）全速推进“三大工程”重点学科建设项目实施

学院承担的“211 工程”三期重点学科建设项目“道路交通安全科技创新平台”通过验收。该项目主要开展以道路交通系统规划、建设、管理与安全技术为核心的道路交通科技创新以及研究成果集中试验和示范的共用平台建设，旨在提高东南大学交通运输相关学科的学科影响力和科技创新能力。

（二）全线突破高水平学术成果凝练和高层次领军人才凝聚

2012年度，交通学院牵头申报国家级三大奖取得再突破。由王炜教授牵头、交通学科为第一单位完成的“地面公交高效能组织与控制关键技术及工程应用”获国家科技进步二等奖。由刘松玉教授牵头、岩土学科为独立单位完成的“钉形双向搅拌桩和排水粉喷桩复合地基技术与应用”获国家技术发明二等奖。由刘松玉教授指导、蔡国军副教授完成的博士学位论文“现代数字式多功能CPTU技术理论与工程应用研究”入选2012年度全国百篇优博论文。王炜教授被推荐为2012年“国家高层次人才特殊支持计划”教学名师候选人（排名江苏省前三）。交通学科引进的海外博士叶智锐教授（我院本硕毕业生）入选国家第三批“青年千人计划”。至此，我院各类“千人计划”入选者已达5名，位列全校第一。

（三）全新组建现代城市交通技术协同创新中心

自教育部、财政部启动实施“高等学校创新能力提升计划”（简称“2011计划”）以来，通过近半年的策划、组织、协调、培育和论证，10月25日，由东南大学交通学院牵头，联合同济大学、清华大学、北京航空航天大学、西南交通大学、浙江大学等一流高校，公安部道路交通管理科学研究所、公安部道路交通安全研究中心、交通运输部公路科学研究院、中国城市规划设计研究院等科研院所和北京四通智能交通系统集成有限公司、青岛海信网络科技股份有限公司等业内著名企业共同创建了“现代城市交通技术协同创新中心”。

中心目前已集聚了国家级科研基地4个、省部级科研基地7个，国家级创新研究群体3个、国家级教学创新团队2个、省部级创新团队5个，院士1名、长江学者特聘教授8名、国家“千人计划”特聘专家7名、国家杰出青年基金获得者6名等创新要素，正在申报江苏高校协同创新中心。

三、交通学院科研工作

2012年交通学院围绕十二五科研规划和本年度的科研工作目标，开展了全面深入的科研工作研讨，并取得了显著成绩。

（一）国家级科技奖励获得新突破

（1）王炜教授领衔的“城市地面公交高效能组织与控制关键技术及工程应用”获2012年国家科技进步二等奖。

（2）刘松玉教授领衔的“钉形双向搅拌桩和排水粉喷桩复合地基新技术与应用”获2012年国家技术发明二等奖。

（二）瞄准国家级项目（973、863、自然科学基金），提升科研层次

（1）973 项目是以解决国家战略需求中的重大科学问题，以及对人类认识世界将会起到重要作用的科学前沿问题为重点，通过“面向战略需求，聚焦科学目标，造就将帅人才，攀登科学高峰，实现重点突破，服务长远发展”的指导思想，实现项目、人才、基地的密切结合，对学院及学科发展有重要的指导意义。为此，学院在“交通安全的基础理论问题”、“下一代安全道路设计基础理论及虚拟实验方法研究”等方面正在进行规划与布局，争取有突破。

(2)学院国家自然科学基金项目数量和经费总量实现飞跃。总体情况如下 2006 年：3 项，59 万元;2007 年:6 项，313 万元（王炜院长国家重点基金 1 项）;2008 年:11 项，332 万元；2009 年：13 项，322 万元；2010 年：17 项，527 万元；2011 年：19 项，836 万元；2012 年：20 项，1164 万元。

(3) 继续参与国家重大工程项目建设与科学研究。我院继续担任全国城市交通“畅通工程”专家组组长单位，并在“沿海大通道”等国家重大工程中以及“国家道路交通安全科技行动计划”等国家重大科学研究计划中承担相关科技攻关与技术服务工作。

（三）科研项目数量稳定，科研经费实现结构性调整

全年在研科研项目达 350 多项，科研经费到款超过 1.2 亿元，其中纵向经费有大幅度提高，科研工作进入新的发展阶段。

重点学科纵向科研经费比例稳定，国家重点学科纵向科研经费比例达到全院纵向科研总经费的 63.9%，其中交通运输规划与管理国家重点学科纵向科研经费占全院国家重点学科纵向科研经费的 55%。

全年共发表学术论文 355 篇，出版著作、教材 12 部，发明专利及软件著作权授权 54 项。

四、交通学院教学工作

2012 年，交通学院本科教学工作在学校人才培养“国际化、卓越化、研究型”为特点的教学新境界的引导下，全面响应国家“高等学校本科教学质量与教学改革工程”（简称“本科教学工程”）的各项工作，大力开展教学改革和教学质量保障活动，在院党政领导直接参与和全体师生们的共同努力下，完成了以下主要工作：

（一）“本科教学工程”建设取得良好成绩

（1）王炜教授成功当选由中央组织部、人力资源和社会保障部等 11 个部门联合推出的 2012 年“国家高层次人才特殊支持计划”教学名师（首届）。

（2）“交通工程”专业入选国家首批专业综合改革试点建设项目（全国首批 180 个专业入选，东南大学 4 个专业入选）。

（3）由“交通工程、道路桥梁与渡河工程、交通运输、城市地下空间工程”4 个

专业申报的“交通运输类”江苏省重点本科专业建设项目获得批准，将利用3年时间联合开展教学综合改革工作。

（4）由王炜教授负责的《交通规划》国家精品课程、黄晓明教授负责的《路基路面工程》国家精品课程，已成功通过江苏省教育厅组织的专家评审，入围首批国家级精品资源共享课程建设项目评审。

（5）由徐吉谦、陈学武主编的《交通工程总论（第三版）》，王炜、陈学武主编的《交通规划》，胡伍生、潘庆林主编的《土木工程测量（第3版）》，张克恭、刘松玉主编的《土力学（第二版）》共4部教材入选第一批“十二五”普通高等教育本科国家级规划教材。

（6）国家级“道路交通实验教学示范中心”顺利通过验收。

（7）11门教改课程、11部教材获得东南大学立项建设。

（8）发表各类教改论文2篇，其中CSSCI收录1篇。

（二）本科教学及人才培养质量进一步提高

（1）东南大学交通学院成功承办了第七届全国大学生交通科技大赛，并获得一等奖1项、二等奖1项、三等奖2项的优异成绩；同时，获其他国家级竞赛奖6项、省级竞赛奖3项。

（2）教师指导本科生发表10篇论文，申请3项专利，其中2项获授权或公开。

（三）以“国际化、卓越化、研究型”为特点的教学工作继续推进

（1）完成了2012级人才培养方案和教学计划的修订，完成了相应全英文、双语、研讨型、校企联合类型课程的建设申报。

（2）国内外高水平专家为本科生教学助力，邀请12名企业专家、10海外专家为本科生授课、课外研学讲座，取得良好效果。

（3）共有29名本科生参加交换生、短期国际交流项目，有3人获批国家留学基金委员会（CSC）支持的本科生留学项目。

五、交通学院研究生工作

（一）2012年研究生工作概况

2012年，交通学院研究生培养工作进入了“稳规模、重质量”的发展阶段。根据学院研究生招生和培养工作的不断发展，完善学院博士研究生、硕士研究生招生方案细则，将研究生招生工作与学院的高水平师资队伍建设、高水平科研工作、高质量创新人才培养相结合，进一步规范了研究生的招生工作。2012年共招生硕士研究生208名，博士研究生54名。

2012年，交通学院共获得江苏省普通高校研究生科研创新计划项目21项，入选东南大学优秀博士学位论文培育对象3人、东南大学优秀博士学位论文基金1人。获

得国家级优秀博士学位论文 1 篇、江苏省优秀硕士学位论文 1 篇、校级优秀博士学位论文 1 篇、优秀硕士学位论文 1 篇，获得教育部“博士研究生学术新人奖 1 人。

（二）2012 年研究生培养成果

根据 2012 年江苏省研究生创新计划安排，我院积极申报“全国百篇优秀博士论文”、“江苏省优秀博士学位论文”、“江苏省优秀硕士学位论文”、教育部 2012 年“博士研究生学术新人奖”、江苏省研究生双语授课教学试点项目、江苏省研究生教育教学改革研究与实践课题、江苏省度普通高校研究生科研创新计划项目等。

六、交通学院学生工作

（一）交通学院在校学生人数

表2　交通学院在校学生人数

年级生源	2009级	2010级	2011级	2012级	合计	总人数
本科生	358	355	343	333	1389	2203
硕士研究生	4	172	192	180	548	
博士研究生	99	58	56	53	266	

（二）2012 年交通学院招生、就业情况

交通学院在 2012 年的本科招生报到人数为 327 人，其中，101 名女生，226 名男生；省内 69 人，省外 258 人。交通运输类 273 人，测绘类 54 人。生源情况较好。

2012 年研究生招生情况：硕士研究生 209 名，其中学术型硕士 135 名，专业型硕士 74 名，其中莫纳什 - 东南大学联合培养班专业型硕士 29 名；博士研究生 52 名（春季入学 30 名，秋季入学 22 名）。

截止到 2012 年 12 月底，2011 届本科、硕士、博士的就业率均达 100%，我院本科学生就业情况总体良好，路桥和港航专业的学生供不应求。但就业过程中依然存在性别差异，男生就业情况明显好于女生。2012 届本科毕业学生 323 人，升学率为 50%（比去年增长 14%）；出国留学人数 28 人，占毕业学生的 9%。今年的 08 级茅以升班有 66.7% 读研，23% 出国留学，10.3% 就业。

七、交通学院产业工作

（一）交通规划设计研究院

交通规划设计研究院是全国高校少数拥有公路、市政双甲级设计资质的单位，综合实力名列前茅。该院依托我校交通、建筑、土木等多学科优势，以特色求发展，树

品牌，在城市道路快速化改造、景观桥梁创新设计、干线公路创新设计新理念等方面形成了显著的特色，在全国声誉日增。

2012 年，交通设计院牵头设计的昆山市中环快速化改造工程开工建设（该工程主线高架桥长 40 公里，投资 120 亿人民币），江阴大道、南通江海大道、南通东快速路等一批大型工程开工建设。如皋长青沙长江夹江特大桥施工进展顺利，吴江学院路运河大桥建成通车。积极开拓机场陆侧交通系统规划设计业务，探讨与国际公司合作的模式。

2012 年逆势而上，完成合同超过亿。获得优秀设计奖 2 项。交通设计院以“精心设计、优质服务”得到了业主的一致好评。

（二）南京北极测绘研究院

南京北极测绘研究院有限公司具有国家甲级测绘资质，是东南大学交通学院测绘学科的科研、生产、实习基地，它承担着测绘工程学科建设的重要任务。南京北极测绘研究院一直坚持走“以学科建设为龙头，产、学、研一体化”的道路。

2012 年南京北极测绘研究院有限公司共完成了三十多项的全数字化航空摄影地形图测绘、建筑测量、公路路线勘测、建筑沉降观测、工程放样、工程监测、房产测量和竣工测量等项目，特别是在 4 月通过招投方法承接了合同为 257 万元的“吴江市全数字化航空摄影地形图测绘”任务，12 月下旬已通过了省级质检部门的验收，成果质量优良，获得了验收专家和同行们的好评。2012 年 9 月还完成了 ISO9001 质量认证的复审工作。有两个项目分别获得了荣获江苏省 2011 年度优质测绘工程二等奖和三等奖。

北京交通大学交通运输学院2012年年报

一、交通运输学院概况

（一）学院简况

交通运输学院有一个年富力强的领导班子集体，平均年龄为45.3岁。他们是院长、博士生导师刘军教授；党委书记、博士生导师孙全欣教授；党委副书记兼副院长、博士生导师朱晓宁教授；副院长、博士生导师关伟教授；副院长、博士生导师聂磊教授；副院长、博士生导师闫学东教授；党委副书记孙冬梅老师。

交通运输学院领导班子是一个团结奋进的集体，在学校党委领导下，学院领导班子率领全院师生员工：坚持以党的十八大精神为指导，高举中国特色社会主义伟大旗帜，深入贯彻落实科学发展观，学习贯彻《教育规划纲要》；坚持解放思想、改革创新，以培养高素质人才为根本任务，以提高质量为核心，以建设高水平教师队伍为关键，以加大基础设施建设和提高管理水平为保障；继续坚持“立足科学发展、着力自主创新、完善体制机制、构建和谐学院”的工作思路，加快一流研究型学院的建设步伐。

（二）机构设置

1. 教学系列机构

2012年交通运输学院下设运输管理工程系、交通工程系、交通信息管理工程系、城市轨道交通系、物流工程系、系统工程与控制研究所和系统科学研究所。

2. 研究系列机构

在提升学术实力、发挥“产学研”合作优势中，学院通过积极努力先后组建了：北京交通大学综合交通研究中心、北京交通大学铁路危险货物运输研究实验室、交通运输国家级教学示范中心、“城市交通复杂系统理论与技术”教育部重点实验室等。“轨道交通控制与安全”国家级重点实验室作为学校重点教学科研试验基地，其主要团队成员均为学院的骨干力量；另外学院还设有交通运输智能技术与系统实验室、电子商务实验室等教学科研实践基地。

（三）交通运输学院学科设置

交通学院的学科分布如表1所示。

表1　交通运输学院学科分布及专业设置

一级学科博士点	交通运输工程	控制科学与工程
	系统科学	安全科学与工程
二级学科博士点	交通规划与管理	城市交通工程
	系统工程	智能交通工程
	系统分析与集成	安全技术及工程
	运输与物流	交通安全工程
二级学科硕士点	交通规划与管理	运输与物流
	系统工程	城市交通工程
	系统分析与集成	智能交通工程
	安全技术与工程	电子商务
	环境工程	交通安全工程
全日制专业硕士	交通运输工程	物流工程
工程硕士硕士点	交通运输工程	控制科学与工程
	物流工程	安全工程
本科专业	交通运输	交通工程
	电子商务	物流工程

（四）交通学院专业设置

交通学院目前设置了交通工程、交通运输、电子商务、物流工程等四个本科专业。

（五）交通学院人员配置

目前，学院在聘教职员工为158人，其中专兼职管理岗位人员为23人，教学科研岗位教职员工为132人，交通运输实验中心3人。

交通运输学院有“国家杰出青年基金获得者”、“俄罗斯自然科学院外籍院士”1人，“长江学者”特聘教授2人，“长江学者”讲座教授1人，青年“千人计划”1人，海外高层次人才计划专家1人，顾问教授2人，教授43人（含业务关系在院，但人事关系不在院11人）；学院有博士生导师41人（含业务关系在院，但人事关系不在院11人；校外人员5人），非博导教授7人，副高职称65人，讲师或中级职称人员61人。全院有博士学位的教师为126人（含业务关系在院师资），占专任教师（含业务关系在院师资）总数的79.2%。

二、交通学院科研工作

在学院领导和全体教师的共同努力下，2012年学院的科研工作取得了历史性的突破。新增科研项目427项，合同经费10159万元，实到经费7907万元。其中“973”项目12项，合同经费914万元；“863”项目4项，合同金额326万元；国家科技支撑计划 10 项，合同金额 1485 万元；国家自然科学基金项目 20 项，合同金额 1205 万元，其中重点的 470 万元，重大的 260 万元，优秀青年基金 100 万元；铁道部项目 27 项，合同经费 941 万元；其它省部级项目 43 项，合同金额 1248 万元；横向项目 253 项，合同金额 3750 万元。

2012 年学院发表期刊论文 274 篇，会议论文 142 篇，出版科技著作 21 部，发表检索论文 105 篇，其中 SCI 33 篇、SSCI 3 篇、EI 69 篇。

2012 年学院获专利 9 项，其中技术发明专利 8 项，实用新型专利 1 项，学院获得软件著作权 50 项。

“交通流复杂动态特性的烟花机理研究”获得安徽省科学技术二等奖。

1. 交通运输学院近五年科研项目合同经费

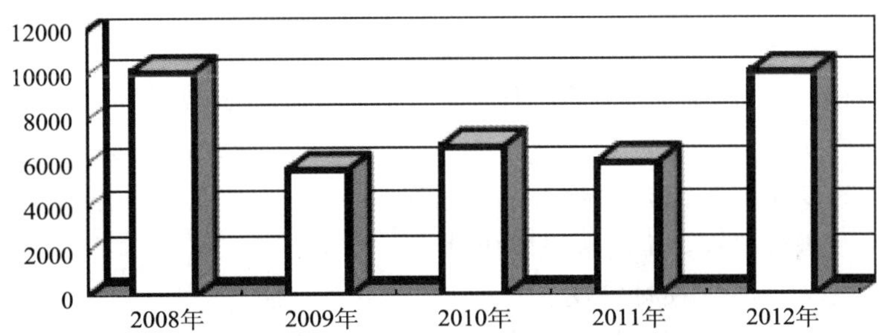

图1 交通运输学院近五年科研项目合同经费（单位：万元）

2. 交通运输学院近五年 SCI、EI 检索论文

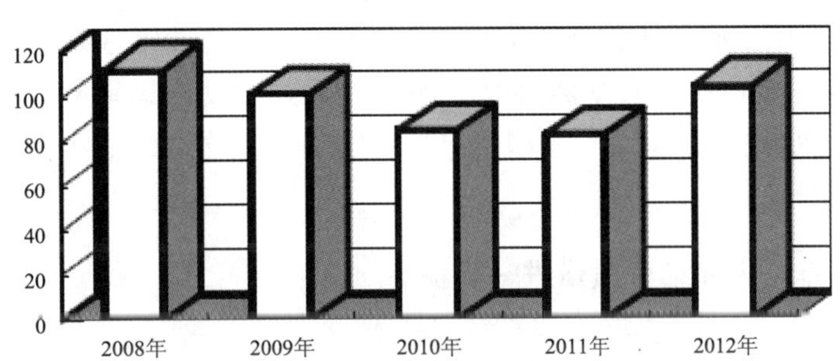

图2 交通运输学院近五年SCI、EI检索论文（单位：篇）

3. 交通运输学院近五年专利

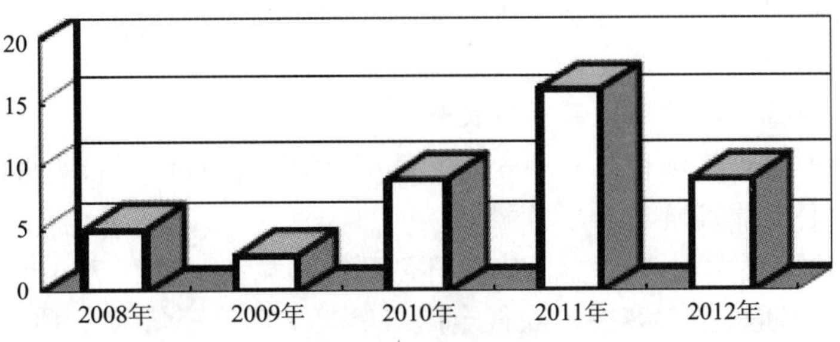

图3 交通运输学院近五年专利（单位：项）

三、交通运输学院教学工作

全面执行学校 2012 年本科教学工作任务及我院的本科教学工作任务，围绕“探索行业高校产学联合培养人才的模式和机制”、“探索有特色高水平大学国际化人才培养模式”以及卓越工程师培养计划等教育体制改革项目，重点推进以下几项工作，取得了一系列成果。

（一）“本科教学工程”建设取得良好成绩

1. 全面完成本科培养方案修订

丰富内涵、突出特色，全面修订了 2012 年本科培养方案和课程教学大纲，制定了国际班、轨道交通复合型班、卓越工程师计划等特色人才班的培养方案。

2. 改进教学方式方法，加强优质精品课程建设

完成了 3 门视频公开课的拍摄和制作工作；2 门课程申报国家级精品资源课程；5 门课程申请校级优质课程认证。

3. 提高新生的专业兴趣，开设新生研讨课程

开设了 3 门通识核心课、4 门新生研讨课。

4. 配合教学改革，加强教材建设

3 本教材入选国家“十二五”规划教材，5 本教材获得出版基金，2 个系列的卓越工程师教育特色教材申报立项。

5. 取得一系列教学成果

4 项成果获得 2012 年度北京交通大学优秀教学成果一等奖，3 项成果获得二等奖，4 项成果推荐参加北京市教育教学成果奖的评选。完成了“交通运输专业综合改革”、“北京地铁国家级工程实践中心建设”等国家级项目的立项。交通运输实验中心获 2012 年北京交通大学优秀实验室。

（二）本科教学及人才培养质量进一步提高

1. 轨道交通特色人才培养

制定了新的《轨道交通复合型人才试点班建设方案》，新的建设方案受到全校学生的欢迎，约有 130 名优秀学生踊跃报名。2012 年 5 月第四届试点班共招收了来自电信、机电、电气、计算机、土建、理学院等 6 个学院的 20 名跨专业学生，攻读“交通运输规划与管理”学术型硕士学位。

2. 大学生创新性实验计划项目开展良好

大学生创新实验计划项目共立项 49 项，其中，国家级项目 3 项、北京市级项目 3 项。

3. 大学生学科竞赛成绩斐然

举办北京交通大学第十届“金士宣”杯创新能力竞赛，共有 70 项作品参赛。在第七届全国大学生交通科技大赛中，获得全国二等奖 1 项，三等奖 1 项。学院选拔和培育优秀作品参加全国第五届大学生网络商务创新应用大赛，其中获得国家级一等奖 2

项，国家级二等奖 2 项，省部级一等奖 2 项，省部级二等奖 1 项。学院学生参加北京交通大学 2013 年度"挑战杯"课外学术科技作品大赛，共计报名 45 项。

学院本科生 2012 年获得各类专业科技竞赛获奖 65 项，其中国家级奖项 6 项、北京市级奖项 8 项、校级奖项 51 项。2009 级中 5 名学生科技专长生保研成功。

（三）以"国际化、卓越化、研究型"为特点的教学工作继续推进

1. 稳步推进国际班建设

交通运输学院非常重视国际化人才的培养，目前国际班已招收三届学生，初步建立起具有一定国际特色的铁路运输专业课程体系和以本校师资为主的教师队伍。2012 年度共为国际班开设全英文及双语课程 12 门。成功申请到国际交流项目的学生共 12 人。

2. 开办了首届交通运输国际暑期学校

此次国际暑期学校于 6 月 18 日拉开了序幕，直至 8 月 10 日结束，共持续 59 天。学院邀请了来自英国、德国、荷兰、西班牙、美国、新西兰、日本等国家和地区的十位交通运输领域的知名教授及学者为我院本科生开设十余门专业课程。

3. 我校首批"高端外国专家项目"引进专家荷兰代尔夫特理工大学 Hansen 教授积极参与人才培养

Hansen 教授 2012 年度三次来学校工作，在教学、科研和学生培养等方面积极开展工作，有力地推动了我院铁路运输专业方向本科教育国际化水平。

4. 推进国际合作办学

推进泰国皇家理工大学（RMUTT）开办"铁路运输专业"工作，已提交全部课程英文大纲，初步确定招生计划和教学计划。与美国马里兰大学签署本科生、研究生以及教师互访交流合作协议。

四、交通运输学院研究生工作

（一）2012 年研究生工作概况

2012 年招收博士生 58 名，其中统考 35 人，硕博连读 18 人，直博 5 人。招收全日制学术型硕士生及专业硕士 305 人，其中推免 80 人，统考 220 人，单考 5 人。2012 年四月完成 2012 级硕士复试，参加复试的学生 280 多人，81 人次的教师参加复试工作。

（二）2012 年研究生培养成果

（1）完成 2012—2013 学年第一学期的硕士生、博士生课程安排，其中博士生课程 14 门、硕士生课程 56 门，共 70 门。

（2）完成 2012 级新生的选课指导工作。

（3）完成校内、北京铁路局、北京地铁、包神公司四个工程硕士集中授课点的课

程安排和教学管理工作，共安排课程57门次，授课学生158人。

（4）完成12年6月和12月的研究生大学英语四级、六级考试报名、信息核对、准考证、成绩单的发放工作。

（5）完成2013年“优秀博士生创新基金”的申报、评审工作和2011年“优秀博士生创新基金”的结题检查工作。

（6）完成2010级在职工程硕士的开题与中期考核工作。2010级在职工程硕士145人。

（7）按照研究生院关于优秀拔尖人才的申报与选拔的总体要求，推荐高自友教授申报北京交通大学研究生教育专项资金资助项目——拔尖人才培育工程资助项目，获得学校资助。

（8）完成2013年硕士生入学考试自命题工作。学院共承担7门2013年硕士生入学考试自命题科目的命题工作。其中，《计算机软件技术基础》和《管理运筹学》两门考试科目按照学校要求进行试题库命题。

（9）完成2013年博士生、硕士生招生目录的修订。由于学科设置的调整，学院对2013年的研究生招生专业进行了较大的调整：博士生招生专业由7个专业调整为4个；硕士生招生专业由12个专业调整为8个。学院对考试科目进行了进一步的优化：硕士生的初试科目从9门降为7门；博士生初试科目从17门降为16门。

（10）完成2012年博士生助研津贴的划拨工作。

（11）组织研究生课程教学大纲的编写工作。

五、交通运输学院学生工作

（一）交通运输学院在校学生人数

表2　交通运输学院在校学生人数

年　级	2006级	2007级	2008级	2009级	2010级	2011级	2012级	合计
硕士全日制专业学位	—	—	—	—	1	54	72	172
硕士研究生	—	—	—	—	13	238	224	475
博士研究生	15	16	40	48	57	53	57	286

（二）2012年交通运输学院招生情况

（1）2012年招收博士生58名，其中统考35人，硕博连读18人，直博5人。招收全日制学术型硕士生及专业硕士305人，其中推免80人，统考220人，单考5人。2012年四月完成2012级硕士复试，参加复试的学生280多人，81人次的教师参加复试工作。

（2）录取2011级在职工程硕士158人。

（3）完成2012年在职工程硕士第二阶段考试考生报名、验证等工作，组织考试命题、阅卷、面试、录取等工作。2012 年工程硕士 GCT 报名考生 212 人。

（4）完成 2012 级博士生、学术型硕士生、全日制专业硕士生的新生入学报到工作。

（5）7 月 10 日至 7 月 12 日，学院首次组织面向 2013 年硕士研究招生的暑期学校，来自 25 所 985 及 211 高校的 108 参加暑期学校，其中外校 68 人，本校 40 人。

（6）根据学校创新能力认定的总体安排，开展学院的创新能力认定工作。

来自 28 所 985 及 211 高校的 445 名应届毕业生（含暑期学校 108 人）报名参加交通运输学院“创新能力认定”，其中外校 189 人，本校 256 人。经学院考核，对 96 名外校应届本科毕业生、139 名本校应届本科毕业生发放了“创新能力认定证书”。

（7）接收 2013 年推荐免试研究生工作。

学院通过暑期学校、创新能力认定以及推免生报名系统，扩大推免生的来源，组织推免生复试 2 批，共接收校内推荐免试研究生 81 人，接收校外 39 人。

武汉理工大学水路公路交通安全控制与装备教育部工程研究中心2012年年报

一、中心概况

（一）中心简况

水路公路交通安全控制与装备教育部工程研究中心（简称交通安全中心，英文名：Engineering Research Center for Transportation Safety，Ministry of Education，简称ERCTS），2006年6月由教育部批准立项建设，由教育部主管，教育部与交通运输部共建，依托单位为武汉理工大学。

（二）机构设置

交通安全中心设智能交通系统研究所、水上交通安全与环境研究所、系统仿真与控制研究所、桥梁与道路健康维护研究所、中试与产业化基地、《交通信息与安全》杂志社和交通安全中心技术委员会。

（三）学科及专业设置

学科分布及专业设置情况如表1所示。

表1　学科分布及专业设置情况表

学科分布		学科性质	所属研究所
一级学科名称	二级学科名称		
交通运输工程	智能交通系统工程 载运工具运用工程	博士点、硕士点	智能交通系统研究所
	交通信息工程及控制	博士点、硕士点	水上交通安全与环境研究所
	道路与铁路工程 公路与渡河工程	博士点、硕士点	桥梁与道路健康维护研究所
船舶与海洋工程	轮机工程	博士点、硕士点	系统仿真与控制研究所
安全科学与工程	交通安全与装备	博士点、硕士点	智能交通系统研究所

（四）研究方向

交通安全中心致力于发展交通安全共性关键技术，促进交通安全技术的交叉与应用。主要研究方向：①交通安全监控与装备；②交通系统仿真；③交通安全评价与控制。

（五）人员构成

交通安全中心现有专职人员 45 人，研发人员 40 人，其中正高 16 人，副高 14 人，中级职称及博士后 10 人。其他人员 5 人。聘请兼职教授 29 人。

（六）实验室建设

交通安全中心建设了完善的交通安全控制与装备研究平台，包括实验装置、测量分析系统、计算与分析软件三部分。其中实验装置包括驾驶行为实验装置、道路交通仿真平台、车路协同实验系统、道路桥梁状态诊断系统、船舶动态监控系统、特种货物运输试验系统；测量分析系统包括交通环境检测系统、水域污染检测系统、道路交通流检测系统、驾驶人生理参数测试系统、路面参数测试系统；计算与分析软件包括道路交通仿真分析软件、水路交通控制与应急决策软件、交通事故分析软件、交通仿真试验平台等。研究平台能为交通安全中心 3 个研究方向提供良好的实验条件。

二、科研工作

（一）科研项目

2012 年在研科研项目 260 余项，其中国家级项目 25 项，省部级和一般纵向项目 44 项，企事业单位委托研制和技术开发项目 240 余项，校级创新基金项目 10 项。新立项研究的项目 160 余项。

在研科研项目合同额 5140 余万元，其中国家级项目合同额近 1332 万元，省部级和一般纵向合同额 1910 余万元，企事业单位委托开发项目合同额 2116 万元。科研经费到款 2716 万元，人均科研经费 150 余万元。

（二）科研成果

（1）2012 年共发表学术论文 58 篇（其中期刊论文 32 篇，会议论文 26 篇），出版教材 2 部。

（2）科研成果获国家技术发明二等奖 1 项，中国智能交通协会科技进步二等奖 1 项，湖北省科技进步二等奖 1 项。

（3）14 项项目通过验收鉴定。

（4）全年获专利授权 13 项，其中发明型专利 8 项；获专利受理 9 项，其中发明专利 5 项；获软件著作权 5 项。

（5）参与制定行业标准 3 项。

（三）成果转化和产业化

1. 成果转化

自主开发的系列轮机模拟器、自主开发的AIS产品已经批量生产和销售，专业型汽车驾驶模拟器用于开展道路交通安全相关研究。

汽车驾驶疲劳试验方法已经得到成果转化，用于开发汽车疲劳驾驶警告产品。目前已成功研制基于智能手机平台的疲劳检测应用装置，能够反映驾驶人生理状态和操作行为能力下降程度。

2. 产品推广应用

依托武汉南华高速船舶工程股份有限公司实现产品销售收入2.87亿元。产品主要为海事公安等巡航救助指挥船、海监渔政等海上维权执法船、多功能航道工程船等。产品用户涉及交通运输部海事局直属局，如江苏海事局、广西海事局、长江海事局、长江航道局等单位，以及武汉市公安局、南京市公安局、长江航运公安局、各省市县海洋与渔业局等单位。

依托武汉南华工业设备工程股份有限公司全年产值近2亿元。主要包括应急工作船、溢油回收船、航标船、救助船、环保船等80多种船舶和船用设备500多条（套），产品国外销往俄罗斯、几内亚、斐济、利比里亚等国家，国内销往各省市海事局、港务局、航道局、中海油应急搜救中心及海运航运企事业单位。

三、人才培养

2012年在读研究生368人，其中硕士研究生344人，博士研究生24人。2012年毕业研究生107人，其中博士研究生13人，硕士研究生94人。完成研究生教学课程59门，其中博士研究生课程26门，硕士研究生课程33门，约计2200学时。

四、对外合作与交流

（一）主办/协办学术会议及学术活动

2012年4月17日，主办武汉市高校第三届交通运输工程学术年会，通过会议加强武汉市高校研究生学科素养，培养创新思维与科研能力，促进武汉市各高校交通运输工程及机械类相关专业研究生的交流与合作。

2012年5月8日至12日，举办了第三届智能交通活动周，活动周展示普及智能交通知识，展示智能交通领域最新成果，激发学生交通科技创新兴趣，鼓励学生投身现代交通事业。活动周期间共举办了系列学术讲座、智能交通创意大赛、智能交通科技兴趣小组招募等活动。

2012年7月20日至22日，在台湾桃园与开南大学联合主办第十二届海峡两岸智能运输系统学术研讨会，研讨会主题为“人本、永续智慧运输系统”。来自海峡两岸交通运输领域的100多名学者参会交流。其中大陆代表31名，会议收录论文57篇。

2012年9月26日至28日，中心联合研发成果的应用企业中原电子科技有限公司、光庭科技有限公司共同组团参加了“2012’中国国际智能交通展览会”，全面展示中心在智能交通领域取得的科技成果，包括研究型汽车驾驶模拟器、船舶自动识别系统、AIS系列产品、多功能航标系统、车载信息终端等产品以及863、973的科技成果。其中参展的研究型驾驶模拟器反响热烈，引来众多参观者的围观和体验，并被新华网、人民网等媒体予以报道。

2012年12月23~24日，召开中心2012技术委员会会议。

（二）学术交流

2012年共邀请15位专家教授到中心做学术交流访问，并为师生作专题学术报告。中心共有36人次参加国内外学术会议交流。

（三）设立开放研究基金

自2009年起中心设立开放研究基金，2012年中心技术委员会对2013年立项的开放基金申请进行了评审，同意立项4项。

五、编辑出版工作

《交通信息与安全》杂志是国内外公开发行的交通研究领域的专业技术期刊，全年发行6期，为双月刊。杂志全年6期共发文194篇，其中基金产文109篇，基金产文比为56%。

车路协同与安全控制北京市重点实验室2012年年报

一、实验室概况

（一）简况

车路协同与安全控制北京市重点实验室围绕国家交通运输领域中长期科技发展重大需求，瞄准国际前沿，重点开展智能车载、智能路侧、车车/车路信息交互、效能提升与安全保障等基础理论和关键技术研究，逐渐形成了自身的优势领域和特色，在空地融合的综合交通基础科学研究和车车协同、空地协同交通状态获取等前沿技术研究方面处于国内领先水平，是目前国内唯一一个车路协同技术领域的省部级重点科研基地。2012年初，实验室成功召开了第一届学术委员会第一次会议，在学术委员会主任郭孔辉院士的主持下，各位委员对实验室发展规划进行了热烈讨论，并对实验室未来发展方向提出了富有前瞻性和战略性的建议。

（二）机构设置

综合交通系统规划与需求管理方法方向学术带头人：黄海军教授；车路信息获取与交互技术方向学术带头人：张军教授；车路信息综合集成与服务技术方向学术带头人：吕卫锋教授；车路协同控制技术方向学术带头人：王云鹏教授。实验室主任由王云鹏教授担任。

实验室学术委员会由15名国内外知名专家学者组成，其中：中国工程院院士郭孔辉教授担任主任，北京航空航天大学副校长张军教授任常务副主任，交通运输部公路科学研究院王笑京研究员、公安部交通管理科学研究所王长君研究员任副主任。

（三）研究方向

方向1：综合交通系统规划与需求管理方法

- 人车路交互作用机制研究
- 车路协同系统中驾驶行为特征研究
- 城市交通网络中出行者时空分布特征研究
- 考虑车路协同技术的动态交通流模型研究

方向2：车路信息获取与交互技术

- 车路环境感知
- 海量移动终端动态交通信息采集和辨识
- 多通道交通流量监测管理

● 车路/车车信息交互

方向 3：车路信息综合集成与服务技术

● 交通信息融合数据处理方法研究

● 多层路网数据机构和路网拓扑研究

● 全息条件下的交通状态及演变规律研究

● 车路信息融合、交通流预测，交通决策支持一体化集成

方向 4：车路协同控制技术

● 车路协同控制系统的总体技术框架、协议标准

● 车路/车车主动安全控制

● 车路协同式交通信号控制

● 车路协同系统集成示范的效能评估及验证

（四）人员构成

现有科研人员 36 人，其中长江学者特聘教授 4 人，国家杰出青年基金获得者 2 人，国家 863 计划现代交通技术领域主题专家 2 人、青年千人计划人选 1 人、新世纪百千万人才工程国家级人选 2 人、教育部新世纪优秀人才支持计划入选者 4 人。在读博士后 10 人、博士生 34 人、硕士生 114 人。

（五）平台建设

实验室在“985”、“211”计划的支持下，已经具备了一定规模的实验室设施和科研设备，目前实验用房 3000 多平米，实验室设备 76 台套，总值近 3600 万元，建设的实验平台与系统包括：①车路协同典型应用场景测试平台；②车车通信仿真测试模拟系统；③车车协同控制仿真测试平台；④智能车载测试系统；⑤智能车辆综合测试平台；⑥驾驶行为分析系统；⑦车路信息采集系统；⑧车路信息综合服务系统。

2012 年新建平台包括：空地协同的地面移动应急交通指挥平台、城市交通控制信息采集与分析系统、交通信号控制硬件在环测试与在线仿真系统、车联网应用实验平台、车车 / 车路信息交互测试平台、交通大数据处理与分析平台。

二、科研工作

实验室坚持以国家重大需求为导向、基础研究与应用研究并举，2012 年承担的在研项目 50 余项，其中 973 计划课题 3 项、863 计划课题（含子题）7 项、国家重大仪器专项课题 1 项、“核高基”国家科技重大专项课题 1 项、科技支撑计划课题（含子题）3 项、国家自然科学基金项目 6 项、交通运输部重大科技项目（子题）2 项；共发表学术论文 80 余篇；其中 SCI 收录论文 15 篇。授权发明专利 7 项、申请发明专利 7 项，编写译著《未来的交通》1 本。“营运车辆能耗监测与排放估算关键技术及应用”获中国智能交通协会 2012 年度科学技术奖二等奖。

三、对外合作与交流

2012年8月3~6日实验室主办了第十二届COTA国际交通科技年会（12th COTA International Conference of Transportation Professionals，CICTP2012），来自中国、美国、德国、英国、加拿大等国家和地区的350余人参加了会议。会议期间，美国国家工程院院士卡内基梅隆大学Dr. Chris T. Hendrickson教授、美国交通协会交通运输网建模分委会主席普渡大学Srinivas Peeta教授、美国土木工程学会交通发展院院长Ali A. Selim教授、IEEE智能交通协会主席Christoph Stiller教授、北京市交通委员会刘小明主任、交通运输部公路科学研究院王笑京总工程师等20多名知名专家学者做了特邀报告。

2012年10月25日，实验室联合东南大学、清华大学、同济大学等单位共同成立“现代城市交通技术协同创新中心”，实验室学术委员会常务副主任张军教授任中心副理事长，黄海军教授被聘为咨询委员会委员，王云鹏教授任“城市交通信息处理与服务协同技术”方向首席科学家。

2012年实验室批复了北京交通大学、中科院、北航等单位科研人员申请的4项开放基金项目，先后邀请明尼苏达大学Henry Liu教授、加拿大UBC大学V. Setty Pendakur教授、国际交通专业著名期刊Transportation Research Part C主编Markos Papageorgiou教授、明尼苏达大学Xinyu（Jason）Cao博士等专家学者来实验室交流访问。接待了交通运输部、广西省、深圳市、华为公司、奇瑞公司等国家机构及相关企业集团的参观访问；承接了北航国际学生暑期学校、北京市青少年科技后备人才计划等学生的学习交流。

中山大学工学院智能交通研究中心2012年度发展情况

一、中心概况

中山大学工学院智能交通研究中心成立于2000年11月，隶属中山大学工学院，承担着“交通运输工程”学科的教学、研究和产业化任务，拥有“交通运输工程”一级学科硕士点，“交通信息工程及控制”、“载运工具运用工程”、“道路与铁道工程”、“交通运输规划与管理”4个二级学科硕士点，以及“交通工程”本科专业，同时还培养“工程力学”专业博士研究生、“交通运输工程”专业学位硕士研究生。现有固定编制教师12名，其中教授1名，副教授9名，聘任的研究人员15名。实验室近3年已从国家和省市级科研单位累计获得科研经费6500余万元，包括国家自然基金、国家支撑计划、“863计划”、省、市级重大专项等。

2002年，中山大学智能交通研究中心联合广东省公安厅公安科学技术研究所、广东省交通科学研究所成立了广东省智能交通系统重点实验室。2006年与广州方纬交通科技有限公司共建了“交通信息与控制联合实验室”，2009年与广东省公安厅共建了“广东省公安网络安全和科技信息重点实验室”，与广东省发改委建设了“中山大学低碳科技与经济研究中心”、“中山大学工学院风资源研究中心”，2012年与广东省公安厅共建了“视频图像智能分析与应用技术公安部重点实验室”。

实验室立足于交通地理信息系统与规划、交通状态监测与安全、交通信息系统与控制、交通污染控制与环保这4个特色研究领域，通过学术凝练，形成了具有特点的6个主要研究方向，包括：交通地理信息系统、交通仿真控制与信息服务、交通监控系统与设备、交通图像处理、交通规划与政策、交通环境与安全。

2012年度实验室与广东省公安厅共建了“视频图像智能分析与应用技术公安部重点实验室”，新增各级科研项目56项，涉及经费4172万元，其中国家级科研项目有5项，涉及经费748万元。获得专利及软件著作权7项，培养相关学科硕士毕业生19人，本科毕业生45人。共发表论文91篇，其中EI检索12篇，SCI检索3篇。邀请境内外科研机构的研究人员来校进行学术交流10人次；积极参加有关的学术会议，主要包括：第91届TRB会议3人次、世界ITS年会2人次、第8届空气质量科学应用国际会议2人次、第11届世界风能大会1人次、第41届噪声控制工程国际会议4人次；派出访问学者赴美国辛辛那提大学进行学术交流1人次。

二、主要建设成效

主要从先进交通安全与公安网络安全两个方面阐述。

（一）先进交通安全管理与监控方面

主要有以下几项进展：

1. 交通仿真控制与信息服务

本研究方向旨在构造智能交通系统平台性技术体系，解决其中关键环节核心技术问题，为智能交通系统的研发实施提供系统性综合解决方案。本方向以“多源数据采集－有效信息分析－出行知识挖掘－诱控决策支持”为基本思路，以广大交通参与者对动态交通信息和交通管理控制方案的需求为导向，依靠智能交通中心的多学科力量和技术优势，主要开展道路交通的微观交通仿真、动态交通信息服务及交通信号控制等相关问题研究。主要研究包括：

（1）搭建中微观结合的交通仿真平台，通过通用的车道级路网模型满足较复杂交通路网描述需求，通过仿真模型的灵活组合实现对各种交通现象的模拟，可实现与区域交通信号控制等交通管理控制系统的在线数据交换，实现交通管理控制方案的在线仿真评估与优化。

（2）构建智能路网，建立路段状态知识库、交叉口状态知识库及设施状态知识库，使得包括路段、路口、路径与设施在内的整个交通运网具有时空知识并能够相互智能关联。建立交通信息采集、处理及综合应用系统，为各类交通参与者提供区域路网交通信息服务。

（3）建立基于 GIS 的区域交通信号控制系统，构建综合效能评价体系，实现基于智能路网和在线仿真的区域交通信号控制方案评价与优化。

2. 交通图像处理

交通图像处理方向针对从交通图像中获取交通信息的关键技术问题，以交通管理需求为导向，依靠中山大学的多学科力量和智能交通中心的平台基础、技术、资源优势，研究多层次的交通图像信息获取理论和技术，包括基于高清摄像机的车牌识别、车辆识别与检索、交通流参数检测、交通事件自动检测与识别、行人检测、基于监控视频的交通状态检测、道路分析等领域，并促进相关研究成果和知识产权的产品化及工程应用，为交通管理和信息发布的各个环节提供有力的技术工具及服务支撑。主要研究包括：

（1）车辆识别，主要包括基于边缘 / 纹理 / 颜色的车牌定位、基于全局 / 局部的二值化、基于统计特征 / 不变矩的字符识别、基于特征的车型识别、基于图像特征的车辆检索等，重点在于对高清晰图像的车牌、车型、车身特征等信息进行提取。其主要应用研究包括：以高清晰图像的车牌识别软件为核心的超速检测、电子警察、治安卡口等业务应用系统；以车型 / 颜色识别与检索为核心技术的车辆检索系统等。

（2）基于视频的交通流信息采集，主要包括基于背景差法 / 帧差法 / 特征跟踪法的车辆检测、阴影抑制、道路结构标定、基于特征 / 模型的行人检测等。

（3）监控图像信息处理，主要包括基于光流场分析的交通状态分析与判别、基于车辆运动与密度特征的交通拥堵检测、基于结构的道路识别与分析等。研究成果应用主要是提供针对监控视频的交通状态自动判别系统，解放人力，提供新的交通状态快速检测手段。

（4）车载图像信息及其他图像信息获取，包括道路结构自动提取、场景拼接、交通标志检测方法、双目影像定位原理及算法、测量系统的精确标定、立体图像数据采集与非接触式视觉测量等图像处理技术。其成果可以用来辅助其他三个方向的交通信息处理和交通场景展示等。

3. 交通监控系统与设备

本研究方向针对智能交通的硬件技术和设备需求而设立，其主要以最新电子技术和信息技术为基础，进行交通信息的采集、分析，以及交通安全信息采集、控制相关的硬件设备和信息处理技术的研究。研究的技术与成果可以广泛应用于车辆监控调度系统、交通执法系统、区域交通管理指挥系统、车辆运行安全监控系统、辅助安全驾驶等智能交通领域的各个方面。另外，本研究方向还开展道路交通事故再现的研究，以事故现场各种形式的痕迹为依据，综合力学、车辆工程、人体工程学等知识建立事故再现模型，参考当事人与证人的陈述，利用事故再现仿真软件对事故发生过程做出科学推断，以提高事故再现结果精度，为事故起因分析、事故责任认定、车险理赔等提供技术支持。主要研究内容包括：

（1）基础硬件平台开发技术，包括嵌入式系统开发技术，为交通监控的各类系统提供信息处理平台和设备控制接口；FPGA 开发技术，研究应用 FPGA（现场可编程门阵列）定制功能芯片的技术，以有效提高交通监控系统的集成度和可靠性。

（2）交通信息采集技术，包括车辆定位技术，研究结合嵌入式系统和传感器准确快速获取车辆位置信息的技术；交通流信息采集分析技术，主要分析应用车辆检测器、微波雷达检测等技术设备获取和分析交通流信息的技术特点，研究新型、高效的车辆检测和交通流方法；车辆姿态信息采集分析技术，主要研究车辆姿态采集的传感器技术、传感器数据的分析修正技术、车辆姿态的重构算法和数学模型，以及车辆姿态与行驶安全性的定量关系模型。

（3）系统集成技术，包括交通视频成像技术，主要研究交通监控系统的全天候成像技术，具体内容包括摄像机自动控制技术、摄像镜头自动控制技术、辅助照明技术等；交通监控系统测试技术，主要研究在实验室环境下模拟现场使用条件和车流状态，进行系统性能测试的技术，包括车流模拟、环形线圈模拟触发、设备散热测试等。

4. 交通污染模拟与治理

本方向以机动车尾气和噪声污染的监测、模拟、评估和控制为主线，探寻交通污染排放、扩散、吸收和转化等过程的特征、规律和原理，建立相应的数学模型，再综合利用交通流在线监测、交通流仿真、大气数值模拟、地理信息系统、多数据源融合等技术，寻求合理、准确的机动车污染计算方法，以掌握交通污染的时空分布规律，用于道路交通的尾气污染和噪声污染的评估与控制，以提高居民的居住环境水平。具体来说包括以下几个方面：

（1）搭建交通污染排放模型、扩散模型、吸收模型和转化模型，实现交通污染的模拟和预测。在交通噪声方面，通过实验修正机动车单车噪声排放公式，结合交通流仿真技术建立动态交通噪声排放模型，研究噪声在经过声屏障、林带、建筑物等障碍物时的绕射、反射、透射现象，建立噪声传播模型，实现道路交通噪声的模拟和预测。

（2）掌握机动车尾气和噪声的时空分布规律。具体来说，针对交通污染的时空分布不均匀特性，进行大量的实地监测，以监测数据本地化校验和模型修正。对于小尺度的交通污染敏感点，采用微观交通流仿真技术，对于城市或城市群这类中尺度区域，采用城市交通流信息采集技术；结合机动车污染宏观排放模型进行模拟，最后加载地理信息系统，获得不同尺度的机动车尾气和噪声时空分布全景图。

（3）评估交通环境质量，制定交通污染控制措施。具体来说，在交通污染模拟结果的基础上，根据不同功能区的不同标准，评价或预估交通环境的质量。另外，通过模拟交通污染控制措施实施前后在交通污染排放的不同，评估诸如交通政策、设施、技术的实施对交通环境的影响，以此作为交通污染控制措施的依据。再综合考虑社会系统的其他影响因素，制定交通污染整治方案，并分析实施的重点、难点，协助政府部分推行交通污染控制措施，改善环境质量。

（二）公安网络安全方面

面向公安网络安全和科技信息的应用需求，研发了 2 项共性技术、4 项专项技术，建立了 2 个实验分析平台，并承担了广东省科技厅 3 个大的科研项目。

1. 初步研发了 2 项平台性的共性技术

（1）公共安全专用 GIS

针对交通、网安、治安、消防等公共安全管理的数据特点制定了专用 GIS 数据结构，建立了跨平台 GIS 数据交换模型，实现了各平台数据到公共安全专用 GIS 平台的数据自动转换。

（2）公共安全数据仓库

基于公安情报分析五要素构建要素关联模型，建立了结合静态关联和专题分析的关联库，解决了海量情报研判中的快速数据关联分析问题。

2. 研发了 4 项关键技术

（1）基于 GIS 的多源网安数据融合与分析技术

通过建立统一的网安数据模型和信息融合模型，并结合 Web Service 和 Web-GIS 技术，研发了基于 GIS 的多源网安数据接入、融合与分析技术，实现了 Web-GIS 准确定位与快速显示，解决了多源网安数据的实时接入、统一管理、交换，以及在电子地图上的快速、准确展示问题。

（2）多维数据可视化关联分析技术

基于公共安全数据仓库，并结合 VisuaLinks 可视化分析工具，研发了多维数据高效可视化关联分析技术，解决了海量情报研判中的快速数据关联和可视化分析问题。

（3）视频存储、标注与检索技术

结合软件和硬件特点制定视频文件的存储、标注、交换和搜索规范，并通过实现各类视频文件的统一转换算法，研发了视频文件统一转换、标注、存储与检索技术，解决了各种不同类型治安视频统一转换、存储、标注、管理、搜索、辅助案件研判等问题。

（4）交通信息采集与分析技术

通过制定营运车辆监控平台数据接入规范，实现海量车辆监控数据的直接实时接入，并结合 GPS 数据并行高效地图匹配和车辆路径分析技术研发了营运车辆安全接入与分析技术，解决了各种营运车辆数据实时、安全、无损接入和行驶安全辅助预警等问题。

3. 构建了 2 个实验平台

（1）视频检测性能评测平台

此实验平台可对各种类型的治安视频智能分析算法、软件和设备的功能与性能进行定量分析。2011 年在此实验平台实施的测评包括：治安视频异常行为智能检测产品评测（3 家产品）、公安人像识别产品试用评测（5 家产品）、视频采集摘要比对器测试，为相关项目的立项提供了客观的数据分析支持。

（2）交通信息处理与安全监控平台

此实验平台可支持包括海量车辆 GPS 数据在内的多源交通数据接入和交通安全监控的实验。2011 年在此实验平台实施的实验包括：全省 10 万辆营运车辆行驶数据的实时接入与车辆行驶规律分析、违法分析、安全监控实验。

三、取得的建设成绩

（一）先进交通安全管理与监控方面的成绩

（1）在交通仿真方面，承担了国家 863 计划项目“大城市区域交通协同联动控制关键技术”中的 3 个子课题，以及广东省科技厅粤港关键领域重点突破项目“基于营运车辆联网的交通信息服务平台及其示范应用”等研究项目。相关研究成果应用于广东省 3 个重点城市（广州、佛山、中山）公安和交通管理部门，为其提供交通流信息处理与状态分析、信号控制策略优化、区域交通运行状态评价等交通管理的核心业务服务。

（2）在图像处理方面，利用现有的核心技术与企业合作，开发了一套交通流检测系统，已获得软件版权并在广深高速智能化交通管理样板路工程项目中得到应用。该系统全天 24 小时不间断工作，广深高速已安装该系统 41 套，平均每 3 千米一套，能准确、有效和全面地体现广深高速的交通流脉动，为广深高速的交通管理和信息发布提供了可靠的依据与参考。

交通流检测系统也成功应用于广州市交委公交专用道视频交通流检测项目上，覆盖 80 路视频，为广州市道路交通仿真以及评估提供数据基础，同时该系统在中山市交警支队交通流项目一期中也有 40 个试点正在实施中。

交通监控视频数据分析系统在广东省公安厅2007-325全省交通流信息分析系统项目中得到应用。该系统能以轮巡方式对多路交通监控视频进行分析，对视频中的道路交通状态进行快速自动判别，区分为顺畅、缓慢和拥堵3种状态。该系统目前已接入广深高速的60路视频和京珠北高速的20路视频，能及时、准确地发现缓慢和拥堵等交通警情并自动报警，大大降低了人工监控的劳动强度，解放了警力，同时也提高了交警部门的交通管理水平。

（3）在交通环境方面，先后投入资金300多万元建立了包括常规空气质量参数、气象参数、PM10、PM2.5、PM1、能见度等在内的固定式与车载式环境空气质量监测系统，长期开展城市空气质量、路边尾气污染及灰霾监测工作。参与国家“十一五”863重大项目——珠江三角洲大气复合污染立体监测网络，与广东省环境监测中心联合攻关多样监测信息实时采集与传输、远程在线质量控制、多源数据融合等区域大气复合污染立体监测网络集成关键技术，研发了集成城市站、农村站、区域站、超级站、移动站等的环境空气质量监测网络，以及卫星遥感、预警预报系统等业务系统在内的珠三角大气复合污染立体监测网络平台，成为珠三角地区大气污染联防联控、环境管理、决策支持、监测信息表征与发布的综合性业务平台。

（二）公安网络安全方面的成绩

1. 广东省治安视频监控综合应用平台

该平台将现有治安视频监控平台采集到的视频资料进行标准化处理、规范化标注、集中存储、省市联动、全省共享，并与警综系统实现联动应用；同时在21个地市和省厅主要警种配发部署使用。

目前，全省各地市的实施部署工作正在全面展开，实施小组已经深入到超过16个地市公安局开展应用推广工作，各项工作进展顺利。在已安装使用的地市中共约录入1000个任务、录入1500项发现情况、上传2500段重要视频片段。

2. 可视化关联分析系统

广东省公安厅把可视化数据关联分析系统应用于大情报平台多警种业务，为案件调查分析、案情预警导航和破案线索挖掘，提供高效和直观的方法。

相关关联分析研判工作取得了成绩。如在禁毒局案件研判工作中，将500名积分较高的涉毒重点人通过模型工具进行关联分析，比对拓展出10名积分最高的重点人员，成功打掉一个运输毒品犯罪团伙；在经侦局案件研判工作中，协助侦破了惠州“0428”跨省运输贩卖1300万元假币案，抓获犯罪嫌疑人5名，查获假币1300万元，查扣涉案车辆3台；在刑侦案件研判工作中，通过关联分析和人员挖掘，协助侦破了一宗大型涉枪团伙案，缴获了25把枪支及弹药。

为了推广应用可视化分析工具，使多个警种的干警都能够借助工具提高案件侦破效率，在更大的范围内推广应用，实验室对VisuaLinks软件进行了汉化，编写了中文产品手册和培训教材，并配合科信处举办了多次集中式操作培训，以多种形式训练学员熟悉工具、建立模型和掌握技巧。到目前为止，已先后培训全省各地市干警达100

多人次。目前，系统的推广应用工作已在全省铺开。

3. 广东省网络社会防控综合指挥调度平台

该平台是实验室筹建以来所承担的第一个省公安厅业务系统开发任务，现在已经投入到全省 21 个地市网监支队和 100 多个大队应用。

在 2010 年 6 月 26 日举办的全国公安机关社会管理创新工作座谈会上，该平台作为省公安厅的重大创新成果之一，进行了现场专题展示，得到公安部及全国公安机关的肯定。

目前，该平台已接入全省约 4 万个上网场所、网络警务室和重点单位的静态与动态网安数据，实现了全省上网场所与 IDC 机房的实时报警。

4. 重点车辆监控系统

目前已经实现了项目的功能需求和建设目标。监控系统实现了按区域监控、按道路监控和自定义监控等多种监控模式，并实现了对全省 5 万辆营运车辆的超速、超载、疲劳驾驶和越界行驶等违法行为的自动判别与预警。

在数据接入方面，经过一番紧张的软硬件部署与测试，实验室已将广东省交通厅逾 10 万重点监管车辆的 GPS 数据接入到省公安厅交管局的监控平台前置机。

第二章

全国主要城市2011年交通年报（摘要）

北　京

一、城市发展

（一）经济与社会

北京市域面积为16 807.8平方千米。2011年全年实现地区生产总值16 251.9亿元，按可比价格计算，比上年增长8.1%，经济增长速度比2010年减缓2.2个百分点。按常住人口计算，人均GDP达到81 658元（按年平均汇率折合12 643美元），按可比价格计算比2010年增长3.8%。图1所示为2000年以来全市地区生产总值变化情况。图2所示为2000年以来全市人均GDP变化情况。

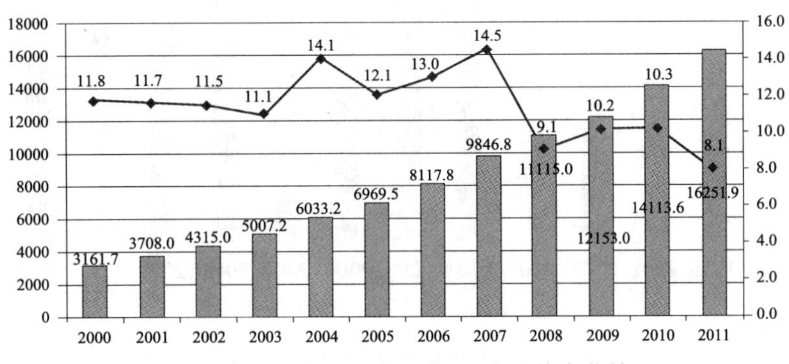

图1　2000—2011年全市地区生产总值变化情况

（数据来源：北京市统计局）

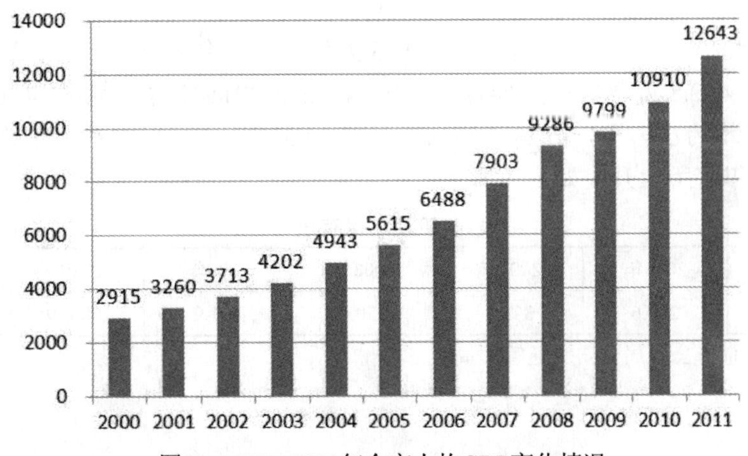

图1　2000—2011年全市人均GDP变化情况

（数据来源：北京市统计局）

2011年，全市财政收入继续增长，全市完成地方公共财政预算收入3006.3亿元，比上年增长27.7%；地方公共财政预算支出（公共财政预算，含中央追加支出）3245.2

亿元，增长 19.4%；全年完成全社会固定资产投资 5910.6 亿元，比上年增长 13.3%；全年城镇居民人均可支配收入达到 32903 元，比上年增长 13.2%。

（二）人口

2011 年末北京市登记常住人口（在京居住半年以上人口）2018.6 万人，比上年末增加 56.7 万人。其中，常住外来人口 742.2 万人，占常住人口的比重为 36.8%。常住人口中，城镇人口 1740.7 万人，占常住人口的 86.2%。图 3 所示是 2000—2011 年北京市常住人口数量图。

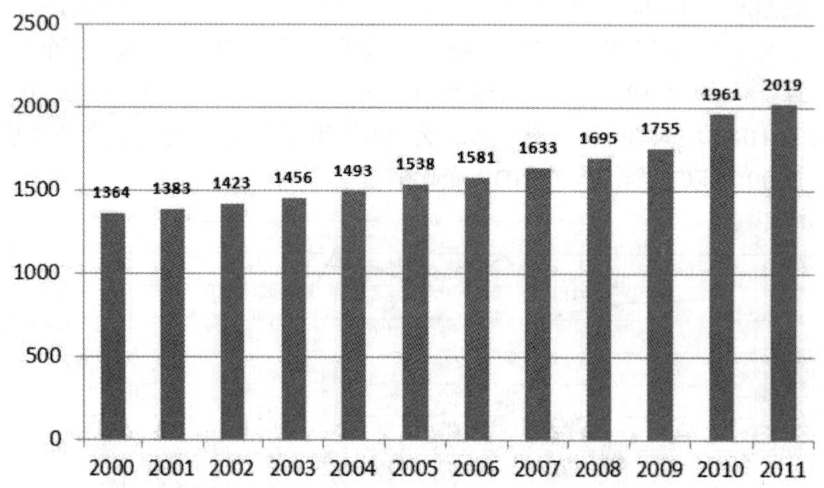

（数据来源：北京市统计局）

图3　北京市常住人口数量图

（三）车辆保有量

2011 年北京市机动车保有量达到 498.3 万辆，较上年净增 3.6%；其中私人机动车保有量达到 402.8 万辆，比上年净增 3.0%。截至 2011 年底，城区和近郊区的机动车中绝大部分均为小客车，分别达到 92.5%和 94.5%，全市平均小客车比例也已高达 87.7%，较上年有所上升，如表 1 所示。

表1　机动车保有量　　（单位：万辆）

年　份	2006年	2007年	2008年	2009年	2010年	2011年
机动车保有量	287.6	312.8	350.4	401.9	480.9	498.3

（数据来源：北京市公安局公安交通管理局）

二、交通基础设施

（一）铁路

北京铁路枢纽由京沪、京广、京原、丰沙、京包、京通、京承、京哈、大秦等10条铁路干线及京津城际铁路组成。铁路枢纽营业里程1212.2千米，三等以上车站40个，其中北京、北京西、北京南、北京北为主要客运站，担负旅客列车的始发、终到任务；石景山南、良各庄、良乡、大台、周口店、大红门、巨各庄、燕落、沙河、通州、张辛、百子湾为主要货运站，担负货物运输任务；丰台西为路网性编组站；双桥、三家店为辅助性编组站，担负货车中转及车辆集散任务。

（二）机场

北京共有两个民用机场：北京南苑机场和首都国际机场。2011年，首都国际机场定期通航航点达到222个，其中国内城市116个，国际和地区达到106个。航空公司72家，定期航班5203班。

（三）公路

截至2011年底，全市公路总长度达到21 347千米，其中高速公路912千米，一级公路999千米，二级公路3278千米，三级公路3679千米，四级公路12 285千米，等外公路193千米，全市公路密度达到130.1千米/百平方千米。

（四）城市道路

截至2011年底，北京市城区道路总里程为6258千米，其中，城市快速路263千米，城市主干路861千米，城市次干路629千米，城市支路及街坊路4505千米；道路总面积达9164万平方米。

（五）轨道交通

2011年，轨道交通运营线路新增1条、延伸2条，新增运营里程36千米。轨道交通运营线路15条，总里程达到372千米，轨道交通车站数215个，其中换乘站24个。图4所示为北京市地铁线路图。

北京市2011年轨道交通运营线路图

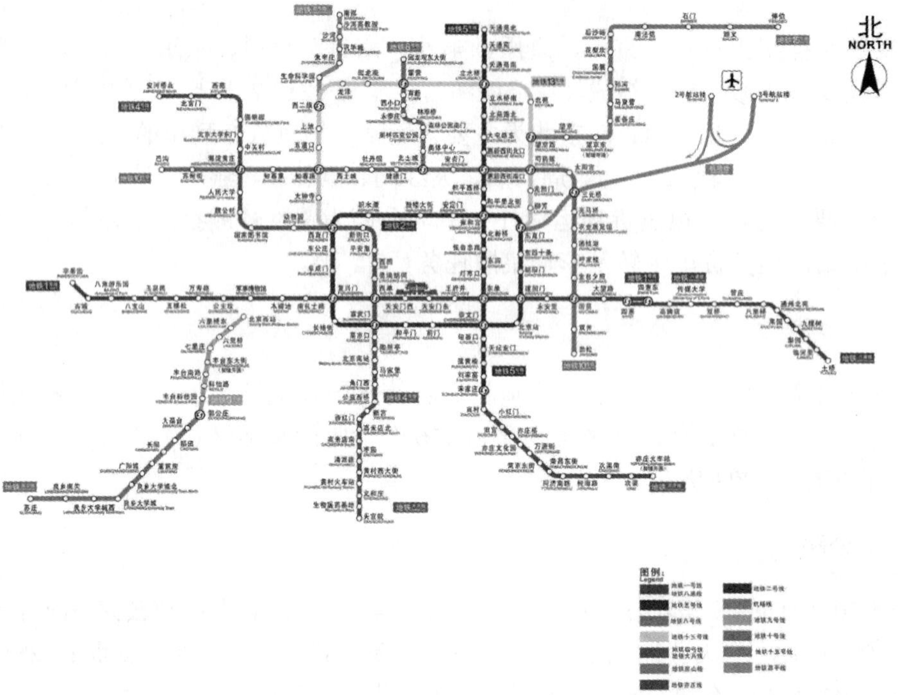

图4　北京市地铁线路

（六）公交

2011 年底，全市共有公交电汽车客运站 610 个，其中保养站 15 个，枢纽站 8 个，中心站 21 个，首末站 566 个。

2011 年底，全市公共汽（电）车运营车辆 21 628 辆，比上年底增长 80 辆，增长 0.4%；运营线路 749 条，比上年底增加 36 条，增长 5.0%；运营线路长度为 19 460 千米，比上年底增加 717 千米，增长 3.8%；全年行驶里程 13.55 亿千米，比上年减少 5432 万千米，下降 3.9%；专用道里程 325 千米，比 2010 年增加 31 千米，增长 10.4%。

（七）出租汽车

2011 年全市出租车总量为 6.66 万辆。各汽车企业在北京出租车市场的份额大致为北京现代占 40%、捷达占 20%~30%、爱丽舍以和塔纳占 20% 左右，其他品牌或高端车型占据剩余份额。

三、道路交通系统运行

2011 年浮动车行程速度数据统计结果显示，早高峰（7：00~9：00）期间，北京市五环范围内快速路平均速度为35.6km/h，主干道平均速度为23.4km/h；晚高峰（17：00~19：00）期间，快速路平均速度为31.2km/h，主干道平均速度为21.5km/h。

2011年，工作日道路网平均日交通拥堵指数为4.8，比2010年（指数6.14）下降21.3%，处于“轻度拥堵”等级，见图5所示。晚高峰道路网常发拥堵路段为830条、192千米，分别比2010年减少304条、58千米，降幅为26.8%和23.2%。

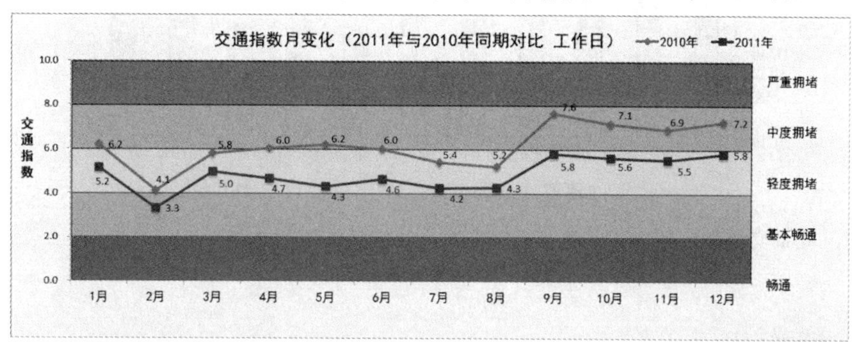

颜色					
拥堵级别	畅通	基本畅通	轻度拥堵	中度拥堵	严重拥堵
拥堵指数	[0，2]	（2，4]	（4，6]	（6，8]	（8，10]

（数据来源：北京交通发展研究中心）

图5 月交通拥堵指数变化（2011年比2010年工作日）

四、客货运的交通运行

2011年全市全年对外客运共运送乘客2.49亿人次。其中道路客运完成7268万人次，铁路旅客发送量9755万人次，航空进出港旅客7868万人次。

2011年全市共运送乘客83.5亿人次。其中公共电汽车运送乘客50.3亿人次，轨道交通完成客运量21.9亿人次，出租车完成客运量6.96亿人次。

2011年，北京市货运系统整体运行良好，道路营业性货运量达到23276万吨，比上年增长15.3%；铁路货物到发量为4166万吨，比上年减少24.3%；航空货邮吞吐量达到164.0万吨，比上年增长5.7%；口岸监管货运量达到150.4万吨，比上年增长9.2%。

五、居民出行特征

（一）出行量

2011年底六环内日均出行总量达2873万人次（不含步行），比2010年底（2904万人次）减少了31万人次，降幅为1.1%。其中公共汽（电）车出行量为811万人次/日；轨道交通出行量为395万人次/日；小汽车出行量为948万人次/日；自行车出行量为432万人次/日；出租汽车出行量为199万人次/日。图6所示为2001-2011年历年交通出行总量示意图。

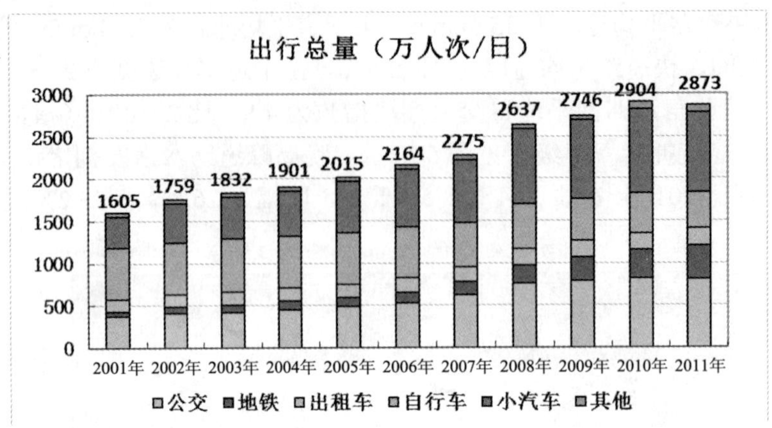

（数据来源：北京交通发展研究中心）

图6　历年交通出行总量

（二）出行结构

北京市居民各种交通方式出行构成中（不含步行），公共交通（轨道交通 + 公共（电）汽车）比例为 42%（其中，轨道交通 13.8%，公共汽（电）车 28.2%），较 2010 年底增长 2.3%，增幅较大；小汽车出行比例为 33%，较 2010 年底下降 1.2%；出租车出行比例 6.9%，较 2010 年底增长 0.2%; 自行车出行比例 15.1%，较 2010 年底下降 1.3%。图 7 所示为历年交通出行方式构成。

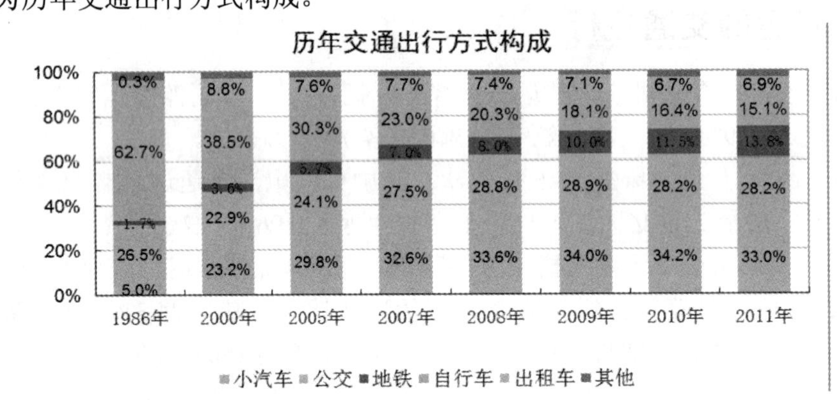

（数据来源：北京交通发展研究中心）

图7　历年交通出行方式构成

上 海

一、城市发展

（一）经济与社会

2011 年上海市全年实现地区生产总值 19 195.6 亿元，按可比价格计算，比上年增长 8.2%。2011 年全市居民交通支出 2502 元，同比下降 13.5%，分别占人均消费支出的 10.0% 和人均可支配收入的 6.9%。表 2 所示为 2007 年以来城市居民收入和消费支出。

表1 城市居民收入与消费支出 （单位：元）

年 份	人均可支配收入	人均消费支出	交通支出	交通费
2007年	23 623	17 255	2079	675
2008年	26 675	19 398	2322	732
2009年	28 838	20 992	2426	759
2010年	31 838	23 200	2891	749
2011年	36 230	25 102	2502	902

（数据来源：上海市统计局）

2011 年市级财政补贴公交 51.4 亿元，同比 2010 年增长 1.1 倍。其中，地面公交占财政补贴的 81.2%，轨道交通占 6.0%，出租车占 11.8%。

（二）人口

2011 年全市常住人口 2347 万人，同比增长 44 万人，增长 1.9%。其中，外来常住人口 935 万人，同比增长 37 万人，增长 4.1%。表 2 所示为 2007 年以来全市常住人口总量。

表2 上海市常住人口总量 （单位：万人）

年 份	2007年	2008年	2009年	2010年	2011年
常住人口	2064	2141	2210	2303	2347

（数据来源：上海市统计局）

（三）车辆保有量

2011 年全市注册机动车保有量达到 251.6 万辆，同比增长 2.8 万辆，较上年增长 1.1％；其中汽车保有量达到 193.7 万辆，同比增长 23.0 万辆，比上年增长 13.5％。

表 3 所示为 2007 年以来注册机动车总量。

表3 机动车保有量 （万辆）

年　份	2007年	2008年	2009年	2010年	2011年
机动车保有量	227.0	234.4	243.4	248.8	251.6
汽车保有量	122.9	135.5	150.3	170.7	193.7

（数据来源：上海市公安局交警总队）

二、交通基础设施

（一）铁路

2011 年全市铁路客运车站共有 11 个，全年铁路到发量 12210 万人次，同比增加 141 万人次，增长 1.2%，其中上海虹桥站、上海站、上海南站为客运量最大的三个车站。铁路货运车站 21 个，全年铁路货物发送量 888 万吨，同比下降 7.4%，其中杨浦站、漕泾站、叶榭站货运量名列前茅。

（二）机场

2011 年机场无新增设施。虹桥、浦东两场共拥有 5 条跑道、4 座候机楼，设计年旅客吞吐能力 1 亿人次、年货物吞吐量 520 万吨。其中，虹桥机场建有 2 条 4E 级跑道，停机坪共约 132 万平方米，2 座候机楼面积 44.5 万平方米；浦东国际机场建有 1 条 4E 级和 2 条 4F 级跑道，停机坪共 290 万平方米，2 座机场候机楼面积达 82.3 万平方米。

（三）公路

2011 年全市道路总长 16792 千米，同比增加 105 千米，增长 0.6%。其中，公路 12084 千米，同比增长 0.9%；高速公路 806 千米，同比增长 4.0%；城市道路 4708 千米。2011 年全市主要新建公路 56.8 千米，改建公路 21.3 千米，在建公路 63.0 千米。

（四）城市道路

2011 年新建城市道路 53.7 千米，改建城市道路 8.7 千米，在建城市道路 132.3 千米。2011 年全市主要城市道路掘路共 495 项，长度达 313.0 千米。

（五）轨道交通

2011 年，上海轨道交通新增 5 座车站，线路未发生较大变化。截至年底，共有 12 条轨道交通线路（含磁浮线），运营线路总长度 454 千米，运营线路长度 442 千米，车站共计 280 座，线网布局呈现由中心城向外辐射的特征。

（六）公交

2011 年公共汽（电）车线路进行了调整，线路数增加了 37 条，线路数达到了 1202 条，公交车运营线路长度 22 906 千米，同比下降 1.0%。

（七）出租汽车

2011 年全市出租车运营车辆数 5.0 万辆，同比增加 431 辆，增长 0.9%。其中，顶灯车 4.9 万辆，同比增加 521 辆；特准车 0.1 万辆，同比减少 90 辆。

三、道路交通系统运行

2011 年工作日快速路网平均每日驶入 227 万自然车次，同比增加 0.8%；行驶里程达 1498 万自然车千米，平均每车次行驶 6.6 千米。

2011 年快速路网早晚高峰运行状况有所改善，但高峰时段延长。早高峰时段平均行程车速 40.0 千米 / 小时，同比提高了 3 千米 / 小时，增幅 8%；晚高峰全网平均车速 45 千米 / 小时，较去年改善了 12%。早高峰车速低于 20 千米 / 小时的拥堵道路里程比例为 10% 左右，同比降低 2 个百分点；晚高峰拥堵里程比例为 7%，同比下降了 3 个百分点。

2011 年调查结果显示，中心城 161 个主要交叉口中，106 个拥挤，42 个较拥挤，13 个畅通。

四、客货运的交通运行

2011 年全市公共交通系统年日均客运量达 1668 万乘次，同比增加 45 万乘次，增长 2.8%。2011 年轨道交通全年日均客运量 575.6 万乘次，同比增长 11.5%。其中，10 号线、11 号线、9 号线客流增幅显著，同比分别增加 151.5%、47.3%、30.1%。公共汽电车日均客运量 770 万乘次，基本与去年持平。出租车年日均客运量 301 万乘次，同比减少 13 万乘次，下降 3.9%。载客里程 1083 万千米 / 日，同比下降 0.6%；年日均载客车次 167 万次，同比下降 3.9%。

2011 年上海对外旅客到发量 2.7 亿人次，同比增加 82 万人次，增长 0.3%。其中，港口 154 万人次，航空 74 556 万人次，公路 6954 万人次，铁路 12 210 万人次。

2011 年全市货运量 11.9 亿吨，同比增加 1 亿吨，增长 8.3%。其中，港航 7.28 亿吨，航空 353.9 万吨，公路 4.27 亿吨，铁路 2707 万吨。

五、居民出行特征

（一）出行量

2011 年中心城市出行总量 3083 万人次 / 日，同比增长 1.6%。表 4 所示为 2007 年以来中心城市日均出行量。

表4 上海市中心城市日均出行量 （单位：万人次）

年　份	2007年	2008年	2009年	2010年	2011年
常住人口	2838	2885	2959	3033	3083

（数据来源：上海市城市综合交通规划研究所）

（二）出行结构

北京市居民各种交通方式出行构成中（不含步行），公共交通出行方式占 34.9%，个体机动方式占 22.3%，非机动方式占 17.5%，步行方式占 25.3%。 表 5 所示为 2007 年以来中心城出行方式结构。

表5 上海市中心城出行方式结构 （单位：%）

年　份	2007年	2008年	2009年	2010年	2011年
公共交通	33.2	34.0	34.6	35.2	34.9
个体交通	17.9	18.4	19.5	20.8	22.3
非机动方式	20.3	19.9	19.5	18.5	17.5
步行	28.7	27.7	26.5	25.5	25.3

（数据来源：上海市城市综合交通规划研究所）

广 州

一、城市发展

（一）经济与社会

广州市行政管辖十区两市，总面积7434.4平方千米。2011年，广州市实现地区生产总值12303.12亿元；其中第一产业增加值203.06亿元，增长3.1%；第二产业增加值4532.52亿元，增长11.5%；第三产业增加值7567.54亿元，增长11.0%。第一、二、三产业增加值的比例为1.65:36.84:61.51。三次产业对经济增长的贡献率分别为0.5%、38.8%、60.7%。

2011年广州市市政公用设施建设固定资产完成投资额约423亿元，其中公共交通约52.2亿元，占12.3%，主要为轨道交通投资，道路桥梁约为61.6亿元，占14.6%。表1所示为广州历年国内生产总值。

表1 广州历年国内生产总值

年 份	地区生产总值（亿元）	年 份	地区生产总值（亿元）
2000年	2493	2006	6073
2001年	2842	2007	7109
2002年	3203	2008	8216
2003年	3758	2009	9113
2004年	4450	2010	10 604
2005年	5154	2011	12 303

（二）人口

2011年末，全市常住人口1275万人，较上年增长0.4%；全市户籍人口814.58万人，较上年增长1.0%。各区中常住人口密度最高的为越秀区，高达3.4万人/平方千米；密度最低的为南沙区，仅为507人/平方千米。

（三）车辆保有量

2011年底，广州市机动车拥有量为22.5万辆，比上年增加约17.9万辆，增幅8.3%。其中民用汽车187.2万辆，比上年增长16.2%。2011年底全市小客车拥有量从134万辆增长为157万辆，增幅17.8%，月均增加2万辆，小客车数量增长迅速。2011年底全市摩托车拥有量45.3万辆，比去年减少约8.2万辆，减幅15.2%。表2所示为历年广州市机动车发展情况。

表2　历年广州市机动车发展情况

年　份	全市机动车拥有量（万辆）	年增长率（%）	年　份	全市机动车拥有量（万辆）	年增长率（%）
2000年	—	—	2006	183.0	3.2
2001年	144.8	7.71	2007	182.3	−0.4
2002年	158.0	9.1	2008	183.9	0.9
2003年	170.5	8.0	2009	195.5	6.3
2004年	172.2	1.0	2010	214.6	9.8
2005年	177.4	3.0	2011	232.5	8.3

二、交通基础设施

（一）铁路

广州是华南地区的铁路枢纽，现状格局为“三主一辅”，其中广州站、广州东站、广州南站三个为主要铁路枢纽，广州北站为辅铁路枢纽站。2011 年广州三大铁路站日均发送量总计约 19 万人次，其中广州站 9.5 万人次 / 日，广州东站 5.3 万人次 / 日，广州南站 4.2 万人次 / 日。

（二）机场

广州白云机场是广州重要的面向世界级的航空枢纽，2011 年全年广州白云国际机场旅客吞吐量 4504.40 万人次，机场货邮吞吐量 152.92 万吨，分别增长 9.9% 和 5.2%。在旅客吞吐量方面，2011 年世界排名第 18 位。

（三）公路

2011 年广州市域公路对外进出口通道 35 条，车道总数 166 条，白天 12 小时市域对外交通流量约 90 万标准车，较上年同期增长 9%。

（四）城市道路

2011 年城市道路长度 7081.22 千米，较上年增长 1.36%；道路面积为 10 050.48 万平方千米，较上年增长 3.28%，其中人行道面积 1890.58 万平方米，较上年增长 3.7%；桥梁数 1339 座，较上年增长 2.29%，其中立交桥 186 座。

（五）轨道交通

2011 年广州市轨道交通总里程 236 千米，与上年相同。常住人口人均长度为 0.19 千米 / 万人。轨道全网客流密度约 2.02 万人次 / 千米；全网换乘系数为 1.65；轨道线路全网平均运距 11.21 千米。

（六）公交

2011 年全市汽电车拥有量 11 649 辆，其中新七区 10 019 辆；全市公交线路 850 条，其中，新七区 674 条。2011 年广州常规公交完成客运量 25.3 亿人次，日均客运量约 692 万人次，较上年增加 3.6%，约占公共交通客运量的 51%。

（七）出租汽车

2011 年全市出租车拥有量 19 444 辆，其中新七区 17 821 辆。2011 年内广州出租车完成客运量约为 8.3 亿人次，日均客运量约 222 万人次，约占公共交通客运量的 17%。

三、道路交通系统运行

2011 年核心区、主城区、新七区、外围各片区之间边界的交通规模在 10~65 万标准车 /12 小时之间。核心区白天 12 小时内外交换交通量约为 126 万标准车，较上年增长了 7%。北部走廊流量最大，占 29%。其次为东部走廊，流量占 27%。车道负荷最大的为东部走廊，单车道负荷超过 1 万标准车 /12 小时；其次为南部走廊，负荷约为 0.92 万标准车 /12 小时。东部、南部、北部非主干道高峰时间饱和度均超过 0.8，均为拥堵常发点。

2011 年进出核心区主要道路高峰期间潮汐现象仍然明显。早高峰北部走廊进城与出城小汽车比例为 2:1，西部过江走廊，珠江隧道和珠江大桥潮汐现象明显，分别为 1.5:1 和 2:1；南部走廊洛溪大桥潮汐性较高，进出城小汽车比例 1.7:1；东部走廊潮汐现象最大的为黄埔大道，进出城小汽车比例为 1.7:1。

核心区晚高峰全完平均车速约 24 千米 / 小时，主次干道平均车速 22.9 千米 / 小时。各级道路中，主干道一级道路平均车速下降较明显，降幅约为 10%；主干道二级道路略有下降，降幅 0.1%；高快速路平均车速略有所提高，增幅约 4.1%。

四、客货运的交通运行

2011 年广州铁路、水路、公路、航空对外运输方式完成客运量 677 730.25 万人次，日均客运量达到 185.56 万人次，较上年增长 8.2%。

2011 年铁路客运量为 10 486.5 万次，全年旅客周转量为 4 046 027 万人千米，

广州水路 2011 年完成客运量 285.96 万人次，全年货运量 11 922.75 万吨，2011 年全年港口货物吞吐量 44 769.5 万吨，港口集装箱吞吐量 1442.11 万国际标准箱。

2011 年广州公路客运量 51 106.84 万人次，全年货运量 45 447.84 万吨，全年货物周转量为 5 172 606 万吨千米。

2011 年航空客运量 5850.95 万人次，较上年增长 3.31%；航空货运量 90.76 万吨，较上年增长 0.61%。表 3 所示为 2011 年各部门运输部门完成客运量。

表3　2011年各部门运输部门完成客运量

运输部门	全年客运量（万人次）	同比增长（%）	全年旅客周转量（万人千米）	同比增长（%）
铁路	10 486.5	12.0	4 046 027	9.92
水路	285.9	4.7	22451	0.85
公路	51 106.9	8.0	5 195 517	16.34
航空	5850.9	3.3	9 521 623	8.86
合计	67 730.2	8.2	18 785 618	10.92

2011 年广州铁路、水路、公路、航空对外运输方式完成货运量 64 722.53 万吨，日均货运量 1177.32 万吨，较上年增长 12.82%。

2011 年铁路全年货运量为 6464.3 万吨，全年货物周转量为 2 404 902 万吨千米。

广州水路 2011 年完成货运量 11 922.75 万吨，2011 年全年港口货物吞吐量 44 769.5 万吨，港口集装箱吞吐量 1442.11 万国际标准箱。

2011 年广州公路全年货运量 45 447.84 万吨，全年货物周转量为 5 172 606 万吨千米。2011 年广州航空货运量 90.76 万吨，较上年增长 0.61%。

2011 年广州管道货运量 796.88 万吨，较上年增长 9.95%。2011 年广州管道货运量 796.88 万吨，较上年增长 9.95%。表 4 所示为 2011 年各部门运输部门完成货运量。

表 4　2011年各部门运输部门完成货运量

运输部门	全年货运量（万吨）	同比增长（%）	全年货物周转量（万吨）	同比增长（%）
铁路	6464.3	−3.3	2 404 902	−1.8
水路	11 922.7	17.2	20 306 525	17.3
公路	45 447.8	14.4	5 172 606	16.1
航空	90.7	0.6	326 717	12.4
管道	796.8	9.9	3649	9.4
合计	64 722.5	12.8	28 214 399	15.1

深 圳

一、城市发展

（一）经济与社会

2011 年全年实现地区生产总值 11 502.1 亿元，同比增长 10.0%；人均生产总值 110 387 元，同比增长 7.3%。表 1 所示为历年深圳市 GDP 和人均 GDP

表1 历年深圳市GDP和人均GDP

年 份	2005年	2006年	2007年	2008年	2009年	2010年	2011年
GDP（亿元）	4927	5684	6765	7807	8201	9511	11502
人均GDP（万元）	6.05	6.79	7.92	8.98	9.28	9.17	11.04

2011 年，第一产业增加值 5.7 亿元，同比下降 22.3%；第二产业增加值 5343.3 亿元，同比增加 11.8%；第三产业增加值 6153 亿元，同比增长 8.5%。第一产业增加值占全市生产总值的比重低于 0.1%；第二和第三产业增加值占全市生产总值的比重分别为 46.5% 和 53.5%。

（二）人口

2011 年末全市常住人口 1046.7 万人，同比增长 0.9%。其中，户籍人口 267.9 万人，占常住人口比重 25.6%；非户籍人口 778.9 万人，占常住人口比重 74.4%。表 2 所示是历年深圳市人口。

表2 历年深圳市人口 （单位：万人）

年 份	2005年	2006年	2007年	2008年	2009年	2010年	2011年
户籍人口	182	197	212	228	241	251	268
非户籍人口	646	650	649	649	650	786	779
常住人口	828	846	862	877	891	1037	1047

（三）车辆保有量

2011 年全市共办理机动车新车注册登记 298 483 辆，转移登记 176 517 辆，转入 3089 辆。截至 2011 年底，全市机动车保有量达到 197.6 万辆，同比增加 27.1 万辆，增长 15.9%。其中民用汽车保有量 194.0 万辆，同比增加 27.0 万辆，增长 16.2%；小客车保有量 159.0 万辆，同比增加 26 万辆，增长 19.5%;私人小汽车保有量 139.6 万辆，同比增加 23.2 万辆，增长 19.9%。表 3 所示为历年机动车保有量。

表3　机动车保有量　　（单位：万辆）

年　份	2005年	2006年	2007年	2008年	2009年	2010年	2011年
机动车保有量	81.3	96.3	114.5	128.8	145.3	170.5	197.6

二、交通基础设施

（一）铁路

全市现状铁路系统由广深、广深港客运专线深圳段、平南和平盐 4 条铁路线构成，深圳段总长 126 千米。其中，广深铁路长 24 千米，为国际 I 级铁路；广深港高铁全长 32 千米，为国家客运专线；平南铁路长 50 千米，为国家 III 级铁路；平盐铁路长 20 千米，为工业企业 I 级铁路。

现有综合交通枢纽 5 个，分别是深圳北站枢纽、福田枢纽、机场枢纽、深圳东站枢纽、布吉枢纽。前海湾枢纽处于规划中。

（二）机场

截至 2011 年底，深圳机场共开通航线 127 条，其中全货运 18 条，通达全球 92 个城市，其中国内城市 71 个，国际城市 17 个，港澳台地区城市 4 个。共有 33 家国内外航空公司在深圳机场运作，其中基地航空公司 8 家。

2011 年，深圳机场航线累计减少 3 条，其中国内航线新增 5 条，国际航线减少 8 条。

（三）公路

2011 年，公路运输占据对外交通运输主导地位。其中，广深公路交通量最大，日均 11.3 万标准车。广深高速公路次之，日均 10.9 万标准车。惠州方向对外公路中，深惠高速公路交通量最大，日均 4.3 万标准车。2011 年完成道路设施类投资 66.4 亿元。

（四）城市道路

2011 年，全市共建成道路 38 条，新增道路里程 141 千米，全市道路总里程达到 6182 千米，路网密度达到 6.87 千米 / 平方千米。其中高快速路总里程达到 367 千米，主干道总里程达到 1037 千米，次干道总里程达到 848 千米，次干道以上道路密度增加至 2.5 千米 / 平方千米。

（五）轨道交通

2011 年 6 月 28 日，轨道二期全面建成通车，罗宝线、蛇口线、龙岗线、龙华线、环中线 5 条轨道交通线路全线投入运营。截至 2011 年底，全市轨道总里程 178.3 千米，轨道站点 118 个，地铁列车 181 列，实现了轨道交通网络化运营。

（六）公交

截止 2011 年底，全市共有常规公交线路 840 条，同比增加 82 条，其中巴士集团 325 条，西部公汽 275 条，东部公交 222 条，另有 18 条为未整合线路。常规公交车辆数达到 16606 辆，同比增加 4150 辆，其中巴士集团 5485 辆，西部公汽 4387 辆，东部公交 4493 辆。公交线路按三层次公交线网划分，快线 34 条，干线 156 条，支线 235 条。全市共有公交站点 9453 个，同比增加 54.2%。全市公交线路运营里程达到 18174 千米，同比增加 1377 千米，公交线网密度达到 4 千米 / 平方千米，公交线网服务直达率达到 86.95%。

（七）出租汽车

截至 2011 年底，全市共有出租小汽车 15 035 辆，同比增加 695 辆，其中不限行驶区域的“红的”10 553 辆，限在原特区外行驶的“绿的”4182 辆，纯电动出租车 300 辆。

三、道路交通系统运行

2011 年全市路网工作日早高峰（7:00~9:00）平均道路运行指数为 1.45，道路交通运行处于基本畅通；晚高峰（17:00~19:00）平均道路运行指数为 2.31，处于缓行等级。晚高峰道路交通压力总体大于早高峰。

中心城区路网工作日早高峰平均道路运行指数为 1.47，处于基本畅通；晚高峰平均道路运行指数为 2.44，处于缓行等级。中心城区交通拥堵程度略高于全市平均水平。

2011 年全市路网工作日早、晚高峰道路平均车速分别为 32.8 千米 / 小时、27.7 千米 / 小时。中心城区路网早、晚高峰主要道路平均车速为 33.1 千米 / 小时、27.6 千米 / 小时，中心城区晚高峰主要车道车速略低于全市平均水平。

2011 年全市工作日平均拥堵时长（道路运行指数大于 3，处于轻度拥堵及以上拥堵等级的时间长度）为 13 分钟，中心城区工作日平均拥堵时长为 24 分钟。

四、客货运的交通运行

2011 年全市公共交通客运量 30.6 亿人次，同比增长 25.3%。其中，轨道交通客运量 4.6 亿人次，同比增长 182.2%；常规公交 22.4 亿人次，同比增长 15.2%；出租车 3.6 亿人次，同比增长 7.4%。

2011 年全社会客运量累计 16.8 亿人次，同比增长 7.9%。全社会旅客周转量 721 亿人千米，同比增长 14.0%。水路客运量 310.7 万人次，同比增长 14.6%；民航客运量 2544.7 万人次，同比增长 10.1%；铁路旅客发送量 2523.9 万人次，同比增长 8.2%；公路客运量 16.3 亿人次，同比增长 7.9%。

2011 年全社会货运量累计 2.9 亿吨，同比增长 10.4%；全市货物周转量累计

1955.7 亿吨千米，同比增长 18.2%。水路货物运输 6722.7 万吨，同比增长 14.7%；民航货物运输量 78.9%，同比增长 0.6%；铁路货物发送量 414 万吨，同比增加 6.1%；公路货物运输量 21 685 万吨，同比增长 9.3%。

五、居民出行特征

（一）出行量

2011 年，全市全方式日均出行总量 3350 万人次，同比增长 9.0%，其中机动化出行总量 1628 万人次，同比增长 7.9%。机动化出行中，全市居民民日均出行 1442 万人次，同比增长 7.6%；流动人口日均出行 186 万人次，同比增长 10.5%。表 4 所示为历年深圳市日均机动化出行量。

表4　历年深圳市日均机动化出行总量　　（单位：万人次）

年　份	2005年	2006年	2007年	2008年	2009年	2010年	2011年
机动化出行总量	943	1052	1171	1274	1390	1509	1628
居民机动化出行总量	823	924	1035	1130	1234	1341	1442

（二）出行结构

2011 年，全市居民全方式出行结构中，步行占 46.0%，自行车占 4.0%，常规公交占 19.4%，地铁占 4.0%，出租车占 1.7%，小汽车占 19.7%，单位班车占 3.7%，其他占 1.5%。机动化方式出行约占 50%。

全市居民机动化出行方式结构中，常规公交占 38.8%，地铁占 8.0%，出租车占 3.4%，小汽车占 39.4%，单位班车占 7.4%，其他方式占 3.0%。公共交通方式（包括常规公交、地铁、出租车）占机动化出行比例为 50.2%，同比上升 5.9 个百分点；小汽车出行分担率为 39.4%，同比下降 4.0 个百分点。地铁出行比例由去年的 3.3% 上升至 8.0%。

南 京

一、城市发展

（一）经济与社会

南京市域面积 6516 平方千米。2011 年全市完成地区生产总值 6145.52 亿元，较上年增长 12%。按户籍人口计算，人均地区生产总值达到 96 872 元，按可比价格计算，较上年增长 11.4%。表 1 所示为 2001—2011 年全市地区生产总值变化情况。

表1 2001—2011年全市地区生产总值变化情况

年 份	地区生产总值（亿元）	地区生产总值变化（%）	年 份	地区生产总值（亿元）	地区生产总值变化（%）
2000年	—	—	2006	2822.80	15.1
2001年	1218.51	11.1	2007	3340.05	15.7
2002年	1385.14	12.8	2008	3814.02	12.1
2003年	1690.77	15.0	2009	4230.25	11.5
2004年	2067.18	17.3	2010	5012.64	13.1
2005年	245.9	15.1	2011	6145.52	12.0

2011 年，第一产业增加值为 163.61 亿元，增长 4.1%；第二产业增加值为 2760.99 亿元，增长 12.3%，其中工业增加值为 2390.51 亿元，增长 13.0%。第三产业增加值为 3220.91 亿元，增长 12.3%。三次产业比重为 2.7:44.9:52.4。

（二）人口

2011 年，全市常住人口达到 810.9 万人，其中市区常住人口 727.1 万人，全市户籍人口为 636.4 万人，较上年末增加 3.94 万人，其中，市区户籍人口 551.6 万人，较上年末增加 3.19 万人。表 2 所示为南京市户籍人口变化表。

表2 南京市户籍人口变化表 （单位：万人）

年 份	全 市	市 区	年 份	全 市	市 区
2000年	544.9	289.5	2006年	607.2	5245.6
2001年	553.0	371.9	2007年	617.2	534..4
2002年	563.3	480.4	2008年	624.5	541.2
2003年	572.2	489.8	2009年	629.8	546.0
2004年	583.6	501.2	2010年	632.4	548.4
2005年	595.8	513.4	2011年	636.4	551.6

2011 年，南京市常住人口密度为 1231.1 人 / 平方千米，每平方千米人口较上年增加 15 人。

（三）车辆保有量

2011 年，南京市机动车保有量达到 140.1 万辆，较上年增加约 15 万辆，增幅 11.0%。其中，全市小型客车拥有量从 2010 年的 69.5 万辆增至 85.3 万辆，增幅 22.8%，月均增加 1.3 万辆。摩托车和其他机动车辆约为 36.2 万辆，较上年减少 1.8 万辆。表 3 所示为机动车保有量。

表3　机动车保有量　（单位：万辆）

年　份	机动车保有量（万辆）	机动车增长率（%）	年　份	机动车保有量（万辆）	机动车增长率（%）
2000年	—	—	2006	74.8	13.3
2001年	32.4	7.6	2007	86.5	15.1
2002年	41.5	26.9	2008	96.5	11.8
2003年	48.0	15.3	2009	109.3	14.2
2004年	56.5	17.3	2010	125.3	14.7
2005年	66.2	11.2	2011	140.1	11.9

二、交通基础设施

（一）铁路

2011 年京沪高速铁路南京段全面建成通车和南京南站正式投入使用。现共有南京站、中华门站、南京南站、六合站、江浦站、仙林站 6 个客运站。南京东站 1 个编组站，南京西站货站、中华门站货站 2 个货运站。

（二）机场

2011 年禄口国际机场有限公司航线通达国内、国际 80 余个城市，每周进出港 2300 多个航班。全年累计完成飞行起降 120 534 架次，较上年增长 3.8%，其中运输起降 119 720 架次，较上年增长 3.6%；旅客吞吐量 1307 万人次，较上年增长 4.3%；货邮吞吐量 24.66 万吨，较上年增长 5.2%。

（三）公路

截至 2011 年底，全市公路网总里程达到 10 907 千米，其中高速公路 482 千米、一级公路 876 千米、二级公路 1377 千米、三级公路 818 千米、四级公路 6360 千米、等外公路 993 千米。公路网密度达到 166 千米 / 百平方千米。2011 年南京公路建设完成投资 110.40 亿元。

（四）城市道路

截至 2011 年底，南京城区道路总长度 5890 千米，其中快速路 226 千米，主干路 649 千米，次干路 732 千米，支路 983 千米，街坊路 1173 千米，境内公路 2127 千米。城区道路总长较上年增加 291 千米。城区道路面积 10458 万平方米，较上年增加 882 万平方米。城区人均拥有道路面积为 19.63 平方米，较上年增加 0.28 平方米。

（五）轨道交通

2011 年底全市轨道交通线路为 3 条，轨道交通运营里程达到 85 千米。轨道交通线路运行概况如表 4 所示。

表4 轨道交通线路运行概况

指 标	单 位	2005年	2006年	2007年	2008年	2009年	2010年	2011年
运营线路条数	条	1	1	1	1	1	3	3
运营长度	千米	21.72	21.72	21.72	21.72	21.72	84.74	84.74
线路站点数	个	16	16	16	16	16	57	57
年客运量	万人次	357	5798	8016	10 379	11 353	34 370	34 370
日均客运量	万人次	0.98	15.88	21.96	28.36	31.10	58.79	94.16

（六）公交

截至 2011 年底，全市共有公共汽电车运营车辆 6573 辆，较上年增加 277 辆，公交标准运营车辆为 7953 标台，较上年增加 173 标台。市区公交运营线路 510 条，运营线路总长度 7959 千米。截至 2011 年底，南京市公交专用车道为 40 条，长度达 148 千米。公交客运总量为 105 616 万人次，日均公交客运量为 289 万人次。

（七）出租汽车

2011 年底，全市出租车达到 10 644 辆，客运总量达到 30 087 万人次，其中，市区共有出租车 10 195 辆，客运总量达到 28 991.5 万人次，较上年增加 14.8%。

（八）轮渡

2011 年，全市轮渡客运量为 1022.4 万人次，较上年减少 14.9%。轮渡航线 7 条，运营航线总长度 22 千米，码头站点 11 个，总客位 6226 个。

三、道路交通系统运行

2011 年，主城与三大副城之间联系通道的交通量总体呈上升趋势，主城与东山、仙林及江北副城之间的交通量较 2010 年分别增长了 3.5%、11% 和 10%。其中，部分通道趋于饱和。内环北线、西线和南线全天流量均超过 12 万辆，东环承担量相对较轻；

在高峰时段北线全线流量最大，达到 8107 辆 / 小时。

河西地区与城中联系通道交通量基本稳定，12 条通道高峰时段交通量总和为 39 066pcu/h，较上年增长 5.7%。城中与城南联系通道的交通量都有较大增加，高峰时段交通量总和为 23 836pcn/h，较上年增加了 21.8%。城中与城东、城北联系通道的交通量基本稳定。

2011 年，主城居民出行有明显的早晚高峰，早高峰为 7:00~9:00，晚高峰为 17:00~18:00；外围居民出行的早、晚高峰时间与主城居民基本一致。

四、客货运的交通运行

2011 年，全市各种运输方式承担旅客运量比重为：公路运输 92.4%，铁路运输 6.3%，民航运输 1.3%。

2011 年全市实现铁路旅客发送量 2649 万人次，较上年增长 5.9%；全市累计完成公路营业性客运量 39 080 万人次、周转量 1 968 500 万人千米，较上年增长 8.54% 和 8.75%。完成水上运输客运量 4.7 万人次，旅客周转量为 27.3 万人千米，较上年增长 32.3% 和 1.1%。

2011 年全市各种运输方式承担货物运量的比重为：公路运输 55.46%，水运运输 39.43%，铁路运输 5.09%，航空运输 0.02%。

2011 年铁路货物运输量 1821 万吨，较上年增长 14.2%。累计完成公路营业性货物运量 19 820 万吨、周转量 1 522 170 万吨千米，较上年增长 12.09% 和 15.02%。全年完成水上运输货物运量 14 090 万吨，周转量 36 661 050 万吨千米，较上年增长 24.8% 和 13.8%。港口货物吞吐量达到 18 936 万吨，较上年增长 19.7%。

五、居民出行特征

（一）出行量

2011 年主城居民人均出行次数 2.76 次 / 日，外围城区居民出行次数为 2.79 次 / 日。主城区常住人口一日出行总量为 1026 万人次，较上年增加 117 万人次，增幅 12.9%。表 5 所示为南京市主城区人居出行次数与一日出行总量变化情况。

表5　南京市主城区人居出行次数与一日出行总量变化情况

年　份	居民日出行量（万人次）	人均出行次数	年　份	居民日出行量（万人次）	人均出行次数
2000年	—	—	2006年	619	2.62
2001年	539	2.57	2007年	660	2.79
2002年	556	2.72	2008年	670	2.76
2003年	613	2.88	2009年	734	2.77
2004年	594	2.66	2010年	909	2.48
2005年	628	2.73	2011年	1026	2.76

（二）出行结构

2011 年南京主城区范围内，居民各种交通出行方式结构中，公共汽车比例为 18.3%，轨道交通比例为 5.1%，出租车比例为 2.5%，公共交通比例合计 25.9%，较上年增加 0.5%；私人汽车出行比例 8.1%，较上年增长了 0.2%；慢行交通出行比例 62.3%，与 2010 年的 62.1% 基本持平；2011 年主城区居民出行方式中机动化出行比例为 37.7%。

第六篇

纪事篇

第一章

中国智能交通行业2012年大事记

1 月 11 日，由交通运输部公路局组织编制的《公路网运行监测与服务暂行技术要求》、《高速公路监控技术要求》和《高速公路通信技术要求》正式施行。

1 月 20 日，欧盟第七研发框架计划（FP7）资助 270 万欧元的“有关交通、健康和环境的城市经济可持续智能解决方案”（THE ISSUE，Traffic-Health-Environment，Intelligent Solutions Sustaining Urban Economies）研发示范工程项目，在欧盟 4 个成员国 5 个区域的城市正式启动。

2 月 11 日，科技部组织专家在青岛召开验收会，“十一五”国家科技支撑计划“大运量快速公交智能系统与公交优先关键技术研发与产业化”项目通过验收。

2 月 23~24 日，“第 14 届中国高速公路信息化研讨会”在厦门举行。

3 月 21 日，由中国智能交通协会主办，安徽省智能交通建设联席会议办公室、安徽省智能交通协会承办的“城市智能交通发展研讨会”在合肥召开。

4 月 19 日，由国家发展和改革委员会综合运输研究所主办的“2012 全国智能综合交通发展论坛”在云南昆明举行。

5 月 15~17 日，由交通运输部主办、交通运输部科学研究院、北京市贸促会和中国公路学会共同承办的“第十一届中国国际交通技术与设备展览会”在北京召开。

5 月 27 日，“2012 中美澳智能交通国际研讨会”在杭州举行。

5 月 28 日，由深圳市智能交通行业协会主办的“2012 深圳国际智能交通展览会暨卫星导航与车辆安全管理展览会”在深圳召开。

5 月 30 日，由国家智能交通系统工程技术研究中心承担的交通运输部信息化项目“交通运输行业密钥管理与安全认证体系应用研究”可行性研究报告通过了专家评审。

6 月 1 日，《安全防范视频监控联网系统信息传输、交换、控制技术要求》正式实施。

7 月 18 日，交通运输部路网监测与应急处置中心正式挂牌运行。

7 月 24 日，国务院批转《国务院关于批转交通运输部等部门重大节假日免收小型客车通行费实施方案的通知》。

7 月 27 日，国务院对外公布《国务院关于加强道路交通安全工作的意见》，并指出交通道路安全将以科技为支撑，法治为保障。

7 月 31 日至 8 月 1 日，“第三届智能运输大会（ITSCC）”在北京国家会议中心举行，会议期间发布《2012—2020 年中国智能交通发展战略》。

8 月 2 日，长三角区域高速公路联网不停车收费全面开通。浙江省与沪、苏、皖、闽、赣正式同步开通高速公路联网不停车收费，开启了我国不停车收费服务的新篇章。

8 月 9 日，科技部高新技术发展及产业司、交通运输部公路局在北京组织召开了国家科技支撑计划“重特大道路交通事故综合预防与处置集成技术开发与示范应用”项目之课题三“国家高速公路安全和服务技术开发与工程应用示范”的技术验收会。

9 月 6 日，重庆市市级重大科技攻关项目“重庆主城区交通诱导科技示范工程”正式运行。

9 月 8 日，第八届软博会活动之一的“中国（南京）智能交通产业发展论坛”举办。

9 月 12 日，科技部高新司、国家遥感中心，“863”计划地球观测与导航技术领域导航主题专家组和导航与位置服务科技专项总体专家组在北京共同组织召开导航与位置服务战略研讨会。

9 月 20 日，“国家干线公路交通情况调查数据采集与服务系统试点工程”交付验收暨工程总结会在淄博召开。

9 月 24 日，由中国卫星导航定位协会主办的“首届中国卫星导航与位置服务年会”及“首届中国卫星导航定位展”在北京国家会议中心召开。

9 月 26~28 日，由中国智能交通协会主办的“2012 年中国智能交通年会暨中国国际智能交通展览会”在北京国际会议中心召开。

10 月 18 日，国家科学技术部印发《导航与位置服务科技发展“十二五”专项规划》。

10 月 24 日，首届两岸四地公路交通发展论坛在江苏苏州举行。

10 月 24 日，武汉 • 中国光谷智能交通产业技术创新联盟成立。

10 月 26 日，“天鹰 -2012”西藏交通应急通信演习暨西藏交通移动应急通信指挥平台开通活动在北京、西藏联合举行。

12 月 12~16 日，“2012 国际车联网大会（ICCVE2012）”在北京召开。

12 月 14 日，新 237 省道高邮段“感知公路”建设工程管道预留预埋施工项目开工建设，标志着该市首条采用互联网技术的智能型公路建设全面启动，从而为建设可视、可控、可测的“感知公路”打下基础。

12 月 17 日，由浙江省第二测绘院、浙江沪杭甬高速公路有限公司合作完成的“基于 GIS 技术的高速公路智能化交通诱导信息服务系统”顺利通过了浙江省测绘与地理信息局组织的技术鉴定。

12 月 27 日，北斗卫星导航系统正式提供区域服务。

第二章

中国智能交通协会2012年大事记

2 月 11 日，国家智能交通产业技术创新战略联盟一届二次理事会在青岛召开。

2 月 28 日，由韩国国土海洋部、大韩贸易投资振兴公社、中国智能交通协会、韩国智能型交通体系协会共同主办的“2012 中韩智能交通企业技术交流会”在北京召开。

3 月 2 日，第七届中国智能交通年会围绕“安全高效的智能交通”这一主题，向社会各界广泛征集论文。

3 月 6 日，中国智能交通协会第一届常务理事会第七次会议在京召开。

3 月 16 日，中国智能交通协会第一届常务理事会第七次会议在北京召开。

4 月 18 日，由中国智能交通协会主办，北京华夏接通技术培训有限公司承办的智能化交通管理培训班在北京中关村科技园区石景山区重点实验室举办。

4 月 26 日，《中国智能交通行业发展年鉴（2011）》编撰会在北京召开。

4 月 27 日，中国智能交通协会在京组织召开“十一五”国家科技支撑计划“交通安全信息集成、分析及平台构建技术开发与示范应用”专题验收会。

5 月 31 日，2012’京交会由中国智能交通协会组织的“车联网与车路协同研讨会”召开。

6 月 12 日，科技部风险评估中心在中国科技会堂组织召开了“重特大道路交通事故综合预防与处置集成技术开发与示范应用”项目中的课题一、课题三的财务验收会。中国智能交通协会作为课题承担单位顺利通过财务验收。

6 月 20 日，协会秘书处邀请学术委员会的 28 位专家，对 2012’第七届中国智能交通年会征集到的 149 篇论文进行初评。

7 月 4 日，2012 年度中国智能交通协会科学技术奖终评会议在京召开。

7 月 15 日，2012 年度中国智能交通协会科学技术奖评审结果对外公示。

7 月 25 日，协会秘书处邀请学术委员会的 7 位专家，对第七届中国智能交通年会的论文进行终评，最终录用论文 134 篇，其中优秀论文 110 篇，进入核心期刊的论文 5 篇。

8 月 2 日，中国智能交通协会副秘书长武平、国家智能交通产业技术创新战略联盟理事长关积珍接待日本智能交通协会专务理事田野和 2013 届智能交通世界大会组委会一行来访。

8 月 10 日，《中国智能交通行业发展年鉴（2011）》统稿会在北京召开。

9 月 7 日，2012 年中国智能交通年会程序委员会会议在中国科技会堂召开。

9 月 13 日，第一届中国智能交通协会科学技术奖励委员会成立。

9 月 26 日，由中国智能交通协会主办的“2012' 中国智能交通年会暨第七届中国国际智能交通展览会”在北京召开。

9 月 26 日，《第七届中国智能交通年会优秀论文集》由电子工业出版社正式出版，收录了大会录用的 134 篇论文。

9 月 26 日，《中国智能交通行业发展年鉴（2011）》在“2012' 中国智能交通年会”上发布。

9 月 26 日，中国智能交通协会对 15 家单位会员及 13 名行业专家进行通报表彰。

9 月 26 日，中国智能交通协会吴忠泽理事长与俄罗斯智能交通协会 Kryuchkov 主席签署了中俄智能交通协会合作备忘录。

9 月 26 日，2012 年度中国智能交通协会科学技术奖颁奖典礼在京举行。

10 月 24 日，第 19 届世界智能交通大会在奥地利首都维也纳举行。国家智能交通系统工程技术研究中心主任、交通运输部公路科学研究院总工程师、中国智能交通协会副理事长王笑京荣获大会最高奖项——“杰出成就奖”，成为中国获此殊荣第一人。

10 月 16~25 日，中国智能交通协会理事长吴忠泽率中国代表团访问了意大利、荷兰和奥地利，并出席了第 19 届智能交通世界大会。

11 月 3 日，中国智能交通协会吴忠泽理事长主持宁波市智慧办召开的《宁波市智慧交通建设规划》评审会。

11 月 13 日，中国智能交通协会吴忠泽理事长出席由安徽省科技厅主办、安徽省智能交通协会承办的“智能交通发展的回顾与展望”专题报告会，并发表“智能交通发展的回顾与展望”的主题演讲。

12 月 7 日，中国智能交通协会在三亚市组织召开智能交通行业培训工作研讨会。

第七篇

附　录

第一章

中国智能交通协会

中国智能交通协会常务理事会名单

理事长	
吴忠泽	中国智能交通协会理事长
副理事长	
何华武	铁道部总工程师
冯记春	原科技部高新技术发展及产业化司司长
赵玉海	科技部高新技术发展及产业化司司长
李江平	公安部交通管理局副局长
王凤武	原住房和城乡建设部城建司副司长
王笑京	交通部公路科学研究院总工
杨胜军	中国民用航空局人事科教司副司长
常务理事（以姓氏笔划排列）	
王　刚	北京市交通委科技处处长
王　炜	东南大学交通学院院长、教授
宁　滨	北京交通大学校长、教授
吕小平	中国民航局空中交通管理局原副局长
江运志	北京交科公路勘察设计研究院有限公司总工
江绵康	上海市交通信息中心主任
关积珍	北京四通智能交通系统集成有限公司董事长
严新平	武汉理工大学副校长
邹　平	北京市公安局公安交通管理局科信处处长
吴建中	中铁信息工程集团有限公司总经理
张　军	北京航空航天大学副校长、教授
张志宏	科技部火炬中心主任
张进华	中国汽车工程学会副秘书长
张遂征	北京宏德信智源信息技术有限公司董事长
杨东援	同济大学原副校长、教授
汪正胜	长安集团汽车工程研究院总工
陈志敏	国家奖励办公室副主任
陈维强	青岛海信网络科技股份有限公司总经理
陈红洁	上海电科智能系统股份有限公司董事长
武　平	科技部高新技术发展及产业化司处长
金茂菁	科技部高技术研究发展中心处长

续表

俞春俊	公安部交通管理科学研究所所长
胡 宾	北京快通高速路电子收费系统有限公司总工
赵 航	中国汽车技术研究中心主任、研究员
康 熊	中国铁道科学研究院常务副院长、教授级高级工程师
谢 飞	中国汽车工程研究院有限公司副院长

中国智能交通协会理事单位名单

序号	单位名称
1	安徽博微广成信息科技有限公司
2	北京工业大学交通研究中心
3	北京航空航天大学
4	北京航天智通科技有限公司
5	北京宏德信智源信息技术有限公司
6	北京交科公路勘察设计研究院有限公司
7	北京交通大学
8	北京交通发展研究中心
9	北京九州联宇信息技术有限公司
10	北京快通高速路电子收费系统有限公司
11	北京理工大学电动车辆工程技术中心
12	北京全路通信信号研究设计院有限公司
13	北京市公安局公安交通管理局交通科研所
14	北京市交通信息中心
15	北京四通智能交通系统集成有限公司
16	北京四维图新科技股份有限公司
17	北京星通联华科技发展有限公司
18	北汽福田汽车股份有限公司
19	成都深港路通科技有限公司
20	东南大学交通学院
21	广东好帮手电子科技有限公司
22	高德软件有限公司
23	公安部交通管理科学研究所
24	广东联合电子收费股份有限公司
25	广州交通信息化建设投资营运有限公司
26	广州新软计算机技术有限公司
27	国家道路交通管理工程技术研究中心
28	国家智能交通系统工程技术研究中心
29	杭州市综合交通研究中心
30	华南理工大学智能交通系统与物流技术研究所
31	交通部公路科学研究院

续表

序号	单位名称
32	交通运输部科学研究院
33	交通信息通信技术研究发展中心
34	普天和平科技有限公司
35	启明信息技术股份有限公司
36	青岛海信网络科技股份有限公司
37	清华大学自动化系
38	清华大学汽车安全与节能国家重点实验室
39	上海电驱动有限公司
40	上海宝康电子控制工程有限公司
41	上海电科智能系统股份有限公司
42	上海汽车集团股份有限公司技术中心
43	上海市城市建设设计研究院
44	上海市交通信息中心
45	深圳市城市交通规划设计研究中心
46	深圳市金溢科技有限公司
47	水路公路交通安全控制与装备教育部工程研究中心
48	天津大学
49	同济大学智能交通运输系统（ITS)研究中心
50	武汉大学交通研究中心
51	武汉理工大学
52	武汉理工大学智能交通系统研究中心
53	浙江中控电子技术有限公司
54	中国北方机车车辆工业集团公司
55	中国城市规划设计研究院
56	中国第一汽车股份有限公司技术中心
57	中国交通信息产业杂志社
58	中国民用航空总局空中交通管理局
59	中国南方机车车辆工业集团公司
60	中国汽车工程研究院有限公司
61	中国汽车技术研究中心
62	中国人民解放军军事交通学院
63	中国铁道科学研究院
64	中国铁路通信信号股份有限公司

续表

序号	单位名称
65	中山大学
66	中铁电气化局集团有限公司
67	中铁信息工程集团有限公司
68	中通客车控股股份有限公司
69	重庆长安汽车股份有限公司
70	安徽科力信息产业有限责任公司
71	深圳市易行网交通科技有限公司
72	广州华工信息软件有限公司
73	北京易华录信息技术股份有限公司
74	北京万集科技股份有限公司

中国智能交通协会专家委员会城市交通专业委员会成员名单

（排名以拼音为序）

主任委员	
关积珍	中国智能交通协会副秘书长 北京四通智能交通系统集成有限公司董事长/研究员
副主任委员	
马　林	住房和城乡建设部城市交通工程技术中心副主任/教授级高工
王　炜	东南大学交通学院院长/教授
委　　员	
陈红洁	上海电科智能系统股份有限公司总经理/研究员
陈　茜	杭州市综合交通研究中心主任
关宏志	北京工业大学建筑工程学院副院长/教授
付长青	国家道路交通管理工程技术研究中心主任/研究员
顾承华	上海交通信息中心研究部副主任/总工
关志超	深圳市交通委交通运行指挥中心总工
郭继孚	北京交通发展研究中心主任/研究员
黄建玲	北京交通信息中心主任/教授
姜廷顺	大连交警支队教授
林维望	深圳市公安局交通警察局科技处处长/高工
李正熙	北方工业大学副校长/教授
刘　新	青岛海信网络科技有限公司副总经理/总工程师
邵春福	北京交通大学教授
谢振东	广东岭南通支付网络服务股份有限公司总经理/教授高工
孙正良	公安部交通管理科学研究所副所长/研究员
王殿海	浙江大学教授
王家捷	安徽科力信息产业有限责任公司董事长
杨　琪	全国ITS标准化委员会主任/研究员
杨晓光	同济大学教授
余　志	中山大学教授
张　毅	清华大学教授
张遂征	北京宏德信智源信息技术有限公司董事长/教授

中国智能交通协会专家委员会交通安全专业委员会成员名单

（排名以拼音为序）

主任委员	
王云鹏	北京航空航天大学交通科学与工程学院院长/教授
副主任委员	
方守恩	同济大学教授
李爱民	交通运输部路网监测与应急处置中心副主任/研究员
赵新勇	公安部道路交通安全研究中心副主任/研究员
委　员	
戴　斌	国防科技大学机电工程与自动化学院副总工/教授
龚　标	公安部交通科学管理研究所研究员
龚进峰	中国汽车技术研究中心副院长/教授级高工
何举刚	重庆长安汽车股份有限公司汽车工程研究总院副院长
胡江碧	北京工业大学交通研究中心教授
李　斌	交通运输部公路科学研究院ITS中心主任/研究员
刘　建	中国交通通信信息中心副总工/教授级高工
刘　攀	东南大学院长助理/教授
邵毅明	重庆交通大学交通运输学院院长/教授
王军利	中国人民公安大学交通管理工程系系主任/教授
魏　朗	长安大学教授
吴　旭	北京宏德信智源信息技术有限公司研究员
吴超仲	武汉理工大学智能交通系统研究中心副主任/教授
徐友春	军事交通学院教授
闫学东	北京交通大学交通运输学院副院长/教授
杨志杰	中国铁道科学研究院通信信号研究所副所长/研究员
姚丹亚	清华大学系统工程研究所副所长/研究员
袁　宇	华北高速公路股份有限公司常务副总经理/教授级高工
朱晓光	安徽科力信息产业有限责任公司总经理/研究员

中国智能交通协会会员单位名录

序号	单位名称	通信地址	邮　编	电　话
1	安徽博微广成信息科技有限公司	合肥市黄山西路605号民创大厦4楼	230088	0551-65319189
2	北京工业大学交通研究中心	北京工业大学交通研究中心	100022	010-67396460
3	北京航空航天大学	北京市海淀区学院路37号	100083	010-82338300
4	北京航天智通交通科技有限公司	北京市海淀区西直门北大街枫蓝国际中心A座1605	100082	010-62128888
5	北京宏德信智源信息技术有限公司	北京市海淀区西三环中路莲花苑华宝大厦12层1228房间	100036	010-68471762
6	北京交科公路勘察设计研究院有限公司	北京市海淀区花园东路15号旷怡大厦	100191	010-82010779
7	北京交通大学	北京海淀区西直门外上园村3号	100044	010-51688202
8	北京交通发展研究中心	北京市丰台区六里桥南路甲9号（首发大厦）A座	100055	010-57079808
9	北京九州联宇信息技术有限公司	北京市朝阳区安翔北里甲11号北京创业大厦B座501	100190	010-64830430
10	北京速通科技有限公司	北京市丰台区六里桥南里甲9号首发大厦C座7层	100161	010-7508050
11	北京理工大学电动车辆工程技术中心	北京市海淀区中关村南大街5号	100081	010-68940589
12	北京全路通信信号研究设计院有限公司	北京市丰台区华源一里18号楼	100073	010-51865892
13	北京市公安局公安交通管理局	北京市西城区阜成门北大街1号	100037	010-68398157
14	北京市交通信息中心	丰台区六里桥南里甲9号B座6层	100073	010-57079655
15	北京四通智能交通系统集成有限公司	北京朝阳区东三环中路1号环球金融中心西塔18层	100081	010-59330456
16	北京四维图新科技股份有限公司	北京市朝阳区曙光西里甲5号 北京凤凰置地广场A座写字楼16层	100028	010-82306399
17	北京星通联华科技发展有限公司	北京海淀区学清路8号科技财富中心B座1102	100192	010-82737173
18	成都深港路通科技有限公司	成都市天府软件园D座8层	610041	028-85540762
19	东南大学交通学院	江苏省南京市四牌楼2号	210096	025-83795108
20	广东好帮手电子科技有限公司	佛山市山水区西南工业园C区	528133	0757-86166574

续表

序号	单位名称	通信地址	邮　编	电　话
21	高德软件有限公司	北京市昌平区昌平科技园区昌盛路18号B1座	100080	010-84103699
22	公安部交通管理科学研究所	江苏省无锡市钱荣路88号	214151	0510-85511999
23	广州联合电子服务股份有限公司	广州市越秀区白云路27号广东交通大厦5楼	510101	020-84214129
24	广州交通信息化建设投资营运有限公司	广州市天河区体育东路108号创展中心西座1402室	510405	020-38180317
25	广州新软计算机技术有限公司	广州市萝岗区科学大道中科汇金谷三街五号10楼	510101	020-32137639
26	国家道路交通管理工程技术研究中心	江苏省无锡市钱荣路88号	100062	0510-85511999
27	国家智能交通系统工程技术研究中心	北京海淀区西土城路8号	100088	010-82028595
28	杭州市综合交通研究中心	杭州市中河中路275-1号	310006	0571-87152926
29	华南理工大学智能交通系统与物流技术研究所	广州天河五山华南理工大学	510640	020-87114469
30	吉林大学交通学院	长春市人民大街5988号吉林大学交通学院	130025	0431-85095086
31	交通部公路科学研究所	北京市海淀区西土城路8号	100088	010-62079526
32	交通运输部科学研究院	北京市朝阳区惠新里240号	100029	010-58278412
33	交通信息通信技术研究发展中心	北京朝阳区安外外馆后身一号	100011	010-65293369
34	普天和平科技有限公司	北京市朝阳区将台路5号	100016	010-82055120
35	启明信息技术股份有限公司	长春市东风大街2489号	130011	0431-89603621
36	青岛海信网络科技股份有限公司	青岛市江西路11号海信研发中心7号楼6楼	266071	0532-80874666
37	清华大学（自动化系）	北京市海淀区清华大学自动化系	100084	010-62782189
38	清华大学汽车安全与节能国家重点实验室	北京市清华大学汽车工程系	100084	010-62788774
39	上海电驱动股份有限公司	上海市闵行区剑川路953弄154号	200240	021-64358622
40	上海宝康电子控制工程有限公司	上海市宝山区杨行工业园区锦富路298号	201901	021-51831088
41	上海电科智能系统股份有限公司	上海市武宁路509号电科大厦三层	200063	021-32557700
42	上海汽车集团股份有限公司技术中心	上海市嘉定区安研路201号	201804	021-61388990

续表

序号	单位名称	通信地址	邮　编	电　话
43	上海市城市建设设计研究院	上海东方路3447号	200125	021-50890136
44	上海市交通信息中心	上海市徐汇区宛平南路75号11楼	200032	021-64048209
45	深圳市城市交通规划设计研究中心	深圳市罗湖区爱国路3046号惠民大厦7楼	518034	0755-83949459
46	深圳市金溢科技有限公司	深圳市南山区科技园北区清华信息港研发楼A栋12楼	510665	0755-26030388
47	水路公路交通安全控制与装备教育部工程研究中心	武汉市武昌区和平大道1040号	430063	027-86582280
48	天津大学	天津市南开区卫津路92号9-305	302272	022-27403763
49	同济大学智能交通运输系统（ITS)研究中心	上海市曹安公路4800号同济大学校内	201804	021-69584674
50	武汉武大卓越科技有限责任公司	武汉市珞瑜路129号武汉大学P.O BOX C307	430079	027-87196210
51	武汉理工大学	武汉市武昌区和平大道1040号125信箱	430063	027-86582280
52	武汉理工大学智能交通系统研究中心	武汉市武昌区和平大道1040号125信箱	430063	027-86582280
53	浙江中控电子技术有限公司	杭州市滨江区六和路309号中控科技园	310053	0571-81118832
54	中国北方机车车辆工业集团公司	北京市丰台区方城园1区15号中国北车大厦	100078	010-51808076
55	中国城市规划设计研究院	北京市三里河9号	100037	010-58323103
56	中国第一汽车股份有限公司技术中心	长春市创业大街1063号	130011	0431-85788113
57	中国电信股份有限公司北京研究院	北京市西城区西直门内大街118号509室	100035	010-58552036
58	中国交通信息产业杂志社	北京亚运村汇欣大厦A座五层	100101	010-84990502
59	中国民用航空总局空中交通管理局	朝阳区东三环中路12号	100022	010-87786936
60	中国南车集团公司	北京市海淀区西四环中路16号院5号楼	100036	010-51862017
61	中国汽车工程研究院有限公司	重庆市九龙坡陈家坪朝田村101号	400039	023-68829804
62	中国汽车技术研究中心	天津市东丽区先锋东路68号	300162	022-84771621
63	中国人民解放军军事交通学院	天津市河东区东局子1号	300161	022-84657960

续表

序号	单位名称	通信地址	邮　编	电　话
64	中国铁道科学研究院	北京市海淀区大柳树路2号	100081	010-51893204
65	中国铁路通信信号股份有限公司	北京市丰台区西四环南路乙49号	100071	010-51891231
66	中山大学	广州市海珠区新港西路135号中山大学东北区312栋	510275	020-84112638
67	中铁电气化局集团有限公司	北京市万寿路南口金家村1号院	100036	010-51846146
68	中铁信息工程集团有限公司	北京市海淀区北蜂窝路铁路总公司南门综合楼	100044	010-51892507
69	中通客车控股股份有限公司	山东省聊城市建设东路10号	252000	0635-8322139
70	中咨泰克交通工程有限公司	北京北四环中路229号海泰大厦8层	100083	010-51726005
71	重庆长安汽车股份有限公司	重庆渝北区双凤桥空港大道589号	401120	023-67921021
72	安徽科力信息产业有限责任公司	中国安徽合肥黄山路628号	230088	0551-5338234
73	北京千方科技集团有限公司	北京市海淀区学院路39号 北航唯实大厦9层	100191	010-61959953
74	北京日立北工大信息系统有限公司	北京市朝阳区南磨房路37号华腾北搪商务大厦401室	100022	010-51908103
75	北京邮电大学	北京市海淀区西土城路10号	100876	010-62281366
76	上海市城市综合交通规划研究所	上海市铜仁路331号11楼	200040	021-62890117
77	上海智合电子科技有限公司	上海市中山西路1919号B座411	200235	021-54313662
78	深圳市航盛电子股份有限公司	深圳市宝安区福永和平村福园一路航盛工业园技术中心	518103	0755-29776784
79	深圳市中盟科技股份有限公司	深圳市南山区海德三道天利中央商务广场C座30楼	518057	0755-26743555
80	沈阳聚德视频技术有限公司	沈阳市浑南新区高歌路2号第立信息园B座515室	110179	024-23921661
81	北京握奇智能科技有限公司	北京市朝阳区首都机场路万红西街2号燕东商务花园	100015	010-64722288
82	上海遥薇（集团）有限公司	上海市杨浦区黄兴路1675号五角场科技大厦4楼	200433	021-39199523
83	智能交通网	北京市海淀区阜成路甲28号新知大厦1826	100142	010-88893800
84	南京多伦科技有限公司	南京市江宁区科学园天印大道1555号	211112	025-52168888
85	北京交大科技孵化器有限公司	北京市海淀区高梁桥斜街44号一区科教楼1006室	100044	010-51686441

续表

序号	单位名称	通信地址	邮　编	电　话
86	上海慧昌智能交通系统有限公司	上海市徐汇区桂平路555号45号楼	200233	021-64857700
87	上海经达实业发展有限公司	上海市建国西路285号科投大厦11层	200031	021-64452140
88	中国软件评测中心	北京市海淀区紫竹院路66号赛迪大厦12层	100048	010-88559301
89	惠州亿纬锂能股份有限公司	广州省惠州市仲恺高新区亿纬工业园	516006	0752-2610503
90	杭州立讯科技有限公司	杭州市莫干山路256号墅园大楼6楼	310005	0571-88826959
91	广州市埃特斯通信设备有限公司	广东省广州市萝岗区永和经济开发区华峰路5号	511356	020-32225030
92	无锡物联网产业研究院	江苏省无锡市震泽路18号	214135	0510-81156666
93	中国移动通信集团辽宁有限公司	中国辽宁沈阳市浑南新区新隆街6号	110179	13889888988
94	深圳市易行网交通科技有限公司	深圳市福田区车公庙福安大厦三楼	518040	0755-83135079
95	四川省集创科技有限责任公司	成都市青羊区西华门街17号天府中心1012	610000	028-86639999
96	四川川大智胜软件股份有限公司	成都市武科东一路七号	610045	028-85372612/13
97	安徽汉高信息科技有限公司	安徽省合肥市高新区天达路71号华亿科学园E1座302/402	230088	0551-65397930
98	山东云锦成智能科技有限公司	山东省东营市东营区西五路765号（西五路与黄河路交汇处向南500米路东）	257000	0546-7777722
99	哈尔滨优先泊车管理有限公司	黑龙江省哈尔滨市道里区西头道街7号	150036	0451-82338415
100	北京文通科技有限公司	北京市海淀区北四环西路9号银谷大厦1609	100190	010-62800286
101	爱立信（中国）通信有限公司	北京市朝阳区利泽东街5号爱立信大厦	100102	010-84769000
102	北方工业大学	北京市石景山晋元庄路5号	100144	010-88802226
103	石家庄优创科技股份有限公司	石家庄市新华路159号华泰家园都市名苑E座	050000	0311-85868655
104	万达信息股份有限公司	上海市联航路1518号	201112	021-24178888
105	青岛依鲁光电显示有限公司	青岛市城阳区青威路南头流亭立交桥北	266108	0532-89087078
106	北京易华录信息技术股份有限公司	北京市石景山区阜石路165号中国华录大厦	100043	010-52281149

续表

序号	单位名称	通信地址	邮　编	电　话
107	广州华工信息软件有限公司	广州科学城科汇金谷二街13栋8层	510663	020-22033993
108	辽宁奇辉电子系统工程有限公司	沈阳市铁西区建设东路43号和谐大厦A座2409室	110021	024-62057826
109	四川美通智能科技股份有限公司	四川成都高新区紫荆西路元华一巷6号	610041	028-81518399
110	上海美慧软件有限公司	上海市四川北路2261号嘉兰大厦12层	200081	021-56662788
111	北京万集科技股份有限公司	北京市海淀区上地东路1号赢创动力E座601	100085	010-51655012
112	大唐移动通信设备有限公司	北京市海淀区学院路29号	100083	010-58832000
113	北京金鸿泰科技有限公司	北京市海淀区大柳树富海中心4号楼608	100081	010-62130303
114	航天科技控股集团股份有限公司	北京市丰台区海鹰路1号海鹰大厦15层1510室	100070	010-83636000
115	博康智能网络科技股份有限公司	上海市徐汇区虹漕路456号光启大厦20层	200233	021-33637763
116	江苏盛天交通科技有限公司	江苏省常州市武进区科教城天鸿楼十楼1005室	213164	0519-89191760
117	深圳市凯达尔科技实业有限公司	深圳市南山区西丽同沙路168号凯达尔集团中心大厦A座23层	518055	0755-33286333
118	北京金地汇通停车服务有限公司	北京市丰台区南四环西路188号总部基地6区7号楼	100070	010-68986970
119	中兴智能交通（无锡）有限公司	北京市海淀区西三环北路89号中国外文大厦A座603室	100089	0510-81156988
120	广东省智能交通协会	广东省广州市中山二路3号粤运大厦22A	516001	020-37620330
121	北京航天福道高技术股份有限公司	北京市海淀区闵庄路3号玉泉慧谷21号	100195	010-88850715
122	普天新能源有限责任公司	北京市海淀区北二街6号10层	100080	
123	莱茵检测认证服务（中国）有限公司	北京市朝阳区中路乙10号艾维克大厦707室	100022	010-212727000
124	中国中铁二院工程集团有限责任公司	四川成都通锦路三号	610000	028-87665374
125	福建富顺电子有限公司	福建省漳州市蓝田工业开发区富顺光电科技园	363000	0596-7095880
126	卡斯柯信号有限公司	上海市西藏北路489号11号楼7楼	200071	021-56637080
127	深圳市英尔科技有限公司	深圳市福田区下梅林北环大道7008号通业大厦（南塔）1208室	518049	0755-83881332
128	保定维特瑞交通设施工程有限公司	河北省保定市民营科技产业园腾飞路893号	71000	0312-5916380

续表

序号	单位名称	通信地址	邮　编	电　话
129	福建省视通光电网络有限公司	福建省泉州市鲤城区泰华路1号	362000	0595-28031655
130	北京仲合晟泰科技有限公司	潍坊高新技术开发区东风东街与潍县中路往南400米路西翰林新城17号商业楼6、7号房	102208	0536-8882979
131	北京尚易德科技有限公司	北京市石景山区阜石路165号华录大厦8层	100043	010-52281036
132	成都四为电子信息股份有限公司	成都市高新西区新文路22号融智总部公园16栋	611731	028-87823828
133	科进英华（北京）智能交通技术有限公司	北京市海淀区北四环路9号银谷大厦A座12B08室	100190	010-62155498
134	杭州意博高科电器有限公司	杭州市余杭区良运街326号	311112	0571-89009898
135	辽宁天久信息科技产业有限公司	沈阳经济技术开发区六号街9号	110141	024-85810999
136	公安部第三研究所	上海市岳阳路76号	201204	021-33933856
137	北京文安科技发展有限公司	北京市海淀区中关村东路8号东升大厦905室	100083	010-82526186
138	郑州市圣兰电子技术有限公司	郑州市高新区翠竹街1号总部企业基地28号楼7层	450000	0371-65825150
139	富邦工程有限公司	澳门宋玉生广场180号 东南亚商业中心11楼J座		00853-28329283
140	北京华飞时代科技有限公司	北京市海淀区安宁庄东路18号光华创业园科研楼二层	100085	010-82894973
141	汉柏科技有限公司	北京市朝阳区建外大街2号银泰中心B座11层	100022	400-7068366
142	广东岭南通股份有限公司	广州市越秀区沿江中路298号江湾商业中心29楼	510110	020-83282297
143	哈尔滨程航科技有限公司	黑龙江省哈尔滨市南岗区哈尔滨工程大学21号楼B058	150001	0451-57762688
144	河南丽视电子技术有限公司	郑州市农业路72号国际企业中心B座2811室	450000	0371-63286191
145	深圳蓝普科技有限公司	深圳市南山区西丽南岗第一工业园三、五、九栋	518055	0755-27653939
146	福建新大陆电脑股份有限公司	福州马尾区儒江西路1号	350015	0591-83979580
147	电装（中国）投资有限公司	东三环北路5号北京发展大厦	100004	010-57582658
148	北京航博视讯智能技术有限公司	北京市海淀区清华大学东门唐宁ONE10号楼1007	100080	010-82362026
149	宁波工程学院	宁波市江北区风华路201号	315211	0574-87616866

续表

序号	单位名称	通信地址	邮　编	电　话
150	北京精英智通科技股份有限公司	北京市海淀区金源时代商务中心B区写字楼905室	100097	010-88864122
151	深圳市榕亨工程有限公司	深圳市罗湖区仙湖路莲塘鹏基工业区702栋4楼东	518014	0755-25701111
152	宁波中兴智慧城市研究院有限公司	宁波市海曙区民通街99号	315000	0574-87236188
153	西安翔迅科技有限公司	西安市太白北路156号	710068	029-88151308
154	上海天缘迪柯信息技术有限公司	上海市浦东新区灵岩南路295号17号楼4层	200126	021-68329002
155	上海爱谱华顿电子科技（集团）有限公司	北京市朝阳区芍药居北里101号楼世奥国际中心A座2205室	100029	010-82684071
156	杭州中奥科技有限公司	杭州市九堡九盛路9号东方电子商务园A04幢1-2楼	310019	0571-86717986
157	无锡赛新投资管理有限公司	江苏省无锡市新区菱湖大道200号中国传感网国际创新园C座2层	100101	010-84378461
158	山东海日峰电子科技有限公司	山东省莱阳市城乡街道办事处辛格庄8号	265200	0535-7287995
159	深圳我行我速电子商务有限公司	深圳市福田区益田花园二期19栋10层1002室	518000	0755-23480745
160	银江股份有限公司	浙江省杭州市西湖科技经济园西园八路2号	310030	0571-89930221
161	北京雅商天下信息咨询有限公司	北京朝阳区八里庄东里甲一号院东恒时代二期A3楼2单元401	100024	010-59755059
162	上海玖开电线电缆有限公司	北京市朝阳区成寿寺路140号院13号楼102室	100078	010-57239905

国家智能交通产业创新战略联盟单位成员名单

中国智能交通协会
北京北大千方科技有限公司
北京航天航空大学
北京宏德信智源信息技术有限公司
北京市交通信息中心
北京四通智能交通系统集成有限公司
重庆长安汽车股份有限公司科技部
东南大学
青岛海信网络科技股份有限公司
同济大学交通学院
中国汽车工程研究院有限公司
中国汽车技术研究中心汽车研究院
中山大学
清华大学
上海市交通信息中心
北京交通大学
武汉理工大学
交通部公路科学研究所
北京易华录信息技术股份有限公司
上海电科智能系统股份有限公司
北京交通发展研究中心
安徽科力信息产业有限责任公司

第二章

中国智能交通研究单位名录

中国智能交通研究单位名录

华北地区
国家智能交通系统工程技术研究中心
国家铁路智能运输系统工程技术研究中心
国家道路交通管理工程技术研究中心
北京交通发展研究中心
城市交通运行仿真与决策支持北京市重点实验室
北京市交通信息中心
北京交通大学城市交通复杂系统理论与技术教育部重点实验室
北京交通大学轨道交通控制与安全国家重点实验室
北京交通大学中国综合交通研究中心
北京交通大学中欧智能交通培训中心
北京交通大学中英智能交通研究中心
北京工业大学交通研究中心
北京航空航天大学国家空管新航行系统技术重点实验室
北京航空航天大学车路协同与安全控制北京市重点实验室
北京航空航天大学北京市智能交通研究实验中心
北方工业大学智能交通系统研究所
清华大学交通研究所
清华大学自动化系ITS联合实验室
清华大学汽车安全与节能国家重点实验室
城市交通技术转移（北京）中心
北京世纪新运交通运输科技应用研究所
北京四通智能交通系统集成有限公司ITS研究中心
亿阳集团智能交通研究院
北京易华录信息技术股份有限公司智能交通研究院
中国智能交通系统（控股）有限公司研究院
天津市公安局公安交通管理局科研所
军事交通学院交通信息工程及控制学科实验室
交通运输部科学研究院城市交通研究中心
北京大学智能交通系统中心

东北地区
黑龙江省交通科学研究所
大连理工大学交通运输学院智能交通研究所
哈尔滨工业大学交通安全特种材料与智能化控制交通行业重点实验室
黑龙江省智能交通管理与技术重点实验室
吉林大学交通学院
辽宁公安厅公安交通管理局科研所
华东地区
公安部交通管理科学研究所
上海市交通信息中心
上海市城市综合交通规划研究所
同济大学智能交通运输系统研究中心
同济大学道路与交通工程教育部重点实验室
同济大学中德交通研究中心
同济大学智能交通高等研究院
上海市智能交通与系统仿真技术研究所
上海交通大学智能车辆技术研究所
上海交通大学智能机电系统控制研究所
中国科学院上海微系统与信息技术研究所
浙江大学交通工程研究所
浙江工业大学智能交通联合研究所
上海电科智能系统股份有限公司智能交通研究院
东南大学智能运输系统研究中心
东南大学教育部智能运输系统工程研究中心
浙江省交通科学研究所
江苏省感知交通信息服务工程技术研究中心
杭州市综合交通研究中心
南京智能交通产业研究院
青岛市智能运输系统工程技术研究中心
无锡物联网产业研究院
上海市路网智能交通技术研究所
安徽省智能交通（ITS）工程研究中心
安徽省智能交通重点实验室

华中地区
武汉市交通科学研究所
武汉大学交通研究中心
武汉理工大学智能交通系统研究中心
水路公路交通安全控制与装备教育部工程研究中心
长沙理工大学智能交通与车路协同技术研究所
湖南大学
华南地区
广州市交通规划研究所
广州交通信息化建设投资有限公司智能交通研究中心
华南理工大学智能交通系统与物流技术研究所
中山大学智能交通研究中心
中山大学广东省智能交通系统重点实验室
深圳市智能交通中心
西南地区
昆明市城市交通研究所
重庆交通大学畅通重庆研究所
重庆市交通运输工程重点实验室
西南交通大学
西北地区
长安大学
兰州交通大学交通学院
西安交通大学交通学院

反侵权盗版声明

SEISYS
电科智能

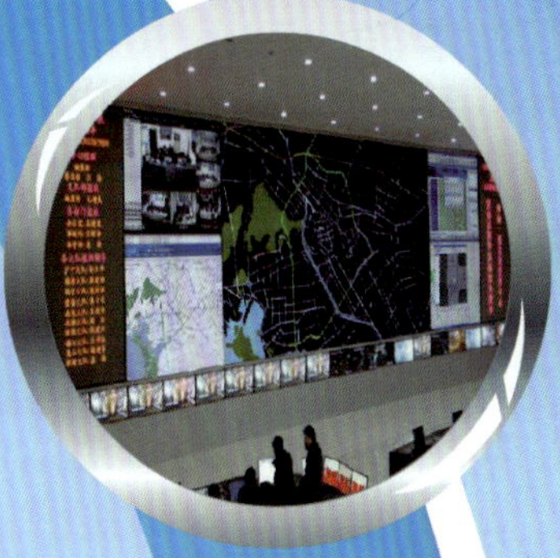

上海电科智能系统股份有限公司长期致力于智能交通和智能市政业务，经过长期专注和不懈的努力，现已成为国内领先的的行业解决方案提供商和系统集成商。

公司由原科研院所转制而来，设有多个省部级重点实验室和工程技术研究中心，是国家级高新技术企业和国家规划布局内重点软件企业；承担了国家“863”计划、国家科技支撑计划等多项重点科研任务，科研成果荣获国家科技进步二等奖等多项重大奖项。公司拥有建设部、交通部颁发的多项一级资质证书。目前，公司汇聚了多学科优秀科研人才，团队连年多次荣获上海市模范集体等荣誉称号。

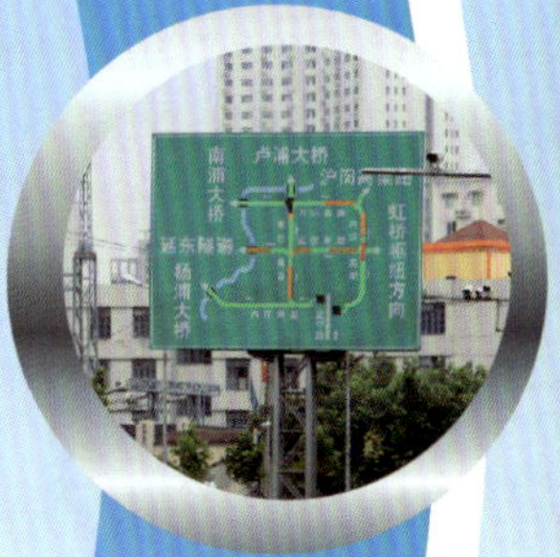

近年来，公司主导、研发、建设的上海世博智能交通系统，有效解决了世博会期间交通管理难题，并在世博会之后继续发挥重要作用，成为国内乃至全球城市交通智能化管理的优秀典范。公司立足上海、面向全国，近年来积极布局在江苏、浙江、天津、东北、四川、新疆等各重点区域市场，取得较为显著的成果。

展望未来，公司将继续聚焦智能交通业务，在稳步发展城市智能交通系统、高速公路机电系统等成熟业务的基础上，将城市交通管控及公路路网信息化等发展型业务进一步做强做精，并积极开拓轨道交通监控管理、公共交通智能化管理等前瞻型业务。同时，公司将进一步加大全国区域市场开拓力度，积极响应业主、用户的个性化需求，持续提升客户满意度。

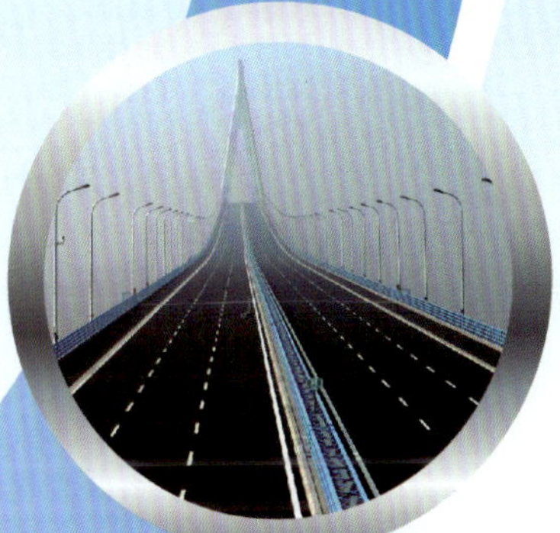

上海电科智能系统股份有限公司致力于通过先进的行业技术和精到的专业服务，打造电科智能卓越品牌，引领行业发展。

地址：上海市普陀区武宁路509号电科大厦3楼 邮编：200063

电话：021-32557700 传真：021-32557002

网址：www.seisys.cn

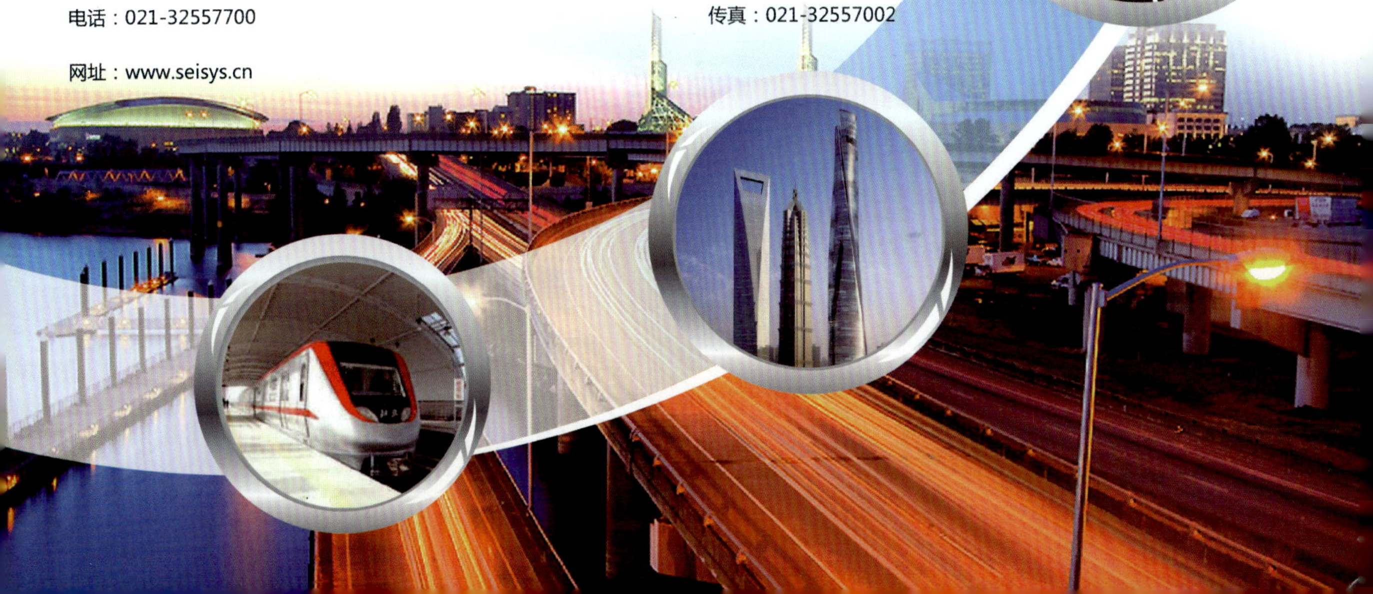

广东方纬科技有限公司

▲ 公司简介

广东方纬科技有限公司成立于2003年，前身为广州市方纬交通科技有限公司。公司现有员工140余人，35岁以下的中青年技术骨干占85%以上，其中具有博、硕士学位及中高级职称以上的员工比例超过1/4；凭借雄厚的科研实力，公司行业地位迅速提升，目前已是国家ITS联盟会员单位、广东ITS协会副会长单位、岭南通产业联盟副理事长单位、广州智能交通信息服务产业联盟成员、广东卫星应用协会会员单位。

2006年，方纬科技与中山大学智能交通研究中心、广东省智能交通系统重点实验室联合共建“中大-方纬交通信息与控制联合实验室”，依托中山大学强大的科研力量，建立紧密的产学研联盟，已形成产业应用与科研攻关相结合的良性发展模式。公司依托中山大学雄厚的科研实力，已取得31项软件著作权、16项软件产品、8项专利；并参与制定3项地方标准（DB44/T578—2009、DB44/T 769—2010、DB44/T 770 2010）；先后荣获广东省科学技术奖励二等奖、中国公路学会科学技术一等奖、国家安监总局安全生产科技成果奖三等奖等奖励。

▲ 方纬核心技术

智能交通服务

智能交通服务

核心产品：智能交通规划、交通业务管理、交通视频应用、交通信号优化仿真、交通信息服务

主要业绩：
- 全国第一个“全省高速公路警用车辆监控系统”
- 广东省首个高速公路智能化管理项目“广深高速智能化交通管理样板路工程项目”
- 广州、佛山、中山、东莞等地的交通信号控制优化与交通运行评价服务
- FW0701、FW0708视频交通流检测系统、FWTJ-0908

信息化建设

信息化建设

核心产品：信息基础支撑平台、视频综合应用平台、综合指挥调度平台、公众信息发布平台、跨部门信息共享平台

主要业绩：
- 省级视频综合应用平台“广东省治安监控视频综合应用平台”
- 省级公安业务平台“广东省警民通信息服务平台”
- 省级公安业务平台“广东省虚拟社会防控综合指挥调度平台”

环境信息化服务

环境信息化服务

核心产品：城市环境预测、城市环境监测评估、机动车尾气排放监测评估、交通噪声信息处理、环境信息管理

主要业绩：
- 国家环境空气监测联网数据传输与网络化质控平台
- 广东省持久性有机污染物信息管理系统
- 广东省温室气体排放综合性数据库及管理平台
- 广州市空气质量数据收控及发布管理系统

北京宏德信智源信息技术有限公司

交通状态检测器(ED)系列

交通流检测器是针对智能交通行业获取车辆信息的一款专业的传感器设备，其利用车辆的地磁扰动原理进行车辆状态检测，并有以下三种工作模式：

车辆到达：实时检测到车辆到达和车辆离开信息。

单车检测：可以检测每个车辆的车型、车速、停留时间、停行状态等交通基础参量。

时段检测：可输出单位时段内的车流量、平均占有率、平均车头时距、平均速度以及车型数量的统计信息。

产品特点

- 准确地提供平均速度、车头时距、道路占有率、排队长度、车辆流量和车型统计等交通状态数据；
- 利用传感网络进行高效的无线数据传输；
- 极低功耗，电池供电3-5年，极大程度地降低了维护开销；
- 极小的破路面积，易于安装；
- 适用范围广，可应用于：城市道路、收费站、机场、体育场、电子警察以及卡口监控等。

中国智能交通协会

协会简介

2008年5月14日，由科技部、公安部、交通运输部、住房和城乡建设部、原铁道部、中国民航局等交通行业主管部门共同发起，经民政部批准成立的中国智能交通协会（简称ITS China）在北京正式宣布成立。

协会性质

中国智能交通协会是由智能交通领域相关企业、事业单位、社会组织及个人自愿参加，经民政部注册、登记的具有法人资格的全国性、行业性的非营利社会组织。

协会宗旨

本协会遵守宪法、法律、法规和国家政策，遵守道德风尚，维护国家利益。在政府的领导下，面向企业，建立政府与企业沟通的桥梁，促进企业间的横向联系与合作；促进行业技术进步和产业资源整合，推进产、学、研合作，推动国际交流与合作；加快交通领域的信息化、智能化进程，依法维护行业和会员的合法权益，为我国智能交通事业的发展而努力奋斗。

业务范围

一、提供智能交通领域的发展战略、规划、政策和建设项目等方面的建议；

二、推动各种交通方式之间以及智能交通领域同其他相关领域之间的横向联系，促进企业之间的合作；

三、接受政府主管部门的委托，开展有关智能交通领域发展战略和规划的研究，承担有关项目的可行性研究、论证、评审,研究制定智能交通相关标准，参与国际标准化活动；

四、组织智能交通领域技术和经营管理培训，开展咨询服务；

五、组织开展国内外智能交通领域学术研究与交流，编辑、出版有关智能交通领域的书刊和信息资料；

六、建立国内外智能交通领域的沟通渠道，促进智能交通领域技术和产业的交流；

七、向政府部门反映智能交通行业和企业的建议、意见和要求；维护行业和会员单位的合法权益；

八、完成政府部门交办和企业委托的其他任务；

九、主办中国智能交通年会。